OEUVRES COMPLÈTES
DE
M. DE BALZAC.

LA
COMÉDIE HUMAINE.

DIX-SEPTIÈME VOLUME.

PREMIER VOLUME SUPPLÉMENTAIRE.

PREMIÈRE PARTIE,
ÉTUDES DE MOEURS.

TROISIÈME LIVRE.

PARIS. TYPOGRAPHIE PLON FRÈRES,
RUE DE VAUGIRARD, 36.

SCÈNES

DE LA

VIE PARISIENNE

LES PARENTS PAUVRES.
(Première Partie) LA COUSINE BETTE.
(Deuxième Partie) LE COUSIN PONS.

PARIS.

FURNE ET Cⁱᵉ, LIBRAIRES-ÉDITEURS,
RUE SAINT-ANDRÉ-DES ARTS, 55.

1848

SUPPLÉMENT AU IIIE LIVRE.

SCÈNES DE LA VIE PARISIENNE.

LES PARENTS PAUVRES.

A DON MICHELE ANGELO CAJETANI, PRINCE DE TÉANO.

Ce n'est ni au prince romain, ni à l'héritier de l'illustre maison de Cajetani qui a fourni des papes à la Chrétienté, c'est au savant commentateur de Dante que je dédie ce petit fragment d'une longue histoire.

Vous m'avez fait apercevoir la merveilleuse charpente d'idées sur laquelle le plus grand poète italien a construit son poëme, le seul que les modernes puissent opposer à celui d'Homère. Jusqu'à ce que je vous eusse entendu, la DIVINE COMÉDIE *me semblait une immense énigme, dont le mot n'avait été trouvé par personne, et moins par les commentateurs que par qui que ce soit. Comprendre ainsi Dante, c'est être grand comme lui; mais toutes les grandeurs vous sont familières.*

Un savant français se ferait une réputation, gagnerait une chaire et beaucoup de croix, à publier, en un volume dogmatique, l'improvisation par laquelle vous avez charmé l'une de ces soirées où l'on se repose d'avoir vu Rome. Vous ne savez peut-être pas que la plupart de nos professeurs vivent sur l'Allemagne, sur l'Angleterre, sur l'Orient ou sur le Nord, comme des insectes sur un arbre; et, comme l'insecte, ils en deviennent partie intégrante, empruntant leur valeur de celle du sujet. Or, l'Italie n'a pas encore été exploitée à chaire ouverte. On ne me tiendra jamais compte de ma discrétion littéraire. J'aurais pu, vous dépouillant, devenir un homme docte de la force de trois Schlegel; tandis que je vais rester simple docteur en médecine sociale, le vétérinaire des maux incurables, ne fût-ce que pour offrir un témoignage de reconnaissance à mon cicerone, et joindre votre illustre nom à ceux des Porcia, des San Severino, des Pareto, des di Negro, des Belgiojoso, qui représenteront dans la Co-MÉDIE HUMAINE *cette alliance intime et continue de l'Italie et de la France, que déjà le Bandello, cet évêque, auteur de contes très-drôlatiques, consacrait de la même manière, au seizième siècle, dans ce magnifique recueil de nouvelles d'où sont issues plusieurs pièces de Shakespeare, quelquefois même des rôles entiers, et* **textuellement.**

Les deux esquisses que je vous dédie constituent les deux éternelles faces d'un même fait. Homo duplex, a dit notre grand Buffon, pourquoi ne pas ajouter : Res duplex? Tout est double, même la vertu. Aussi Molière présente-t-il toujours les deux côtés de tout problème humain; à son imitation, Diderot écrivit un jour : CECI N'EST PAS UN CONTE, *le chef-d'œuvre de Diderot peut-être, où il offre la sublime figure de mademoiselle de Lachaux immolée par Gardanne, en regard de celle d'un parfait amant tué par sa maîtresse. Mes deux nouvelles sont donc mises en pendant, comme deux jumeaux de sexe différent. C'est une fantaisie littéraire à laquelle on peut sacrifier une fois, surtout dans un ouvrage où l'on essaie de représenter toutes les formes qui servent de vêtement à la pensée. La plupart des disputes humaines viennent de ce qu'il existe à la fois des savants et des ignorants, constitués de manière à ne jamais voir qu'un seul côté des faits ou des idées; et chacun de prétendre que la face qu'il a vue est la seule vraie, la seule bonne. Aussi le Livre Saint a-t-il jeté cette prophétique parole : Dieu livra le monde aux discussions. J'avoue que ce seul passage de l'Écriture devrait engager le Saint-Siége à vous donner le gouvernement des deux Chambres pour obéir à cette sentence commentée, en 1814, par l'ordonnance de Louis XVIII.*

Que votre esprit, que la poésie qui est en vous protègent les deux épisodes des PARENTS PAUVRES

De votre affectionné serviteur,

DE BALZAC.

Paris, août-septembre 1846.

PREMIER ÉPISODE.
LA COUSINE BETTE.

PREMIÈRE PARTIE.
LE PÈRE PRODIGUE.

Vers le milieu du mois de juillet de l'année 1838, une de ces voitures nouvellement mises en circulation sur les places de Paris et nommées des *milords*, cheminait, rue de l'Université, portant un gros homme de taille moyenne, en uniforme de capitaine de la garde nationale.

Dans le nombre de ces Parisiens accusés d'être si spirituels, il s'en trouve qui se croient infiniment mieux en uniforme que dans leurs habits ordinaires, et qui supposent chez les femmes des goûts assez dépravés pour imaginer qu'elles seront favorablement impressionnées à l'aspect d'un bonnet à poil et par le harnais militaire.

La physionomie de ce capitaine appartenant à la deuxième légion respirait un contentement de lui-même qui faisait resplendir son teint rougeaud et sa figure passablement joufflue. A cette auréole que la richesse acquise dans le commerce met au front des boutiquiers retirés, on devinait l'un des élus de Paris, au moins ancien adjoint de son arrondissement. Aussi, croyez que le ruban de la Légion-d'Honneur ne manquait pas sur la poitrine, crânement bombée à la prussienne. Campé fièrement dans le coin du milord, cet homme décoré laissait errer son regard sur les passants qui souvent, à Paris, recueillent ainsi d'agréables sourires adressés à de beaux yeux absents.

Le milord arrêta dans la partie de la rue comprise entre la rue de Bellechasse et la rue de Bourgogne, à la porte d'une grande maison nouvellement bâtie sur une portion de la cour d'un vieil hôtel à jardin. On avait respecté l'hôtel qui demeurait dans sa forme primitive au fond de la cour diminuée de moitié.

A la manière seulement dont le capitaine accepta les services du cocher pour descendre du milord, on eût reconnu le quinquagénaire. Il y a des gestes dont la franche lourdeur a toute l'indiscrétion d'un acte de naissance. Le capitaine remit son gant jaune à sa main droite, et, sans rien demander au concierge, se dirigea vers le perron du rez-de-chaussée de l'hôtel d'un air qui disait : « Elle est à moi ! » Les portiers de Paris ont le coup d'œil savant, ils n'arrêtent point les gens décorés, vêtus de bleu, à démarche pesante ; enfin ils connaissent les riches.

Ce rez-de-chaussée était occupé tout entier par monsieur le baron Hulot d'Ervy, commissaire ordonnateur sous la République, ancien intendant-général d'armée, et alors directeur d'une des plus importantes administrations du Ministère de la Guerre, Conseiller-d'État, grand-officier de la Légion-d'Honneur, etc., etc.

Ce baron Hulot s'était nommé lui-même d'Ervy, lieu de sa naissance, pour se distinguer de son frère, le célèbre général Hulot, colonel des grenadiers de la garde impériale, que l'Empereur avait créé comte de Forzheim, après la campagne de 1809. Le frère aîné, le comte, chargé de prendre soin de son frère cadet, l'avait, par prudence paternelle, placé dans l'administration militaire où, grâce à leurs doubles services, le baron obtint et mérita la faveur de Napoléon. Dès 1807, le baron Hulot était intendant-général des armées en Espagne.

Après avoir sonné, le capitaine bourgeois fit de grands efforts pour remettre en place son habit, qui s'était autant retroussé par derrière que par devant, poussé par l'action d'un ventre pyriforme. Admis aussitôt qu'un domestique en livrée l'eut aperçu, cet homme important et imposant suivit le domestique, qui dit en ouvrant la porte du salon : — Monsieur Crevel !

En entendant ce nom, admirablement approprié à la tournure de celui qui le portait, une grande femme blonde, très-bien conservée, parut avoir reçu comme une commotion électrique et se leva.

— Hortense, mon ange, va dans le jardin avec ta cousine Bette, dit-elle vivement à sa fille qui brodait à quelques pas d'elle.

Après avoir gracieusement salué le capitaine, mademoiselle Hortense Hulot sortit par une porte-fenêtre, en emmenant avec elle une vieille fille sèche qui paraissait plus âgée que la baronne, quoiqu'elle eût cinq ans de moins.

— Il s'agit de ton mariage, dit la cousine Bette à l'oreille de sa petite cousine Hortense sans paraître offensée de la façon dont la baronne s'y prenait pour les renvoyer, en la comptant pour presque rien.

La mise de cette cousine eût au besoin expliqué ce sans-gêne.

Cette vieille fille portait une robe de mérinos, couleur raisin de Corinthe, dont la coupe et les lisérés dataient de la Restauration, une collerette brodée qui pouvait valoir trois francs, un chapeau de paille cousue à coques de satin bleu bordées de paille comme on en voit aux revendeuses de la halle. A l'aspect de souliers en peau de chèvre dont la façon annonçait un cordonnier du dernier ordre, un étranger aurait hésité à saluer la cousine Bette comme une parente de la maison, car elle ressemblait tout à fait à une couturière en journée. Néanmoins la vieille fille ne sortit pas sans faire un petit salut affectueux à monsieur Crevel, auquel ce personnage répondit par un signe d'intelligence.

— Vous viendrez demain, n'est-ce pas, mademoiselle Fischer? dit-il.

— Vous n'avez pas de monde? demanda la cousine Bette.

— Mes enfants et vous, voilà tout, répliqua le visiteur.

— Bien, répondit-elle, comptez alors sur moi.

— Me voici, madame, à vos ordres, dit le capitaine de la milice bourgeoise en saluant de nouveau la baronne Hulot.

Et il jeta sur madame Hulot un regard comme Tartuffe en jette à Elmire, quand un acteur de province croit nécessaire de marquer les intentions de ce rôle, à Poitiers ou à Coutances.

— Si vous voulez me suivre par ici, monsieur, nous serons beaucoup mieux que dans ce salon pour causer d'affaires, dit madame Hulot en désignant une pièce voisine qui, dans l'ordonnance de l'appartement, formait un salon de jeu.

Cette pièce n'était séparée que par une légère cloison du boudoir dont la croisée donnait sur le jardin, et madame Hulot laissa monsieur Crevel seul pendant un moment, car elle jugea nécessaire de fermer la croisée et la porte du boudoir, afin que personne ne pût y venir écouter. Elle eut même la précaution de fermer également la porte-fenêtre du grand salon, en souriant à sa fille et à sa cousine qu'elle vit établies dans un vieux kiosque au fond du jardin. Elle revint en laissant ouverte la porte du salon de jeu, afin d'entendre ouvrir celle du grand salon, si quelqu'un y entrait. En allant et venant ainsi, la baronne, n'étant observée par personne, laissait dire à sa physionomie toute sa pensée ; et qui l'aurait vue, eût été presque épouvanté de son agitation. Mais en revenant de la porte d'entrée du grand salon au salon de jeu, sa figure se voila sous cette réserve impénétrable que toutes les femmes, même les plus franches, semblent avoir à commandement.

Pendant ces préparatifs au moins singuliers, le garde national examinait l'ameublement du salon où il se trouvait. En voyant les rideaux de soie, anciennement rouges, déteints en violet par l'action du soleil, et limés sur les plis par un long usage, un tapis d'où les couleurs avaient disparu, des meubles dédorés et dont la soie marbrée de taches était usée par bandes, des expressions de dédain, de contentement et d'espérance se succédèrent naïvement sur sa plate figure de commerçant parvenu. Il se regardait dans la glace, par-dessus une vieille pendule-Empire, en se passant lui-même en revue, quand le froufrou de la robe de soie lui annonça la baronne. Et il se remit aussitôt en position.

Après s'être jetée sur un petit canapé, qui certes avait été fort beau vers 1809, la baronne indiquant à Crevel un fauteuil dont les bras étaient terminés par des têtes de sphinx bronzées dont la peinture s'en allait par écailles en laissant voir le bois par places, lui fit signe de s'asseoir.

— Ces précautions que vous prenez, madame, seraient d'un charmant augure pour un...

— Un amant, répliqua-t-elle en interrompant le garde national.

— Le mot est faible, dit-il en plaçant sa main droite sur son cœur et roulant des yeux qui font presque toujours rire une femme quand elle leur voit froidement une pareille expression, amant! amant! dites ensorcelé?

— Écoutez, monsieur Crevel, reprit la baronne trop sérieuse pour pouvoir rire, vous avez cinquante ans, c'est dix ans de moins que monsieur Hulot, je le sais; mais, à mon âge, les folies d'une femme doivent être justifiées par la beauté, par la jeunesse, par la célébrité, par le mérite, par quelques-unes des splendeurs qui nous éblouissent au point de nous faire tout oublier, même notre âge. Si vous avez cinquante mille livres de rentes, votre âge contrebalance bien votre fortune; ainsi de tout ce qu'une femme exige, vous ne possédez rien...

— Et l'amour? dit le garde national en se levant et s'avançant, un amour qui...

— Non, monsieur, de l'entêtement! dit la baronne en l'interrompant pour en finir avec cette ridiculité.

— Oui, de l'entêtement et de l'amour, reprit-il, mais aussi quelque chose de mieux, des droits...

— Des droits? s'écria madame Hulot qui devint sublime de mépris, de défi, d'indignation. Mais, reprit-elle, sur ce ton, nous ne finirons jamais, et je ne vous ai pas demandé de venir ici pour causer de ce qui vous en a fait bannir malgré l'alliance de nos deux familles...

— Je l'ai cru...

— Encore! reprit-elle. Ne voyez-vous pas, monsieur, à la manière leste et dégagée dont je parle d'amant, d'amour, de tout ce qu'il y a de plus scabreux pour une femme, que je suis parfaitement sûre de rester vertueuse? Je ne crains rien, pas même d'être soupçonnée en m'enfermant avec vous. Est-ce là la conduite d'une femme faible? Vous savez bien pourquoi je vous ai prié de venir!..,

— Non, madame, répliqua Crevel en prenant un air froid.

Il se pinça les lèvres et se remit en position.

— Et bien! je serai brève pour abréger notre mutuel supplice, dit la baronne Hulot en regardant Crevel.

Crevel fit un salut ironique dans lequel un homme du métier eût reconnu les grâces d'un ancien commis-voyageur.

— Notre fils a épousé votre fille...

— Et si c'était à refaire!... dit Crevel.

— Ce mariage ne se ferait pas, répondit vivement la baronne, je m'en doute. Néanmoins, vous n'avez pas à vous plaindre. Mon fils est non-seulement un des premiers avocats de Paris, mais encore le voici député depuis un an, et son début à la chambre est assez éclatant pour faire supposer qu'avant peu de temps il sera ministre. Victorin a été nommé deux fois rapporteur de lois importantes, et il pourrait déjà devenir, s'il le voulait, avocat-général à la Cour de Cassation. Si donc vous me donnez à entendre que vous avez un gendre sans fortune...

— Un gendre que je suis obligé de soutenir, reprit Crevel, ce qui me semble pis, madame. Des cinq cent mille francs constitués en dot à ma fille, deux cents ont passé, Dieu sait à quoi!... à payer les dettes de monsieur votre fils, à meubler *mirobolamment* sa maison, une maison de cinq cent mille francs qui rapporte à peine quinze mille francs, puisqu'il en occupe la plus belle partie, et sur laquelle il redoit deux cent soixante mille francs... Le produit couvre à peine les intérêts de la dette. Cette année, je donne à ma fille une vingtaine de mille francs pour qu'elle puisse nouer les deux bouts. Et mon gendre, qui gagnait trente mille francs au Palais, disait-on, va négliger le Palais pour la Chambre...

— Ceci, monsieur Crevel, est encore un hors-d'œuvre, et nous éloigne du sujet. Mais, pour en finir là-dessus, si mon fils devient ministre, s'il vous fait nommer officier de la Légion-d'Honneur, et conseiller de Préfecture à Paris, pour un ancien parfumeur, vous n'aurez pas à vous plaindre?...

— Ah! nous y voici, madame. Je suis un épicier, un boutiquier, un ancien débitant de pâte d'amande, d'eau de Portugal, d'huile céphalique, on doit me trouver bien honoré d'avoir marié ma fille unique au fils de monsieur le baron Hulot d'Ervy, ma fille sera baronne. C'est Régence, c'est Louis XV, OEil-de-Bœuf! c'est très-bien... J'aime Célestine comme on aime une fille unique, je l'aime tant que, pour ne lui donner ni frère ni sœur, j'ai accepté tous les inconvénients du veuvage à Paris (et dans la force de l'âge, madame!), mais sachez bien que, malgré cet amour insensé pour ma fille, je n'entamerai pas ma fortune pour votre fils dont les dépenses ne me paraissent pas claires, à moi, ancien négociant...

— Monsieur, vous voyez en ce moment même au Ministère du Commerce, monsieur Popinot, un ancien droguiste de la rue des Lombards.

— Mon ami, madame!... dit le parfumeur retiré; car moi, Célestin Crevel, ancien premier commis du père César Birotteau, j'ai acheté le fonds dudit Birotteau, beau-père de Popinot, lequel Popinot était simple commis dans cet établissement, et c'est lui qui me le rappelle, car il n'est pas fier (c'est une justice à lui rendre) avec les gens bien posés et qui possèdent soixante mille francs de rente.

— Eh bien! monsieur, les idées que vous qualifiez par le mot Régence ne sont donc plus de mise à une époque où l'on accepte les hommes pour leur valeur personnelle? et c'est ce que vous avez fait en mariant votre fille à mon fils...

— Vous ne savez pas comment s'est conclu ce mariage!... s'écria Crevel. Ah! maudite vie de garçon! Sans mes déportements, ma Célestine serait aujourd'hui la vicomtesse Popinot!

— Mais, encore une fois, ne récriminons pas sur des faits accomplis, reprit énergiquement la baronne. Parlons du sujet de plainte que me donne votre étrange conduite. Ma fille Hortense a pu se marier, le mariage dépendait entièrement de vous, j'ai cru à des sentiments généreux chez vous, j'ai pensé que vous auriez rendu justice à une femme qui n'a jamais eu dans le cœur d'autre image que celle de son mari, que vous auriez reconnu la nécessité pour elle de ne pas recevoir un homme capable de la compromettre, et que vous vous seriez empressé, par honneur pour la famille à laquelle vous vous êtes allié, de favoriser l'établissement d'Hortense avec monsieur le conseiller Lebas... Et vous, monsieur, vous avez fait manquer ce mariage...

— Madame, répondit l'ancien parfumeur, j'ai agi en honnête homme. On est venu me demander si les deux cent mille francs de dot attribués à mademoiselle Hortense seraient payés. J'ai répondu textuellement ceci : « — Je ne le garantirais pas. Mon gendre, à qui la famille Hulot a constitué cette somme en dot, avait des dettes, et je crois que si monsieur Hulot d'Ervy mourait demain, sa veuve serait sans pain. » Voilà, belle dame.

— Auriez-vous tenu ce langage, monsieur, demanda madame Hulot en regardant fixement Crevel, si pour vous j'eusse manqué à mes devoirs ?...

— Je n'aurais pas eu le droit de le dire, chère Adeline, s'écria ce singulier amant en coupant la parole à la baronne, car vous trouveriez la dot dans mon portefeuille...

Et joignant la preuve à la parole, le gros Crevel mit un genou en terre et baisa la main de madame Hulot, en la voyant plongée par ces paroles dans une muette horreur qu'il prit pour de l'hésitation.

— Acheter le bonheur de ma fille au prix de... Oh! levez-vous, monsieur, ou je sonne.

L'ancien parfumeur se releva très-difficilement. Cette circonstance le rendit si furieux, qu'il se remit en position. Presque tous les hommes affectionnent une posture par laquelle ils croient faire ressortir tous les avantages dont les a doués la nature. Cette attitude, chez Crevel, consistait à se croiser les bras à la Napoléon, en mettant sa tête de trois quarts, et jetant son regard comme le peintre le lui faisait lancer dans son portrait, c'est-à-dire à l'horizon.

— Conserver, dit-il avec une fureur bien jouée, conserver sa foi à un libertin...

— A un mari, monsieur, qui en est digne, reprit madame Hulot en interrompant Crevel pour ne pas lui laisser prononcer un mot qu'elle ne voulait pas entendre.

— Tenez, madame, vous m'avez écrit de venir, vous voulez savoir les raisons de ma conduite, vous me poussez à bout avec vos airs d'impératrice, avec votre dédain, et votre... mépris! Ne dirait-on pas que je suis un nègre? Je vous le répète, croyez-moi! j'ai le droit de vous... de vous faire la cour... car... Mais, non, je vous aime assez pour me taire...

— Parlez, monsieur, j'ai dans quelques jours quarante-huit ans, je ne suis pas sottement prude, je puis tout écouter...

— Voyons, me donnez-vous votre parole d'honnête femme, car vous êtes, malheureusement pour moi, une honnête femme, de ne jamais me nommer, de ne pas dire que je vous livre ce secret?...

— Si c'est la condition de la révélation, je jure de ne nommer à personne, pas même à mon mari, la personne de qui j'aurai su les énormités que vous allez me confier.

— Je le crois bien, car il ne s'agit que de vous et de lui...

Madame Hulot pâlit.

— Ah! si vous aimez encore Hulot, vous allez souffrir! Voulez-vous que je me taise?...

— Parlez, monsieur, car il s'agit, selon vous, de justifier à mes yeux les étranges déclarations que vous m'avez faites, et votre persistance à tourmenter une femme de mon âge, qui voudrait marier sa fille et puis... mourir en paix!

— Vous le voyez, vous êtes malheureuse...

— Moi, monsieur?

— Oui, belle et noble créature! s'écria Crevel, tu n'as que trop souffert...

— Monsieur, taisez-vous et sortez! ou parlez-moi convenablement.

— Savez-vous, madame, comment le sieur Hulot et moi, nous nous sommes connus?... chez nos maîtresses, madame.

— Oh! monsieur...

— Chez nos maîtresses, madame, répéta Crevel d'un ton mélodramatique et en rompant sa position pour faire un geste de la main droite.

— Eh bien! après, monsieur?... dit tranquillement la baronne au grand ébahissement de Crevel.

Les séducteurs à petits motifs ne comprennent jamais les grandes âmes.

— Moi, veuf depuis cinq ans, reprit Crevel en parlant comme un homme qui va raconter une histoire, ne voulant pas me remarier, dans l'intérêt de ma fille que j'idolâtre, ne voulant pas non plus avoir d'accointances chez moi, quoique j'eusse alors une très-jolie dame de comptoir, j'ai mis, comme on dit, dans ses meubles une petite ouvrière de quinze ans, d'une beauté miraculeuse et de qui, je l'avoue, je devins amoureux à en perdre la tête. Aussi, madame, ai-je prié ma propre tante, que j'ai fait venir de mon pays (la sœur de ma mère!) de vivre avec cette charmante créature et de la surveiller pour qu'elle restât aussi sage que possible dans cette situation, comment dire?... *chocnoso*... non, illicite!... La petite, dont la vocation pour la musique était visible, a eu des maîtres, elle a reçu de l'éducation (il fallait bien l'occuper!). Et d'ailleurs, je voulais être à la fois son père, son bienfaiteur, et, lâchons le mot, son amant; faire d'une pierre deux coups, une bonne action et une bonne amie. J'ai été heureux cinq ans. La petite a l'une de ces voix qui sont la fortune d'un théâtre, et je ne peux la qualifier autrement qu'en disant que c'est Duprez en jupon. Elle m'a coûté deux mille francs par an, uniquement pour lui donner son talent de cantatrice. Elle m'a rendu fou de la musique, j'ai eu pour elle et pour ma fille une loge aux Italiens. J'y allais alternativement un jour avec Célestine, un jour avec Joséplia...

— Comment, cette illustre cantatrice?...

— Oui, madame, reprit Crevel avec orgueil, cette fameuse Joséplia me doit tout... Enfin, quand la petite eut vingt ans, en 1834, croyant l'avoir attachée à moi pour toujours, et devenu très-faible avec elle, je voulus lui donner quelques distractions, je lui laissai voir une jolie petite actrice, Jenny Cadine, dont la destinée avait quelque similitude avec la sienne. Cette actrice devait aussi tout à un protecteur, qui l'avait élevée à la brochette. Ce protecteur était le baron Hulot...

— Je le sais, monsieur, dit la baronne d'une voix calme et sans la moindre altération.

— Ah! bah! s'écria Crevel de plus en plus ébahi. Bien! Mais savez-vous que votre monstre d'homme a *protégé* Jenny Cadine, à l'âge de treize ans?

— Eh bien! monsieur, après? dit la baronne.

— Comme Jenny Cadine, reprit l'ancien négociant, en avait vingt, ainsi que Joséplia, lorsqu'elles se sont connues, le baron jouait le rôle de Louis XV vis-à-vis de mademoiselle de Romans, dès 1826, et vous aviez alors douze ans de moins...

— Monsieur, j'ai eu des raisons pour laisser à monsieur Hulot sa liberté.

— Ce mensonge-là, madame, suffira sans doute à effacer tous les péchés que vous avez commis, et vous ouvrira la porte du paradis, répliqua Crevel d'un air fin qui fit rougir la baronne. Dites cela, femme sublime et adorée, à d'autres; mais pas au père Crevel, qui, sachez-le bien, a trop souvent banqueté dans des parties carrées avec votre scélérat de mari, pour ne pas savoir tout ce que vous valez! Il s'adressait parfois des reproches, entre deux vins, en me détaillant vos perfections. Oh! je vous connais bien : vous êtes un ange. Entre une jeune fille de vingt ans et vous, un libertin hésiterait, moi je n'hésite pas.

— Monsieur!...

— Bien, je m'arrête... Mais apprenez, sainte et digne femme, que les maris, une fois gris, racontent bien des choses de leurs épouses chez leurs maîtresses qui en rient, comme des crevées.

Des larmes de pudeur, qui roulèrent entre les beaux cils de madame Hulot, arrêtèrent net le garde national et il ne pensa plus à se remettre en position.

— Je reprends, dit-il. Nous nous sommes liés, le baron et moi, par nos coquines. Le baron, comme tous les gens vicieux, est très-aimable, et vraiment bon enfant. Oh! m'a-t-il plu, ce drôle-là! Non, il avait des inventions... enfin laissons là ces souvenirs... Nous sommes devenus comme deux frères... Le scélérat, tout à fait Régence, essayait bien de me dépraver, de me prêcher le saint-simonisme en fait de femmes, de me donner des idées de grand seigneur, de justaucorps bleu; mais, voyez-vous, j'aimais ma petite à l'épouser, si je n'avais pas craint d'avoir des enfants. Entre deux vieux papas, amis comme... comme nous l'étions, comment voulez-vous que nous n'ayons pas pensé à marier nos enfants? Trois mois après le mariage de son fils avec ma Célestine, Hulot, (je ne sais pas comment je prononce son nom, l'infâme! car il nous a trompés tous les deux, madame!...) eh bien! l'infâme m'a soufflé ma petite Josépha. Ce scélérat se savait supplanté par un jeune Conseiller-d'État et par un artiste (excusez du peu!) dans le cœur de Jenny Cadine, dont les succès étaient de plus en plus *esbrouffants,* et il m'a pris ma pauvre petite maîtresse, un amour de femme; mais vous l'avez vue assurément aux Italiens où il l'a fait entrer par son crédit. Votre homme n'est pas aussi sage que moi, qui suis réglé comme un papier de musique, (il avait été déjà pas mal entamé par Jenny Cadine qui lui coûtait bien près de trente mille francs par an). Eh bien! sachez-le, il achève de se ruiner pour Josépha. Josépha, madame, est juive, elle se nomme Mirah (c'est l'anagramme de Hiram), un chiffre israélite pour pouvoir la reconnaître, car c'est une enfant abandonnée en Allemagne (les recherches que j'ai faites prouvent qu'elle est la fille naturelle d'un riche banquier juif). Le théâtre, et surtout les instructions que Jenny Cadine, madame Schontz, Malaga, Carabine ont données sur la manière de traiter les vieillards, à cette petite que je tenais dans une voie honnête et peu coûteuse, ont développé chez elle l'instinct des premiers Hébreux pour l'or et les bijoux, pour le Veau d'or! La cantatrice célèbre, devenue âpre à la curée, veut être riche, très-riche. Aussi ne dissipe-t-elle rien de ce qu'on dissipe pour elle. Elle s'est essayée sur le sieur Hulot, qu'elle a plumé net, oh! plumé, ce qui s'appelle *rasé!* Ce malheureux, après avoir lutté contre un des Keller et le marquis d'Esgrignon, fous tous deux de Josépha, sans compter les idolâtres inconnus, va se la voir enlever par ce duc si puissamment riche qui protége les arts. Comment l'appelez-vous?... un nain?... ah! le duc d'Hérouville. Ce grand seigneur a la prétention d'avoir à lui seul Josépha, tout le monde courtisanesque en parle, et le baron n'en sait rien; car il en est au treizième arrondissement comme dans tous les autres : l'amant est, comme les maris, le dernier instruit. Comprenez-vous mes droits, maintenant? Votre époux, belle dame, m'a privé de mon bonheur, de la seule joie que j'ai eue depuis mon veuvage. Oui, si je n'avais pas eu le malheur de rencontrer ce vieux roquentin, je posséderais encore Josépha; car, moi, voyez-vous, je ne l'aurais jamais mise au théâtre, elle serait restée obscure, sage, et à moi. Oh! si vous l'aviez vue, il y a huit ans : mince et nerveuse, le teint doré d'une Andalouse, comme on dit, les cheveux noirs et luisants comme du satin, un œil à longs cils bruns qui jetait des éclairs, une distinction de duchesse dans les gestes, la modestie de la pauvreté, de la grâce honnête, de la gentillesse comme une biche sauvage. Par la faute du sieur Hulot, ces charmes, cette pureté, tout est devenu piége à loup, chatière à pièces de cent sous. La petite est la reine des impures, comme on dit. Enfin elle *blague,* aujourd'hui, elle qui ne connaissait rien de rien, pas même ce mot-là !

En ce moment, l'ancien parfumeur s'essuya les yeux où roulaient quelques larmes. La sincérité de cette douleur agit sur madame Hulot qui sortit de la rêverie où elle était tombée.

— Eh bien ! madame, est-ce à cinquante-deux ans qu'on retrouve un pareil trésor? A cet âge, l'amour coûte trente mille francs par an, j'en ai su le chiffre par votre mari, et moi, j'aime trop Célestine pour la ruiner. Quand je vous ai vue, à la première soirée que vous nous avez donnée, je n'ai pas compris que ce scélérat de Hulot entretînt une Jenny Cadine... Vous aviez l'air d'une impératrice. Vous n'avez pas trente ans, madame, reprit-il, vous me paraissez jeune, vous êtes belle. Ma parole d'honneur, ce jour-là j'ai été touché à fond, je me disais : « Si je n'avais pas ma Josépha, puisque le père Hulot délaisse sa femme, elle m'irait comme un gant. » Ah! pardon! c'est un mot de mon ancien état. Le parfumeur revient de temps en temps, c'est ce qui m'empêche d'aspirer à la députation). Aussi, lorsque j'ai été si lâchement trompé par le baron, car entre vieux drôles comme nous, les maîtresses de nos amis devraient être sacrées, me suis-je juré de lui prendre sa femme. C'est justice. Le baron n'aurait rien à dire, et l'impunité nous est acquise. Vous m'avez mis à la porte comme un chien galeux aux premiers mots que je vous ai touchés de l'état de mon cœur ; vous avez redoublé par là mon amour, mon entêtement, si vous voulez, et vous serez à moi.

— Et comment ?

— Je ne sais pas, mais ce sera. Voyez-vous, madame, un imbécile de parfumeur (retiré !) qui n'a qu'une idée en tête, est plus fort qu'un homme d'esprit qui en a des milliers. Je suis *toqué* de vous, et vous êtes ma vengeance ! c'est comme si j'aimais deux fois. Je vous parle à cœur ouvert, en homme résolu. De même que vous me dites : « je ne serai pas à vous, » je cause froidement avec vous. Enfin, selon le proverbe, je joue cartes sur table. Oui, vous serez à moi, dans un temps donné... Oh ! vous auriez cinquante ans, vous seriez encore ma maîtresse. Et ce sera, car moi j'attends tout de votre mari...

Madame Hulot jeta sur ce bourgeois calculateur un regard si fixe de terreur, qu'il la crut devenue folle, et il s'arrêta.

— Vous l'avez voulu, vous m'avez couvert de votre mépris, vous m'avez défié, j'ai parlé ! dit-il en éprouvant le besoin de justifier la sauvagerie de ses dernières paroles.

— Oh! ma fille, ma fille! s'écria la baronne d'une voix de mourante.

— Ah! je ne connais plus rien! reprit Crevel. Le jour où Joséphą m'a été prise, j'étais comme une tigresse à qui l'on a enlevé ses petits... Enfin, j'étais comme je vous vois en ce moment. Votre fille! c'est, pour moi, le moyen de vous obtenir. Oui, j'ai fait manquer le mariage de votre fille !... et vous ne la marierez point sans mon secours! Quelque belle que soit mademoiselle Hortense, il lui faut une dot...

— Hélas! oui! dit la baronne en s'essuyant les yeux.

— Eh bien ! essayez de demander dix mille francs au baron, reprit Crevel qui se remit en position.

Il attendit pendant un moment, comme un acteur qui *marque un temps.*

— S'il les avait, il les donnerait à celle qui remplacera Joséplia! dit-il en forçant son *medium*. Dans la voie où il est, s'arrête-t-on? Il aime d'abord trop les femmes! (Il y a en tout un juste milieu, comme a dit notre Roi.) Et puis la vanité s'en mêle! C'est un bel homme! Il vous mettra tous sur la paille pour son plaisir. Vous êtes déjà d'ailleurs sur le chemin de l'hôpital. Tenez, depuis que je n'ai mis les pieds chez vous, vous n'avez pas pu renouveler le meuble de votre salon. Le mot GÊNE est vomi par toutes les lézardes de ces étoffes. Quel est le gendre qui ne sortira pas épouvanté des preuves mal déguisées de la plus horrible des misères, celle des gens comme il faut? J'ai été boutiquier, je m'y connais. Il n'y a rien de tel que le coup d'œil du marchand de Paris pour savoir découvrir la richesse réelle et la richesse apparente.... Vous êtes sans le sou, dit-il à voix basse. Cela se voit en tout, même sur l'habit de votre domestique. Voulez-vous que je vous révèle d'affreux mystères qui vous sont cachés?...

— Monsieur, dit madame Hulot qui pleurait à mouiller son mouchoir, assez! assez!

— Eh bien! mon gendre donne de l'argent à son père, et voilà ce que je voulais vous dire, en débutant, sur le train de votre fils. Mais je veille aux intérêts de ma fille... soyez tranquille.

— Oh! marier ma fille et mourir!... dit la malheureuse femme qui perdit la tête.

— Eh bien! en voici le moyen? reprit Crevel.

Madame Hulot regarda Crevel avec un air d'espérance qui changea si rapidement sa physionomie, que ce seul mouvement aurait dû attendrir Crevel et lui faire abandonner son projet ridicule.

— Vous serez belle encore dix ans, reprit Crevel en position, ayez des bontés pour moi, et mademoiselle Hortense est mariée. Hulot m'a donné le droit, comme je vous disais, de poser le marché, tout crûment, et il ne se fâchera pas. Depuis trois ans, j'ai fait valoir mes capitaux, car mes fredaines ont été restreintes. J'ai trois cent mille francs de gain en dehors de ma fortune, ils sont à vous...

— Sortez, monsieur, dit madame Hulot, sortez, et ne reparaissez jamais devant moi. Sans la nécessité où vous m'avez mise de savoir le secret de votre lâche conduite dans l'affaire du mariage projeté pour Hortense... Oui, lâche... reprit-elle à un geste de Crevel. Comment faire peser de pareilles inimitiés sur une pauvre fille, sur une belle et innocente créature?... Sans cette nécessité qui poignait mon cœur de mère, vous ne m'auriez jamais reparlé, vous ne seriez plus rentré chez moi. Trente-deux ans d'honneur, de loyauté de femme ne périront pas sous les coups de monsieur Crevel...

— Ancien parfumeur, successeur de César de Birotteau, à la Reine des Roses, rue Saint-Honoré, dit railleusement Crevel, ancien adjoint au maire, capitaine de la garde nationale, chevalier de la Légion-d'Honneur, absolument comme mon prédécesseur...

— Monsieur, reprit la baronne, monsieur Hulot, après vingt ans de constance, a pu se lasser de sa femme, ceci ne regarde que moi ; mais vous voyez, monsieur, qu'il a mis bien du mystère à ses infidélités, car j'ignorais qu'il vous eût succédé dans le cœur de mademoiselle Josépha...

— Oh ! s'écria Crevel, à prix d'or, madame... Cette fauvette lui coûte plus de cent mille francs depuis deux ans. Ah ! ah ! vous n'êtes pas au bout...

— Trêve à tout ceci, monsieur Crevel. Je ne renoncerai pas pour vous au bonheur qu'une mère éprouve à pouvoir embrasser ses enfants sans se sentir un remords au cœur, à se voir respectée, aimée par sa famille, et je rendrai mon âme à Dieu sans souillure...

— *Amen !* dit Crevel avec cette amertume diabolique qui se répand sur la figure des gens à prétention quand ils ont échoué de nouveau dans de pareilles entreprises. Vous ne connaissez pas la misère à son dernier période, la honte... le déshonneur... J'ai tenté de vous éclairer, je voulais vous sauver, vous et votre fille !... eh bien ! vous épèlerez la parabole moderne du *père prodigue,* depuis la première jusqu'à la dernière lettre. Vos larmes et votre fierté me touchent, car voir pleurer une femme qu'on aime, c'est affreux !... dit Crevel en s'asseyant. Tout ce que je puis vous promettre, chère Adeline, c'est de ne rien faire contre vous, ni contre votre mari ; mais n'envoyez jamais aux renseignements chez moi. Voilà tout !

— Que faire, donc ? s'écria madame Hulot.

Jusque-là, la baronne avait soutenu courageusement les triples tortures que cette explication imposait à son cœur, car elle souffrait comme femme, comme mère et comme épouse. En effet, tant que le beau-père de son fils s'était montré rogue et agressif, elle avait trouvé de la force dans la résistance qu'elle opposait à la brutalité du boutiquier; mais la bonhomie qu'il manifestait au milieu de son exaspération d'amant rebuté, de beau garde national humilié, détendit ses fibres montées à se briser; elle se tordit les mains, elle fondit en larmes, et elle était dans un tel état d'abattement stupide, qu'elle se laissa baiser les mains par Crevel à genoux.

— Mon Dieu! que devenir? reprit-elle en s'essuyant les yeux. Une mère peut-elle voir froidement sa fille dépérir sous ses yeux? Quel sera le sort d'une si magnifique créature, aussi forte de sa vie chaste auprès de sa mère, que de sa nature privilégiée! Par certains jours, elle se promène dans le jardin, triste, sans savoir pourquoi; je la trouve avec des larmes dans les yeux...

— Elle a vingt-un ans, dit Crevel.

— Faut-il la mettre au couvent? demanda la baronne, car dans de pareilles crises, la religion est souvent impuissante contre la nature, et les filles les plus pieusement élevées perdent la tête!... Mais levez-vous donc, monsieur, ne voyez-vous pas que, maintenant, tout est fini entre nous, que vous me faites horreur, que vous avez renversé la dernière espérance d'une mère!...

— Et si je la relevais?... dit-il.

Madame Hulot regarda Crevel avec une expression délirante qui le toucha; mais il refoula la pitié dans son cœur, à cause de ce mot : *Vous me faites horreur!* La Vertu est toujours un peu trop tout d'une pièce, elle ignore les nuances et les tempéraments à l'aide desquels on louvoie dans une fausse position.

— On ne marie pas aujourd'hui, sans dot, une fille aussi belle que l'est mademoiselle Hortense, reprit Crevel en reprenant son air pincé. Votre fille est une de ces beautés effrayantes pour les maris; c'est comme un cheval de luxe qui exige trop de soins coûteux pour avoir beaucoup d'acquéreurs. Allez donc à pied avec une pareille femme au bras? tout le monde vous regardera, vous suivra, désirera votre épouse. Ce succès inquiète beaucoup de gens qui ne veulent pas avoir des amants à tuer; car, après tout, on n'en tue jamais qu'un. Vous ne pouvez, dans la situation où vous êtes, marier votre fille que de trois manières : par mon secours, vous n'en voulez pas! et d'un; en trouvant un vieillard de soixante ans, très-riche, sans enfants; et qui voudrait en avoir, c'est difficile, mais cela se rencontre, il y a tant de vieux qui prennent des Josépha, des Jenny Cadine, pourquoi n'en rencontrerait-on pas un qui ferait la même bêtise légitimement?... Si je n'avais pas ma Célestine et nos deux petits enfants, j'épouserais Hortense. Et de deux! La dernière manière est la plus facile...

Madame Hulot leva la tête, et regarda l'ancien parfumeur avec anxiété.

— Paris est une ville où tous les gens d'énergie qui poussent comme des sauvageons sur le territoire français, se donnent rendez-vous, et il y grouille bien des talents, sans feu ni lieu, des courages capables de tout, même de faire fortune... Eh bien! ces garçons-là... (Votre serviteur en était dans son temps, et il en a connu!... Qu'avait du Tillet? Qu'avait Popinot, il y a vingt ans?... ils pataugeaient tous les deux dans la boutique du papa Birotteau, sans autre capital que l'envie de parvenir, qui, selon moi, vaut le plus beau capital!... On mange des capitaux, et l'on ne se mange pas le moral!... Qu'avais-je, moi? l'envie de parvenir, du courage. Du Tillet est l'égal aujourd'hui des plus grands personnages. Le petit Popinot, le plus riche droguiste de la rue des Lombards, est devenu député, le voilà ministre...) Eh bien! l'un de ces *condottierri*, comme on dit, de la commandite, de la plume ou de la brosse, est le seul être, à Paris, capable d'épouser une belle fille sans le sou, car ils ont tous les genres de courage. Monsieur Popinot a épousé mademoiselle Birotteau sans espérer un liard de dot. Ces gens-là sont fous! ils croient à l'amour, comme ils croient à leur fortune et à leurs facultés!... Cherchez un homme d'énergie qui devienne amoureux de votre fille et il l'épousera sans regarder au présent. Vous m'avouerez que, pour un ennemi, je ne manque pas de générosité; car ce conseil est contre moi.

— Ah! monsieur Crevel, si vous vouliez être mon ami, quitter vos idées ridicules!...

— Ridicules? madame, ne vous démolissez pas ainsi, regardez-vous... Je vous aime et vous viendrez à moi! Je veux dire un jour à Hulot : « Tu m'as pris Josépha, j'ai ta femme!... » C'est la vieille loi du talion! Et je poursuivrai l'accomplissement de mon projet, à moins que vous ne deveniez excessivement laide. Je réussirai, voici pourquoi, dit-il en se mettant en position et regardant madame Hulot.

— Vous ne rencontrerez ni un vieillard, ni un jeune homme amoureux, reprit-il après une pause, parce que vous aimez trop votre fille pour la livrer aux manœuvres d'un vieux libertin, et que vous ne vous résignerez pas, vous, baronne Hulot, sœur du vieux lieutenant-général qui commandait les vieux grenadiers de la vieille garde, à prendre l'homme d'énergie là où il sera; car il peut se trouver simple ouvrier, comme tel millionnaire d'aujourd'hui se trouvait simple mécanicien il y a dix ans, simple conducteur de travaux, simple contre-maître de fabrique. Et alors, en voyant votre fille, poussée par ses vingt ans, capable de vous déshonorer, vous vous direz : « Il vaut mieux que ce soit moi qui me déshonore; et si monsieur Crevel veut me garder le secret, je vais gagner la dot de ma fille, deux cent mille francs, pour dix ans d'attachement à cet ancien marchand de gants... le père Crevel!... » Je vous ennuie, et ce que je dis est profondément immoral, n'est-ce pas? Mais si vous étiez mordue par une passion irrésistible, vous vous feriez, pour me céder, des raisonnements comme s'en font les femmes qui aiment... Eh bien! l'intérêt d'Hortense vous les mettra dans le cœur, ces capitulations de conscience...

— Il reste à Hortense un oncle.

— Qui, le père Fischer?... il arrange ses affaires, et par la faute du baron encore, dont le râteau passe sur toutes les caisses qui sont à sa portée.

— Le comte Hulot...

— Oh! votre mari, madame, a déjà fricassé les économies du vieux lieutenant-général, il en a meublé la maison de sa cantatrice. Voyons, me laisserez-vous partir sans espérance?

— Adieu, monsieur. On guérit facilement d'une passion pour une femme de mon âge, et vous prendrez des idées chrétiennes. Dieu protége les malheureux...

La baronne se leva pour forcer le capitaine à la retraite, et elle le repoussa dans le grand salon.

— Est-ce au milieu de pareilles guenilles que devrait vivre la belle madame Hulot? dit-il.

Et il montrait une vieille lampe, un lustre dédoré, les cordes du tapis, enfin les haillons de l'opulence qui faisaient de ce grand salon blanc, rouge et or, un cadavre des fêtes impériales.

— La vertu, monsieur, reluit sur tout cela. Je n'ai pas envie de devoir un magnifique mobilier en faisant de cette beauté, que vous me prêtez, *des piéges à loups, des chatières à pièces de cent sous!*

2.

Le capitaine se mordit les lèvres en reconnaissant les expressions par lesquelles il venait de flétrir l'avidité de Josépha.

— Et pour qui cette persévérance? demanda-t-il.

En ce moment la baronne avait éconduit l'ancien parfumeur jusqu'à la porte.

— Pour un libertin!... ajouta-t-il en faisant une moue d'homme vertueux et millionnaire.

— Si vous aviez raison, monsieur, ma constance aurait alors quelque mérite, voilà tout.

Elle laissa le capitaine après l'avoir salué comme on salue pour se débarrasser d'un importun, et se retourna trop lestement pour le voir une dernière fois en position. Elle alla rouvrir les portes qu'elle avait fermées, et ne put remarquer le geste menaçant par lequel Crevel lui dit adieu. Elle marchait fièrement, noblement, comme une martyre au Colysée. Elle avait néanmoins épuisé ses forces, car elle se laissa tomber sur le divan de son boudoir bleu, comme une femme près de se trouver mal, et elle resta les yeux attachés sur le kiosque en ruines où sa fille babillait avec la cousine Bette.

Depuis les premiers jours de son mariage jusqu'en ce moment, la baronne avait aimé son mari, comme Joséphine a fini par aimer Napoléon, d'un amour admiratif, d'un amour maternel, d'un amour lâche. Si elle ignorait les détails que Crevel venait de lui donner, elle savait cependant fort bien que, depuis vingt ans, le baron Hulot lui faisait des infidélités; mais elle s'était mis sur les yeux un voile de plomb, elle avait pleuré silencieusement, et jamais une parole de reproche ne lui était échappée. En retour de cette angélique douceur, elle avait obtenu la vénération de son mari, et comme un culte divin autour d'elle. L'affection qu'une femme porte à son mari, le respect dont elle l'entoure, sont contagieux dans la famille. Hortense croyait son père un modèle accompli d'amour conjugal. Quant à Hulot fils, élevé dans l'admiration du baron, en qui chacun voyait un des géants qui secondèrent Napoléon, il savait devoir sa position au nom, à la place et à la considération paternelle; d'ailleurs, les impressions de l'enfance exercent une longue influence, et il craignait encore son père; aussi eût-il soupçonné les irrégularités révélées par Crevel, déjà trop respectueux pour s'en plaindre, il les aurait excusées par des raisons tirées de la manière de voir des hommes à ce sujet.

Maintenant il est nécessaire d'expliquer le dévouement extraordinaire de cette belle et noble femme ; et voici l'histoire de sa vie en peu de mots.

Dans un village situé sur les extrêmes frontières de la Lorraine, au pied des Vosges, trois frères, du nom de Fischer, simples laboureurs, partirent, par suite des réquisitions républicaines, à l'armée dite du Rhin.

En 1799, le second des frères, André, veuf et père de madame Hulot, laissa sa fille aux soins de son frère aîné, Pierre Fischer, qu'une blessure reçue en 1797 avait rendu incapable de servir, et fit quelques entreprises partielles dans les Transports Militaires, service qu'il dut à la protection de l'ordonnateur Hulot d'Ervy. Par un hasard assez naturel, Hulot, qui vint à Strasbourg, vit la famille Fischer. Le père d'Adeline et son jeune frère étaient alors soumissionnaires des fourrages en Alsace.

Adeline, alors âgée de seize ans, pouvait être comparée à la fameuse madame du Barry, comme elle, fille de la Lorraine. C'était une de ces beautés complètes, foudroyantes, une de ces femmes semblables à madame Tallien, que la Nature fabrique avec un soin particulier ; elle leur dispense ses plus précieux dons : la distinction, la noblesse, la grâce, la finesse, l'élégance, une chair à part, un teint broyé dans cet atelier inconnu où travaille le hasard. Ces belles femmes-là se ressemblent toutes entre elles. Bianca Capella dont le portrait est un des chefs-d'œuvre de Bronzino, la Vénus de Jean Goujon dont l'original est la fameuse Diane de Poitiers, la signora Olympia dont le portrait est à la galerie Doria, enfin Ninon, madame du Barry, madame Tallien, mademoiselle Georges, madame Récamier, toutes ces femmes, restées belles en dépit des années, de leurs passions ou de leur vie à plaisirs excessifs, ont dans la taille, dans la charpente, dans le caractère de la beauté des similitudes frappantes, et à faire croire qu'il existe dans l'océan des générations un courant aphrodisien d'où sortent toutes ces Vénus, filles de la même onde salée !

Adeline Fischer, une des plus belles de cette tribu divine, possédait les caractères sublimes, les lignes serpentines, le tissu vénéneux de ces femmes nées reines. La chevelure blonde que notre mère Ève a tenue de la main de Dieu, une taille d'impératrice, un air de grandeur, des contours augustes dans le profil, une modestie villageoise arrêtaient sur son passage tous les hommes, charmés comme le sont les amateurs devant un Raphaël; aussi, la voyant, l'ordonnateur fit-il, de mademoiselle Adeline Fischer, sa femme dans le temps légal, au grand étonnement des Fischer, tous nourris dans l'admiration de leurs supérieurs.

L'aîné, soldat de 1792, blessé grièvement à l'attaque des lignes de Wissembourg, adorait l'empereur Napoléon et tout ce qui tenait à la Grande-Armée. André et Johann parlaient avec respect de l'ordonnateur Hulot, ce protégé de l'Empereur à qui, d'ailleurs, ils devaient leur sort, car Hulot d'Ervy, leur trouvant de l'intelligence et de la probité, les avait tirés des charrois de l'armée pour les mettre à la tête d'une Régie d'urgence. Les frères Fischer avaient rendu des services pendant la campagne de 1804. Hulot, à la paix, leur avait obtenu cette fourniture des fourrages en Alsace, sans savoir qu'il serait envoyé plus tard à Strasbourg pour y préparer la campagne de 1806.

Ce mariage fut, pour la jeune paysanne, comme une Assomption. La belle Adeline passa sans transition des boues de son village dans le paradis de la cour impériale. En effet, dans ce temps-là, l'ordonnateur, l'un des travailleurs les plus probes, les plus actifs de son corps, fut nommé baron, appelé près de l'Empereur, et attaché à la garde impériale. Cette belle villageoise eut le courage de faire son éducation par amour pour son mari, de qui elle fut exactement folle. L'ordonnateur en chef était d'ailleurs en homme, une réplique d'Adeline en femme. Il appartenait au corps d'élite des beaux hommes. Grand, bien fait, blond, l'œil bleu et d'un feu, d'un jeu, d'une nuance irrésistibles, la taille élégante, il était remarqué parmi les d'Orsay, les Forbin, les Ouvrard, enfin dans le bataillon des beaux de l'Empire. Homme à conquêtes et imbu des idées du Directoire en fait de femmes, sa carrière galante fut alors interrompue pendant assez long-temps par son attachement conjugal.

Pour Adeline, le baron fut donc, dès l'origine, une espèce de Dieu qui ne pouvait faillir; elle lui devait tout : la fortune, elle eut voiture, hôtel, et tout le luxe du temps; le bonheur, elle était aimée publiquement; un titre, elle était baronne; enfin la célébrité, on l'appela la belle madame Hulot, à Paris; enfin, elle eut l'honneur de refuser les hommages de l'Empereur qui lui fit présent d'une rivière en diamants, et qui la distingua toujours, car il demandait de temps en temps : « Et la belle madame Hulot, est-elle toujours sage? » en homme capable de se venger de celui qui aurait triomphé là où il avait échoué.

Il n'est donc pas besoin de beaucoup d'intelligence pour reconnaître, dans une âme simple, naïve et belle, les motifs du fanatisme que madame Hulot mêlait à son amour. Après s'être bien dit que son mari ne saurait jamais avoir de torts envers elle, elle se fit, dans son for intérieur, la servante humble, dévouée et aveugle de son créateur. Remarquez d'ailleurs qu'elle était douée d'un grand bon sens, de ce bon sens du peuple qui rendit son éducation solide. Dans le monde, elle parlait peu, ne disait de mal de personne, ne cherchait pas à briller; elle réfléchissait sur toute chose, elle écoutait, et se modelait sur les plus honnêtes femmes, sur les mieux nées.

En 1815, Hulot suivit la ligne de conduite du prince de Vissembourg, l'un de ses amis intimes, et fut l'un des organisateurs de cette armée improvisée dont la déroute termina le cycle napoléonien à Waterloo. En 1816, le baron devint une des bêtes noires du ministère Feltre, et ne fut réintégré dans le corps de l'intendance qu'en 1823, car on eut besoin de lui pour la guerre d'Espagne. En 1830, il reparut dans l'administration comme quart de ministre, lors de cette espèce de conscription levée par Louis-Philippe dans les vieilles bandes napoléoniennes. Depuis l'avénement au trône de la branche cadette, dont il fut un actif coopérateur, il restait directeur indispensable au ministère de la guerre. Il avait d'ailleurs obtenu son bâton de maréchal, et le roi ne pouvait rien de plus pour lui, à moins de le faire ou ministre ou pair de France.

Inoccupé de 1818 à 1823, le baron Hulot s'était mis en service actif auprès des femmes. Madame Hulot faisait remonter les premières infidélités de son Hector au grand *finale* de l'Empire. La baronne avait donc tenu, pendant douze ans, dans son ménage, le rôle de *prima dona assoluta*, sans partage. Elle jouissait toujours de cette vieille affection invétérée que les maris portent à leurs femmes quand elles se sont résignées au rôle de douces et vertueuses compagnes, elle savait qu'aucune rivale ne tiendrait deux heures contre un mot de reproche, mais elle fermait les yeux, elle se bouchait les oreilles, elle voulait ignorer la conduite de son mari au dehors. Elle traitait enfin son Hector comme une mère traite un enfant gâté. Trois ans avant la conversation qui venait d'avoir lieu, Hortense reconnut son père aux Variétés, dans une loge d'avant-scène du rez-de-chaussée, en compagnie de Jenny Cadine, et s'écria : « — Voilà papa. —Tu te trompes, mon ange, il est chez le maréchal, répondit la baronne. » La baronne avait bien vu Jenny Cadine ; mais au lieu d'éprouver un serrement au cœur en la voyant si jolie, elle se dit en elle-même : — Ce mauvais sujet d'Hector doit être bien heureux. Elle souffrait néanmoins, elle s'abandonnait secrètement à des rages affreuses ; mais, en revoyant son Hector, elle revoyait toujours ses douze années de bonheur pur, et perdait la force d'articuler une seule plainte. Elle aurait bien voulu que le baron la prît pour sa confidente ; mais elle n'avait jamais osé lui donner à entendre qu'elle connaissait ses fredaines, par respect pour lui. Ces excès de délicatesse ne se rencontrent que chez ces belles filles du peuple qui savent recevoir des coups sans en rendre ; elles ont dans les veines les restes du sang des premiers martyrs. Les filles bien nées, étant les égales de leurs maris, éprouvent les besoins de les tourmenter, et de marquer, comme on marque les points au billard, leurs tolérances par des mots piquants, dans un esprit de vengeance diabolique, et pour s'assurer, soit une supériorité, soit un droit de revanche.

La baronne avait un admirateur passionné dans son beau-frère, le lieutenant-général Hulot, le vénérable commandant des grenadiers à pied de la garde impériale, à qui l'on devait donner le bâton de maréchal pour ses derniers jours. Ce vieillard après avoir, de 1830 à 1834, commandé la division militaire où se trouvaient les départements bretons, théâtre de ses exploits en 1799 et 1800, était venu fixer ses jours à Paris, près de son frère, auquel il portait toujours une affection de père. Ce cœur de vieux soldat sympathisait avec celui de sa belle-sœur ; il l'admirait, comme la plus noble, la plus sainte créature de son sexe. Il ne s'était pas marié, parce qu'il avait voulu rencontrer une seconde Adeline, inutilement cherchée à travers vingt pays et vingt campagnes. Pour ne pas déchoir dans cette âme de vieux républicain sans reproche et sans tache, de qui Napoléon disait : « Ce brave Hulot est le plus entêté des républicains, mais il ne me trahira jamais, » Adeline eût supporté des souffrances encore plus cruelles que celles qui venaient de l'assaillir. Mais ce vieillard, âgé de soixante-douze ans, brisé par trente campagnes, blessé pour la vingt-septième fois à Waterloo, était pour Adeline une admiration et non une protection. Le pauvre comte, entre autres infirmités, n'entendait qu'à l'aide d'un cornet !

Tant que le baron Hulot d'Ervy fut bel homme, les amourettes n'eurent aucune influence sur sa fortune; mais, à cinquante ans, il fallut compter avec les grâces. A cet âge, l'amour, chez les vieux hommes, se change en vice; il s'y mêle des vanités insensées. Aussi, vers ce temps, Adeline vit-elle son mari devenu d'une exigence incroyable pour sa toilette, se teignant les cheveux et les favoris, portant des ceintures et des corsets. Il voulut rester beau à tout prix. Ce culte pour sa personne, défaut qu'il poursuivait jadis de ses railleries, il le poussa jusqu'à la minutie. Enfin, Adeline s'aperçut que le Pactole qui coulait chez les maîtresses du baron prenait sa source chez elle. Depuis huit ans, une fortune considérable avait été dissipée, et si radicalement, que, lors de l'établissement du jeune Hulot, deux ans auparavant, le baron avait été forcé d'avouer à sa femme que ses traitements constituaient toute leur fortune. « — Où cela nous mènera-t-il ? fut la réponse d'Adeline. — Sois tranquille, répondit le Conseiller-d'État, je vous laisse les émoluments de ma place, et je pourvoirai à l'établissement d'Hortense et à notre avenir en faisant des affaires. » La foi profonde de cette femme dans la puissance et la haute valeur, dans les capacités et le caractère de son mari, avait calmé cette inquiétude momentanée.

Maintenant la nature des réflexions de la baronne et ses pleurs, après le départ de Crevel, doivent se concevoir parfaitement. La pauvre femme se savait depuis deux ans au fond d'un abîme, mais elle s'y croyait seule. Elle ignorait comment le mariage de son fils s'était fait, elle ignorait la liaison d'Hector avec l'avide Josépha; enfin, elle espérait que personne au monde ne connaissait ses douleurs. Or, si Crevel parlait si lestement des dissipations du baron, Hector allait perdre sa considération. Elle entrevoyait dans les grossiers discours de l'ancien parfumeur irrité, le compérage odieux auquel était dû le mariage du jeune avocat. Deux filles perdues avaient été les prêtresses de cet hymen, proposé dans quelque orgie, au milieu des dégradantes familiarités de deux vieillards ivres! « — Il oublie donc Hortense! se dit-elle, il la voit cependant tous les jours, lui cherchera-t-il donc un mari chez ses vauriennes? » La mère, plus forte que la femme, parlait en ce moment toute seule, car elle voyait Hortense riant, avec sa cousine Bette, de ce fou rire de la jeunesse insouciante, et elle savait que ces rires nerveux étaient des indices tout aussi terribles que les rêveries larmoyantes d'une promenade solitaire dans le jardin.

Hortense ressemblait à sa mère, mais elle avait des cheveux d'or, ondés naturellement et abondants à étonner. Son éclat tenait de celui de la nacre. On voyait bien en elle le fruit d'un honnête mariage, d'un amour noble et pur dans toute sa force. C'était un mouvement passionné dans la physionomie, une gaieté dans les traits, un entrain de jeunesse, une fraîcheur de vie, une richesse de santé qui vibraient en dehors d'elle et produisaient des rayons électriques. Hortense appelait le regard. Quand ses yeux d'un bleu d'outremer, nageant dans ce fluide qu'y verse l'innocence, s'arrêtaient sur un passant, il tressaillait involontairement. D'ailleurs pas une seule de ces taches de rousseur, qui font payer à ces blondes dorées leur blancheur lactée, n'altérait son teint. Grande, potelée sans être grasse, d'une taille svelte dont la noblesse égalait celle de sa mère, elle méritait ce titre de déesse si prodigué dans les anciens auteurs. Aussi, quiconque voyait Hortense dans la rue, ne pouvait-il retenir cette exclamation : — Mon Dieu! la belle fille! Elle était si vraiment innocente, qu'elle disait en rentrant : — Mais qu'ont-ils donc tous, maman, à crier : la belle fille! quand tu es avec moi? n'es-tu pas plus belle que moi?... Et, en effet, à quarante-sept ans passés, la baronne pouvait être préférée à sa fille par les amateurs de couchers de soleil; car elle n'avait encore, comme disent les femmes, rien perdu *de ses avantages*, par un de ces phénomènes rares, à Paris surtout, où dans ce genre, Ninon a fait scandale, tant elle a paru voler la part des laides au dix-septième siècle.

En pensant à sa fille, la baronne revint au père, elle le vit, tombant de jour en jour par degrés jusque dans la boue sociale, et renvoyé peut-être un jour du ministère. L'idée de la chute de son idole, accompagnée d'une vision indistincte des malheurs que Crevel avait prophétisés, fut si cruelle pour la pauvre femme, qu'elle perdit connaissance à la façon des extatiques.

La cousine Bette, avec qui causait Hortense, regardait de temps en temps pour savoir quand elles pourraient rentrer au salon; mais sa jeune cousine la lutinait si bien de ses questions au moment où la baronne rouvrit la porte-fenêtre, qu'elle ne s'en aperçut pas.

Lisbeth Fischer, de cinq ans moins âgée que madame Hulot, et néanmoins fille de l'aîné des Fischer, était loin d'être belle comme sa cousine; aussi avait-elle été prodigieusement jalouse d'Adeline.

La jalousie formait la base de ce caractère plein d'*excentricités*, mot trouvé par les Anglais pour les folies non pas des petites mais des grandes maisons. Paysanne des Vosges, dans toute l'extension du mot, maigre, brune, les cheveux d'un noir luisant, les sourcils épais et réunis par un bouquet, les bras longs et forts, les pieds épais, quelques verrues dans sa face longue et *simiesque*, tel est le portrait concis de cette vierge.

La famille qui vivait en commun, avait immolé la fille vulgaire à la jolie fille, le fruit âpre, à la fleur éclatante. Lisbeth travaillait à la terre, quand sa cousine était dorelotée; aussi lui arriva-t-il un jour, trouvant Adeline seule, de vouloir lui arracher le nez, un vrai nez grec que les vieilles femmes admiraient. Quoique battue pour ce méfait, elle n'en continua pas moins à déchirer les robes et à gâter les collerettes de la privilégiée.

Lors du mariage fantastique de sa cousine, Lisbeth avait plié devant cette destinée, comme les frères et les sœurs de Napoléon plièrent devant l'éclat du trône et la puissance du commandement. Adeline, excessivement bonne et douce, se souvint à Paris de Lisbeth, et l'y fit venir, vers 1809, dans l'intention de l'arracher à la misère en l'établissant. Dans l'impossibilité de marier aussitôt qu'Adeline le voulait, cette fille aux yeux noirs, aux sourcils charbonnés, et qui ne savait ni lire ni écrire, le baron commença par lui donner un état; il mit Lisbeth en apprentissage chez les brodeurs de la cour impériale, les fameux Pons frères.

La cousine, nommée Bette par abréviation, devenue ouvrière en passementerie d'or et d'argent, énergique à la manière des montagnards, eut le courage d'apprendre à lire, à compter et à écrire; car son cousin, le baron, lui avait démontré la nécessité de posséder ces connaissances pour tenir un établissement de broderie. Elle voulait faire fortune : en deux ans, elle se métamorphosa. En 1811, la paysanne fut une assez gentille, une assez adroite et intelligente première demoiselle.

Cette partie, appelée passementerie d'or et d'argent, comprenait les épaulettes, les dragonnes, les aiguillettes, enfin cette immense quantité de choses brillantes qui scintillaient sur les riches uniformes de l'armée française et sur les habits civils. L'Empereur, en Italien très ami du costume, avait brodé de l'or et de l'argent sur toutes les coutures de ses serviteurs, et son empire comprenait cent trente-trois départements. Ces fournitures assez habituellement faites aux tailleurs, gens riches et solides, ou directement aux grands dignitaires, constituaient un commerce sûr.

Au moment où la cousine Bette, la plus habile ouvrière de la maison Pons où elle dirigeait la fabrication, aurait pu s'établir, la déroute de l'Empire éclata. L'olivier de la paix que tenaient à la main les Bourbons effraya Lisbeth, elle eut peur d'une baisse dans ce commerce, qui n'allait plus avoir que quatre-vingt-six au lieu de cent trente-trois départements à exploiter, sans compter l'énorme réduction de l'armée. Épouvantée enfin par les diverses chances de l'industrie, elle refusa les offres du baron qui la crut folle. Elle justifia cette opinion en se brouillant avec monsieur Rivet, acquéreur de la maison Pons, à qui le baron voulait l'associer, et elle redevint simple ouvrière.

La famille Fischer était alors retombée dans la situation précaire d'où le baron Hulot l'avait tirée.

Ruinés par la catastrophe de Fontainebleau, les trois frères Fischer servirent en désespérés dans les corps francs de 1815. L'aîné, père de Lisbeth, fut tué. Le père d'Adeline, condamné à mort par un conseil de guerre, s'enfuit en Allemagne, et mourut à Trèves, en 1820. Le cadet Johann vint à Paris implorer la reine de la famille, qui, disait-on, mangeait dans l'or et l'argent, qui ne paraissait jamais aux réunions qu'avec des diamants sur la tête et au cou, gros comme des noisettes et donnés par l'Empereur. Johann Fischer, alors âgé de quarante-trois ans, reçut du baron Hulot une somme de dix mille francs pour commencer une petite entreprise de fourrages à Versailles, obtenue au ministère de la guerre par l'influence secrète des amis que l'ancien intendant-général y conservait.

Ces malheurs de famille, la disgrâce du baron Hulot, une certitude d'être peu de chose dans cet immense mouvement d'hommes, d'intérêts et d'affaires, qui fait de Paris un enfer et un paradis, domptèrent la Bette. Cette fille perdit alors toute idée de lutte et de comparaison avec sa cousine, après en avoir senti les diverses supériorités; mais l'envie resta cachée dans le fond du cœur, comme un germe de peste qui peut éclore et ravager une ville, si l'on ouvre le fatal ballot de laine où il est comprimé. De temps en temps elle se disait bien : — « Adeline et moi, nous sommes du même sang, nos pères étaient frères, elle est dans un hôtel, et je suis dans une mansarde. » Mais, tous les ans, à sa fête et au jour de l'an, Lisbeth recevait des cadeaux de la baronne et du baron ; le baron, excellent pour elle, lui payait son bois pour l'hiver ; le vieux général Hulot la recevait un jour à dîner, son couvert était toujours mis chez sa cousine. On se moquait bien d'elle, mais on n'en rougissait jamais. On lui avait enfin procuré son indépendance à Paris, où elle vivait à sa guise.

Cette fille avait en effet peur de toute espèce de joug. Sa cousine lui offrait-elle de la loger chez elle?... Bette apercevait le licou de la domesticité ; maintes fois le baron avait résolu le difficile problème de la marier ; mais séduite au premier abord, elle refusait bientôt en tremblant de se voir reprocher son manque d'éducation, son ignorance et son défaut de fortune ; enfin, si la baronne lui parlait de vivre avec leur oncle et d'en tenir la maison à la place d'une servante-maîtresse qui devait coûter cher, elle répondait qu'elle se marierait encore bien moins de cette façon-là.

La cousine Bette présentait dans les idées cette singularité qu'on remarque chez les natures qui se sont développées fort tard, chez les Sauvages qui pensent beaucoup et parlent peu. Son intelligence paysanne avait d'ailleurs acquis, dans les causeries de l'atelier, par la fréquentation des ouvriers et des ouvrières, une dose du mordant parisien. Cette fille, dont le caractère ressemblait prodigieusement à celui des Corses, travaillée inutilement par les instincts des natures fortes, eût aimé à protéger un homme faible ; mais à force de vivre dans la capitale, la capitale l'avait changée à la surface. Le poli parisien faisait rouille sur cette âme vigoureusement trempée. Douée d'une finesse devenue profonde, comme chez tous les gens voués à un célibat réel, avec le tour piquant qu'elle imprimait à ses idées, elle eût paru redoutable dans toute autre situation. Méchante, elle eût brouillé la famille la plus unie.

Pendant les premiers temps, quand elle eut quelques espérances dans le secret desquelles elle ne mit personne, elle s'était décidée à porter des corsets, à suivre les modes, et obtint alors un moment de splendeur pendant lequel le baron la trouva mariable. Lisbeth fut alors la brune piquante de l'ancien roman français. Son regard perçant, son teint olivâtre, sa taille de roseau pouvaient tenter un major en demi-solde ; mais elle se contenta, disait-elle en riant, de sa propre admiration. Elle finit d'ailleurs par trouver sa vie heureuse, après en avoir élagué les soucis matériels, car elle allait dîner tous les jours en ville, après avoir travaillé depuis le lever du soleil. Elle n'avait donc qu'à pourvoir à son déjeuner et à son loyer ; puis on l'habillait et on lui donnait beaucoup de ces provisions acceptables, comme le sucre, le café, le vin, etc.

En 1837, après vingt-sept ans de vie, à moitié payée par la famille Hulot et par son oncle Fischer, la cousine Bette résignée à ne rien être, se laissait traiter sans façon ; elle se refusait elle-même à venir aux grands dîners en préférant l'intimité qui lui permettait d'avoir sa valeur, et d'éviter des souffrances d'amour-propre. Partout, chez le général Hulot, chez Crevel, chez le jeune Hulot, chez Rivet, successeur des Pons avec qui elle s'était raccommodée et qui la fêtait, chez la baronne, elle semblait être de la maison. Enfin partout elle savait amadouer les domestiques en leur payant de petits pour-boire de temps en temps, en causant toujours avec eux pendant quelques instants avant d'entrer au salon. Cette familiarité par laquelle elle se mettait franchement au niveau des gens, lui conciliait leur bienveillance subalterne, très-essentielle aux parasites. — C'est une bonne et brave fille! était le mot de tout le monde sur elle. Sa complaisance, sans bornes quand on ne l'exigeait pas, était d'ailleurs, ainsi que sa fausse bonhomie, une nécessité de sa position. Elle avait fini par comprendre la vie en se voyant à la merci de tout le monde; et voulant plaire à tout le monde, elle riait avec les jeunes gens à qui elle était sympathique par une espèce de patelinage qui les séduit toujours, elle devinait et épousait leurs désirs, elle se rendait leur interprète, elle leur paraissait être une bonne confidente, car elle n'avait pas le droit de les gronder. Sa discrétion absolue lui méritait la confiance des gens d'un âge mûr, car elle possédait, comme Ninon, des qualités d'homme. En général, les confidences vont plutôt en bas qu'en haut. On emploie beaucoup plus ses inférieurs que ses supérieurs dans les affaires secrètes ; ils deviennent donc les complices de nos pensées réservées, ils assistent aux délibérations; or, Richelieu se regarda comme arrivé quand il eut le droit d'assistance au conseil. On croyait cette pauvre fille dans une telle dépendance de tout le monde, qu'elle semblait condamnée à un mutisme absolu. La cousine se surnommait elle-même le confessionnal de la famille. La baronne seule, à qui les mauvais traitements qu'elle avait reçus pendant son enfance, de sa cousine plus forte qu'elle quoique moins âgée, gardait une espèce de défiance. Puis, par pudeur, elle n'eût confié qu'à Dieu ses chagrins domestiques.

Ici peut-être est-il nécessaire de faire observer que la maison de la baronne conservait toute sa splendeur aux yeux de la cousine Bette, qui n'était pas frappée, comme le marchand parfumeur parvenu, de la détresse écrite sur les fauteuils rongés, sur les draperies noircies et sur la soie balafrée. Il en est du mobilier avec lequel on vit comme de nous-mêmes. En s'examinant tous les jours, on finit, à l'exemple du baron, par se croire peu changé, jeune, alors que les autres voient sur nos têtes une chevelure tournant au chinchilla, des accents circonflexes à notre front, et de grosses citrouilles dans notre abdomen. Cet appartement, toujours éclairé pour la cousine Bette par les feux du Bengale des victoires impériales, resplendissait donc toujours.

Avec le temps, la cousine Bette avait contracté des manies de vieille fille, assez singulières. Ainsi, par exemple, elle voulait, au lieu d'obéir à la mode, que la mode s'appliquât à ses habitudes, et se pliât à ses fantaisies toujours arriérées. Si la baronne lui donnait un joli chapeau nouveau, quelque robe taillée au goût du jour, aussitôt la cousine Bette retravaillait chez elle, à sa façon, chaque chose, et la gâtait en s'en faisant un costume qui tenait des modes impériales et de ses anciens costumes lorrains. Le chapeau de trente francs devenait une loque, et la robe un haillon. La Bette était, à cet égard, d'un entêtement de mule; elle voulait se plaire à elle seule et se croyait charmante ainsi; tandis que cette assimilation, harmonieuse en ce qu'elle la faisait vieille fille de la tête aux pieds, la rendait si ridicule, qu'avec le meilleur vouloir, personne ne pouvait l'admettre chez soi les jours de gala.

Cet esprit rétif, capricieux, indépendant, l'inexplicable sauvagerie de cette fille, à qui le baron avait par quatre fois trouvé des partis (un employé de son administration, un major, un entrepreneur des vivres, un capitaine en retraite), et qui s'était refusée à un passementier, devenu riche depuis, lui méritait le surnom de Chèvre que le baron lui donnait en riant. Mais ce surnom ne répondait qu'aux bizarreries de la surface, à ces variations que nous nous offrons tous les uns aux autres en état de société. Cette fille qui, bien observée, eût présenté le côté féroce de la classe paysanne, était toujours l'enfant qui voulait arracher le nez de sa cousine, et qui peut-être, si elle n'était devenue raisonnable, l'aurait tuée en un paroxisme de jalousie. Elle ne domptait que par la connaissance des lois et du monde, cette rapidité naturelle avec laquelle les gens de la campagne, de même que les Sauvages, passent du sentiment à l'action. En ceci peut-être consiste toute la différence qui sépare l'homme naturel de l'homme civilisé. Le Sauvage n'a que des sentiments, l'homme civilisé a des sentiments et des idées. Aussi, chez les Sauvages, le cerveau reçoit-il pour ainsi dire peu d'empreintes, il appartient alors tout entier au sentiment qui l'envahit, tandis que chez l'homme civilisé, les idées descendent sur le cœur qu'elles transforment; celui-ci est à mille intérêts, à plusieurs sentiments, tandis que le Sauvage n'admet qu'une idée à la fois. C'est la cause de la supériorité momentanée de l'enfant sur les parents et qui cesse avec le désir satisfait; tandis que, chez l'homme voisin de la Nature, cette cause est continue. La cousine Bette, la sauvage Lorraine, quelque peu traîtresse, appartenait à cette catégorie de caractères plus communs chez le peuple qu'on ne pense, et qui peut en expliquer la conduite pendant les révolutions.

Au moment où cette Scène commence, si la cousine Bette avait voulu se laisser habiller à la mode; si elle s'était, comme les Parisiennes, habituée à porter chaque nouvelle mode, elle eût été présentable et acceptable; mais elle gardait la roideur d'un bâton. Or, sans grâces, la femme n'existe point à Paris. Ainsi, la chevelure noire, les beaux yeux durs, la rigidité des lignes du visage, la sécheresse calabraise du teint qui faisaient de la cousine Bette une figure du Giotto, et desquels une vraie Parisienne eût tiré parti, sa mise étrange surtout, lui donnaient une si bizarre apparence, que parfois elle ressemblait aux singes habillés en femmes, promenés par les petits Savoyards. Comme elle était bien connue dans les maisons unies par les liens de famille où elle vivait, qu'elle restreignait ses évolutions sociales à ce cercle, qu'elle aimait son chez soi, ses singularités n'étonnaient plus personne, et disparaissaient au dehors dans l'immense mouvement parisien de la rue, où l'on ne regarde que les jolies femmes.

Les rires d'Hortense étaient en ce moment causés par un triomphe remporté sur l'obstination de la cousine Bette, elle venait de lui surprendre un aveu demandé depuis trois ans. Quelque dissimulée que soit une vieille fille, il est un sentiment qui lui fera toujours rompre le jeûne de la parole, c'est la vanité! Depuis trois ans, Hortense, devenue excessivement curieuse en certaine matière, assaillait sa cousine de questions où respirait d'ailleurs une innocence parfaite : elle voulait savoir pourquoi sa cousine ne s'était pas mariée. Hortense, qui connaissait l'histoire des cinq prétendus refusés, avait bâti son petit roman, elle croyait à la cousine Bette une passion au cœur, et il en résultait une guerre de plaisanteries. Hortense disait : « Nous autres jeunes filles ! » en parlant d'elle et de sa cousine. La cousine Bette avait, à plusieurs reprises, répondu d'un ton plaisant : — « Qui vous dit que je n'ai pas un amoureux ? » L'amoureux de la cousine Bette, faux ou vrai, devint alors un sujet de douces railleries. Enfin, après deux ans de cette petite guerre, la dernière fois que la cousine Bette était venue, le premier mot d'Hortense avait été : — « Comment va ton amoureux ? — Mais bien, avait-elle répondu ; il souffre un peu, ce pauvre jeune homme. — Ah ! il est délicat ? avait demandé la baronne en riant. — Je crois bien, il est blond... Une fille charbonnée comme je le suis ne peut aimer qu'un blondin, couleur de la lune. — Mais qu'est-il ? que fait-il ? dit Hortense. Est-ce un prince ? — Prince de l'outil, comme je suis reine de la bobine. Une pauvre fille comme moi peut-elle être aimée d'un propriétaire ayant pignon sur la rue et des rentes sur l'État, ou d'un duc et pair, ou de quelque Prince Charmant de tes contes de fées ? — Oh ! je voudrais bien le voir... s'était écriée Hortense en souriant. — Pour savoir comment est tourné celui qui peut aimer une vieille chèvre ? avait répondu la cousine Bette. — Ce doit être un monstre de vieil employé à barbe de bouc ? avait dit Hortense en regardant sa mère. — Eh bien, c'est ce qui vous trompe, mademoiselle. — Mais tu as donc un amoureux ? avait demandé Hortense d'un air de triomphe. — Aussi vrai que tu n'en as pas ! avait répondu la cousine d'un air piqué. — Eh bien ! si tu as un amoureux, Bette, pourquoi ne l'épouses-tu pas ?... avait dit la baronne en faisant un signe à sa fille. Voilà trois ans qu'il est question de lui, tu as eu le temps de l'étudier, et s'il t'est resté fidèle, tu ne devrais pas prolonger une situation fatigante pour lui. C'est d'ailleurs une affaire de conscience ; et puis, s'il est jeune, il est temps de prendre un bâton de vieillesse. La cousine Bette avait regardé fixement la baronne, et voyant qu'elle riait, elle avait répondu : — « Ce serait marier la faim et la soif ; il est ouvrier, je suis ouvrière, si nous avions des enfants, ils seraient des ouvriers... Non, non, nous nous aimons d'âme... C'est moins cher ! — Pourquoi le caches-tu ? avait demandé Hortense. — Il est en veste, avait répliqué la vieille fille en riant. —

L'aimes-tu? avait demandé la baronne. — Ah! je crois bien! je l'aime pour lui-même, ce chérubin. Voilà quatre ans que je le porte dans mon cœur. — Eh bien! si tu l'aimes pour lui-même, avait dit gravement la baronne, et s'il existe, tu serais bien criminelle envers lui. Tu ne sais pas ce que c'est que d'aimer. — Nous savons toutes ce métier-là en naissant!... dit la cousine. — Non, il y a des femmes qui aiment et qui restent égoïstes, et c'est ton cas!... » La cousine avait baissé la tête, et son regard eût fait frémir celui qui l'aurait reçu, mais elle avait regardé sa bobine. — « En nous présentant ton amoureux prétendu, Hector pourrait le placer, et le mettre dans une situation à faire fortune. — Ça ne se peut pas, avait dit la cousine Bette. — Et pourquoi? — C'est une manière de Polonais, un réfugié... — Un conspirateur... s'était écriée Hortense. Es-tu heureuse!... A-t-il eu des aventures?... — Mais il s'est battu pour la Pologne. Il était professeur dans le gymnase dont les élèves ont commencé la révolte, et comme il était placé là par le grand-duc Constantin, il n'a pas de grâce à espérer... — Professeur de quoi?... — De beaux-arts!... — Et il est arrivé à Paris après la déroute?... — En 1833, il avait fait l'Allemagne à pied... — Pauvre jeune homme! Et il a?... — Il avait à peine vingt-quatre ans lors de l'insurrection, il a vingt-neuf ans aujourd'hui... — Quinze ans de moins que toi, avait dit alors la baronne. — De quoi vit-il?... avait demandé Hortense. — De son talent... — Ah! il donne des leçons?... — Non, avait dit la cousine Bette, il en reçoit, et de dures!... — Et son petit nom, est-il joli?... — Wenceslas! — Quelle imagination ont les vieilles filles! s'était écriée la baronne. A la manière dont tu parles, on te croirait, Lisbeth. — Ne vois-tu pas, maman, que c'est un Polonais tellement fait au knout, que Bette lui rappelle cette petite douceur de sa patrie. »

Toutes trois elles s'étaient mises à rire, et Hortense avait chanté : *Wenceslas! idole de mon âme!* au lieu de : *O Mathilde...* Et il y avait eu comme un armistice pendant quelques instants. — « Ces petites filles, avait dit la cousine Bette en regardant Hortense quand elle était revenue près d'elle, ça croit qu'on ne peut aimer qu'elles. — Tiens, avait répondu Hortense en se trouvant seule avec sa cousine, prouve-moi que Wenceslas n'est pas un conte, et je te donne mon châle de cachemire jaune. — Mais il est comte!... — Tous les Polonais sont comtes! — Mais il n'est pas Polonais, il

est de Li... va... Lith... — Lithuanie?... — Non... — Livonie?...
— C'est cela! — Mais comment se nomme-t-il? — Voyons, je veux savoir si tu es capable de garder un secret... — Oh! cousine, je serai muette... — Comme un poisson? — Comme un poisson!... — Par ta vie éternelle? — Par ma vie éternelle! — Non, par ton bonheur sur cette terre? — Oui. — Eh bien! il se nomme le comte Wenceslas Steinbock! — Il y avait un des généraux de Charles XII qui portait ce nom-là. — C'était son grand-oncle! Son père à lui s'est établi en Livonie après la mort du roi de Suède; mais il a perdu sa fortune lors de la campagne de 1812, et il est mort, laissant le pauvre enfant, à l'âge de huit ans, sans ressources. Le grand-duc Constantin, à cause du nom de Steinbock, l'a pris sous sa protection, et l'a mis dans une école... — Je ne me dédis pas, avait répondu Hortense, donne-moi une preuve de son existence, et tu as mon châle jaune! Ah! cette couleur est le fard des brunes. — Tu me garderas le secret? — Tu auras les miens. — Eh bien! la prochaine fois que je viendrai, j'aurai la preuve. — Mais la preuve, c'est l'amoureux, avait dit Hortense.

La cousine Bette, en proie depuis son arrivée à Paris à l'admiration des cachemires, avait été fascinée par l'idée de posséder ce cachemire jaune donné par le baron à sa femme, en 1808, et qui, selon l'usage de quelques familles, avait passé de la mère à la fille en 1830. Depuis dix ans, le châle s'était bien usé; mais ce précieux tissu, toujours serré dans une boîte en bois de sandal, semblait, comme le mobilier de la baronne, toujours neuf à la vieille fille. Donc, elle avait apporté dans son ridicule un cadeau qu'elle comptait faire à la baronne pour le jour de sa naissance, et qui, selon elle, devait prouver l'existence du fantastique amoureux.

Ce cadeau consistait en un cachet d'argent, composé de trois figurines adossées, enveloppées de feuillages et soutenant le globe. Ces trois personnages représentaient la Foi, l'Espérance et la Charité. Les pieds reposaient sur des monstres qui s'entre-déchiraient, et parmi lesquels s'agitait le serpent symbolique. En 1846, après le pas immense que mademoiselle de Fauveau, les Wagner, les Jeanest, les Froment-Meurice, et des sculpteurs en bois comme Liénard, ont fait faire à l'art de Benvenuto-Cellini, ce chef-d'œuvre ne surprendrait personne; mais en ce moment, une jeune fille experte en bijouterie, dut rester ébahie en maniant ce cachet, quand la cousine Bette le lui eut présenté, en lui disant : « — Tiens, comment trouves-tu cela? » Les figures, par leur dessin, par leurs draperies et par leur mouvement, appartenaient à l'école de Raphaël; par l'exécution elles rappelaient l'école des bronziers florentins que créèrent les Donatello, Brunnelleschi, Ghiberti, Benvenuto-Cellini, Jean de Bologne, etc. La Renaissance, en France, n'avait pas tordu de monstres plus capricieux que ceux qui symbolisaient les mauvaises passions. Les palmes, les fougères, les joncs, les roseaux qui enveloppaient les Vertus étaient d'un effet, d'un goût, d'un agencement à désespérer les gens du métier. Un ruban reliait les trois têtes entre elles, et sur les champs qu'il présentait dans chaque entre-deux des têtes, on voyait un W, un chamois et le mot *fecit*.

— Qui donc a sculpté cela? demanda Hortense.

— Eh bien! mon amoureux, répondit la cousine Bette. Il y a là dix mois de travail; aussi, gagné-je davantage à faire des dragonnes... Il m'a dit que Steinbock signifiait en allemand *animal des rochers* ou chamois. Il compte signer ainsi ses ouvrages... Ah! j'aurai ton châle...

— Et pourquoi?

— Puis-je acheter un pareil bijou? le commander? c'est impossible; donc il m'est donné. Qui peut faire de pareils cadeaux? un amoureux!

Hortense, par une dissimulation dont se serait effrayée Lisbeth Fischer, si elle s'en était aperçue, se garda bien d'exprimer toute son admiration, quoiqu'elle éprouvât ce saisissement que ressentent les gens dont l'âme est ouverte au beau, quand ils voient un chef-d'œuvre sans défaut, complet, inattendu.

— Ma foi, dit-elle, c'est bien gentil.

— Oui, c'est gentil, reprit la vieille fille; mais j'aime mieux un cachemire orange. Eh bien! ma petite, mon amoureux passe son temps à travailler dans ce goût-là. Depuis son arrivée à Paris, il a fait trois ou quatre petites bêtises de ce genre, et voilà le fruit de quatre ans d'études et de travaux. Il s'est mis apprenti chez les fondeurs, les mouleurs, les bijoutiers... bah! des mille et des cent y ont passé. Monsieur me dit qu'en quelques mois, maintenant, il deviendra célèbre et riche...

— Mais tu le vois donc?

— Tiens! crois-tu que ce soit une fable? Je t'ai dit la vérité en riant.

— Et il t'aime? demanda vivement Hortense.

— Il m'adore! répondit la cousine en prenant un air sérieux. Vois-tu, ma petite, il n'a connu que des femmes pâles, fadasses, comme elles sont toutes dans le Nord; une fille brune, svelte, jeune comme moi, ça lui a réchauffé le cœur. Mais, *motus!* tu me l'as promis.

— Il en sera de celui-là comme des cinq autres, dit d'un air railleur la jeune fille en regardant le cachet.

— Six, mademoiselle, j'en ai laissé un en Lorraine qui, pour moi, décrocherait la lune, encore aujourd'hui.

— Celui-là fait mieux, répondit Hortense, il t'apporte le soleil.

— Où ça peut-il se monnayer? demanda la cousine Bette. Il faut beaucoup de terre pour profiter du soleil.

Ces plaisanteries dites coup sur coup, et suivies de folies qu'on peut deviner, engendraient ces rires qui avaient redoublé les angoisses de la baronne en lui faisant comparer l'avenir de sa fille au présent, où elle la voyait s'abandonnant à toute la gaieté de son âge.

— Mais pour t'offrir des bijoux qui veulent six mois de travail, il doit t'avoir de bien grandes obligations? demanda Hortense que ce bijou faisait réfléchir profondément.

— Ah! tu veux en savoir trop d'une seule fois! répondit la cousine Bette. Mais, écoute... tiens, je vais te mettre dans un complot.

— Y serai-je avec ton amoureux?

— Ah! tu voudrais bien le voir! Mais, tu comprends, une vieille fille comme votre Bette qui a su garder pendant cinq ans un amoureux, le cache bien... Ainsi, laisse-nous tranquilles. Moi, vois-tu, je n'ai ni chat, ni serin, ni chien, ni perroquet; il faut qu'une vieille bique comme moi ait quelque petite chose à aimer, à tracasser; eh! bien... je me donne un Polonais.

— A-t-il des moustaches?

— Longues comme cela, dit la Bette en lui montrant une navette chargée de fils d'or.

Elle emportait toujours son ouvrage en ville, et travaillait en attendant le dîner.

— Si tu me fais toujours des questions, tu ne sauras rien, reprit-elle. Tu n'as que vingt-deux ans, et tu es plus bavarde que moi qui en ai quarante-deux, et même quarante-trois.

— J'écoute, je suis de bois, dit Hortense.

— Mon amoureux a fait un groupe en bronze de dix pouces de hauteur, reprit la cousine Bette. Ça représente Samson déchirant un lion, et il l'a enterré, rouillé, de manière à faire croire maintenant qu'il est aussi vieux que Samson. Ce chef-d'œuvre est exposé chez un des marchands de bric-à-brac dont les boutiques sont sur la place du Carrousel, près de ma maison. Si ton père qui connaît monsieur Popinot, le ministre du commerce et de l'agriculture, ou le comte de Rastignac, pouvait leur parler de ce groupe comme d'une belle œuvre ancienne qu'il aurait vue en passant ; il paraît que ces grands personnages donnent dans cet article au lieu de s'occuper de nos dragonnes, et que la fortune de mon amoureux serait faite, s'ils achetaient ou même venaient examiner ce méchant morceau de cuivre. Ce pauvre garçon prétend qu'on prendrait cette bêtise-là pour de l'antique, et qu'on la payerait bien cher. Pour lors, si c'est un des ministres qui prend le groupe, il ira s'y présenter, prouver qu'il est l'auteur, et il sera porté en triomphe ! Oh ! il se croit sur le pinacle, il a de l'orgueil, le jeune homme, autant que deux comtes nouveaux.

— C'est renouvelé de Michel-Ange ; mais, pour un amoureux, il n'a pas perdu l'esprit... dit Hortense. Et combien en veut-il ?

— Quinze cents francs ?... Le marchand ne doit pas donner le bronze à moins, car il lui faut une commission.

— Papa, dit Hortense, est commissaire du Roi pour le moment ; il voit tous les jours les deux ministres à la chambre, et il fera ton affaire, je m'en charge. Vous deviendrez riche, madame la comtesse Steinbock !

— Non, mon homme est trop paresseux, il reste des semaines entières à tracasser de la cire rouge, et rien n'avance. Ah bah ! il passe sa vie au Louvre, à la Bibliothèque à regarder des estampes et à les dessiner. C'est un flâneur.

Et les deux cousines continuèrent à plaisanter. Hortense riait comme lorsqu'on s'efforce de rire, car elle était envahie par un amour que toutes les jeunes filles ont subi, l'amour de l'inconnu, l'amour à l'état vague et dont les pensées se concrètent autour d'une figure qui leur est jetée par hasard, comme les floraisons de la gelée se prennent à des brins de paille suspendus par le vent à la marge d'une fenêtre. Depuis dix mois, elle avait fait un être réel du fantastique amoureux de sa cousine par la raison qu'elle croyait, comme sa mère, au célibat perpétuel de sa cousine ; et depuis huit jours, ce fantôme était devenu le comte Wenceslas Steinbock, le rêve avait un acte de naissance, la vapeur se solidifiait en un jeune homme de trente ans. Le cachet qu'elle tenait à la main, espèce d'Annonciation où le génie éclatait comme une lumière, eut la puissance d'un talisman. Hortense se sentait si heureuse, qu'elle se prit à douter que ce conte fût de l'histoire ; son sang fermentait, elle riait comme une folle pour donner le change à sa cousine.

— Mais il me semble que la porte du salon est ouverte, dit la cousine Bette, allons donc voir si monsieur Crevel est parti...

— Maman est bien triste depuis deux jours, le mariage dont il était question est sans doute rompu...

— Bah ! ça peut se raccommoder, il s'agit (je puis te dire cela) d'un conseiller à la Cour royale. Aimerais-tu être madame la présidente ? Va, si cela dépend de monsieur Crevel, il me dira bien quelque chose, et je saurai demain s'il y a de l'espoir !...

— Cousine, laisse-moi le cachet, demanda Hortense, je ne le montrerai pas... La fête de maman est dans un mois, je te le remettrai, le matin...

— Non, rends-le-moi... il y faut un écrin.

— Mais je le ferai voir à papa, pour qu'il puisse parler au ministre en connaissance de cause, car les autorités ne doivent pas se compromettre, dit-elle.

— Eh ! bien, ne le montre pas à ta mère, voilà tout ce que je te demande ; car si elle me connaissait un amoureux, elle se moquerait de moi...

— Je te le promets.

Les deux cousines arrivèrent sur la porte du boudoir au moment où la baronne venait de s'évanouir, et le cri poussé par Hortense suffit à la ranimer. La Bette alla chercher des sels. Quand elle revint, elle trouva la fille et la mère dans les bras l'une de l'autre, la mère apaisant les craintes de sa fille, et lui disant : — Ce n'est rien, c'est une crise nerveuse. — Voici ton père, ajouta-t-elle en reconnaissant la manière de sonner du baron, surtout ne lui parle pas de ceci...

Adeline se leva pour aller au-devant de son mari, dans l'intention de l'emmener au jardin, en attendant le dîner, de lui parler du mariage rompu, de le faire expliquer sur l'avenir, et d'essayer de lui donner quelques avis.

Le baron Hector Hulot se montra dans une tenue parlementaire et napoléonienne, car on distingue facilement les Impériaux (gens attachés à l'empire) à leur cambrure militaire, à leurs habits bleus à boutons d'or, boutonnés jusqu'en haut, à leurs cravates en taffetas noir, à la démarche pleine d'autorité qu'ils ont contractée dans l'habitude du commandement despotique exigé par les rapides circonstances où ils se sont trouvés. Chez le baron rien, il faut en convenir, ne sentait le vieillard : sa vue était encore si bonne qu'il lisait sans lunettes ; sa belle figure oblongue, encadrée de favoris trop noirs, hélas ! offrait une carnation animée par les marbrures qui signalent les tempéraments sanguins ; et son ventre, contenu par une ceinture, se maintenait, comme dit Brillat-Savarin, au majestueux. Un grand air d'aristocratie et beaucoup d'affabilité servaient d'enveloppe au libertin avec qui Crevel avait fait tant de parties fines. C'était bien là un de ces hommes dont les yeux s'animent à la vue d'une jolie femme, et qui sourient à toutes les belles, même à celles qui passent et qu'ils ne reverront plus.

— As-tu parlé, mon ami ? dit Adeline en lui voyant un front soucieux.

— Non, répondit Hector ; mais je suis assommé d'avoir entendu parler pendant deux heures sans arriver à un vote... Ils font des combats de paroles où les discours sont comme des charges de cavalerie qui ne dissipent point l'ennemi ! On a substitué la parole à l'action, ce qui réjouit peu les gens habitués à marcher, comme je le disais au maréchal en le quittant. Mais c'est bien assez de s'être ennuyé sur les bancs des ministres, amusons-nous ici... Bonjour la Chèvre, bonjour Chevrette !

Et il prit sa fille par le cou, l'embrassa, la lutina, l'assit sur ses genoux, et lui mit la tête sur son épaule pour sentir cette belle chevelure d'or sur son visage.

— Il est ennuyé, fatigué, se dit madame Hulot, je vais l'ennuyer encore, attendons. — Nous restes-tu ce soir ?... demanda-t-elle à haute voix.

— Non, mes enfants. Après le dîner je vous quitte, et si ce n'était pas le jour de la Chèvre, de mes enfants et de mon frère, vous ne m'auriez pas vu...

La baronne prit le journal, regarda les théâtres, et posa la feuille où elle avait lu *Robert-le-Diable* à la rubrique de l'Opéra. Joséphа, que l'Opéra italien avait cédée depuis six mois à l'Opéra français, chantait le rôle d'Alice. Cette pantomime n'échappa point au baron qui regarda fixement sa femme. Adeline baissa les yeux, sortit dans le jardin, et il l'y suivit.

— Voyons, qu'y a-t-il, Adeline? dit-il en la prenant par la taille, l'attirant à lui et la pressant. Ne sais-tu pas que je t'aime plus que...

— Plus que Jenny Cadine et que Joséplia? répondit-elle avec hardiesse et en l'interrompant.

— Et qui t'a dit cela? demanda le baron qui lâchant sa femme recula de deux pas.

— On m'a écrit une lettre anonyme que j'ai brûlée, et où l'on me disait, mon ami, que le mariage d'Hortense a manqué par suite de la gêne où nous sommes. Ta femme, mon cher Hector, n'aurait jamais dit une parole, elle a su tes liaisons avec Jenny Cadine, s'est-elle jamais plainte? Mais la mère d'Hortense te doit la vérité...

Hulot, après un moment de silence terrible pour sa femme dont les battements de cœur s'entendaient, se décroisa les bras, la saisit, la pressa sur son cœur, l'embrassa sur le front et lui dit avec cette force exaltée que prête l'enthousiasme : — Adeline, tu es un ange, et je suis un misérable...

— Non! non, répondit la baronne en lui mettant brusquement sa main sur les lèvres pour l'empêcher de dire du mal de lui-même.

— Oui, je n'ai pas un sou dans ce moment à donner à Hortense, et je suis bien malheureux; mais puisque tu m'ouvres ainsi ton cœur, j'y puis verser des chagrins qui m'étouffaient... Si ton oncle Fischer est dans l'embarras, c'est moi qui l'y ai mis, il m'a souscrit pour vingt-cinq mille francs de lettres de change! Et tout cela pour une femme qui me trompe, qui se moque de moi quand je ne suis pas là, qui m'appelle un vieux *chat teint!* Oh!... c'est affreux qu'un vice coûte plus cher à satisfaire qu'une famille à nourrir!... Et c'est irrésistible... Je te promettrais à l'instant de ne jamais retourner chez cette abominable israélite, si elle m'écrit deux lignes, j'irais, comme on allait au feu sous l'Empereur.

— Ne te tourmente pas, Hector, dit la pauvre femme au désespoir et oubliant sa fille à la vue des larmes qui roulaient dans les yeux de son mari. Tiens! j'ai mes diamants, sauve avant tout mon oncle!

— Tes diamants valent à peine vingt mille francs, aujourd'hui,

Cela ne suffirait pas au père Fischer ; ainsi garde-les pour Hortense, je verrai demain le maréchal.

— Pauvre ami ! s'écria la baronne en prenant les mains de son Hector et les lui baisant.

Ce fut toute la mercuriale. Adeline offrait ses diamants, le père les donnait à Hortense, elle regarda cet effort comme sublime, et elle fut sans force.

— Il est le maître, il peut tout prendre ici, il me laisse mes diamants, c'est un dieu.

Telle fut la pensée de cette femme, qui certes avait plus obtenu par sa douceur qu'une autre par quelque colère jalouse.

Le moraliste ne saurait nier que généralement les gens bien élevés et très-vicieux ne soient beaucoup plus aimables que les gens vertueux ; ayant des crimes à racheter, ils sollicitent par provision l'indulgence en se montrant faciles avec les défauts de leurs juges, et ils passent pour être excellents. Quoiqu'il y ait des gens charmants parmi les gens vertueux, la vertu se croit assez belle par elle-même pour se dispenser de faire des frais ; puis les gens réellement vertueux, car il faut retrancher les hypocrites, ont presque tous de légers soupçons sur leur situation ; ils se croient dupés au grand marché de la vie, et ils ont des paroles aigrelettes à la façon des gens qui se prétendent méconnus. Ainsi le baron, qui se reprochait la ruine de sa famille, déploya toutes les ressources de son esprit et de ses grâces de séducteur pour sa femme, pour ses enfants et sa cousine Bette. En voyant venir son fils et Célestine Crevel qui nourrissait un petit Hulot, il fut charmant pour sa belle-fille, il l'accabla de compliments, nourriture à laquelle la vanité de Célestine n'était pas accoutumée, car jamais fille d'argent ne fut si vulgaire ni si parfaitement insignifiante. Le grand-père prit le marmot, il le baisa, le trouva délicieux et ravissant ; il lui parla le parler des nourrices, prophétisa que ce poupard deviendrait plus grand que lui, glissa des flatteries à l'adresse de son fils Hulot, et rendit l'enfant à la grosse Normande chargée de le tenir. Aussi Célestine échangea-t-elle avec la baronne un regard qui voulait dire : « Quel homme charmant ! » Naturellement, elle défendait son beau-père contre les attaques de son propre père.

Après s'être montré beau-père agréable et grand-père *gâteau*, le baron emmena son fils dans le jardin pour lui présenter des observations pleines de sens sur l'attitude à prendre à la Chambre sur une circonstance délicate, surgie le matin. Il pénétra le jeune avocat d'admiration par la profondeur de ses vues, il l'attendrit par son ton amical, et surtout par l'espèce de déférence avec laquelle il paraissait désormais vouloir le mettre à son niveau.

Monsieur Hulot fils était bien le jeune homme tel que l'a fabriqué la Révolution de 1830 : l'esprit infatué de politique, respectueux envers ses espérances, les contenant sous une fausse gravité, très-envieux des réputations faites, lâchant des phrases au lieu de ces mots incisifs, les diamants de la conversation française, mais plein de tenue et prenant la morgue pour la dignité. Ces gens sont des cercueils ambulants qui contiennent un Français d'autrefois; le Français s'agite par moments, et donne des coups contre son enveloppe anglaise; mais l'ambition le retient, et il consent à y étouffer. Ce cercueil est toujours vêtu de drap noir.

— Ah! voici mon frère! dit le baron Hulot en allant recevoir le comte à la porte du salon.

Après avoir embrassé le successeur probable du feu maréchal Montcornet, il l'amena en lui prenant le bras avec des démonstrations d'affection et de respect.

Ce pair de France, dispensé d'aller aux séances à cause de sa surdité, montrait une belle tête froidie par les années, à cheveux gris encore assez abondants pour être comme collés par la pression du chapeau. Petit, trapu, devenu sec, il portait sa verte vieillesse d'un air guilleret; et comme il conservait une excessive activité condamnée au repos, il partageait son temps entre la lecture et la promenade. Ses mœurs douces se voyaient sur sa figure blanche, dans son maintien, dans son honnête discours plein de choses sensées. Il ne parlait jamais guerre ni campagne; il savait être trop grand pour avoir besoin de faire de la grandeur. Dans un salon, il bornait son rôle à une observation continuelle des désirs des femmes.

— Vous êtes tous gais, dit-il en voyant l'animation que le baron répandait dans cette petite réunion de famille. Hortense n'est cependant pas mariée, ajouta-t-il en reconnaissant sur le visage de sa belle-sœur des traces de mélancolie.

— Ça viendra toujours assez tôt, lui cria dans l'oreille la Bette d'une voix formidable.

— Vous voilà bien, mauvaise graine qui n'a pas voulu fleurir! répondit-il en riant.

Le héros de Forzheim aimait assez la cousine Bette, car il se trouvait entre eux des ressemblances. Sans éducation, sorti du peuple, son courage avait été l'unique artisan de sa fortune militaire, et son bon sens lui tenait lieu d'esprit. Plein d'honneur, les mains pures, il finissait radieusement sa belle vie, au milieu de cette famille où se trouvaient toutes ses affections, sans soupçonner les égarements encore secrets de son frère. Nul plus que lui ne jouissait du beau spectacle de cette réunion, où jamais il ne s'élevait le moindre sujet de discorde, où frères et sœurs s'aimaient également, car Célestine avait été considérée aussitôt comme de la famille. Aussi le brave petit comte Hulot demandait-il de temps en temps pourquoi le père Crevel ne venait pas. — Mon père est à la campagne! lui criait Célestine. Cette fois on lui dit que l'ancien parfumeur voyageait.

Cette union si vraie de sa famille fit penser à madame Hulot :
— Voilà le plus sûr des bonheurs, et celui-là, qui pourrait nous l'ôter?

En voyant sa favorite Adeline l'objet des attentions du baron, le général en plaisanta si bien, que le baron, craignant le ridicule, reporta sa galanterie sur sa belle-fille qui, dans ces dîners de famille, était toujours l'objet de ses flatteries et de ses soins, car il espérait par elle ramener le père Crevel et lui faire abjurer tout ressentiment. Quiconque eût vu cet intérieur de famille aurait eu de la peine à croire que le père était aux abois, la mère au désespoir, le fils au dernier degré de l'inquiétude sur l'avenir de son père, et la fille occupée à voler un amoureux à sa cousine.

A sept heures, le baron voyant son frère, son fils, la baronne et Hortense occupés tous à faire le whist, partit pour aller applaudir sa maîtresse à l'Opéra en emmenant la cousine Bette, qui demeurait rue du Doyenné, et qui prétextait de la solitude de ce quartier désert, pour toujours s'en aller après le dîner. Les Parisiens avoueront tous que la prudence de la vieille fille était rationnelle.

L'existence du pâté de maisons qui se trouve le long du vieux Louvre, est une de ces protestations que les Français aiment à faire contre le bon sens, pour que l'Europe se rassure sur la dose d'esprit qu'on leur accorde et ne les craigne plus. Peut-être avons-nous là, sans le savoir, quelque grande pensée politique. Ce ne sera certes pas un hors-d'œuvre que de décrire ce coin de Paris actuel, plus tard on ne pourrait pas l'imaginer ; et nos neveux, qui verront sans doute le Louvre achevé, se refuseraient à croire qu'une pareille barbarie ait subsisté pendant trente-six ans, au cœur de Paris, en face du palais où trois dynasties ont reçu pendant ces dernières trente-six années, l'élite de la France et celle de l'Europe.

Depuis le guichet qui mène au pont du Carrousel, jusqu'à la rue du Musée, tout homme venu, ne fût-ce que pour quelques jours, à Paris, remarque une dizaine de maisons à façades ruinées, où les propriétaires découragés ne font aucune réparation, et qui sont le résidu d'un ancien quartier en démolition depuis le jour où Napoléon résolut de terminer le Louvre. La rue et l'impasse du Doyenné, voilà les seules voies intérieures de ce pâté sombre et désert où les habitants sont probablement des fantômes, car on n'y voit jamais personne. Le pavé, beaucoup plus bas que celui de la chaussée de la rue du Musée, se trouve au milieu de celle de la rue Froidmanteau. Enterrées déjà par l'exhaussement de la place, ces maisons sont enveloppées de l'ombre éternelle que projettent les hautes galeries du Louvre, noircies de ce côté par le souffle du Nord. Les ténèbres, le silence, l'air glacial, la profondeur caverneuse du sol concourent à faire de ces maisons des espèces de cryptes, des tombeaux vivants. Lorsqu'on passe en cabriolet le long de ce demi-quartier mort, et que le regard s'engage dans la ruelle du Doyenné, l'âme a froid, l'on se demande qui peut demeurer là, ce qui doit s'y passer le soir, à l'heure où cette ruelle se change en coupe-gorge, et où les vices de Paris, enveloppés du manteau de la nuit, se donnent pleine carrière. Ce problème, effrayant par lui-même, devient horrible quand on voit que ces prétendues maisons ont pour ceinture un marais du côté de la rue de Richelieu, un océan de pavés moutonnants du côté des Tuileries, de petits jardins, des baraques sinistres du côté des galeries, et des steppes de pierre de taille et de démolitions du côté du vieux Louvre. Henri III et ses mignons qui cherchent leurs chausses, les amants de Marguerite qui cherchent leurs têtes, doivent danser des sarabandes au clair de la lune dans ces déserts dominés par la voûte d'une chapelle encore debout, comme pour prouver que la religion catholique si vivace en France, survit à tout. Voici bientôt quarante ans que le Louvre crie par toutes les gueules de ces murs éventrés, de ces fenêtres béantes : Extirpez ces verrues de ma face! On a sans doute reconnu l'utilité de ce coupe-gorge, et la nécessité de symboliser au cœur de Paris l'alliance intime de la misère et de la splendeur qui caractérise la reine des capitales. Aussi ces ruines froides, au sein desquelles le journal des légitimistes a commencé la maladie dont il meurt, les infâmes baraques de la rue du Musée, l'enceinte en planches des étalagistes qui la garnissent, auront-elles la vie plus longue et plus prospère que celles de trois dynasties peut-être!

Dès 1823, la modicité du loyer dans des maisons condamnées à disparaître, avait engagé la cousine Bette à se loger là, malgré l'obligation que l'état du quartier lui faisait de se retirer avant la nuit close. Cette nécessité s'accordait d'ailleurs avec l'habitude villageoise qu'elle avait conservée de se coucher et de se lever avec le soleil, ce qui procure aux gens de la campagne de notables économies sur l'éclairage et le chauffage. Elle demeurait donc dans une des maisons auxquelles la démolition du fameux hôtel occupé par Cambacérès, a rendu la vue de la place.

Au moment où le baron Hulot mit la cousine de sa femme à la porte de cette maison, en lui disant : « Adieu, cousine! » une jeune femme, petite, svelte, jolie, mise avec une grande élégance, exhalant un parfum choisi, passait entre la voiture et la muraille pour entrer aussi dans la maison. Cette dame échangea, sans aucune espèce de préméditation, un regard avec le baron, uniquement pour voir le cousin de la locataire; mais le libertin ressentit cette vive impression, passagère chez tous les Parisiens, quand ils rencontrent une jolie femme qui réalise, comme disent les entomologistes, leur *desiderata*, et il mit avec une sage lenteur un de ses gants avant de remonter en voiture, pour se donner une contenance et pouvoir suivre de l'œil la jeune femme dont la robe était agréablement balancée par autre chose que par ces affreuses et frauduleuses sous-jupes en crinoline.

— Voilà, se disait-il, une gentille petite femme de qui je ferais volontiers le bonheur, car elle ferait le mien.

Quand l'inconnue eut atteint le palier de l'escalier qui desservait le corps de logis situé sur la rue, elle regarda la porte-cochère du coin de l'œil, sans se retourner positivement, et vit le baron cloué sur place par l'admiration, dévoré de désir et de curiosité. C'est comme une fleur que toutes les Parisiennes respirent avec plaisir, en la trouvant sur leur passage. Certaines femmes attachées à leurs devoirs, vertueuses et jolies, reviennent au logis assez maussades, lorsqu'elles n'ont pas fait leur petit bouquet pendant la promenade.

La jeune femme monta rapidement l'escalier. Bientôt une fenêtre de l'appartement du deuxième étage s'ouvrit, et la jeune femme s'y montra, mais en compagnie d'un monsieur dont le crâne pelé, dont l'œil peu courroucé révélaient un mari.

— Sont-elles fines et spirituelles ces créatures-là!... se dit le baron; elle m'indique ainsi sa demeure. C'est un peu trop vif, surtout dans ce quartier-ci. Prenons garde. Le directeur leva la tête quand il fut monté dans le milord, et alors la femme et le mari se retirèrent vivement, comme si la figure du baron eût produit sur eux l'effet mythologique de la tête de Méduse. — On dirait qu'ils me connaissent, pensa le baron. Alors, tout s'expliquerait. En effet, quand la voiture eut remonté la chaussée de la rue du Musée, il se pencha pour revoir l'inconnue, et il la trouva revenue à la fenêtre. Honteuse d'être prise à contempler la capote sous laquelle était son admirateur, la jeune femme se rejeta vivement en arrière.

— Je saurai qui c'est par la Chèvre, se dit le baron.

L'aspect du Conseiller-d'État avait produit, comme on va le voir, une sensation profonde sur le couple.

— Mais c'est le baron Hulot, dans la direction de qui se trouve mon bureau! s'écria le mari en quittant le balcon de la fenêtre.

— Eh! bien, Marneffe, la vieille fille du troisième au fond de la cour qui vit avec ce jeune homme, est sa cousine? Est-ce drôle que nous n'apprenions cela qu'aujourd'hui, et par hasard!

— Mademoiselle Fischer vivre avec un jeune homme!... répéta l'employé. C'est des cancans de portière, ne parlons pas si légèrement de la cousine d'un Conseiller-d'État qui fait la pluie et le beau temps au Ministère. Tiens, viens dîner, je t'attends depuis quatre heures!

La très-jolie madame de Marneffe, fille naturelle du comte de Montcornet, l'un des plus célèbres lieutenants de Napoléon, avait été mariée au moyen d'une dot de vingt mille francs à un employé subalterne du Ministère de la Guerre. Par le crédit de l'illustre lieutenant-général, maréchal de France dans les six derniers mois de sa vie, ce plumigère était arrivé à la place inespérée de premier commis dans son bureau; mais, au moment d'être nommé sous-chef, la mort du maréchal avait coupé par le pied les espérances de Marneffe et de sa femme. L'exiguïté de la fortune du sieur Marneffe chez qui s'était déjà fondue la dot de mademoiselle Valérie Fortin, soit au payement des dettes de l'employé, soit en acquisitions nécessaires à un garçon qui se monte une maison, mais surtout les exigences d'une jolie femme habituée chez sa mère à des jouissances auxquelles elle ne voulut pas renoncer, avaient obligé le ménage à réaliser des économies sur le loyer. La position de la rue du Doyenné, peu éloignée du Ministère de la Guerre et du centre parisien, sourit à monsieur et à madame Marneffe qui, depuis environ quatre ans, habitaient la maison de mademoiselle Fischer.

Le sieur Jean-Paul-Stanislas Marneffe appartenait à cette nature d'employés qui résiste à l'abrutissement par l'espèce de puissance que donne la dépravation. Ce petit homme maigre, à cheveux et à barbe grêles, à figure étiolée, pâlotte, plus fatiguée que ridée, les yeux à paupières légèrement rougies et harnachées de lunettes, de piètre allure et de plus piètre maintien, réalisait le type que chacun se dessine d'un homme traduit aux assises pour attentat aux mœurs.

L'appartement occupé par ce ménage, type de beaucoup de ménages parisiens, offrait les trompeuses apparences de ce faux luxe qui règne dans tant d'intérieurs. Dans le salon, les meubles recouverts en velours de coton passé, les statuettes de plâtre jouant le bronze florentin, le lustre mal ciselé, simplement mis en couleur, à bobèches en cristal fondu; le tapis dont le bon marché s'expliquait tardivement par la quantité de coton introduite par le fabricant, et devenue visible à l'œil nu, tout jusqu'aux rideaux qui vous eussent appris que le damas de laine n'a pas trois ans de splendeur, tout chantait misère comme un pauvre en haillons à la porte d'une église.

La salle à manger, mal soignée par une seule servante, présentait l'aspect nauséabond des salles à manger d'hôtel de province : tout y était encrassé, mal entretenu.

La chambre de monsieur, assez semblable à la chambre d'un étudiant, meublée de son lit de garçon, de son mobilier de garçon, flétri, usé comme lui-même, et faite une fois par semaine; cette horrible chambre où tout traînait, où de vieilles chaussettes pendaient sur des chaises foncées de crin, dont les fleurs reparaissaient dessinées par la poussière, annonçait bien l'homme à qui son ménage est indifférent, qui vit au dehors, au jeu, dans les cafés ou ailleurs.

La chambre de madame faisait exception à la dégradante incurie qui déshonorait l'appartement officiel où les rideaux étaient partout jaunes de fumée et de poussière, où l'enfant, évidemment abandonné à lui-même, laissait traîner ses joujoux partout. Situés dans l'aile qui réunissait, d'un seul côté seulement, la maison bâtie sur le devant de la rue, au corps-de-logis adossé au fond de la cour à la propriété voisine, la chambre et le cabinet de toilette de Valérie, élégamment tendus en perse, à meubles en bois de palissandre, à tapis en moquette, sentaient la jolie femme, et, disons-le, presque la femme entretenue. Sur le manteau de velours de la cheminée s'élevait la pendule alors à la mode. On voyait un petit Dunkerque assez bien garni, des jardinières en porcelaine chinoise luxueusement montées. Le lit, la toilette, l'armoire à glace, le tête-à-tête, les colifichets obligés signalaient les recherches ou les fantaisies du jour.

Quoique ce fût du troisième ordre en fait de richesse et d'élégance, que tout y datât de trois ans, un dandy n'eût rien trouvé à redire, sinon que ce luxe était entaché de bourgeoisie. L'art, la distinction, qui résulte des choses que le goût sait s'approprier, manquaient là totalement. Un docteur ès sciences sociales eût reconnu l'amant à quelques-unes de ces futilités de riche bijouterie qui ne peuvent venir que de ce demi-dieu, toujours absent, toujours présent chez une femme mariée.

Le dîner que firent le mari, la femme et l'enfant, ce dîner retardé de quatre heures, eût expliqué la crise financière que subissait cette famille, car la table est le plus sûr thermomètre de la fortune dans les ménages parisiens. Une soupe aux herbes et à l'eau de haricots, un morceau de veau aux pommes de terre, inondé d'eau rousse en guise de jus, un plat de haricots et des cerises d'une qualité inférieure, le tout servi et mangé dans des assiettes et des plats écornés avec l'argenterie peu sonore et triste du maillechort, était-ce un menu digne de cette jolie femme? Le baron en eût pleuré, s'il en avait été témoin. Les carafes ternies ne sauvaient pas la vilaine couleur du vin pris au litre chez le marchand de vin du coin. Les serviettes servaient depuis une semaine. Enfin tout trahissait une misère sans dignité, l'insouciance de la femme et celle du mari pour la famille. L'observateur le plus vulgaire se serait dit, en les voyant, que ces deux êtres étaient arrivés à ce funeste moment où la nécessité de vivre fait chercher une friponnerie heureuse.

La première phrase dite par Valérie à son mari, va d'ailleurs expliquer le retard qu'avait éprouvé le dîner, dû probablement au dévouement intéressé de la cuisinière.

— Samanon ne veut prendre tes lettres de change qu'à cinquante pour cent, et demande en garantie une délégation sur tes appointements.

La misère, secrète encore chez le directeur de la Guerre, et qui avait pour paravent un traitement de vingt-quatre mille francs, sans compter les gratifications, était donc arrivée à son dernier période chez l'employé.

— Tu as *fait* mon directeur, dit le mari en regardant sa femme.

— Je le crois, répondit-elle sans épouvanter de ce mot pris à l'argot des coulisses.

— Qu'allons-nous devenir? reprit Marneffe, le propriétaire nous saisira demain. Et ton père, qui s'avise de mourir sans faire de testament! Ma parole d'honneur, ces gens de l'Empire se croient tous immortels comme leur Empereur.

— Pauvre père, dit-elle, il n'a eu que moi d'enfant, il m'aimait bien! La comtesse aura brûlé le testament. Comment m'aurait-il oubliée, lui qui nous donnait de temps en temps des trois ou quatre billets de mille francs à la fois?

— Nous devons quatre termes, quinze cents francs! notre mobilier les vaut-il? *That is the question!* a dit Shakspeare.

— Tiens, adieu, mon chat, dit Valérie qui n'avait pris que quelques bouchées de veau d'où la domestique avait extrait le jus pour un brave soldat revenu d'Alger. Aux grands maux, les grands remèdes!

— Valérie! où vas-tu? s'écria Marneffe en coupant à sa femme le chemin de la porte.

— Je vais voir notre propriétaire, répondit-elle en arrangeant ses anglaises sous son joli chapeau. Toi, tu devrais tâcher de te bien mettre avec cette vieille fille, si toutefois elle est cousine du directeur.

L'ignorance où sont les locataires d'une même maison de leurs situations sociales réciproques est un des faits constants qui peuvent le plus peindre l'entraînement de la vie parisienne; mais il est facile de comprendre qu'un employé qui va tous les jours de grand matin à son bureau, qui revient chez lui pour dîner, qui sort tous les soirs, et qu'une femme adonnée aux plaisirs de Paris, puissent ne rien savoir de l'existence d'une vieille fille logée au troisième étage au fond de la cour de leur maison, surtout quand cette fille a les habitudes de mademoiselle Fischer.

La première de la maison, Lisbeth allait chercher son lait, son pain, sa braise, sans parler à personne, et se couchait avec le soleil; elle ne recevait jamais de lettres, ni de visites, elle ne voisinait point. C'était une de ces existences anonymes, entomologiques, comme il y en a dans certaines maisons, où l'on apprend au bout de quatre ans qu'il existe un vieux monsieur au quatrième qui a connu Voltaire, Pilastre du Rosier, Beaujon, Marcel, Molé, Sophie Arnoult, Franklin et Robespierre. Ce que monsieur et madame Marneffe venaient de dire sur Lisbeth Fischer, ils l'avaient appris à cause de l'isolement du quartier et des rapports que leur détresse avait établis entre eux et les portiers dont la bienveillance leur était trop nécessaire pour ne pas avoir été soigneusement entretenue. Or, la fierté, le mutisme, la réserve de la vieille fille avaient engendré chez les portiers ce respect exagéré, ces rapports froids qui dénotent le mécontentement inavoué de l'inférieur. Les portiers se croyaient d'ailleurs dans l'espèce, comme on dit au Palais, les égaux d'un locataire dont le loyer était de deux cent cinquante francs. Les confidences de la cousine Bette à sa petite cousine Hortense étant vraies, chacun comprendra que la portière avait pu, dans quelque conversation intime avec les Marneffe, calomnier mademoiselle Fischer en croyant simplement médire d'elle.

Lorsque la vieille fille reçut son bougeoir des mains de la respectable madame Olivier, la portière, elle s'avança pour voir si les fenêtres de la mansarde au-dessus de son appartement étaient éclairées. A cette heure, en juillet, il faisait si sombre au fond de la cour, que la vieille fille ne pouvait pas se coucher sans lumière.

— Oh! soyez tranquille, monsieur Steinbock est chez lui, il n'est même pas sorti, dit malicieusement madame Olivier à mademoiselle Fischer.

La vieille fille ne répondit rien. Elle était encore restée paysanne en ceci, qu'elle se moquait du qu'en dira-t-on des gens placés loin d'elle; et, de même que les paysans ne voient que leur village, elle ne tenait qu'à l'opinion du petit cercle au milieu duquel elle vivait. Elle monta donc résolument, non pas chez elle, mais à cette mansarde. Voici pourquoi. Au dessert, elle avait mis dans son sac des fruits et des sucreries pour son amoureux, et elle venait les lui donner, absolument comme une vieille fille rapporte une friandise à son chien.

Elle trouva, travaillant à la lueur d'une petite lampe, dont la clarté s'augmentait en passant à travers un globe plein d'eau, le héros des rêves d'Hortense, un pâle jeune homme blond, assis à une espèce d'établi couvert des outils du ciseleur, de cire rouge, d'ébauchoirs, de socles dégrossis, de cuivres fondus sur modèle, vêtu d'une blouse, et tenant un petit groupe en cire à modeler qu'il contemplait avec l'attention d'un poète au travail.

— Tenez, Wenceslas, voilà ce que je vous apporte, dit-elle en plaçant son mouchoir sur un coin de l'établi.

Puis elle tira de son cabas avec précaution les friandises et les fruits.

— Vous êtes bien bonne, mademoiselle, répondit le pauvre exilé d'une voix triste.

— Ça vous rafraîchira, mon pauvre enfant. Vous vous échauffez le sang à travailler ainsi, vous n'étiez pas né pour un si rude métier...

Wenceslas Steinbock regarda la vieille fille d'un air étonné.

— Mangez donc, reprit-elle brusquement, au lieu de me contempler comme une de vos figures quand elles vous plaisent.

En recevant cette espèce de gourmade en paroles, l'étonnement du jeune homme cessa, car il reconnut alors son Mentor femelle dont la tendresse le surprenait toujours, tant il avait l'habitude d'être rudoyé. Quoique Steinbock eût vingt-neuf ans, il paraissait, comme certains blonds, avoir cinq ou six ans de moins, et à voir cette jeunesse, dont la fraîcheur avait cédé sous les fatigues et les misères de l'exil, unie à cette figure sèche et dure, on aurait pensé que la nature s'était trompée en leur donnant leurs sexes. Il se leva, s'alla jeter dans une vieille bergère Louis XV, couverte en velours d'Utrecht jaune, et parut vouloir s'y reposer. La vieille fille prit alors une prune de reine-claude, et la présenta doucement à son ami.

— Merci, dit-il en prenant le fruit.

— Êtes-vous fatigué? demanda-t-elle en lui donnant un autre fruit.

— Je ne suis pas fatigué par le travail, mais fatigué de la vie, répondit-il.

— En voilà des idées! reprit-elle avec une sorte d'aigreur. N'a-vez-vous pas un bon génie qui veille sur vous? dit-elle en lui présentant les sucreries et lui voyant manger tout avec plaisir. Voyez, en dînant chez ma cousine, j'ai pensé à vous...

— Je sais, dit-il en lançant sur Lisbeth un regard à la fois caressant et plaintif, que, sans vous, je ne vivrais plus depuis longtemps; mais, ma chère demoiselle, les artistes ont besoin de distractions...

— Ah! nous y voilà!... s'écria-t-elle en l'interrompant, en se mettant les poings sur les hanches et arrêtant sur lui des yeux flamboyants. Vous voulez aller perdre votre santé dans les infâmies de Paris, comme tant d'ouvriers qui finissent par aller mourir à l'hôpital! Non, non, faites-vous une fortune, et quand vous aurez des rentes, vous vous amuserez, mon enfant, vous aurez alors de quoi payer les médecins et les plaisirs, libertin que vous êtes.

Wenceslas Steinbock, en recevant cette bordée accompagnée de regards qui le pénétraient d'une flamme magnétique, baissa la tête. Si le médisant le plus mordant eût pu voir le début de cette scène, il aurait déjà reconnu la fausseté des calomnies lancées par les époux Olivier sur la demoiselle Fischer. Tout, dans l'accent, dans les gestes et dans les regards de ces deux êtres, accusait la pureté de leur vie secrète. La vieille fille déployait la tendresse d'une brutale, mais réelle maternité. Le jeune homme subissait comme un fils respectueux la tyrannie d'une mère. Cette alliance bizarre paraissait être le résultat d'une volonté puissante agissant incessamment sur un caractère faible, sur cette inconsistance particulière aux Slaves qui, tout en leur laissant un courage héroïque sur les champs de bataille, leur donne un incroyable décousu dans la conduite, une mollesse morale dont les causes devraient occuper les physiologistes, car les physiologistes sont à la politique ce que les entomologistes sont à l'agriculture.

— Et si je meurs avant d'être riche? demanda mélancoliquement Wenceslas.

— Mourir?... s'écria la vieille fille. Oh! je ne vous laisserai point mourir. J'ai de la vie pour deux, et je vous infuserais mon sang, s'il le fallait.

En entendant cette exclamation violente et naïve, les larmes mouillèrent les paupières de Steinbock.

— Ne vous attristez pas, mon petit Wenceslas, reprit Lisbeth émue. Tenez, ma cousine Hortense a trouvé, je crois, votre cachet assez gentil. Allez, je vous ferai bien vendre votre groupe en bronze, vous serez quitte avec moi, vous ferez ce que vous voudrez, vous deviendrez libre! Allons, riez donc!...

— Je ne serai jamais quitte avec vous, mademoiselle, répondit le pauvre exilé.

— Et pourquoi donc?... demanda la paysanne des Vosges en prenant le parti du Livonien contre elle-même.

— Parce que vous ne m'avez pas seulement nourri, logé, soigné dans la misère; mais encore vous m'avez donné de la force! vous m'avez créé ce que je suis, vous avez été souvent dure, vous m'avez fait souffrir...

— Moi? dit la vieille fille. Allez-vous recommencer vos bêtises sur la poésie, sur les arts, et faire craquer vos doigts, vous détirer les bras en parlant du beau idéal, de vos folies du Nord. Le beau ne vaut pas le solide, et le solide, c'est moi! Vous avez des idées dans la cervelle? la belle affaire! et moi aussi, j'ai des idées... A quoi sert ce qu'on a dans l'âme, si l'on n'en tire aucun parti? ceux qui ont des idées ne sont pas alors si avancés que ceux qui n'en ont pas, si ceux-là savent se remuer... Au lieu de penser à vos rêveries, il faut travailler. Qu'avez-vous fait depuis que je suis partie?...

— Qu'a dit votre jolie cousine?

— Qui vous a dit qu'elle était jolie? demanda vivement Lisbeth avec un accent où rugissait une jalousie de tigre.

— Mais, vous-même.

— C'était pour voir la grimace que vous feriez! Avez-vous envie de courir après les jupes? Vous aimez les femmes, eh bien! fondez-en, mettez vos désirs en bronze; car vous vous en passerez encore pendant quelque temps, d'amourettes, et surtout de ma cousine, cher ami. Ce n'est pas du gibier pour votre nez; il faut à cette fille-là un homme de soixante mille francs de rente... et il est trouvé. Tiens! le lit n'est pas fait! dit-elle en regardant à travers l'autre chambre, oh! pauvre chat! je vous ai oublié...

Aussitôt la vigoureuse fille se débarrassa de son mantelet, de son chapeau, de ses gants; et, comme une servante, elle arrangea lestement le petit lit de pensionnaire où couchait l'artiste. Ce mélange de brusquerie, de rudesse même et de bonté, peut expliquer l'empire que Lisbeth avait acquis sur cet homme de qui elle faisait une chose à elle. La vie ne nous attache-t-elle pas par ses alternatives de bon et de mauvais? Si le Livonien avait rencontré madame Marneffe, au lieu de rencontrer Lisbeth Fischer, il aurait trouvé, dans sa protectrice, une complaisance qui l'eût conduit à quelque route bourbeuse et déshonorante où il se serait perdu. Il n'aurait certes pas travaillé, l'artiste ne serait pas éclos. Aussi, tout en déplorant l'âpre cupidité de la vieille fille, sa raison lui disait-elle de préférer ce bras de fer à la paresseuse et périlleuse existence que menaient quelques-uns de ses compatriotes.

Voici l'événement auquel était dû le mariage de cette énergie femelle et de cette faiblesse masculine, espèce de contre-sens assez fréquent, dit-on, en Pologne.

En 1833, mademoiselle Fischer, qui travaillait parfois la nuit quand elle avait beaucoup d'ouvrage, sentit, vers une heure du matin, une forte odeur d'acide carbonique, et entendit les plaintes d'un mourant. L'odeur du charbon et le râle provenaient d'une mansarde située au-dessus des deux pièces dont se composait son appartement; elle supposa qu'un jeune homme nouvellement venu dans la maison, et logé dans cette mansarde à louer depuis trois ans, se suicidait. Elle monta rapidement, enfonça la porte avec sa force de Lorraine en y pratiquant une pesée, et trouva le locataire se roulant sur un lit de sangle dans les convulsions de l'agonie. Elle éteignit le réchaud. La porte ouverte, l'air afflua, l'exilé fut sauvé; puis, quand Lisbeth l'eut couché comme un malade, qu'il fut endormi, elle put reconnaître les causes du suicide dans le dénûment absolu des deux chambres de cette mansarde où il n'existait qu'une méchante table, le lit de sangle et deux chaises.

Sur la table était cet écrit qu'elle lut :

« Je suis le comte Wenceslas Steinbock, né à Prelie, en Livonie.

» Qu'on n'accuse personne de ma mort, les raisons de mon sui-
» cide sont dans ces mots de Kosciusko : *Finis Poloniæ!*

» Le petit-neveu d'un valeureux général de Charles XII n'a pas
» voulu mendier. Ma faible constitution m'interdisait le service
» militaire, et j'ai vu hier la fin des cent thalers avec lesquels je
» suis venu de Dresde à Paris. Je laisse vingt-cinq francs dans le
» tiroir de cette table pour payer le terme que je dois au proprié-
» taire.

» N'ayant plus de parents, ma mort n'intéresse personne. Je prie
» mes compatriotes de ne pas accuser le gouvernement français. Je
» ne me suis pas fait connaître comme réfugié, je n'ai rien de-
» mandé, je n'ai rencontré aucun exilé, personne ne sait à Paris
» que j'existe.

» Je serai mort dans des pensées chrétiennes. Que Dieu pardonne
» au dernier des Steinbock !
» WENCESLAS ! »

Mademoiselle Fischer, excessivement touchée de la probité du moribond, qui payait son terme, ouvrit le tiroir, et vit en effet cinq pièces de cent sous.

— Pauvre jeune homme ! s'écria-t-elle. Et personne au monde pour s'intéresser à lui !

Elle descendit chez elle, y prit son ouvrage, et vint travailler dans cette mansarde, en veillant le gentilhomme livonien. A son réveil, on peut juger de l'étonnement de l'exilé, quand il vit une femme à son chevet ; il crut continuer un rêve. Tout en faisant des aiguillettes en or pour un uniforme, la vieille fille s'était promis de protéger ce pauvre enfant, qu'elle avait admiré dormant. Lorsque le jeune comte fut tout à fait éveillé, Lisbeth lui donna du courage, et le questionna pour savoir comment lui faire gagner sa vie. Wenceslas, après avoir raconté son histoire, ajouta qu'il avait dû sa place à sa vocation reconnue pour les arts ; il s'était toujours senti des dispositions pour la sculpture ; mais le temps nécessaire aux études lui paraissait trop long pour un homme sans argent, et il se sentait beaucoup trop faible en ce moment pour s'adonner à un état manuel ou entreprendre la grande sculpture. Ces paroles furent du grec pour Lisbeth Fischer. Elle répondit à ce malheureux que Paris offrait tant de ressources, qu'un homme de bonne volonté devait y vivre. Jamais les gens de cœur n'y périssaient quand ils apportaient un certain fonds de patience.

— Je ne suis qu'une pauvre fille, moi, une paysanne, et j'ai bien su m'y créer une indépendance, ajouta-t-elle en terminant. Écoutez-moi. Si vous voulez bien sérieusement travailler, j'ai quelques économies, je vous prêterai mois par mois l'argent nécessaire pour vivre ; mais pour vivre strictement et non pour bambocher, pour courailler ! On peut dîner à Paris à vingt-cinq sous par jour, et je vous ferai votre déjeuner avec le mien tous les matins. Enfin je meublerai votre chambre, et je payerai les apprentissages qui vous sembleront nécessaires. Vous me donnerez des reconnaissances en bonne forme de l'argent que je dépenserai pour vous ; et, quand vous serez riche, vous me rendrez le tout. Mais, si vous ne travaillez pas, je ne me regarderai plus comme engagée à rien, et je vous abandonnerai.

— Ah! s'écria le malheureux qui sentait encore l'amertume de sa première étreinte avec la Mort, les exilés de tous les pays ont bien raison de tendre vers la France, comme font les âmes du purgatoire vers le paradis. Quelle nation que celle où il se trouve des secours, des cœurs généreux partout, même dans une mansarde comme celle-ci! Vous serez tout pour moi, ma chère bienfaitrice, je serai votre esclave! Soyez mon amie, dit-il avec une de ces démonstrations caressantes, si familières aux Polonais, et qui les fait accuser assez injustement de servilité.

— Oh! non, je suis trop jalouse, je vous rendrais malheureux; mais je serai volontiers quelque chose comme votre camarade, reprit Lisbeth.

— Oh! si vous saviez avec quelle ardeur j'appelais une créature, fût-ce un tyran, qui voulût de moi, quand je me débattais dans le vide de Paris! reprit Wenceslas. Je regrettais la Sibérie où l'empereur m'enverrait, si je rentrais!... Devenez ma providence... Je travaillerai, je deviendrai meilleur que je ne suis, quoique je ne sois pas un mauvais garçon.

— Ferez-vous tout ce que je vous dirai de faire? demanda-t-elle.

— Oui!...

— Eh bien! je vous prends pour mon enfant, dit-elle gaîment. Me voilà avec un garçon qui se relève du cercueil. Allons! nous commençons. Je vais descendre faire mes provisions, habillez-vous, vous viendrez partager mon déjeuner quand j'aurai cogné au plafond avec le manche de mon balai.

Le lendemain, chez les fabricants où mademoiselle Fischer porta son ouvrage, elle prit des renseignements sur l'état de sculpteur. A force de demander, elle réussit à découvrir l'atelier des Florent et Chanor, maison spéciale où l'on fondait, où l'on ciselait les bronzes riches et les services d'argenterie luxueux. Elle y conduisit Steinbock en qualité d'apprenti sculpteur, proposition qui parut bizarre. On exécutait là les modèles des plus fameux artistes, on n'y montrait pas à sculpter. La persistance et l'entêtement de la vieille fille arrivèrent à placer son protégé comme dessinateur d'ornements. Steinbock sut promptement modeler les ornements, il en inventa de nouveaux, il avait la vocation. Cinq mois après avoir achevé son apprentissage de ciseleur, il fit la connaissance du fameux Stidmann, le principal sculpteur de la maison Florent. Au bout de vingt mois, Wenceslas en savait plus que son maître; mais, en trente mois, les économies amassées par la vieille fille pendant seize ans, pièce à pièce, furent entièrement dissipées. Deux mille cinq cents francs en or! une somme qu'elle comptait placer en viager, et représentée par quoi? par la lettre de change d'un Polonais. Aussi Lisbeth travaillait-elle en ce moment comme dans sa jeunesse, afin de subvenir aux dépenses du Livonien. Quand elle se vit entre les mains un papier au lieu d'avoir ses pièces d'or, elle perdit la tête, et alla consulter monsieur Rivet, devenu depuis quinze ans le conseil, l'ami de sa première et plus habile ouvrière. En apprenant cette aventure, monsieur et madame Rivet grondèrent Lisbeth, la traitèrent de folle, honnirent les réfugiés dont les menées pour redevenir une nation compromettaient la prospérité du commerce, la paix à tout prix, et ils poussèrent la vieille fille à prendre, ce qu'on appelle en commerce, des sûretés.

— La seule sûreté que ce gaillard-là peut vous offrir, c'est sa liberté, dit alors monsieur Rivet.

Monsieur Achille Rivet était juge au tribunal de commerce.

— Et ce n'est pas une plaisanterie pour les étrangers, reprit-il. Un Français reste cinq ans en prison, et après il en sort sans avoir payé ses dettes, il est vrai, car il n'est plus contraignable que par sa conscience qui le laisse toujours en repos; mais un étranger ne sort jamais de prison. Donnez-moi votre lettre de change, vous allez la passer au nom de mon teneur de livres, il la fera protester, vous poursuivra tous les deux, obtiendra contradictoirement un jugement qui prononcera la contrainte par corps, et quand tout sera bien en règle, il vous signera une contre-lettre. En agissant ainsi, vos intérêts courront, et vous aurez un pistolet toujours chargé contre votre Polonais!

La vieille fille se laissa mettre en règle, et dit à son protégé de ne pas s'inquiéter de cette procédure, uniquement faite pour donner des garanties à un usurier qui consentait à leur avancer quelque argent. Cette défaite était due au génie inventif du juge au tribunal de commerce. L'innocent artiste, aveugle dans sa confiance en sa bienfaitrice, alluma sa pipe avec les papiers timbrés, car il fumait comme tous les gens qui ont ou des chagrins ou de l'énergie à endormir. Un beau jour, monsieur Rivet fit voir à mademoiselle Fischer un dossier et lui dit : — Vous avez à vous Wenceslas Steinbock, pieds et poings liés, et si bien, qu'en vingt-quatre heures vous pouvez le loger à Clichy pour le reste de ses jours.

Ce digne et honnête juge au tribunal de commerce éprouva ce jour-là la satisfaction que doit causer la certitude d'avoir commis une mauvaise bonne action. La bienfaisance a tant de manières d'être à Paris, que cette expression singulière répond à l'une de ses variations. Une fois le Livonien entortillé dans les cordes de la procédure commerciale, il s'agissait d'arriver au payement, car le notable commerçant regardait Wenceslas Steinbock comme un escroc. Le cœur, la probité, la poésie étaient à ses yeux, en affaires, des *sinistres*. Rivet alla voir, dans l'intérêt de cette pauvre mademoiselle Fischer qui, selon son expression, avait été *dindonnée* par un Polonais, les riches fabricants de chez qui Steinbock sortait. Or, secondé par les remarquables artistes de l'orfévrerie parisienne déjà cités, Stidmann, qui faisait arriver l'art français à la perfection où il est maintenant et qui permet de lutter avec les Florentins et la Renaissance, se trouvait dans le cabinet de Chanor, lorsque le brodeur y vint prendre des renseignements sur le nommé Steinbock, un réfugié polonais.

— Qu'appelez-vous le nommé Steinbock? s'écria railleusement Stidmann. Serait-ce par hasard un jeune Livonien que j'ai eu pour élève? Apprenez, monsieur, que c'est un grand artiste. On dit que je me crois le diable; eh bien, ce pauvre garçon ne sait pas, lui, qu'il peut devenir un dieu...

— Ah! quoique vous parliez bien cavalièrement à un homme qui a l'honneur d'être juge au tribunal de la Seine...

— Excusez, consul!... répliqua Stidmann en se mettant le revers de la main au front.

— Je suis bien heureux de ce que vous venez de dire. Ainsi, ce jeune homme pourra gagner de l'argent...

— Certes, dit le vieux Chanor, mais il lui faut travailler; il en aurait déjà bien amassé, s'il était resté chez nous. Que voulez-vous? les artistes ont horreur de la dépendance.

— Ils ont la conscience de leur valeur et de leur dignité, répondit Stidmann. Je ne blâme pas Wenceslas d'aller seul, de tâcher de se faire un nom et de devenir un grand homme, c'est son droit! Et j'ai cependant bien perdu quand il m'a quitté!

— Voilà! s'écria Rivet, voilà les prétentions des jeunes gens, au sortir de leur œuf universitaire... Mais commencez donc par vous faire des rentes, et cherchez la gloire après!

— On se gâte la main à ramasser des écus! répondit Stidmann. C'est à la gloire à nous apporter la fortune.

— Que voulez-vous? dit Chanor à Rivet, on ne peut pas les attacher...

— Ils mangeraient le licou! répliqua Stidmann.

— Tous ces messieurs, dit Chanor en regardant Stidmann, ont autant de fantaisie que de talent. Ils dépensent énormément, ils ont des lorettes, ils jettent l'argent par les fenêtres, ils ne trouvent plus le temps de faire leurs travaux; ils négligent alors leurs commandes; nous allons chez des ouvriers qui ne les valent pas et qui s'enrichissent; puis ils se plaignent de la dureté des temps, tandis que, s'ils s'étaient appliqués, ils auraient des monts d'or...

— Vous me faites l'effet, vieux Père Lumignon, dit Stidmann, de ce libraire d'avant la révolution qui disait: — Ah! si je pouvais tenir Montesquieu, Voltaire et Rousseau, bien gueux, dans ma soupente et garder leurs culottes dans une commode, comme ils m'écriraient de bons petits livres avec lesquels je me ferais une fortune! Si l'on pouvait forger de belles œuvres comme des clous, les commissionnaires en feraient... Donnez-moi mille francs, et taisez-vous!

Le bonhomme Rivet revint enchanté pour la pauvre demoiselle Fischer qui dînait chez lui tous les lundis et qu'il allait y trouver.

— Si vous pouvez le faire bien travailler, dit-il, vous serez plus heureuse que sage, vous serez remboursée, intérêts, frais et capital. Ce Polonais a du talent, il peut gagner sa vie; mais enfermez ses pantalons et ses souliers, empêchez-le d'aller à la Chaumière et dans le quartier Notre-Dame-de-Lorette, tenez-le en laisse. Sans ces précautions, votre sculpteur flânera, et si vous saviez ce que les artistes appellent *flâner!* des horreurs, quoi! Je viens d'apprendre qu'un billet de mille francs y passe dans une journée.

Cet épisode eut une influence terrible sur la vie intérieure de Wenceslas et de Lisbeth. La bienfaitrice trempa le pain de l'exilé dans l'absinthe des reproches, lorsqu'elle crut ses fonds compromis, et elle les crut bien souvent perdus. La bonne mère devint une marâtre, elle morigéna ce pauvre enfant, elle le tracassa, lui reprocha de ne pas travailler assez promptement, et d'avoir pris un état difficile. Elle ne pouvait pas croire que des modèles en cire rouge, des figurines, des projets d'ornements, des essais pussent avoir du prix. Bientôt, fâchée de ses duretés, elle essayait d'en effacer les traces par des soins, par des douceurs et par des attentions. Le pauvre jeune homme, après avoir gémi de se trouver dans la dépendance de cette mégère et sous la domination d'une paysanne des Vosges, était ravi des câlineries et de cette sollicitude maternelle éprise seulement du physique, du matériel de la vie. Il fut comme une femme qui pardonne les mauvais traitements d'une semaine à cause des caresses d'un fugitif raccommodement. Mademoiselle Fischer prit ainsi sur cette âme un empire absolu. L'amour de la domination resté dans ce cœur de vieille fille, à l'état de germe, se développa rapidement. Elle put satisfaire son orgueil et son besoin d'action : n'avait-elle pas une créature à elle, à gronder, à diriger, à flatter, à rendre heureuse, sans avoir à craindre aucune rivalité? Le bon et le mauvais de son caractère s'exercèrent donc également. Si parfois elle martyrisait le pauvre artiste, elle avait en revanche des délicatesses, semblables à la grâce des fleurs champêtres; elle jouissait de le voir ne manquant de rien, elle eût donné sa vie pour lui; Wenceslas en avait la certitude. Comme toutes les belles âmes, le pauvre garçon oubliait le mal, les défauts de cette fille qui, d'ailleurs, lui avait raconté sa vie comme excuse de sa sauvagerie, et il ne se souvenait jamais que des bienfaits. Un jour, la vieille fille, exaspérée de ce que Wenceslas était allé flâner au lieu de travailler, lui fit une scène.

— Vous m'appartenez! lui dit-elle. Si vous êtes honnête homme, vous devriez tâcher de me rendre le plus tôt possible ce que vous me devez...

Le gentilhomme, en qui le sang des Steinbock s'alluma, devint pâle.

— Mon Dieu! dit-elle, bientôt nous n'aurons plus pour vivre que les trente sous que je gagne, moi, pauvre fille...

Les deux indigents, irrités dans le duel de la parole, s'animèrent l'un contre l'autre ; et alors le pauvre artiste reprocha pour la première fois à sa bienfaitrice de l'avoir arraché à la mort, pour lui faire une vie de forçat pire que le néant où du moins on se reposait, dit-il, et il parla de fuir.

— Fuir!... s'écria la vieille fille!... Ah! monsieur Rivet avait raison!

Et elle expliqua catégoriquement au Polonais, comment on pouvait en vingt-quatre heures le mettre pour le reste de ses jours en prison. Ce fut un coup de massue. Steinbock tomba dans une mélancolie noire et dans un mutisme absolu. Le lendemain, dans la nuit, Lisbeth ayant entendu des préparatifs de suicide, monta chez son pensionnaire, lui présenta le dossier et une quittance en règle.

— Tenez, mon enfant, pardonnez-moi! dit-elle les yeux humides. Soyez heureux, quittez-moi, je vous tourmente trop; mais, dites-moi que vous penserez quelquefois à la pauvre fille qui vous a mis à même de gagner votre vie. Que voulez-vous? vous êtes la cause de mes méchancetés : je puis mourir, que deviendriez-vous sans moi?... Voilà la raison de l'impatience que j'ai de vous voir en état de fabriquer des objets qui puissent se vendre. Je ne vous redemande pas mon argent pour moi, allez!... J'ai peur de votre paresse que vous nommez rêverie, de vos conceptions qui mangent tant d'heures pendant lesquelles vous regardez le ciel, et je voudrais que vous eussiez contracté l'habitude du travail.

Ce fut dit avec un accent, un regard, des larmes, une attitude qui pénétrèrent le noble artiste; il saisit sa bienfaitrice, la pressa sur son cœur, et l'embrassa au front.

— Gardez ces pièces, répondit-il avec une sorte de gaieté. Pourquoi me mettriez-vous à Clichy? ne suis-je pas emprisonné ici par la reconnaissance?

Cet épisode de leur vie commune et secrète, arrivé six mois auparavant, avait fait produire à Wenceslas trois choses : le cachet que gardait Hortense, le groupe mis chez le marchand de curiosités, et une admirable pendule qu'il achevait en ce moment, car il vissait les derniers écrous du modèle.

Cette pendule représentait les douze Heures, admirablement caractérisées par douze figures de femmes entraînées dans une danse si folle et si rapide, que trois Amours, grimpés sur un tas de fleurs et de fruits, ne pouvaient arrêter au passage que l'Heure de minuit, dont la chlamyde déchirée restait aux mains de l'Amour le plus hardi. Ce sujet reposait sur un socle rond d'une admirable ornementation, où s'agitaient des animaux fantastiques. L'Heure était indiquée dans une bouche monstrueuse ouverte par un bâillement. Chaque Heure offrait des symboles heureusement imaginés qui en caractérisaient les occupations habituelles.

Il est facile maintenant de comprendre l'espèce d'attachement extraordinaire que mademoiselle Fischer avait conçu pour son Livonien ; elle le voulait heureux, et elle le voyait dépérissant, s'étiolant dans sa mansarde. On conçoit la raison de cette situation affreuse. La Lorraine surveillait cet enfant du Nord avec la tendresse d'une mère, avec la jalousie d'une femme et l'esprit d'un dragon ; ainsi elle s'arrangeait pour lui rendre toute folie, toute débauche impossible, en le laissant toujours sans argent. Elle aurait voulu garder sa victime et son compagnon pour elle, sage comme il était par force, et elle ne comprenait pas la barbarie de ce désir insensé, car elle avait pris, elle, l'habitude de toutes les privations. Elle aimait assez Steinbock pour ne pas l'épouser, et l'aimait trop pour le céder à une autre femme ; elle ne savait pas se résigner à n'en être que la mère, et se regardait comme une folle quand elle pensait à l'autre rôle. Ces contradictions, cette féroce jalousie, ce bonheur de posséder un homme à elle, tout agitait démesurément le cœur de cette fille. Éprise réellement depuis quatre ans, elle caressait le fol espoir de faire durer cette vie inconséquente et sans issue, où sa persistance devait causer la perte de celui qu'elle appelait son enfant. Ce combat de ses instincts et de sa raison la rendait injuste et tyrannique. Elle se vengeait sur ce jeune homme de ce qu'elle n'était ni jeune, ni riche, ni belle ; puis, après chaque vengeance, elle arrivait, en reconnaissant ses torts en elle-même, à des humilités, à des tendresses infinies. Elle ne concevait le sacrifice à faire à son idole qu'après y avoir écrit sa puissance à coups de hache. C'était enfin la *Tempête* de Shakspeare renversée, Caliban maître d'Ariel et de Prospero. Quant à ce malheureux jeune homme à pensées élevées, méditatif, enclin à la paresse, il offrait dans les yeux, comme ces lions encagés au Jardin des Plantes, le désert que sa protectrice faisait en son âme. Le travail forcé que Lisbeth exigeait de lui ne défrayait pas les besoins de son cœur. Son ennui devenait une maladie physique, et il mourait sans pouvoir demander, sans savoir se procurer l'argent d'une folie souvent nécessaire. Par certaines journées d'énergie, où le sentiment de son malheur accroissait son exaspération, il regardait Lisbeth comme un voyageur altéré, qui, traversant une côte aride, doit regarder une eau saumâtre. Ces fruits amers de l'indigence et de cette réclusion dans Paris, étaient savourés comme des plaisirs par Lisbeth. Aussi prévoyait-elle avec terreur que la moindre passion allait lui arracher son esclave. Parfois elle se reprochait, en contraignant par sa tyrannie et ses reproches ce poëte à devenir un grand sculpteur de petites choses, de lui avoir donné les moyens de se passer d'elle.

Le lendemain, ces trois existences, si diversement et si réellement misérables, celle d'une mère au désespoir, celle du ménage Marneffe et celle du pauvre exilé, devaient toutes être affectées par la passion naïve d'Hortense et par le singulier dénoûment que le baron allait trouver à sa passion malheureuse pour Joséplia.

Au moment d'entrer à l'Opéra, le Conseiller-d'État fut arrêté par l'aspect un peu sombre du temple de la rue Lepelletier, où il ne vit ni gendarmes, ni lumières, ni gens de service, ni barrières pour contenir la foule. Il regarda l'affiche, y vit une bande blanche au milieu de laquelle brillait ce mot sacramentel :

RELACHE PAR INDISPOSITION.

Aussitôt il s'élança chez Joséplia qui demeurait dans les environs, comme tous les artistes attachés à l'Opéra, rue Chauchat.

— Monsieur! que demandez-vous? lui dit le portier, à son grand étonnement.

— Vous ne me connaissez donc plus? répondit le baron avec inquiétude.

— Au contraire, monsieur; c'est parce que j'ai l'honneur de remettre monsieur, que je lui dis : Où allez-vous !

Un frisson mortel glaça le baron.

— Qu'est-il arrivé? demanda-t-il.

— Si monsieur le baron entrait dans l'appartement de mademoiselle Mirah, il y trouverait mademoiselle Héloïse Brisetout, monsieur Bixiou, monsieur Léon de Lora, monsieur Lousteau, monsieur de Vernisset, monsieur Stidmann, et des femmes pleines de patchouli qui pendent la crémaillère...

— Eh bien ! où donc est ?...

— Mademoiselle Mirah !... Je ne sais pas trop si je fais bien de vous le dire.

Le baron glissa deux pièces de cent sous dans la main du portier.

— Eh bien, elle reste maintenant rue de la Ville-l'Évêque, dans un hôtel que lui a donné, dit-on, le duc d'Hérouville, répondit à voix basse le portier.

Après avoir demandé le numéro de cet hôtel, le baron prit un milord et arriva devant une de ces jolies maisons modernes à doubles portes, où, dès la lanterne de gaz, le luxe se manifeste.

Le baron, vêtu de son habit de drap bleu, à cravate blanche, gilet blanc, pantalon de nankin, bottes vernies, beaucoup d'empois dans le jabot, passa pour un invité retardataire aux yeux du portier de ce nouvel Éden. Sa prestance, sa manière de marcher, tout en lui justifiait cette opinion.

Au coup de cloche sonné par le portier, un valet parut au péristyle. Ce valet, nouveau comme l'hôtel, laissa pénétrer le baron qui lui dit d'un ton de voix accompagné d'un geste impérial : — Fais passer cette carte à mademoiselle Joséph...

Le *Patito* regarda machinalement la pièce où il se trouvait, et se vit dans un salon d'attente, plein de fleurs rares, dont l'ameublement devait coûter quatre mille écus de cent sous. Le valet, revenu, pria monsieur d'entrer au salon en attendant qu'on sortît de table pour prendre le café.

Quoique le baron eût connu le luxe de l'Empire, qui certes fut un des plus prodigieux et dont les créations, si elles ne furent pas durables, n'en coûtèrent pas moins des sommes folles, il resta comme ébloui, abasourdi, dans ce salon dont les trois fenêtres donnaient sur un jardin féerique, un de ces jardins fabriqués en un mois avec des terrains rapportés, avec des fleurs transplantées, et dont les gazons semblent obtenus par des procédés chimiques. Il admira non-seulement les recherches, les dorures, les sculptures les plus coûteuses du style dit Pompadour, des étoffes merveilleuses que le premier épicier venu aurait pu commander et obtenir à flots d'or; mais encore ce que des princes seuls ont la faculté de choisir, de trouver, de payer et d'offrir : deux tableaux de Greuze et deux de Watteau, deux têtes de Van-Dyck, deux paysages de Ruysdaël, deux du Guaspre, un Rembrandt et un Holbein, un Murillo et un Titien, deux Teniers et deux Metzu, un Van-Huysum et un Abraham Mignon, enfin deux cent mille francs de tableaux admirablement encadrés. Les bordures valaient presque les toiles.

— Ah! tu comprends maintenant, mon bonhomme? dit Joséphe.

Venue sur la pointe du pied par une porte muette, sur des tapis de Perse, elle saisit son adorateur dans une de ces stupéfactions où les oreilles tintent si bien, qu'on n'entend rien que le glas du désastre.

Ce mot de *bonhomme*, dit à ce personnage si haut placé dans l'administration, et qui peint admirablement l'audace avec laquelle ces créatures ravalent les plus grandes existences, laissa le baron cloué par les pieds. Joséphe, toute en blanc et jaune, était si bien parée pour cette fête, qu'elle pouvait encore briller au milieu de ce luxe insensé, comme le bijou le plus rare.

— N'est-ce pas que c'est beau? reprit-elle. Le duc a mis là tous les bénéfices d'une affaire en commandite dont les actions ont été vendues en hausse. Pas bête, mon petit duc? Il n'y a que les grands seigneurs d'autrefois pour savoir changer du charbon de terre en or. Le notaire, avant le dîner, m'a apporté le contrat d'acquisition à signer, et qui contient quittance du prix. Comme ils sont là tous grands seigneurs : d'Esgrignon, Rastignac, Maxime, Lenoncourt, Verneuil, Laginski, Rochefide, la Palférine, et en fait de banquiers, Nucingen et du Tillet, avec Antonia, Malaga, Carabine et la Schontz, ils ont tous compati à ton malheur. Oui, mon vieux, tu es invité, mais à la condition de boire tout de suite la valeur de deux bouteilles en vins de Hongrie, de Champagne et du Cap pour te mettre à leur niveau. Nous sommes, mon cher, tous trop tendus ici pour qu'il n'y ait pas relâche à l'Opéra, mon directeur est saoûl comme un cornet à piston, il en est aux *couacs!*

— Oh! Joséplia! s'écria le baron.

— Comme c'est bête, une explication, répondit-elle en souriant. Voyons, vaux-tu les six cent mille francs que coûte l'hôtel et le mobilier? Peux-tu m'apporter une inscription de trente mille francs de rentes que le duc m'a donnée dans un cornet de papier blanc à dragées d'épicier?... C'est là une jolie idée!

— Quelle perversité! dit le Conseiller d'État, qui dans ce moment de rage aurait troqué les diamants de sa femme pour remplacer le duc d'Hérouville pendant vingt-quatre heures.

— C'est mon état d'être perverse! répliqua-t-elle. Ah! voilà comment tu prends la chose! Pourquoi n'as-tu pas inventé de commandite? Mon Dieu, mon pauvre *chat teint*, tu devrais me remercier : je te quitte au moment où tu pourrais manger avec moi l'avenir de ta femme, la dot de ta fille, et... Ah! tu pleures. L'Empire s'en va!... je vais saluer l'Empire.

Elle se posa tragiquement et dit :

On vous appelle Hulot! je ne vous connais plus!...

Et elle rentra.

La porte entr'ouverte laissa passer, comme un éclair, un jet de lumière accompagné d'un éclat du crescendo de l'orgie et chargé des odeurs d'un festin du premier ordre.

La cantatrice revint voir par la porte entrebâillée, et trouvant Hulot planté sur ses pieds comme s'il eût été de bronze, elle fit un pas en avant et reparut.

— Monsieur, dit-elle, j'ai cédé les guenilles de la rue Chauchat à la petite Héloïse Brisetout de Bixiou; si vous voulez y réclamer votre bonnet de coton, votre tire-botte, votre ceinture et votre cire à favoris, j'ai stipulé qu'on vous les rendrait.

Cette horrible raillerie eut pour effet de faire sortir le baron comme Loth dut sortir de Gomorrhe, mais sans se retourner, comme madame.

Hulot revint chez lui, marchant en furieux, se parlant à lui-même, et trouva sa famille faisant avec calme le whist à deux sous la fiche qu'il avait vu commencer. En voyant son mari, la pauvre Adeline crut à quelque affreux désastre, à un déshonneur; elle donna ses cartes à Hortense et entraîna Hector dans ce même petit salon, où cinq heures auparavant Crevel lui prédisait les plus honteuses agonies de la misère.

— Qu'as-tu? dit-elle effrayée.

— Oh! pardonne-moi; mais laisse-moi te raconter ces infamies.

Il exhala sa rage pendant dix minutes.

— Mais, mon ami, répondit héroïquement cette pauvre femme, de pareilles créatures ne connaissent pas l'amour! cet amour pur et dévoué que tu mérites; comment pourrais-tu, toi si perspicace, avoir la prétention de lutter avec un million?

— Chère Adeline! s'écria le baron en saisissant sa femme et la pressant sur son cœur.

La baronne venait de jeter du baume sur les plaies saignantes de l'amour-propre.

— Certes, ôtez la fortune au duc d'Hérouville, entre nous deux, *elle* n'hésiterait pas! dit le baron.

— Mon ami, reprit Adeline en faisant un dernier effort, s'il te faut absolument des maîtresses, pourquoi ne prends-tu pas, comme Crevel, des femmes qui ne soient pas chères et dans une classe à se trouver long-temps heureuses de peu. Nous y gagnerions tous. Je conçois le besoin, mais je ne comprends rien à la vanité...

— Oh! quelle bonne et excellente femme tu es! s'écria-t-il. Je suis un vieux fou, je ne mérite pas d'avoir un ange comme toi pour compagne.

— Je suis tout bonnement la Joséphine de mon Napoléon, répondit-elle avec une teinte de mélancolie.

— Joséphine ne te valait pas, dit-il. Viens, je vais jouer le whist avec mon frère et mes enfants; il faut que je me mette à mon métier de père de famille, que je marie mon Hortense et que j'enterre le libertin...

Cette bonhomie toucha si fort la pauvre Adeline, qu'elle dit :
— Cette créature a bien mauvais goût de préférer qui que ce soit à mon Hector. Ah! je ne te céderais pas pour tout l'or de la terre. Comment peut-on te laisser quand on a le bonheur d'être aimé par toi !...

Le regard par lequel le baron récompensa le fanatisme de sa femme la confirma dans l'opinion que la douceur et la soumission étaient les plus puissantes armes de la femme. Elle se trompait en ceci. Les sentiments nobles poussés à l'absolu produisent des résultats semblables à ceux des plus grands vices. Bonaparte est devenu l'Empereur pour avoir mitraillé le peuple à deux pas de l'endroit où Louis XVI a perdu la monarchie et la tête pour n'avoir pas laissé verser le sang d'un monsieur Sauce.

Le lendemain, Hortense, qui mit le cachet de Wenceslas sous son oreiller pour ne pas s'en séparer pendant son sommeil, fut habillée de bonne heure, et fit prier son père de venir au jardin dès qu'il serait levé.

Vers neuf heures et demie, le père, condescendant à une demande de sa fille, lui donnait le bras, et ils allaient ensemble le long des quais, par le pont Royal, sur la place du Carrousel.

— Ayons l'air de flâner, papa, dit Hortense en débouchant par le guichet pour traverser cette immense place...

— Flâner ici?... demanda railleusement le père.

— Nous sommes censés aller au Musée, et là-bas, dit-elle en montrant les baraques adossées aux murailles des maisons qui tombent à angle droit sur la rue du Doyenné, tiens, il y a des marchands de bric-à-brac, de tableaux...

— Ta cousine demeure là...

— Je le sais bien; mais il ne faut pas qu'elle nous voie...

— Et que veux-tu faire? dit le baron en se trouvant à trente pas environ des fenêtres de madame de Marneffe à laquelle il pensa soudain.

Hortense avait conduit son père devant le vitrage d'une des boutiques situées à l'angle du pâté de maisons qui longe les galeries du vieux Louvre et qui fait face à l'hôtel de Nantes. Elle entra dans cette boutique en laissant son père occupé à regarder les fenêtres de la jolie petite dame qui, la veille, avait laissé son image au cœur du vieux Beau, comme pour y calmer la blessure qu'il allait recevoir, et il ne put s'empêcher de mettre en pratique le conseil de sa femme.

— Rabattons-nous sur les petites bourgeoises, se dit-il en se rappelant les adorables perfections de madame Marneffe. Cette petite femme-là me fera promptement oublier l'avide Joséplia.

Or, voici ce qui se passa simultanément dans la boutique et hors de la boutique.

En examinant les fenêtres de sa nouvelle *belle*, le baron aperçut le mari qui, tout en brossant sa redingote lui-même, faisait évidemment le guet et semblait attendre quelqu'un sur la place. Craignant d'être aperçu, puis reconnu plus tard, l'amoureux baron tourna le dos à la rue du Doyenné, mais en se mettant de trois-quarts afin de pouvoir y donner un coup d'œil de temps en temps. Ce mouvement le fit rencontrer presque face à face avec madame Marneffe qui, venant des quais, doublait le promontoire des maisons pour retourner chez elle. Valérie éprouva comme une commotion en recevant le regard étonné du baron, et elle y répondit par une œillade de prude.

— Jolie femme! s'écria le baron, et pour qui l'on ferait bien des folies!

— Eh! monsieur, répondit-elle en se retournant comme une femme qui prend un parti violent, vous êtes monsieur le baron Hulot, n'est-ce pas?

Le baron de plus en plus stupéfait fit un geste d'affirmation.

— Eh bien! puisque le hasard a marié deux fois nos yeux, et que j'ai le bonheur de vous avoir intrigué ou intéressé, je vous dirai qu'au lieu de faire des folies, vous devriez bien faire justice... Le sort de mon mari dépend de vous.

— Comment l'entendez-vous? demanda galamment le baron.

— C'est un employé de votre direction, à la Guerre, Division de monsieur Lebrun, bureau de monsieur Coquet, répondit-elle en souriant.

— Je me sens disposé, madame... madame?

— Madame Marneffe.

— Ma petite madame Marneffe, à faire des injustices pour vos beaux yeux... J'ai dans votre maison une cousine, et j'irai la voir un de ces jours, le plus tôt possible, venez m'y présenter votre requête.

— Excusez mon audace, monsieur le baron ; mais vous comprendrez comment j'ai pu oser parler ainsi, je suis sans protection.

— Ah ! ah !

— Oh ! monsieur, vous vous méprenez, dit-elle en baissant les yeux.

Le baron crut que le soleil venait de disparaître.

— Je suis au désespoir, mais je suis une honnête femme, reprit-elle. J'ai perdu, il y a six mois, mon seul protecteur, le maréchal Montcornet.

— Ah ! vous êtes sa fille.

— Oui, monsieur, mais il ne m'a jamais reconnue.

— Afin de pouvoir vous laisser une partie de sa fortune.

— Il ne m'a rien laissé, monsieur, car on n'a pas trouvé de testament.

— Oh ! pauvre petite, le maréchal a été surpris par l'apoplexie... Allons, espérez, madame, on doit quelque chose à la fille d'un des chevaliers Bayard de l'Empire.

Madame Marneffe salua gracieusement, et fut aussi fière de son succès que le baron l'était du sien.

— D'où diable vient-elle si matin ? se demanda-t-il en analysant le mouvement onduleux de la robe auquel elle imprimait une grâce peut-être exagérée. Elle a la figure trop fatiguée pour revenir du bain, et son mari l'attend. C'est inexplicable, et cela donne beaucoup à penser.

Madame Marneffe une fois rentrée, le baron voulut savoir ce que faisait sa fille dans la boutique. En y entrant, comme il regardait toujours les fenêtres de madame Marneffe, il faillit heurter un jeune homme au front pâle, aux yeux gris pétillants, vêtu d'un paletot d'été en mérinos noir, d'un pantalon de gros coutil et de souliers à guêtres en cuir jaune, qui sortait comme un braque ; et il le vit courir vers la maison de madame Marneffe où il entra. En glissant dans la boutique, Hortense y avait distingué tout aussitôt le fameux groupe mis en évidence sur une table placée au centre dans le champ de la porte.

Sans les circonstances auxquelles elle en devait la connaissance, ce chef-d'œuvre eût vraisemblablement frappé la jeune fille par ce qu'il faut appeler le *brio* des grandes choses, elle qui, certes, aurait pu poser en Italie pour la statue du *Brio*.

Toutes les œuvres des gens de génie n'ont pas au même degré ce brillant, cette splendeur visible à tous les yeux, même à ceux des ignorants. Ainsi, certains tableaux de Raphaël, tels que la célèbre Transfiguration, la Madone de Foligno, les fresques des Stanze au Vatican ne commanderont pas soudain l'admiration, comme le Joueur de violon de la galerie Sciarra, les portraits des Doni et la vision d'Ezéchiel de la galerie de Pitti, le Portement de croix de la galerie Borghèse, le Mariage de la Vierge du musée Bréra à Milan. Le Saint Jean-Baptiste de la tribune, Saint Luc peignant la Vierge à l'Académie de Rome n'ont pas le charme du portrait de Léon X et de la Vierge de Dresde. Néanmoins, tout est de la même valeur. Il y a plus ! le Stanze, la Transfiguration, les Camaïeux et les trois tableaux de chevalet du Vatican sont le dernier degré du sublime et de la perfection. Mais ces chefs-d'œuvre exigent de l'admirateur le plus instruit une sorte de tension, une étude pour être compris dans toutes leurs parties ; tandis que le Violoniste, le Mariage de la Vierge, la Vision d'Ezéchiel entrent d'eux-mêmes dans votre cœur par la double porte des yeux, et s'y font leur place ; vous aimez à les recevoir ainsi sans aucune peine ; ce n'est pas le comble de l'art, c'en est le bonheur. Ce fait prouve qu'il se rencontre dans la génération des œuvres artistiques les mêmes hasards de naissance que dans les familles où il y a des enfants heureusement doués, qui viennent beaux et sans faire de mal à leurs mères, à qui tout sourit, à qui tout réussit ; il y a enfin les fleurs du génie comme les fleurs de l'amour.

Ce brio, mot italien intraduisible et que nous commençons à employer, est le caractère des premières œuvres. C'est le fruit de la pétulance et de la fougue intrépide du talent jeune, pétulance qui se retrouve plus tard dans certaines heures heureuses ; mais ce brio ne sort plus alors du cœur de l'artiste ; et, au lieu de le jeter dans ses œuvres comme un volcan lance ses feux, il le subit, il le doit à des circonstances, à l'amour, à la rivalité, souvent à la haine, et plus encore aux commandements d'une gloire à soutenir.

Le groupe de Wenceslas était à ses œuvres à venir ce qu'est le Mariage de la Vierge à l'œuvre total de Raphaël, le premier pas du talent fait dans une grâce inimitable, avec l'entrain de l'enfance et son aimable plénitude, avec sa force cachée sous des chairs roses et blanches trouées par des fossettes qui font comme des échos aux rires de la mère. Le prince Eugène a, dit-on, payé quatre cent mille francs ce tableau qui vaudrait un million pour un pays privé de tableaux de Raphaël, et l'on ne donnerait pas cette somme pour la plus belle des fresques, dont cependant la valeur est bien supérieure comme art.

Hortense contint son admiration en pensant à la somme de ses économies de jeune fille, elle prit un petit air indifférent et dit au marchand : — Quel est le prix de ça ?

— Quinze cents francs, répondit le marchand en jetant une œillade à un jeune homme assis sur un tabouret dans un coin.

Ce jeune homme devint stupide en voyant le vivant chef-d'œuvre du baron Hulot. Hortense, ainsi prévenue, reconnut alors l'artiste à la rougeur qui nuança son visage pâli par la souffrance, elle vit reluire dans deux yeux gris une étincelle allumée par sa question ; elle regarda cette figure maigre et tirée comme celle d'un moine plongé dans l'ascétisme ; elle adora cette bouche rosée et bien dessinée, un petit menton fin, et les cheveux châtains à filaments soyeux du Slave.

— Si c'était douze cents francs, répondit-elle, je vous dirais de me l'envoyer.

— C'est antique, mademoiselle, fit observer le marchand qui, semblable à tous ses confrères, croyait avoir tout dit avec ce *nec plus ultrà* du bric-à-brac.

— Excusez-moi, monsieur, c'est fait de cette année, répondit-elle tout doucement, et je viens précisément pour vous prier, si l'on consent à ce prix, de nous envoyer l'artiste, car on pourrait lui procurer des commandes assez importantes.

— Si les douze cents francs sont pour lui, qu'aurais-je pour moi ? Je suis marchand, dit le boutiquier avec bonhomie.

— Ah ! c'est vrai, répliqua la jeune fille en laissant échapper une expression de dédain.

— Ah ! mademoiselle, prenez ! je m'entendrai avec le marchand, s'écria le Livonien hors de lui.

Fasciné par la sublime beauté d'Hortense et par l'amour pour les arts qui se manifestait en elle, il ajouta : — Je suis l'auteur de ce groupe, voici dix jours que je viens voir trois fois par jour si quelqu'un en connaîtra la valeur et le marchandera. Vous êtes ma première admiratrice, prenez !

— Venez, monsieur, avec le marchand dans une heure d'ici... voici la carte de mon père, répondit Hortense.

Puis, en voyant le marchand aller dans une pièce pour y envelopper le groupe dans du linge, elle ajouta tout bas au grand étonnement de l'artiste qui crut rêver : — Dans l'intérêt de votre avenir, monsieur Wenceslas, ne montrez pas cette carte, ne dites pas le nom de votre acquéreur à mademoiselle Fischer, car c'est notre cousine.

Ce mot, notre cousine, produisit un éblouissement à l'artiste, il entrevit le paradis en en voyant une des Èves tombées. Il rêvait de la belle cousine dont lui avait parlé Lisbeth, autant qu'Hortense rêvait de l'amoureux de sa cousine, et quand elle était entrée : — Ah ! pensait-il, si elle pouvait être ainsi ! On comprendra le regard que les deux amants échangèrent, ce fut de la flamme, car les amoureux vertueux n'ont pas la moindre hypocrisie.

— Eh bien ! que diable fais-tu là-dedans ? demanda le père à sa fille.

— J'ai dépensé mes douze cents francs d'économie, viens.

Elle reprit le bras de son père qui répéta : — Douze cents francs !

— Treize cents même... mais tu me prêteras bien la différence !

— Et à quoi... dans cette boutique... as-tu pu dépenser cette somme ?

— Ah ! voici ! répondit l'heureuse jeune fille, si j'ai trouvé un mari ce ne sera pas cher.

— Un mari, ma fille, dans cette boutique ?

— Écoute, mon petit père, me défendrais-tu d'épouser un grand artiste ?

— Non, mon enfant. Un grand artiste, aujourd'hui, c'est un prince qui n'est pas titré. C'est la gloire et la fortune, les deux plus grands avantages sociaux, après la vertu, ajouta-t-il d'un petit ton cafard.

— Bien entendu, répondit Hortense. Et que penses-tu de la sculpture ?

— C'est une bien mauvaise partie, dit Hulot en hochant la tête. Il faut de grandes protections outre un grand talent ; car le gouvernement est le seul consommateur. C'est un art sans débouchés aujourd'hui qu'il n'y a plus ni grandes existences, ni grandes fortunes, ni palais substitués, ni majorats. Nous ne pouvons loger que de petits tableaux, de petites figures, aussi les arts sont-ils menacés par le *petit*.

— Mais un grand artiste qui trouverait des débouchés... reprit Hortense.

— C'est la solution du problème.

— Et qui serait appuyé!

— Encore mieux!

— Et noble!

— Bah!

— Comte!

— Et il sculpte!

— Il est sans fortune.

— Et il compte sur celle de mademoiselle Hortense Hulot? dit railleusement le baron en plongeant un regard d'inquisiteur dans les yeux de sa fille.

— Ce grand artiste, comte, et qui sculpte, vient de voir votre fille pour la première fois de sa vie, et pendant cinq minutes, monsieur le baron, répondit Hortense d'un air calme à son père. Hier, vois-tu, mon cher bon petit père, pendant que tu étais à la chambre, maman s'est évanouie. Cet évanouissement, qu'elle a mis sur le compte de ses nerfs, venait de quelque chagrin relatif à mon mariage manqué, car elle m'a dit que, pour vous débarrasser de moi...

— Elle t'aime trop pour avoir employé une expression...

— Peu parlementaire, reprit Hortense en riant; non, elle ne s'est pas servie de ce mot-là; mais moi je sais qu'une fille à marier, qui ne se marie pas, est une croix très-lourde à porter pour des parents honnêtes. Eh bien! elle pense que s'il se présentait un homme d'énergie et de talent, à qui une dot de trente mille francs suffirait, nous serions tous heureux! Enfin elle jugeait convenable de me préparer à la modestie de mon futur sort, et de m'empêcher de m'abandonner à de trop beaux rêves... Ce qui signifiait la rupture de mon mariage, et pas de dot.

— Ta mère est une bien bonne, une bien noble et excellente femme, répondit le père profondément humilié, quoique assez heureux de cette confidence.

— Hier, elle m'a dit que vous l'autorisiez à vendre ses diamants pour me marier; mais je voudrais qu'elle gardât ses diamants, et je voudrais trouver un mari. Je crois avoir trouvé l'homme, le prétendu qui répond au programme de maman...

— Là!... sur la place du Carrousel!... en une matinée.

— Oh! papa, *le mal vient de plus loin*, répondit-elle malicieusement.

— Eh bien! voyons, ma petite fille, disons tout à notre bon père, demanda-t-il d'un air câlin en cachant ses inquiétudes.

Sous la promesse d'un secret absolu, Hortense raconta le résumé de ses conversations avec la cousine Bette. Puis, en rentrant, elle montra le fameux cachet à son père comme preuve de la sagacité de ses conjectures. Le père admira, dans son for intérieur, la profonde adresse des jeunes filles agitées par l'instinct, en reconnaissant la simplicité du plan que cet amour idéal avait suggéré, dans une seule nuit, à cette innocente fille.

— Tu vas voir le chef-d'œuvre que je viens d'acheter, on va l'apporter, et le cher Wenceslas accompagnera le marchand... L'auteur d'un pareil groupe doit faire fortune ; mais obtiens-lui, par ton crédit, une statue, et puis un logement à l'Institut...

— Comme tu vas, s'écria le père. Mais si on vous laissait faire, vous seriez mariés dans les délais légaux, dans onze jours...

— On attend onze jours? répondit-elle en riant. Mais, en cinq minutes, je l'ai aimé, comme tu as aimé maman en la voyant! et il m'aime, comme si nous nous connaissions depuis deux ans. Oui, dit-elle à un geste que fit son père, j'ai lu dix volumes d'amour dans ses yeux. Et ne sera-t-il pas accepté par vous et par maman pour mon mari, quand il vous sera démontré que c'est un homme de génie! La sculpture est le premier des arts! s'écria-t-elle en battant des mains et sautant. Tiens! je vais tout te dire...

— Il y a donc encore quelque chose?... demanda le père en souriant.

Cette innocence complète et bavarde avait tout à fait rassuré le baron.

— Un aveu de la dernière importance, répondit-elle. Je l'aimais sans le connaître, mais j'en suis folle depuis une heure que je l'ai vu.

— Un peu trop folle, répondit le baron que le spectacle de cette naïve passion réjouissait.

— Ne me punis pas de ma confiance, reprit-elle. C'est si bon de crier dans le cœur de son père : « J'aime, je suis heureuse d'aimer! » répliqua-t-elle. Tu vas voir mon Wenceslas! Quel front plein de mélancolie!... des yeux gris où brille le soleil du génie!... et comme il est distingué! Qu'en penses-tu? Est-ce un beau pays, la Livonie?... Ma cousine Bette épouser ce jeune homme-là, elle qui serait sa mère?... Mais ce serait un meurtre! Comme je suis jalouse de ce qu'elle a dû faire pour lui! je me figure qu'elle ne verra pas mon mariage avec plaisir.

— Tiens, mon ange, ne cachons rien à ta mère, dit le baron.

— Il faudrait lui montrer ce cachet, et j'ai promis de ne pas trahir la cousine qui a, dit-elle, peur des plaisanteries de maman, répondit Hortense.

— Tu as de la délicatesse pour le cachet, et tu voles à la cousine Bette son amoureux.

— J'ai fait une promesse pour le cachet, et je n'ai rien promis pour l'auteur.

Cette aventure, d'une simplicité patriarcale, convenait singulièrement à la situation secrète de cette famille; aussi le baron, en louant sa fille de sa confiance, lui dit-il que désormais elle devait s'en remettre à la prudence de ses parents.

— Tu comprends, ma petite fille, que ce n'est pas à toi à t'assurer si l'amoureux de ta cousine est comte, s'il a des papiers en règle, et si sa conduite offre des garanties... Quant à ta cousine, elle a refusé cinq partis quand elle avait vingt ans de moins, ce ne sera pas un obstacle, et je m'en charge.

— Écoutez! mon père, si vous voulez me voir mariée, ne parlez à ma cousine de notre amoureux qu'au moment de signer mon contrat de mariage... Depuis six mois, je la questionne à ce sujet!... Eh bien! il y a quelque chose d'inexplicable en elle...

— Quoi? dit le père intrigué.

— Enfin, ses regards ne sont pas bons, quand je vais trop loin, fût-ce en riant, à propos de son amoureux. Prenez vos renseignements; mais laissez-moi conduire ma barque. Ma confiance doit vous rassurer.

— Le Seigneur a dit: « Laissez venir les enfants à moi! » tu es un de ceux qui reviennent, répondit le baron avec une légère teinte de raillerie.

Après le déjeuner, on annonça le marchand, l'artiste et le groupe. La rougeur subite qui colora sa fille rendit la baronne d'abord inquiète, puis attentive, et la confusion d'Hortense, le feu de son regard lui révélèrent bientôt le mystère, si peu contenu dans ce jeune cœur.

Le comte Steinbock, habillé tout en noir, parut au baron être un jeune homme fort distingué.

— Feriez-vous une statue en bronze? lui demanda-t-il en tenant le groupe.

Après avoir admiré de confiance, il passa le bronze à sa femme qui ne se connaissait pas en sculpture.

— N'est-ce pas, maman, que c'est bien beau? dit Hortense à l'oreille de sa mère.

— Une statue!... monsieur le baron, ce n'est pas si difficile à faire que d'agencer une pendule comme celle que voici, et que monsieur a eu la complaisance d'apporter, répondit l'artiste à la question du baron.

Le marchand était occupé à déposer sur le buffet de la salle à manger le modèle en cire des douze Heures que les Amours essayent d'arrêter.

— Laissez-moi cette pendule, dit le baron stupéfait de la beauté de cette œuvre, je veux la montrer aux ministres de l'Intérieur et du Commerce.

— Quel est ce jeune homme qui t'intéresse tant? demanda la baronne à sa fille.

— Un artiste assez riche pour exploiter ce modèle pourrait y gagner cent mille francs, dit le marchand de curiosités qui prit un air capable et mystérieux en voyant l'accord des yeux entre la jeune fille et l'artiste. Il suffit de vendre vingt exemplaires à huit mille francs, car chaque exemplaire coûterait environ mille écus à établir; mais, en numérotant chaque exemplaire et détruisant le modèle, on trouverait bien vingt amateurs, satisfaits d'être les seuls à posséder cette œuvre-là.

— Cent mille francs! s'écria Steinbock en regardant tour à tour le marchand, Hortense, le baron et la baronne.

— Oui, cent mille francs! répéta le marchand, et si j'étais assez riche, je vous l'achèterais, moi, vingt mille francs; car, en détruisant le modèle, cela devient une propriété... Mais un des princes devrait payer ce chef-d'œuvre trente ou quarante mille francs, et en orner son salon. On n'a jamais fait, dans les arts, de pendule qui contente à la fois les bourgeois et les connaisseurs, et celle-là, monsieur, est la solution de cette difficulté...

— Voici pour vous, monsieur, dit Hortense en donnant six pièces d'or au marchand qui se retira.

— Ne parlez à personne au monde de cette visite, alla dire l'artiste au marchand sur le seuil de la porte. Si l'on vous demande où nous avons porté le groupe, nommez le duc d'Hérouville, le célèbre amateur qui demeure rue de Varennes.

Le marchand hocha la tête en signe d'assentiment.

— Vous vous nommez? demanda le baron à l'artiste quand il revint.

— Le comte Steinbock.

— Avez-vous des papiers qui prouvent ce que vous êtes?...

— Oui, monsieur le baron, ils sont en langue russe et en langue allemande, mais sans légalisation...

— Vous sentez-vous la force de faire une statue de neuf pieds?

— Oui, monsieur.

— Eh bien! si les personnes que je vais consulter sont contentes de vos ouvrages, je puis vous obtenir la statue du maréchal Montcornet, que l'on veut ériger au Père-Lachaise, sur son tombeau. Le Ministère de la guerre et les anciens officiers de la garde impériale donnent une somme assez importante pour que nous ayons le droit de choisir l'artiste.

— Oh! monsieur, ce serait ma fortune!... dit Steinbock qui resta stupéfait de tant de bonheurs à la fois.

— Soyez tranquille, répondit gracieusement le baron, si les deux ministres, à qui je vais montrer votre groupe et ce modèle, sont émerveillés de ces deux œuvres, votre fortune est en bon chemin...

Hortense serrait le bras de son père à lui faire mal.

— Apportez-moi vos papiers, et ne dites rien de vos espérances à personne, pas même à notre vieille cousine Bette.

— Lisbeth? s'écria madame Hulot achevant de comprendre la fin sans deviner les moyens.

— Je puis vous donner des preuves de mon savoir en faisant le buste de madame... ajouta Wenceslas.

Frappé de la beauté de madame Hulot, depuis un moment l'artiste comparait la mère et la fille.

— Allons, monsieur, la vie peut devenir belle pour vous, dit le baron tout à fait séduit par l'extérieur fin et distingué du comte Steinbock. Vous saurez bientôt que personne, à Paris, n'a long-temps impunément du talent, et que tout travail constant y trouve sa récompense.

Hortense tendit au jeune homme en rougissant une jolie bourse algérienne qui contenait soixante pièces d'or. L'artiste, toujours un peu gentilhomme, répondit à la rougeur d'Hortense par un coloris de pudeur assez facile à interpréter.

— Serait-ce, par hasard, le premier argent que vous recevez de vos travaux? demanda la baronne.

— Oui, madame, de mes travaux d'art, mais non de mes peines, car j'ai travaillé comme ouvrier...

— Eh bien! espérons que l'argent de ma fille vous portera bonheur! répondit madame Hulot.

— Et prenez-le sans scrupules, ajouta le baron en voyant Wenceslas qui tenait toujours la bourse à la main sans la serrer. Cette somme sera remboursée par quelque grand seigneur, par un prince peut-être qui nous la rendra certes avec usure pour posséder cette belle œuvre.

— Oh! j'y tiens trop, papa, pour la céder à qui que ce soit, même au prince royal!

— Je puis faire pour mademoiselle un autre groupe plus joli que ce...

— Ce ne serait pas celui-là, répondit-elle.

Et comme honteuse d'en avoir trop dit, elle alla dans le jardin.

— Je vais donc briser le moule et le modèle en rentrant! dit Steinbock.

— Allons! apportez-moi vos papiers, et vous entendrez bientôt parler de moi, si vous répondez à tout ce que je conçois de vous, monsieur.

En entendant cette phrase, l'artiste fut obligé de sortir. Après avoir salué madame Hulot et Hortense, qui revint du jardin exprès pour recevoir ce salut, il alla se promener dans les Tuileries sans pouvoir, sans oser rentrer dans sa mansarde, où son tyran l'allait assommer de questions et lui arracher son secret.

L'amoureux d'Hortense imaginait des groupes et des statues par centaines; il se sentait une puissance à tailler lui-même le marbre, comme Canova, qui, faible comme lui, faillit en périr. Il était transfiguré par Hortense, devenue pour lui l'inspiration visible.

— Ah çà! dit la baronne à sa fille, qu'est-ce que cela signifie?

— Eh bien! chère maman, tu viens de voir l'amoureux de notre cousine Bette qui, j'espère, est maintenant le mien... Mais ferme les yeux, fais l'ignorante. Mon Dieu! moi qui voulais tout te cacher, je vais tout te dire...

— Allons, adieu mes enfants, s'écria le baron en embrassant sa fille et sa femme, je vais aller peut-être voir la Chèvre, et je saurai d'elle bien des choses sur le jeune homme.

— Papa, sois prudent, répéta Hortense.

— Oh! petite fille! s'écria la baronne quand Hortense eut fini de lui raconter son poème dont le dernier chant était l'aventure de cette matinée, chère petite fille, la plus grande rouée de la terre sera toujours la Naïveté!

Les passions vraies ont leur instinct. Mettez un gourmand à même de prendre un fruit dans un plat, il ne se trompera pas et saisira, même sans voir, le meilleur. De même, laissez aux jeunes filles bien élevées le choix absolu de leurs maris, si elles sont en position d'avoir ceux qu'elles désigneront, elles se tromperont rarement. La nature est infaillible. L'œuvre de la nature, en ce genre s'appelle: aimer à première vue. En amour, la première vue est tout bonnement la seconde vue.

Le contentement de la baronne, quoique caché sous la dignité maternelle, égalait celui de sa fille; car des trois manières de marier Hortense dont avait parlé Crevel, la meilleure, à son gré, paraissait devoir réussir. Elle vit dans cette aventure une réponse de la Providence à ses ferventes prières.

Le forçat de mademoiselle Fischer, obligé néanmoins de rentrer au logis, eut l'idée de cacher la joie de l'amoureux sous la joie de l'artiste, heureux de son premier succès.

— Victoire! mon groupe est vendu au duc d'Hérouville qui va me donner des travaux, dit-il en jetant les douze cents francs en or sur la table de la vieille fille.

Il avait, comme on le pense bien, serré la bourse d'Hortense, il la tenait sur son cœur.

— Eh bien! répondit Lisbeth, c'est heureux, car je m'exterminais à travailler. Vous voyez, mon enfant, que l'argent vient bien lentement dans le métier que vous avez pris, car voici le premier que vous recevez, et voilà bientôt cinq ans que vous piochez! Cette somme suffit à peine à rembourser ce que vous m'avez coûté depuis la lettre de change qui me tient lieu de mes économies. Mais soyez tranquille, ajouta-t-elle après avoir compté, cet argent sera tout employé pour vous. Nous avons là de la sécurité pour un an. En un an, vous pouvez maintenant vous acquitter et voir une bonne somme à vous, si vous allez toujours de ce train-là.

En voyant le succès de sa ruse, Wenceslas fit des contes à la vieille fille sur le duc d'Hérouville.

— Je veux vous faire habiller tout en noir, à la mode, et renouveler votre linge, car vous devez vous présenter bien mis chez vos protecteurs, répondit Bette. Et puis, il vous faudra maintenant un appartement plus grand et plus convenable que votre horrible mansarde, et le bien meubler. Comme vous voilà gai ! Vous n'êtes plus le même, ajouta-t-elle en examinant Wenceslas.

— Mais on a dit que mon groupe était un chef-d'œuvre.

— Eh bien ! tant mieux ! Faites-en d'autres, répliqua cette sèche fille toute positive et incapable de comprendre la joie du triomphe ou la beauté dans les arts. Ne vous occupez plus de ce qui est vendu, fabriquez quelque autre chose à vendre. Vous avez dépensé deux cents francs d'argent, sans compter votre travail et votre temps, à ce diable de Samson. Votre pendule vous coûtera plus de deux mille francs à faire exécuter. Tenez, si vous m'en croyez, vous devriez achever ces deux petits garçons couronnant la petite fille avec des bluets, ça séduira les Parisiens ! Moi, je vais passer chez monsieur Graff, le tailleur, avant d'aller chez monsieur Crevel... Remontez chez vous, et laissez-moi m'habiller.

Le lendemain, le baron, devenu fou de madame Marneffe, alla voir la cousine Bette, assez stupéfaite en ouvrant la porte de le trouver devant elle, car il n'était jamais venu lui faire une visite. Aussi se dit-elle en elle-même : — Hortense aurait-elle envie de mon amoureux ?... car la veille, elle avait appris, chez monsieur Crevel, la rupture du mariage avec le conseiller à la cour royale.

— Comment, mon cousin, vous ici ? Vous me venez voir pour la première fois de votre vie, assurément ce n'est pas pour mes beaux yeux ?

— Beaux ! c'est vrai, reprit le baron, tu as les plus beaux yeux que j'aie vus...

— Pourquoi venez-vous ? Tenez, me voilà honteuse de vous recevoir dans un pareil taudis.

La première des deux pièces dont se composait l'appartement de la cousine Bette, lui servait à la fois de salon, de salle à manger, de cuisine et d'atelier. Les meubles étaient ceux des ménages d'ouvriers aisés : des chaises en noyer foncées de paille, une petite table à manger en noyer, une table à travailler, des gravures enluminées dans des cadres en bois noirci, de petits rideaux de mousseline aux fenêtres, une grande armoire en noyer, le carreau bien frotté, bien reluisant de propreté, tout cela sans un grain de poussière, mais plein de tons froids, un vrai tableau de Terburg où rien ne manquait, pas même sa teinte grise, représenté par un papier jadis bleuâtre et passé au ton de lin. Quant à la chambre, personne n'y avait jamais pénétré.

Le baron embrassa tout, d'un coup d'œil, vit la signature de la médiocrité dans chaque chose, depuis le poêle en fonte jusqu'aux ustensiles de ménage, et il fut pris d'une nausée en se disant à lui-même : — Voilà donc la vertu !

— Pourquoi je viens? répondit-il à haute voix. Tu es une fille trop rusée pour ne pas finir par le deviner, et il vaut mieux te le dire, s'écria-t-il en s'asseyant et regardant à travers la cour en entr'ouvrant le rideau de mousseline plissée. Il y a dans la maison une très-jolie femme...

— Madame Marneffe ! Oh ! j'y suis ! dit-elle en comprenant tout. Et Josepha?

— Hélas ! cousine, il n'y a plus de Josépha... J'ai été mis à la porte comme un laquais.

— Et vous voudriez?... demanda la cousine en regardant le baron avec la dignité d'une prude qui s'offense un quart d'heure trop tôt.

— Comme madame Marneffe est une femme très comme il faut, la femme d'un employé, que tu peux la voir sans te compromettre, reprit le baron, je voudrais te voir voisiner avec elle. Oh ! sois tranquille, elle aura les plus grands égards pour la cousine de monsieur le directeur.

En ce moment, on entendit le frôlement d'une robe dans l'escalier, accompagné par le bruit des pas d'une femme à brodequins superfins. Le bruit cessa sur le palier. Après deux coups frappés à la porte, madame Marneffe se montra.

— Pardonnez moi, mademoiselle, cette irruption chez vous; mais je ne vous ai point trouvée hier quand je suis venue vous faire une visite; nous sommes voisines, et si j'avais su que vous étiez la cousine de monsieur le Conseiller-d'État, il y a longtemps que je vous aurais demandé votre protection auprès de lui. J'ai vu entrer monsieur le directeur, et alors j'ai pris la liberté de venir, car mon mari, monsieur le baron, m'a parlé d'un travail sur le personnel qui sera soumis demain au ministre.

Elle avait l'air d'être émue, de palpiter; mais elle avait tout bonnement monté l'escalier en courant.

— Vous n'avez pas besoin de faire la solliciteuse, belle dame, répondit le baron, c'est à moi de vous demander la grâce de vous voir.

— Eh! bien, si mademoiselle le trouve bon, venez? dit madame Marneffe.

— Allez, mon cousin, je vais vous rejoindre, dit prudemment la cousine Bette.

La Parisienne comptait tellement sur la visite et sur l'intelligence de monsieur le directeur, qu'elle avait fait, non-seulement une toilette appropriée à une pareille entrevue, mais encore une toilette à son appartement. Dès le matin, on y avait mis des fleurs achetées à crédit. Marneffe avait aidé sa femme à nettoyer les meubles, à rendre du lustre aux plus petits objets, en savonnant, en brossant, en époussetant tout. Valérie voulait se trouver dans un milieu plein de fraîcheur afin de plaire à monsieur le directeur, et plaire assez pour avoir le droit d'être cruelle, de lui tenir la dragée haute, comme à un enfant, en employant les ressources de la tactique moderne. Elle avait jugé Hulot. Laissez vingt-quatre heures à une parisienne aux abois, elle bouleverserait un ministère.

Cet homme de l'Empire, habitué au genre Empire, devait ignorer absolument les façons de l'amour moderne. Les nouveaux scrupules, les différentes conversations inventées depuis 1830, et où la *pauvre faible femme* finit par se faire considérer comme la victime des désirs de son amant, comme une sœur de charité qui panse des blessures, comme un ange qui se dévoue. Ce *nouvel art d'aimer* consomme énormément de paroles évangéliques à l'œuvre du diable. La passion est un martyre. On aspire à l'idéal, à l'infini, de part et d'autre l'on veut devenir meilleurs par l'amour. Toutes ces belles phrases sont un prétexte à mettre encore plus d'ardeur dans la pratique, plus de rage dans les chutes que par le passé. Cette hypocrisie, le caractère de notre temps, a gangrené la galanterie. On est deux anges, et l'on se comporte comme deux démons, si l'on peut. L'amour n'avait pas le temps de s'analyser ainsi lui-même entre deux campagnes, et, en 1809, il allait aussi vite que l'Empire, en succès. Or, sous la Restauration, le bel Hulot, en redevenant homme à femmes, avait d'abord consolé quelques anciennes amies alors tombées, comme des astres éteints du firmament politique, et de là, vieillard, il s'était laissé capturer par les Jenny Cadine et les Josépha.

Madame Marneffe avait dressé ses batteries en apprenant les antécédents du directeur, que son mari lui raconta longuement, après quelques renseignements pris dans les bureaux. La comédie du sentiment moderne pouvant avoir pour le baron le charme de la nouveauté, le parti de Valérie était pris, et, disons-le, l'essai qu'elle fit de sa puissance pendant cette matinée répondit à toutes ses espérances. Grâce à ces manœuvres sentimentales, romanesques et romantiques, Valérie obtint, sans avoir rien promis, la place de sous-chef et la croix de la Légion-d'Honneur pour son mari.

Cette petite guerre n'alla pas sans des dîners au Rocher de Cancale, sans des parties de spectacle, sans beaucoup de cadeaux en mantilles, en écharpes, en robes, en bijoux. L'appartement de la rue du Doyenné déplaisait, le baron complota d'en meubler un magnifiquement, rue Vanneau, dans une charmante maison moderne.

Monsieur Marneffe obtint un congé de quinze jours, à prendre dans un mois, pour aller régler des affaires d'intérêt dans son pays, et une gratification. Il se promit de faire un petit voyage en Suisse pour y étudier le beau sexe.

Si le baron Hulot s'occupa de sa protégée, il n'oublia pas son protégé. Le ministre du commerce, le comte Popinot, aimait les arts : il donna deux mille francs d'un exemplaire du groupe de Samson, à la condition que le moule serait brisé, pour qu'il n'existât que son Samson et celui de mademoiselle Hulot. Ce groupe excita l'admiration d'un prince à qui l'on porta le modèle de la pendule et qui la commanda; mais elle devait être unique, et il en offrit trente mille francs. Les artistes consultés, au nombre desquels fut Stidmann, déclarèrent que l'auteur de ces deux œuvres pouvait faire une statue. Aussitôt, le maréchal prince de Wissembourg, ministre de la guerre et président du comité de souscription pour le monument du maréchal Montcornet, fit prendre une délibération par laquelle l'exécution en était confiée à Steinbock. Le comte de Rastignac, alors sous-secrétaire d'État, voulut une œuvre de l'artiste dont la gloire surgissait aux acclamations de ses rivaux. Il obtint de Steinbock le délicieux groupe des deux petits garçons couronnant une petite fille, et il lui promit un atelier au Dépôt des marbres du gouvernement, situé, comme on sait, au Gros-Caillou.

Ce fut le succès, mais le succès comme il vient à Paris, c'est-à-dire fou, le succès à écraser les gens qui n'ont pas des épaules et des reins à le porter, ce qui, par parenthèse, arrive souvent. On parlait dans les journaux et dans les revues du comte Wenceslas Steinbock, sans que lui ni mademoiselle Fischer en eussent le moindre soupçon. Tous les jours, dès que mademoiselle Fischer sortait pour dîner, Wenceslas allait chez la baronne. Il y passait une ou deux heures, excepté le jour où la Bette venait chez sa cousine Hulot. Cet état de choses dura pendant quelques jours.

Le baron sûr des qualités et de l'état civil du comte Steinbock, la baronne heureuse de son caractère et de ses mœurs, Hortense fière de son amour approuvé, de la gloire de son prétendu, n'hésitaient plus à parler de ce mariage; enfin, l'artiste était au comble du bonheur, quand une indiscrétion de madame Marneffe mit tout en péril. Voici comment.

Lisbeth, que le baron Hulot désirait lier avec madame Marneffe pour avoir un œil dans ce ménage, avait déjà dîné chez Valérie, qui, de son côté, voulant avoir une oreille dans la famille Hulot, caressait beaucoup la vieille fille. Valérie eut donc l'idée d'engager mademoiselle Fischer à pendre la crémaillère du nouvel appartement où elle devait s'installer. La vieille fille, heureuse de trouver une maison de plus où aller dîner et captée par madame Marneffe, l'avait prise en affection. De toutes les personnes avec lesquelles elle s'était liée, aucune n'avait fait autant de frais pour elle. En effet, madame Marneffe, toute aux petits soins pour mademoiselle Fischer, se trouvait, pour ainsi dire, vis-à-vis d'elle ce qu'était la cousine Bette vis-à-vis de la baronne, de monsieur Rivet, de Crevel, de tous ceux enfin qui la recevaient à dîner. Les Marneffe avaient surtout excité la commisération de la cousine Bette en lui laissant voir la profonde détresse de leur ménage, et la vernissant, comme toujours, des plus belles couleurs : des amis obligés et ingrats, des maladies, une mère, madame Fortin, à qui l'on avait caché sa détresse, et morte en se croyant toujours dans l'opulence, grâce à des sacrifices plus qu'humains, etc.

— Pauvres gens! disait-elle à son cousin Hulot, vous avez bien raison de vous intéresser à eux, ils le méritent bien, car ils sont si courageux, si bons! Ils peuvent à peine vivre avec mille écus de leur place de sous-chef, car ils ont fait des dettes depuis la mort du maréchal Montcornet! C'est barbarie au gouvernement de vouloir qu'un employé, qui a femme et enfants, vive dans Paris avec deux mille quatre cents francs d'appointements.

Une jeune femme qui, pour elle, avait des semblants d'amitié, qui lui disait tout en la consultant, la flattant et paraissant vouloir se laisser conduire par elle, devint donc en peu de temps plus chère à l'excentrique cousine Bette que tous ses parents.

De son côté, le baron, admirant dans madame Marneffe une décence, une éducation, des manières, que ni Jenny Cadine, ni Joséphа, ni leurs amies ne lui avaient offertes, s'était épris pour elle, en un mois, d'une passion de vieillard, passion insensée qui semblait raisonnable. En effet, il n'apercevait là ni moquerie, ni orgies, ni dépenses folles, ni dépravation, ni mépris des choses sociales, ni cette indépendance absolue qui, chez l'actrice et chez la cantatrice, avaient causé tous ses malheurs. Il échappait également à cette rapacité de courtisane, comparable à la soif du sable.

Madame Marneffe, devenue son amie et sa confidente, faisait d'étranges façons pour accepter la moindre chose de lui. — Bon pour les places, les gratifications, tout ce que vous pouvez nous obtenir du gouvernement; mais ne commencez pas par déshonorer la femme que vous dites aimer, disait Valérie, autrement je ne vous croirai pas... Et j'aime à vous croire, ajoutait-elle avec une œillade à la sainte Thérèse guignant le ciel.

A chaque présent, c'était un fort à emporter, une conscience à violer. Le pauvre baron employait des stratagèmes pour offrir une bagatelle, fort chère d'ailleurs, en s'applaudissant de rencontrer enfin une vertu, de trouver la réalisation de ses rêves. Dans ce ménage, primitif (disait-il), le baron était aussi dieu que chez lui. Monsieur Marneffe paraissait être à mille lieues de croire que le Jupiter de son ministère eût l'intention de descendre en pluie d'or chez sa femme, et il se faisait le valet de son auguste chef.

Madame Marneffe, âgée de vingt-trois ans, bourgeoise pure et timorée, fleur cachée dans la rue du Doyenné, devait ignorer les dépravations et la démoralisation courtisanesques qui maintenant causaient d'affreux dégoûts au baron, car il n'avait pas encore connu les charmes de la vertu qui combat, et la craintive Valérie les lui faisait savourer, comme dit la chanson, *tout le long de la rivière.*

Une fois la question ainsi posée entre Hector et Valérie, personne ne s'étonnera d'apprendre que Valérie ait su d'Hector le secret du prochain mariage du grand artiste Steinbock avec Hortense. Entre un amant sans droits et une femme qui ne se décide pas facilement à devenir une maîtresse, il se passe des luttes orales et morales où la parole trahit souvent la pensée, de même que dans un assaut le fleuret prend l'animation de l'épée du duel. L'homme le plus prudent imite alors monsieur de Turenne. Le baron avait donc laissé entrevoir toute la liberté d'action que le mariage de sa fille lui donnerait, pour répondre à l'aimante Valérie, qui s'était plus d'une fois écriée : — Je ne conçois pas qu'on fasse une faute pour un homme qui ne serait pas tout à nous ! Déjà le baron avait mille fois juré que, *depuis vingt-cinq ans,* tout était fini entre madame Hulot et lui. — On la dit si belle ! répliquait madame Marneffe, je veux des preuves. — Vous en aurez, dit le baron, heureux de ce vouloir par lequel sa Valérie se compromettait. — Et comment ? Il faudrait ne jamais me quitter, avait répondu Valérie. Hector avait alors été forcé de révéler ses projets en exécution rue Vanneau pour démontrer à sa Valérie qu'il songeait à lui donner cette moitié de la vie qui appartient à une femme légitime, en supposant que le jour et la nuit partagent également l'existence des gens civilisés. Il parla de quitter décemment sa femme en la laissant seule, une fois que sa fille serait mariée. La baronne passerait alors tout son temps chez Hortense et chez les jeunes Hulot, il était sûr de l'obéissance de sa femme. — Dès lors, mon petit ange, ma véritable vie, mon vrai ménage sera rue Vanneau. — Mon Dieu, comme vous disposez de moi !... dit alors madame Marneffe. Et mon mari ?... — Cette guenille ? — Le fait est qu'auprès de vous, c'est cela... répondit-elle en riant.

Madame Marneffe eut une furieuse envie de voir le jeune comte de Steinbock après en avoir appris l'histoire, peut-être en voulait-elle obtenir quelque bijou, pendant qu'elle vivait encore sous le même toit. Cette curiosité déplut tant au baron, que Valérie jura de ne jamais regarder Wenceslas. Mais, après avoir fait récompenser l'abandon de cette fantaisie par un petit service de thé complet en vieux Sèvres, pâte tendre, elle garda son désir au fond de son cœur, écrit comme sur un agenda. Donc, un jour qu'elle avait prié *sa* cousine Bette de venir prendre ensemble leur café dans sa chambre, elle la mit sur le chapitre de son amoureux, afin de savoir si elle pourrait le voir sans danger.

— Ma petite, dit-elle, car elles se traitaient mutuellement de *ma petite*, pourquoi ne m'avez-vous pas encore présenté votre amoureux ?... Savez-vous qu'il est en peu de temps devenu célèbre ?

— Lui! célèbre?

— Mais on ne parle que de lui!...

— Ah! bah! s'écria Lisbeth.

— Il va faire la statue de mon père, et je lui serai bien utile pour la réussite de son œuvre, car madame Montcornet ne peut pas, comme moi, lui prêter une miniature de Sain, un chef-d'œuvre fait en 1809, avant la campagne de Wagram, et donné à ma pauvre mère, enfin un Montcornet jeune et beau...

Sain et Augustin tenaient à eux deux le sceptre de la peinture en miniature sous l'Empire.

— Il va, dites-vous, ma petite, faire une statue?... demanda Lisbeth.

— De neuf pieds, commandée par le Ministère de la Guerre. Ah çà! d'où sortez-vous? je vous apprends ces nouvelles-là. Mais le gouvernement va donner au comte de Steinbock un atelier et un logement au Gros-Caillou, au Dépôt des marbres, votre Polonais en sera peut-être le directeur, une place de deux mille francs, une bague au doigt...

— Comment savez-vous tout cela, quand moi je ne le sais pas? dit enfin Lisbeth en sortant de sa stupeur.

— Voyons, ma chère petite cousine Bette, dit gracieusement madame Marneffe, êtes-vous susceptible d'une amitié dévouée, à toute épreuve? Voulez-vous que nous soyons comme deux sœurs? Voulez-vous me jurer de n'avoir pas plus de secrets pour moi que je n'en aurai pour vous, d'être mon espion comme je serai le vôtre?... Voulez-vous surtout me jurer que vous ne me vendrez jamais, ni à mon mari, ni à monsieur Hulot, et que vous n'avouerez jamais que c'est moi qui vous ai dit...

Madame Marneffe s'arrêta dans cette œuvre de *picador*, la cousine Bette l'effraya. La physionomie de la Lorraine était devenue terrible. Ses yeux noirs et pénétrants avaient la fixité de ceux des tigres. Sa figure ressemblait à celles que nous supposons aux pythonisses, elle serrait ses dents pour les empêcher de claquer, et une affreuse convulsion faisait trembler ses membres. Elle avait glissé sa main crochue entre son bonnet et ses cheveux pour les empoigner et soutenir sa tête, devenue trop lourde ; elle brûlait ! La fumée de l'incendie qui la ravageait semblait passer par ses rides comme par autant de crevasses labourées par une éruption volcanique. Ce fut un spectacle sublime.

— Eh bien ! pourquoi vous arrêtez-vous ? dit-elle d'une voix creuse, je serai pour vous tout ce que j'étais pour lui. Oh ! je lui aurais donné tout mon sang...

— Vous l'aimez donc ?...

— Comme s'il était mon enfant !...

— Eh bien ! reprit madame Marneffe en respirant à l'aise, puisque vous ne l'aimez que comme ça, vous allez être bien heureuse, car vous le voulez heureux ?

Lisbeth répondit par un signe de tête rapide comme celui d'une folle.

— Il épouse dans un mois votre petite cousine.

— Hortense ? cria la vieille fille en se frappant le front et en se levant.

— Ah çà ! vous l'aimez donc ce jeune homme ? demanda madame Marneffe.

— Ma petite, c'est entre nous à la vie à la mort, dit mademoiselle Fischer. Oui, si vous avez des attachements, ils me seront sacrés. Enfin, vos vices deviendront pour moi des vertus, car j'en aurai besoin, moi, de vos vices !

— Vous viviez donc avec lui ? s'écria Valérie.

— Non, je voulais être sa mère...

— Ah ! je n'y comprends plus rien, reprit Valérie, car alors vous n'êtes pas jouée ni trompée, et vous devez être bien heureuse de lui voir faire un beau mariage, le voilà lancé. D'ailleurs, tout est bien fini pour vous, allez. Notre artiste va tous les jours chez madame Hulot, dès que vous sortez pour dîner...

— Adeline ! se dit Lisbeth. Oh ! Adeline, tu me le payeras, je te rendrai plus laide que moi !...

— Mais vous voilà pâle comme une morte ! reprit Valérie. Il y a donc quelque chose ?... Oh ! suis-je bête ! la mère et la fille doivent se douter que vous mettriez des obstacles à cet amour, puisqu'ils se cachent de vous, s'écria madame Marneffe ; mais, si vous ne viviez pas avec le jeune homme, tout cela, ma petite, est pour moi plus obscur que le cœur de mon mari...

— Oh! vous ne savez pas, vous, reprit Lisbeth, vous ne savez pas ce que c'est que cette manigance-là! c'est le dernier coup qui tue! En ai-je reçu des meurtrissures à l'âme! Vous ignorez que depuis l'âge où l'on sent, j'ai été immolée à Adeline! On me donnait des coups, et on lui faisait des caresses! J'allais mise comme un souillon, et elle était vêtue comme une dame. Je piochais le jardin, j'épluchais les légumes, et elle ses dix doigts ne se remuaient que pour arranger des chiffons!... Elle a épousé le baron, elle est venue briller à la cour de l'Empereur, et je suis restée jusqu'en 1809 dans mon village, attendant un parti sortable, pendant quatre ans; ils m'en ont tirée, mais pour me faire ouvrière et pour me proposer des employés, des capitaines qui ressemblaient à des portiers!... J'ai eu pendant vingt-six ans tous leurs restes... Et voilà que, comme dans l'Ancien Testament, le pauvre possède un seul agneau qui fait son bonheur, et le riche qui a des troupeaux envie la brebis du pauvre et la lui dérobe!... sans le prévenir, sans la lui demander. Adeline me filoute mon bonheur! Adeline!... Adeline, je te verrai dans la boue et plus bas que moi! Hortense, que j'aimais, m'a trompée... Le baron... non, cela n'est pas possible. Voyons, redites-moi les choses qui là-dedans peuvent être vraies?

— Calmez-vous, ma petite...

— Valérie, mon cher ange, je vais me calmer, répondit cette fille bizarre en s'asseyant. Une seule chose peut me rendre la raison : donnez-moi une preuve!...

— Mais votre cousine Hortense possède le groupe de Samson dont voici la lithographie publiée par une Revue; elle l'a payé de ses économies, et c'est le baron qui, dans l'intérêt de son futur gendre, le lance et obtient tout.

— De l'eau!... de l'eau! demanda Lisbeth après avoir jeté les yeux sur la lithographie au bas de laquelle elle lut : *groupe appartenant à mademoiselle Hulot d'Ervy*. De l'eau! ma tête brûle, je deviens folle!...

Madame Marneffe apporta de l'eau, la vieille fille ôta son bonnet, défit ses noirs cheveux, et se mit la tête dans la cuvette que lui tint sa nouvelle amie; elle s'y trempa le front à plusieurs reprises, et arrêta l'inflammation commencée. Après cette immersion, elle retrouva tout son empire sur elle-même.

— Pas un mot, dit-elle à madame Marneffe en s'essuyant, pas un mot de tout ceci... Voyez!... je suis tranquille, et tout est oublié, je pense à bien autre chose !

— Elle sera demain à Charenton, c'est sûr, se dit madame Marneffe en regardant la Lorraine.

— Que faire? reprit Lisbeth. Voyez-vous, mon petit ange, il faut se taire, courber la tête, et aller à la tombe, comme l'eau va droit à la rivière. Que tenterais-je? Je voudrais réduire tout ce monde, Adeline, sa fille, le baron en poussière. Mais que peut une parente pauvre contre toute une famille riche?... Ce serait l'histoire du pot de terre contre le pot de fer.

— Oui, vous avez raison, répondit Valérie, il faut seulement s'occuper de tirer le plus de foin à soi du râtelier. Voilà la vie à Paris.

— Et, dit Lisbeth, je mourrai promptement, allez, si je perds cet enfant à qui je croyais toujours servir de mère, avec qui je comptais vivre toute ma vie...

Elle eut des larmes dans les yeux, et s'arrêta. Cette sensibilité chez cette fille de soufre et de feu fit frissonner madame Marneffe.

— Eh bien! je vous trouve, dit-elle en prenant la main de Valérie, c'est une consolation dans ce grand malheur... Nous nous aimerons bien, et pourquoi nous quitterions-nous? je n'irai jamais sur vos brisées. On ne m'aimera jamais, moi!... tous ceux qui voulaient de moi, m'épousaient à cause de la protection de mon cousin... Avoir de l'énergie à escalader le Paradis, et l'employer à se procurer du pain, de l'eau, des guenilles et une mansarde! Ah! c'est là, ma petite, un martyre! J'y ai séché.

Elle s'arrêta brusquement et plongea dans les yeux bleus de madame Marneffe un regard noir qui traversa l'âme de cette jolie femme, comme la lame d'un poignard lui eût traversé le cœur.

— Et pourquoi parler? s'écria-t-elle en s'adressant un reproche à elle-même. Ah! je n'en ai jamais tant dit, allez!... *La triche en reviendra à son maître!...* ajouta-t-elle après une pause, en employant une expression du langage enfantin. Comme vous dites sagement : aiguisons nos dents et tirons du râtelier le plus de foin possible.

— Vous avez raison, dit madame Marneffe que cette crise effrayait et qui ne se souvenait plus d'avoir émis cet apophthegme. Je vous crois dans le vrai, ma petite. Allez, la vie n'est déjà pas si longue, il faut en tirer parti tant qu'on peut, et employer les autres à son plaisir... J'en suis arrivée là, moi, si jeune! J'ai été élevée en enfant gâté, mon père s'est marié par ambition et m'a presque oubliée, après avoir fait de moi son idole, après m'avoir élevée comme la fille d'une reine! Ma pauvre mère, qui me berçait des plus beaux rêves, est morte de chagrin en me voyant épouser un petit employé à douze cents francs, vieux et froid libertin à trente-neuf ans, corrompu comme un bagne, et qui ne voyait en moi que ce qu'on voyait en vous, un instrument de fortune!... Eh bien! j'ai fini par trouver que cet homme infâme est le meilleur des maris. En me préférant les sales guenons du coin de la rue, il me laisse libre. S'il prend tous ses appointements pour lui, jamais il ne me demande compte de la manière dont je me fais des revenus...

A son tour elle s'arrêta, comme une femme qui se sent entraînée par le torrent de la confidence, et frappée de l'attention que lui prêtait Lisbeth, elle jugea nécessaire de s'assurer d'elle avant de lui livrer ses derniers secrets.

— Voyez, ma petite, quelle est ma confiance en vous!... reprit madame Marneffe à qui Lisbeth répondit par un signe excessivement rassurant.

On jure souvent par les yeux et par un mouvement de tête plus solennellement qu'à la cour d'assises.

— J'ai tous les dehors de l'honnêteté, reprit madame Marneffe en posant sa main sur la main de Lisbeth comme pour en accepter la foi, je suis une femme mariée et je suis ma maîtresse, à tel point que le matin, en partant au Ministère, s'il prend fantaisie à Marneffe de me dire adieu et qu'il trouve la porte de ma chambre fermée, il s'en va tout tranquillement. Il aime son enfant moins que je n'aime un des enfants en marbre qui jouent au pied d'un des deux fleuves aux Tuileries. Si je ne viens pas dîner, il dîne très-bien avec la bonne, car la bonne est toute à monsieur, et, tous les soirs, après le dîner, il sort pour ne rentrer qu'à minuit ou une heure. Malheureusement, depuis un an, me voilà sans femme de chambre, ce qui veut dire que, depuis un an, je suis veuve... Je n'ai eu qu'une passion, un bonheur... c'était un riche Brésilien parti depuis un an, ma seule faute! Il est allé vendre ses biens, tout réaliser pour pouvoir s'établir en France. Que trouvera-t-il de sa Valérie? un fumier. Bah! ce sera sa faute et non la mienne, pourquoi tarde-t-il tant à revenir? Peut-être aussi aura-t-il fait naufrage, comme ma vertu.

— Adieu, ma petite, dit brusquement Lisbeth, nous ne nous quitterons plus jamais. Je vous aime, je vous estime, je suis à vous! Mon cousin me tourmente pour que j'aille loger dans votre future maison, rue Vanneau, je ne le voulais pas, car j'ai bien deviné la raison de cette nouvelle bonté...

— Tiens, vous m'auriez surveillée, je le sais bien, dit madame Marneffe.

— C'est bien là la raison de sa générosité, répliqua Lisbeth. A Paris, la moitié des bienfaits sont des spéculations, comme la moitié des ingratitudes sont des vengeances!... Avec une parente pauvre, on agit comme avec les rats à qui l'on présente un morceau de lard. J'accepterai l'offre du baron, car cette maison m'est devenue odieuse. Ah! çà, nous avons assez d'esprit toutes les deux pour savoir taire ce qui nous nuirait, et dire ce qui doit être dit; ainsi, pas d'indiscrétion, et une amitié...

— A toute épreuve... s'écria joyeusement madame Marneffe, heureuse d'avoir un porte-respect, un confident, une espèce de tante honnête. Écoutez! le baron fait bien les choses, rue Vanneau...

— Je crois bien, reprit Lisbeth, il en est à trente mille francs! je ne sais où il les a pris, par exemple, car Joséphal, la cantatrice, l'avait saigné à blanc. Oh! vous êtes bien tombée, ajouta-t-elle. Le baron volerait pour celle qui tient son cœur entre deux petites mains blanches et satinées comme les vôtres.

— Eh bien! reprit madame Marneffe avec la sécurité des filles qui n'est que l'insouciance, ma petite, dites donc, prenez de ce ménage-ci tout ce qui pourra vous aller pour votre nouveau logement... cette commode, cette armoire à glaces, ce tapis, la tenture...

Les yeux de Lisbeth se dilatèrent par l'effet d'une joie insensée, elle n'osait croire à un pareil cadeau.

— Vous faites plus pour moi dans un moment que mes parents riches en trente ans!... s'écria-t-elle. Ils ne se sont jamais demandé si j'avais des meubles! A sa première visite, il y a quelques semaines, le baron a fait une grimace de riche à l'aspect de ma misère... Eh bien! merci, ma petite, je vous revaudrai cela, vous verrez plus tard comment!

Valérie accompagna sa cousine Bette jusque sur le palier, où les deux femmes s'embrassèrent.

— Comme elle pue la fourmi !... se dit la jolie femme quand elle fut seule, je ne l'embrasserai pas souvent, ma cousine ! Cependant, prenons garde, il faut la ménager, elle me sera bien utile, elle me fera faire fortune.

En vraie créole de Paris, madame Marneffe abhorrait la peine, elle avait la nonchalance des chattes qui ne courent et ne s'élancent que forcées par la nécessité. Pour elle, la vie devait être tout plaisir, et le plaisir devait être sans difficultés. Elle aimait les fleurs, pourvu qu'on les lui fit venir chez elle. Elle ne concevait pas une partie de spectacle, sans une bonne loge toute à elle, et une voiture pour s'y rendre. Ces goûts de courtisane, Valérie les tenait de sa mère, comblée par le général Montcornet pendant les séjours qu'il faisait à Paris, et qui, pendant vingt ans, avait vu tout le monde à ses pieds; qui, gaspilleuse, avait tout dissipé, tout mangé dans cette vie luxueuse dont le programme est perdu depuis la chute de Napoléon. Les grands de l'Empire ont égalé, dans leurs folies, les grands seigneurs d'autrefois. Sous la Restauration, la noblesse s'est toujours souvenue d'avoir été battue et volée; aussi, mettant à part deux ou trois exceptions, est-elle devenue économe, sage, prévoyante, enfin bourgeoise et sans grandeur. Depuis, 1830 a consommé l'œuvre de 1793. En France, désormais, on aura de grands noms, mais plus de grandes maisons, à moins de changements politiques, difficiles à prévoir. Tout y prend le cachet de la personnalité. La fortune des plus sages est viagère. On y a détruit la Famille.

La puissante étreinte de la Misère qui mordait au sang Valérie le jour où, selon l'expression de Marneffe, elle avait *fait* Hulot, avait décidé cette jeune femme à prendre sa beauté pour moyen de fortune. Aussi, depuis quelques jours éprouvait-elle le besoin d'avoir auprès d'elle, à l'instar de sa mère, une amie dévouée à qui l'on confie ce qu'on doit cacher à une femme de chambre, et qui peut agir, aller, venir, penser pour nous, une âme damnée enfin, consentant à un partage inégal de la vie. Or, elle avait deviné, tout aussi bien que Lisbeth, les intentions dans lesquelles le baron voulait la lier avec la cousine Bette. Conseillée par la redoutable intelligence de la créole parisienne qui passe ses heures étendue sur un divan, à promener la lanterne de son observation dans tous les coins obscurs des âmes, des sentiments et des intrigues, elle avait inventé de se faire un complice de l'espion.

Probablement cette terrible indiscrétion était préméditée; elle avait reconnu le vrai caractère de cette ardente fille, passionnée à vide, et voulait se l'attacher. Aussi cette conversation ressemblait-elle à la pierre que le voyageur jette dans un gouffre pour s'en démontrer physiquement la profondeur. Et madame Marneffe avait eu peur en trouvant tout à la fois un Iago et un Richard III, dans cette fille en apparence si faible, si humble et si peu redoutable.

En un instant, la cousine Bette était redevenue elle-même. En un instant, ce caractère de Corse et de Sauvage, ayant brisé les faibles attaches qui le courbaient, avait repris sa menaçante hauteur, comme un arbre s'échappe des mains de l'enfant qui l'a plié jusqu'à lui pour y voler des fruits verts.

Pour quiconque observe le monde social, ce sera toujours un objet d'admiration que la plénitude, la perfection et la rapidité des conceptions chez les natures vierges.

La Virginité, comme toutes les monstruosités, a des richesses spéciales, des grandeurs absorbantes. La vie, dont les forces sont économisées, a pris chez l'individu vierge une qualité de résistance et de durée incalculable. Le cerveau s'est enrichi dans l'ensemble de ses facultés réservées. Lorsque les gens chastes ont besoin de leur corps ou de leur âme, qu'ils recourent à l'action ou à la pensée, ils trouvent alors de l'acier dans leurs muscles ou de la science infuse dans leur intelligence, une force diabolique ou la magie noire de la Volonté.

Sous ce rapport, la vierge Marie, en ne la considérant pour un moment que comme un symbole, efface par sa grandeur tous les types indous, égyptiens et grecs. La Virginité, mère des grandes choses, *magna parens rerum*, tient dans ses belles mains blanches la clef des mondes supérieurs. Enfin, cette grandiose et terrible exception mérite tous les honneurs que lui décerne l'église catholique.

En un moment donc la cousine Bette devint le Mohican dont les piéges sont inévitables, dont la dissimulation est impénétrable, dont la décision rapide est fondée sur la perfection inouïe des organes. Elle fut la Haine et la Vengeance sans transaction, comme elles sont en Italie, en Espagne et en Orient. Ces deux sentiments, qui sont doublés de l'Amitié, de l'Amour poussés jusqu'à l'absolu, ne sont connus que dans les pays baignés de soleil. Mais Lisbeth fut surtout fille de la Lorraine, c'est-à-dire résolue à tromper.

Elle ne prit pas volontiers cette dernière partie de son rôle; elle fit une singulière tentative, due à son ignorance profonde. Elle imagina que la prison était ce que les enfants l'imaginent tous, elle confondit la *mise au secret* avec l'emprisonnement. La mise au secret est le superlatif de l'emprisonnement, et ce superlatif est le privilége de la justice criminelle.

En sortant de chez madame Marneffe, Lisbeth courut chez monsieur Rivet, et le trouva dans son cabinet.

— Eh bien! mon bon monsieur Rivet, lui dit-elle après avoir mis le verrou à la porte du cabinet, vous aviez raison, les Polonais!... c'est de la canaille... tous gens sans foi ni loi.

— Des gens qui veulent mettre l'Europe en feu, dit le pacifique Rivet, ruiner tous les commerces et les commerçants pour une patrie qui, dit-on, est tout marais, pleine d'affreux Juifs, sans compter les Cosaques et les Paysans, espèces de bêtes féroces classées à tort dans le genre humain. Ces Polonais méconnaissent le temps actuel. Nous ne sommes plus des Barbares! La guerre s'en va, ma chère demoiselle, elle s'en est allée avec les Rois. Notre temps est le triomphe du commerce, de l'industrie et de la sagesse bourgeoise qui ont créé la Hollande. Oui, dit-il en s'animant, nous sommes dans une époque où les peuples doivent tout obtenir par le développement légal de leurs libertés, et par le jeu *pacifique* des institutions constitutionnelles; voilà ce que les Polonais ignorent, et j'espère... Vous dites, ma belle? ajouta-t-il en s'interrompant et voyant, à l'air de son ouvrière, que la haute politique était hors de sa compréhension.

— Voici le dossier, répliqua Bette; si je ne veux pas perdre mes trois mille deux cent dix francs, il faut mettre ce scélérat en prison...

— Ah! je vous l'avais bien dit! s'écria l'oracle du quartier Saint-Denis.

La maison Rivet, successeur de Pons frères, était toujours restée rue des Mauvaises-Paroles, dans l'ancien hôtel de Langeais, bâti par cette illustre maison au temps où les grands seigneurs se groupaient autour du Louvre.

— Aussi, vous ai-je donné des bénédictions en venant ici!... répondit Lisbeth.

— S'il peut ne se douter de rien, il sera coffré dès quatre heures du matin, dit le juge en consultant son Almanach pour vérifier le lever du soleil; mais après-demain seulement, car on ne peut pas l'emprisonner sans l'avoir prévenu qu'on veut l'arrêter par un commandement avec dénonciation de la contrainte par corps. Ainsi...

— Quelle bête de loi, dit la cousine Bette, car le débiteur se sauve.

— Il en a bien le droit, répliqua le juge en souriant. Aussi, tenez, voici comment...

— Quant à cela, je prendrai le papier, dit la Bette en interrompant le Consul, je le lui remettrai en lui disant que j'ai été forcée de faire de l'argent et que mon prêteur a exigé cette formalité. Je connais mon Polonais, il ne dépliera seulement pas le papier, il en allumera sa pipe !

— Ah ! pas mal ! pas mal ! mademoiselle Fischer. Eh bien ! soyez tranquille, l'affaire sera bâclée. Mais, un instant ! ce n'est pas le tout que de coffrer un homme, on ne se passe ce luxe judiciaire que pour toucher son argent. Par qui serez-vous payée ?

— Par ceux qui lui donnent de l'argent.

— Ah ! oui, j'oubliais que le ministre de la Guerre l'a chargé du monument érigé à l'un de nos clients. Ah ! la maison a fourni bien des uniformes au général Montcornet, il les noircissait promptement à la fumée des canons, celui-là ! Quel brave ! et il payait *recta !*

Un maréchal de France a pu sauver l'Empereur ou son pays, *il payait recta* sera toujours son plus bel éloge dans la bouche d'un commerçant.

— Eh bien ! à samedi, monsieur Rivet, vous aurez vos glands plats. A propos, je quitte la rue du Doyenné, je vais demeurer rue Vanneau.

— Vous faites bien, je vous voyais avec peine dans ce trou qui, malgré ma répugnance pour tout ce qui ressemble à de l'Opposition, déshonore, j'ose le dire, oui ! déshonore le Louvre et la place du Carrousel. J'adore Louis-Philippe, c'est mon idole, il est la représentation auguste, exacte de la classe sur laquelle il a fondé sa dynastie, et je n'oublierai jamais ce qu'il a fait pour la passementerie en rétablissant la garde nationale...

— Quand je vous entends parler ainsi, dit Lisbeth, je me demande pourquoi vous n'êtes pas député.

— On craint mon attachement à la dynastie, répondit Rivet, mes ennemis politiques sont ceux du roi, ah ! c'est un noble caractère, une belle famille; enfin, reprit-il en continuant son argumentation, c'est notre idéal : des mœurs, de l'économie, tout ! Mais la *fini-*

tion du Louvre est une des conditions auxquelles nous avons donné la couronne, et la liste civile, à qui l'on n'a pas fixé de terme, j'en conviens, nous laisse le cœur de Paris dans un état navrant... C'est parce que je suis *juste-milieu* que je voudrais voir le juste-milieu de Paris dans un autre état. Votre quartier fait frémir. On vous y aurait assassiné un jour ou l'autre..... Eh bien! voilà votre monsieur Crevel nommé chef de bataillon de sa légion, j'espère que c'est nous qui lui fournirons sa grosse épaulette.

— J'y dîne aujourd'hui, je vous l'enverrai.

Lisbeth crut avoir à elle son Livonien en se flattant de couper toutes les communications entre le monde et lui. Ne travaillant plus, l'artiste serait oublié comme un homme enterré dans un caveau, où seule elle irait le voir. Elle eut ainsi deux jours de bonheur, car elle espéra donner des coups mortels à la baronne et à sa fille.

Pour se rendre chez monsieur Crevel, qui demeurait rue des Saussayes, elle prit par le pont du Carrousel, le quai Voltaire, le quai d'Orsay, la rue Belle-Chasse, la rue de l'Université, le pont de la Concorde et l'avenue de Marigny. Cette route illogique était tracée par la logique des passions, toujours excessivement ennemie des jambes. La cousine Bette, tant qu'elle fut sur les quais, regarda la rive droite de la Seine en allant avec une grande lenteur. Son calcul était juste. Elle avait laissé Wenceslas s'habillant, elle pensait qu'aussitôt délivré d'elle, l'amoureux irait chez la baronne par le chemin le plus court. En effet, au moment où elle longeait le parapet du quai Voltaire en dévorant la rivière, et marchant en idée sur l'autre rive, elle reconnut l'artiste dès qu'il déboucha par le guichet des Tuileries pour gagner le pont Royal. Elle rejoignit là son infidèle et put le suivre sans être vue par lui, car les amoureux se retournent rarement; elle l'accompagna jusqu'à la maison de madame Hulot, où elle le vit entrer comme un homme habitué d'y venir.

Cette dernière preuve qui confirmait les confidences de madame Marneffe, mit Lisbeth hors d'elle. Elle arriva chez le chef de bataillon nouvellement élu dans cet état d'irritation mentale qui fait commettre les meurtres, et trouva le père Crevel attendant ses enfants, monsieur et madame Hulot jeunes, dans son salon.

Mais Célestin Crevel est le représentant si naïf et si vrai du parvenu parisien, qu'il est difficile d'entrer sans cérémonie chez cet heureux successeur de César Birotteau. Célestin Crevel est à lui seul tout un monde, aussi mérite-t-il, plus que Rivet, les honneurs de la palette, à cause de son importance dans ce drame domestique.

Avez-vous remarqué comme, dans l'enfance, ou dans les commencements de la vie sociale, nous nous créons de nos propres mains un modèle à notre insu, souvent? Ainsi le commis d'une maison de banque rêve, en entrant dans le salon de son patron, de posséder un salon pareil. S'il fait fortune, ce ne sera pas, vingt ans plus tard, le luxe alors à la mode qu'il intronisera chez lui, mais le luxe arriéré qui le fascinait jadis. On ne sait pas toutes les sottises qui sont dues à cette jalousie rétrospective, de même qu'on ignore toutes les folies dues à ces rivalités secrètes qui poussent les hommes à imiter le type qu'ils se sont donné, à consumer leurs forces pour être un clair de lune. Crevel fut adjoint parce que son patron avait été adjoint, il était chef de bataillon parce qu'il avait eu envie des épaulettes de César Birotteau. Aussi, frappé des merveilles réalisées par l'architecte Grindot, au moment où la fortune avait mis son patron en haut de la roue, Crevel, comme il le disait dans son langage, *n'en avait fait ni eune ni deusse*, quand il s'était agi de décorer son appartement : il s'était adressé, les yeux fermés et la bourse ouverte, à Grindot, architecte alors tout à fait oublié. On ne sait pas combien de temps vont encore les gloires éteintes, soutenues par les admirations arriérées.

Grindot avait recommencé là pour la millième fois son salon blanc et or, tendu de damas rouge. Le meuble en bois de palissandre sculpté comme on sculpte les ouvrages courants, sans finesse, avait donné pour la fabrique parisienne un juste orgueil à la province, lors de l'Exposition des produits de l'Industrie. Les flambeaux, les bras, le garde-cendre, le lustre, la pendule appartenaient au genre rocaille. La table ronde, immobile au milieu du salon, offrait un marbre incrusté de tous les marbres italiens et antiques venus de Rome, où se fabriquent ces espèces de cartes minéralogiques semblables à des échantillons de tailleurs, qui faisait périodiquement l'admiration de tous les bourgeois que recevait Crevel. Les portraits de feu madame Crevel, de Crevel, de sa fille et de son gendre, dus au pinceau de Pierre Grassou, le peintre en renom dans la bourgeoisie, à qui Crevel devait le ridicule de son attitude byronienne, garnissaient les parois, mis tous les quatre en pendants. Les bordures, payées mille francs pièce, s'harmoniaient bien à toute cette richesse de café qui, certes, eût fait hausser les épaules à un véritable artiste.

Jamais l'or n'a perdu la plus petite occasion de se montrer stupide. On compterait aujourd'hui dix Venise dans Paris, si les commerçants retirés avaient eu cet instinct des grandes choses qui distingue les Italiens. De nos jours encore, un négociant milanais lègue très-bien cinq cent mille francs au *Duomo* pour la dorure de la Vierge colossale qui en couronne la coupole. Canova ordonne, dans son testament, à son frère, de bâtir une église de quatre millions, et le frère y ajoute quelque chose du sien. Un bourgeois de Paris (et tous ont, comme Rivet, un amour au cœur pour leur Paris) penserait-il jamais à faire élever les clochers qui manquent aux tours de Notre-Dame? Or, comptez les sommes recueillies par l'État en successions sans héritiers. On aurait achevé tous les embellissements de Paris avec le prix des sottises en carton-pierre, en pâtes dorées, en fausses sculptures consommées depuis quinze ans par les individus du genre Crevel.

Au bout de ce salon se trouvait un magnifique cabinet meublé de tables et d'armoires en imitation de Boule.

La chambre à coucher, tout en perse, donnait également dans le salon. L'acajou dans toute sa gloire infestait la salle à manger, où des vues de Suisse, richement encadrées, ornaient des panneaux. Le père Crevel, qui rêvait un voyage en Suisse, tenait à posséder ce pays en peinture, jusqu'au moment où il irait le voir en réalité.

Crevel, ancien adjoint, décoré, garde national, avait, comme on le voit, reproduit fidèlement toutes les grandeurs, même mobilières, de son infortuné prédécesseur. Là où, sous la Restauration, l'un était tombé, celui-ci tout à fait oublié s'était élevé, non par un singulier jeu de fortune, mais par la force des choses. Dans les révolutions comme dans les tempêtes maritimes, les valeurs solides vont à fond, le flot met les choses légères à fleur d'eau. César Birotteau, royaliste et en faveur, envié, devint le point de mire de l'Opposition bourgeoise, tandis que la triomphante bourgeoisie se représentait elle-même dans Crevel.

Cet appartement, de mille écus de loyer, qui regorgeait de toutes les belles choses vulgaires que procure l'argent, prenait le premier étage d'un ancien hôtel, entre cour et jardin. Tout s'y trouvait conservé comme des coléoptères chez un entomologiste, car Crevel y demeurait très-peu.

Ce *local* somptueux constituait le domicile légal de l'ambitieux bourgeois. Servi là par une cuisinière et par un valet de chambre, il louait deux domestiques de supplément et faisait venir son dîner d'apparat de chez Chevet, quand il festoyait des amis politiques, des gens à éblouir, ou quand il recevait sa famille. Le siége de la véritable existence de Crevel, autrefois rue Notre-Dame-de-Lorette, chez mademoiselle Héloïse Brisetout, était transféré, comme on l'a vu, rue Chauchat. Tous les matins, l'*ancien négociant* (tous les bourgeois retirés s'intitulent *ancien négociant*) passait deux heures rue des Saussayes pour y vaquer à ses affaires, et donnait le reste du temps à Zaïre, ce qui tourmentait beaucoup Zaïre. Orosmane-Crevel avait un marché *ferme* avec mademoiselle Héloïse; elle lui devait pour cinq cents francs de bonheur, tous les mois, sans reports. Crevel payait d'ailleurs son dîner et tous les *extra*. Ce contrat à primes, car il faisait beaucoup de présents, paraissait économique à l'ex-amant de la célèbre cantatrice. Il disait à ce sujet aux négociants veufs, aimant trop leurs filles, qu'il valait mieux avoir des chevaux loués au mois qu'une écurie à soi. Néanmoins, si l'on se rappelle la confidence du portier de la rue Chauchat au baron, Crevel n'évitait ni le cocher ni le groom.

Crevel avait, comme on le voit, fait tourner son amour excessif pour sa fille au profit de ses plaisirs. L'immoralité de sa situation était justifiée par des raisons de haute morale. Puis l'ancien parfumeur tirait de cette vie (vie nécessaire, vie débraillée, Régence, Pompadour, maréchal de Richelieu, etc.), un vernis de supériorité. Crevel se posait en homme à vues larges, en grand seigneur au petit pied, en homme généreux, sans étroitesse dans les idées, le tout à raison d'environ douze à quinze cents francs par mois. Ce n'était pas l'effet d'une hypocrisie politique, mais un effet de vanité bourgeoise qui néanmoins arrivait au même résultat. A la Bourse, Crevel passait pour être supérieur à son époque et surtout pour un bon vivant.

En ceci, Crevel croyait avoir dépassé son bonhomme Birotteau de cent coudées.

— Eh bien! s'écria Crevel en entrant en colère à l'aspect de la cousine Bette, c'est donc vous qui mariez mademoiselle Hulot avec un jeune comte que vous avez élevé pour elle à la brochette?...

— On dirait que cela vous contrarie? répondit Lisbeth en arrêtant sur Crevel un œil pénétrant. Quel intérêt avez-vous donc à empêcher ma cousine de se marier? car vous avez fait manquer, m'a-t-on dit, son mariage avec le fils de monsieur Lebas...

— Vous êtes une bonne fille, bien discrète, reprit le père Crevel. Eh bien! croyez-vous que je pardonnerai jamais à *monsieur* Hulot le crime de m'avoir enlevé Josépha?... surtout pour faire d'une honnête créature, que j'aurais fini par épouser dans mes vieux jours, une vaurienne, une saltimbanque, une fille d'Opéra... Non, non! jamais.

— C'est un bonhomme cependant monsieur Hulot, dit la cousine Bette.

— Aimable!... très-aimable, trop aimable, reprit Crevel, je ne lui veux pas de mal; mais je désire prendre ma revanche, et je la prendrai. C'est mon idée fixe!

— Serait-ce à cause de cette envie-là que vous ne venez plus chez madame Hulot?

— Peut-être...

— Ah! vous faisiez donc la cour à ma cousine? dit Lisbeth en souriant, je m'en doutais.

— Et elle m'a traité comme un chien, pis que cela, comme un laquais; je dirai mieux : comme un détenu politique. Mais je réussirai, dit-il en fermant le poing et en s'en frappant le front.

— Pauvre homme, ce serait affreux de trouver sa femme en fraude, après avoir été renvoyé par sa maîtresse!...

— Josépha! s'écria Crevel, Josépha l'aurait quitté, renvoyé, chassé! Bravo! Josépha. Josépha! tu m'as vengé! je t'enverrai deux perles pour mettre à tes oreilles, mon ex-biche!... Je ne sais rien de cela, car, après vous avoir vue le lendemain du jour où la belle Adeline m'a prié encore une fois de passer la porte, je suis allé chez les Lebas, à Corbeil, d'où je reviens. Héloïse a fait le diable pour m'envoyer à la campagne, et j'ai su la raison de ses menées : elle voulait pendre, et sans moi, la crémaillère rue Chauchat, avec des artistes, des cabotins, des gens de lettres... J'ai été joué! Je pardonnerai, car Héloïse m'amuse. C'est une Déjazet inédite. Comme elle est drôle, cette fille-là! voici le billet que j'ai trouvé hier au soir :

« *Mon bon vieux, j'ai dressé ma tente rue Chauchat.*
» *J'ai pris la précaution de faire essuyer les plâtres par*
» *des amis. Tout va bien. Venez quand vous voudrez, mon-*
» *sieur. Agar attend son Abraham.* »

Héloïse me dira des nouvelles, car elle sait sa Bohême sur le bout du doigt.

— Mais mon cousin a très-bien pris ce désagrément, répondit la cousine.

— Pas possible, dit Crevel en s'arrêtant dans sa marche semblable à celle d'un balancier de pendule.

— Monsieur Hulot est d'un certain âge, fit malicieusement observer Lisbeth.

— Je le connais, reprit Crevel; mais nous nous ressemblons sous un certain rapport: Hulot ne pourra pas se passer d'un attachement. Il est capable de revenir à sa femme, se dit-il. Ce serait de la nouveauté pour lui, mais adieu ma vengeance. Vous souriez, mademoiselle Fischer?... ah! vous savez quelque chose?...

— Je ris de vos idées, répondit Lisbeth. Oui, ma cousine est encore assez belle pour inspirer des passions; moi, je l'aimerais, si j'étais homme.

— Qui a bu, boira! s'écria Crevel, vous vous moquez de moi! Le baron aura trouvé quelque consolation.

Lisbeth inclina la tête par un geste affirmatif.

— Ah! il est bien heureux de remplacer du jour au lendemain Joséphal! dit Crevel en continuant. Mais je n'en suis pas étonné, car il me disait, un soir à souper, que, dans sa jeunesse, pour n'être pas au dépourvu, il avait toujours trois maîtresses, celle qu'il était en train de quitter, la régnante et celle à laquelle il faisait la cour pour l'avenir. Il devait tenir en réserve quelque grisette dans son vivier! dans son parc aux cerfs! Il est très Louis XV, le gaillard! oh! est-il heureux d'être bel homme! Néanmoins, il vieillit, il est *marqué*... il aura donné dans quelque petite ouvrière.

— Oh! non, répondit Lisbeth.

— Ah! dit Crevel, que ne ferais-je pas pour l'empêcher de pouvoir mettre son chapeau! Il m'était impossible de lui prendre Joséphal, les femmes de cette espèce ne reviennent jamais à leur premier amour. D'ailleurs, comme on dit, un retour n'est jamais de l'amour. Mais, cousine Bette, je donnerais bien, c'est-à-dire je dépenserais bien cinquante mille francs pour enlever à ce grand bel homme sa maîtresse et lui prouver qu'un gros père à ventre de chef de bataillon et à crâne de futur maire de Paris ne se laisse pas souffler sa dame, sans damer le pion...

— Ma situation, répondit Bette, m'oblige à tout entendre et à ne rien savoir. Vous pouvez causer avec moi sans crainte; je ne répète jamais un mot de ce qu'on veut bien me confier. Pourquoi voulez-vous que je manque à cette loi de ma conduite? personne n'aurait plus confiance en moi.

— Je le sais, répliqua Crevel, vous êtes la perle des vieilles filles... Voyons! sacristi, il y a des exceptions. Tenez, ils ne vous ont jamais fait de rentes dans la famille...

— Mais j'ai ma fierté, je ne veux rien coûter à personne, dit Bette.

— Ah! si vous vouliez m'aider à me venger, reprit l'ancien négociant, je placerais dix mille francs en viager sur votre tête. Dites-moi, belle cousine, dites-moi quelle est la remplaçante de Joséplia, et vous aurez de quoi payer votre loyer, votre petit déjeuner le matin, ce bon café que vous aimez tant, vous pourrez vous donner du moka pur... hein? Oh! comme c'est bon du moka pur!

— Je ne tiens pas tant aux dix mille francs en viager qui feraient près de cinq cents francs de rente, qu'à la plus entière discrétion, dit Lisbeth; car, voyez-vous, mon bon monsieur Crevel, il est bien excellent pour moi, le baron, il va me payer mon loyer...

— Oui, pendant longtemps! comptez là-dessus! s'écria Crevel. Où le baron prendrait-il de l'argent?

— Ah! je ne sais pas. Cependant il dépense plus de trente mille francs dans l'appartement qu'il destine à cette petite dame...

— Une dame! Comment, ce serait une femme de la société? Le scélérat, est-il heureux! il n'y en a que pour lui!

— Une femme mariée, bien comme il faut, reprit la cousine.

— Vraiment! s'écria Crevel ouvrant des yeux animés autant par le désir que par ce mot magique : *Une femme comme il faut.*

— Oui, reprit Bette, des talents, musicienne, vingt-trois ans, une jolie figure candide, une peau d'une blancheur éblouissante, des dents de jeune chien, des yeux comme des étoiles, un front superbe... et des petits pieds, je n'en ai jamais vu de pareils, ils ne sont pas plus larges que son busc.

— Et les oreilles? demanda Crevel vivement émoustillé par ce signalement d'amour.

— Des oreilles à mouler, répondit-elle.

— De petites mains?...

— Je vous dis, en un seul mot, que c'est un bijou de femme, et d'une honnêteté, d'une pudeur, d'une délicatesse!... une belle âme, un ange, toutes les distinctions, car elle a pour père un maréchal de France...

— Un maréchal de France! s'écria Crevel qui fit un bond prodigieux sur lui-même. Mon Dieu! saperlotte! cré nom! nom d'un petit bonhomme!... Ah! le gredin! — Pardon, cousine, je deviens fou!... Je donnerais cent mille francs, je crois.

— Ah! bien, oui, je vous dis que c'est une femme honnête, une femme vertueuse. Aussi le baron a-t-il bien fait les choses.

— Il est sans le sou... vous dis-je.

— Il y a un mari qu'il a poussé...

— Par où? dit Crevel avec un rire amer.

— Déjà nommé sous-chef, ce mari, qui sera sans doute complaisant... est porté pour avoir la croix.

— Le gouvernement devrait prendre garde, et respecter ceux qu'il a décorés en ne prodiguant pas la croix, dit Crevel d'un air politiquement piqué. Mais qu'a-t-il donc tant pour lui, ce grand mâtin de vieux baron? reprit-il. Il me semble que je le vaux bien, ajouta-t-il en se mirant dans une glace et se mettant en position. Héloïse m'a souvent dit, dans le moment où les femmes ne mentent pas, que j'étais étonnant.

— Oh! répliqua la cousine, les femmes aiment les hommes gros, ils sont presque tous bons; et, entre vous et le baron, moi je vous choisirais. Monsieur Hulot est spirituel, bel homme, il a de la tournure; mais vous, vous êtes solide, et puis, tenez... vous paraissez encore plus mauvais sujet que lui!

— C'est incroyable comme toutes les femmes, même les dévotes, aiment les gens qui ont cet air-là! s'écria Crevel en venant prendre la Bette par la taille, tant il jubilait.

— La difficulté n'est pas là, dit la Bette en continuant. Vous comprenez qu'une femme qui trouve tant d'avantages ne fera pas d'infidélités à son protecteur pour des bagatelles, et *cela* coûterait plus de cent et quelques mille francs, car la petite dame voit son mari chef de bureau dans deux ans d'ici... C'est la misère qui pousse ce pauvre petit ange dans le gouffre.

Crevel se promenait de long en large, comme un furieux, dans son salon.

— Il doit tenir à cette femme-là? demanda-t-il après un moment pendant lequel son désir ainsi fouetté par Lisbeth devint une espèce de rage.

— Jugez-en! reprit Lisbeth. Je ne crois pas encore qu'il ait obtenu ça! dit-elle en faisant claquer l'ongle de son pouce sous l'une de ses énormes palettes blanches, et il a déjà fait pour dix mille francs de cadeaux.

— Oh! la bonne farce! s'écria Crevel, si j'arrivais avant lui!

— Mon Dieu! j'ai bien tort de vous faire ces cancans-là, reprit Lisbeth en paraissant éprouver un remords.

— Non. Je veux faire rougir votre famille. Demain je place en viager, sur votre tête, une somme en cinq pour cent, de manière à vous faire six cents francs de rente, mais vous me direz tout : le nom, la demeure de la Dulcinée. Je puis vous l'avouer, je n'ai jamais eu de femme comme il faut, et la plus grande de mes ambitions, c'est d'en connaître une. Les houris de Mahomet ne sont rien en comparaison de ce que je me figure des femmes du monde. Enfin c'est mon idéal, c'est ma folie, et tellement que, voyez-vous, la baronne Hulot n'aura jamais cinquante ans pour moi, dit-il en se rencontrant sans le savoir avec un des esprits les plus fins du dernier siècle. Tenez, ma bonne Lisbeth, je suis décidé à sacrifier cent, deux cents... Chut! voici mes enfants, je les vois qui traversent la cour. Je n'aurai jamais rien su par vous, je vous en donne ma parole d'honneur, car je ne veux pas que vous perdiez la confiance du baron, bien au contraire, il doit joliment aimer cette femme, mon compère!

— Oh! il en est fou! dit la cousine. Il n'a pas su trouver quarante mille francs pour établir sa fille, et il les a dénichés pour cette nouvelle passion.

— Et le croyez-vous aimé? demanda Crevel.

— A son âge... répondit la vieille fille.

— Oh! suis-je bête! s'écria Crevel. Moi qui tolère un artiste à Héloïse, absolument comme Henri IV permettait Bellegarde à Gabrielle. Oh! la vieillesse! la vieillesse! — Bonjour, Célestine, bonjour, mon bijou, et ton moutard! Ah! le voilà! Parole d'honneur, il commence à me ressembler. Bonjour, Hulot, mon ami, cela va bien?... Nous aurons bientôt un mariage de plus dans la famille.

Célestine et son mari firent un signe en montrant Lisbeth, et la fille répondit effrontément à son père : — Lequel donc? Crevel prit un air fin qui voulait dire que son indiscrétion allait être réparée.

— Celui d'Hortense, reprit-il; mais ce n'est pas encore tout à fait décidé. Je viens de chez Lebas, et l'on parlait de mademoiselle Popinot pour notre jeune conseiller à la Cour royale de Paris, qui voudrait bien devenir premier président en province... Allons dîner.

A sept heures, Lisbeth revenait déjà chez elle en omnibus, car il lui tardait de revoir Wenceslas de qui, depuis une vingtaine de jours, elle était la dupe, et à qui elle apportait son cabas plein de fruits empilés par Crevel lui-même, dont la tendresse avait redoublé pour *sa* cousine Bette. Elle monta dans la mansarde d'une vitesse à perdre la respiration, et trouva l'artiste occupé à terminer les ornements d'une boîte qu'il voulait offrir à sa chère Hortense. La bordure du couvercle représentait des hortensias dans lesquels se jouaient des amours. Le pauvre amant, pour subvenir aux frais de cette boîte qui devait être en malachite, avait fait pour Florent et Chanor deux torchères, en leur en abandonnant la propriété, deux chefs-d'œuvre.

— Vous travaillez trop depuis quelques jours, mon bon ami, dit Lisbeth en lui essuyant le front couvert de sueur et le baisant. Une pareille activité me paraît dangereuse au mois d'août. Vraiment votre santé peut en souffrir... Tenez, voici des pêches, des prunes de chez monsieur Crevel... Ne vous tracassez pas tant, j'ai emprunté deux mille francs, et, à moins de malheur, nous pourrons les rendre si vous vendez votre pendule !... Cependant j'ai quelques doutes sur mon prêteur, car il vient d'envoyer ce papier timbré.

Elle plaça la dénonciation de la contrainte par corps sous l'esquisse du maréchal de Montcornet.

— Pour qui faites-vous ces belles choses-là? demanda-t-elle en prenant les branches d'hortensias en cire rouge que Wenceslas avait posées pour manger les fruits.

— Pour un bijoutier.

— Quel bijoutier?

— Je ne sais pas, c'est Stidmann qui m'a prié de *tortiller* cela pour lui, car il est pressé.

— Mais voilà des hortensias, dit-elle d'une voix creuse. Comment se fait-il que vous n'ayez jamais manié la cire pour moi? Était-ce donc si difficile d'inventer une bague, un coffret, n'importe quoi, un souvenir ! dit-elle en lançant un affreux regard sur l'artiste dont heureusement les yeux étaient baissés. Et vous dites que vous m'aimez !

— En doutez-vous... mademoiselle?

— Oh ! que voilà un *mademoiselle* bien chaud !... Tenez, vous avez été mon unique pensée depuis que je vous ai vu mourant, là... Quand je vous ai sauvé vous vous êtes donné à moi, je ne vous ai jamais parlé de cet engagement, mais je me suis engagée envers moi-même, moi! Je me suis dit : « Puisque ce garçon se donne à moi, je veux le rendre heureux et riche! » Eh bien! j'ai réussi à faire votre fortune!

— Et comment? demanda le pauvre artiste au comble du bonheur et trop naïf pour soupçonner un piége.

— Voici comment, reprit la Lorraine.

Lisbeth ne put se refuser le plaisir sauvage de regarder Wenceslas qui la contemplait avec un amour filial où débordait son amour pour Hortense, ce qui trompa la vieille fille. En apercevant pour la première fois de sa vie les torches de la passion dans les yeux d'un homme, elle crut les y avoir allumées.

— Monsieur Crevel nous commandite de cent mille francs pour fonder une maison de commerce, si, dit-il, vous voulez m'épouser; il a de singulières idées, ce gros bonhomme-là... Qu'en pensez-vous? demanda-t-elle.

L'artiste, devenu pâle comme un mort, regarda sa bienfaitrice d'un œil sans lueur et qui laissait passer toute sa pensée. Il resta béant et hébété.

— On ne m'a jamais si bien dit, reprit-elle avec un rire amer, que j'étais affreusement laide!

— Mademoiselle, répondit Steinbock, ma bienfaitrice ne sera jamais laide pour moi; j'ai pour vous une bien vive affection, mais je n'ai pas trente ans, et...

— Et j'en ai quarante-trois! reprit-elle. Ma cousine Hulot, qui en a quarante-huit, fait encore des passions frénétiques; mais elle est belle, elle!

— Quinze ans de différence entre nous, mademoiselle! quel ménage ferions-nous! Pour nous-mêmes, je crois que nous devons bien réfléchir. Ma reconnaissance sera certainement égale à vos bienfaits. D'ailleurs, votre argent vous sera rendu sous peu de jours.

— Mon argent! cria-t-elle. Oh! vous me traitez comme si j'étais un usurier sans cœur.

— Pardon, reprit Wenceslas, mais vous m'en parlez si souvent... Enfin, vous m'avez créé, ne me détruisez pas.

— Vous voulez me quitter, je le vois, dit-elle en hochant la tête. Qui donc vous a donné la force de l'ingratitude, vous qui êtes comme un homme de papier mâché? Manqueriez-vous de confiance en moi, moi votre bon génie?... moi qui si souvent ai passé la nuit à travailler pour vous! moi qui vous ai livré les économies de toute ma vie! moi qui, pendant quatre ans, ai partagé mon pain, le pain d'une pauvre ouvrière, avec vous, et qui vous prêtais tout, jusqu'à mon courage.

— Mademoiselle, assez! assez! dit-il en se mettant à ses genoux et lui tendant les mains. N'ajoutez pas un mot! Dans trois jours je parlerai, je vous dirai tout; laissez-moi, dit-il en lui baisant les mains, laissez-moi être heureux, j'aime et je suis aimé.

— Eh bien! sois heureux, mon enfant, dit-elle en le relevant.

Puis elle l'embrassa sur le front et dans les cheveux avec la frénésie que doit avoir le condamné à mort en savourant sa dernière matinée.

— Ah! vous êtes la plus noble et la meilleure des créatures, vous êtes l'égale de celle que j'aime, dit le pauvre artiste.

— Je vous aime assez encore pour trembler de votre avenir, reprit-elle d'un air sombre. Judas s'est pendu!... tous les ingrats finissent mal! Vous me quittez, vous ne ferez plus rien qui vaille! Songez que, sans nous marier, car je suis une vieille fille, je le sais, je ne veux pas étouffer la fleur de votre jeunesse, votre poésie, comme vous le dites, dans mes bras qui sont comme des sarments de vigne; mais, sans nous marier, ne pouvons-nous pas rester ensemble? Écoutez, j'ai l'esprit du commerce, je puis vous amasser une fortune en dix ans de travail, car je m'appelle l'Économie, moi; tandis qu'avec une jeune femme, qui sera tout dépense, vous dissiperez tout, vous ne travaillerez qu'à la rendre heureuse. Le bonheur ne crée rien que des souvenirs. Quand je pense à vous, moi, je reste les bras ballants pendant des heures entières... Eh bien! Wenceslas, reste avec moi... Tiens, je comprends tout : tu auras des maîtresses, de jolies femmes semblables à cette petite Marneffe qui veut te voir, et qui te donnera le bonheur que tu ne peux pas trouver avec moi. Puis tu te marieras quand je t'aurai fait trente mille francs de rente.

— Vous êtes un ange, mademoiselle, et je n'oublierai jamais ce moment-ci, répondit Wenceslas en essuyant ses larmes.

— Vous voilà comme je vous veux, mon enfant, dit-elle en le regardant avec ivresse.

La vanité chez nous tous est si forte, que Lisbeth crut à son triomphe. Elle avait fait une si grande concession en offrant madame Marneffe! Elle éprouva la plus vive émotion de sa vie, elle sentit pour la première fois la joie inondant son cœur. Pour retrouver une seconde heure pareille, elle eût vendu son âme au diable.

— Je suis engagé, répondit-il, et j'aime une femme contre laquelle aucune autre ne peut prévaloir. Mais vous êtes et vous serez toujours la mère que j'ai perdue.

Ce mot versa comme une avalanche de neige sur ce cratère flamboyant. Lisbeth s'assit, contempla d'un air sombre cette jeunesse, cette beauté distinguée, ce front d'artiste, cette belle chevelure, tout ce qui sollicitait en elle les instincts comprimés de la femme, et de petites larmes aussitôt séchées mouillèrent pour un moment ses yeux. Elle ressemblait à ces grêles statues que les tailleurs d'images du moyen âge ont assises sur des tombeaux.

— Je ne te maudis pas, toi, dit elle en se levant brusquement, tu n'es qu'un enfant. Que Dieu te protége!

Elle descendit et s'enferma dans son appartement.

— Elle m'aime, se dit Wenceslas, la pauvre créature. A-t-elle été chaudement éloquente! Elle est folle.

Ce dernier effort de la nature sèche et positive, pour garder avec elle cette image de la beauté, de la poésie, avait eu tant de violence, qu'il ne peut se comparer qu'à la sauvage énergie du naufragé, essayant sa dernière tentative pour atteindre à la grève.

Le surlendemain, à quatre heures et demie du matin, au moment où le comte Steinbock dormait du plus profond sommeil, il entendit frapper à la porte de sa mansarde; il alla ouvrir, et vit entrer deux hommes mal vêtus, accompagnés d'un troisième, dont l'habillement annonçait un huissier malheureux.

— Vous êtes monsieur Wenceslas, comte Steinbock? lui dit ce dernier.

— Oui, monsieur.

— Je me nomme Grasset, monsieur, successeur de monsieur Louchard, garde du commerce...

— Hé bien?

— Vous êtes arrêté, monsieur, il faut nous suivre à la prison de Clichy... Veuillez vous habiller... Nous y avons mis des formes, comme vous voyez... je n'ai point pris de garde municipal, il y a un fiacre en bas.

— Vous êtes emballé proprement... dit un des recors; aussi comptons-nous sur votre générosité.

Steinbock s'habilla, descendit l'escalier, tenu sous chaque bras par un recors, il fut mis en fiacre, le cocher partit sans ordre, et en homme qui sait où aller; en une demi-heure, le pauvre étranger se trouva bien et dûment écroué, sans avoir fait une réclamation, tant était grande sa surprise.

A dix heures, il fut demandé au greffe de la prison, et il y trouva Lisbeth qui, tout en pleurs, lui donna de l'argent afin de bien vivre et de se procurer une chambre assez vaste pour pouvoir y travailler.

— Mon enfant, lui dit-elle, ne parlez de votre arrestation à personne, n'écrivez à âme qui vive, cela tuerait votre avenir, il faut cacher cette flétrissure, je vous aurai bientôt délivré, je vais réunir la somme... soyez tranquille. Écrivez-moi ce que je dois vous apporter pour vos travaux. Je mourrai ou vous serez bientôt libre.

— Oh! je vous devrai deux fois la vie! s'écria-t-il, car je perdrais plus que la vie, si l'on me croyait un mauvais sujet.

Lisbeth sortit la joie dans le cœur; elle espérait pouvoir, en tenant son artiste sous clef, faire manquer son mariage avec Hortense en le disant marié, gracié par les efforts de *sa* femme, et parti pour la Russie. Aussi, pour exécuter ce plan, se rendit-elle vers trois heures chez la baronne, quoique ce ne fût pas le jour où elle y dînait habituellement; mais elle voulait jouir des tortures auxquelles sa petite cousine allait être en proie au moment où Wenceslas avait coutume de venir.

— Tu viens dîner, Bette? demanda la baronne en cachant son désappointement.

— Mais oui.

— Bien! répondit Hortense, je vais aller dire qu'on soit exact, car tu n'aimes pas à attendre.

Hortense fit un signe à sa mère pour la rassurer; car elle se proposait de dire au valet de chambre de renvoyer monsieur Steinbock quand il se présenterait; mais, le valet de chambre étant sorti, Hortense fut obligée de faire sa recommandation à la femme de chambre, et la femme de chambre monta chez elle pour y prendre son ouvrage afin de rester dans l'antichambre.

— Et mon amoureux? dit la cousine Bette à Hortense quand elle fut revenue, vous ne m'en parlez plus.

— A propos, que devient-il? dit Hortense, car il est célèbre. Tu dois être contente, ajouta-t-elle à l'oreille de sa cousine, on ne parle que de monsieur Wenceslas Steinbock.

— Beaucoup trop, répondit-elle à haute voix. Monsieur se dérange. S'il ne s'agissait que de le charmer au point de l'emporter sur les plaisirs de Paris, je connais mon pouvoir; mais on dit que, pour s'attacher un pareil artiste, l'empereur Nicolas lui fait grâce...

— Ah! bah! répondit la baronne.

— Comment sais-tu cela? demanda Hortense qui fut prise comme d'une crampe au cœur.

— Mais, reprit l'atroce Bette, une personne à qui il appartient par les liens les plus sacrés, sa femme le lui a écrit hier. Il veut partir; ah! il serait bien bête de quitter la France pour la Russie...

Hortense regarda sa mère en laissant sa tête aller de côté; la baronne n'eut que le temps de prendre sa fille évanouie, blanche comme la dentelle de son fichu.

— Lisbeth! tu m'as tué ma fille!... cria la baronne. Tu es née pour notre malheur.

— Ah çà! quelle est ma faute en ceci, Adeline? demanda la Lorraine en se levant et prenant une attitude menaçante à laquelle dans son trouble la baronne ne fit aucune attention.

— J'ai tort, répondit Adeline en soutenant Hortense. Sonne!

En ce moment, la porte s'ouvrit, les deux femmes tournèrent la tête ensemble et virent Wenceslas Steinbock à qui la cuisinière, en l'absence de la femme de chambre, avait ouvert la porte.

— Hortense! cria l'artiste qui bondit jusqu'au groupe formé par les trois femmes.

Et il embrassa sa prétendue au front sous les yeux de la mère, mais si pieusement que la baronne ne s'en fâcha point. C'était, contre l'évanouissement, un sel meilleur que tous les sels anglais. Hortense ouvrit les yeux, vit Wenceslas, et ses couleurs revinrent. Un instant après, elle se trouva tout à fait remise.

— Voilà donc ce que vous me cachiez? dit la cousine Bette en souriant à Wenceslas et en paraissant deviner la vérité d'après la confusion des deux cousines. Comment m'as-tu volé mon amoureux? dit-elle à Hortense en l'emmenant dans le jardin.

Hortense raconta naïvement le roman de son amour à sa cousine. Sa mère et son père, persuadés que la Bette ne se marierait jamais, avaient, dit-elle, autorisé les visites du comte Steinbock. Seulement Hortense, en Agnès de haute futaie, mit sur le compte du hasard l'acquisition du groupe et l'arrivée de l'auteur qui, selon elle, avait voulu savoir le nom de son premier acquéreur. Steinbock vint aussitôt retrouver les deux cousines pour remercier avec effusion la vieille fille de sa prompte délivrance. Lisbeth répondit jésuitiquement à Wenceslas que le créancier ne lui ayant fait que de vagues promesses, elle ne comptait l'aller délivrer que le lendemain, et que leur prêteur, honteux d'une ignoble persécution, avait sans doute pris les devants. La vieille fille d'ailleurs parut heureuse, et félicita Wenceslas sur son bonheur.

— Méchant enfant! lui dit-elle devant Hortense et sa mère, si vous m'aviez, avant-hier soir, avoué que vous aimiez ma cousine Hortense et que vous en étiez aimé, vous m'auriez évité bien des larmes. Je croyais que vous abandonniez votre vieille amie, votre institutrice, tandis qu'au contraire vous allez être mon cousin; désormais vous m'appartiendrez par des liens, faibles il est vrai, mais qui suffisent aux sentiments que je vous ai voués!...

Et elle embrassa Wenceslas au front. Hortense se jeta dans les bras de sa cousine et fondit en larmes.

— Je te dois mon bonheur, lui dit-elle, je ne l'oublierai jamais...

— Cousine Bette, reprit la baronne en embrassant Lisbeth pendant l'ivresse où elle était de voir les choses si bien arrangées, le baron et moi nous avons une dette envers toi, nous l'acquitterons; viens causer d'affaires dans le jardin, dit-elle en l'emmenant.

Lisbeth joua donc en apparence le rôle du bon ange de la famille; elle se voyait adorée de Crevel, de Hulot, d'Adeline et d'Hortense.

— Nous voulons que tu ne travailles plus, dit la baronne. En supposant que tu puisses gagner quarante sous par jour, les dimanches exceptés, cela fait six cents francs par an. Eh bien! à quelle somme montent tes économies?...

— Quatre mille cinq cents francs!...

— Pauvre cousine! dit la baronne.

Elle leva les yeux au ciel, tant elle se sentait attendrie en pensant à toutes les peines et aux privations que supposait cette somme, amassée en trente ans. Lisbeth, qui se méprit au sens de cette exclamation, y vit le dédain moqueur de la parvenue, et sa haine acquit une dose formidable de fiel, au moment même où sa cousine abandonnait toutes ses défiances envers le tyran de son enfance.

— Nous augmenterons cette somme de dix mille cinq cents francs, reprit Adeline, nous placerons le tout en ton nom comme usufruitière, et au nom d'Hortense comme nue propriétaire; tu posséderas ainsi six cents francs de rente...

Lisbeth parut être au comble du bonheur. Quand elle revint, son mouchoir sur les yeux, et occupée à étancher des larmes de joie, Hortense lui raconta toutes les faveurs qui pleuvaient sur Wenceslas, le bien-aimé de toute la famille.

Au moment où le baron rentra, il trouva donc sa famille au complet, car la baronne avait officiellement salué le comte de Steinbock du nom de fils, et fixé, sous la réserve de l'approbation de son mari, le mariage à quinzaine. Aussi, dès qu'il se montra dans le salon, le Conseiller-d'État fut-il entouré par sa femme et par sa fille, qui coururent au-devant de lui, l'une pour lui parler à l'oreille et l'autre pour l'embrasser.

— Vous êtes allée trop loin en m'engageant ainsi, madame, dit sévèrement le baron. Ce mariage n'est pas fait, dit-il en jetant un regard sur Steinbock qu'il vit pâlir.

Le malheureux artiste se dit : — Il connaît mon arrestation.

— Venez, enfants, ajouta le père en emmenant sa fille et le futur dans le jardin.

Et il alla s'asseoir avec eux sur un des bancs du kiosque, rongé de mousse.

— Monsieur le comte, aimez-vous ma fille autant que j'aimais sa mère ? demanda le baron à Wenceslas.

— Plus, monsieur, dit l'artiste.

— La mère était la fille d'un paysan et n'avait pas un liard de fortune.

— Donnez-moi mademoiselle Hortense telle que la voilà, sans trousseau même...

— Je vous crois bien ! dit le baron en souriant, Hortense est la fille du baron Hulot d'Ervy, Conseiller-d'État, directeur à la Guerre, grand-officier de la Légion-d'Honneur, frère du comte Hulot, dont la gloire est immortelle et qui sera sous peu maréchal de France. Et... elle a une dot !

— C'est vrai, dit l'amoureux artiste, je parais avoir de l'ambition, mais ma chère Hortense serait la fille d'un ouvrier que je l'épouserais...

— Voilà ce que je voulais savoir, reprit le baron. Va-t'en, Hortense, laisse-moi causer avec monsieur le comte, tu vois qu'il t'aime bien sincèrement.

— Oh, mon père, je savais bien que vous plaisantiez, répondit l'heureuse fille.

— Mon cher Steinbock, dit le baron avec une grâce infinie de diction et un grand charme de manières quand il fut seul avec l'artiste, j'ai constitué à mon fils deux cent mille francs de dot, desquels le pauvre garçon n'a pas touché deux liards ; il n'en aura jamais rien. La dot de ma fille sera de deux cent mille francs que vous reconnaîtrez avoir reçus...

— Oui, monsieur le baron...

— Comme vous y allez, dit le Conseiller-d'État. Veuillez m'écouter. On ne peut pas demander à un gendre le dévoûment qu'on est en droit d'attendre d'un fils. Mon fils savait tout ce que je pouvais faire et ce que je ferais pour son avenir : il sera ministre, il trouvera facilement ses deux cent mille francs. Quant à vous, jeune homme, c'est autre chose ! Vous recevrez soixante mille francs en une inscription cinq pour cent sur le Grand-Livre, au nom de votre femme. Cet avoir sera grevé d'une petite rente à faire à Lisbeth, mais elle ne vivra pas longtemps, elle est poitrinaire, je le sais. Ne dites ce secret à personne ; que la pauvre fille meure en paix. Ma fille aura un trousseau de vingt mille francs ; sa mère y met pour six mille francs de ses diamants...

— Monsieur, vous me comblez... dit Steinbock stupéfait.

— Quant aux cent vingt mille francs restants...

— Cessez, monsieur, dit l'artiste, je ne veux que ma chère Hortense...

— Voulez-vous m'écouter, bouillant jeune homme ? Quant aux cent vingt mille francs, je ne les ai pas ; mais vous les recevrez...

— Monsieur !...

— Vous les recevrez du gouvernement, en commandes que je vous obtiendrai, je vous en donne ma parole d'honneur. Vous voyez, vous allez avoir un atelier au Dépôt des marbres. Exposez quelques belles statues, je vous ferai entrer à l'Institut. On a, en haut lieu, de la bienveillance pour mon frère et pour moi, j'espère donc réussir en demandant pour vous des travaux de sculpture à Versailles pour un quart de la somme. Enfin, vous recevrez quelques commandes de la ville de Paris, vous en aurez de la Chambre des pairs, vous en aurez, mon cher, tant et tant que vous serez obligé de prendre des aides. C'est ainsi que je m'acquitterai. Voyez si la dot ainsi payée vous convient, consultez vos forces...

— Je me sens la force de faire la fortune de ma femme à moi seul, si tout cela manquait! dit le noble artiste.

— Voilà ce que j'aime! s'écria le baron, la belle jeunesse ne doutant de rien! J'aurais culbuté des armées pour une femme! Allons, dit-il en prenant la main du jeune sculpteur et y frappant, vous avez mon consentement. Dimanche prochain le contrat, et le samedi suivant, à l'autel, c'est le jour de la fête de ma femme!

— Tout va bien, dit la baronne à sa fille collée à la fenêtre, ton futur et ton père s'embrassent.

En rentrant chez lui le soir, Wenceslas eut l'explication de l'énigme que présentait sa délivrance; il trouva chez le portier un gros paquet cacheté qui contenait le dossier de sa créance avec une quittance régulière, libellée au bas du jugement, et accompagné de la lettre suivante :

« Mon cher Wenceslas,

» Je suis venu te voir ce matin, à dix heures, pour te présenter
» à une altesse royale qui désirait te connaître. Là, j'ai su que les
» Anglais t'avaient emmené dans une de leurs petites îles dont la
» capitale s'appelle *Clichy's Castle*.

» Je suis aussitôt allé voir Léon de Lora, à qui j'ai dit en riant
» que tu ne pouvais pas quitter la campagne où tu étais faute de
» quatre mille francs, et que tu allais compromettre ton avenir, si
» tu ne te montrais pas à ton royal protecteur. Bridau, cet homme
» de génie qui a connu la misère et qui sait ton histoire, était là par
» bonheur. Mon fils, à eux deux, ils ont fait la somme, et je suis
» allé payer pour toi le Bédouin qui a commis un crime de lèse-
» génie en te coffrant. Comme je devais être aux Tuileries à midi,
» je n'ai pas pu te voir humant l'air libre. Je te sais gentilhomme,
» j'ai répondu de toi à mes deux amis; mais va les voir demain.

» Léon et Bridau ne voudront pas de ton argent; ils te deman-
» deront chacun un groupe, et ils auront raison. C'est ce que pense
» celui qui voudrait pouvoir se dire ton rival, et qui n'est que

» Ton camarade, STIDMANN. »

P. S. « J'ai dit au prince que tu ne revenais de voyage que de-
» main, et il a dit : Eh bien! demain! »

Le comte Wenceslas se coucha dans les draps de pourpre que nous fait, sans un pli de rose, la Faveur, cette céleste boiteuse, qui, pour les gens de génie, marche plus lentement encore que la Justice et la Fortune, parce que Jupiter a voulu qu'elle n'eût pas de bandeau sur les yeux. Facilement trompée par les étalages des charlatans, attirée par leurs costumes et leurs trompettes, elle dépense à voir et à payer leurs parades le temps pendant lequel elle devait chercher les gens de mérite dans les coins où ils se cachent.

Maintenant il est nécessaire d'expliquer comment monsieur le baron Hulot était arrivé à grouper les chiffres de la dot d'Hortense, et à satisfaire aux dépenses effrayantes du délicieux appartement où devrait s'installer madame Marneffe. Sa conception financière portait le cachet du talent qui guide les dissipateurs et les gens passionnés dans les fondrières, où tant d'accidents les font périr. Rien ne démontrera mieux la singulière puissance que communiquent les vices, et à laquelle on doit les tours de force qu'accomplissent de temps en temps les ambitieux, les voluptueux, enfin tous les sujets du diable.

La veille au matin, un vieillard, Johann Fischer, faute de payer trente mille francs encaissés par son neveu, se voyait dans la nécessité de déposer son bilan, si le baron ne les lui remettait pas.

Ce digne vieillard, en cheveux blancs, âgé de soixante-dix ans, avait une confiance tellement aveugle en Hulot, qui, pour ce bonapartiste, était une émanation du soleil napoléonien, qu'il se promenait tranquillement avec le garçon de la Banque dans l'antichambre du petit rez-de-chaussée de huit cents francs de loyer, où il dirigeait ses diverses entreprises de grains et de fourrages.

— Marguerite est allée prendre les fonds à deux pas d'ici, lui disait-il.

L'homme vêtu de gris et galonné d'argent connaissait si bien la probité du vieil Alsacien, qu'il voulait lui laisser ses trente mille francs de billets; mais le vieillard le forçait de rester en lui objectant que huit heures n'étaient pas sonnées. Un cabriolet arrêta, le vieillard s'élança dans la rue et tendit la main avec une sublime certitude au baron qui lui donna trente billets de banque.

— Allez à trois portes plus loin, je vous dirai pourquoi, dit le vieux Fischer. — Voici, jeune homme, dit le vieillard en revenant compter le papier au représentant de la Banque, qu'il escorta jusqu'à la porte.

Quand l'homme de la Banque fut hors de vue, Fischer fit retourner le cabriolet où attendait son auguste neveu, le bras droit de Napoléon, et lui dit en le ramenant chez lui : — Voulez-vous que l'on sache à la Banque de France que vous m'avez versé les trente mille francs dont vous êtes endosseur ?... C'est déjà beaucoup trop d'y avoir mis la signature d'un homme comme vous !...

— Allons au fond de votre jardinet, père Fischer, dit le haut fonctionnaire. Vous êtes solide, reprit-il en s'asseyant sous un berceau de vigne et toisant le vieillard comme un marchand de chair humaine toise un remplaçant.

— Solide à placer en viager, répondit gaiement le petit vieillard sec, maigre, nerveux et l'œil vif.

— La chaleur vous fait-elle mal ?...

— Au contraire.

— Que dites-vous de l'Afrique ?

— Un joli pays !... Les Français y sont allés avec le petit caporal.

— Il s'agit, pour nous sauver tous, dit le baron, d'aller en Algérie...

— Et mes affaires ?...

— Un employé de la guerre, qui prend sa retraite et qui n'a pas de quoi vivre, vous achète votre maison de commerce.

— Que faire en Algérie ?

— Fournir les vivres de la guerre, grains et fourrages, j'ai votre commission signée. Vous trouverez vos fournitures dans le pays à soixante-dix pour cent au-dessous des prix auxquels nous vous en tiendrons compte.

— Qui me les livrera ?...

— Les razzias, l'achour, les khalifas. Il y a dans l'Algérie (pays encore peu connu, quoique nous y soyons depuis huit ans) énormément de grains et de fourrages. Or, quand ces denrées appartiennent aux Arabes, nous les leur prenons sous une foule de prétextes; puis, quand elles sont à nous, les Arabes s'efforcent de les reprendre. On combat beaucoup pour le grain; mais on ne sait jamais au juste les quantités qu'on a volées de part et d'autre. On n'a pas le temps, en rase campagne, de compter les blés par hectolitre comme à la Halle et les foins comme à la rue d'Enfer. Les chefs arabes, aussi bien que nos spahis, préférant l'argent, vendent alors ces denrées à de très-bas prix. L'administration de la guerre, elle, a des besoins fixes; elle passe des marchés à des prix exorbitants, calculés sur la difficulté de se procurer des vivres, sur les dangers que courent les transports. Voilà l'Algérie au point de vue vivrier. C'est un gâchis tempéré par la bouteille à l'encre de toute administration naissante. Nous ne pouvons pas y voir clair avant une dizaine d'années, nous autres administrateurs, mais les particuliers ont de bons yeux. Donc, je vous envoie y faire votre fortune; je vous y mets, comme Napoléon mettait un maréchal pauvre à la tête d'un royaume où l'on pouvait protéger secrètement la contrebande. Je suis ruiné, mon cher Fischer. Il me faut cent mille francs dans un an d'ici...

— Je ne vois pas de mal à les prendre aux Bédouins, répliqua tranquillement l'Alsacien. Cela se faisait ainsi sous l'Empire...

— L'acquéreur de votre établissement viendra vous voir ce matin et vous comptera dix mille francs, reprit le baron Hulot. N'est-ce pas tout ce qu'il vous faut pour aller en Afrique?

Le vieillard fit un signe d'assentiment.

— Quant aux fonds, là-bas, soyez tranquille, reprit le baron. Je toucherai le reste du prix de votre établissement d'ici, j'en ai besoin.

— Tout est à vous, même mon sang, dit le vieillard.

— Oh! ne craignez rien, reprit le baron en croyant à son oncle plus de perspicacité qu'il n'en avait; quant à nos affaires d'achour, votre probité n'en souffrira pas, tout dépend de l'autorité; or, c'est moi qui ai placé là-bas l'autorité, je suis sûr d'elle. Ceci, papa Fischer, est un secret de vie et de mort; je vous connais, je vous ai parlé sans détours ni circonlocutions.

— On ira, dit le vieillard. Et cela durera?...

— Deux ans! Vous aurez cent mille francs à vous pour vivre heureux dans les Vosges.

— Il sera fait comme vous voulez, mon honneur est le vôtre, dit tranquillement le petit vieillard.

— Voilà comment j'aime les hommes. Cependant, vous ne partirez pas sans avoir vu votre petite nièce heureuse et mariée, elle sera comtesse.

L'achour, la razzia des razzias et le prix donné par l'employé pour la maison Fischer ne pouvaient pas fournir immédiatement soixante mille francs pour la dot d'Hortense, y compris le trousseau, qui coûterait environ cinq mille francs, et les quarante mille francs dépensés ou à dépenser pour madame Marneffe. Enfin, où le baron avait-il pris les trente mille francs qu'il venait d'apporter ? Voici comment. Quelques jours auparavant, Hulot était allé se faire assurer pour une somme de cent cinquante mille francs et pour trois ans par deux compagnies d'assurances sur la vie. Muni de la police d'assurance dont la prime était payée, il avait tenu ce langage à monsieur le baron de Nucingen, pair de France, dans la voiture duquel il se trouvait, au sortir d'une séance de la Chambre des Pairs, en retournant dîner avec lui.

— Baron, j'ai besoin de soixante-dix mille francs, et je vous les demande. Vous prendrez un prête-nom à qui je déléguerai pour trois ans la quotité engageable de mes appointements, elle monte à vingt-cinq mille francs par an, c'est soixante-quinze mille francs. Vous me direz : — Vous pouvez mourir.

Le baron fit un signe d'assentiment.

— Voici une police d'assurance de cent cinquante mille francs qui vous sera transférée jusqu'à concurrence de quatre-vingt mille francs, répondit le baron en tirant un papier de sa poche.

— *Et si fus édes tesdidué ?...* dit le baron millionnaire en riant.

L'autre baron, anti-millionnaire, devint soucieux.

— *Rassirez fus, che né fus ai vait l'opjection que bir fus vaire abercevoir que chai quelque méride à fus tonner la somme. Fus édes tonc pien chéné, gar la Panque à fôdre zignadire.*

— Je marie ma fille, dit le baron Hulot, et je suis sans fortune, comme tous ceux qui continuent à faire de l'administration, par une ingrate époque où jamais cinq cents bourgeois assis sur des banquettes ne sauront récompenser largement les gens dévoués comme le faisait l'Empereur.

— *Allons, fus affez ci Chosépha!* reprit le pair de France, *ce qui egsblique dut! Endre nus, la tuc t'Hérufille fus a renti ein vier zerfice en fus ôdant cedde zangsie-là te tessis fodre pirse.*

Chai gonni ce malhir, et chi zai gombadir.

ajouta-t-il en croyant réciter un vers français. *Egoudez ein gonzèle t'ami : Vermez fôdre pudique, u fis serez tégomé...*

Cette véreuse affaire se fit par l'entremise d'un petit usurier nommé Vauvinet, un de ces *faiseurs* qui se tiennent en avant des grosses maisons de banque, comme ce petit poisson qui semble être le valet du requin. Cet apprenti loup-cervier promit à monsieur le baron Hulot, tant il était jaloux de se concilier la protection de ce grand personnage, de lui négocier trente mille francs de lettres de change, à quatre-vingt-dix jours, en s'engageant à les renouveler quatre fois et à ne pas les mettre en circulation.

Le successeur de Fischer devait donner quarante mille francs pour obtenir cette maison, mais avec la promesse de la fourniture des fourrages dans un département voisin de Paris.

Tel était le dédale effroyable où les passions engageaient un des hommes les plus probes jusqu'alors, un des plus habiles travailleurs de l'administration napoléonienne : la concussion pour solder l'usure, l'usure pour fournir à ses passions et pour marier sa fille. Cette science de prodigalité, tous ces efforts étaient dépensés pour paraître grand à madame Marneffe, pour être le Jupiter de cette Danaé bourgeoise. On ne déploie pas plus d'activité, plus d'intelligence, plus d'audace pour faire honnêtement sa fortune que le baron en déployait pour se plonger la tête la première dans un guêpier : il suffisait aux affaires de sa division, il pressait les tapissiers, il voyait les ouvriers, il vérifiait minutieusement les plus petits détails du ménage de la rue Vanneau. Tout entier à madame Marneffe, il allait encore aux séances des Chambres, il se multipliait, et sa famille ni personne ne s'apercevait de ses préoccupations.

Adeline, stupéfaite de savoir son oncle sauvé, de voir une dot figurée au contrat, éprouvait une sorte d'inquiétude au milieu du bonheur que lui causait le mariage d'Hortense accompli dans des conditions si honorables; mais la veille du mariage de sa fille, combiné par le baron pour coïncider avec le jour où madame Marneffe prenait possession de son appartement rue Vanneau, Hector fit cesser l'étonnement de sa femme par cette communication ministérielle.

— Adeline, voici notre fille mariée, ainsi toutes nos angoisses à ce sujet sont terminées. Le moment est venu pour nous de nous retirer du monde; car, maintenant, à peine resterai-je trois années en place, j'achèverai le temps voulu pour prendre ma retraite. Pourquoi continuerions-nous des dépenses désormais inutiles : notre appartement nous coûte six mille francs de loyer, nous avons quatre domestiques, nous mangeons trente mille francs par an. Si tu veux que je remplisse mes engagements, car j'ai délégué mes appointements pour trois années en échange des sommes nécessaires à l'établissement d'Hortense et à l'échéance de ton oncle...

— Ah! tu as bien fait, mon ami, dit-elle en interrompant son mari et lui baisant les mains.

Cet aveu mettait fin aux craintes d'Adeline.

— J'ai quelques petits sacrifices à te demander, reprit-il en dégageant ses mains et déposant un baiser au front de sa femme. On m'a trouvé, rue Plumet, au premier étage, un fort bel appartement, digne, orné de magnifiques boiseries, qui ne coûte que quinze cents francs, où tu n'auras besoin que d'une femme de chambre pour toi, et où je me contenterai, moi, d'un petit domestique.

— Oui, mon ami.

— En tenant notre maison avec simplicité, tout en conservant les apparences, tu ne dépenseras guère que six mille francs par an, ma dépense parculière exceptée dont je me charge...

La généreuse femme sauta tout heureuse au cou de son mari.

— Quel bonheur! de pouvoir te montrer de nouveau combien je t'aime! s'écria-t-elle, et quel homme de ressources tu es!...

— Nous recevrons une fois notre famille par semaine, et je dîne, comme tu sais, rarement chez moi... Tu peux, sans te compromettre, aller dîner deux fois par semaine chez Victorin, et deux fois chez Hortense; or, comme je crois pouvoir opérer un complet raccommodement entre Crevel et nous, nous dînerons une fois par semaine chez lui, ces cinq dîners et le nôtre rempliront la semaine en supposant quelques invitations en dehors de la famille.

— Je te ferai des économies, dit Adeline.

— Ah! s'écria-t-il, tu es la perle des femmes.

— Mon bon et divin Hector! je te bénirai jusqu'à mon dernier soupir, répondit-elle, car tu as bien marié notre chère Hortense.

Ce fut ainsi que commença l'amoindrissement de la maison de la belle madame Hulot, et, disons-le, son abandon solennellement promis à madame Marneffe.

Le gros petit père Crevel, invité naturellement à la signature du contrat de mariage, s'y comporta comme si la scène par laquelle ce récit commence n'avait pas eu lieu, comme s'il n'avait aucun grief contre le baron Hulot. Célestin Crevel fut aimable, il fut toujours un peu trop ancien parfumeur; mais il commençait à s'élever au majestueux à force d'être chef de bataillon. Il parla de danser à la noce.

— Belle dame, dit-il gracieusement à la baronne Hulot, des gens comme nous savent tout oublier; ne me bannissez pas de votre intérieur, et daignez embellir quelquefois ma maison en y venant avec vos enfants. Soyez calme, je ne vous dirai jamais rien de ce qui gît au fond de mon cœur. Je m'y suis pris comme un imbécile, car je perdais trop à ne plus vous voir...

— Monsieur, une honnête femme n'a pas d'oreilles pour les discours auxquels vous faites allusion; et si vous tenez votre parole, vous ne devez pas douter du plaisir que j'aurai à voir cesser une division toujours affligeante dans les familles...

— Hé bien! gros boudeur, dit le baron Hulot en emmenant de force Crevel dans le jardin, tu m'évites partout, même dans ma maison. Est-ce que deux vieux amateurs du beau sexe doivent se brouiller pour un jupon? Allons, vraiment, c'est épicier.

— Monsieur, je ne suis pas aussi bel homme que vous, et mon peu de moyens de séduction m'empêche de réparer mes pertes aussi facilement que vous le faites...

— De l'ironie! répondit le baron.

— Elle est permise contre les vainqueurs quand on est vaincu.

Commencée sur ce ton, la conversation se termina par une réconciliation complète; mais Crevel tint à bien constater son droit de prendre une revanche.

Madame Marneffe voulut être invitée au mariage de mademoiselle Hulot. Pour voir sa future maîtresse dans son salon, le Conseiller d'État fut obligé de prier les employés de sa Division jusqu'aux sous-chefs inclusivement. Un grand bal devint alors nécessaire. En bonne ménagère, la baronne calcula qu'une soirée coûterait moins cher qu'un dîner, et permettrait de recevoir plus de monde. Le mariage d'Hortense fit donc grand tapage.

Le maréchal prince de Wissembourg et le baron de Nucingen du côté de la future, les comtes de Rastignac et Popinot du côté de Steinbock, furent les témoins. Enfin, depuis la célébrité du comte de Steinbock, les plus illustres membres de l'émigration polonaise l'ayant recherché, l'artiste crut devoir les inviter. Le Conseil-d'État, l'Administration dont faisait partie le baron, l'Armée qui voulait honorer le comte de Forzheim, allaient être représentés par leurs sommités. On compta sur deux cents invitations obligées. Qui ne comprendra pas dès lors l'intérêt de la petite madame Marneffe à paraître dans toute sa gloire au milieu d'une pareille assemblée ?

Depuis un mois, la baronne consacrait le prix de ses diamants au ménage de sa fille, après en avoir gardé les plus beaux pour le trousseau. Cette vente produisit quinze mille francs, dont cinq mille furent absorbés par le trousseau d'Hortense. Qu'était-ce que dix mille francs pour meubler l'appartement des jeunes mariés, si l'on songe aux exigences du luxe moderne ? Mais monsieur et madame Hulot jeune, le père Crevel et le comte de Forzheim firent d'importants cadeaux, car le vieil oncle tenait en réserve une somme pour l'argenterie. Grâce à tant de secours, une Parisienne exigeante eût été satisfaite de l'installation du jeune ménage dans l'appartement qu'il avait choisi, rue Saint-Dominique, près de l'Esplanade des Invalides. Tout y était en harmonie avec leur amour si pur, si franc, si sincère de part et d'autre.

Enfin le grand jour arriva, car ce devait être un aussi grand jour pour le père que pour Hortense et Wenceslas : madame Marneffe avait décidé de pendre la crémaillère chez elle le lendemain de sa faute et du mariage des deux amoureux.

Qui n'a pas, une fois en sa vie, assisté à un bal de noces ? Chacun peut faire un appel à ses souvenirs, et sourira, certes, en évoquant devant soi toutes ces personnes endimanchées, aussi bien par la physionomie que par la toilette de rigueur. Si jamais fait social a prouvé l'influence des milieux, n'est-ce pas celui-là ? En effet, l'*endimanchement* des uns réagit si bien sur les autres, que les gens les plus habitués à porter des habits convenables ont l'air d'appartenir à la catégorie de ceux pour qui la noce est une fête comptée dans leur vie. Enfin, rappelez-vous ces gens graves, ces vieillards, à qui tout est tellement indifférent qu'ils ont gardé leurs habits noirs de tous les jours ; et les vieux mariés dont la figure annonce la triste expérience de la vie que les jeunes commencent, et les plaisirs qui sont là comme le gaz acide carbonique dans le vin de Champagne, et les jeunes filles envieuses, les femmes occupées du succès de leur toilette, et les parents pauvres dont la mise étriquée contraste avec les gens *in fiocchi*, et les gourmands qui ne pensent qu'au souper, et les joueurs à jouer. Tout est là, riches et pauvres, envieux et enviés, les philosophes et les gens à illusions, tous groupés comme les plantes d'une corbeille autour d'une fleur rare, la mariée. Un bal de noces, c'est le monde en raccourci.

Au moment le plus animé, Crevel prit le baron par le bras et lui dit à l'oreille de l'air le plus naturel du monde : — Tudieu! quelle jolie femme que cette petite dame en rose qui te fusille de ses regards...

— Qui?

— La femme de ce sous-chef que tu pousses, Dieu sait comme! madame Marneffe.

— Comment sais-tu cela?

— Tiens, Hulot, je tâcherai de te pardonner tes torts envers moi si tu veux me présenter chez elle, et moi je te recevrai chez Héloïse. Tout le monde demande qui est cette charmante créature? Es-tu sûr que personne de tes bureaux n'expliquera de quelle façon la nomination de son mari a été signée?... Oh! heureux coquin, elle vaut mieux qu'un bureau... Ah! je passerais bien à son bureau... Voyons, soyons amis, Cinna?...

— Plus que jamais, dit le baron au parfumeur, et je te promets d'être bon enfant. Dans un mois je te ferai dîner avec ce petit ange-là... Car nous en sommes aux anges, mon vieux camarade. Je te conseille de faire comme moi, de quitter les démons...

La cousine Bette, installée rue Vanneau, dans un joli petit appartement, au troisième étage, quitta le bal à dix heures, pour revenir voir les titres des douze cents francs de rente en deux inscriptions; la nue propriété de l'une appartenait à la comtesse Steinbock, et celle de l'autre à madame Hulot jeune. On comprend alors comment monsieur Crevel avait pu parler à son ami Hulot de madame Marneffe et connaître un secret ignoré de tout le monde; car, monsieur Marneffe absent, la cousine Bette, le baron et Valérie étaient les seuls à savoir ce mystère.

Le baron avait commis l'imprudence de faire présent à madame Marneffe d'une toilette beaucoup trop luxueuse pour la femme d'un sous-chef; les autres femmes furent jalouses et de la toilette et de la beauté de Valérie. Il y eut des chuchotements sous les éventails, car la détresse des Marneffe avait occupé la Division; l'employé sollicitait des secours au moment où le baron s'était amouraché de madame. D'ailleurs, Hector ne sut pas cacher son ivresse en voyant le succès de Valérie qui, décente, pleine de distinction, enviée, fut soumise à cet examen attentif que redoutent tant les femmes en entrant pour la première fois dans un monde nouveau.

Après avoir mis sa femme, sa fille et son gendre en voiture, le baron trouva moyen de s'évader sans être aperçu, laissant à son fils et à sa belle-fille le soin de jouer le rôle des maîtres de la maison. Il monta dans la voiture de madame Marneffe et la reconduisit chez elle; mais il la trouva muette et songeuse, presque mélancolique.

— Mon bonheur vous rend bien triste, Valérie, dit-il en l'attirant à lui au fond de la voiture.

— Comment, mon ami, ne voulez-vous pas qu'une pauvre femme ne soit pas toujours pensive en commettant sa première faute, même quand l'infamie de son mari lui rend la liberté?... Croyez-vous que je sois sans âme? sans croyance, sans religion? Vous avez eu ce soir la joie la plus indiscrète, et vous m'avez odieusement affichée. Vraiment, un collégien aurait été moins fat que vous. Aussi toutes ces dames m'ont-elles déchirée à grand renfort d'œillades et de mots piquants! Quelle est la femme qui ne tient pas à sa réputation? Vous m'avez perdue. Ah! je suis bien à vous, allez! et je n'ai plus pour excuser cette faute d'autre ressource que de vous être fidèle. Monstre! dit-elle en riant et se laissant embrasser, vous saviez bien ce que vous faisiez. Madame Coquet, la femme de notre chef de bureau, est venue s'asseoir près de moi pour admirer mes dentelles. « — C'est de l'Angleterre, a-t-elle dit. Cela vous coûte-t-il cher, madame? — Je n'en sais rien, lui ai-je répliqué. Ces dentelles me viennent de ma mère, je ne suis pas assez riche pour en acheter de pareilles! »

Madame Marneffe avait fini, comme on voit, par tellement fasciner le vieux Beau de l'Empire, qu'il croyait lui faire commettre sa première faute, et lui avoir inspiré assez de passion pour lui faire oublier tous ses devoirs. Elle se disait abandonnée par l'infâme Marneffe, après trois jours de mariage, et par d'épouvantables motifs. Depuis, elle était restée la plus sage jeune fille, et très-heureuse, car le mariage lui paraissait une horrible chose. De là venait sa tristesse actuelle.

— S'il en était de l'amour comme du mariage?... dit-elle en pleurant.

Ces coquets mensonges, que débitent presque toutes les femmes dans la situation où se trouvait Valérie, faisaient entrevoir au baron les roses du septième ciel. Aussi, Valérie fit-elle des façons, tandis que l'amoureux artiste et Hortense attendaient peut-être impatiemment que la baronne eût donné sa dernière bénédiction et son dernier baiser à la jeune fille.

A sept heures du matin, le baron, au comble du bonheur, car il avait trouvé la jeune fille la plus innocente et le diable le plus consommé dans sa Valérie, revint relever monsieur et madame Hulot jeune de leur corvée. Ces danseurs et ces danseuses, presque étrangers à la maison, et qui finissent par s'emparer du terrain à toutes les noces, se livraient à ces interminables dernières contredanses nommées des cotillons, les joueurs de bouillote étaient acharnés à leurs tables, le père Crevel gagnait six mille francs.

Les journaux, distribués par les porteurs, contenaient aux Faits-Paris ce petit article :

« La célébration du mariage de monsieur le comte de Steinbock
» et de mademoiselle Hortense Hulot, fille du baron Hulot d'Ervy,
» Conseiller-d'État et directeur au Ministère de la guerre, nièce de
» l'illustre comte de Forzheim, a eu lieu ce matin à Saint-Thomas-
» d'Aquin. Cette solennité avait attiré beaucoup de monde. On re-
» marquait dans l'assistance quelques-unes de nos célébrités artisti-
» ques : Léon de Lora, Joseph Bridau, Stidmann, Bixiou, les
» notabilités de l'administration de la Guerre, du Conseil-d'État,
» et plusieurs membres des deux Chambres ; enfin les sommités de
» l'émigration polonaise, les comtes Paz, Laginski, etc.

» Monsieur le comte Wenceslas de Steinbock est le petit-neveu
» du célèbre général de Charles XII, roi de Suède. Le jeune comte
» ayant pris part à l'insurrection polonaise, est venu chercher un
» asile en France, où la juste célébrité de son talent lui a valu des
» lettres de petite naturalité. »

Ainsi, malgré la détresse effroyable du baron Hulot d'Ervy, rien de ce qu'exige l'opinion publique ne manqua, pas même la célébrité donnée par les journaux au mariage de sa fille, dont la célébration fut en tout point semblable à celui de Hulot fils avec mademoiselle Crevel. Cette fête atténua les propos qui se tenaient sur la situation financière du directeur, de même que la dot donnée à sa fille expliqua la nécessité où il s'était trouvé de recourir au crédit.

Ici se termine en quelque sorte l'introduction de cette histoire. Ce récit est au drame qui le complète, ce que sont les prémisses à une proposition, ce qu'est toute exposition à toute tragédie classique.

Quand, à Paris, une femme a résolu de faire métier et marchandise de sa beauté, ce n'est pas une raison pour qu'elle fasse fortune. On y rencontre d'admirables créatures, très-spirituelles, dans une affreuse médiocrité, finissant très-mal une vie commencée par les plaisirs. Voici pourquoi : Se destiner à la carrière honteuse des courtisanes, avec l'intention d'en palper les avantages, tout en gardant la robe d'une honnête bourgeoise mariée, ne suffit pas. Le Vice n'obtient pas facilement ses triomphes; il a cette similitude avec le Génie, qu'ils exigent tous deux un concours de circonstances heureuses pour opérer le cumul de la fortune et du talent. Supprimez les phases étranges de la Révolution, l'Empereur n'existe plus, il n'aurait plus été qu'une seconde édition de Fabert. La beauté vénale sans amateurs, sans célébrité, sans la croix de déshonneur que lui valent des fortunes dissipées, c'est un Corrége dans un grenier, c'est le Génie expirant dans sa mansarde. Une Laïs à Paris doit donc, avant tout, trouver un homme riche qui se passionne assez pour lui donner son prix. Elle doit surtout conserver une grande élégance qui, pour elle, est une enseigne, avoir d'assez bonnes manières pour flatter l'amour-propre des hommes, posséder cet esprit à la Sophie Arnould, qui réveille l'apathie des riches; enfin elle doit se faire désirer par les libertins en paraissant être fidèle à un seul, dont le bonheur est alors envié.

Ces conditions, que ces sortes de femmes appellent *la chance*, se réalisent assez difficilement à Paris, quoique ce soit une ville pleine de millionnaires, de désœuvrés, de gens blasés et à fantaisies. La Providence a sans doute protégé fortement en ceci les ménages d'employés et la petite bourgeoisie, pour qui ces obstacles sont au moins doublés par le milieu dans lequel ils accomplissent leurs évolutions. Néanmoins, il se trouve encore assez de madame Marneffe à Paris, pour que Valérie doive figurer comme un type dans cette histoire des mœurs. De ces femmes, les unes obéissent à la fois à des passions vraies et à la nécessité, comme madame Colleville qui fut pendant si long-temps attachée à l'un des plus célèbres orateurs du côté gauche, le banquier Keller; les autres sont poussées par la vanité, comme madame de la Baudraye, restée à peu près honnête malgré sa fuite avec Lousteau; celles-ci sont entraînées par les exigences de la toilette, et celles-là par l'impossibilité de faire vivre un ménage avec des appointements évidemment trop faibles. La parcimonie de l'État ou des chambres, si vous voulez, cause bien des malheurs, engendre bien des corruptions. On s'apitoie en ce moment beaucoup sur le sort des classes ouvrières, on les présente comme égorgées par les fabricants; mais l'État est plus dur cent fois que l'industriel le plus avide; il pousse, en fait de traitements, l'économie jusqu'au non-sens. Travaillez beaucoup, l'Industrie vous paye en raison de votre travail; mais que donne l'État à tant d'obscurs et dévoués travailleurs?

Dévier du sentier de l'honneur, est pour la femme mariée un crime inexcusable; mais il est des degrés dans cette situation. Quelques femmes, loin d'être dépravées, cachent leurs fautes et demeurent d'honnêtes femmes en apparence, comme les deux dont les aventures viennent d'être rappelées; tandis que certaines d'entre elles joignent à leurs fautes les ignominies de la spéculation. Madame Marneffe est donc en quelque sorte le type de ces ambitieuses courtisanes mariées qui, de prime abord, acceptent la dépravation dans toutes ses conséquences, et qui sont décidées à faire fortune en s'amusant, sans scrupule sur les moyens; mais elles ont presque toujours, comme madame Marneffe, leurs maris pour embaucheurs et pour complices. Ces Machiavels en jupon sont les femmes les plus dangereuses; et, de toutes les mauvaises espèces de Parisiennes, c'est la pire. Une vraie courtisane, comme les Joséplia, les Schontz, les Malaga, les Jenny Cadine, etc., porte dans la franchise de sa situation un avertissement aussi lumineux que la lanterne rouge de la Prostitution, ou que les quinquets du Trente-et-Quarante. Un homme sait alors qu'il s'en va là de sa ruine. Mais la doucereuse honnêteté, mais les semblants de vertu, mais les façons hypocrites d'une femme mariée qui ne laisse jamais voir que les besoins vulgaires d'un ménage, et qui se refuse en apparence aux folies, entraîne à des ruines sans éclat, et qui sont d'autant plus singulières qu'on les excuse en ne se les expliquant point. C'est l'ignoble livre de dépense et non la joyeuse fantaisie qui dévore des fortunes. Un père de famille se ruine sans gloire, et la grande consolation de la vanité satisfaite lui manque dans la misère.

Cette tirade ira comme une flèche au cœur de bien des familles. On voit des madame Marneffe à tous les étages de l'État social, et même au milieu des cours; car Valérie est une triste réalité, moulée sur le vif dans ses plus légers détails. Malheureusement, ce portrait ne corrigera personne de la manie d'aimer des anges au doux sourire, à l'air rêveur, à figures candides, dont le cœur est un coffre-fort.

Environ trois ans après le mariage d'Hortense, en 1841, le baron Hulot d'Ervy passait pour s'être rangé, pour avoir dételé, selon l'expression du premier chirurgien de Louis XV, et madame Marneffe lui coûtait cependant deux fois plus que ne lui avait coûté Joséphe. Mais Valérie, quoique toujours bien mise, affectait la simplicité d'une femme mariée à un sous-chef; elle gardait son luxe pour ses robes de chambre, pour sa tenue à la maison. Elle faisait ainsi le sacrifice de ses vanités de Parisienne à son Hector chéri. Néanmoins, quand elle allait au spectacle, elle s'y montrait toujours avec un joli chapeau, dans une toilette de la dernière élégance; le baron l'y conduisait en voiture, dans une loge choisie.

L'appartement, qui occupait rue Vanneau tout le second étage d'un hôtel moderne sis entre cour et jardin, respirait l'honnêteté. Le luxe consistait en perses tendues, en beaux meubles bien commodes. La chambre à coucher, par exception, offrait les profusions étalées par les Jenny Cadine et les Schontz. C'était des rideaux en dentelle, des cachemires, des portières en brocart, une garniture de cheminée dont les modèles avaient été faits par Stidmann, un petit Dunkerque encombré de merveilles. Hulot n'avait pas voulu voir sa Valérie dans un nid inférieur en magnificence au bourbier d'or et de perles d'une Joséphe. Les deux pièces principales, le salon et la salle à manger, avaient été meublées, l'une en damas rouge, et l'autre en bois de chêne sculpté. Mais, entraîné par le désir de mettre tout en harmonie, au bout de six mois, le baron avait ajouté le luxe solide au luxe éphémère, en offrant de grandes valeurs mobilières, comme par exemple une argenterie dont la facture dépassait vingt-quatre mille francs.

La maison de madame Marneffe acquit en deux ans la réputation d'être très-agréable. On y jouait. Valérie, elle-même, fut promptement signalée comme une femme aimable et spirituelle. On répandit le bruit, pour justifier son changement de situation, d'un immense legs que son *père naturel*, le maréchal Montcornet, lui avait transmis par un fidéicommis. Dans une pensée d'avenir, Valérie avait ajouté l'hypocrisie religieuse à son hypocrisie sociale. Exacte aux offices le dimanche, elle eut tous les honneurs de la piété. Elle quêta, devint dame de charité, rendit le pain bénit, et fit quelque bien dans le quartier, le tout aux dépens d'Hector. Tout chez elle se passait donc convenablement. Aussi, beaucoup de gens affirmaient-ils la pureté de ses relations avec le baron, en objectant l'âge du Conseiller d'État, à qui l'on prêtait un goût platonique pour la gentillesse d'esprit, le charme des manières, la conversation de madame Marneffe, à peu près pareil à celui de feu Louis XVIII pour les billets bien tournés.

Le baron se retirait vers minuit avec tout le monde, et rentrait un quart d'heure après. Le secret de ce secret profond, le voici :

Les portiers de la maison étaient monsieur et madame Olivier, qui, par la protection du baron, ami du propriétaire en quête d'un concierge, avaient passé de leur loge obscure et peu lucrative de la rue du Doyenné dans la productive et magnifique loge de la rue Vanneau. Or, madame Olivier, ancienne lingère de la maison de Charles X, et tombée *de cette position* avec la monarchie légitime, avait trois enfants. L'aîné, déjà petit-clerc de notaire, était l'objet de l'adoration des époux Olivier. Ce Benjamin, menacé d'être soldat pendant six ans, allait voir sa brillante carrière interrompue, lorsque madame Marneffe le fit exempter du service militaire pour un de ces vices de conformation que les conseils de révision savent découvrir quand ils en sont priés à l'oreille par quelque puissance ministérielle. Olivier, ancien piqueur de Charles X, et son épouse, auraient donc remis Jésus en croix pour le baron Hulot, et pour madame Marneffe.

Que pouvait dire le monde à qui l'antécédent du Brésilien, monsieur Montès de Montejanos, était inconnu ? Rien. Le monde est d'ailleurs plein d'indulgence pour la maîtresse d'un salon où l'on s'amuse. Madame Marneffe ajoutait enfin, à tous ses agréments, l'avantage bien prisé d'être une puissance occulte. Ainsi Claude Vignon, devenu secrétaire du maréchal prince de Wissembourg, et qui rêvait d'appartenir au Conseil d'État en qualité de maître des requêtes, était un habitué de ce salon, où vinrent quelques députés bons enfants et joueurs. La société de madame Marneffe s'était composée avec une sage lenteur; les agrégations ne s'y formaient qu'entre gens d'opinions et de mœurs conformes, intéressés à se soutenir, à proclamer les mérites infinis de la maîtresse de la maison. Le compérage, retenez cet axiome, est la vraie Sainte-Alliance à Paris. Les intérêts finissent toujours par se diviser, les gens vicieux s'entendent toujours.

Dès le troisième mois de son installation rue Vanneau, madame Marneffe avait reçu monsieur Crevel, devenu tout aussitôt maire de son Arrondissement et officier de la Légion-d'Honneur. Crevel hésita longtemps : il s'agissait de quitter ce célèbre uniforme de garde national dans lequel il se pavanait aux Tuileries, en se croyant aussi militaire que l'Empereur ; mais l'ambition, conseillée par madame Marneffe, fut plus forte que la vanité. Monsieur le maire avait jugé ses liaisons avec mademoiselle Héloïse Brisetout comme tout à fait incompatibles avec son attitude politique. Longtemps avant son avènement au trône bourgeois de la mairie, ses galanteries furent enveloppées d'un profond mystère. Mais Crevel, comme on le devine, avait payé le droit de prendre, aussi souvent qu'il le pourrait, sa revanche de l'enlèvement de Joséphа, par une inscription de six mille francs de rente, au nom de Valérie Fortin, épouse séparée de biens du sieur Marneffe. Valérie, douée peut-être par sa mère du génie particulier à la femme entretenue, devina d'un seul coup d'œil le caractère de cet adorateur grotesque. Ce mot : « Je n'ai jamais eu de femme du monde ! » dit par Crevel à Lisbeth, et rapporté par Lisbeth à sa chère Valérie, avait été largement escompté dans la transaction à laquelle elle dut ses six mille francs de rente en cinq pour cent. Depuis, elle n'avait jamais laissé diminuer son prestige aux yeux de l'ancien commis-voyageur de César Birotteau.

Crevel avait fait un mariage d'argent en épousant la fille d'un meunier de la Brie, fille unique d'ailleurs et dont les héritages entraient pour les trois quarts dans sa fortune, car les détaillants s'enrichissent, la plupart du temps, moins par les affaires que par l'alliance de la Boutique et de l'Économie rurale. Un grand nombre des fermiers, des meuniers, des nourrisseurs, des cultivateurs aux environs de Paris rêvent pour leurs filles les gloires du comptoir, et voient dans un détaillant, dans un bijoutier, dans un changeur, un gendre beaucoup plus selon leur cœur qu'un notaire ou qu'un avoué dont l'élévation sociale les inquiète ; ils ont peur d'être méprisés plus tard par ces sommités de la Bourgeoisie. Madame Crevel, femme assez laide, très-vulgaire et sotte, morte à temps, n'avait pas donné d'autres plaisirs à son mari que ceux de la paternité. Or, au début de sa carrière commerciale, ce libertin, enchaîné par les devoirs de son état et contenu par l'indigence, avait joué le rôle de Tantale. En rapport, selon son expression, avec les femmes les plus comme il faut de Paris, il les reconduisait avec des salutations de boutiquier en admirant leur grâce, leur façon de porter les modes, et tous les effets innommés de ce qu'on appelle *la race*. S'élever jusqu'à l'une de ces fées de salon, était un désir conçu depuis sa jeunesse et comprimé dans son cœur. *Obtenir les faveurs* de madame Marneffe fut donc non-seulement pour lui l'animation de sa chimère, mais encore une affaire d'orgueil, de vanité, d'amour-propre, comme on l'a vu. Son ambition s'accrut par le succès. Il éprouva d'énormes jouissances de tête, et, lorsque la tête est prise, le cœur s'en ressent, le bonheur décuple. Madame Marneffe présenta d'ailleurs à Crevel des recherches qu'il ne soupçonnait pas, car ni Joséplia ni Héloïse ne l'avaient aimé; tandis que madame Marneffe jugea nécessaire de bien tromper cet homme en qui elle voyait une caisse éternelle. Les tromperies de l'amour vénal sont plus charmantes que la réalité. L'amour vrai comporte des querelles de moineaux où l'on se blesse au vif; mais la querelle pour rire est, au contraire, une caresse faite à l'amour-propre de la dupe. Ainsi, la rareté des entrevues maintenait chez Crevel le désir à l'état de passion. Il s'y heurtait toujours contre la dureté vertueuse de Valérie qui jouait le remords, qui parlait de ce que son père devait penser d'elle dans le paradis des braves. Il avait à vaincre une espèce de froideur de laquelle la fine commère lui faisait croire qu'il triomphait, elle paraissait céder à la passion folle de ce bourgeois; mais elle reprenait, comme honteuse, son orgueil de femme décente et ses airs de vertu, ni plus ni moins qu'une Anglaise, et aplatissait toujours son Crevel sous le poids de sa dignité, car Crevel l'avait de prime abord avalée vertueuse. Enfin, Valérie possédait des spécialités de tendresse qui la rendaient indispensable à Crevel aussi bien qu'au baron. En présence du monde, elle offrait la réunion enchanteresse de la candeur pudique et rêveuse, de la décence irréprochable, et de l'esprit rehaussé par la gentillesse, par la grâce, par les manières de la créole; mais, dans le tête-à-tête, elle dépassait les courtisanes, elle y était drôle, amusante, fertile en inventions nouvelles. Ce contraste plaît énormément à l'individu du genre Crevel; il est flatté d'être l'unique auteur de cette comédie, il la croit jouée à son seul profit, et il rit de cette délicieuse hypocrisie, en admirant la comédienne.

Valérie s'était admirablement approprié le baron Hulot, elle l'avait obligé à vieillir par une de ces flatteries fines qui peuvent servir à peindre l'esprit diabolique de ces sortes de femmes. Chez les organisations privilégiées, il arrive un moment où, comme une place assiégée qui fait long-temps bonne contenance, la situation vraie se déclare. En prévoyant la dissolution prochaine du Beau de l'Empire, Valérie jugea nécessaire de la hâter. — « Pourquoi te gênes-tu, mon vieux grognard? lui dit-elle six mois après leur mariage clandestin et doublement adultère. Aurais-tu donc des prétentions? voudrais-tu m'être infidèle? Moi, je te trouverai bien mieux si tu ne te fardes plus. Fais-moi le sacrifice de tes grâces postiches. Crois-tu que c'est deux sous de vernis mis à tes bottes, ta ceinture en caoutchouc, ton gilet de force et ton faux toupet que j'aime en toi? D'ailleurs, plus tu seras vieux, moins j'aurai peur de me voir enlever mon Hulot par une rivale! » Croyant donc à l'amitié divine autant qu'à l'amour de madame Marneffe avec laquelle il comptait finir sa vie, le Conseiller-d'État avait suivi ce conseil privé en cessant de se teindre les favoris et les cheveux. Après avoir reçu de Valérie cette touchante déclaration, le grand et bel Hector se montra tout blanc un beau matin. Madame Marneffe prouva facilement à son cher Hector qu'elle avait cent fois vu la ligne blanche formée par la pousse des cheveux.

— Les cheveux blancs vont admirablement à votre figure, dit-elle en le voyant, ils l'adoucissent, vous êtes infiniment mieux, vous êtes charmant.

Enfin le baron, une fois lancé dans ce chemin, ôta son gilet de peau, son corset; il se débarrassa de toutes ses bricoles. Le ventre tomba, l'obésité se déclara. Le chêne devint une tour, et la pesanteur des mouvements fut d'autant plus effrayante, que le baron vieillissait prodigieusement en jouant le rôle de Louis XII. Les sourcils restèrent noirs et rappelèrent vaguement le bel Hulot, comme dans quelques pans de murs féodaux un léger détail de sculpture demeure pour faire apercevoir ce que fut le château dans son beau temps. Cette discordance rendait le regard, vif et jeune encore, d'autant plus singulier dans ce visage bistré que, là où pendant si longtemps fleurirent des tons de chair à la Rubens, on voyait, par certaines meurtrissures et dans le sillon tendu de la ride, les efforts d'une passion en rébellion avec la nature. Hulot fut alors une de ces belles ruines humaines où la virilité ressort par des espèces de buissons aux oreilles, au nez, aux doigts, en produisant l'effet des mousses poussées sur les monuments presque éternels de l'Empire romain.

Comment Valérie avait-elle pu maintenir Crevel et Hulot, côte à côte chez elle, alors que le vindicatif chef de bataillon voulait triompher bruyamment de Hulot? Sans répondre immédiatement à cette question, qui sera résolue par le drame, on peut faire observer que Lisbeth et Valérie avaient inventé à elles deux une prodigieuse machine dont le jeu puissant aidait à ce résultat. Marneffe, en voyant sa femme embellie par le milieu dans lequel elle trônait, comme le soleil d'un système sidéral, paraissait, aux yeux du monde, avoir senti ses feux se rallumer pour elle, il en était devenu fou. Si cette jalousie faisait du sieur Marneffe un trouble-fête, elle donnait un prix extraordinaire aux faveurs de Valérie. Marneffe témoignait néanmoins une confiance en son directeur, qui dégénérait en une débonnaireté presque ridicule. Le seul personnage qui l'offusquât était précisément Crevel.

Marneffe, détruit par ces débauches particulières aux grandes capitales, décrites par les poëtes romains, et pour lesquelles notre pudeur moderne n'a point de nom, était devenu hideux comme une figure anatomique en cire. Mais cette maladie ambulante, vêtue de beau drap, balançait ses jambes en échalas dans un élégant pantalon. Cette poitrine desséchée se parfumait de linge blanc, et le musc éteignait les fétides senteurs de la pourriture humaine. Cette laideur du vice expirant et chaussé en talons rouges, car Valérie avait mis Marneffe en harmonie avec sa fortune, avec sa croix, avec sa place, épouvantait Crevel, qui ne soutenait pas facilement le regard des yeux blancs du sous-chef. Marneffe était le cauchemar du maire. En s'apercevant du singulier pouvoir que Lisbeth et sa femme lui avaient conféré, ce mauvais drôle s'en amusait, il en jouait comme d'un instrument ; et, les cartes de salon étant la dernière ressource de cette âme aussi usée que le corps, il plumait Crevel, qui se croyait obligé de *filer doux* avec le respectable fonctionnaire *qu'il trompait !*

En voyant Crevel si petit garçon avec cette hideuse et infâme momie, dont la corruption était pour le maire lettres closes, en le voyant surtout si profondément méprisé par Valérie, qui riait de Crevel comme on rit d'un bouffon, vraisemblablement le baron se croyait tellement à l'abri de toute rivalité, qu'il l'invitait constamment à dîner.

Valérie, protégée par ces deux passions en sentinelle à ses côtés et par un mari jaloux, attirait tous les regards, excitait tous les désirs, dans le cercle où elle rayonnait. Ainsi, tout en gardant les apparences, elle était arrivée, en trois ans environ, à réaliser les conditions les plus difficiles du succès que cherchent les courtisanes, et qu'elles accomplissent si rarement, aidées par le scandale, par leur audace et par l'éclat de leur vie au soleil. Comme un diamant bien taillé que Chanor aurait délicieusement serti, la beauté de Valérie, naguère enfouie dans la mine de la rue du Doyenné, valait plus que sa valeur, elle faisait des malheureux !... Claude Vignon aimait Valérie en secret.

Cette explication rétrospective, assez nécessaire quand on revoit les gens à trois ans d'intervalle, est comme le bilan de Valérie. Voici maintenant celui de son associée Lisbeth.

La cousine Bette occupait dans la maison Marneffe la position d'une parente qui aurait cumulé les fonctions de dame de compagnie et de femme de charge ; mais elle ignorait les doubles humiliations qui, la plupart du temps, affligent les créatures assez malheureuses pour accepter ces positions ambiguës. Lisbeth et Valérie offraient le touchant spectacle d'une de ces amitiés si vives et si peu probables entre femmes, que les Parisiens, toujours trop spirituels, les calomnient aussitôt. Le contraste de la mâle et sèche nature de la Lorraine avec la jolie nature créole de Valérie servit la calomnie. Madame Marneffe avait d'ailleurs, sans le savoir, donné du poids aux commérages par le soin qu'elle prit de son amie, dans un intérêt matrimonial qui devait, comme on va le voir, rendre complète la vengeance de Lisbeth. Une immense révolution s'était accomplie chez la cousine Bette ; Valérie qui voulut l'habiller, en avait tiré le plus grand parti. Cette singulière fille, maintenant soumise au corset, faisait fine taille, consommait de la bandoline pour sa chevelure lissée, acceptait ses robes telles que les lui livrait la couturière, portait des brodequins de choix et des bas de soie gris, d'ailleurs compris par les fournisseurs dans les mémoires de Valérie, et payés par qui de droit. Ainsi restaurée, toujours en cachemire jaune, Bette eût été méconnaissable à qui l'eût revue après ces trois années. Cet autre diamant noir, le plus rare des diamants, taillé par une main habile et monté dans le chaton qui lui convenait, était apprécié par quelques employés ambitieux à toute sa valeur. Qui voyait la Bette pour la première fois, frémissait involontairement à l'aspect de la sauvage poésie que l'habile Valérie avait su mettre en relief en cultivant par la toilette cette Nonne sanglante,

en encadrant avec art par des bandeaux épais cette sèche figure olivâtre où brillaient des yeux d'un noir assorti à celui de la chevelure, en faisant valoir cette taille inflexible. Bette, comme une Vierge de Cranach et de Van Eyck, comme une Vierge byzantine, sorties de leurs cadres, gardait la roideur, la correction de ces figures mystérieuses, cousines germaines des Isis et des divinités mises en gaîne par les sculpteurs égyptiens. C'était du granit, du basalte, du porphyre qui marchait. A l'abri du besoin pour le reste de ses jours, la Bette était d'une humeur charmante, elle apportait avec elle la gaieté partout où elle allait dîner. Le baron payait d'ailleurs le loyer du petit appartement meublé, comme on le sait, de la défroque du boudoir et de la chambre de son amie Valérie.
— « Après avoir commencé, disait-elle, la vie en vraie chèvre affamée, je la finis en lionne. » Elle continuait à confectionner les ouvrages les plus difficiles de la passementerie pour monsieur Rivet, seulement afin, disait-elle, de ne pas perdre son temps. Et cependant sa vie était, comme on va le voir, excessivement occupée; mais il est dans l'esprit des gens venus de la campagne de ne jamais abandonner le gagne-pain, ils ressemblent aux juifs en ceci.

Tous les matins, la cousine Bette allait elle-même à la grande halle, au petit jour, avec la cuisinière. Dans le plan de la Bette, le livre de dépense, qui ruinait le baron Hulot, devait enrichir sa chère Valérie, et l'enrichissait effectivement.

Quelle est la maîtresse de maison qui n'a pas, depuis 1838, éprouvé les funestes résultats des doctrines antisociales répandues dans les classes inférieures par des écrivains incendiaires? Dans tous les ménages, la plaie des domestiques est aujourd'hui la plus vive de toutes les plaies financières. A de très-rares exceptions près, et qui mériteraient le prix Monthyon, un cuisinier et une cuisinière sont des voleurs domestiques, des voleurs gagés, effrontés, de qui le gouvernement s'est complaisamment fait le receleur, en développant ainsi la pente au vol, presque autorisée chez les cuisinières par l'antique plaisanterie sur *l'anse du panier*. Là où ces femmes cherchaient autrefois quarante sous pour leur mise à la loterie, elles prennent aujourd'hui cinquante francs pour la caisse d'épargne. Et les froids puritains qui s'amusent à faire en France des expériences philanthropiques, croient avoir moralisé le peuple! Entre la table des maîtres et le marché, les gens ont établi leur octroi secret, et la ville de Paris n'est pas si habile à percevoir ses droits d'entrée, qu'ils le sont à prélever les leurs sur toute chose. Outre les cinquante pour cent dont ils grèvent les provisions de bouche, ils exigent de fortes étrennes des fournisseurs. Les marchands les plus hauts placés tremblent devant cette puissance occulte ; ils la soldent sans mot dire, tous : carrossiers, bijoutiers, tailleurs, etc. A qui tente de les surveiller, les domestiques répondent par des insolences, ou par les bêtises coûteuses d'une feinte maladresse ; ils prennent aujourd'hui des renseignements sur les maîtres, comme autrefois les maîtres en prenaient sur eux. Le mal, arrivé véritablement au comble, et contre lequel les tribunaux commencent à sévir, mais en vain, ne peut disparaître que par une loi qui astreindra les domestiques à gages au livret de l'ouvrier. Le mal cesserait alors comme par enchantement. Tout domestique étant tenu de produire son livret, et les maîtres étant obligés d'y consigner les causes du renvoi, la démoralisation rencontrerait certainement un frein puissant. Les gens occupés de la haute politique du moment ignorent jusqu'où va la dépravation des classes inférieures à Paris : elle est égale à la jalousie qui les dévore. La Statistique est muette sur le nombre effrayant d'ouvriers de vingt ans qui épousent des cuisinières de quarante et de cinquante ans enrichies par le vol. On frémit en pensant aux suites d'unions pareilles au triple point de vue de la criminalité, de l'abâtardissement de la race et des mauvais ménages. Quant au mal purement financier produit par les vols domestiques, il est énorme au point de vue politique. La vie ainsi renchérie du double, interdit le superflu dans beaucoup de ménages. Le superflu !... c'est la moitié du commerce des États, comme il est l'élégance de la vie. Les livres, les fleurs sont aussi nécessaires que le pain à beaucoup de gens.

Lisbeth, à qui cette affreuse plaie des maisons parisiennes était connue, pensait à diriger le ménage de Valérie, en lui promettant son appui dans la scène terrible où toutes deux elles s'étaient juré d'être comme deux sœurs. Donc elle avait attiré, du fond des Vosges, une parente du côté maternel, ancienne cuisinière de l'évêque de Nancy, vieille fille pieuse et d'une excessive probité. Craignant néanmoins son inexpérience à Paris, et surtout les mauvais conseils, qui gâtent tant de ces loyautés si fragiles, Lisbeth accompagnait Mathurine à la grande Halle, et tâchait de l'habituer à savoir acheter. Connaître le véritable prix des choses pour obtenir le respect du vendeur, manger des mets sans actualité, comme le poisson, par exemple, quand ils ne sont pas chers, être au courant de la valeur des comestibles et en pressentir la hausse pour acheter en baisse, cet esprit de ménagère est, à Paris, le plus nécessaire à l'économie domestique. Comme Mathurine touchait de bons gages, qu'on l'accablait de cadeaux, elle aimait assez la maison pour être heureuse des bons marchés. Aussi depuis quelque temps rivalisait-elle avec Lisbeth, qui la trouvait assez formée, assez sûre, pour ne plus aller à la halle que les jours où Valérie avait du monde, ce qui, par parenthèse, arrivait assez souvent. Voici pourquoi. Le baron avait commencé par garder le plus strict décorum ; mais sa passion pour madame Marneffe était en peu de temps devenue si vive, si avide, qu'il désira la quitter le moins possible. Après y avoir dîné quatre fois par semaine, il trouva charmant d'y manger tous les jours. Six mois après le mariage de sa fille, il donna deux mille francs par mois à titre de pension. Madame Marneffe invitait les personnes que son cher baron désirait traiter. D'ailleurs, le dîner était toujours fait pour six personnes, le baron pouvait en amener trois à l'improviste. Lisbeth réalisa par son économie le problème extraordinaire d'entretenir splendidement cette table pour la somme de mille francs, et donner mille francs par mois à madame Marneffe. La toilette de Valérie étant payée largement par Crevel et par le baron, les deux amies trouvaient encore un billet de mille francs par mois sur cette dépense. Aussi cette femme si pure, si candide, possédait-elle alors environ cent cinquante mille francs d'économies. Elle avait accumulé ses rentes et ses bénéfices mensuels en les capitalisant et les grossissant de gains énormes dus à la générosité avec laquelle Crevel faisait participer le capital de *sa petite duchesse* au bonheur de ses opérations financières. Crevel avait initié Valérie à l'argot et aux spéculations de la Bourse ; et, comme toutes les Parisiennes, elle était promptement devenue plus forte que son maître. Lisbeth, qui ne dépensait pas un liard de ses douze cents francs, dont le loyer et la toilette étaient payés, qui ne sortait pas un sou de sa poche, possédait également un petit capital de cinq à six mille francs que Crevel lui faisait paternellement valoir.

L'amour du baron et celui de Crevel étaient néanmoins une rude charge pour Valérie. Le jour où le récit de ce drame recommence, excitée par l'un de ces événements qui font dans la vie l'office de la cloche aux coups de laquelle s'amassent les essaims, Valérie était montée chez Lisbeth pour s'y livrer à ces bonnes élégies, longuement parlées, espèces de cigarettes fumées à coups de langue, par lesquelles les femmes endorment les petites misères de leur vie.

— Lisbeth, mon amour, ce matin, deux heures de Crevel à faire, c'est bien assommant! Oh! comme je voudrais pouvoir t'y envoyer à ma place!

— Malheureusement cela ne se peut pas, dit Lisbeth en souriant. Je mourrai vierge.

— Être à ces deux vieillards! il y a des moments où j'ai honte de moi! Ah! si ma pauvre mère me voyait!

— Tu me prends pour Crevel, répondit Lisbeth.

— Dis-moi, ma chère petite Bette, que tu ne me méprises pas?...

— Ah! si j'étais jolie, en aurais-je eu... des aventures! s'écria Lisbeth. Te voilà justifiée.

— Mais tu n'aurais écouté que ton cœur, dit madame Marneffe en soupirant.

— Bah! répondit Lisbeth, Marneffe est un mort qu'on a oublié d'enterrer, le baron est comme ton mari, Crevel est ton adorateur; je te vois, comme toutes les femmes, parfaitement en règle.

— Non, ce n'est pas là, chère adorable fille, d'où vient la douleur, tu ne veux pas m'entendre...

— Oh! si!... s'écria la Lorraine, car le sous-entendu fait partie de ma vengeance. Que veux-tu?... j'y travaille.

— Aimer Wenceslas à en maigrir, et ne pouvoir réussir à le voir! dit Valérie en se détirant les bras; Hulot lui propose de venir dîner ici, mon artiste refuse! Il ne se sait pas idolâtré, ce monstre d'homme! Qu'est-ce que sa femme? de la jolie chair! oui, elle est belle, mais moi, je me sens : je suis pire!

— Sois tranquille, ma petite fille, il viendra, dit Lisbeth du ton dont parlent les nourrices aux enfants qui s'impatientent, je le veux...

— Mais, quand?

— Peut-être cette semaine.

— Laisse-moi t'embrasser.

Comme on le voit, ces deux femmes n'en faisaient qu'une; toutes les actions de Valérie, même les plus étourdies, ses plaisirs, ses bouderies se décidaient après de mûres délibérations entre elles.

Lisbeth, étrangement émue de cette vie de courtisane, conseillait Valérie en tout, et poursuivait le cours de ses vengeances avec une impitoyable logique. Elle adorait d'ailleurs Valérie, elle en avait fait sa fille, son amie, son amour; elle trouvait en elle l'obéissance des créoles, la mollesse de la voluptueuse; elle babillait avec elle tous les matins avec bien plus de plaisir qu'avec Wenceslas, elles pouvaient rire de leurs communes malices, de la sottise des hommes, et recompter ensemble les intérêts grossissants de leurs trésors respectifs. Lisbeth avait d'ailleurs rencontré, dans son entreprise et dans son amitié nouvelle, une pâture à son activité bien autrement abondante que dans son amour insensé pour Wenceslas. Les jouissances de la haine satisfaite sont les plus ardentes, les plus fortes au cœur. L'amour est en quelque sorte l'or, et la haine est le fer de cette mine à sentiments qui gît en nous. Enfin Valérie offrait, dans toute sa gloire, à Lisbeth, cette beauté qu'elle adorait, comme on adore tout ce qu'on ne possède pas, beauté bien plus maniable que celle de Wenceslas qui, pour elle, avait toujours été froid et insensible.

Après bientôt trois ans, Lisbeth commençait à voir les progrès de la sape souterraine à laquelle elle consumait sa vie et dévouait son intelligence. Lisbeth pensait, madame Marneffe agissait. Madame Marneffe était la hache, Lisbeth était la main qui la manie, et la main démolissait à coups pressés cette famille qui, de jour en jour, lui devenait plus odieuse, car on hait de plus en plus, comme on aime tous les jours davantage, quand on aime. L'amour et la haine sont des sentiments qui s'alimentent par eux-mêmes; mais, des deux, la haine a la vie la plus longue. L'amour a pour bornes des forces limitées, il tient ses pouvoirs de la vie et de la prodigalité; la haine ressemble à la mort, à l'avarice, elle est en quelque sorte une abstraction active, au-dessus des êtres et des choses. Lisbeth, entrée dans l'existence qui lui était propre, y déployait toutes ses facultés; elle régnait à la manière des jésuites, en puissance occulte. Aussi la régénérescence de sa personne était-elle complète. Sa figure resplendissait. Lisbeth rêvait d'être madame la maréchale Hulot.

Cette scène où les deux amies se disaient crûment leurs moindres pensées sans prendre de détours dans l'expression, avait lieu précisément au retour de la Halle, où Lisbeth était allée préparer les éléments d'un dîner fin. Marneffe, qui convoitait la place de monsieur Coquet, le recevait avec la vertueuse madame Coquet, et Valérie espérait faire traiter de la démission du chef de bureau par

Hulot le soir même. Lisbeth s'habillait pour se rendre chez la baronne, où elle dînait.

— Tu nous reviendras pour servir le thé, ma Bette? dit Valérie.

— Je l'espère...

— Comment, tu l'espères? en serais-tu venue à coucher avec Adeline pour boire ses larmes pendant qu'elle dort?

— Si cela se pouvait! répondit Lisbeth en riant, je ne dirais pas non. Elle expie son bonheur, je suis heureuse, je me souviens de mon enfance. Chacun son tour. Elle sera dans la boue, et moi! je serai comtesse de Forzheim!...

Lisbeth se dirigea vers la rue Plumet, où elle allait depuis quelque temps, comme on va au spectacle, pour s'y repaître d'émotions.

L'appartement choisi par Hulot pour sa femme consistait en une grande et vaste antichambre, un salon et une chambre à coucher avec cabinet de toilette. La salle à manger était latéralement contiguë au salon. Deux chambres de domestique et une cuisine, situées au troisième étage, complétaient ce logement, digne encore d'un Conseiller-d'État, directeur à la Guerre. L'hôtel, la cour et l'escalier étaient majestueux. La baronne, obligée de meubler son salon, sa chambre et la salle à manger avec les reliques de sa splendeur, avait pris le meilleur dans les débris de l'hôtel, rue de l'Université. La pauvre femme aimait d'ailleurs ces muets témoins de son bonheur qui, pour elle, avaient une éloquence quasi-consolante. Elle entrevoyait dans ses souvenirs des fleurs comme elle voyait sur ses tapis des rosaces à peine visibles pour les autres.

En entrant dans la vaste antichambre où douze chaises, un baromètre et un grand poêle, de longs rideaux en calicot blanc bordé de rouge, rappelaient les affreuses antichambres des Ministères, le cœur se serrait; on pressentait la solitude dans laquelle vivait cette femme. La douleur, de même que le plaisir, se fait une atmosphère. Au premier coup d'œil jeté sur un intérieur, on sait qui y règne de l'amour ou du désespoir. On trouvait Adeline dans une immense chambre à coucher, meublée des beaux meubles de Jacob Desmalters, en acajou moucheté garni des ornements de l'Empire, ces bronzes qui ont trouvé le moyen d'être plus froids que les cuivres de Louis XVI! Et l'on frissonnait en voyant cette femme assise sur un fauteuil romain, devant les sphinx d'une travailleuse, ayant perdu ses couleurs, affectant une gaieté menteuse, conservant son air impérial, comme elle savait conserver la robe de velours bleu qu'elle mettait chez elle. Cette âme fière soutenait le corps et maintenait la beauté. La baronne, à la fin de la première année de son exil dans cet appartement, avait mesuré le malheur dans toute son étendue.

— En me reléguant là, mon Hector m'a fait la vie encore plus belle qu'elle ne devait l'être pour une simple paysanne, se dit-elle. Il me veut ainsi : que sa volonté soit faite ! Je suis la baronne Hulot, la belle-sœur d'un maréchal de France, je n'ai pas commis la moindre faute, mes deux enfants sont établis, je puis attendre la mort, enveloppée dans les voiles immaculés de ma pureté d'épouse, dans le crêpe de mon bonheur évanoui.

Le portrait de Hulot, peint par Robert Lefebvre en 1810, dans l'uniforme de commissaire ordonnateur de la garde impériale, s'étalait au-dessus de la travailleuse, où, à l'annonce d'une visite, Adeline serrait une *Imitation de Jésus-Christ,* sa lecture habituelle. Cette Madeleine irréprochable écoutait aussi la voix de l'Esprit-Saint dans son désert.

— Mariette, ma fille, dit Lisbeth à la cuisinière qui vint lui ouvrir la porte, comment va ma bonne Adeline?...

— Oh! bien, en apparence, mademoiselle; mais, entre nous, si elle persiste dans ses idées, elle se tuera, dit Mariette à l'oreille de Lisbeth. Vraiment, vous devriez l'engager à vivre mieux. D'hier, madame m'a dit de lui donner le matin pour deux sous de lait et un petit pain d'un sou; de lui servir à dîner soit un hareng, soit un peu de veau froid, en en faisant cuire une livre pour la semaine, bien entendu lorsqu'elle dînera seule, ici... Elle veut ne dépenser que dix sous par jour pour sa nourriture. Cela n'est pas raisonnable. Si je parlais de ce beau projet à monsieur le maréchal, il pourrait se brouiller avec monsieur le baron et le déshériter; au lieu que vous, qui êtes si bonne et si fine, vous saurez arranger les choses...

— Eh bien! pourquoi ne vous adressez-vous pas à mon cousin ? dit Lisbeth.

— Ah ! ma chère demoiselle, il y a bien environ vingt à vingt-cinq jours qu'il n'est venu, enfin tout le temps que nous sommes restées sans vous voir ! D'ailleurs, madame m'a défendu, sous peine de renvoi, de jamais demander de l'argent à monsieur. Mais quant à de la peine... ah ! la pauvre madame en a eu ! C'est la première fois que monsieur l'oublie si long-temps... Chaque fois qu'on sonnait, elle s'élançait à la fenêtre... mais, depuis cinq jours, elle ne quitte plus son fauteuil. Elle lit ! Chaque fois qu'elle va chez madame la comtesse, elle me dit : « Mariette, qu'elle dit, si monsieur vient, dites que je suis dans la maison, et envoyez-moi le portier ; il aura sa course bien payée ! »

— Pauvre cousine ! dit Bette, cela me fend le cœur. Je parle d'elle à mon cousin tous les jours. Que voulez-vous ? Il dit : « Tu as raison, Bette, je suis un misérable ; ma femme est un ange, et je suis un monstre : j'irai demain... » Et il reste chez madame Marneffe ; cette femme le ruine et il l'adore ; il ne vit que près d'elle. Moi, je fais ce que je peux ! Si je n'étais pas là, si je n'avais pas avec moi Mathurine, le baron aurait dépensé le double ; et, comme il n'a presque plus rien, il se serait déjà peut-être brûlé la cervelle. Eh bien ! Mariette, voyez-vous, Adeline mourrait de la mort de son mari, j'en suis sûre. Au moins je tâche de nouer là les deux bouts, et d'empêcher que mon cousin ne mange trop d'argent...

— Ah ! c'est ce que dit la pauvre madame ; elle connaît bien ses obligations envers vous, répondit Mariette ; elle disait vous avoir pendant long-temps mal jugée...

— Ah ! fit Lisbeth. Elle ne vous a pas dit autre chose ?

— Non, mademoiselle. Si vous voulez lui faire plaisir, parlez-lui de monsieur ; elle vous trouve heureuse de le voir tous les jours.

— Est-elle seule ?

— Faites excuse, le maréchal y est. Oh ! il vient tous les jours, et elle lui dit toujours qu'elle a vu monsieur le matin, qu'il rentre la nuit fort tard.

— Et y a-t-il un bon dîner, aujourd'hui ?... demanda Bette.

Mariette hésitait à répondre, elle soutenait mal le regard de la Lorraine, quand la porte du salon s'ouvrit, et le maréchal Hulot sortit si précipitamment, qu'il salua Bette sans la regarder, et laissa tomber des papiers. Bette ramassa ces papiers et courut dans l'escalier, car il était inutile de crier après un sourd ; mais elle s'y prit de manière à ne pas pouvoir rejoindre le maréchal, elle revint et lut furtivement ce qui suit écrit au crayon :

« Mon cher frère, mon mari m'a donné l'argent de la dépense
» pour le trimestre ; mais ma fille Hortense en a eu si grand besoin,
» que je lui ai prêté la somme entière, qui suffisait à peine à sortir
» d'embarras. Pouvez-vous me prêter quelques cents francs, car je
» ne veux pas redemander de l'argent à Hector ; un reproche de
» lui me ferait trop de peine. »

— Ah! pensa Lisbeth, pour qu'elle ait fait plier à ce point son orgueil, dans quelle extrémité se trouve-t-elle donc?

Lisbeth entra, surprit Adeline en pleurs et lui sauta au cou.

— Adeline, ma chère enfant, je sais tout! dit la cousine Bette. Tiens, le maréchal a laissé tomber ce papier, tant il était troublé, car il courait comme un lévrier... Cet affreux Hector ne t'a pas donné d'argent depuis?.....

— Il m'en donne fort exactement, répondit la baronne; mais Hortense en a eu besoin, et...

— Et tu n'avais pas de quoi nous donner à dîner, dit Bette en interrompant sa cousine. Maintenant je comprends l'air embarrassé de Mariette à qui je parlais de la soupe. Tu fais l'enfant, Adeline! tiens, laisse-moi te donner mes économies.

— Merci, ma bonne Bette, répondit Adeline en essuyant une larme. Cette petite gêne n'est que momentanée, et j'ai pourvu à l'avenir. Mes dépenses seront désormais de deux mille quatre cents francs par an, y compris le loyer, et je les aurai. Surtout, Bette, pas un mot à Hector. Va-t-il bien?

— Oh! comme le Pont-Neuf! il est gai comme un pinson, il ne pense qu'à sa sorcière de Valérie.

Madame Hulot regardait un grand pin argenté qui se trouvait dans le champ de sa fenêtre, et Lisbeth ne put rien lire de ce que pouvaient exprimer les yeux de sa cousine.

— Lui as-tu dit que c'était le jour où nous dînions tous ici?

— Oui, mais bah! madame Marneffe donne un grand dîner, elle espère traiter de la démission de monsieur Coquet! et cela passe avant tout! Tiens, Adeline, écoute-moi : tu connais mon caractère féroce à l'endroit de l'indépendance. Ton mari, ma chère, te ruinera certainement. J'ai cru pouvoir vous être utile à tous chez cette femme, mais c'est une créature d'une dépravation sans bornes, elle obtiendra de ton mari des choses à le mettre dans le cas de vous déshonorer tous.

Adeline fit le mouvement d'une personne qui reçoit un coup de poignard dans le cœur.

— Mais, ma chère Adeline, j'en suis sûre. Il faut bien que j'essaie de t'éclairer. Eh bien! songeons à l'avenir! le maréchal est vieux, mais il ira loin, il a un beau traitement; sa veuve, s'il mourait, aurait une pension de six mille francs. Avec cette somme, moi, je me chargerais de vous faire vivre tous! Use de ton influence sur le bonhomme pour nous marier. Ce n'est pas pour être madame la maréchale, je me soucie de ces sornettes comme de la conscience de madame Marneffe ; mais vous aurez tous du pain. Je vois qu'Hortense en manque, puisque tu lui donnes le tien.

Le maréchal se montra, le vieux soldat avait fait si rapidement la course, qu'il s'essuyait le front avec son foulard.

— J'ai remis deux mille francs à Mariette, dit-il à l'oreille de sa belle-sœur.

Adeline rougit jusque dans la racine de ses cheveux. Deux larmes bordèrent ses cils encore longs, et elle pressa silencieusement la main du vieillard dont la physionomie exprimait le bonheur d'un amant heureux.

— Je voulais, Adeline, vous faire avec cette somme un cadeau, dit-il en continuant ; au lieu de me la rendre, vous vous choisirez vous-même ce qui vous plaira le mieux.

Il vint prendre la main que lui tendit Lisbeth, et il la baisa, tant il était distrait par son plaisir.

— Cela promet, dit Adeline à Lisbeth en souriant autant qu'elle pouvait sourire.

En ce moment, Hulot jeune et sa femme arrivèrent.

— Mon frère dîne avec nous ? demanda le maréchal d'un ton bref.

Adeline prit un crayon et mit sur un petit carré de papier ces mots :

« Je l'attends, il m'a promis ce matin de dîner ici ; mais s'il ne
» venait pas, le maréchal l'aurait retenu, car il est accablé d'af-
» faires. »

Et elle présenta le papier. Elle avait inventé ce mode de conversation pour le maréchal, et une provision de petits carrés de papier était placée avec un crayon sur sa travailleuse.

— Je sais, répondit le maréchal, qu'il est accablé de travail à cause de l'Algérie.

Hortense et Wenceslas entrèrent en ce moment, et, en voyant sa famille autour d'elle, la baronne reporta sur le maréchal un regard dont la signification ne fut comprise que par Lisbeth.

Le bonheur avait considérablement embelli l'artiste adoré par sa femme et cajolé par le monde. Sa figure était devenue presque pleine, sa taille élégante faisait ressortir les avantages que le sang donne à tous les vrais gentilshommes. Sa gloire prématurée, son importance, les éloges trompeurs que le monde jette aux artistes, comme on se dit bonjour ou comme on parle du temps, lui donnaient cette conscience de sa valeur, qui dégénère en fatuité quand le talent s'en va. La croix de la Légion-d'Honneur complétait à ses propres yeux, le grand homme qu'il croyait être.

Après trois ans de mariage, Hortense était avec son mari comme un chien avec son maître, elle répondait à tous ses mouvements par un regard qui ressemblait à une interrogation, elle tenait toujours les yeux sur lui, comme un avare sur son trésor, elle attendrissait par son abnégation admiratrice. On reconnaissait en elle le génie et les conseils de sa mère. Sa beauté, toujours la même, était alors altérée, poétiquement, d'ailleurs, par les ombres douces d'une mélancolie cachée.

En voyant entrer sa cousine, Lisbeth pensa que la plainte, contenue pendant long-temps, allait rompre la faible enveloppe de la discrétion. Lisbeth, dès les premiers jours de la lune de miel, avait jugé que le jeune ménage avait de trop petits revenus pour une si grande passion.

Hortense, en embrassant sa mère, échangea de bouche à oreille, et de cœur à cœur, quelques phrases dont le secret fut trahi, pour Bette, par leurs hochements de tête.

— Adeline va, comme moi, travailler pour vivre, pensa la cousine Bette. Je veux qu'elle me mette au courant de ce qu'elle fera... Ces jolis doigts sauront donc enfin comme les miens ce que c'est que le travail forcé.

A six heures, la famille passa dans la salle à manger. Le couvert d'Hector était mis.

— Laissez-le! dit la baronne à Mariette; monsieur vient quelquefois tard.

— Oh! mon père viendra, dit Hulot fils à sa mère; il me l'a promis à la Chambre en nous quittant.

Lisbeth, de même qu'une araignée au centre de sa toile, observait toutes les physionomies. Après avoir vu naître Hortense et Victorin, leurs figures étaient pour elle comme des glaces à travers lesquelles elle lisait dans ces jeunes âmes. Or, à certains regards jetés à la dérobée par Victorin sur sa mère, elle reconnut quelque malheur près de fondre sur Adeline, et que Victorin hésitait à révéler. Le jeune et célèbre avocat était triste en dedans. Sa profonde vénération pour sa mère éclatait dans la douleur avec laquelle il la contemplait. Hortense, elle, était évidemment occupée de ses

10.

propres chagrins; et, depuis quinze jours, Lisbeth savait qu'elle éprouvait les premières inquiétudes que le manque d'argent cause aux gens probes, aux jeunes femmes à qui la vie a toujours souri et qui déguisent leurs angoisses. Aussi, dès le premier moment, la cousine Bette devina-t-elle que la mère n'avait rien donné à sa fille. La délicate Adeline était donc descendue aux fallacieuses paroles que le besoin suggère aux emprunteurs. La préoccupation d'Hortense, celle de son frère, la profonde mélancolie de la baronne rendirent le dîner triste, surtout si l'on se représente le froid que jetait déjà la surdité du vieux maréchal. Trois personnes animaient la scène, Lisbeth, Célestine et Wenceslas. L'amour d'Hortense avait développé chez l'artiste l'animation polonaise, cette vivacité d'esprit gascon, cette aimable turbulence qui distingue ces Français du Nord. Sa situation d'esprit, sa physionomie disaient assez qu'il croyait en lui-même, et que la pauvre Hortense, fidèle aux conseils de sa mère, lui cachait tous les tourments domestiques.

— Tu dois être bien heureuse, dit Lisbeth à sa petite cousine en sortant de table, ta maman t'a tirée d'affaire en te donnant son argent.

— Maman! répondit Hortense étonnée. Oh! pauvre maman, moi qui pour elle voudrais en faire, de l'argent! Tu ne sais pas, Lisbeth, eh bien! j'ai le soupçon affreux qu'elle travaille en secret.

On traversait alors le grand salon obscur, sans flambeaux, en suivant Mariette qui portait la lampe de la salle à manger dans la chambre à coucher d'Adeline. En ce moment, Victorin toucha le bras de Lisbeth et d'Hortense; toutes deux comprenant la signification de ce geste laissèrent Wenceslas, Célestine, le maréchal et la baronne aller dans la chambre à coucher, et restèrent groupés à l'embrasure d'une fenêtre.

— Qu'y a-t-il, Victorin? dit Lisbeth. Je parie que c'est quelque désastre causé par ton père.

— Hélas! oui, répondit Victorin. Un usurier, nommé Vauvinet, a pour soixante mille francs de lettres de change de mon père, et veut le poursuivre! J'ai voulu parler de cette déplorable affaire à mon père à la Chambre, il n'a pas voulu me comprendre, il m'a presque évité. Faut-il prévenir notre mère?

— Non, non, dit Lisbeth, elle a trop de chagrins, tu lui donnerais le coup de la mort, il faut la ménager. Vous ne savez pas où elle en est; sans votre oncle, vous n'eussiez pas trouvé de dîner ici aujourd'hui.

— Ah! mon Dieu, Victorin, nous sommes des monstres, dit Hortense à son frère, Lisbeth nous apprend ce que nous aurions dû deviner. Mon dîner m'étouffe!

Hortense n'acheva pas, elle mit son mouchoir sur sa bouche pour prévenir l'éclat d'un sanglot, elle pleurait.

— J'ai dit à ce Vauvinet de venir me voir demain, reprit Victorin en continuant; mais se contentera-t-il de ma garantie hypothécaire? Je ne le crois pas. Ces gens-là veulent de l'argent comptant pour en faire suer des escomptes usuraires.

— Vendons notre rente! dit Lisbeth à Hortense.

— Qu'est-ce que ce serait? quinze ou seize mille francs, répliqua Victorin, il en faut soixante.

— Chère cousine! s'écria Hortense en embrassant Lisbeth avec l'enthousiasme d'un cœur pur.

— Non, Lisbeth, gardez votre petite fortune, dit Victorin après avoir serré la main de la Lorraine. Je verrai demain ce que cet homme a dans son sac. Si ma femme y consent, je saurai empêcher, retarder les poursuites; car, voir attaquer la considération de mon père!... ce serait affreux. Que dirait le ministre de la guerre? Les appointements de mon père, engagés depuis trois ans, ne seront libres qu'au mois de décembre; on ne peut donc pas les offrir en garantie. Ce Vauvinet a renouvelé onze fois les lettres de change; ainsi jugez des sommes que mon père a payées en intérêts! il faut fermer ce gouffre.

— Si madame Marneffe pouvait le quitter, dit Hortense avec amertume.

— Ah! Dieu nous en préserve! dit Victorin. Mon père irait peut-être ailleurs, et là, les frais les plus dispendieux sont déjà faits.

Quel changement chez ces enfants naguère si respectueux, et que la mère avait maintenus si long-temps dans une adoration absolue de leur père! ils l'avaient déjà jugé.

— Sans moi, reprit Lisbeth, votre père serait encore plus ruiné qu'il ne l'est.

— Rentrons, dit Hortense, maman est fine, et elle se douterait de quelque chose, et, comme dit notre bonne Lisbeth, cachons-lui tout, soyons gais!

— Victorin, vous ne savez pas où vous conduira votre père avec son goût pour les femmes, dit Lisbeth. Pensez à vous assurer des revenus en me mariant avec le maréchal, vous devriez lui en parler tous ce soir, je partirai de bonne heure exprès.

Victorin entra dans la chambre.

— Eh bien! ma pauvre petite, dit Lisbeth tout bas à sa petite cousine, et toi, comment feras-tu?

— Viens dîner avec nous demain, nous causerons, répondit Hortense. Je ne sais où donner de la tête; toi, tu te connais aux difficultés de la vie, tu me conseilleras.

Pendant que toute la famille réunie essayait de prêcher le mariage au maréchal, et que Lisbeth revenait rue Vanneau, il y arrivait un de ces événements qui stimulent chez les femmes comme madame Marneffe l'énergie du vice en les obligeant à déployer toutes les ressources de la perversité. Reconnaissons au moins ce fait constant : A Paris, la vie est trop occupée pour que les gens vicieux fassent le mal par instinct, ils se défendent à l'aide du vice contre les agressions, voilà tout.

Madame Marneffe, dont le salon était rempli de ses fidèles, avait mis les parties de whist en train, lorsque le valet de chambre, un militaire retraité racolé par le baron, annonça : — Monsieur le baron Montès de Montéjanos. Valérie reçut au cœur une violente commotion, mais elle s'élança vivement vers la porte en criant : — Mon cousin !... Et, arrivée au Brésilien, elle lui glissa dans l'oreille ce mot : — Sois mon parent, ou tout est fini entre nous!

— Eh bien! reprit-elle à haute voix en amenant le Brésilien à la cheminée, Henri, tu n'as donc pas fait naufrage comme on me l'a dit, je t'ai pleuré trois ans...

— Bonjour, mon ami, dit monsieur Marneffe en tendant la main au Brésilien dont la tenue était celle d'un vrai Brésilien millionnaire.

Monsieur le baron Henri Montès de Montéjanos, doué par le climat équatorial du physique et de la couleur que nous prêtons tous à l'Othello du théâtre, effrayait par un air sombre, effet purement plastique; car son caractère, plein de douceur et de tendresse, le prédestinait à l'exploitation que les faibles femmes pratiquent sur les hommes forts. Le dédain qu'exprimait sa figure, la puissance musculaire dont témoignait sa taille bien prise, toutes ses forces ne se déployaient qu'envers les hommes, flatterie adressée aux femmes et qu'elles savourent avec tant d'ivresse que les gens qui donnent le bras à leurs maîtresses ont tous des airs de matamore tout à fait réjouissants. Superbement dessiné par un habit bleu à boutons en or massif, par son pantalon noir, chaussé de bottes fines d'un vernis irréprochable, ganté selon l'ordonnance, le baron n'avait de brésilien qu'un gros diamant d'environ cent mille francs qui brillait comme une étoile sur une somptueuse cravate de soie bleue, encadrée par un gilet blanc entr'ouvert de manière à laisser voir une chemise de toile d'une finesse fabuleuse. Le front, busqué comme celui d'un satyre, signe d'entêtement dans la passion, était surmonté d'une chevelure de jais, touffue comme une forêt vierge, sous laquelle scintillaient deux yeux clairs, fauves à faire croire que la mère du baron avait eu peur, étant grosse de lui, de quelque jaguar.

Ce magnifique exemplaire de la race portugaise au Brésil, se campa le dos à la cheminée dans une pose qui décelait des habitudes parisiennes ; et, le chapeau d'une main, le bras appuyé sur le velours de la tablette, il se pencha vers madame Marneffe pour causer à voix basse avec elle, en se souciant fort peu des affreux bourgeois qui, dans son idée, encombraient mal à propos le salon.

Cette entrée en scène, cette pose, et l'air du Brésilien déterminèrent deux mouvements de curiosité mêlée d'angoisse, identiquement pareils chez Crevel et chez le baron. Ce fut chez tous deux la même expression, le même pressentiment. Aussi la manœuvre inspirée à ces deux passions réelles, devint-elle si comique par la simultanéité de cette gymnastique, qu'elle fit sourire les gens d'assez d'esprit pour y voir une révélation. Crevel, toujours bourgeois et boutiquier en diable, quoique maire de Paris, resta malheureusement en position plus long-temps que son collaborateur, et le baron put saisir au passage la révélation involontaire de Crevel. Ce fut un trait de plus dans le cœur du vieillard amoureux qui résolut d'avoir une explication avec Valérie.

— Ce soir, se dit également Crevel en arrangeant ses cartes, il faut en finir...

— *Vous avez du cœur!...* lui cria Marneffe, et vous venez d'y renoncer.

— Ah! pardon, répondit Crevel en voulant reprendre sa carte. Ce baron-là me semble de trop, continuait-il en se parlant à lui-même. Que Valérie vive avec mon baron à moi, c'est ma vengeance, et je sais le moyen de m'en débarrasser ; mais ce cousin-là !... c'est un baron de trop, je ne veux pas être *jobardé,* je veux savoir de quelle manière il est son parent!

Ce soir-là, par un de ces bonheurs qui n'arrivent qu'aux jolies femmes, Valérie était délicieusement mise. Sa blanche poitrine étincelait serrée dans une guipure dont les tons roux faisaient valoir le satin mat de ces belles épaules des Parisiennes, qui savent (par quels procédés, on l'ignore!) avoir de belles chairs et rester sveltes. Vêtue d'une robe de velours noir qui semblait à chaque instant près de quitter ses épaules, elle était coiffée en dentelle mêlée à des fleurs à grappes. Ses bras, à la fois mignons et potelés, sortaient de manches à sabots fourrées de dentelles. Elle ressemblait à ces beaux fruits coquettement arrangés dans une belle assiette et qui donnent des démangeaisons à l'acier du couteau.

— Valérie, disait le Brésilien à l'oreille de la jeune femme, je te reviens fidèle; mon oncle est mort, et je suis deux fois plus riche que je ne l'étais à mon départ. Je veux vivre et mourir à Paris, près de toi et pour toi.

— Plus bas, Henri! de grâce!

— Ah! bah! dussé-je jeter tout ce monde par la croisée, je veux te parler ce soir, surtout après avoir passé deux jours à te chercher. Je resterai le dernier, n'est-ce pas?

Valérie sourit à son prétendu cousin et lui dit : — Songez que vous devez être le fils d'une sœur de ma mère qui, pendant la campagne de Junot en Portugal, aurait épousé votre père.

— Moi, Montès de Montéjanos, arrière-petit-fils d'un des conquérants du Brésil, mentir!

— Plus bas, ou nous ne nous reverrons jamais...

— Et pourquoi?

— Marneffe a pris, comme les mourants qui chaussent tous un dernier désir, une passion pour moi...

— Ce laquais?... dit le Brésilien qui connaissait son Marneffe, je le payerai...

— Quelle violence...

— Ah çà! d'où te vient ce luxe?... dit le Brésilien qui finit par apercevoir les somptuosités du salon.

Elle se mit à rire.

— Quel mauvais ton, Henri! dit-elle.

Elle venait de recevoir deux regards enflammés de jalousie qui l'avaient atteinte au point de l'obliger à regarder les deux âmes en peine. Crevel, qui jouait contre le baron et monsieur Coquet, avait pour partner monsieur Marneffe. La partie fut égale à cause des distractions respectives de Crevel et du baron qui accumulèrent fautes sur fautes. Ces deux vieillards amoureux avouèrent, en un moment, la passion que Valérie avait réussi à leur faire cacher depuis trois ans ; mais elle n'avait pas su non plus éteindre dans ses yeux le bonheur de revoir l'homme qui, le premier, lui avait fait battre le cœur, l'objet de son premier amour. Les droits de ces heureux mortels vivent autant que la femme sur laquelle ils les ont pris.

Entre ces trois passions absolues, l'une appuyée sur l'insolence de l'argent, l'autre sur le droit de possession, la dernière sur la jeunesse, la force, la fortune et la primauté, madame Marneffe resta calme et l'esprit libre, comme le fut le général Bonaparte, lorsqu'au siége de Mantoue il eut à répondre à deux armées en voulant continuer le blocus de la place. La jalousie, en jouant dans la figure de Hulot, le rendit aussi terrible que feu le maréchal Montcornet partant pour une charge de cavalerie sur un carré russe. En sa qualité de bel homme, le Conseiller-d'État n'avait jamais connu la jalousie, de même que Murat ignorait le sentiment de la peur. Il s'était toujours cru certain du triomphe. Son échec auprès de Joséplia, le premier de sa vie, il l'attribuait à la soif de l'argent; il se disait vaincu par un million, et non par un avorton, en parlant du duc d'Hérouville. Les philtres et les vertiges que verse à torrents ce sentiment fou venaient de couler dans son cœur en un instant. Il se retournait de sa table de whist vers la cheminée par des mouvements à la Mirabeau, et quand il laissait ses cartes pour embrasser par un regard provocateur le Brésilien et Valérie, les habitués du salon éprouvaient cette crainte mêlée de curiosité qu'inspire une violence menaçant d'éclater de moments en moments. Le faux cousin regardait le Conseiller-d'État comme il eût examiné quelque grosse potiche chinoise. Cette situation ne pouvait durer, sans aboutir à un éclat affreux. Marneffe craignait le baron Hulot, autant que Crevel redoutait Marneffe, car il ne se souciait pas de mourir sous-chef. Les moribonds croient à la vie comme les forçats à la liberté. Cet homme voulait être chef de bureau à tout prix. Justement effrayé de la pantomime de Crevel et du Conseiller-d'État, il se leva, dit un mot à l'oreille de sa femme ; et, au grand étonnement de l'assemblée, Valérie passa dans sa chambre à coucher avec le Brésilien et son mari.

— Madame Marneffe vous a-t-elle jamais parlé de ce cousin-là? demanda Crevel au baron Hulot.

— Jamais! répondit le baron en se levant. Assez pour ce soir, ajouta-t-il, je perds deux louis, les voici.

Il jeta deux pièces d'or sur la table et alla s'asseoir sur le divan d'un air que tout le monde interpréta comme un avis de s'en aller. Monsieur et madame Coquet, après avoir échangé deux mots, quittèrent le salon, et Claude Vignon, au désespoir, les imita. Ces deux sorties entraînèrent les personnes inintelligentes qui se virent de trop. Le baron et Crevel restèrent seuls, sans se dire un mot. Hulot, qui finit par ne plus apercevoir Crevel, alla sur la pointe du pied écouter à la porte de la chambre, et il fit un bond prodigieux en arrière, car monsieur Marneffe ouvrit la porte, se montra le front serein et parut étonné de ne trouver que deux personnes.

— Et le thé! dit-il.

— Où donc est Valérie? répondit le baron furieux.

— Ma femme, réplique Marneffe; mais elle est montée chez mademoiselle votre cousine, elle va revenir.

— Et pourquoi nous a-t-elle plantés là pour cette stupide chèvre?..

— Mais, dit Marneffe, mademoiselle Lisbeth est arrivée de chez madame la baronne votre femme avec une espèce d'indigestion, et Mathurine a demandé du thé à Valérie, qui vient d'aller voir ce qu'a mademoiselle votre cousine.

— Et le cousin?...

— Il est parti!

— Vous croyez cela? dit le baron.

— Je l'ai mis en voiture! répondit Marneffe avec un affreux sourire.

Le roulement d'une voiture se fit entendre dans la rue Vanneau. Le baron, comptant Marneffe pour zéro, sortit et monta chez Lisbeth. Il lui passait dans la cervelle une de ces idées qu'y envoie le cœur quand il est incendié par la jalousie. La bassesse de Marneffe lui était si connue, qu'il supposa d'ignobles connivences entre la femme et le mari.

— Que sont donc devenus ces messieurs et ces dames? demanda Marneffe en se voyant seul avec Crevel.

— Quand le soleil se couche, la basse-cour en fait autant, répondit Crevel; madame Marneffe a disparu, ses adorateurs sont partis. Je vous propose un piquet, ajouta Crevel qui voulait rester.

Lui aussi, il croyait le Brésilien dans la maison. Monsieur Marneffe accepta. — Le maire était aussi fin que le baron ; il pouvait demeurer au logis indéfiniment en jouant avec le mari qui, depuis la suppression des jeux publics, se contentait du jeu rétréci, mesquin, du monde.

Le baron Hulot monta rapidement chez sa cousine Bette ; mais il trouva la porte fermée, et les demandes d'usage à travers la porte employèrent assez de temps pour permettre à des femmes alertes et rusées de disposer le spectacle d'une indigestion gorgée de thé. Lisbeth souffrait tant, qu'elle inspirait les craintes les plus vives à Valérie ; aussi Valérie fit-elle à peine attention à la rageuse entrée du baron. La maladie est un des paravents que les femmes mettent le plus souvent entre elles et l'orage d'une querelle. Hulot regarda partout à la dérobée, et il n'aperçut dans la chambre à coucher de la cousine Bette aucun endroit propre à cacher un Brésilien.

— Ton indigestion, Bette, fait honneur au dîner de ma femme, dit-il en examinant la vieille fille qui se portait à merveille, et qui tâchait d'imiter le râle des convulsions d'estomac en buvant du thé.

— Voyez comme il est heureux que notre chère Bette soit logée dans ma maison ! Sans moi, la pauvre fille expirait... dit madame Marneffe.

— Vous avez l'air de me croire au mieux, reprit Lisbeth en s'adressant au baron, et ce serait une infamie...

— Pourquoi ? demanda le baron, vous savez donc la raison de ma visite ?

Et il guigna la porte d'un cabinet de toilette d'où la clef était retirée.

— Parlez-vous grec ?... répondit madame Marneffe avec une expression déchirante de tendresse et de fidélité méconnues.

— Mais c'est pour vous, mon cher cousin, oui c'est par votre faute que je suis dans l'état où vous me voyez, dit Lisbeth avec énergie.

Ce cri détourna l'attention du baron qui regarda la vieille fille dans un étonnement profond.

— Vous savez si je vous aime, reprit Lisbeth, je suis ici, c'est tout dire. J'y use les dernières forces de ma vie, à veiller à vos intérêts en veillant à ceux de notre chère Valérie. Sa maison lui coûte dix fois moins cher qu'une autre maison qu'on voudrait tenir comme la sienne. Sans moi, mon cousin, au lieu de deux mille francs par mois, vous seriez forcé d'en donner trois ou quatre mille.

— Je sais tout cela, répondit le baron impatienté ; vous nous protégez de bien des manières, ajouta-t-il en revenant auprès de madame Marneffe et la prenant par le cou, n'est-ce pas, ma chère petite belle ?...

— Ma parole, dit Valérie, je vous crois fou !...

— Eh bien ! vous ne doutez pas de mon attachement, reprit Lisbeth ; mais j'aime aussi ma cousine Adeline, et je l'ai trouvée en larmes. Elle ne vous a pas vu depuis un mois. Non, cela n'est pas permis. Vous laissez ma pauvre Adeline sans argent. Votre fille Hortense a failli mourir en apprenant que c'est grâce à votre frère que nous avons pu dîner ! Il n'y avait pas de pain chez vous aujourd'hui. Adeline a pris la résolution héroïque de se suffire à elle-même. Elle m'a dit : « Je ferai comme toi ! » Ce mot m'a si fort serré le cœur, après le dîner, qu'en pensant à ce que ma cousine était en 1811 et ce qu'elle est en 1841, trente ans après ! j'ai eu ma digestion arrêtée... j'ai voulu vaincre le mal ; mais, arrivée ici, j'ai cru mourir...

— Vous voyez, Valérie, dit le baron, jusqu'où me mène mon adoration pour vous !... à commettre des crimes domestiques...

— Oh ! j'ai eu raison de rester fille ! s'écria Lisbeth avec une joie sauvage. Vous êtes un bon et excellent homme, Adeline est un ange, et voilà la récompense d'un dévouement aveugle.

— Un vieil ange ! dit doucement madame Marneffe en jetant un regard moitié tendre, moitié rieur à son Hector, qui la contemplait comme un juge d'instruction examine un prévenu.

— Pauvre femme ! dit le baron. Voilà plus de neuf mois que je ne lui ai remis d'argent, et j'en trouve pour vous, Valérie, et à quel prix ! Vous ne serez jamais aimée ainsi par personne, et quels chagrins vous me donnez en retour !

— Des chagrins ? reprit-elle. Qu'appelez-vous donc le bonheur ?

— Je ne sais pas encore quelles ont été vos relations avec ce prétendu cousin, de qui vous ne m'avez jamais parlé, reprit le baron sans faire attention aux mots jetés par Valérie. Mais, quand il est entré, j'ai reçu comme un coup de canif dans le cœur. Quelque aveugle que je sois, je ne suis pas aveugle. J'ai lu dans vos yeux et dans les siens. Enfin, il s'échappait par les paupières de ce singe des étincelles qui rejaillissaient sur vous, dont le regard... Oh ! vous ne m'avez jamais regardé ainsi, jamais ! Quant à ce mystère, Valérie, il se dévoilera... Vous êtes la seule femme qui m'ayez fait connaître le sentiment de la jalousie, ainsi ne vous étonnez pas de ce que je vous dis... Mais un autre mystère qui a crevé son nuage, et qui me semble une infamie....

— Allez! allez! dit Valérie.

— C'est que Crevel, ce cube de chair et de bêtise, vous aime, et que vous accueillez ses galanteries assez bien pour que ce niais ait laissé voir sa passion à tout le monde...

— Et de trois! Vous n'en apercevez pas d'autres? demanda madame Marneffe.

— Peut-être y en a-t-il? dit le baron.

— Que monsieur Crevel m'aime, il est dans son droit d'homme; que je sois favorable à sa passion, ce serait le fait d'une coquette ou d'une femme à qui vous laisseriez beaucoup de choses à désirer... Eh bien! aimez-moi avec mes défauts, ou laissez-moi. Si vous me rendez ma liberté, ni vous, ni monsieur Crevel, vous ne reviendrez ici, je prendrai mon cousin pour ne pas perdre les charmantes habitudes que vous me supposez. Adieu, monsieur le baron Hulot.

Et elle se leva; mais le Conseiller-d'État la saisit par le bras et la fit asseoir. Le vieillard ne pouvait plus remplacer Valérie, elle était devenue un besoin plus impérieux pour lui que les nécessités de la vie, et il aima mieux rester dans l'incertitude que d'acquérir la plus légère preuve de l'infidélité de Valérie.

— Ma chère Valérie, dit-il, ne vois-tu pas ce que je souffre? Je ne te demande que de te justifier... donne-moi de bonnes raisons...

— Eh bien! allez m'attendre en bas, car vous ne voulez pas assister, je crois, aux différentes cérémonies que nécessite l'état de votre cousine.

Hulot se retira lentement.

— Vieux libertin! s'écria la cousine Bette, vous ne me demandez donc pas des nouvelles de vos enfants?... Que ferez-vous pour Adeline? Moi, d'abord, je lui porte demain mes économies.

— On doit au moins le pain de froment à sa femme, dit en souriant madame Marneffe.

Le baron, sans s'offenser du ton de Lisbeth qui le régentait aussi durement que Josépha, s'en alla comme un homme enchanté d'éviter une question importune.

Une fois le verrou mis, le Brésilien quitta le cabinet de toilette où il attendait, et il parut les yeux pleins de larmes, dans un état à faire pitié. Montès avait évidemment tout entendu.

— Tu ne m'aimes plus, Henri ! je le vois, dit madame Marneffe en se cachant le front dans son mouchoir et fondant en larmes.

C'était le cri de l'amour vrai. La clameur du désespoir de la femme est si persuasive, qu'elle arrache le pardon qui se trouve au fond du cœur de tous les amoureux, quand la femme est jeune, jolie et décolletée à sortir par le haut de sa robe en costume d'Ève.

— Mais pourquoi ne quittez-vous pas tout pour moi, si vous m'aimez? demanda le Brésilien.

Ce naturel de l'Amérique, logique comme le sont tous les hommes nés dans la Nature, reprit aussitôt la conversation au point où il l'avait laissée, en reprenant la taille de Valérie.

— Pourquoi?... dit-elle en relevant la tête et regardant Henri qu'elle domina par un regard chargé d'amour. Mais, mon petit chat, je suis mariée. Mais nous sommes à Paris, et non dans les savanes, dans les pampas, dans les solitudes de l'Amérique. Mon bon Henri, mon premier et mon seul amour, écoute-moi donc. Ce mari, simple sous-chef au ministère de la guerre, veut être chef de bureau et officier de la Légion-d'Honneur, puis-je l'empêcher d'avoir de l'ambition? or, pour la même raison qu'il nous laissait entièrement libres tous les deux (il y a bientôt quatre ans, t'en souviens-tu, méchant?), aujourd'hui Marneffe m'impose monsieur Hulot. Je ne puis me défaire de cet affreux administrateur qui souffle comme un phoque, qui a des nageoires dans les narines, qui a soixante-trois ans, qui depuis trois ans s'est vieilli de dix ans à vouloir être jeune, qui m'est odieux, que le lendemain du jour où Marneffe sera chef de bureau et officier de la Légion-d'Honneur...

— Qu'est-ce qu'il aura de plus, ton mari?

— Mille écus.

— Je les lui donnerai viagèrement, reprit le baron Montès, quittons Paris et allons...

— Où? dit Valérie en faisant une de ces jolies moues par lesquelles les femmes narguent les hommes dont elles sont sûres. Paris est la seule ville où nous puissions vivre heureux. Je tiens trop à ton amour pour le voir s'affaiblir en nous trouvant seuls dans un désert; écoute, Henri, tu es le seul homme aimé de moi dans l'Univers, écris cela sur ton crâne de tigre.

Les femmes persuadent toujours aux hommes de qui elles ont fait des moutons qu'ils sont des lions, et qu'ils ont un caractère de fer.

— Maintenant, écoute-moi bien : Monsieur Marneffe n'a pas cinq ans à vivre, il est gangrené jusque dans la moelle de ses os; sur douze mois de l'année, il en passe sept à boire des drogues, des tisanes, il vit dans la flanelle; enfin, il est, dit le médecin, sous le coup de la faulx à tout moment; la maladie la plus innocente pour un homme sain, sera mortelle pour lui, le sang est corrompu, la vie est attaquée dans son principe. Depuis cinq ans, je n'ai pas voulu qu'il m'embrassât une seule fois, car, cet homme, c'est la peste! Un jour, et ce jour n'est pas éloigné, je serai veuve, eh bien! moi, déjà demandée par un homme qui possède soixante mille francs de rente, moi qui suis maîtresse de cet homme comme de ce morceau de sucre, je te déclare que tu serais pauvre comme Hulot, lépreux comme Marneffe, et que si tu me battais, c'est toi que je veux pour mari, toi seul que j'aime, de qui je veuille porter le nom. Et je suis prête à te donner tous les gages d'amour que tu voudras...

— Eh bien! ce soir...

— Mais, enfant de Rio, mon beau jaguar sorti pour moi des forêts vierges du Brésil, dit-elle en lui prenant la main et la baisant et le caressant, respecte donc un peu la créature de qui tu veux faire ta femme... Serai-je ta femme, Henri?...

— Oui, dit le Brésilien vaincu par le bavardage effréné de la passion.

Et il se mit à genoux.

— Voyons, Henri, dit Valérie en lui prenant les deux mains et le regardant au fond des yeux avec fixité, tu me jures ici, en présence de Lisbeth, ma meilleure et ma seule amie, ma sœur, de me prendre pour femme au bout de mon année de veuvage?...

— Je le jure.

— Ce n'est pas assez! jure par les cendres et le salut éternel de ta mère, jure-le par la vierge Marie et par tes espérances de catholique!

Valérie savait que le Brésilien tiendrait ce serment, quand même elle serait tombée au fond du plus sale bourbier social. Le Brésilien fit ce serment solennel, le nez presque touchant à la blanche poitrine de Valérie et les yeux fascinés; il était ivre, comme on est ivre en revoyant une femme aimée, après une traversée de cent vingt jours!

— Eh bien! maintenant, sois tranquille. Respecte bien dans

madame Marneffe, la future baronne de Montéjanos. Ne dépense pas un liard pour moi, je te le défends. Reste ici, dans la première pièce, couché sur le petit canapé, je viendrai moi-même t'avertir quand tu pourras quitter ton poste... Demain matin nous déjeunerons ensemble, et tu t'en iras sur les une heure, comme si tu étais venu me faire une visite à midi. Ne crains rien, les portiers m'appartiennent comme s'ils étaient mon père et ma mère... Je vais descendre chez moi servir le thé.

Elle fit un signe à Lisbeth qui l'accompagna jusque sur le palier. Là, Valérie dit à l'oreille de la vieille fille : — Ce moricaud est venu un an trop tôt ! car je meurs si je ne te venge d'Hortense !...

— Sois tranquille, mon cher gentil petit démon, dit la vieille fille en l'embrassant au front, l'amour et la vengeance, chassant de compagnie, n'auront jamais le dessous. Hortense m'attend demain, elle est dans la misère. Pour avoir mille francs, Wenceslas t'embrassera mille fois.

En quittant Valérie, Hulot était descendu jusqu'à la loge, et s'était montré subitement à madame Olivier.

— Madame Olivier ?...

En entendant cette interrogation impérieuse et voyant le geste par lequel le baron la commenta, madame Olivier sortit de sa loge, et alla jusque dans la cour à l'endroit où le baron l'emmena.

— Vous savez que si quelqu'un peut un jour faciliter à votre fils l'acquisition d'une étude, c'est moi ; c'est grâce à moi que le voici troisième clerc de notaire, et qu'il achève son Droit.

— Oui, monsieur le baron ; aussi, monsieur le baron peut-il compter sur notre reconnaissance. Il n'y a pas de jour que je ne prie Dieu pour le bonheur de monsieur le baron...

— Pas tant de paroles, ma bonne femme, dit Hulot, mais des preuves...

— Que faut-il faire ? demanda madame Olivier.

— Un homme en équipage est venu ce soir, le connaissez-vous ?

Madame Olivier avait bien reconnu le Montès, comment l'aurait-elle oublié ? Montès lui glissait, rue du Doyenné, cent sous dans la main toutes les fois qu'il sortait, le matin, de la maison, un peu trop tôt. Si le baron s'était adressé à monsieur Olivier, peut-être aurait-il appris tout. Mais Olivier dormait. Dans les classes inférieures, la femme est, non-seulement supérieure à l'homme, mais encore elle le gouverne presque toujours. Depuis long-temps, madame Olivier avait pris son parti dans le cas d'une collision entre ses deux bienfaiteurs, elle regardait madame Marneffe comme la plus forte de ces deux puissances.

— Si je le connais ?... répondit-elle, non. Ma foi, non, je ne l'ai jamais vu !...

— Comment ! le cousin de madame Marneffe ne venait jamais la voir quand elle demeurait rue du Doyenné ?

— Ah ! c'est son cousin !... s'écria madame Olivier. Il est peut-être venu, mais je ne l'ai pas reconnu. La première fois, monsieur, je ferai bien attention...

— Il va descendre, dit Hulot vivement en coupant la parole à madame Olivier...

— Mais il est parti, répliqua madame Olivier qui comprit tout. La voiture n'est plus là...

— Vous l'avez vu partir ?

— Comme je vous vois. Il a dit à son domestique : A l'ambassade !

Ce ton, cette assurance arrachèrent un soupir de bonheur au baron, il prit la main à madame Olivier et la lui serra.

— Merci, ma chère madame Olivier ; mais ce n'est pas tout ! Et monsieur Crevel ?...

— Monsieur Crevel ? que voulez-vous dire ? Je ne comprends pas, dit madame Olivier.

— Écoutez-moi bien ! Il aime madame Marneffe...

— Pas possible ! monsieur le baron, pas possible ! dit-elle en joignant les mains.

— Il aime madame Marneffe ! répéta fort impérativement le baron. Comment font-ils ? je n'en sais rien ; mais je veux le savoir et vous le saurez. Si vous pouvez me mettre sur les traces de cette intrigue, votre fils sera notaire.

— Monsieur le baron, *ne vous mangez pas les sangs* comme ça, reprit madame Olivier. Madame vous aime et n'aime que vous ; sa femme de chambre le sait bien, et nous disons comme cela que vous êtes l'homme le plus heureux de la terre, car vous savez tout ce que vaut madame... Ah ! c'est une perfection... Elle se lève à dix heures tous les jours ; pour lors, elle déjeune, bon. Eh ! bien, elle en a pour une heure à faire sa toilette, et tout ça la mène à deux heures ; pour lors elle va se promener aux Tuileries au vu et n'au su de tout le monde ; elle est toujours rentrée à quatre heures, pour l'heure de votre arrivée... Oh ! c'est réglé comme n'une pendule. Elle n'a pas de secrets pour sa femme de chambre, Reine n'en a pas pour moi, allez! Reine ne peut pas n'en n'avoir, rapport à mon fils, pour qui n'elle a des bontés... Vous voyez bien que si madame avait des rapports avec monsieur Crevel, nous le saurerions.

Le baron remonta chez madame Marneffe le visage rayonnant, et convaincu d'être le seul homme aimé de cette affreuse courtisane, aussi décevante, mais aussi belle, aussi gracieuse qu'une sirène.

Crevel et Marneffe commençaient un second piquet. Crevel perdait, comme perdent tous les gens qui ne sont pas à leur jeu. Marneffe, qui savait la cause des distractions du maire, en profitait sans scrupules : il regardait les cartes à prendre, il *écartait* en conséquence ; puis, voyant dans le jeu de son adversaire, il jouait à coup sûr. Le prix de la fiche étant de vingt sous, il avait déjà volé trente francs au maire au moment où le baron rentrait.

— Eh bien, dit le Conseiller-d'État étonné de ne trouver personne, vous êtes seuls! où sont-ils tous?

— Votre belle humeur a mis tout le monde en fuite! répondit Crevel.

— Non, c'est l'arrivée du cousin de sa femme, répliqua Marneffe. Ces dames et ces messieurs ont pensé que Valérie et Henri devaient avoir quelque chose à se dire, après une séparation de trois années, et ils se sont discrètement retirés... Si j'avais été là, je les aurais retenus; mais, par aventure, j'aurais mal fait, car l'indisposition de Lisbeth, qui sert toujours le thé, sur les dix heures et demie, a mis tout en déroute...

— Lisbeth est donc réellement indisposée? demanda Crevel furieux.

— On me l'a dit, répliqua Marneffe avec l'immorale insouciance des hommes pour qui les femmes n'existent plus.

Le maire avait regardé la pendule ; et, à cette estime, le baron paraissait avoir passé quarante minutes chez Lisbeth. L'air joyeux de Hulot incriminait gravement Hector, Valérie et Lisbeth.

— Je viens de la voir, elle souffre horriblement, la pauvre fille, dit le baron.

— La souffrance des autres fait donc votre joie, mon cher ami, reprit aigrement Crevel, car vous nous revenez avec une figure où la jubilation rayonne! Est-ce que Lisbeth est en danger de mort? Votre fille hérite d'elle, dit-on. Vous ne vous ressemblez plus, vous êtes parti avec la physionomie du More de Venise, et vous revenez avec celle de Saint-Preux!... Je voudrais bien voir la figure de madame Marneffe!

— Qu'entendez-vous par ces paroles?..., demanda monsieur Marneffe à Crevel en rassemblant ses cartes et les posant devant lui.

Les yeux éteints de cet homme décrépit à quarante-sept ans s'animèrent, de pâles couleurs nuancèrent ses joues flasques et froides, il entr'ouvrit sa bouche démeublée aux lèvres noires, sur lesquelles il vint une espèce d'écume blanche comme de la craie, et caséiforme. Cette rage d'un homme impuissant, dont la vie tenait à un fil, et qui, dans un duel, n'eût rien risqué là où Crevel eût eu tout à perdre, effraya le maire.

— Je dis, répondit Crevel, que j'aimerais à voir la figure de madame Marneffe, et j'ai d'autant plus raison, que la vôtre en ce moment est fort désagréable. Parole d'honneur, vous êtes horriblement laid, mon cher Marneffe...

— Savez-vous que vous n'êtes pas poli?

— Un homme qui gagne trente francs en quarante-cinq minutes ne me paraît jamais beau.

— Ah! si vous m'aviez vu, reprit le sous-chef, il y a dix-sept ans...

— Vous étiez gentil? répliqua Crevel.

— C'est ce qui m'a perdu; si j'avais été comme vous je serais Pair et Maire.

— Oui, dit en souriant Crevel, vous avez trop fait la guerre, et, des deux métaux que l'on gagne à cultiver le dieu du commerce, vous avez pris le mauvais, la drogue!

Et Crevel éclata de rire. Si Marneffe se fâchait à propos de son honneur en péril, il prenait toujours bien ces vulgaires et ignobles plaisanteries; elles étaient comme la petite monnaie de la conversation entre Crevel et lui.

— Ève me coûte cher, c'est vrai; mais, ma foi, courte et bonne, voilà ma devise.

— J'aime mieux longue et heureuse, répliqua Crevel.

Madame Marneffe entra, vit son mari jouant avec Crevel, et le baron, tous trois seuls dans le salon; elle comprit, au seul aspect de la figure du dignitaire municipal, toutes les pensées qui l'avaient agité, son parti fut aussitôt pris.

— Marneffe! mon chat! dit-elle en venant s'appuyer sur l'épaule de son mari et passant ses jolis doigts dans des cheveux d'un

11.

vilain gris sans pouvoir couvrir la tête en les ramenant, il est bien tard pour toi, tu devrais t'aller coucher. Tu sais que demain il faut te purger, le docteur l'a dit, et Reine te fera prendre du bouillon aux herbes dès sept heures... Si tu veux vivre, laisse là ton piquet...

— Faisons-le en cinq marqués? demanda Marneffe à Crevel.

— Bien... j'en ai déjà deux, répondit Crevel.

— Combien cela durera-t-il? demanda Valérie.

— Dix minutes, répliqua Marneffe.

— Il est déjà onze heures, répondit Valérie. Et vraiment, monsieur Crevel, on dirait que vous voulez tuer mon mari. Dépêchez-vous au moins.

Cette rédaction à double sens fit sourire Crevel, Hulot et Marneffe lui-même. Valérie alla causer avec son Hector.

— Sors, mon chéri, dit Valérie à l'oreille d'Hector, promène-toi dans la rue Vanneau; tu reviendras lorsque tu verras sortir Crevel.

— J'aimerais mieux sortir de l'appartement et rentrer dans ta chambre par la porte du cabinet de toilette; tu pourrais dire à Reine de me l'ouvrir.

— Reine est là-haut à soigner Lisbeth.

— Eh bien! si je remontais chez Lisbeth?

Tout était péril pour Valérie, qui, prévoyant une explication avec Crevel, ne voulait pas Hulot dans sa chambre où il pourrait tout entendre. Et le Brésilien attendait chez Lisbeth.

— Vraiment, vous autres hommes, dit Valérie à Hulot, quand vous avez une fantaisie, vous brûleriez les maisons pour y entrer. Lisbeth est dans un état à ne pas vous recevoir... Craignez-vous d'attraper un rhume dans la rue!... Allez-y... ou bonsoir!...

— Adieu, messieurs, dit le baron à haute voix.

Une fois attaqué dans son amour-propre de vieillard, Hulot tint à prouver qu'il pouvait faire le jeune homme en attendant l'heure du berger dans la rue, et il sortit.

Marneffe dit bonsoir à sa femme, à qui, par une démonstration de tendresse apparente, il prit les mains. Valérie serra d'une façon significative la main de son mari, ce qui voulait dire : — Débarrasse-moi donc de Crevel.

— Bonne nuit, Crevel, dit alors Marneffe, j'espère que vous ne resterez pas long-temps avec Valérie. Ah! je suis jaloux... ça m'a pris tard, mais ça me tient... et je viendrai voir si vous êtes parti.

— Nous avons à causer d'affaires, mais je ne resterai pas longtemps, dit Crevel.

— Parlez bas! — que me voulez-vous? dit Valérie sur deux tons en regardant Crevel avec un air où la hauteur se mêlait au mépris.

En recevant ce regard hautain, Crevel, qui rendait d'immenses services à Valérie et qui voulait s'en targuer, redevint humble et soumis.

— Ce Brésilien...

Crevel, épouvanté par le regard fixe et méprisant de Valérie, s'arrêta.

— Après?... dit-elle.

— Ce cousin...

— Ce n'est pas mon cousin, reprit-elle. C'est mon cousin pour le monde et pour monsieur Marneffe. Ce serait mon amant, que vous n'auriez pas un mot à dire. Un boutiquier qui achète une femme pour se venger d'un homme est au-dessous, dans mon estime, de celui qui l'achète par amour. Vous n'étiez pas épris de moi, vous avez vu en moi la maîtresse de monsieur Hulot, et vous m'avez acquise comme on achète un pistolet pour tuer son adversaire. J'avais faim, j'ai consenti!

— Vous n'avez pas exécuté le marché, répondit Crevel redevenant commerçant.

— Ah! vous voulez que le baron Hulot sache bien que vous lui prenez sa maîtresse, pour avoir votre revanche de l'enlèvement de Joséphа... Rien ne me prouve mieux votre bassesse. Vous dites aimer une femme, vous la traitez de duchesse, et vous voulez la déshonorer? Tenez, mon cher, vous avez raison : cette femme ne vaut pas Joséphа. Cette demoiselle a le courage de son infamie, tandis que moi je suis une hypocrite qui devrais être fouettée en place publique. Hélas! Joséphа se protège par son talent et par sa fortune. Mon seul rempart, à moi, c'est mon honnêteté; je suis encore une digne et vertueuse bourgeoise; mais si vous faites un éclat, que deviendrai-je? Si j'avais la fortune, encore passe! Mais j'ai maintenant tout au plus quinze mille francs de rente, n'est-ce pas?

— Beaucoup plus, dit Crevel; je vous ai doublé depuis deux mois vos économies dans l'Orléans.

— Eh! bien, la considération à Paris commence à cinquante mille francs de rente, vous n'avez pas à me donner la monnaie de la position que je perdrai. Que voulais-je? faire nommer Marneffe Chef de bureau; il aurait six mille francs d'appointements; il a vingt-sept ans de service, dans trois ans j'aurais droit à quinze cents francs de pension, s'il mourait. Vous, comblé de bontés par moi, gorgé de bonheur, vous ne savez pas attendre! Et cela dit aimer! s'écria-t-elle.

— Si j'ai commencé par un calcul, dit Crevel, depuis je suis devenu votre *toutou*. Vous me mettez les pieds sur le cœur, vous m'écrasez, vous m'abasourdissez, et je vous aime comme je n'ai jamais aimé. Valérie, je vous aime autant que j'aime Célestine! Pour vous, je suis capable de tout... Tenez! au lieu de venir deux fois par semaine rue du Dauphin, venez-y trois.

— Rien que cela! Vous rajeunissez, mon cher...

— Laissez-moi renvoyer Hulot, l'humilier, vous en débarrasser, dit Crevel sans répondre à cette insolence, n'admettez plus ce Brésilien, soyez toute à moi, vous ne vous en repentirez pas. D'abord, je vous donnerai une inscription de huit mille francs de rente, mais viagère; je ne vous en joindrai la nue propriété qu'après cinq ans de constance...

— Toujours des marchés! les bourgeois n'apprendront jamais à donner! Vous voulez vous faire des relais d'amour dans la vie avec des inscriptions de rentes?... Ah! boutiquier, marchand de pommade! tu étiquètes tout! Hector me disait que le duc d'Hérouville avait apporté trente mille livres de rente à Joséplia dans un cornet à dragées d'épicier! je vaux six fois mieux que Joséplia! Ah! être aimée! dit-elle en refrisant ses anglaises et allant se regarder dans la glace. Henri m'aime, il vous tuerait comme une mouche à un signe de mes yeux! Hulot m'aime, il met sa femme sur la paille. Allez, soyez bon père de famille, mon cher. Oh! vous avez, pour faire vos fredaines, trois cent mille francs en dehors de votre fortune, un magot enfin, et vous ne pensez qu'à l'augmenter...

— Pour toi, Valérie, car je t'en offre la moitié! dit-il en tombant à genoux.

— Eh! bien, vous êtes encore là! s'écria le hideux Marneffe en robe de chambre. Que faites-vous?

— Il me demande pardon, mon ami, d'une proposition insultante qu'il vient de m'adresser. Ne pouvant rien obtenir de moi, monsieur inventait de m'acheter...

Crevel aurait voulu descendre dans la cave par une trappe, comme cela se fait au théâtre.

— Relevez-vous, mon cher Crevel, dit en souriant Marneffe, vous êtes ridicule. Je vois à l'air de Valérie qu'il n'y a pas de danger pour moi.

— Va te coucher et dors tranquille, dit madame Marneffe.

— Est-elle spirituelle? pensait Crevel, elle est adorable! elle me sauve!

Quand Marneffe fut rentré chez lui, le maire prit les mains de Valérie et les lui baisa en y laissant trace de quelques larmes.

— Tout en ton nom! dit-il.

— Voilà aimer, lui répondit-elle bas à l'oreille. Eh! bien, amour pour amour. Hulot est en bas, dans la rue. Ce pauvre vieux attend, pour venir ici, que je place une bougie à l'une des fenêtres de ma chambre à coucher; je vous permets de lui dire que vous êtes le seul aimé; jamais il ne voudra vous croire, emmenez-le rue du Dauphin, donnez-lui des preuves, accablez-le; je vous le permets, je vous l'ordonne. Ce phoque m'ennuie, il m'excède. Tenez bien votre homme rue du Dauphin pendant toute la nuit, assassinez-le à petit feu, vengez-vous de l'enlèvement de Josépha. Hulot en mourra peut-être; mais nous sauverons sa femme et ses enfants d'une ruine effroyable. Madame Hulot travaille pour vivre!...

— Oh! la pauvre dame! ma foi, c'est atroce! s'écria Crevel chez qui les bons sentiments naturels revinrent.

— Si tu m'aimes, Célestin, dit-elle tout bas à l'oreille de Crevel qu'elle effleura de ses lèvres, retiens-le, ou je suis perdue. Marneffe a des soupçons, Hector a la clef de la porte cochère et compte revenir!

Crevel serra madame Marneffe dans ses bras, et sortit au comble du bonheur; Valérie l'accompagna tendrement jusqu'au palier; puis, comme une femme magnétisée, elle descendit jusqu'au premier étage, et elle alla jusqu'au bas de la rampe.

— Ma Valérie! remonte, ne te compromets pas aux yeux des portiers... Va, ma vie et ma fortune, tout est à toi... Rentre, ma duchesse!

— Madame Olivier! cria doucement Valérie lorsque la porte frappa.

— Comment! madame, vous ici! dit madame Olivier stupéfaite.

— Mettez les verrous en haut et en bas à la grande porte, et n'ouvrez plus.

— Bien, madame.

Une fois les verrous tirés, madame Olivier raconta la tentative de corruption que s'était permise le haut fonctionnaire à son égard.

— Vous vous êtes conduite comme un ange, ma chère Olivier; mais nous causerons de cela demain.

Valérie atteignit le troisième étage avec la rapidité d'une flèche, frappa trois petits coups à la porte de Lisbeth, et revint chez elle, où elle donna ses ordres à mademoiselle Reine; car jamais une femme ne manque l'occasion d'un Montès arrivant du Brésil.

— Non! saperlotte, il n'y a que les femmes du monde pour savoir aimer ainsi! se disait Crevel. Comme elle descendait l'escalier en l'éclairant de ses regards, je l'entraînais! Jamais Josépha!... Josépha, c'est de la *gnognote!* cria l'ancien commis-voyageur. Qu'ai-je dit là? *gnognote...* Mon Dieu! je suis capable de lâcher cela quelque jour aux Tuileries... Non, si Valérie ne fait pas mon éducation, je ne puis rien être... Moi qui tiens tant à paraître grand seigneur... Ah! quelle femme! elle me remue autant qu'une colique, quand elle me regarde froidement... Quelle grâce! quel esprit! Jamais Josépha ne m'a donné de pareilles émotions. Et quelles perfections inconnues! Ah! bien, voilà mon homme.

Il apercevait, dans les ténèbres de la rue de Babylone, le grand Hulot, un peu voûté, se glissant le long des planches d'une maison en construction, et il alla droit à lui.

— Bonjour, baron, car il est plus de minuit, mon cher! Que diable faites-vous là?... vous vous promenez par une jolie petite pluie fine. A nos âges, c'est mauvais. Voulez-vous que je vous donne un bon conseil? revenons chacun chez nous; car, entre nous, vous ne verrez pas de lumière à la croisée...

En entendant cette dernière phrase, le baron sentit qu'il avait soixante-trois ans, et que son manteau était mouillé.

— Qui donc a pu vous dire?... demanda-t-il.

— Valérie! parbleu, *notre* Valérie qui veut être uniquement *ma* Valérie. Nous sommes manche à manche, baron, nous jouerons la belle quand vous voudrez. Vous ne pouvez pas vous fâcher, vous savez que le droit de prendre ma revanche a toujours été stipulé, vous avez mis trois mois à m'enlever Joséplia, moi je vous ai pris Valérie en... Ne parlons pas de cela, reprit-il. Maintenant, je la veux toute à moi. Mais nous n'en resterons pas moins bons amis.

— Crevel, ne plaisante pas, répondit le baron d'une voix étouffée par la rage, c'est une affaire de vie ou de mort.

— Tiens! comme vous prenez cela?... Baron, ne vous rappelez-vous plus ce que vous m'avez dit le jour du mariage d'Hortense : « Est-ce que deux roquentins comme nous doivent se brouiller pour une jupe? C'est épicier, c'est petites gens... » Nous sommes, c'est convenu, Régence, Justeaucorps bleu, Pompadour, Dix-huitième siècle, tout ce qu'il y a de plus maréchal de Richelieu, Rocaille, et, j'ose le dire, Liaisons Dangereuses!...

Crevel aurait pu entasser ses mots littéraires pendant long-temps, le baron écoutait comme écoutent les sourds dans le commencement de leur surdité. Voyant, à la lueur du gaz, le visage de son ennemi devenu blanc, le vainqueur s'arrêta. C'était un coup de foudre pour le baron, après les déclarations de madame Olivier, après le dernier regard de Valérie.

— Mon Dieu! il y avait tant d'autres femmes dans Paris!... s'écria-t-il enfin.

— C'est ce que je t'ai dit quand tu m'as pris Joséplia, répliqua Crevel.

— Tenez, Crevel, c'est impossible... Donnez-moi des preuves!... avez-vous une clef comme moi pour entrer?

Et le baron, arrivé devant la maison, fourra une clef dans la serrure : mais il trouva la porte immobile, et il essaya vainement de l'ébranler.

— Ne faites pas de tapage nocturne, dit tranquillement Crevel. Tenez, baron, j'ai, moi, de bien meilleures clefs que les vôtres.

— Des preuves! des preuves! répéta le baron exaspéré par une douleur à devenir fou.

— Venez, je vais vous en donner, répondit Crevel.

Et, selon les instructions de Valérie, il entraîna le baron vers le quai, par la rue Hillerin-Bertin. L'infortuné Conseiller-d'État allait, comme vont les négociants la veille du jour où ils doivent déposer leur bilan; il se perdait en conjectures sur les raisons de la dépravation cachée au fond du cœur de Valérie, et il se croyait la dupe de quelque mystification. En passant sur le pont Royal, il vit son existence si vide, si bien finie, si embrouillée par ses affaires financières, qu'il fut sur le point de céder à la mauvaise pensée qui lui vint de jeter Crevel à la rivière, et de s'y jeter après lui.

Arrivé rue du Dauphin, qui, dans ce temps, n'était pas encore élargie, Crevel s'arrêta devant une porte bâtarde. Cette porte ouvrait sur un long corridor pavé en dalles blanches et noires, formant péristyle, et au bout duquel se trouvait un escalier et une loge de concierge éclairés par une petite cour intérieure comme il y en a tant à Paris. Cette cour, mitoyenne avec la propriété voisine, offrait la singulière particularité d'un partage inégal. La petite maison de Crevel, car il en était propriétaire, avait un appendice à toiture vitrée, bâti sur le terrain voisin, et grevé de l'interdiction d'élever cette construction, entièrement cachée à la vue par la loge et par l'encorbellement de l'escalier.

Ce local, comme on en voit tant à Paris, avait long-temps servi de magasin, d'arrière-boutique et de cuisine à l'une des deux boutiques situées sur la rue. Crevel avait détaché de la location ces trois pièces du rez-de-chaussée, et Grindot les avait transformées en une petite maison économique. On y pénétrait de deux manières, d'abord par la boutique d'un marchand de meubles à qui Crevel la louait à bas prix et au mois, afin de pouvoir le punir en cas d'indiscrétion, puis par une porte cachée dans le mur du corridor assez habilement pour être presque invisible. Ce petit appartement, composé d'une salle à manger, d'un salon et d'une chambre à coucher, éclairé par en haut, partie chez le voisin, partie chez Crevel, était donc à peu près introuvable. A l'exception du marchand de meubles d'occasion, les locataires ignoraient l'existence de ce petit paradis. La portière, payée pour être la complice de Crevel, était une excellente cuisinière. Monsieur le maire pouvait donc entrer dans sa petite maison économique et en sortir à toute heure de nuit, sans craindre aucun espionnage. Le jour, une femme mise comme se mettent les Parisiennes pour aller faire des emplettes et munie d'une clef, ne risquait rien à venir chez Crevel; elle observait les marchandises d'occasion, elle en marchandait, elle entrait dans la boutique, et la quittait sans exciter le moindre soupçon si quelqu'un la rencontrait.

Lorsque Crevel eut allumé les candélabres dans le boudoir, le baron fut tout étonné du luxe intelligent et coquet déployé là. L'ancien parfumeur avait donné carte blanche à Grindot, et le vieil architecte s'était distingué par une création du genre Pompadour qui, d'ailleurs, coûtait soixante mille francs. — Je veux, avait dit Crevel à Grindot, qu'une duchesse entrant là soit surprise... Il avait voulu le plus bel Éden parisien pour y posséder son Ève, sa femme du monde, sa Valérie, sa duchesse.

— Il y a deux lits, dit Crevel à Hulot en montrant un divan d'où l'on tirait un lit comme on tire le tiroir d'une commode. En voici un, l'autre est dans la chambre. Ainsi nous pouvons passer ici la nuit tous les deux.

— Les preuves! dit le baron.

Crevel prit un bougeoir et mena son ami dans la chambre à coucher, où, sur une causeuse, Hulot vit une robe de chambre magnifique appartenant à Valérie, et qu'elle avait portée rue Vanneau, pour s'en faire honneur avant de l'employer à la petite maison Crevel. Le maire fit jouer le secret d'un joli petit meuble en marqueterie appelé *bonheur du jour*, y fouilla, saisit une lettre et la tendit au baron.

— Tiens, lis.

Le Conseiller-d'État lut ce petit billet écrit au crayon :

« Je t'ai vainement attendu, vieux rat! Une femme comme moi n'attend jamais un ancien parfumeur. Il n'y avait ni dîner commandé, ni cigarettes. Tu me payeras tout cela. »

— Est-ce bien son écriture?

— Mon Dieu! dit Hulot en s'asseyant accablé. Je reconnais tout ce qui lui a servi, voilà ses bonnets et ses pantoufles. Ah! çà, voyons, depuis quand...

Crevel fit signe qu'il comprenait, et empoigna une liasse de mémoires dans le petit secrétaire en marqueterie.

— Vois, mon vieux! j'ai payé les entrepreneurs en décembre 1838. En octobre, deux mois auparavant, cette délicieuse petite maison était étrennée.

Le Conseiller-d'État baissa la tête.

— Comment diable faites-vous? car je connais l'emploi de son temps, heure par heure.

— Et la promenade aux Tuileries... dit Crevel en se frottant les mains et jubilant.

— Et bien?... reprit Hulot hébété.

— Ta soi-disant maîtresse vient aux Tuileries, elle est censée s'y promener de une heure à quatre heures; mais crac! en deux temps elle est ici. Tu connais Molière? Eh bien! baron, il n'y a rien d'imaginaire dans ton intitulé.

Hulot, ne pouvant plus douter de rien, resta dans un silence sinistre. Les catastrophes poussent tous les hommes forts et intelligents à la philosophie. Le baron était, moralement, comme un homme qui cherche son chemin la nuit dans une forêt. Ce silence morne, le changement qui se fit sur cette physionomie affaissée, tout inquiéta Crevel qui ne voulait pas la mort de son collaborateur.

— Comme je te disais, mon vieux, nous sommes manche à manche, jouons la belle... Veux-tu jouer la belle, voyons? au plus fin!

— Pourquoi, se dit Hulot en se parlant à lui-même, sur dix belles femmes, y en-a-t-il au moins sept de perverses?

Le baron était trop en désarroi pour trouver la solution de ce problème. La beauté, c'est le plus grand des pouvoirs humains. Tout pouvoir sans contre-poids, sans entraves, autocratique, mène à l'abus, à la folie. L'arbitraire c'est la démence du pouvoir. Chez la femme, l'arbitraire, c'est la fantaisie.

— Tu n'as pas à te plaindre, mon cher confrère, tu as la plus belle des femmes, et elle est vertueuse.

— Je mérite mon sort, se dit Hulot, j'ai méconnu ma femme, je la fais souffrir, et c'est un ange! O ma pauvre Adeline, tu es bien vengée! Elle souffre, seule, en silence, elle est digne d'adoration, elle mérite mon amour, je devrais... car elle est admirable encore, blanche et redevenue jeune fille... Mais a-t-on jamais vu femme plus ignoble, plus infâme, plus scélérate que cette Valérie?

— C'est une vaurienne, dit Crevel, une coquine à fouetter sur la place du Châtelet; mais, mon cher Canillac, si nous sommes Justeaucorps bleu, Maréchal de Richelieu, Trumeau, Pompadour, Du Barry, roués et tout ce qu'il y a de plus Dix-huitième siècle, nous n'avons plus de lieutenant de police.

— Comment se faire aimer?... se demandait Hulot sans écouter Crevel.

— C'est une bêtise à nous autres de vouloir être aimés, mon cher, dit Crevel, nous ne pouvons être que supportés, car madame Marneffe est cent fois plus rouée que Joséphа...

— Et avide! elle me coûte cent quatre-vingt douze mille francs!... s'écria Hulot.

— Et combien de centimes? demanda Crevel avec l'insolence du financier en trouvant la somme minime.

— On voit bien que tu ne l'aimes pas, dit mélancoliquement le baron.

— Moi, j'en ai assez, répliqua Crevel, car elle a plus de trois cent mille francs à moi!...

— Où est-ce? où tout cela passe-t-il? dit le baron en se prenant la tête dans les mains.

— Si nous nous étions entendus, comme ces petits jeunes gens qui se cotisent pour entretenir une lorette de deux sous, elle nous aurait coûté moins cher...

— C'est une idée! repartit le baron; mais elle nous tromperait toujours, car, mon gros père, que penses-tu de ce Brésilien?...

— Ah! vieux lapin, tu as raison, nous sommes joués comme des... des actionnaires!... dit Crevel. Toutes ces femmes-là sont des commandites!

— C'est donc elle, dit le baron, qui t'a parlé de la lumière sur la fenêtre?...

— Mon bonhomme, reprit Crevel en se mettant en position, nous sommes *floués*! Valérie est une... Elle m'a dit de te tenir ici... J'y vois clair... Elle a son Brésilien... Ah! je renonce à elle, car si vous lui teniez les mains, elle trouverait moyen de vous tromper avec ses pieds! Tiens, c'est une infâme, une rouée!

— Elle est au-dessous des prostituées, dit le baron. Joséphina, Jenny Cadine étaient dans leur droit en nous trompant, elles font métier de leurs charmes, elles!

— Mais elle! qui fait la sainte, la prude, dit Crevel. Tiens, Hulot, retourne à ta femme, car tu n'es pas bien dans tes affaires, on commence à causer de certaines lettres de change souscrites à un petit usurier dont la spécialité consiste à prêter aux lorettes, un certain Vauvinet. Quant à moi, me voilà guéri des femmes comme il faut. D'ailleurs, à nos âges, quel besoin avons-nous de ces drôlesses, qui, je suis franc, ne peuvent pas ne point nous tromper? Tu as des cheveux blancs, des fausses dents, baron. Moi, j'ai l'air de Silène. Je vais me mettre à amasser. L'argent ne trompe point. Si le Trésor s'ouvre tous les six mois pour tout le monde, il vous donne au moins des intérêts, et cette femme en coûte... Avec toi, mon cher confrère, Gubetta, mon vieux complice, je pourrais accepter une situation *chocnoso*... non, philosophique; mais un Brésilien qui, peut-être, apporte de son pays des denrées coloniales, suspectes...

— La femme, dit Hulot, est un être inexplicable.

— Je l'explique, dit Crevel : nous sommes vieux, le Brésilien est jeune et beau...

— Oui, c'est vrai, dit Hulot, je l'avoue, nous vieillissons. Mais, mon ami, comment renoncer à voir ces belles créatures se déshabillant, roulant leurs cheveux, nous regardant avec un fin sourire à travers leurs doigts quand elles mettent leurs papillotes, faisant toutes leurs mines, débitant leurs mensonges, et se disant peu aimées, quand elles nous voient harassés par les affaires, et nous distrayant malgré tout?

— Oui, ma foi ! c'est la seule chose agréable de la vie... s'écria Crevel. Ah ! quand un minois vous sourit, et qu'on vous dit : « Mon bon chéri, sais-tu combien tu es aimable ! Moi, je suis sans doute autrement faite que les autres femmes qui se passionnent pour de petits jeunes gens à barbe de bouc, des drôles qui fument, et grossiers comme des laquais ! car leur jeunesse leur donne une insolence !... Enfin, ils viennent, ils vous disent bonjour et ils s'en vont... Moi, que tu soupçonnes de coquetterie, je préfère à ces moutards les gens de cinquante ans, on garde ça long-temps ; c'est dévoué, ça sait qu'une femme se retrouve difficilement, et ils nous apprécient... Voilà pourquoi je t'aime, grand scélérat !... » Et elles accompagnent ces espèces d'aveux, de minauderies, de gentillesses, de... Ah ! c'est faux comme des programmes d'Hôtel-de-Ville...

— Le mensonge vaut souvent mieux que la vérité, dit Hulot en se rappelant quelques scènes charmantes évoquées par la pantomime de Crevel qui singeait Valérie. On est forcé de travailler le Mensonge, de coudre des paillettes à ses habits de théâtre...

— Et puis enfin, on les a, ces menteuses ! dit brutalement Crevel.

— Valérie est une fée, cria le baron, elle vous métamorphose un vieillard en jeune homme...

— Ah ! oui, reprit Crevel, c'est une anguille qui vous coule entre les mains ; mais c'est la plus jolie des anguilles... blanche et douce comme du sucre !... drôle comme Arnal, et des inventions ! Ah !

— Oh ! oui, elle est bien spirituelle ! s'écria le baron ne pensant plus à sa femme.

Les deux confrères se couchèrent les meilleurs amis du monde, en se rappelant une à une les perfections de Valérie, les intonations de sa voix, ses chatteries, ses gestes, ses drôleries, les saillies de son esprit, celles de son cœur ; car cette artiste en amour avait des élans admirables, comme les ténors qui chantent un air mieux un jour que l'autre. Et tous les deux ils s'endormirent, bercés par ces réminiscences tentatrices et diaboliques, éclairées par les feux de l'enfer.

Le lendemain, à neuf heures, Hulot parla d'aller au Ministère, Crevel avait affaire à la campagne. Ils sortirent ensemble, et Crevel tendit la main au baron en lui disant : — Sans rancune, n'est-ce pas ? car nous ne pensons plus ni l'un ni l'autre à madame Marneffe.

— Oh! c'est bien fini! répondit Hulot en exprimant une sorte d'horreur.

A dix heures et demie, Crevel grimpait quatre à quatre l'escalier de madame Marneffe. Il trouva l'infâme créature, l'adorable enchanteresse, dans le déshabillé le plus coquet du monde, mangeant un joli petit déjeuner fin en compagnie du baron Henri Montès de Montéjanos et de Lisbeth. Malgré le coup que lui porta la vue du Brésilien, Crevel pria madame Marneffe de lui donner deux minutes d'audience. Valérie passa dans le salon avec Crevel.

— Valérie, mon ange, dit l'amoureux Crevel, monsieur Marneffe n'a pas longtemps à vivre ; si tu veux m'être fidèle, à sa mort, nous nous marierons. Songes-y. Je t'ai débarrassée de Hulot... Ainsi, vois si ce Brésilien peut valoir un maire de Paris, un homme qui, pour toi, voudra parvenir aux plus hautes dignités, et qui, déjà, possède quatre-vingt et quelques mille livres de rente.

— On y songera, dit-elle. Je serai rue du Dauphin à deux heures, et nous en causerons ; mais, soyez sage ! et n'oubliez pas le transfert que vous m'avez promis hier.

Elle revint dans la salle à manger, suivie de Crevel qui se flattait d'avoir trouvé le moyen de posséder à lui seul Valérie ; mais il aperçut le baron Hulot qui, pendant cette courte conférence, était entré pour réaliser le même dessein. Le Conseiller-d'État demanda, comme Crevel, un moment d'audience. Madame Marneffe se leva pour retourner au salon, en souriant au Brésilien, comme pour lui dire : — Ils sont fous! ils ne te voient donc pas?

— Valérie, dit le Conseiller-d'État, mon enfant, ce cousin est un cousin d'Amérique...

— Oh! assez! s'écria-t-elle en interrompant le baron. Marneffe n'a jamais été, ne sera plus, ne peut plus être mon mari. Le premier, le seul homme que j'aie aimé est revenu, sans être attendu...

Ce n'est pas ma faute! Mais regardez bien Henri et regardez-vous. Puis demandez-vous si une femme, surtout quand elle aime, peut hésiter. Mon cher, je ne suis pas une femme entretenue. A compter d'aujourd'hui, je ne veux plus être comme Suzanne entre deux vieillards. Si vous tenez à moi, vous serez, vous et Crevel, nos amis; mais tout est fini, car j'ai vingt-six ans, je veux être à l'avenir une sainte, une excellente et digne femme... comme la vôtre.

— C'est ainsi? dit Hulot. Ah! voilà comment vous m'accueillez, lorsque je venais, comme un pape, les mains pleines d'indulgences!... Eh! bien, votre mari ne sera jamais chef de bureau ni officier de la Légion-d'Honneur...

— C'est ce que nous verrons! dit madame Marneffe en regardant Hulot d'une certaine manière.

— Ne nous fâchons pas, reprit Hulot au désespoir, je viendrai ce soir, et nous nous entendrons.

— Chez Lisbeth, oui!...

— Eh! bien, dit le vieillard amoureux, chez Lisbeth!...

Hulot et Crevel descendirent ensemble sans se dire un mot jusque dans la rue; mais, sur le trottoir, ils se regardèrent et se mirent à rire tristement.

— Nous sommes deux vieux fous!... dit Crevel.

— Je les ai congédiés, dit madame Marneffe à Lisbeth en se remettant à table. Je n'ai jamais aimé, je n'aime et n'aimerai jamais que mon jaguar, ajouta-t-elle en souriant à Henri Montès. Lisbeth, ma fille, tu ne sais pas?... Henri m'a pardonné les infamies auxquelles la misère m'a réduite.

— C'est ma faute, dit le Brésilien, j'aurais dû t'envoyer cent mille francs...

— Pauvre enfant! s'écria Valérie, j'aurais dû travailler pour vivre, mais je n'ai pas les doigts faits pour cela... demande à Lisbeth.

Le Brésilien s'en alla l'homme le plus heureux de Paris.

Vers les midi, Valérie et Lisbeth causaient dans la magnifique chambre à coucher où cette dangereuse Parisienne donnait à sa toilette ces dernières façons qu'une femme tient à donner elle-même. Les verrous mis, les portières tirées, Valérie raconta dans leurs moindres détails tous les événements de la soirée, de la nuit et de la matinée.

— Es-tu contente, mon bijou? dit-elle à Lisbeth en terminant.

Que dois-je être un jour, madame Crevel ou madame Montès? Quel est ton avis?

— Crevel n'a pas plus de dix ans à vivre, libertin comme il l'est, répondit Lisbeth, et Montès est jeune. Crevel te laissera trente mille francs de rente, environ. Que Montès attende, il sera bien assez heureux en restant le Benjamin. Ainsi, vers trente-trois ans, tu peux, ma chère enfant, en te conservant belle, épouser ton Brésilien et jouer un grand rôle avec soixante mille francs de rente à toi, surtout *protégée* par une maréchale...

— Oui, mais Montès est Brésilien, il n'arrivera jamais à rien, fit observer Valérie.

— Nous sommes, dit Lisbeth, dans un temps de chemins de fer, où les étrangers finissent en France par occuper de grandes positions.

— Nous verrons, reprit Valérie, quand Marneffe sera mort, et il n'a pas long-temps à souffrir.

— Ces maladies qui lui reviennent, dit Lisbeth, sont comme les remords du physique. Allons, je vais chez Hortense.

— Eh bien! va, mon ange, répondit Valérie, et amène-moi mon artiste! En trois ans n'avoir pas encore gagné seulement un pouce de terrain! C'est notre honte à toutes deux! Wenceslas et Henri, voilà mes deux seules passions. L'un, c'est l'amour; l'autre, c'est la fantaisie.

— Es-tu belle, ce matin! dit Lisbeth en venant prendre Valérie par la taille et la baisant au front. Je jouis de tous tes plaisirs, de ta fortune, de ta toilette... Je n'ai vécu que depuis le jour où nous nous sommes faites sœurs...

— Attends! ma tigresse, dit en riant Valérie, ton châle est de travers... Tu ne sais pas encore porter un châle, malgré mes leçons, au bout de trois ans, et tu veux être madame la maréchale Hulot...

Chaussée de brodequins en prunelle, de bas de soie gris, armée d'une robe en magnifique levantine, les cheveux en bandeau sous une très-jolie capote en velours noir doublée de satin jaune, Lisbeth alla rue Saint-Dominique par le boulevard des Invalides, en se demandant si le découragement d'Hortense lui livrerait enfin cette âme forte, et si l'inconstance sarmate, prise à l'heure où tout est possible à ces caractères, ferait fléchir l'amour de Wenceslas.

Hortense et Wenceslas occupaient le rez-de-chaussée d'une maison située à l'endroit où la rue Saint-Dominique aboutit à l'Esplanade des Invalides. Cet appartement, jadis en harmonie avec la lune de miel, offrait en ce moment un aspect à moitié frais, à moitié fané, qu'il faudrait appeler l'automne du mobilier. Les nouveaux mariés sont gâcheurs, ils gaspillent sans le savoir, sans le vouloir, les choses autour d'eux, comme ils abusent de l'amour. Pleins d'eux-mêmes, ils se soucient peu de l'avenir qui, plus tard, préoccupe la mère de famille.

Lisbeth trouva sa cousine Hortense ayant achevé d'habiller elle-même un petit Wenceslas qui venait d'être exporté dans le jardin.

— Bonjour, Bette, dit Hortense qui vint ouvrir elle-même la porte à sa cousine.

La cuisinière était allée au marché, la femme de chambre, à la fois bonne d'enfant, faisait un savonnage.

— Bonjour, ma chère enfant, répondit Lisbeth en embrassant Hortense. Eh bien! lui dit-elle à l'oreille, Wenceslas est-il à son atelier?

— Non, il cause avec Stidmann et Chanor dans le salon.

— Pourrions-nous être seules? demanda Lisbeth.

— Viens dans ma chambre.

Cette chambre, tendue de perse à fleurs roses et à feuillages verts sur un fond blanc, sans cesse frappée par le soleil ainsi que le tapis, avait passé. Depuis long-temps, les rideaux n'avaient pas été blanchis. On y sentait la fumée du cigare de Wenceslas qui, devenu grand seigneur de l'art et né gentilhomme, déposait les cendres du tabac sur les bras des fauteuils, sur les plus jolies choses, en homme aimé de qui l'on souffre tout, en homme riche qui ne prend pas de soins bourgeois.

— Eh bien! parlons de tes affaires, demanda Lisbeth en voyant sa belle cousine muette dans le fauteuil où elle s'était plongée. Mais qu'as-tu? je te trouve pâlotte, ma chère.

— Il a paru deux nouveaux articles où mon pauvre Wenceslas est abîmé; je les ai lus, je les lui cache, car il se découragerait tout à fait. Le marbre du maréchal Montcornet est regardé comme tout à fait mauvais. On fait grâce aux bas-reliefs pour vanter avec une atroce perfidie le talent d'ornemaniste de Wenceslas, et afin de donner plus de poids à cette opinion que l'*art* sévère nous est interdit! Stidmann, supplié par moi de dire la vérité, m'a désespérée en m'avouant que son opinion à lui s'accordait avec celle de tous les artistes, des critiques et du public. — « Si Wenceslas, m'a-t-il dit, là, dans le jardin avant le déjeuner, n'expose pas, l'année prochaine, un chef-d'œuvre, il doit abandonner la grande sculpture et s'en tenir aux idylles, aux figurines, aux œuvres de bijouterie et de haute orfévrerie! » Cet arrêt m'a causé la plus vive peine, car Wenceslas n'y voudra jamais souscrire, il se sent, il a tant de belles idées...

— Ce n'est pas avec des idées qu'on paye ses fournisseurs, fit observer Lisbeth, je me tuais à lui dire cela... C'est avec de l'argent. L'argent ne s'obtient que par des choses faites, et qui plaisent assez aux bourgeois pour être achetées. Quand il s'agit de vivre, il vaut mieux que le sculpteur ait *sur son établi* le modèle d'un flambeau, d'un garde-cendres, d'une table, qu'un groupe et qu'une statue, car tout le monde a besoin de cela, tandis que l'amateur de groupes et son argent se font attendre pendant des mois entiers...

— Tu as raison, ma bonne Lisbeth! dis-lui donc cela; moi, je n'en ai pas le courage... D'ailleurs, comme il le disait à Stidmann, s'il se remet à l'ornement, à la petite sculpture, il faudra renoncer à l'Institut, aux grandes créations de l'art, et nous n'aurons plus les trois cent mille francs de travaux que Versailles, la ville de Paris, le ministère nous tenaient en réserve. Voilà ce que nous ôtent ces affreux articles dictés par des concurrents qui voudraient hériter de nos commandes.

— Et ce n'est pas là ce que tu rêvais, pauvre petite chatte! dit Bette en baisant Hortense au front, tu voulais un gentilhomme dominant l'art, à la tête des sculpteurs... Mais c'est de la poésie, vois-tu... Ce rêve exige cinquante mille francs de rente, et vous n'en avez que deux mille quatre cents, tant que je vivrai; trois mille après ma mort.

Quelques larmes vinrent dans les yeux d'Hortense, et Bette les lappa du regard comme une chatte boit du lait.

Voici l'histoire succincte de cette lune de miel, le récit n'en sera peut-être pas perdu pour les artistes.

Le travail moral, la chasse dans les hautes régions de l'intelligence, est un des plus grands efforts de l'homme. Ce qui doit mériter la gloire dans l'Art, car il faut comprendre sous ce mot toutes les créations de la Pensée, c'est surtout le courage, un courage dont le vulgaire ne se doute pas, et qui peut-être est expliqué pour la première fois ici. Poussé par la terrible pression de la misère, maintenu par Bette dans la situation de ces chevaux à qui l'on met des œillères pour les empêcher de voir à droite et à gauche du chemin, fouetté par cette dure fille, image de la Nécessité, cette espèce de Destin subalterne, Wenceslas, né poëte et rêveur, avait passé de la Conception à l'Exécution, en franchissant sans les mesurer les abîmes qui séparent ces deux hémisphères de l'Art. Penser, rêver, concevoir de belles œuvres, est une occupation délicieuse. C'est fumer des cigares enchantés, c'est mener la vie de la courtisane occupée à sa fantaisie. L'œuvre apparaît alors dans la grâce de l'enfance, dans la joie folle de la génération, avec les couleurs embaumées de la fleur et les sucs rapides du fruit dégusté par avance. Telle est la Conception et ses plaisirs. Celui qui peut dessiner son plan par la parole, passe déjà pour un homme extraordinaire. Cette faculté, tous les artistes et les écrivains la possèdent. Mais produire! mais accoucher! mais élever laborieusement l'enfant, le coucher gorgé de lait tous les soirs, l'embrasser tous les matins avec le cœur inépuisé de la mère, le lécher sale, le vêtir cent fois des plus belles jaquettes qu'il déchire incessamment; mais ne pas se rebuter des convulsions de cette folle vie et en faire le chef-d'œuvre animé qui parle à tous les regards en sculpture, à toutes les intelligences en littérature, à tous les souvenirs en peinture, à tous les cœurs en musique, c'est l'Exécution et ses travaux. La main doit s'avancer à tout moment, prête à tout moment à obéir à la tête. Or, la tête n'a pas plus les dispositions créatrices à commandement, que l'amour n'est continu.

Cette habitude de la création, cet amour infatigable de la Maternité qui fait la mère (ce chef-d'œuvre naturel si bien compris de Raphaël!), enfin, cette maternité cérébrale si difficile à conquérir, se perd avec une facilité prodigieuse. L'Inspiration, c'est l'Occasion du Génie. Elle court non pas sur un rasoir, elle est dans les airs et s'envole avec la défiance des corbeaux, elle n'a pas d'écharpe par où le poëte la puisse prendre, sa chevelure est une flamme, elle se sauve comme ces beaux flamants blancs et roses, le désespoir des chasseurs. Aussi le travail est-il une lutte lassante que redoutent et que chérissent les belles et puissantes organisations qui souvent s'y brisent. Un grand poëte de ce temps-ci disait en parlant de ce labeur effrayant : — Je m'y mets avec désespoir et je le quitte avec chagrin. Que les ignorants le sachent! Si l'artiste ne se précipite pas dans son œuvre, comme Curtius dans le gouffre, comme le soldat dans la redoute, sans réfléchir; et si, dans ce cratère, il ne travaille pas comme le mineur enfoui sous un éboulement; s'il contemple enfin les difficultés au lieu de les vaincre une à une, à l'exemple de ces amoureux des féeries, qui, pour obtenir leurs princesses, combattaient des enchantements renaissants, l'œuvre reste inachevée, elle périt au fond de l'atelier, où la production devient impossible, et l'artiste assiste au suicide de son talent. Rossini, ce génie frère de Raphaël, en offre un exemple frappant, dans sa jeunesse indigente superposée à son âge mûr opulent. Telle est la raison de la récompense pareille, du pareil triomphe, du même laurier accordé aux grands poëtes et aux grands généraux.

Wenceslas, nature rêveuse, avait dépensé tant d'énergie à produire, à s'instruire, à travailler sous la direction despotique de Lisbeth, que l'amour et le bonheur amenèrent une réaction. Le vrai caractère reparut. La paresse et la nonchalance, la mollesse du Sarmate revinrent occuper dans son âme les sillons complaisants d'où la verge du maître d'école les avait chassées. L'artiste, pendant les premiers mois, aima sa femme. Hortense et Wenceslas se livrèrent aux adorables enfantillages de la passion légitime, heureuse, insensée. Hortense fut alors la première à dispenser Wenceslas de tout travail, orgueilleuse de triompher ainsi de sa rivale, la Sculpture. Les caresses d'une femme, d'ailleurs, font évanouir la Muse, et fléchir la féroce, la brutale fermeté du travailleur. Six à sept mois passèrent, les doigts du sculpteur désapprirent à tenir l'ébauchoir. Quand la nécessité de travailler se fit sentir, quand le prince de Wissembourg, président du comité de souscription, voulut voir la statue, Wenceslas prononça le mot suprême des flâneurs : — Je vais m'y mettre! Et il berça sa chère Hortense de fallacieuses paroles, des magnifiques plans de l'artiste fumeur. Hortense redoubla d'amour pour son poëte, elle entrevoyait une sublime statue du maréchal Montcornet. Montcornet devait être l'idéalisation de l'intrépidité, le type de la cavalerie, le courage à la Murat. Ah bah! l'on devait, à l'aspect de cette statue, concevoir toutes les victoires de l'Empereur. Et quelle exécution! Le crayon était bien complaisant, il suivait la parole.

En fait de statue, il vint un petit Wenceslas ravissant.

Dès qu'il s'agissait d'aller à l'atelier du Gros-Caillou, manier la glaise et réaliser la maquette, tantôt la pendule du prince exigeait la présence de Wenceslas à l'atelier de Florent et de Chanor, où les figures se ciselaient; tantôt le jour était gris et sombre; aujourd'hui des courses d'affaires, demain un dîner de famille, sans compter les malaises du talent et ceux du corps, et enfin les jours où l'on batifole avec une femme adorée. Le maréchal prince de Wissembourg fut obligé de se fâcher pour obtenir le modèle, et de dire qu'il reviendrait sur sa décision. Ce fut après mille reproches et force grosses paroles que le comité des souscripteurs put voir le plâtre. Chaque jour de travail, Steinbock revenait visiblement fatigué, se plaignant de ce labeur de maçon, de sa faiblesse physique. Durant cette première année, le ménage jouissait d'une certaine aisance. La comtesse Steinbock, folle de son mari, dans les joies de l'amour satisfait, maudissait le ministre de la guerre; elle alla le voir, et lui dit que les grandes œuvres ne se fabriquaient pas comme des canons, et que l'État devait être, comme Louis XIV, François Ier et Léon X, aux ordres du génie. La pauvre Hortense, croyant tenir un Phidias dans ses bras, avait pour son Wenceslas la lâcheté maternelle d'une femme qui pousse l'amour jusqu'à l'idolâtrie. — Ne te presse pas, dit-elle à son mari, tout notre avenir est dans cette statue, prends ton temps, fais un chef-d'œuvre. Elle venait à l'atelier. Steinbock, amoureux, perdait avec sa femme cinq heures sur sept, à lui décrire sa statue au lieu de la faire. Il mit ainsi dix-huit mois à terminer cette œuvre, pour lui, capitale.

Quand le plâtre fut coulé, que le modèle exista, la pauvre Hortense, après avoir assisté aux énormes efforts de son mari, dont la santé souffrit de ces lassitudes qui brisent le corps, les bras et la main des sculpteurs, Hortense trouva l'œuvre admirable. Son père, ignorant en sculpture, la baronne non moins ignorante, crièrent au chef-d'œuvre; le ministre de la guerre vint alors amené par eux, et, séduit par eux, il fut content de ce plâtre isolé, mis dans son jour, et bien présenté devant une toile verte. Hélas! à l'exposition de 1841, le blâme unanime dégénéra dans la bouche des gens irrités d'une idole si promptement élevée sur son piédestal, en huées et en moqueries. Stidmann voulut éclairer son ami Wenceslas, il fut accusé de jalousie. Les articles de journaux furent pour Hortense les cris de l'Envie. Stidmann, ce digne garçon, obtint des articles où les critiques furent combattues, où l'on fit observer que les sculpteurs modifiaient tellement leurs œuvres entre le plâtre et le marbre, qu'on exposait le marbre. « Entre le projet en plâtre et la statue exécutée en marbre, on pouvait, disait

Claude Vignon, défigurer un chef-d'œuvre ou faire une grande chose d'une mauvaise. Le plâtre est le manuscrit, le marbre est le livre. »

En deux ans et demi, Steinbock fit une statue et un enfant. L'enfant était sublime de beauté, la statue fut détestable.

La pendule du prince et la statue payèrent les dettes du jeune ménage. Steinbock avait alors contracté l'habitude d'aller dans le monde, au spectacle, aux Italiens ; il parlait admirablement sur l'art, il se maintenait, aux yeux des gens du monde, grand artiste par la parole, par ses explications critiques. Il y a des gens de génie à Paris qui passent leur vie *à se parler*, et qui se contentent d'une espèce de gloire de salon. Steinbock, en imitant ces charmants eunuques, contractait une aversion croissante de jour en jour pour le travail. Il apercevait toutes les difficultés de l'œuvre en voulant la commencer, et le découragement qui s'ensuivait, faisait mollir chez lui la volonté. L'Inspiration, cette folie de la génération intellectuelle, s'enfuyait à tire-d'ailes, à l'aspect de cet amant malade.

La sculpture est comme l'art dramatique, à la fois le plus difficile et le plus facile de tous les arts. Copiez un modèle, et l'œuvre est accomplie ; mais y imprimer une âme, faire un type en représentant un homme ou une femme, c'est le péché de Prométhée. On compte ce succès dans les annales de la sculpture, comme on compte les poëtes dans l'humanité. Michel-Ange, Michel Columb, Jean Goujon, Phidias, Praxitèle, Polyclète, Puget, Canova, Albert Durer sont les frères de Milton, de Virgile, de Dante, de Shakspeare, du Tasse, d'Homère et de Molière. Cette œuvre est si grandiose, qu'une statue suffit à l'immortalité d'un homme, comme celles de Figaro, de Lovelace, de Manon Lescaut suffirent à immortaliser Beaumarchais, Richardson et l'abbé Prévost. Les gens superficiels (les artistes en comptent beaucoup trop dans leur sein) ont dit que la sculpture existait par le nu seulement, qu'elle était morte avec la Grèce et que le vêtement moderne la rendait impossible. D'abord, les anciens ont fait de sublimes statues entièrement voilées, comme la Polymnie, la Julie, etc., et nous n'avons pas trouvé la dixième partie de leurs œuvres. Puis, que les vrais amants de l'art aillent voir à Florence *le Penseur* de Michel-Ange, et dans la cathédrale de Mayence la Vierge d'Albert Durer, qui a fait, en ébène, une femme vivante sous ses triples robes, et la che--

velure la plus ondoyante, la plus maniable que jamais femme de chambre ait peignée ; que les ignorants y courent, et tous reconnaîtront que le génie peut imprégner l'habit, l'armure, la robe, d'une pensée et y mettre un corps, tout aussi bien que l'homme imprime son caractère et les habitudes de sa vie à son enveloppe. La sculpture est la réalisation continuelle du fait qui s'est appelé pour la seule et unique fois dans la peinture : Raphaël! La solution de ce terrible problème ne se trouve que dans un travail constant, soutenu, car les difficultés matérielles doivent être tellement vaincues, la main doit être si châtiée, si prête et obéissante, que le sculpteur puisse lutter âme à âme avec cette insaisissable nature morale qu'il faut transfigurer en la matérialisant. Si Paganini, qui faisait raconter son âme par les cordes de son violon, avait passé trois jours sans étudier, il aurait perdu, selon son expression, le *registre* de son instrument; il désignait ainsi le mariage existant entre le bois, l'archet, les cordes et lui; cet accord dissous, il serait devenu soudain un violoniste ordinaire. Le travail constant est la loi de l'art comme celle de la vie; car l'art, c'est la création idéalisée. Aussi les grands artistes, les poëtes complets n'attendent-ils ni les commandes, ni les chalands, ils enfantent aujourd'hui, demain, toujours. Il en résulte cette habitude du labeur, cette perpétuelle connaissance des difficultés qui les maintient en concubinage avec la Muse, avec ses forces créatrices. Canova vivait dans son atelier, comme Voltaire a vécu dans son cabinet. Homère et Phidias ont dû vivre ainsi.

 Wenceslas Steinbock était sur la route aride parcourue par ces grands hommes, et qui mène aux Alpes de la Gloire, quand Lisbeth l'avait enchaîné dans sa mansarde. Le bonheur, sous la figure d'Hortense, avait rendu le poëte à la paresse, état normal de tous les artistes, car leur paresse, à eux, est occupée. C'est le plaisir des pachas au sérail : ils caressent des idées, ils s'enivrent aux sources de l'intelligence. De grands artistes, tels que Steinbock, dévorés par la rêverie, ont été justement nommés des *Rêveurs*. Ces mangeurs d'opium tombent tous dans la misère ; tandis que, maintenus par l'inflexibilité des circonstances, ils eussent été de grands hommes. Ces demi-artistes sont d'ailleurs charmants, les hommes les aiment et les enivrent de louanges, ils paraissent supérieurs aux véritables artistes taxés de personnalité, de sauvagerie, de rébellion aux lois du monde. Voici pourquoi : Les grands hommes appartiennent à leurs œuvres. Leur détachement de toutes choses, leur dévouement au travail, les constituent égoïstes aux yeux des niais ; car on les veut vêtus des mêmes habits que le dandy, accomplissant les évolutions sociales, appelées devoirs du monde. On voudrait les lions de l'Atlas peignés et parfumés comme des bichons de marquise. Ces hommes, qui comptent peu de pairs et qui les rencontrent rarement, tombent dans l'exclusivité de la solitude ; ils deviennent inexplicables pour la majorité, composée, comme on le sait, de sots, d'envieux, d'ignorants et de gens superficiels. Comprenez-vous maintenant le rôle d'une femme auprès de ces grandioses exceptions ? Une femme doit être à la fois ce qu'avait été Lisbeth pendant cinq ans, et offrir de plus l'amour, l'amour humble, discret, toujours prêt, toujours souriant.

Hortense, éclairée par ses souffrances de mère, pressée par d'affreuses nécessités, s'apercevait trop tard des fautes que son excessif amour lui avait fait involontairement commettre ; mais, en digne fille de sa mère, son cœur se brisait à l'idée de tourmenter Wenceslas ; elle aimait trop pour se faire le bourreau de son cher poëte, et elle voyait arriver le moment où la misère allait l'atteindre, elle, son fils et son mari.

— Ah çà ! voyons, ma petite, dit Bette en voyant rouler des larmes dans les beaux yeux de sa petite cousine, il ne faut pas désespérer. Un verre plein de tes larmes ne payerait pas une assiettée de soupe ! Que vous faut-il ?

— Mais cinq à six mille francs.

— Je n'ai que trois mille francs au plus, dit Lisbeth. Et que fait en ce moment Wenceslas ?

— On lui propose d'entreprendre pour six mille francs, de compagnie avec Stidmann, un dessert pour le duc d'Hérouville. Monsieur Chanor se chargerait alors de payer quatre mille francs dus à messieurs Léon de Lora et Bridau, une dette d'honneur.

— Comment, vous avez reçu le prix de la statue et des bas-reliefs du monument élevé au maréchal Montcornet, et vous n'avez pas payé cela !

— Mais, dit Hortense, depuis trois ans nous dépensons douze mille francs par an, et j'ai cent louis de revenu. Le monument du maréchal, tous frais payés, n'a pas donné plus de seize mille francs. En vérité, si Wenceslas ne travaille pas, je ne sais ce que nous allons devenir. Ah ! si je pouvais apprendre à faire des statues, comme je remuerais la glaise ! dit-elle en tendant ses beaux bras.

On voyait que la femme tenait les promesses de la jeune fille. L'œil d'Hortense étincelait ; il coulait dans ses veines un sang chargé de fer, impétueux ; elle déplorait d'employer son énergie à tenir son enfant.

— Ah ! ma chère petite bichette, une fille sage ne doit épouser un artiste qu'au moment où il a sa fortune faite et non quand elle est à faire.

En ce moment on entendit le bruit des pas et des voix de Stidmann et de Wenceslas qui reconduisaient Chanor ; puis bientôt Wenceslas vint avec Stidmann. Stidmann, artiste lancé dans le monde des journalistes et des illustres actrices, des lorettes célèbres, était un jeune homme élégant que Valérie voulait avoir chez elle, et que Claude Vignon lui avait déjà présenté. Stidmann venait de voir finir ses relations avec la fameuse madame Schontz, mariée depuis quelques mois et partie en province. Valérie et Lisbeth, qui avaient su cette rupture par Claude Vignon, jugèrent nécessaire d'attirer rue Vanneau l'ami de Wenceslas. Comme Stidmann, par discrétion, visitait peu les Steinbock, et que Lisbeth n'avait pas été témoin de sa présentation récente par Claude Vignon, elle le voyait pour la première fois. En examinant ce célèbre artiste, elle surprit quelques regards jetés par lui sur Hortense, qui lui firent entrevoir la possibilité de le donner comme consolation à la comtesse Steinbock, si Wenceslas la trahissait. Stidmann pensait en effet que si Wenceslas n'était pas son camarade, Hortense, cette jeune et magnifique comtesse, ferait une adorable maîtresse ; mais ce désir, contenu par l'honneur, l'éloignait de cette maison. Lisbeth remarqua cet embarras significatif qui gêne les hommes en présence d'une femme avec laquelle ils se sont interdit de coqueter.

— Il est très-bien, ce jeune homme, dit-elle à l'oreille d'Hortense.

— Ah ! tu trouves ? répondit-elle, je ne l'ai jamais remarqué...

— Stidmann, mon brave, dit Wenceslas à l'oreille de son camarade, nous ne nous gênons point entre nous, eh bien ! nous avons à causer d'affaires avec cette vieille fille.

Stidmann salua les deux cousines et partit.

— C'est fini, dit Wenceslas en revenant après avoir reconduit Stidmann ; mais ce travail-là demandera six mois, et il faut pouvoir vivre pendant tout ce temps-là.

— J'ai mes diamants, s'écria la jeune comtesse Steinbock avec le sublime élan des femmes qui aiment.

Une larme vint aux yeux de Wenceslas.

— Oh ! je vais travailler, répondit-il en venant s'asseoir auprès de sa femme qu'il prit sur ses genoux. Je vais faire des *brocantes*, une corbeille de mariage, des groupes en bronze...

— Mais, mes chers enfants, dit Lisbeth, car vous savez que vous êtes mes héritiers, et je vous laisserai, croyez-le, un joli magot, surtout si vous m'aidez à épouser le maréchal ; si nous réussissions promptement, je vous prendrais en pension chez moi, vous et Adeline. Ah ! nous pourrions vivre bien heureux ensemble. Pour le moment, écoutez ma vieille expérience. Ne recourez pas au Mont-de-Piété, c'est la perte de l'emprunteur. J'ai toujours vu les nécessiteux manquant, lors du renouvellement, de l'argent nécessaire au service de l'intérêt, et tout est perdu. Je puis vous faire prêter de l'argent à cinq pour cent seulement sur billet.

— Ah ! nous serions sauvés ! dit Hortense.

— Eh bien ! ma petite, que Wenceslas vienne chez la personne qui l'obligerait à ma prière. C'est madame Marneffe ; en la flattant, car elle est vaniteuse comme une parvenue, elle vous tirera d'embarras de la façon la plus obligeante. Viens dans cette maison-là, ma chère Hortense.

Hortense regarda Wenceslas de l'air que doivent avoir les condamnés à mort en montant à l'échafaud.

— Claude Vignon a présenté là Stidmann, répondit Wenceslas. C'est une maison très-agréable.

Hortense baissa la tête. Ce qu'elle éprouvait, un seul mot peut le faire comprendre : ce n'était pas une douleur, mais une maladie.

— Mais, ma chère Hortense, apprends donc la vie ! s'écria Lisbeth en comprenant l'éloquence du mouvement d'Hortense. Sinon, tu seras comme ta mère, déportée dans une chambre déserte où tu pleureras comme Calypso le départ d'Ulysse, à un âge où il n'y a plus de Télémaque !... ajouta-t-elle en répétant une raillerie de madame Marneffe. Il faut considérer les gens dans le monde comme des ustensiles dont on se sert, qu'on prend, qu'on laisse selon leur utilité. Servez-vous, mes chers enfants, de madame Marneffe, et quittez-la plus tard. As-tu peur que Wenceslas qui t'adore, se prenne de passion pour une femme de quatre ou cinq ans plus âgée que toi, fanée comme une botte de luzerne, et...

— J'aime mieux mettre mes diamants en gage, dit Hortense. Oh! ne va jamais là, Wenceslas!... c'est l'enfer!

— Hortense a raison! dit Wenceslas en embrassant sa femme.

— Merci, mon ami, répondit la jeune femme au comble du bonheur. Vois-tu, Lisbeth, mon mari est un ange : il ne joue pas, nous allons partout ensemble, et s'il pouvait se mettre au travail, non, je serais trop heureuse. Pourquoi nous montrer chez la maîtresse de notre père, chez une femme qui le ruine et qui cause les chagrins dont se meurt notre héroïque maman?...

— Mon enfant, la ruine de ton père ne vient pas de là; c'est sa cantatrice qui l'a ruiné, puis ton mariage! répondit la cousine Bette. Mon Dieu! madame Marneffe lui est bien utile, va!... mais je ne dois rien dire...

— Tu défends tout le monde, chère Bette...

Hortense fut appelée au jardin par les cris de son enfant, et Lisbeth resta seule avec Wenceslas.

— Vous avez un ange pour femme, Wenceslas! dit la cousine Bette; aimez-la bien, ne lui faites jamais de chagrin.

— Oui, je l'aime tant, que je lui cache notre situation, répondit Wenceslas; mais à vous, Lisbeth, je puis vous en parler... Eh! bien, en mettant les diamants de ma femme au Mont-de-Piété, nous ne serions pas plus avancés.

— Eh! bien, empruntez à madame Marneffe... dit Lisbeth. Décidez Hortense, Wenceslas, à vous y laisser venir, ou, ma foi, allez-y sans qu'elle s'en doute!

— C'est à quoi je pensais, répondit Wenceslas, au moment où je refusais d'y aller pour ne pas affliger Hortense.

— Écoutez, Wenceslas, je vous aime trop tous les deux pour ne pas vous prévenir du danger. Si vous venez là, tenez votre cœur à deux mains, car cette femme est un démon; tous ceux qui la voient l'adorent; elle est si vicieuse, si affriolante!.. elle fascine comme un chef-d'œuvre. Empruntez-lui son argent, et ne laissez pas votre âme en gage! Je ne me consolerais pas si ma cousine devait être trahie. La voici! s'écria Lisbeth; ne disons plus rien, j'arrangerai votre affaire.

— Embrasse Lisbeth, mon ange, dit Wenceslas à sa femme, elle nous tirera d'embarras en nous prêtant ses économies.

Et il fit un signe à Lisbeth, que Lisbeth comprit.

— J'espère alors que tu travailleras, mon chérubin? dit Hortense.

— Ah! répondit l'artiste, dès demain.

— C'est ce demain qui nous ruine, dit Hortense en lui souriant.

— Ah! ma chère enfant, dis toi-même si chaque jour il ne s'est pas rencontré des empêchements, des obstacles, des affaires?

— Oui, tu as raison, mon amour.

— J'ai là, reprit Steinbock en se frappant le front, des idées!... oh! mais je veux étonner tous mes ennemis. Je veux faire un service de table dans le genre allemand du seizième siècle, le genre rêveur! Je tortillerai des feuilles pleines d'insectes; j'y coucherai des enfants, j'y mêlerai des chimères nouvelles, de vraies chimères, les corps de nos rêves!... je les tiens! Ce sera fouillé, léger et touffu tout à la fois. Chanor est sorti tout émerveillé... J'avais besoin d'être encouragé, car le dernier article fait sur le monument de Montcornet m'avait bien effondré.

Pendant un moment de la journée où Lisbeth et Wenceslas furent seuls, l'artiste convint avec la vieille fille de venir le lendemain voir madame Marneffe, car, ou sa femme le lui aurait permis, ou il irait secrètement.

Valérie, instruite le soir même de ce triomphe, exigea du baron Hulot qu'il allât inviter à dîner Stidmann, Claude Vignon et Steinbock; car elle commençait à le tyranniser comme ces sortes de femmes savent tyranniser les vieillards qui trottent par la ville et vont supplier quiconque est nécessaire aux intérêts, aux vanités de ces dures maîtresses.

Le lendemain, Valérie se mit sous les armes en faisant une de ces toilettes que les Parisiennes inventent quand elles veulent jouir de tous leurs avantages. Elle s'étudia dans cette œuvre, comme un homme qui va se battre repasse ses *feintes* et ses *rompus*. Pas un pli, pas une ride. Valérie avait sa plus belle blancheur, sa mollesse, sa finesse. Enfin ses mouches attiraient insensiblement le regard. On croit les mouches du dix-huitième siècle perdues ou supprimées; on se trompe. Aujourd'hui les femmes, plus habiles que celles du temps passé, mendient le coup de lorgnette par d'audacieux stratagèmes. Telle découvre, la première, cette cocarde de rubans, au centre de laquelle on met un diamant, et elle accapare les regards pendant toute une soirée; telle autre ressuscite la résille ou se plante un poignard dans les cheveux pour faire penser à sa jarretière; celle-ci se met des poignets en velours noir; celle-là reparaît avec des barbes. Ces sublimes efforts, ces Austerlitz de la

Coquetterie ou de l'Amour deviennent alors des modes pour les sphères inférieures, au moment où les heureuses créatrices en cherchent d'autres. Pour cette soirée, où Valérie voulait réussir, elle se posa trois mouches. Elle s'était fait peigner avec une eau qui changea, pour quelques jours, ses cheveux blonds en cheveux cendrés. Madame Steinbock étant d'un blond ardent, elle voulut ne lui ressembler en rien. Cette couleur nouvelle donna quelque chose de piquant et d'étrange à Valérie qui préoccupa ses fidèles à tel point, que Montès lui dit : — « Qu'avez-vous donc ce soir ?... » Puis elle se mit un collier de velours noir assez large qui fit ressortir la blancheur de sa poitrine. La troisième mouche pouvait se comparer à *l'ex-assassine* de nos grand'mères. Valérie se planta le plus joli petit bouton de rose au milieu de son corsage, en haut du busc, dans le creux le plus mignon. C'était à faire baisser les regards de tous les hommes au-dessous de trente ans.

— Je suis à croquer ! se dit-elle en repassant ses attitudes dans la glace, absolument comme une danseuse fait ses *pliés*.

Lisbeth était allée à la Halle, et le dîner devait être un de ces dîners superfins que Mathurine cuisinait pour son évêque quand il traitait le prélat du diocèse voisin.

Stidmann, Claude Vignon et le comte Steinbock arrivèrent presque à la fois, vers six heures. Une femme vulgaire ou naturelle, si vous voulez, serait accourue au nom de l'être si ardemment désiré; mais Valérie, qui, depuis cinq heures, attendait dans sa chambre, laissa ses trois convives ensemble, certaine d'être l'objet de leur conversation ou de leurs pensées secrètes. Elle-même, en dirigeant l'arrangement de son salon, elle avait mis en évidence ces délicieuses babioles que produit Paris, et que nulle autre ville ne pourra produire, qui révèlent la femme et l'annoncent pour ainsi dire : des souvenirs reliés en émail et brodés de perles, des coupes pleines de bagues charmantes, des chefs-d'œuvre de Sèvres ou de Saxe montés avec un goût exquis par Florent et Chanor, enfin des statuettes et des albums, tous ces colifichets qui valent des sommes folles, et que commande aux fabricants la passion dans son premier délire ou pour son dernier raccommodement. Valérie se trouvait d'ailleurs sous le coup de l'ivresse que cause le succès, elle avait promis à Crevel d'être sa femme, si Marneffe mourait. Or, l'amoureux Crevel avait fait opérer au nom de Valérie Fortin le transfert de dix mille francs de rente, somme de ses gains dans les affaires de chemins de fer depuis trois ans, tout ce que lui avait rapporté ce capital de cent mille écus offert à la baronne Hulot. Ainsi Valérie possédait trente-deux mille francs de rente. Crevel venait de lâcher une promesse bien autrement importante que le don de ses profits. Dans le paroxysme de passion où sa duchesse l'avait plongé de deux heures à quatre (il donnait ce surnom à madame *de* Marneffe pour compléter ses illusions), car Valérie s'était surpassée rue du Dauphin, il crut devoir encourager la fidélité promise en offrant la perspective d'un joli petit hôtel qu'un imprudent entrepreneur s'était bâti rue Barbette et qu'on allait vendre. Valérie se voyait dans cette charmante maison entre cour et jardin, avec voiture!

— Quelle est la vie honnête qui peut donner tout cela en si peu de temps et si facilement? avait-elle dit à Lisbeth en achevant sa toilette.

Lisbeth dînait ce jour-là chez Valérie, afin d'en pouvoir dire à Steinbock ce que personne ne peut dire soi-même de soi. Madame Marneffe, la figure radieuse de bonheur, fit son entrée dans le salon avec une grâce modeste, suivie de Bette, qui, mise tout en noir et jaune, lui servait de repoussoir, en terme d'atelier.

— Bonjour, Claude, dit-elle en tendant la main à l'ancien critique si célèbre.

Claude Vignon était devenu, comme tant d'autres, un homme politique, nouveau mot pris pour désigner un ambitieux à la première étape de son chemin. *L'homme politique* de 1840 est en quelque sorte *l'abbé* du dix-huitième siècle. Aucun salon ne serait complet, sans son homme politique.

— Ma chère, voilà mon petit cousin le comte de Steinbock, dit Lisbeth en présentant Wenceslas que Valérie paraissait ne pas apercevoir.

— J'ai bien reconnu monsieur le comte, répondit Valérie en faisant un gracieux salut de tête à l'artiste. Je vous voyais souvent rue du Doyenné; j'ai eu le plaisir d'assister à votre mariage. Ma chère, dit-elle à Lisbeth, il est difficile d'oublier ton ex-enfant, ne l'eût-on vu qu'une fois. — Monsieur Stidmann est bien bon, reprit-elle en saluant le sculpteur, d'avoir accepté mon invitation à si court délai; mais nécessité n'a pas de foi! Je vous savais l'ami de ces deux messieurs. Rien n'est plus froid, plus maussade, qu'un dîner où les convives sont inconnus les uns aux autres, et je vous ai raccolé pour leur compte; mais vous viendrez une autre fois pour le mien, n'est-ce pas?... dites : oui!...

Et elle se promena pendant quelques instants avec Stidmann, en paraissant uniquement occupée de lui. On annonça successivement Crevel, le baron Hulot, et un député nommé Beauvisage. Ce personnage, un Crevel de province, un de ces gens mis au monde pour faire foule, votait sous la bannière de Giraud, Conseiller-d'État, et de Victorin Hulot. Ces deux hommes politiques voulaient faire un noyau de Progressistes dans la grande phalange des Conservateurs. Giraud venait quelquefois le soir chez madame Marneffe, qui se flattait d'avoir aussi Victorin Hulot; mais l'avocat puritain avait jusqu'alors trouvé des prétextes pour résister à son père et à son beau-père. Se montrer chez la femme qui faisait couler les larmes de sa mère, lui paraissait un crime. Victorin Hulot était aux puritains de la politique ce qu'une femme pieuse est aux dévotes. Beauvisage, ancien bonnetier d'Arcis, *voulait prendre le genre de Paris*. Cet homme, une des bornes de la Chambre, se formait chez la délicieuse, la ravissante madame Marneffe, où, séduit par Crevel, il l'avait accepté de Valérie pour modèle et pour maître; il le consultait en tout, il lui demandait l'adresse de son tailleur, il l'imitait, il essayait de se mettre en position comme lui; enfin Crevel était son grand homme. Valérie, entourée de ces personnages et des trois artistes, bien accompagnée par Lisbeth, apparut d'autant plus à Wenceslas comme une femme supérieure, que Claude Vignon lui fit l'éloge de madame Marneffe en homme épris.

— C'est madame de Maintenon dans la jupe de Ninon! dit l'ancien critique. Lui plaire, c'est l'affaire d'une soirée où l'on a de l'esprit; mais être aimé d'elle, c'est un triomphe qui peut suffire à l'orgueil d'un homme, et en remplir la vie.

Valérie, en apparence froide et insouciante pour son ancien voisin, en attaqua la vanité, sans le savoir d'ailleurs, car elle ignorait le caractère polonais. Il y a chez le Slave un côté enfant, comme chez tous les peuples primitivement sauvages, et qui ont plutôt fait irruption chez les nations civilisées qu'ils ne se sont réellement civilisés. Cette race s'est répandue comme une inondation, et a couvert une immense surface du globe. Elle y habite des déserts où les espaces sont si vastes, qu'elle s'y trouve à l'aise; on ne s'y coudoie pas, comme en Europe, et la civilisation est impossible sans le frottement continuel des esprits et des intérêts.

L'Ukraine, la Russie, les plaines du Danube, le peuple slave enfin, c'est un trait-d'union entre l'Europe et l'Asie, entre la civilisation et la barbarie. Aussi le Polonais, la plus riche fraction du peuple slave, a-t-il dans le caractère les enfantillages et l'inconstance des nations imberbes. Il possède le courage, l'esprit et la force; mais, frappés d'inconsistance, ce courage et cette force, cet esprit n'ont ni méthode ni esprit, car le Polonais offre une mobilité semblable à celle du vent qui règne sur cette immense plaine coupée de marécages; s'il a l'impétuosité des Chasse-Neiges, qui tordent et emportent des maisons; de même que ces terribles avalanches aériennes, il va se perdre dans le premier étang venu, dissous en eau. L'homme prend toujours quelque chose des milieux où il vit. Sans cesse en lutte avec les Turcs, les Polonais en ont reçu le goût des magnificences orientales; ils sacrifient souvent le nécessaire pour briller, ils se parent comme des femmes, et cependant le climat leur a donné la dure constitution des Arabes. Aussi, le Polonais, sublime dans la douleur, a-t-il fatigué les bras de ses oppresseurs à force de se faire assommer, en recommençant ainsi, au dix-neuvième siècle, le spectacle qu'ont offert les premiers chrétiens. Introduisez dix pour cent de sournoiserie anglaise dans le caractère polonais, si franc, si ouvert; et le généreux aigle blanc régnerait aujourd'hui partout où se glisse l'aigle à deux têtes. Un peu de machiavélisme eût empêché la Pologne de sauver l'Autriche qui l'a partagée, d'emprunter à la Prusse, son usurière, qui l'a minée, et de se diviser au moment du premier partage. Au baptême de la Pologne, une fée Carabosse oubliée par les génies qui dotaient cette séduisante nation des plus brillantes qualités, est sans doute venue dire : « Garde tous les dons que mes sœurs t'ont dispensés, mais tu ne sauras jamais ce que tu voudras ! » Si dans son duel héroïque avec la Russie, la Pologne avait triomphé, les Polonais se battraient entre eux aujourd'hui comme autrefois dans leurs diètes pour s'empêcher les uns les autres d'être roi. Le jour où cette nation, uniquement composée de courages sanguins, aura le bon sens de chercher un Louis XI dans ses entrailles, d'en accepter la tyrannie et la dynastie, elle sera sauvée. Ce que la Pologne fut en politique, la plupart des Polonais le sont dans leur vie privée, surtout lorsque les désastres arrivent. Ainsi, Wenceslas Steinbock, qui depuis trois ans adorait sa femme, et qui se savait un dieu pour elle, fut tellement piqué de se voir à peine remarqué par madame Marneffe, qu'il se fit un point d'honneur en lui-même d'en obtenir quelque attention. En comparant Valérie à sa femme, il donna l'avantage à la première. Hortense était une belle chair, comme le disait Valérie à Lisbeth; mais il y avait en madame Marneffe l'Esprit dans la Forme et le piquant du Vice. Le dévouement d'Hortense est un sentiment qui, pour un mari, lui semble dû; la conscience de l'immense valeur d'un amour absolu se perd bientôt, comme le débiteur se figure, au bout de quelque temps, que le prêt est à lui. Cette loyauté sublime devient en quelque sorte le pain quotidien de l'âme, et l'infidélité séduit comme une friandise. La femme dédaigneuse, une femme dangereuse surtout, irrite la curiosité, comme les épices relèvent la bonne chère. Le mépris, si bien joué par Valérie, était d'ailleurs une nouveauté pour Wenceslas, après trois ans de plaisirs faciles. Hortense fut la femme et Valérie fut la maîtresse. Beaucoup d'hommes veulent avoir ces deux éditions du même ouvrage, quoique ce soit une immense preuve d'infériorité chez un homme que de ne pas savoir faire de sa femme sa maîtresse. La variété dans ce genre est un signe d'impuissance. La constance sera toujours le génie de l'amour, l'indice d'une force immense, celle qui constitue le poète! On doit avoir toutes les femmes dans la sienne, comme les poëtes crottés du dix-septième siècle faisaient de leurs Manons des Iris et des Chloés!

— Eh bien! dit Lisbeth à son petit cousin au moment où elle le vit fasciné, comment trouvez-vous Valérie?

— Trop charmante! répondit Wenceslas.

— Vous n'avez pas voulu m'écouter, repartit la cousine Bette. Ah! mon petit Wenceslas, si nous étions restés ensemble, vous auriez été l'amant de cette sirène-là, vous l'auriez épousée dès qu'elle serait devenue veuve, et vous auriez eu les quarante mille livres de rente qu'elle a!

— Vraiment!...

— Mais oui, répondit Lisbeth. Allons, prenez garde à vous, je vous ai bien prévenu du danger, ne vous brûlez pas à la bougie! donnez-moi le bras, l'on a servi.

Aucun discours n'était plus démoralisant que celui-là, car, montrez un précipice à un Polonais, il s'y jette aussitôt. Ce peuple a surtout le génie de la cavalerie, il croit pouvoir enfoncer tous les obstacles et en sortir victorieux. Ce coup d'éperon par lequel Lisbeth labourait la vanité de son cousin fut appuyé par le spectacle de la salle à manger, où brillait une magnifique argenterie, où Steinbock aperçut toutes les délicatesses et les recherches du luxe parisien.

— J'aurais mieux fait, se dit-il en lui-même, d'épouser Célimène.

Pendant ce dîner, Hulot, content de voir là son gendre, et plus satisfait encore de la certitude d'un raccommodement avec Valérie, qu'il se flattait de rendre fidèle par la promesse de la succession Coquet, fut charmant. Stidmann répondit à l'amabilité du baron par les gerbes de la plaisanterie parisienne, et par sa verve d'artiste. Steinbock ne voulut pas se laisser éclipser par son camarade, il déploya son esprit, il eut des saillies, il fit de l'effet, il fut content de lui; madame Marneffe lui sourit à plusieurs reprises en lui montrant qu'elle le comprenait bien. La bonne chère, les vins capiteux achevèrent de plonger Wenceslas dans ce qu'il faut appeler le bourbier du plaisir. Animé par une pointe de vin, il s'étendit, après le dîner, sur un divan, en proie à un bonheur à la fois physique et spirituel, que madame Marneffe mit au comble en venant se poser près de lui, légère, parfumée, belle à damner les anges. Elle s'inclina vers Wenceslas, elle effleura presque son oreille pour lui parler tout bas.

— Ce n'est pas ce soir que nous pouvons causer d'affaires, à moins que vous ne vouliez rester le dernier. Entre vous, Lisbeth et moi, nous arrangerions les choses à votre convenance...

— Ah ! vous êtes un ange, madame ! dit Wenceslas en lui répondant de la même manière. J'ai fait une fameuse sottise de ne point écouter Lisbeth...

— Que vous disait-elle?...

— Elle prétendait, rue du Doyenné, que vous m'aimiez !...

Madame Marneffe regarda Wenceslas, eut l'air d'être confuse et se leva brusquement. Une femme, jeune et jolie, n'a jamais impunément éveillé chez un homme l'idée d'un succès immédiat. Ce mouvement de femme vertueuse, réprimant une passion gardée au fond du cœur, était plus éloquent mille fois que la déclaration la plus passionnée.

Aussi le désir fut-il si vivement irrité chez Wenceslas, qu'il redoubla d'attentions pour Valérie. Femme en vue, femme souhaitée ! De là vient la terrible puissance des actrices. Madame Marneffe, se sachant étudiée, se comporta comme une actrice applaudie. Elle fut charmante et obtint un triomphe complet.

13.

— Les folies de mon beau-père ne m'étonnent plus, dit Wenceslas à Lisbeth.

— Si vous parlez ainsi, Wenceslas, répondit la cousine, je me repentirai toute ma vie de vous avoir fait prêter ces dix mille francs. Seriez-vous donc comme eux tous, dit-elle en montrant les convives, amoureux fou de cette créature? Songez donc que vous seriez le rival de votre beau-père. Enfin pensez à tout le chagrin que vous causeriez à Hortense.

— C'est vrai, dit Wenceslas, Hortense est un ange, je serais un monstre!

— Il y en a bien assez d'un dans la famille, répliqua Lisbeth.

— Les artistes ne devraient jamais se marier! s'écria Steinbock.

— Ah! c'est ce que je vous disais rue du Doyenné. Vos enfants, à vous, ce sont vos groupes, vos statues, vos chefs-d'œuvre.

— Que dites-vous donc là! vint demander Valérie en se joignant à Lisbeth. Sers le thé, cousine.

Steinbock, par une forfanterie polonaise, voulut paraître familier avec cette fée du salon. Après avoir insulté Stidmann, Claude Vignon, Crevel, par un regard, il prit Valérie par la main et la força de s'asseoir à côté de lui sur le divan.

— Vous êtes par trop grand seigneur, comte Steinbock! dit-elle en résistant peu.

Et elle se mit à rire en tombant près de lui, non sans lui montrer le petit bouton de rose qui parait son corsage.

— Hélas! si j'étais grand seigneur, je ne viendrais pas ici, dit-il, en emprunteur.

— Pauvre enfant! je me souviens de vos nuits de travail à la rue du Doyenné. Vous avez été un peu *bêta*. Vous vous êtes marié, comme un affamé se jette sur du pain. Vous ne connaissez point Paris! Voyez où vous en êtes? Mais vous avez fait la sourde oreille au dévouement de la Bette comme à l'amour de la Parisienne, qui savait son Paris par cœur.

— Ne me dites plus rien, s'écria Steinbock, je suis bâté.

— Vous aurez vos dix mille francs, mon cher Wenceslas; mais à une condition, dit-elle en jouant avec ses admirables rouleaux de cheveux.

— Laquelle?...

— Eh bien! je ne veux pas d'intérêts...

— Madame!...

— Oh! ne vous fâchez pas; vous me les remplacerez par un groupe en bronze. Vous avez commencé l'histoire de Samson, achevez-la... Faites Dalila coupant les cheveux à l'Hercule juif!... Mais vous qui serez, si vous voulez m'écouter, un grand artiste, j'espère que vous comprendrez le sujet. Il s'agit d'exprimer la puissance de la femme. Samson n'est rien, là. C'est le cadavre de la force. Dalila, c'est la passion qui ruine tout. Comme cette *réplique*... Est-ce comme cela que vous dites?... ajouta-t-elle finement en voyant Claude Vignon et Stidmann qui s'approchèrent d'eux en voyant qu'il s'agissait de sculpture; comme cette réplique d'Hercule aux pieds d'Omphale est bien plus belle que le mythe grec! Est-ce la Grèce qui a copié la Judée? est-ce la Judée qui a pris à la Grèce ce symbole?

— Ah! vous soulevez là, madame, une grave question! celle des époques auxquelles auraient été composés les différents livres de la Bible. Le grand et immortel Spinosa, si niaisement rangé parmi les athées, et qui a mathématiquement prouvé Dieu, prétendait que la Genèse et la partie politique, pour ainsi dire, de la Bible est du temps de Moïse, et il démontrait les interpolations par des preuves philologiques. Aussi a-t-il reçu trois coups de couteau à l'entrée de la synagogue.

— Je ne me savais pas si savante, dit Valérie ennuyée de voir son tête-à-tête interrompu.

— Les femmes savent tout par instinct, répliqua Claude Vignon.

— Eh bien! me promettez-vous? dit-elle à Steinbock en lui prenant la main avec une précaution de jeune fille amoureuse.

— Vous êtes assez heureux, mon cher, s'écria Stidmann, pour que madame vous demande quelque chose?...

— Qu'est-ce? dit Claude Vignon.

— Un petit groupe en bronze, répondit Steinbock, Dalila coupant les cheveux à Samson.

— C'est difficile, fit observer Claude Vignon, à cause du lit...

— C'est au contraire excessivement facile, répliqua Valérie en souriant.

— Ah! faites-nous de la sculpture!... dit Stidmann.

— Madame est la chose à sculpter! répliqua Claude Vignon en jetant un regard fin à Valérie.

— Eh bien! reprit-elle, voilà comment je comprends la composition. Samson s'est réveillé sans cheveux, comme beaucoup de dandies à faux toupets. Le héros est là sur le bord du lit, vous n'avez donc qu'à en figurer la base, cachée par des linges, par des draperies. Il est là comme Marius sur les ruines de Carthage, les bras croisés, la tête rasée, Napoléon à Sainte-Hélène, quoi! Dalila est à genoux, à peu près comme la Madeleine de Canova. Quand une fille a ruiné son homme, elle l'adore. Selon moi, la Juive a eu peur de Samson, terrible, puissant, mais elle a dû aimer Samson devenu petit garçon. Donc, Dalila déplore sa faute, elle voudrait rendre à son amant ses cheveux, elle n'ose pas le regarder, et elle le regarde en souriant, car elle aperçoit son pardon dans la faiblesse de Samson. Ce groupe, et celui de la farouche Judith, seraient la femme expliquée. La Vertu coupe la tête, le Vice ne vous coupe que les cheveux. Prenez garde à vos toupets, messieurs!

Et elle laissa les deux artistes confondus, qui firent, avec la critique, un concert de louanges en son honneur.

— On n'est pas plus délicieuse! s'écria Stidmann.

— Oh! c'est, dit Claude Vignon, la femme la plus intelligente et la plus désirable que j'aie vue. Réunir l'esprit et la beauté, c'est si rare!

— Si vous, qui avez eu l'honneur de connaître intimement Camille Maupin, vous lancez de pareils arrêts, répondit Stidmann, que devons-nous penser?

— Si vous voulez faire de Dalila, mon cher comte, un portrait de Valérie, dit Crevel qui venait de quitter le jeu pour un moment et qui avait tout entendu, je vous paye un exemplaire de ce groupe mille écus. Oh! oui, sapristi! mille écus, *je me fends!*

— *Je me fends!* qu'est-ce que cela veut dire? demanda Beauvisage à Claude Vignon.

— Il faudrait que madame daignât poser... dit Steinbock en montrant Valérie à Crevel. Demandez-lui.

En ce moment, Valérie apportait elle-même à Steinbock une tasse de thé. C'était plus qu'une distinction, c'était une faveur. Il y a, dans la manière dont une femme s'acquitte de cette fonction, tout un langage; mais les femmes le savent bien; aussi est-ce une étude curieuse à faire que celle de leurs mouvements, de leurs gestes, de leurs regards, de leur ton, de leur accent, quand elles accomplissent cet acte de politesse en apparence si simple. Depuis la demande : Prenez-vous du thé? — Voulez-vous du thé? — Une tasse de thé? — froidement formulée, et l'ordre d'en apporter donné à la nymphe qui tient l'urne, jusqu'à l'énorme poëme de l'Odalisque venant de la table à thé, la tasse à la main, jusqu'au pacha du cœur et la lui présentant d'un air soumis, l'offrant d'une voix caressante, avec un regard plein de promesses voluptueuses, un physiologiste peut observer tous les sentiments féminins, depuis l'aversion, depuis l'indifférence, jusqu'à la déclaration de Phèdre à Hippolyte. Les femmes peuvent là se faire, à volonté, méprisantes jusqu'à l'insulte, humbles jusqu'à l'esclavage de l'Orient. Valérie fut plus qu'une femme, elle fut le serpent fait femme, elle acheva son œuvre diabolique en marchant jusqu'à Steinbock, une tasse de thé à la main.

— Je prendrai, dit l'artiste à l'oreille de Valérie en se levant et effleurant de ses doigts les doigts de Valérie, autant de tasses de thé que vous voudrez m'en offrir, pour me les voir présenter ainsi!...

— Que parlez-vous de poser? demanda-t-elle sans paraître avoir reçu en plein cœur cette explosion si rageusement attendue.

— Le père Crevel m'achète un exemplaire de votre groupe mille écus.

— Mille écus, lui, un groupe?

— Oui, si vous voulez poser en Dalila, dit Steinbock.

— Il n'y sera pas, j'espère, reprit-elle, le groupe vaudrait alors plus que sa fortune, car Dalila doit être un peu décolletée...

De même que Crevel se mettait en position, toutes les femmes ont une attitude victorieuse, une pose étudiée, où elles se font irrésistiblement admirer. On en voit qui, dans les salons, passent leur vie à regarder la dentelle de leurs chemisettes et à remettre en place les épaulettes de leurs robes, ou bien à faire jouer les brillants de leur prunelle en contemplant les corniches. Madame Marneffe, elle, ne triomphait pas en face comme toutes les autres. Elle se retourna brusquement pour aller à la table à thé retrouver Lisbeth. Ce mouvement de danseuse agitant sa robe, par lequel elle avait conquis Hulot, fascina Steinbock.

— Ta vengeance est complète, dit Valérie à l'oreille de Lisbeth, Hortense pleurera toutes ses larmes et maudira le jour où elle t'a pris Wenceslas.

— Tant que je ne serai pas madame la maréchale, je n'aurai rien fait, répondit la Lorraine; mais *ils* commencent à le vouloir tous... Ce matin, je suis allée chez Victorin. J'ai oublié de te raconter cela. Les Hulot jeune ont racheté les lettres de change du baron à Vauvinet, ils souscrivent demain une obligation de soixante-douze mille francs à cinq pour cent d'intérêt, remboursables en trois ans, avec hypothèque sur leur maison. Voilà les Hulot jeune dans la gêne pour trois ans, il leur serait impossible de trouver maintenant de l'argent sur cette propriété. Victorin est d'une tristesse affreuse, il a compris son père. Enfin Crevel est capable de ne plus voir ses enfants, tant il sera courroucé de ce dévouement.

— Le baron doit maintenant être sans ressources ? dit Valérie à l'oreille de Lisbeth en souriant à Hulot.

— Je ne lui vois plus rien ; mais il rentre dans son traitement au mois de septembre.

— Et il a sa police d'assurance, il l'a renouvelée ! Allons, il est temps qu'il fasse Marneffe Chef de bureau, je vais l'assassiner ce soir.

— Mon petit cousin, alla dire Lisbeth à Wenceslas, retirez-vous, je vous en prie. Vous êtes ridicule, vous regardez Valérie de façon à la compromettre, et son mari est d'une jalousie effrénée. N'imitez pas votre beau-père, et retournez chez vous, je suis sûre qu'Hortense vous attend...

— Madame Marneffe m'a dit de rester le dernier, pour arranger notre petite affaire entre nous trois, répondit Wenceslas.

— Non, dit Lisbeth, je vais vous remettre les dix mille francs, car son mari a les yeux sur vous, il serait imprudent à vous de rester. Demain, à neuf heures, apportez la lettre de change ; à cette heure-là ce Chinois de Marneffe est à son bureau, Valérie est tranquille... Vous lui avez donc demandé de poser pour un groupe ?... Entrez d'abord chez moi. Ah ! je savais bien, dit Lisbeth en surprenant le regard par lequel Steinbock salua Valérie, que vous étiez un libertin en herbe. Valérie est bien belle, mais tâchez de ne pas faire de chagrin à Hortense !

Rien n'irrite les gens mariés autant que de rencontrer, à tout propos, leur femme entre eux et un désir, fût-il passager.

Wenceslas revint chez lui vers une heure du matin, Hortense l'attendait depuis environ neuf heures et demie. De neuf heures et demie à dix heures, elle écouta le bruit des voitures, en se disant que jamais Wenceslas, quand il dînait sans elle chez Chanor et Florent, n'était rentré si tard. Elle cousait auprès du berceau de son fils, car elle commençait à épargner la journée d'une ouvrière en faisant elle-même certains raccommodages. De dix heures à dix heures et demie, elle eut une pensée de défiance, elle se demanda :

— Mais est-il allé dîner, comme il me l'a dit, chez Chanor et Florent? Il a voulu, pour s'habiller, sa plus belle cravate, sa plus belle épingle. Il a mis à sa toilette autant de temps qu'une femme qui veut paraître encore mieux qu'elle n'est. Je suis folle! il m'aime. Le voici d'ailleurs. Au lieu d'arrêter, la voiture, que la jeune femme entendait, passa. De onze heures à minuit, Hortense fut livrée à des terreurs inouïes, causées par la solitude de son quartier.

— S'il est revenu à pied, se dit-elle, il peut lui arriver quelque accident!... On se tue en rencontrant un bout de trottoir ou en ne s'attendant pas à des lacunes. Les artistes sont si distraits!... Si des voleurs l'avaient arrêté!... Voici la première fois qu'il me laisse seule ici, pendant six heures et demie. Pourquoi me tourmenter? il n'aime que moi. Les hommes devraient être fidèles aux femmes qui les aiment, ne fût-ce qu'à cause des miracles perpétuels produits par le véritable amour dans le monde sublime appelé le *monde spirituel*. Une femme aimante est, par rapport à l'homme aimé, dans la situation d'une somnambule à qui le magnétiseur donnerait le triste pouvoir en cessant d'être le miroir du monde, d'avoir conscience, comme femme, de ce qu'elle aperçoit comme somnambule. La passion fait arriver les forces nerveuses de la femme à cet état extatique où le pressentiment équivaut à la vision des Voyants. Une femme se sait trahie, elle ne s'écoute pas, elle doute, tant elle aime! et elle dément le cri de sa puissance de pythonisse. Ce paroxysme de l'amour devrait obtenir un culte. Chez les esprits nobles, l'admiration de ce divin phénomène sera toujours une barrière qui les séparera de l'infidélité. Comment ne pas adorer une belle, une spirituelle créature dont l'âme arrive à de pareilles manifestations?... A une heure du matin, Hortense avait atteint à un tel degré d'angoisse, qu'elle se précipita vers la porte en reconnaissant Wenceslas à sa manière de sonner, elle le prit dans ses bras, en l'y serrant maternellement.

— Enfin, te voilà!... dit-elle en recouvrant l'usage de la parole. Mon ami, désormais j'irai partout où tu iras, car je ne veux pas éprouver une seconde fois la torture d'une pareille attente... Je t'ai vu heurtant contre un trottoir et la tête fracassée! tué par des voleurs!... Non, une autre fois, je sens que je deviendrais folle... Tu t'es donc bien amusé... sans moi? vilain?

— Que veux-tu, mon petit bon ange, il y avait là Bixiou qui

nous a fait de nouvelles charges, Léon de Lora dont l'esprit n'a pas tari, Claude Vignon à qui je dois le seul article consolant qu'on ait écrit sur le monument du maréchal Montcornet. Il y avait...

— Il n'y avait pas de femmes?... demanda vivement Hortense.

— La respectable madame Florent...

— Tu m'avais dit que c'était au Rocher de Cancale, c'était donc chez eux?

— Oui, chez eux, je me suis trompé...

— Tu n'es pas venu en voiture?

— Non!

— Et tu arrives à pied de la rue des Tournelles?

— Stidmann et Bixiou m'ont reconduit par les boulevards jusqu'à la Madeleine, tout en causant.

— Il fait donc bien sec sur les boulevards, sur la place de la Concorde et la rue de Bourgogne, tu n'es pas crotté, dit Hortense en examinant les bottes vernies de son mari.

Il avait plu; mais de la rue Vanneau à la rue Saint-Dominique, Wenceslas n'avait pu souiller ses bottes.

— Tiens, voilà cinq mille francs que Chanor m'a généreusement prêtés, dit Wenceslas pour couper court à ces interrogations quasi judiciaires.

Il avait fait deux paquets de ses dix billets de mille francs, un pour Hortense et un pour lui-même, car il avait pour cinq mille francs de dettes ignorées d'Hortense. Il devait à son praticien et à ses ouvriers.

— Te voilà sans inquiétudes, ma chère, dit-il en embrassant sa femme. Je vais, dès demain, me mettre à l'ouvrage! Oh! demain, je décampe à huit heures et demie, et je vais à l'atelier. Ainsi, je me couche tout de suite pour être levé de bonne heure, tu me le permets, ma minette?

Le soupçon entré dans le cœur d'Hortense disparut; elle fut à mille lieues de la vérité. Madame Marneffe! elle n'y pensait pas. Elle craignait pour son Wenceslas la société des lorettes. Les noms de Bixiou, de Léon de Lora, deux artistes connus pour leur vie effrénée, l'avaient inquiétée.

Le lendemain, elle vit partir Wenceslas à neuf heures, entièrement rassurée. — Le voilà maintenant à l'ouvrage, se disait-elle en procédant à l'habillement de son enfant. Oh! je le vois, il est en train! Eh! bien, si nous n'avons pas la gloire de Michel-Ange, nous aurons celle de Benvenuto Cellini! Bercée elle-même par ses propres espérances, Hortense croyait à un heureux avenir; et elle parlait à son fils, âgé de vingt mois, ce langage tout en onomatopées qui fait sourire les enfants, quand, vers onze heures, la cuisinière, qui n'avait pas vu sortir Wenceslas, introduisit Stidmann.

— Pardon, madame, dit l'artiste. Comment, Wenceslas est déjà parti?

— Il est à son atelier.

— Je venais m'entendre avec lui pour nos travaux.

— Je vais l'envoyer chercher, dit Hortense en faisant signe à Stidmann de s'asseoir.

La jeune femme, rendant grâce en elle-même au ciel de ce hasard, voulut garder Stidmann afin d'avoir des détails sur la soirée de la veille. Stidmann s'inclina pour remercier la comtesse de cette faveur. Madame Steinbock sonna; la cuisinière vint, elle lui donna l'ordre d'aller chercher monsieur à l'atelier.

— Vous êtes-vous bien amusé hier? dit Hortense, car Wenceslas n'est revenu qu'après une heure du matin.

— Amusé?... pas précisément, répondit l'artiste qui la veille avait voulu *faire* madame Marneffe. On ne s'amuse dans le monde que lorsqu'on y a des intérêts. Cette petite madame Marneffe est excessivement spirituelle, mais elle est coquette...

— Et comment Wenceslas l'a-t-il trouvée?... demanda la pauvre Hortense en essayant de rester calme, il ne m'en a rien dit.

— Je ne vous en dirai qu'une seule chose, répondit Stidmann, c'est que je la crois bien dangereuse.

Hortense devint pâle comme une accouchée.

— Ainsi, c'est bien... chez madame Marneffe... et non pas... chez Chanor que vous avez dîné... dit-elle, hier... avec Wenceslas, et il...

Stidmann, sans savoir quel malheur il faisait, devina qu'il en causait un. La comtesse n'acheva pas sa phrase, elle s'évanouit complétement. L'artiste sonna, la femme de chambre vint. Quand Louise essaya d'emporter la comtesse Steinbock dans sa chambre, une attaque nerveuse de la plus grande gravité se déclara par d'horribles convulsions. Stidmann, comme tous ceux dont une involontaire indiscrétion détruit l'échafaudage élevé par le mensonge d'un mari dans son intérieur, ne pouvait croire à sa parole une pareille portée; il pensa que la comtesse se trouvait dans cet état maladif où la plus légère contrariété devient un danger. La cuisinière vint annoncer, malheureusement à haute voix, que monsieur n'était pas à son atelier. Au milieu de sa crise, la comtesse entendit cette réponse, les convulsions recommencèrent.

— Allez chercher la mère de madame!... dit Louise à la cuisinière; courez!

— Si je savais où se trouve Wenceslas, j'irais l'avertir, dit Stidmann au désespoir.

— Il est chez cette femme!... cria la pauvre Hortense. Il s'est habillé bien autrement que pour aller à son atelier.

Stidmann courut chez madame Marneffe en reconnaissant la vérité de cet aperçu dû à la *seconde vue* des passions. En ce moment Valérie posait en Dalila. Trop fin pour demander madame Marneffe, Stidmann passa roide devant la loge, monta rapidement au second, en se faisant ce raisonnement : Si je demande madame Marneffe, elle n'y sera pas. Si je demande bêtement Steinbock, on me rira au nez... Cassons les vitres! Au coup de sonnette, Reine arriva.

— Dites à monsieur le comte Steinbock de venir, sa femme se meurt!...

Reine, aussi spirituelle que Stidmann, le regarda d'un air passablement stupide.

— Mais, monsieur, je ne sais pas... ce que vous...

— Je vous dis que mon ami Steinbock est ici, sa femme se meurt, la chose vaut bien la peine que vous dérangiez votre maîtresse.

Et Stidmann s'en alla. — Oh! il y est, se dit-il. En effet, Stidmann, qui resta quelques instants rue Vanneau, vit sortir Wenceslas, et lui fit signe de venir promptement. Après avoir raconté la tragédie qui se jouait rue Saint-Dominique, Stidmann gronda Steinbock de ne l'avoir pas prévenu de garder le secret sur le dîner de la veille.

— Je suis perdu, lui répondit Wenceslas, mais je te pardonne. J'ai tout à fait oublié notre rendez-vous ce matin, et j'ai commis la faute de ne pas te dire que nous devions avoir dîné chez Florent. Que veux-tu? Cette Valérie m'a rendu fou; mais, mon cher, elle vaut la gloire, elle vaut le malheur... Ah! c'est... Mon Dieu! me voilà dans un terrible embarras! Conseille-moi. Que dire? comment me justifier?

— Te conseiller? je ne sais rien, répondit Stidmann. Mais tu es aimé de ta femme, n'est-ce pas? Eh bien! elle croira tout. Dis-lui surtout que tu venais chez moi, pendant que j'allais chez toi; tu sauveras toujours ainsi ta *pose* de ce matin. Adieu!

Au coin de la rue Hillerin-Bertin, Lisbeth avertie par Reine et qui courait après Steinbock, le rejoignit; car elle craignait sa naïveté polonaise. Ne voulant pas être compromise, elle dit quelques mots à Wenceslas qui, dans sa joie, l'embrassa en pleine rue. Elle avait tendu sans doute à l'artiste une planche pour passer ce détroit de la vie conjugale.

A la vue de sa mère, arrivée en toute hâte, Hortense avait versé des torrents de larmes. Aussi, la crise nerveuse changea fort heureusement d'aspect.

— Trahie! ma chère maman, lui dit-elle. Wenceslas, après m'avoir donné sa parole d'honneur de ne pas aller chez madame Marneffe, y a dîné hier, et n'est rentré qu'à une heure un quart du matin!... Si tu savais, la veille, nous avions eu, non pas une querelle, mais une explication. Je lui avais dit des choses si touchantes: « J'étais jalouse, une infidélité me ferait mourir; j'étais ombrageuse, il devait respecter mes faiblesses, puisqu'elles venaient de mon amour pour lui, j'avais dans les veines autant du sang de mon père que du tien; dans le premier moment d'une trahison, je serais folle à faire des folies, à me venger, à nous déshonorer tous, lui, son fils et moi; qu'enfin je pourrais le tuer et me tuer après! » etc. Et il y est allé, et il y est! Cette femme a entrepris de nous désoler tous! Hier, mon frère et Célestin se sont engagés pour retirer soixante-douze mille francs de lettres de change souscrites pour cette vaurienne... Oui, maman, on allait poursuivre mon père et le mettre en prison. Cette horrible femme n'a-t-elle pas assez de mon père et de tes larmes! Pourquoi me prendre Wenceslas!... J'irai chez elle, je la poignarderai!

Madame Hulot, atteinte au cœur par l'affreuse confidence que dans sa rage Hortense lui faisait sans le savoir, dompta sa douleur par un de ces héroïques efforts dont sont capables les grandes mères, et elle prit la tête de sa fille sur son sein pour la couvrir de baisers.

— Attends Wenceslas, mon enfant, et tout s'expliquera. Le mal ne doit pas être aussi grand que tu le penses! J'ai été trahie aussi, moi! ma chère Hortense. Tu me trouves belle, je suis vertueuse, et je suis cependant abandonnée depuis vingt-trois ans, pour des

Jenny Cadine, des Josépha, des Marneffe!... le savais-tu?...

— Toi, maman, toi!... tu souffres cela depuis vingt...

Elle s'arrêta devant ses propres idées.

— Imite-moi, mon enfant, reprit la mère. Sois douce et bonne, et tu auras la conscience paisible. Au lit de mort, un homme se dit : « — Ma femme ne m'a jamais causé la moindre peine!... » Et Dieu, qui entend ces derniers soupirs-là, nous les compte. Si je m'étais livrée à des fureurs, comme toi, que serait-il arrivé?... Ton père se serait aigri, peut-être m'aurait-il quittée, et il n'aurait pas été retenu par la crainte de m'affliger ; notre ruine, aujourd'hui consommée, l'eût été dix ans plus tôt, nous aurions offert le spectacle d'un mari et d'une femme vivant chacun de son côté, scandale affreux, désolant, car c'est la mort de la Famille. Ni ton frère, ni toi, vous n'eussiez pu vous établir... Je me suis sacrifiée, et si courageusement que, sans cette dernière liaison de ton père, le monde me croirait encore heureuse. Mon officieux et bien courageux mensonge a jusqu'à présent protégé Hector ; il est encore considéré ; seulement cette passion de vieillard l'entraîne trop loin, je le vois. Sa folie, je le crains, crèvera le paravent que je mettais entre le monde et nous... Mais, je l'ai tenu pendant vingt-trois ans, ce rideau, derrière lequel je pleurais, sans mère, sans confident, sans autre secours que celui de la religion, et j'ai procuré vingt-trois ans d'honneur à la famille.

Hortense écoutait sa mère, les yeux fixes. La voix calme et la résignation de cette suprême douleur fit taire l'irritation de la première blessure chez la jeune femme, les larmes la gagnèrent, elles revinrent à torrents. Dans un accès de piété filiale, écrasée par la sublimité de sa mère, elle se mit à genoux devant elle, saisit le bas de sa robe et la baisa, comme de pieux catholiques baisent les saintes reliques d'un martyr.

— Lève-toi, mon Hortense, dit la baronne, un pareil témoignage de ma fille efface de bien mauvais souvenirs! Viens sur mon cœur, oppressé de ton chagrin seulement. Le désespoir de ma pauvre petite fille, dont la joie était ma seule joie, a brisé le cachet sépulcral que rien ne devait lever de ma lèvre. Oui, je voulais emporter mes douleurs au tombeau, comme un suaire de plus. Pour calmer ta fureur, j'ai parlé... Dieu me pardonnera! Oh! si ma vie devait être ta vie, que ne ferais-je pas!... Les hommes, le monde, le hasard, la nature, Dieu, je crois, nous vendent l'amour au prix des plus cruelles tortures. Je payerai de vingt-quatre années de désespoir, de chagrins incessants, d'amertumes, dix années heureuses...

— Tu as eu dix ans, chère maman, et moi trois ans, seulement !... dit l'égoïste amoureuse.

— Rien n'est perdu, ma petite, attends Wenceslas.

— Ma mère, dit-elle, il a menti ! il m'a trompée... Il m'a dit : « Je n'irai pas, » et il y est allé. Et cela, devant le berceau de son enfant !...

— Pour leur plaisir, les hommes, mon ange, commettent les plus grandes lâchetés, des infamies, des crimes ; c'est à ce qu'il paraît dans leur nature. Nous autres femmes, nous sommes vouées au sacrifice. Je croyais mes malheurs achevés, et ils commencent, car je ne m'attendais pas à souffrir doublement en souffrant dans ma fille. Courage et silence !... Mon Hortense, jure-moi de ne parler qu'à moi de tes chagrins, de n'en rien laisser voir devant des tiers... Oh ! sois aussi fière que ta mère !

En ce moment Hortense tressaillit, elle entendit le pas de son mari.

— Il paraît, dit Wenceslas en entrant, que Stidmann est venu pendant que j'étais allé chez lui.

— Vraiment !... s'écria la pauvre Hortense avec la sauvage ironie d'une femme offensée qui se sert de la parole comme d'un poignard.

— Mais oui, nous venons de nous rencontrer, répondit Wenceslas en jouant l'étonnement.

— Mais, hier !... reprit Hortense.

— Eh bien ! je t'ai trompée, mon cher amour, et ta mère va nous juger...

Cette franchise desserra le cœur d'Hortense. Toutes les femmes vraiment nobles préfèrent la vérité au mensonge. Elles ne veulent pas voir leur idole dégradée, elles veulent être fières de la domination qu'elles acceptent.

Il y a de ce sentiment chez les Russes, à propos de leur Czar.

— Écoutez, chère mère... dit Wenceslas, j'aime tant ma bonne et douce Hortense, que je lui ai caché l'étendue de notre détresse. Que voulez-vous !... elle nourrissait encore, et des chagrins lui auraient fait bien du mal. Vous savez tout ce que risque alors une femme. Sa beauté, sa fraîcheur, sa santé sont en danger. Est-ce un tort ?... Elle croit que nous ne devons que cinq mille francs, mais j'en dois cinq mille autres... Avant hier, nous étions au désespoir !..

Personne au monde ne prête aux artistes. On se défie de nos talents tout autant que de nos fantaisies. J'ai frappé vainement à toutes les portes. Lisbeth nous a offert ses économies.

— Pauvre fille, dit Hortense.

— Pauvre fille! dit la baronne.

— Mais les deux mille francs de Lisbeth, qu'est-ce?... tout pour elle, rien pour nous. Alors la cousine nous a parlé, tu sais Hortense, de madame Marneffe, qui, par un amour-propre, devant tant au baron, ne prendrait pas le moindre intérêt... Hortense a voulu mettre ses diamants au Mont-de-Piété. Nous aurions eu quelques milliers de francs, et il nous en fallait dix mille. Ces dix mille francs se trouvaient là, sans intérêt, pour un an!... Je me suis dit: « Hortense n'en saura rien, allons les prendre. » Cette femme m'a fait inviter par mon beau-père à dîner hier, en me donnant à entendre que Lisbeth avait parlé, que j'aurais de l'argent. Entre le désespoir d'Hortense et ce dîner, je n'ai pas hésité. Voilà tout. Comment, Hortense, à vingt-quatre ans, fraîche, pure et vertueuse, elle qui est tout mon bonheur et ma gloire, que je n'ai pas quittée depuis notre mariage, peut-elle imaginer que je lui préfèrerai, quoi?... une femme tannée, fanée, *panée*, dit-il en employant une atroce expression de l'argot des ateliers pour faire croire à son mépris par une de ces exagérations qui plaisent aux femmes.

— Ah! si ton père m'avait parlé comme cela! s'écria la baronne.

Hortense se jeta gracieusement au cou de son mari.

— Oui, voilà ce que j'aurais fait, dit Adeline. Wenceslas, mon ami, votre femme a failli mourir, reprit-elle gravement. Vous voyez combien elle vous aime. Elle est à vous, hélas! Et elle soupira profondément. — Il peut en faire une martyre ou une femme heureuse, se dit-elle à elle-même en pensant ce que pensent toutes les mères lors du mariage de leurs filles. — Il me semble, ajouta-t-elle à haute voix, que je souffre assez pour voir mes enfants heureux.

— Soyez tranquille, chère maman, dit Wenceslas au comble du bonheur de voir cette crise heureusement terminée. Dans deux mois, j'aurai rendu l'argent à cette horrible femme. Que voulez-vous? reprit-il en répétant ce mot essentiellement polonais avec la grâce polonaise, il y a des moments où l'on emprunterait au diable. C'est, après tout, l'argent de la famille. Et une fois invité, l'aurais-je eu, cet argent qui nous coûte si cher, si j'avais répondu par des grossièretés à une politesse?

— Oh! maman, quel mal nous fait papa! s'écria Hortense.

La baronne mit un doigt sur ses lèvres, et Hortense regretta cette plainte, le premier blâme qu'elle laissait échapper sur un père si héroïquement protégé par un sublime silence.

— Adieu, mes enfants, dit madame Hulot, voilà le beau temps revenu. Mais ne vous fâchez plus.

Quand, après avoir reconduit la baronne, Wenceslas et sa femme furent revenus dans leur chambre, Hortense dit à son mari : — Raconte-moi ta soirée? Et elle épia le visage de Wenceslas pendant ce récit, entrecoupé de ces questions qui se pressent sur les lèvres d'une femme en pareil cas. Ce récit rendit Hortense songeuse, elle entrevoyait les diaboliques amusements que des artistes devaient trouver dans cette vicieuse société.

— Sois franc! mon Wenceslas?... il y avait là Stidmann, Claude Vignon, Vernisset, qui encore?... Enfin tu t'es amusé!...

— Moi?... je ne pensais qu'à nos dix mille francs, et je me disais : « mon Hortense sera sans inquiétudes! »

Cet interrogatoire fatiguait énormément le Livonien, et il saisit un moment de gaieté pour dire à Hortense : — Et toi, mon ange, qu'aurais-tu fait, si ton artiste s'était trouvé coupable?...

— Moi, dit-elle d'un petit air décidé, j'aurais pris Stidmann, mais sans l'aimer, bien entendu!

— Hortense! s'écria Steinbock en se levant avec brusquerie et par un mouvement théâtral, tu n'en aurais pas eu le temps, je t'aurais tuée.

Hortense se jeta sur son mari, l'embrassa à l'étouffer, le couvrit de caresses, et lui dit : — Ah! tu m'aimes! Wenceslas! va, je ne crains rien! Mais plus de Marneffe. Ne te plonge plus jamais dans de semblables bourbiers...

— Je te jure, ma chère Hortense, que je n'y retournerai que pour retirer mon billet...

Elle bouda, mais comme boudent les femmes aimantes qui veulent les bénéfices d'une bouderie. Wenceslas, fatigué d'une pareille matinée, laissa bouder sa femme et partit pour son atelier y faire la maquette du groupe de Samson et Dalila, dont le dessin était dans sa poche. Hortense, inquiète de sa bouderie et croyant Wenceslas fâché, vint à l'atelier au moment où son mari finissait de fouiller sa glaise avec cette rage qui pousse les artistes en puissance de fantaisie. A l'aspect de sa femme, il jeta vivement un linge mouillé sur

le groupe ébauché, et prit Hortense dans ses bras en lui disant :
— Ah! nous ne sommes pas fâchés, n'est-ce pas, ma ninette?

Hortense avait vu le groupe, le linge jeté dessus, elle ne dit rien; mais avant de quitter l'atelier, elle se retourna, saisit le chiffon, regarda l'esquisse et demanda : — Qu'est-ce que cela?

— Un groupe dont l'idée m'est venue.
— Et pourquoi me l'as-tu caché?
— Je voulais ne te le montrer que fini.
— La femme est bien jolie! dit Hortense.

Et mille soupçons poussèrent dans son âme comme poussent, dans les Indes, ces végétations, grandes et touffues, du jour au lendemain.

Au bout de trois semaines environ, madame Marneffe fut profondément irritée contre Hortense. Les femmes de cette espèce ont leur amour-propre, elles veulent qu'on baise l'ergot du diable, elles ne pardonnent jamais à la Vertu qui ne redoute pas leur puissance ou qui lutte avec elles. Or, Wenceslas n'avait pas fait une seule visite rue Vanneau, pas même celle qu'exigeait la politesse après la pose d'une femme en Dalila. Chaque fois que Lisbeth était allée chez les Steinbock, elle n'avait trouvé personne au logis. Monsieur et madame vivaient à l'atelier. Lisbeth, qui relança les deux tourtereaux jusque dans leur nid du Gros-Caillou, vit Wenceslas travaillant avec ardeur, et apprit par la cuisinière que madame ne quittait jamais monsieur. Wenceslas subissait le despotisme de l'amour. Valérie épousa donc pour son compte la haine de Lisbeth envers Hortense. Les femmes tiennent autant aux amants qu'on leur dispute, que les hommes tiennent aux femmes qui sont désirées par plusieurs fats. Aussi, les réflexions faites à propos de madame Marneffe s'appliquent-elles parfaitement aux hommes à bonnes fortunes qui sont des espèces de courtisanes-hommes. Le caprice de Valérie fut une rage, elle voulait avoir surtout son groupe, et elle se proposait, un matin, d'aller à l'atelier voir Wenceslas, quand survint un de ces événements graves qui peuvent s'appeler pour ces sortes de femmes *fructus belli*. Voici comment Valérie donna la nouvelle de ce fait, entièrement personnel. Elle déjeunait avec Lisbeth et monsieur Marneffe.

— Dis donc, Marneffe? te doutes-tu d'être père pour la seconde fois?

— Vraiment, tu serais grosse?... Oh! laisse-moi t'embrasser...

Il se leva, fit le tour de la table, et sa femme lui tendit le front de manière que le baiser glissât sur les cheveux.

— De ce coup-là, reprit-il, je suis chef de bureau et officier de la Légion-d'Honneur ! Ah çà ! ma petite, je ne veux pas que Stanislas soit ruiné ! Pauvre petit !...

— Pauvre petit ?... s'écria Lisbeth. Il y a sept mois que vous ne l'avez vu ; je passe à la pension pour être sa mère, car je suis la seule de la maison qui s'occupe de lui !...

— Un enfant qui nous coûte cent écus tous les trois mois !... dit Valérie. D'ailleurs, c'est ton enfant, celui-là, Marneffe ! tu devrais bien payer sa pension sur tes appointements... Le nouveau, loin de produire des mémoires de marchands de soupe, nous sauvera de la misère...

— Valérie, répondit Marneffe en imitant Crevel en position, j'espère que monsieur le baron Hulot aura soin de son fils, et qu'il n'en chargera pas un pauvre employé ; je compte me montrer très-exigeant avec lui. Aussi, prenez vos sûretés, madame ? tâchez d'avoir de lui des lettres où il vous parle de son bonheur, car il se fait un peu trop tirer l'oreille pour ma nomination...

Et Marneffe partit pour le ministère, où la précieuse amitié de son directeur lui permettait d'aller à son bureau vers onze heures ; il y faisait d'ailleurs peu de besogne, vu son incapacité notoire et son aversion pour le travail.

Une fois seules, Lisbeth et Valérie se regardèrent pendant un moment comme des augures, et partirent ensemble d'un immense éclat de rire.

— Voyons, Valérie, est-ce vrai ? dit Lisbeth, ou n'est-ce qu'une comédie ?

— C'est une vérité physique ! répondit Valérie. Hortense *m'embête* ! Et, cette nuit, je pensais à lancer cet enfant comme une bombe dans le ménage de Wenceslas.

Valérie rentra dans sa chambre, suivie de Lisbeth, et lui montra tout écrite la lettre suivante :

« Wenceslas, mon ami, je crois encore à ton amour, quoique
» je ne t'aie pas vu depuis bientôt vingt jours. Est-ce du dédain ?
» Dalila ne le saurait penser. N'est-ce pas plutôt un effet de la ty-
» rannie d'une femme que tu m'as dit ne pouvoir plus aimer ?
» Wenceslas, tu es un trop grand artiste pour te laisser ainsi do-

» miner. Le ménage est le tombeau de la gloire... Vois si tu res-
» sembles au Wenceslas de la rue du Doyenné ? Tu as raté le monu-
» ment de mon père; mais chez toi l'amant est bien supérieur à
» l'artiste, tu es plus heureux avec la fille : tu es père, mon adoré
» Wenceslas. Si tu ne venais pas me voir dans l'état où je suis, tu
» passerais pour bien mauvais homme aux yeux de tes amis; mais,
» je le sens, je t'aime si follement, que je n'aurai jamais la force
» de te maudire. Puis-je me dire toujours

» Ta VALÉRIE. »

— Que dis-tu de mon projet d'envoyer cette lettre à l'atelier au moment où notre chère Hortense y sera seule ? demanda Valérie à Lisbeth. Hier au soir, j'ai su par Stidmann que Wenceslas doit l'aller prendre à onze heures pour une affaire chez Chanor ; ainsi cette gaupe d'Hortense sera seule.

— Après un tour semblable, répondit Lisbeth, je ne pourrai plus rester ostensiblement ton amie, et il faudra que je te donne congé, que je sois censée ne plus te voir, ni même te parler.

— Évidemment, dit Valérie ; mais...

— Oh ! sois tranquille, répondit Lisbeth. Nous nous reverrons quand je serai madame la maréchale ; *ils* le veulent maintenant tous, le baron seul ignore ce projet ; mais tu le décideras.

— Mais, répondit Valérie, il est possible que je sois bientôt en délicatesse avec le baron.

— Madame Olivier est la seule qui puisse se faire bien surprendre la lettre par Hortense, dit Lisbeth, il faut l'envoyer d'abord rue Saint-Dominique avant d'aller à l'atelier.

— Oh ! notre petite bellote sera chez elle, répondit madame Marneffe en sonnant Reine pour faire demander madame Olivier.

Dix minutes après l'envoi de cette fatale lettre, le baron Hulot vint. Madame Marneffe s'élança, par un mouvement de chatte, au cou du vieillard.

— Hector, tu es père ! lui dit-elle à l'oreille. Voilà ce que c'est que de se brouiller et de se raccommoder...

En voyant un certain étonnement que le baron ne dissimula pas assez promptement, Valérie prit un air froid qui désespéra le Conseiller-d'État. Elle se fit arracher les preuves les plus décisives, une à une. Lorsque la Conviction, que la Vanité prit doucement par la main, fut entrée dans l'esprit du vieillard, elle lui parla de la fureur de monsieur Marneffe.

— Mon vieux grognard, lui dit-elle, il t'est bien difficile de ne pas faire nommer ton éditeur responsable, notre gérant, si tu veux, chef de bureau et officier de la Légion-d'Honneur, car tu l'as ruiné, cet homme ; il adore son Stanislas, ce petit *monstrico* qui tient de lui, et que je ne puis souffrir. A moins que tu ne préfères donner une rente de douze cents francs à Stanislas, en nue propriété bien entendu, l'usufruit en mon nom.

— Mais si je fais des rentes, je préfère que ce soit au nom de mon fils, et non au *monstrico !* dit le baron.

Cette phrase imprudente, où le mot *mon fils* passa gros comme un fleuve débordant, fut transformée, au bout d'une heure de conversation, en une promesse formelle de faire douze cents francs de rente à l'enfant à venir. Puis cette promesse fut, sur la langue et la physionomie de Valérie, ce qu'est un tambour entre les mains d'un marmot, elle devait en jouer pendant vingt jours.

Au moment où le baron Hulot, heureux comme le marié d'un an qui désire un héritier, sortait de la rue Vanneau, madame Olivier s'était fait arracher, par Hortense, la lettre qu'elle devait remettre à monsieur le comte, en mains propres. La jeune femme paya cette lettre d'une pièce de vingt francs. Le suicide paye son opium, son pistolet, son charbon. Hortense lut la lettre, elle la relut ; elle ne voyait que ce papier blanc bariolé de lignes noires, il n'y avait que ce papier dans la nature, tout était noir autour d'elle. La lueur de l'incendie qui dévorait l'édifice de son bonheur éclairait le papier, car la nuit la plus profonde régnait autour d'elle. Les cris de son petit Wenceslas, qui jouait, parvenaient à son oreille comme s'il eût été dans le fond d'un vallon, et qu'elle eût été sur un sommet. Outragée à vingt-quatre ans, dans tout l'éclat de la beauté, parée d'un amour pur et dévoué, c'était non pas un coup de poignard, mais la mort. La première attaque avait été purement nerveuse, le corps s'était tordu sous l'étreinte de la jalousie ; mais la certitude attaqua l'âme, le corps fut anéanti. Hortense demeura pendant dix minutes environ sous cette oppression. Le fantôme de sa mère lui apparut et lui fit une révolution ; elle devint calme et froide, elle recouvra sa raison. Elle sonna.

— Que Louise, ma chère, dit-elle à la cuisinière, vous aide. Vous allez faire, le plus tôt possible, des paquets de tout ce qui est à moi ici, et de tout ce qui regarde mon fils. Je vous donne une heure. Quand tout sera prêt, allez chercher sur la place une voiture, et prévenez-moi. Pas d'observations ! Je quitte la maison et j'emmène Louise. Vous resterez, vous, avec monsieur ; ayez bien soin de lui...

Elle passa dans sa chambre, se mit à sa table, et écrivit la lettre suivante :

« Monsieur le comte,

» La lettre jointe à la mienne vous expliquera la cause de la ré-
» solution que j'ai prise.

» Quand vous lirez ces lignes, j'aurai quitté votre maison, et je
» me serai retirée auprès de ma mère, avec notre enfant.

» Ne comptez pas que je revienne jamais sur ce parti. Ne
» croyez pas à l'emportement de la jeunesse, à son irréflexion, à
» la vivacité de l'amour jeune offensé, vous vous tromperiez étran-
» gement.

» J'ai prodigieusement pensé, depuis quinze jours, à la vie, à
» l'amour, à notre union, à nos devoirs mutuels. J'ai connu dans
» son entier le dévouement de ma mère, elle m'a dit ses douleurs !
» Elle est héroïque tous les jours, depuis vingt-trois ans ; mais je
» ne me sens pas la force de l'imiter, non que je vous aie aimé
» moins qu'elle aime mon père, mais par des raisons tirées de mon
» caractère. Notre intérieur deviendrait un enfer, et je pourrais
» perdre la tête au point de vous déshonorer, de me déshonorer,
» de déshonorer notre enfant. Je ne veux pas être une madame
» Marneffe ; et dans cette carrière, une femme de ma trempe ne
» s'arrêterait peut-être pas. Je suis, malheureusement pour moi,
» une Hulot et non pas une Fischer.

» Seule et loin du spectacle de vos désordres, je réponds de moi,
» surtout occupée de notre enfant, près de ma forte et sublime
» mère, dont la vie agira sur les mouvements tumultueux de mon
» cœur. Là, je puis être une bonne mère, bien élever notre fils
» et vivre. Chez vous, la Femme tuerait la Mère, et des querelles
» incessantes aigriraient mon caractère.

» J'accepterais la mort d'un coup ; mais je ne veux pas être malade
» pendant vingt-cinq ans comme ma mère. Si vous m'avez trahie
» après trois ans d'un amour absolu, continu, pour la maîtresse de
» votre beau-père, quelles rivales ne me donneriez-vous pas plus

» tard ? Ah ! monsieur, vous commencez, bien plus tôt que mon
» père, cette carrière de libertinage, de prodigalité qui déshonore
» un père de famille, qui diminue le respect des enfants, et au
» bout de laquelle se trouvent la honte et le désespoir.

» Je ne suis point implacable. Des sentiments inflexibles ne con-
» viennent point à des êtres faibles qui vivent sous l'œil de Dieu.
» Si vous conquérez gloire et fortune par des travaux soutenus, si
» vous renoncez aux courtisanes, aux sentiers ignobles et bour-
» beux, vous retrouverez une femme digne de vous.

» Je vous crois trop gentilhomme pour recourir à la loi. Vous
» respecterez ma volonté, monsieur le comte, en me laissant chez
» ma mère ; et, surtout, ne vous y présentez jamais. Je vous ai laissé
» tout l'argent que vous a prêté cette odieuse femme. Adieu !

» HORTENSE HULOT. »

Cette lettre fut péniblement écrite, Hortense s'abandonnait aux pleurs, aux cris de la passion égorgée. Elle quittait et reprenait la plume pour exprimer simplement ce que l'amour déclame ordinairement dans ces lettres testamentaires. Le cœur s'exhalait en interjections, en plaintes, en pleurs ; mais la raison dictait.

La jeune femme, avertie par Louise que tout était prêt, parcourut lentement le jardinet, la chambre, le salon, y regarda tout pour la dernière fois. Puis elle fit à la cuisinière les recommandations les plus vives pour qu'elle veillât au bien-être de Monsieur, en lui promettant de la récompenser si elle voulait être honnête. Enfin, elle monta dans la voiture pour se rendre chez sa mère, le cœur brisé, pleurant à faire peine à sa femme de chambre, et couvrant le petit Wenceslas de baisers avec une joie délirante qui trahissait encore bien de l'amour pour le père.

La baronne savait déjà par Lisbeth que le beau-père était pour beaucoup dans la faute de son gendre, elle ne fut pas surprise de voir arriver sa fille, elle l'approuva et consentit à la garder près d'elle. Adeline, en voyant que la douceur et le dévouement n'avaient jamais arrêté son Hector, pour qui son estime commençait à diminuer, trouva que sa fille avait raison de prendre une autre voie. En vingt jours, la pauvre mère venait de recevoir deux blessures dont les souffrances surpassaient toutes ses tortures passées. Le baron avait mis Victorin et sa femme dans la gêne ; puis il était la cause, suivant Lisbeth, du dérangement de Wenceslas, il avait dépravé son gendre. La majesté de ce père de famille, maintenue pendant si long-temps par des sacrifices insensés, était dégradée. Sans regretter leur argent, les Hulot jeunes concevaient à la fois de la défiance et des inquiétudes à l'égard du baron. Ce sentiment assez visible affligeait profondément Adeline, elle pressentait la dissolution de la famille. La baronne logea sa fille dans la salle à manger, qui fut promptement transformée en chambre à coucher, grâce à l'argent du maréchal; et l'antichambre devint, comme dans beaucoup de ménages, la salle à manger.

Quand Wenceslas revint chez lui, quand il eut achevé de lire les deux lettres, il éprouva comme un sentiment de joie mêlé de tristesse. Gardé pour ainsi dire à vue par sa femme, il s'était intérieurement rebellé contre ce nouvel emprisonnement à la Lisbeth. Gorgé d'amour depuis trois ans, il avait, lui aussi, réfléchi pendant ces derniers quinze jours; et il trouvait la famille lourde à porter. Il venait de s'entendre féliciter par Stidmann sur la passion qu'il inspirait à Valérie; car Stidmann, dans une arrière-pensée assez concevable, jugeait à propos de flatter la vanité du mari d'Hortense en espérant consoler la victime. Wenceslas fut donc heureux de pouvoir retourner chez madame Marneffe. Mais il se rappela le bonheur entier et pur dont il avait joui, les perfections d'Hortense, sa sagesse, son innocent et naïf amour, et il la regretta vivement. Il voulut courir chez sa belle-mère y obtenir son pardon, mais il fit comme Hulot et Crevel, il alla voir madame Marneffe à laquelle il apporta la lettre de sa femme pour lui montrer le désastre dont elle était la cause, et, pour ainsi dire, escompter ce malheur, en demandant en retour des plaisirs à sa maîtresse. Il trouva Crevel chez Valérie. Le maire, bouffi d'orgueil, allait et venait dans le salon, comme un homme agité par des sentiments tumultueux. Il se mettait en position comme s'il voulait parler et il n'osait. Sa physionomie resplendissait, et il courait à la croisée tambouriner de ses doigts sur les vitres. Il regardait Valérie d'un air touché, attendri. Heureusement pour Crevel, Lisbeth entra.

— Cousine, lui dit-il à l'oreille, vous savez la nouvelle? je suis père! Il me semble que j'aime moins ma pauvre Célestine. Oh! ce que c'est que d'avoir un enfant d'une femme qu'on idolâtre! Joindre la paternité du cœur à la paternité du sang! Oh! voyez-vous, dites-le à Valérie! je vais travailler pour cet enfant, je le veux riche! Elle m'a dit qu'elle croyait, à certains indices, que ce serait un garçon! Si c'est un garçon, je veux qu'il se nomme Crevel : je consulterai mon notaire.

— Je sais combien elle vous aime, dit Lisbeth ; mais, au nom de votre avenir et du sien, contenez-vous, ne vous frottez pas les mains à tout moment.

Pendant que Lisbeth faisait cet *à parte* avec Crevel, Valérie avait redemandé sa lettre à Wenceslas, et elle lui tenait à l'oreille des propos qui dissipaient sa tristesse.

— Te voilà libre, mon ami, dit-elle. Est-ce que les grands artistes devraient se marier? Vous n'existez que par la fantaisie et par la liberté! Va, je t'aimerai tant, mon cher poëte, que tu ne regretteras jamais ta femme. Mais cependant, si comme beaucoup de gens, tu veux garder le décorum, je me charge de faire revenir Hortense chez toi, dans peu de temps...

— Oh! si c'était possible?

— J'en suis sûre, dit Valérie piquée. Ton pauvre beau-père est un homme fini sous tous les rapports, qui par amour-propre veut avoir l'air d'être aimé, veut faire croire qu'il a une maîtresse, et il a tant de vanité sur cet article que je le gouverne entièrement. La baronne aime encore tant son vieil Hector (il me semble toujours parler de l'Iliade), que les deux vieux obtiendront d'Hortense ton raccommodement. Seulement, si tu ne veux pas avoir des orages chez toi, ne reste pas vingt jours sans venir voir ta maîtresse... Je me mourais. Mon petit, on doit des égards, quand on est gentilhomme, à une femme qu'on a compromise au point où je le suis, surtout quand cette femme a bien des ménagements à prendre pour sa réputation... Reste à dîner, mon ange... Et songe que je dois être d'autant plus froide avec toi, que tu es l'auteur de cette trop visible faute.

On annonça le baron Montès, Valérie se leva, courut à sa rencontre, lui parla pendant quelques instants à l'oreille, et fit avec lui les mêmes réserves pour son maintien qu'elle venait de faire avec Wenceslas ; car le Brésilien eut une contenance diplomatique appropriée à la grande nouvelle qui le comblait de joie, il était certain de sa paternité, lui!...

Grâce à cette stratégie basée sur l'amour-propre de l'homme à l'état d'amant, Valérie eut à sa table, tous joyeux, animés, charmés, quatre hommes se croyant adorés, et que Marneffe nomma plaisamment à Lisbeth, en s'y comprenant, les cinq pères de l'Église.

Le baron Hulot seul montra d'abord une figure soucieuse. Voici pourquoi : au moment de quitter son cabinet, il était venu voir le Directeur du Personnel, un général, son camarade depuis trente ans, et il lui avait parlé de nommer Marneffe à la place de Coquet, qui consentait à donner sa démission.

— Mon cher ami, lui dit-il, je ne voudrais pas demander cette faveur au maréchal sans que nous soyons d'accord et que j'aie eu votre agrément.

— Mon cher ami, répondit le Directeur du Personnel, permettez-moi de vous faire observer que, pour vous-même, vous ne devriez pas insister sur cette nomination. Je vous ai déjà dit mon opinion. Ce serait un scandale dans les bureaux, où l'on s'occupe déjà beaucoup trop de vous et de madame Marneffe. Ceci, bien entre nous. Je ne veux pas attaquer votre endroit sensible, ni vous désobliger en quoi que ce soit, je vais vous en donner la preuve. Si vous y tenez absolument, si vous voulez demander la place de monsieur Coquet, qui sera vraiment une perte pour les bureaux de la guerre (il y est depuis 1809), je partirai pour quinze jours à la campagne, afin de vous laisser le champ libre auprès du maréchal qui vous aime comme son fils. Je ne serai donc ni pour, ni contre, et je n'aurai rien fait contre ma conscience d'administrateur.

— Je vous remercie, répondit le baron, je réfléchirai à ce que vous venez de me dire.

— Si je me permets cette observation, mon cher ami, c'est qu'il y va beaucoup plus de votre intérêt personnel que de mon affaire ou de mon amour-propre. Le maréchal est le maître, d'abord. Puis, mon cher, on nous reproche tant de choses, qu'une de plus ou de moins! nous n'en sommes pas à notre virginité en fait de critiques. Sous la Restauration, on a nommé des gens pour leur donner des appointements et sans s'embarrasser du service... Nous sommes de vieux camarades...

— Oui, répondit le baron, et c'est bien pour ne pas altérer notre vieille et précieuse amitié que je...

— Allons, reprit le Directeur du Personnel, en voyant l'embarras peint sur la figure de Hulot, je voyagerai, mon vieux... Mais prenez garde! vous avez des ennemis, c'est-à-dire des gens qui convoitent votre magnifique traitement, et vous n'êtes amarré que sur une ancre. Ah! si vous étiez député comme moi, vous ne craindriez rien ; aussi tenez-vous bien...

Ce discours, plein d'amitié, fit une vive impression sur le Conseiller-d'État.

— Mais enfin, Roger, qu'y a-t-il? Ne faites pas le mystérieux avec moi!

Le personnage que Hulot nommait Roger, regarda Hulot, lui prit la main, la lui serra.

— Nous sommes de trop vieux amis pour que je ne vous donne pas un avis. Si vous voulez rester, il faudrait vous faire votre lit de repos vous-même. Ainsi, dans votre position, au lieu de demander au maréchal la place de monsieur Coquet pour monsieur Marneffe, je le prierais d'user de son influence pour me réserver le Conseil-d'État en service ordinaire, où je mourrais tranquille ; et, comme le castor, j'abandonnerais ma Direction générale aux chasseurs.

— Comment, le maréchal oublierait...

— Mon vieux, le maréchal vous a si bien défendu en plein conseil des ministres, qu'on ne songe plus à vous dégommer ; mais il en a été question !... Ainsi ne donnez pas de prétextes... Je ne veux pas vous en dire davantage. En ce moment, vous pouvez faire vos conditions, être Conseiller-d'État et pair de France. Si vous attendez trop, si vous donnez prise sur vous, je ne réponds de rien... Dois-je voyager ?...

— Attendez, je verrai le maréchal, répondit Hulot, et j'enverrai mon frère sonder le terrain près du patron.

On peut comprendre en quelle humeur revint le baron chez madame Marneffe, il avait presque oublié qu'il était père, car Roger venait de faire acte de vraie et bonne camaraderie, en lui éclairant sa position. Néanmoins, telle était l'influence de Valérie, qu'au milieu du dîner, le baron se mit à l'unisson, et devint d'autant plus gai qu'il avait plus de soucis à étouffer ; mais le malheureux ne se doutait pas que, dans cette soirée, il allait se trouver entre son bonheur et le danger signalé par le Directeur du Personnel, c'est-à-dire forcé d'opter entre madame Marneffe et sa position. Vers onze heures, au moment où la soirée atteignait à son apogée d'animation, car le salon était plein de monde ; Valérie prit avec elle Hector dans un coin de son divan.

— Mon bon vieux, lui dit-elle à l'oreille, ta fille s'est si fort irritée de ce que Wenceslas vient ici, qu'elle l'a planté là. C'est une mauvaise tête qu'Hortense. Demande à Wenceslas de voir la lettre que cette petite sotte lui a écrite. Cette séparation de deux amoureux dont on veut que je sois la cause, peut me faire un tort inouï, car voilà la manière dont s'attaquent entre elles les femmes vertueuses. C'est un scandale que de jouer à la victime, pour jeter le blâme sur une femme qui n'a d'autres torts que d'avoir une maison agréable. Si tu m'aimes, tu me disculperas en rapatriant les deux tourtereaux. Je ne tiens pas du tout, d'ailleurs, à recevoir ton gendre, c'est toi qui me l'as amené, remporte-le? Si tu as de l'autorité dans ta famille, il me semble que tu pourrais bien exiger de ta femme qu'elle fît ce raccommodement. Dis-lui de ma part, à cette bonne vieille, que si l'on me donne injustement le tort d'avoir brouillé un jeune ménage, de troubler l'union d'une famille, et de prendre à la fois le père et le gendre, je mériterai ma réputation en les tracassant à ma façon ! Ne voilà-t-il pas Lisbeth qui parle de me quitter ?... Elle me préfère sa famille, je ne veux pas l'en blâmer. Elle ne reste ici, m'a-t-elle dit, que si les jeunes gens se raccommodent. Nous voilà propres, la dépense sera triplée ici !...

— Oh ! quant à cela, dit le baron en apprenant l'esclandre de sa fille, j'y mettrai bon ordre.

— Eh bien ! reprit Valérie, à autre chose. Et la place de Coquet ?...

— Ceci, répondit Hector en baissant les yeux, est plus difficile, pour ne pas dire impossible !...

— Impossible, mon cher Hector, dit madame Marneffe à l'oreille du baron ; mais tu ne sais pas à quelles extrémités va se porter Marneffe, je suis en son pouvoir ; il est immoral, dans son intérêt, comme la plupart des hommes, mais il est excessivement vindicatif à la façon des petits esprits, des impuissants. Dans la situation où tu m'as mise, je suis à sa discrétion. Obligée de me remettre avec lui pour quelques jours, il est capable de ne plus quitter ma chambre.

Hulot fit un prodigieux haut-le-corps.

— Il me laissait tranquille à la condition d'être chef de bureau. C'est infâme, mais c'est logique.

— Valérie, m'aimes-tu ?...

— Cette question dans l'état où je suis est, mon cher, une injustice de laquais...

— Eh bien ! si je veux tenter, seulement tenter, de demander au maréchal une place pour Marneffe, je ne suis plus rien et Marneffe est destitué.

— Je croyais que le prince et toi, vous étiez deux amis intimes.

— Certes, il me l'a bien prouvé ; mais, mon enfant, au-dessus du maréchal, il y a quelqu'un, et il y encore tout le conseil des ministres, par exemple... Avec un peu de temps, en louvoyant, nous arriverons. Pour réussir, il faut attendre le moment où l'on me demandera quelque service à moi. Je pourrai dire alors : Je vous passe la casse, passez-moi le séné...

— Si je dis cela, mon pauvre Hector, à Marneffe, il nous jouera quelque méchant tour. Tiens, dis-lui toi-même qu'il faut attendre, je ne m'en charge pas. Oh ! je connais mon sort, il sait comment me punir, il ne quittera pas ma chambre... N'oublie pas les douze cents francs de rente pour le petit.

Hulot prit monsieur Marneffe à part, en se sentant menacé dans son plaisir ; et, pour la première fois, il quitta le ton hautain qu'il avait gardé jusqu'alors, tant il était épouvanté par la perspective de cet agonisant dans la chambre de cette jolie femme.

— Marneffe, mon cher ami, dit-il, il a été question de vous aujourd'hui ! Mais vous ne serez pas chef de bureau d'emblée... Il nous faut du temps.

— Je le serai, monsieur le baron, répliqua nettement Marneffe.

— Mais, mon cher...

— Je le serai, monsieur le baron, répéta froidement Marneffe en regardant alternativement le baron et Valérie. Vous avez mis ma femme dans la nécessité de se raccommoder avec moi, je la garde ; car, *mon cher ami*, elle est charmante, ajouta-t-il avec une épouvantable ironie. Je suis le maître ici, plus que vous ne l'êtes au ministère.

Le baron sentit en lui-même une de ces douleurs qui produisent dans le cœur l'effet d'une rage de dents, et il faillit laisser voir des larmes dans ses yeux. Pendant cette courte scène, Valérie notifiait à l'oreille de Henri Montès la prétendue volonté de Marneffe, et se débarrassait ainsi de lui pour quelque temps.

Des quatre fidèles, Crevel seul, possesseur de sa petite maison économique, était excepté de cette mesure ; aussi montrait-il sur sa physionomie un air de béatitude vraiment insolent, malgré les espèces de réprimandes que lui adressait Valérie par des froncements de sourcils et des mines significatives ; mais sa radieuse paternité se jouait dans tous ses traits. A un mot de reproche que Valérie alla lui jeter à l'oreille, il la saisit par la main et lui répondit :

— Demain, ma duchesse, tu auras ton petit hôtel!... c'est demain l'adjudication définitive.

— Et le mobilier ? répondit-elle en souriant.

— J'ai mille actions de Versailles, rive gauche, achetées à cent vingt-cinq francs, et elles iront à trois cents à cause d'une fusion des deux chemins, dans le secret de laquelle j'ai été mis. Tu seras meublée comme une reine!... Mais tu ne seras plus qu'à moi, n'est-ce pas ?...

— Oui, gros maire, dit en souriant cette madame de Merteuil bourgeoise ; mais de la tenue ! respecte la future madame Crevel.

— Mon cher cousin, disait Lisbeth au baron, je serai demain chez Adeline de bonne heure, car, vous comprenez, je ne peux décemment rester ici. J'irai tenir le ménage de votre frère le maréchal.

— Je retourne ce soir chez moi, dit le baron.

— Eh bien ! j'y viendrai déjeuner demain, répondit Lisbeth en souriant.

Elle comprit combien sa présence était nécessaire à la scène de famille qui devait avoir lieu, le lendemain. Aussi, dès le matin, alla-t-elle chez Victorin à qui elle apprit la séparation d'Hortense et de Wenceslas.

Lorsque le baron entra chez lui, vers dix heures et demie du soir, Mariette et Louise, dont la journée avait été laborieuse, fermaient la porte de l'appartement, Hulot n'eut donc pas besoin de sonner. Le mari, très-contrarié d'être vertueux, alla droit à la chambre de sa femme ; et, par la porte entr'ouverte, il la vit prosternée devant son crucifix, abîmée dans la prière, et dans une de ces poses expressives qui font la gloire des peintres ou des sculpteurs assez heureux pour les bien rendre après les avoir trouvées. Adeline, emportée par l'exaltation, disait à haute voix : « Mon » Dieu ! faites-nous la grâce de l'éclairer !... » Ainsi la baronne priait pour son Hector. A ce spectacle, si différent de celui qu'il quittait, en entendant cette phrase dictée par l'événement de cette journée, le baron attendri laissa partir un soupir. Adeline se retourna, le visage couvert de larmes. Elle crut si bien sa prière exaucée qu'elle fit un bond, et saisit son Hector avec la force que donne la passion heureuse. Adeline avait dépouillé tout intérêt de femme, la douleur éteignait jusqu'au souvenir. Il n'y avait plus en elle que maternité, honneur de famille, et l'attachement le plus pur d'une épouse chrétienne pour un mari fourvoyé, cette sainte tendresse qui survit à tout dans le cœur de la femme. Tout cela se devinait.

— Hector! dit-elle enfin, nous reviendrais-tu? Dieu prendrait-il en pitié notre famille?

— Chère Adeline! reprit le baron en entrant et asseyant sa femme sur un fauteuil à côté de lui, tu es la plus sainte créature que je connaisse, et il y a long-temps que je ne me trouve plus digne de toi.

— Tu aurais peu de chose à faire, mon ami, dit-elle en tenant la main de Hulot et tremblant si fort qu'elle semblait avoir un tic nerveux, bien peu de chose pour rétablir l'ordre...

Elle n'osa poursuivre, elle sentit que chaque mot serait un blâme, et elle ne voulait pas troubler le bonheur que cette entrevue lui versait à torrents dans l'âme.

— Hortense m'amène ici, reprit Hulot. Cette petite fille peut nous faire plus de mal par sa démarche précipitée que ne nous en a fait mon absurde passion pour Valérie. Mais nous causerons de tout cela demain matin. Hortense dort, m'a dit Mariette, laissons-la tranquille.

— Oui, dit madame Hulot envahie soudain par une profonde tristesse.

Elle devina que le baron revenait chez lui, ramené moins par le désir de voir sa famille, que par un intérêt étranger.

— Laissons-la tranquille encore demain, car la pauvre enfant est dans un état déplorable, elle a pleuré pendant toute la journée, dit la baronne.

Le lendemain, à neuf heures du matin, le baron, en attendant sa fille à laquelle il avait fait dire de venir, se promenait dans l'immense salon inhabité, cherchant des raisons à donner pour vaincre l'entêtement le plus difficile à dompter, celui d'une jeune femme offensée et implacable, comme l'est la jeunesse irréprochable, à qui les honteux ménagements du monde sont inconnus, parce qu'elle en ignore les passions et les intérêts.

— Me voici, papa! dit d'une voix tremblante Hortense que ses souffrances avaient pâlie.

Hulot, assis sur une chaise, prit sa fille par la taille et la força de se mettre sur ses genoux.

— Eh bien! mon enfant, dit-il en l'embrassant au front, il y a donc de la brouille dans le ménage, et nous avons fait un coup de tête?... Ce n'est pas d'une fille bien élevée. Mon Hortense ne devait pas prendre à elle seule un parti décisif, comme celui de quitter sa maison, d'abandonner son mari, sans consulter ses parents. Si ma chère Hortense était venue voir sa bonne et excellente mère, elle ne m'aurait pas causé le violent chagrin que je ressens!... Tu ne connais pas le monde, il est bien méchant. On peut dire que c'est ton mari qui t'a renvoyée à tes parents. Les enfants élevés, comme vous, dans le giron maternel, restent plus long-temps enfants que les autres, ils ne savent pas la vie! La passion naïve et fraîche, comme celle que tu as pour Wenceslas, ne calcule malheureusement rien, elle est toute à ses premiers mouvements. Notre petit cœur part, la tête suit. On brûlerait Paris pour se venger, sans penser à la cour d'assises! Quand ton vieux père vient te dire que tu n'as pas gardé les convenances, tu peux le croire; et je ne te parle pas encore de la profonde douleur que j'ai ressentie, elle est bien amère, car tu jettes le blâme sur une femme dont le cœur ne t'est pas connu, dont l'inimitié peut devenir terrible... Hélas! toi, si pleine de candeur, d'innocence, de pureté, tu ne doutes de rien : tu peux être salie, calomniée. D'ailleurs, mon cher petit ange, tu as pris au sérieux une plaisanterie, et je puis, moi, te garantir l'innocence de ton mari. Madame Marneffe...

Jusque-là le baron, comme un artiste en diplomatie, modulait admirablement bien ses remontrances. Il avait, comme on le voit, supérieurement ménagé l'introduction de ce nom; mais, en l'entendant, Hortense fit le geste d'une personne blessée au vif.

— Écoutez-moi, j'ai de l'expérience et j'ai tout observé, reprit le père en empêchant sa fille de parler. Cette dame traite ton mari très-froidement. Oui, tu as été l'objet d'une mystification, je vais t'en donner les preuves. Tiens, hier Wenceslas était à dîner...

— Il y dînait?... demanda la jeune femme en se dressant sur ses pieds et regardant son père avec l'horreur peinte sur le visage. Hier! après avoir lu ma lettre?... Oh! mon Dieu!... Pourquoi ne suis-je pas entrée dans un couvent, au lieu de me marier! Ma vie n'est plus à moi, j'ai un enfant! ajouta-t-elle en sanglotant.

Ces larmes atteignirent madame Hulot au cœur, elle sortit de sa chambre, elle courut à sa fille, la prit dans ses bras, et lui fit de ces questions stupides de douleur, les premières qui viennent sur les lèvres.

— Voilà les larmes!... se disait le baron, tout allait si bien! Maintenant que faire avec des femmes qui pleurent?...

— Mon enfant, dit la baronne à Hortense, écoute ton père? il nous aime, va...

— Voyons, Hortense, ma chère petite fille, ne pleure pas, tu deviens trop laide, dit le baron. Voyons! un peu de raison. Reviens sagement dans ton ménage, et je te promets que Wenceslas ne mettra jamais les pieds dans cette maison. Je te demande ce sacrifice, si c'est un sacrifice que de pardonner la plus légère des fautes à un mari qu'on aime! je te le demande par mes cheveux blancs, par l'amour que tu portes à ta mère... Tu ne veux pas remplir mes vieux jours d'amertume et de chagrin?...

Hortense se jeta, comme une folle, aux pieds de son père par un mouvement si désespéré, que ses cheveux mal attachés se dénouèrent, et elle lui tendit les mains avec un geste où se peignait son désespoir.

— Mon père, vous me demandez ma vie! dit-elle, prenez-la si vous voulez; mais au moins prenez-la pure et sans tache, je vous l'abandonnerai certes avec plaisir. Ne me demandez pas de mourir déshonorée, criminelle! Je ne ressemble pas à ma mère! je ne dévorerai pas d'outrages! Si je rentre sous le toit conjugal, je puis étouffer Wenceslas dans un accès de jalousie, ou faire pis encore. N'exigez pas de moi des choses au-dessus de mes forces. Ne me pleurez pas vivante! car, le moins pour moi, c'est de devenir folle... Je sens la folie à deux pas de moi! Hier! hier! il dînait chez cette femme après avoir lu ma lettre!... Les autres hommes sont-ils ainsi faits?... Je vous donne ma vie, mais que la mort ne soit pas ignominieuse!... Sa faute?... légère!... Avoir un enfant de cette femme!

— Un enfant? dit Hulot en faisant deux pas en arrière. Allons! c'est bien certainement une plaisanterie.

En ce moment, Victorin et la cousine Bette entrèrent, et restèrent hébétés de ce spectacle. La fille était prosternée aux pieds de son père. La baronne, muette et prise entre le sentiment maternel et le sentiment conjugal, offrait un visage bouleversé, couvert de larmes.

— Lisbeth, dit le baron en saisissant la vieille fille par la main et lui montrant Hortense, tu peux me venir en aide. Ma pauvre Hortense a la tête tournée, elle croit son Wenceslas aimé de madame Marneffe, tandis qu'elle a voulu tout bonnement avoir un groupe de lui.

— Dalila! cria la jeune femme, la seule chose qu'il ait faite en un moment depuis notre mariage. Ce monsieur ne pouvait pas travailler pour moi, pour son fils, et il a travaillé pour cette vaurienne avec une ardeur... Oh! achevez-moi, mon père, car chacune de vos paroles est un coup de poignard.

En s'adressant à la baronne et à Victorin, Lisbeth haussa les épaules par un geste de pitié en leur montrant le baron qui ne pouvait pas la voir.

— Écoutez, mon cousin, dit Lisbeth, je ne savais pas ce qu'était madame Marneffe quand vous m'avez priée d'aller me loger au-dessus de chez elle et de tenir sa maison; mais, en trois ans, on apprend bien des choses. Cette créature est une *fille!* et une fille d'une dépravation qui ne peut se comparer qu'à celle de son infâme et hideux mari. Vous êtes la dupe, le *Milord Pot-au-Feu* de ces gens-là, vous serez mené par eux plus loin que vous ne le pensez! Il faut vous parler clairement, car vous êtes au fond d'un abîme.

En entendant parler ainsi Lisbeth, la baronne et sa fille lui jetèrent des regards semblables à ceux des dévots remerciant une madone de leur avoir sauvé la vie.

— Elle a voulu, cette horrible femme, brouiller le ménage de votre gendre, dans quel intérêt? je n'en sais rien; car mon intelligence est trop faible pour que je puisse voir clair dans ces ténébreuses intrigues, si perverses, ignobles, infâmes. Votre madame Marneffe n'aime pas votre gendre, mais elle le veut à ses genoux par vengeance. Je viens de traiter cette misérable comme elle le méritait. C'est une courtisane sans pudeur, je lui ai déclaré que je quittais sa maison, que je voulais dégager mon honneur de ce bourbier... Je suis de ma famille avant tout. J'ai su que ma petite cousine avait quitté Wenceslas, et je viens! Votre Valérie que vous prenez pour une sainte est la cause de cette cruelle séparation; puis-je rester chez une pareille femme? Notre petite chère Hortense, dit-elle en touchant le bras au baron d'une manière significative, est peut-être la dupe d'un désir de ces sortes de femmes qui, pour avoir un bijou, sacrifieraient toute une famille. Je ne crois pas Wenceslas coupable, mais je le crois faible et je ne dis pas qu'il ne succomberait point à des coquetteries si raffinées. Ma résolution est prise. Cette femme vous est funeste, elle vous mettra sur la paille. Je ne veux pas avoir l'air de tremper dans la ruine de ma famille; moi qui ne suis là depuis trois ans que pour l'empêcher. Vous êtes trompé, mon cousin. Dites bien fermement que vous ne vous mêlerez pas de la nomination de cet ignoble monsieur Marneffe, et vous verrez ce qui arrivera! L'on vous taille de fameuses étrivières pour ce cas-là.

Lisbeth releva sa petite cousine et l'embrassa passionnément.

— Ma chère Hortense, tiens bon, lui dit-elle à l'oreille.

La baronne embrassa sa cousine Bette avec l'enthousiasme d'une femme qui se voit vengée. La famille tout entière gardait un silence profond autour de ce père, assez spirituel pour savoir ce que dénotait ce silence. Une formidable colère passa sur son front et sur son visage en signes évidents; toutes les veines grossirent, les yeux s'injectèrent de sang, le teint se marbra. Adeline se jeta vivement à genoux devant lui, lui prit les mains : — Mon ami, mon ami, grâce!

— Je vous suis odieux! dit le baron en laissant échapper le cri de sa conscience.

Nous sommes tous dans le secret de nos torts. Nous supposons presque toujours à nos victimes les sentiments haineux que la vengeance doit leur inspirer; et, malgré les efforts de l'hypocrisie, notre langage ou notre figure avoue au milieu d'une torture imprévue, comme avouait jadis le criminel entre les mains du bourreau.

— Nos enfants, dit-il pour revenir sur son aveu, finissent par devenir nos ennemis.

— Mon père... dit Victorin.

— Vous interrompez votre père!... reprit d'une voix foudroyante le baron en regardant son fils.

— Mon père, écoutez, dit Victorin d'une voix ferme et nette, la voix d'un député puritain. Je connais trop le respect que je vous dois pour en manquer jamais, et vous aurez certainement toujours en moi le fils le plus soumis et le plus obéissant.

Tous ceux qui assistent aux séances des Chambres reconnaîtront les habitudes de la lutte parlementaire dans ces phrases filandreuses avec lesquelles on calme les irritations en gagnant du temps.

— Nous sommes loin d'être vos ennemis, dit Victorin; je me suis brouillé avec mon beau-père, monsieur Crevel, pour avoir retiré les soixante mille francs de lettres de change de Vauvinet, et certes, cet argent est dans les mains de madame Marneffe. Oh! je ne vous blâme point, mon père, ajouta-t-il à un geste du baron; mais je veux seulement joindre ma voix à celle de la cousine Lisbeth, et vous faire observer que si mon dévouement pour vous est aveugle, mon père, et sans bornes, mon bon père, malheureusement nos ressources pécuniaires sont bornées.

— De l'argent! dit en tombant sur une chaise le passionné vieillard écrasé par ce raisonnement. Et c'est mon fils! On vous le rendra, monsieur, votre argent, dit-il en se levant.

Il marcha vers la porte.

— Hector!

Ce cri fit retourner le baron, et il montra soudain un visage inondé de larmes à sa femme, qui l'entoura de ses bras avec la force du désespoir.

— Ne t'en va pas ainsi... ne nous quitte pas en colère. Je ne t'ai rien dit, moi!...

A ce cri sublime les enfants se jetèrent aux genoux de leur père.

— Nous vous aimons tous, dit Hortense.

Lisbeth, immobile comme une statue, observait ce groupe avec un sourire superbe sur les lèvres. En ce moment, le maréchal Hulot entra dans l'antichambre et sa voix se fit entendre. La famille comprit l'importance du secret, et la scène changea subitement d'aspect. Les deux enfants se relevèrent, et chacun essaya de cacher son émotion.

Une querelle s'élevait à la porte entre Mariette et un soldat qui devint si pressant, que la cuisinière entra au salon.

— Monsieur, un fourrier de régiment qui revient de *l'Algère* veut absolument vous parler.

— Qu'il attende.

— Monsieur, dit Mariette à l'oreille de son maître, il m'a dit de vous dire tout bas qu'il s'agissait de monsieur votre oncle.

Le baron tressaillit, il crut à l'envoi des fonds qu'il avait secrètement demandés depuis deux mois pour payer ses lettres de change, il laissa sa famille, et courut dans l'antichambre. Il aperçut une figure alsacienne.

— Est-ce à monsieur *la paron Hilotte?*

— Oui...

— Lui-même?

— Lui-même.

Le fourrier, qui fouillait dans la doublure de son képi pendant ce colloque, en tira une lettre que le baron décacheta vivement et il lut ce qui suit :

« Mon neveu, loin de pouvoir vous envoyer les cent mille francs
» que vous me demandez, ma position n'est pas tenable, si vous
» ne prenez pas des mesures énergiques pour me sauver. Nous
» avons sur le dos un procureur du roi, qui parle morale et bara-
» gouine des bêtises sur l'administration. Impossible de faire taire
» ce pékin-là. Si le ministère de la guerre se laisse manger dans la
» main par les habits noirs, je suis mort. Je suis sûr du porteur,
» tâchez de l'avancer, car il nous a rendu service. Ne me laissez
» pas aux corbeaux ! »

Cette lettre fut un coup de foudre, le baron y voyait éclore les déchirements intestins qui tiraillent encore aujourd'hui le gouvernement de l'Algérie entre le civil et le militaire, et il devait inventer sur-le-champ des palliatifs à la plaie qui se déclarait. Il dit au soldat de revenir le lendemain ; et après l'avoir congédié non sans de belles promesses d'avancement, il rentra dans le salon.

— Bonjour, et adieu, mon frère! dit-il au maréchal. Adieu, mes enfants, adieu, ma bonne Adeline. Et que vas-tu devenir, Lisbeth? dit-il.

— Moi, je vais tenir le ménage du maréchal, car il faut que j'achève ma carrière en vous rendant toujours service aux uns ou aux autres.

— Ne quitte pas Valérie sans que je t'aie vue, dit Hulot à l'oreille de sa cousine. Adieu, Hortense, ma petite insubordonnée, tâche d'être bien raisonnable, il me survient des affaires graves, nous reprendrons la question de ton raccommodement. Penses-y, ma bonne petite chatte, dit-il en l'embrassant.

Il quitta sa femme et ses enfants, si manifestement troublé, qu'ils demeurèrent en proie aux plus vives appréhensions.

— Lisbeth, dit la baronne, il faut savoir ce que peut avoir Hector, jamais je ne l'ai vu dans un pareil état; reste encore deux ou trois jours chez cette femme; il lui dit tout, à elle, et nous apprendrons ainsi ce qui l'a si subitement changé. Sois tranquille, nous allons arranger ton mariage avec le maréchal, car ce mariage est bien nécessaire.

— Je n'oublierai jamais le courage que tu as eu dans cette matinée, dit Hortense en embrassant Lisbeth.

— Tu as vengé notre pauvre mère, dit Victorin.

Le maréchal observait d'un air curieux les témoignages d'affection prodigués à Lisbeth, qui revint raconter cette scène à Valérie.

Cette esquisse permet aux âmes innocentes de deviner les différents ravages que les madame Marneffe exercent dans les familles, et par quels moyens elles atteignent de pauvres femmes vertueuses en apparence si loin d'elles. Mais si l'on veut transporter par la pensée ces troubles à l'étage supérieur de la société, près du trône; en voyant ce que doivent avoir coûté les maîtresses des rois, on mesure l'étendue des obligations du peuple envers ses souverains quand ils donnent l'exemple des bonnes mœurs et de la vie de famille.

A Paris, chaque ministère est une petite ville d'où les femmes sont bannies; mais il s'y fait des commérages et des noirceurs comme si la population féminine s'y trouvait. Après trois ans, la position de monsieur Marneffe avait été pour ainsi dire éclairée, mise à jour, et l'on se demandait dans les bureaux : Monsieur Marneffe sera-t-il ou ne sera-t-il pas le successeur de monsieur Coquet? absolument comme à la Chambre on se demandait naguère : La dotation passera-t-elle ou ne passera-t-elle pas? On observait les moindres mouvements à la Direction du Personnel, on scrutait tout dans la Division du baron Hulot. Le fin Conseiller-d'État avait mis dans son parti la victime de la promotion de Marneffe, un travailleur capable, en lui disant que, s'il voulait faire la besogne de Marneffe, il en serait infailliblement le successeur, il le lui avait montré mourant. Cet employé cabalait pour Marneffe.

Quand Hulot traversa son salon d'audience, rempli de visiteurs, il y vit dans un coin la figure blême de Marneffe, et Marneffe fut le premier appelé.

— Qu'avez-vous à me demander, mon cher? dit le baron en cachant son inquiétude.

— Monsieur le Directeur, on se moque de moi dans les Bureaux, car on vient d'apprendre que monsieur le directeur du Personnel est parti ce matin en congé pour raison de santé, son voyage sera d'environ un mois. Attendre un mois, on sait ce que cela veut dire. Vous me livrez à la risée de mes ennemis, et c'est assez d'être tambouriné d'un côté; des deux à la fois, monsieur le directeur, la caisse peut crever.

— Mon cher Marneffe, il faut beaucoup de patience pour arriver à son but. Vous ne pouvez pas être chef de bureau, si vous l'êtes jamais, avant deux mois d'ici. Ce n'est pas au moment où je vais être obligé de consolider ma position, que je puis demander un avancement scandaleux.

— Si vous sautez, je ne serai jamais Chef de bureau, dit froidement monsieur Marneffe; faites-moi nommer, il n'en sera ni plus ni moins.

— Ainsi je dois me sacrifier à vous? demanda le baron.

— S'il en était autrement, je perdrais bien des illusions sur vous.

— Vous êtes par trop Marneffe, monsieur Marneffe!... dit le baron en se levant et montrant la porte au sous-chef.

— J'ai l'honneur de vous saluer, monsieur le baron, répondit humblement Marneffe.

— Quel infâme drôle! se dit le baron. Ceci ressemble assez à une sommation de payer dans les vingt-quatre heures, sous peine d'expropriation.

Deux heures après, au moment où le baron achevait d'endoctriner Claude Vignon, qu'il voulait envoyer au ministère de la Justice prendre des renseignements sur les autorités judiciaires dans la circonscription desquelles se trouvait Johann Fischer, Reine ouvrit le cabinet de monsieur le directeur, et vint lui remettre une petite lettre en en demandant la réponse.

— Envoyer Reine! se dit le baron. Valérie est folle, elle nous compromet tous, et compromet la nomination de cet abominable Marneffe!

Il congédia le secrétaire particulier du ministre et lut ce qui suit :

« Ah! mon ami, quelle scène je viens de subir; si tu m'as donné
» le bonheur depuis trois ans, je l'ai bien payé! Il est rentré de
» son bureau dans un état de fureur à faire frissonner. Je le con-
» naissais bien laid, je l'ai vu monstrueux. Ses quatre véritables
» dents tremblaient, et il m'a menacée de son odieuse compagnie,
» si je continuais à te recevoir. Mon pauvre chat, hélas! notre
» porte sera fermée pour toi désormais. Tu vois mes larmes, elles
» tombent sur mon papier, elles le trempent! pourras-tu me lire,
» mon cher Hector? Ah! ne plus te voir, renoncer à toi, quand

» j'ai en moi un peu de ta vie comme je crois avoir ton cœur,
» c'est à en mourir. Songe à notre petit Hector! ne m'abandonne
» pas; mais ne te déshonore pas pour Marneffe, ne cède pas à ses
» menaces! Ah! je t'aime comme je n'ai jamais aimé! Je me suis
» rappelé tous les sacrifices que tu as faits pour ta Valérie, elle
» n'est pas et ne sera jamais ingrate : tu es, tu seras mon seul
» mari. Ne pense plus aux douze cents francs de rente que je te
» demande pour ce cher petit Hector qui viendra dans quelques
» mois... je ne veux plus rien te coûter. D'ailleurs, ma fortune
» sera toujours la tienne.

» Ah! si tu m'aimais autant que je t'aime, mon Hector, tu pren-
» drais ta retraite, nous laisserions là chacun nos familles, nos en-
» nuis, nos entourages où il y a tant de haine, et nous irions vivre
» avec Lisbeth dans un joli pays, en Bretagne, où tu voudras. Là
» nous ne verrions personne, et nous serions heureux, loin de tout
» ce monde. Ta pension de retraite, et le peu que j'ai, en mon
» nom, nous suffira. Tu deviens jaloux, eh! bien, tu verrais ta
» Valérie occupée uniquement de son Hector, et tu n'aurais jamais
» à faire ta grosse voix comme l'autre jour. Je n'aurai jamais qu'un
» enfant, ce sera le nôtre, sois-en bien sûr, mon vieux grognard
» aimé. Non, tu ne peux pas te figurer ma rage, car il faut savoir
» comment il m'a traitée, et les grossièretés qu'il a vomies sur ta
» Valérie! ces mots-là saliraient ce papier; mais une femme comme
» moi, la fille de Montcornet, n'aurait jamais dû dans toute sa vie
» en entendre un seul. Oh! je t'aurais voulu là pour le punir par
» le spectacle de la passion insensée qui me prenait pour toi. Mon
» père aurait sabré ce misérable, moi je ne peux que ce que peut
» une femme : t'aimer avec frénésie! Aussi, mon amour, dans l'é-
» tat d'exaspération où je suis, m'est-il impossible de renoncer à te
» voir. Oui! je veux te voir en secret, tous les jours! Nous som-
» mes ainsi, nous autres femmes : j'épouse ton ressentiment. De
» grâce, si tu m'aimes, ne le fais pas chef de bureau, qu'il crève
» sous-chef!... En ce moment, je n'ai plus la tête à moi, j'entends
» encore ses injures. Bette, qui voulait me quitter, a eu pitié de
» moi, elle reste pour quelques jours.

» Mon bon chéri, je ne sais encore que faire. Je ne vois que la
» fuite. J'ai toujours adoré la campagne, la Bretagne, le Langue-
» doc, tout ce que tu voudras, pourvu que je puisse t'aimer en
» liberté. Pauvre chat, comme je te plains! te voilà forcé de reve-

» nir à ta vieille Adeline, à cette urne lacrymale, car il a dû te le
» dire, le monstre, il veillera jour et nuit sur moi ; il a parlé de
» commissaire de police! Ne viens pas! je comprends qu'il est ca-
» pable de tout, du moment où il faisait de moi la plus ignoble des
» spéculations. Aussi voudrais-je pouvoir te rendre tout ce que je
» tiens de tes générosités. Ah! mon bon Hector, j'ai pu coqueter,
» te paraître légère, mais tu ne connaissais pas ta Valérie ; elle aimait
» à te tourmenter, mais elle te préfère à tout au monde. On ne
» peut pas t'empêcher de venir voir ta cousine, je vais combiner
» avec elle les moyens de nous parler. Mon bon chat, écris-moi de
» grâce un petit mot pour me rassurer, à défaut de ta chère pré-
» sence... (oh! je donnerais une main pour te tenir sur notre di-
» van). Une lettre me fera l'effet d'un talisman ; écris-moi quelque
» chose où soit toute ta belle âme ; je te rendrai ta lettre, car il
» faut être prudent, je ne saurais où la cacher, il fouille partout.
» Enfin, rassure ta Valérie, ta femme, la mère de ton enfant. Être
» obligée de t'écrire, moi qui te voyais tous les jours. Aussi dis-je
» à Lisbeth : Je ne connaissais pas mon bonheur. Mille caresses,
» mon chat. Aime bien

» Ta VALÉRIE. »

— Et des larmes!... se dit Hulot en achevant cette lettre, des larmes qui rendent son nom indéchiffrable. — Comment va-t-elle? dit-il à Reine.

— Madame est au lit, elle a des convulsions, répondit Reine. L'attaque de nerfs a tordu madame comme un lien de fagot, ça l'a prise après avoir écrit. Oh! c'est d'avoir pleuré... L'on entendait la voix de monsieur dans les escaliers.

Le baron, dans son trouble, écrivit la lettre suivante sur son papier officiel, à têtes imprimées :

« Sois tranquille, mon ange, *il* crèvera sous-chef! Ton idée
» est excellente, nous nous en irons vivre loin de Paris, nous
» serons heureux avec notre petit Hector ; je prendrai ma retraite,
» je saurai trouver une belle place dans quelque chemin de fer.
» Ah! mon aimable amie, je me sens rajeuni par ta lettre! Oh!
» je recommencerai la vie, et je ferai, tu le verras, une fortune à
» notre cher petit. En lisant ta lettre, mille fois plus brûlante que
» celles de la Nouvelle Héloïse, elle a fait un miracle : je ne

» croyais pas que mon amour pour toi pût augmenter. Tu verras
» ce soir chez Lisbeth

» Ton HECTOR pour la vie! »

Reine emporta cette réponse, la première lettre que le baron écrivait *à son aimable amie!* De semblables émotions formaient un contre-poids aux désastres qui grondaient à l'horizon ; mais, en ce moment, le baron se croyant sûr de parer les coups portés à son oncle, Johann Fischer, ne se préoccupait que du déficit.

Une des particularités du caractère bonapartiste, c'est la foi dans la puissance du sabre, la certitude de la prééminence du militaire sur le civil. Hulot se moquait du procureur du roi de l'Algérie, où règne le Ministère de la Guerre. L'homme reste ce qu'il a été. Comment les officiers de la garde impériale peuvent-ils oublier d'avoir vu les Maires des bonnes villes de l'Empire, les Préfets de l'Empereur, ces empereurs au petit pied, venant recevoir la garde impériale, la complimenter à la limite des départements qu'elle traversait, et lui rendre enfin des honneurs souverains?

A quatre heures et demie, le baron alla droit chez madame Marneffe ; le cœur lui battait en montant l'escalier comme à un jeune homme, car il s'adressait cette question mentale : « La verrai-je? ne la verrai-je pas? » Comment pouvait-il se souvenir de la scène du matin où sa famille en larmes gisait à ses pieds? La lettre de Valérie, mise pour toujours dans un mince portefeuille sur son cœur, ne lui prouvait-elle pas qu'il était plus aimé que le plus aimable des jeunes gens? Après avoir sonné, l'infortuné baron entendit la traînerie des chaussons et l'exécrable tousserie de l'invalide Marneffe. Marneffe ouvrit la porte, mais pour se mettre en position et pour indiquer l'escalier à Hulot par un geste exactement semblable à celui par lequel Hulot lui avait montré la porte de son cabinet.

— Vous êtes par trop Hulot, monsieur Hulot!... dit-il.

Le baron voulut passer, Marneffe tira un pistolet de sa poche et l'arma.

— Monsieur le Conseiller d'État, quand un homme est aussi vil que moi, car vous me croyez bien vil, n'est-ce pas? ce serait le dernier des forçats, s'il n'avait pas tous les bénéfices de son honneur vendu. Vous voulez la guerre, elle sera vive et sans quartier. Ne revenez plus, et n'essayez point de passer :

j'ai prévenu le commissaire de police de ma situation envers vous.

Et profitant de la stupéfaction de Hulot, il le poussa dehors et ferma la porte.

— Quel profond scélérat! se dit Hulot en montant chez Lisbeth. Oh! je comprends maintenant la lettre. Valérie et moi nous quitterons Paris. Valérie est à moi pour le reste de mes jours; elle me fermera les yeux.

Lisbeth n'était pas chez elle. Madame Olivier apprit à Hulot qu'elle était allée chez madame la baronne en pensant y trouver monsieur le baron.

— Pauvre fille! je ne l'aurais pas crue si fine qu'elle l'a été ce matin, se dit le baron qui se rappela la conduite de Lisbeth en faisant le chemin de la rue Vanneau à la rue Plumet. Au détour de la rue Vanneau et de la rue de Babylone, il regarda l'Éden d'où l'Hymen le bannissait l'épée de la Loi à la main. Valérie, à sa fenêtre, suivait Hulot des yeux; quand il leva la tête, elle agita son mouchoir; mais l'infâme Marneffe souffleta le bonnet de sa femme, et la retira violemment de la fenêtre. Une larme vint aux yeux du Conseiller-d'État. — Être aimé ainsi! voir maltraiter une femme, et avoir bientôt soixante-dix ans! se dit-il.

Lisbeth était venue annoncer à la famille la bonne nouvelle. Adeline et Hortense savaient déjà que le baron, ne voulant pas se déshonorer aux yeux de toute l'Administration en nommant Marneffe chef de bureau, serait congédié par ce mari devenu Hulot phobe. Aussi l'heureuse Adeline avait-elle commandé son dîner de manière que son Hector le trouvât meilleur que chez Valérie, et la dévouée Lisbeth aida Mariette à obtenir ce difficile résultat. La cousine Bette était à l'état d'idole; la mère et la fille lui baisèrent les mains, et lui avaient appris avec une joie touchante que le maréchal consentait à faire d'elle sa ménagère.

— Et de là, ma chère, à devenir sa femme, il n'y a qu'un pas, dit Adeline.

— Enfin, il n'a pas dit non, quand Victorin lui en a parlé, ajouta la comtesse de Steinbock.

Le baron fut accueilli dans sa famille avec des témoignages d'affection si gracieux, si touchants et où débordait tant d'amour, qu'il fut obligé de dissimuler son chagrin. Le maréchal vint dîner. Après le dîner, Hulot ne s'en alla pas. Victorin et sa femme vinrent. On fit un whist.

— Il y a long-temps, Hector, dit gravement le maréchal, que tu ne *nous* as donné pareille soirée!...

Ce mot, chez le vieux soldat, qui gâtait son frère et qui le blâmait implicitement ainsi, fit une impression profonde. On y reconnut les larges et longues lésions d'un cœur où toutes les douleurs devinées avaient eu leur écho. A huit heures, le baron voulut reconduire Lisbeth lui-même, en promettant de revenir.

— Eh bien! Lisbeth, *il* la maltraite! lui dit-il dans la rue. Ah! je ne l'ai jamais tant aimée!

— Ah! je n'aurais pas cru que Valérie vous aimât tant! répondit Lisbeth. Elle est légère, elle est coquette, elle aime à se voir courtisée, à ce qu'on lui joue la comédie de l'amour, comme elle dit; mais vous êtes son seul attachement.

— Que t'a-t-elle dit pour moi?

— Voilà, reprit Lisbeth. Elle a, vous le savez, eu des bontés pour Crevel; il ne faut pas lui en vouloir, car c'est ce qui l'a mise à l'abri de la misère pour le reste de ses jours; mais elle le déteste, et c'est à peu près fini. Eh bien! elle a gardé la clef d'un appartement.

— Rue du Dauphin! s'écria le bienheureux Hulot. Rien que pour cela, je lui passerais Crevel... J'y suis allé, je sais...

— Cette clef, la voici, dit Lisbeth, faites-en faire une pareille demain dans la journée, deux si vous pouvez.

— Après?... dit avidement Hulot.

— Eh bien! je reviendrai dîner encore demain avec vous, vous me rendrez la clef de Valérie (car le père Crevel peut lui redemander celle qu'il a donnée), et vous irez vous voir après-demain; là, vous conviendrez de vos faits. Vous serez bien en sûreté, car il existe deux sorties. Si, par hasard, Crevel, qui sans doute a des mœurs de Régence, comme il dit, entrait par l'allée, vous sortiriez par la boutique, et réciproquement. Eh bien! vieux scélérat, c'est à moi que vous devez cela. Que ferez-vous pour moi?...

— Tout ce que tu voudras!

— Eh bien! ne vous opposez pas à mon mariage avec votre frère!

— Toi, la maréchale Hulot! toi, comtesse de Forzheim! s'écria Hector surpris.

— Adeline est bien baronne?... répliqua d'un ton aigre et formidable la Bette. Écoutez, vieux libertin, vous savez où en sont vos affaires! votre famille peut se voir sans pain et dans la boue...

— C'est ma terreur! dit Hulot saisi.

— Si votre frère meurt, qui soutiendra votre femme, votre fille? La veuve d'un maréchal de France peut obtenir au moins six mille francs de pension, n'est-ce pas? Eh bien! je ne me marie que pour assurer du pain à votre fille et à votre femme, vieil insensé!

— Je n'apercevais pas ce résultat! dit le baron. Je prêcherai mon frère, car nous sommes sûrs de toi... Dis à mon ange que ma vie est à *elle!*...

Et le baron, après avoir vu entrer Lisbeth rue Vanneau, revint faire le whist et resta chez lui. La baronne fut au comble du bonheur, son mari paraissait revenir à la vie de famille; car, pendant quinze jours environ, il alla le matin au Ministère à neuf heures, il était de retour à six heures pour dîner, et il demeurait le soir au milieu de sa famille. Il mena deux fois Adeline et Hortense au spectacle. La mère et la fille firent dire trois messes d'actions de grâces, et prièrent Dieu de leur conserver le mari, le père qu'il leur avait rendu. Un soir, Victorin Hulot en voyant son père aller se coucher dit à sa mère : — Eh! bien, nous sommes heureux, mon père nous est revenu; aussi ne regretterons-nous pas, ma femme et moi, nos capitaux, si cela tient...

— Votre père a soixante-dix ans bientôt, répondit la baronne, il pense encore à madame Marneffe, je m'en suis aperçue; mais bientôt il n'y pensera plus : la passion des femmes n'est pas comme le jeu, comme la spéculation, ou comme l'avarice, on y voit un terme.

La belle Adeline, car cette femme était toujours belle en dépit de ses cinquante ans et de ses chagrins, se trompait en ceci. Les libertins, ces gens que la nature a doués de la faculté précieuse d'aimer au delà des limites qu'elle fixe à l'amour, n'ont presque jamais leur âge. Pendant ce laps de vertu, le baron était allé trois fois rue du Dauphin, et il n'y avait jamais eu soixante-dix ans. La passion ranimée le rajeunissait, et il eût livré son honneur à Valérie, sa famille, tout, sans un regret. Mais Valérie, entièrement changée, ne lui parlait jamais ni d'argent, ni des douze cents francs de rente à faire à leur fils; au contraire, elle lui offrait de l'or, elle aimait Hulot comme une femme de trente-six ans aime un bel étudiant en droit, bien pauvre, bien poétique, bien amoureux. Et la pauvre Adeline croyait avoir reconquis son cher Hector! Le quatrième rendez-vous des deux amants avait été pris, au dernier moment du troisième, absolument comme autrefois la Comédie-Italienne annonçait à la fin de la représentation le spectacle du lendemain. L'heure dite était neuf du matin. Au jour de l'échéance de ce bonheur dont l'espérance faisait accepter au passionné vieillard la vie de famille, vers huit heures, Reine fit demander le baron. Hulot, craignant une catastrophe, alla parler à Reine, qui ne voulut pas entrer dans l'appartement. La fidèle femme de chambre remit la lettre suivante au baron :

« Mon vieux grognard, ne va pas rue du Dauphin, notre cau-
» chemar est malade, et je dois le soigner ; mais sois là ce soir, à
» neuf heures. Crevel est à Corbeil, chez monsieur Lebas, je suis
» certaine qu'il n'amènera pas de princesse à sa petite maison. Moi
» je me suis arrangée ici pour avoir ma nuit, je puis être de re-
» tour avant que Marneffe ne s'éveille. Réponds-moi sur tout cela ;
» car peut-être ta grande élégie de femme ne te laisse-t-elle plus ta
» liberté comme autrefois. On la dit si belle encore que tu es ca-
» pable de me trahir, tu es un si grand libertin ! Brûle ma lettre,
» je me défie de tout. »

Hulot écrivit ce petit bout de réponse :

« Mon amour, jamais ma femme, comme je te l'ai dit, n'a, de-
» puis vingt-cinq ans, gêné mes plaisirs. Je te sacrifierais cent
» Adeline ! Je serai ce soir, à neuf heures, dans le temple Crevel,
» attendant ma divinité. Puisse le sous-chef crever bientôt ! nous
» ne serions plus séparés ; voilà le plus cher des vœux de

» Ton HECTOR. »

Le soir, le baron dit à sa femme qu'il irait travailler avec le ministre à Saint-Cloud, qu'il reviendrait à quatre ou cinq heures du matin, et il alla rue du Dauphin. On était alors à la fin du mois de juin.

Peu d'hommes ont éprouvé réellement dans leur vie la sensation terrible d'aller à la mort, ceux qui reviennent de l'échafaud se comptent ; mais quelques rêveurs ont vigoureusement senti cette agonie en rêve, ils en ont tout ressenti, jusqu'au couteau qui s'applique sur le cou dans le moment où le Réveil arrive avec le Jour pour les délivrer... Eh bien ! la sensation à laquelle le Conseiller-d'État fut en proie à cinq heures du matin, dans le lit élégant et coquet de Crevel, surpassa de beaucoup celle de se sentir appliqué sur la fatale bascule, en présence de dix mille spectateurs qui vous regardent par vingt mille rayons de flamme. Valérie dormait dans une pose charmante. Elle était belle comme sont belles les femmes assez belles pour être belles en dormant. C'est l'art faisant invasion dans la nature, c'est enfin le tableau réalisé. Dans sa position horizontale, le baron avait les yeux à trois pieds du sol; ses yeux, égarés au hasard, comme ceux de tout homme qui s'éveille et qui rappelle ses idées, tombèrent sur la porte couverte de fleurs peintes par Jan, un artiste qui fait fi de la gloire. Le baron ne vit pas, comme le condamné à mort, vingt mille rayons visuels, il n'en vit qu'un seul dont le regard est véritablement plus poignant que les dix mille de la place publique. Cette sensation, en plein plaisir, beaucoup plus rare que celle des condamnés à mort, certes un grand nombre d'Anglais splénétiques la payeraient fort cher. Le baron resta, toujours horizontalement, exactement baigné dans une sueur froide. Il voulait douter; mais cet œil assassin babillait! Un murmure de voix susurrait derrière la porte.

— Si ce n'était que Crevel voulant me faire une plaisanterie! se dit le baron en ne pouvant plus douter de la présence d'une personne dans le temple.

La porte s'ouvrit. La majestueuse loi française, qui passe sur les affiches après la royauté, se manifesta sous la forme d'un bon petit commissaire de police, accompagné d'un long juge de paix, amenés tous deux par le sieur Marneffe. Le commissaire de police, planté sur des souliers dont les oreilles étaient attachées avec des rubans à nœuds barbotants, se terminait par un crâne jaune, pauvre en cheveux, qui dénotait un matois égrillard, rieur, et pour qui la vie de Paris n'avait plus de secrets. Ses yeux, doublés de lunettes, perçaient le verre par des regards fins et moqueurs. Le juge de paix, ancien avoué, vieil adorateur du beau sexe, enviait le justiciable.

— Veuillez excuser la rigueur de notre ministère, monsieur le baron! dit le commissaire, nous sommes requis par un plaignant. Monsieur le juge de paix assiste à l'ouverture du domicile. Je sais qui vous êtes, et qui est la délinquante.

Valérie ouvrit des yeux étonnés, jeta le cri perçant que les actrices ont inventé pour annoncer la folie au théâtre, elle se tordit en convulsions sur le lit, comme une démoniaque au Moyen-Age dans sa chemise de soufre, sur un lit de fagots.

— La mort!... mon cher Hector, mais la police correctionnelle? oh! jamais! Elle bondit, elle passa comme un nuage blanc entre les trois spectateurs, et alla se blottir sous le bonheur-du-jour, en se cachant la tête dans ses mains. — Perdue! morte!... cria-t-elle.

— Monsieur, dit Marneffe à Hulot, si madame Marneffe devenait folle, vous seriez plus qu'un libertin, vous seriez un assassin...

Que peut faire, que peut dire un homme surpris dans un lit qui ne lui appartient pas, même à titre de location, avec une femme qui ne lui appartient pas davantage? Voici.

— Monsieur le juge de paix, monsieur le commissaire de police, dit le baron avec dignité, veuillez prendre soin de la malheureuse femme dont la raison me semble en danger?... et vous verbaliserez après. Les portes sont sans doute fermées, vous n'avez pas d'évasion à craindre ni de sa part, ni de la mienne, vu l'état où nous sommes...

Les deux fonctionnaires obtempérèrent à l'injonction du Conseiller-d'État.

— Viens me parler, misérable laquais!... dit Hulot tout bas à Marneffe en lui prenant le bras et l'amenant à lui. — Ce n'est pas moi qui serais l'assassin! c'est toi! Tu veux être Chef de bureau et officier de la Légion-d'Honneur?

— Surtout, mon directeur, répondit Marneffe en inclinant la tête.

— Tu seras tout cela, rassure ta femme, renvoie ces messieurs.

— Nenni, répliqua spirituellement Marneffe. Il faut que ces messieurs dressent le procès-verbal de flagrant délit, car, sans cette pièce, la base de ma plainte, que deviendrais-je? La haute administration regorge de filouteries. Vous m'avez volé ma femme et ne m'avez pas fait Chef de bureau. Monsieur le baron, je ne vous donne que deux jours pour vous exécuter. Voici des lettres...

— Des lettres!... cria le baron en interrompant Marneffe.

— Oui, des lettres qui prouvent que l'enfant que ma femme porte en ce moment dans son sein est de vous... Vous comprenez? vous devrez constituer à mon fils une rente égale à la portion que ce bâtard lui prend. Mais je serai modeste, cela ne me regarde point, je ne suis pas ivre de paternité, moi! Cent louis de rente suffiront. Je serai demain matin successeur de monsieur Coquet, et porté sur la liste de ceux qui vont être promus officiers, à propos des fêtes de juillet, ou... le procès-verbal sera déposé avec ma plainte au parquet. Je suis bon prince, n'est-ce pas?

— Mon Dieu! la jolie femme! disait le juge de paix au commissaire de police. Quelle perte pour le monde si elle devenait folle!

— Elle n'est point folle, répondit sentencieusement le commissaire de police.

La Police est toujours le Doute incarné.

— Monsieur le baron Hulot a donné dans un piége, ajouta le commissaire de police assez haut pour être entendu de Valérie.

Valérie lança sur le commissaire une œillade qui l'eût tué, si les regards pouvaient communiquer la rage qu'ils expriment. Le commissaire sourit, il avait tendu son piége aussi, la femme y tombait. Marneffe invita sa femme à rentrer dans la chambre et à s'y vêtir décemment, car il s'était entendu sur tous les points avec le baron, qui prit une robe de chambre et revint dans la première pièce.

— Messieurs, dit-il aux deux fonctionnaires, je n'ai pas besoin de vous demander le secret.

Les deux magistrats s'inclinèrent. Le commissaire de police frappa deux petits coups à la porte, son secrétaire entra, s'assit devant le petit bonheur-du-jour, et se mit à écrire sous la dictée du commissaire de police qui lui parlait à voix basse. Valérie continuait de pleurer à chaudes larmes. Quand elle eut fini sa toilette, Hulot passa dans la chambre et s'habilla. Pendant ce temps, le procès-verbal se fit. Marneffe voulut alors emmener sa femme; mais Hulot, en croyant la voir pour la dernière fois, implora par un geste la faveur de lui parler.

— Monsieur, madame me coûte assez cher pour que vous me permettiez de lui dire adieu, bien entendu, en présence de tous.

Valérie vint, et Hulot lui dit à l'oreille : — Il ne nous reste plus qu'à fuir; mais comment correspondre? nous avons été trahis...

— Par Reine! répondit-elle. Mais, mon bon ami, après cet éclat, nous ne devons plus nous revoir. Je suis déshonorée. D'ailleurs, on te dira des infamies de moi, et tu les croiras... Le baron fit un mouvement de dénégation. — Tu les croiras, et j'en rends grâces au ciel, car tu ne me regretteras peut-être pas.

— *Il ne crèvera pas sous-chef!* dit Marneffe à l'oreille du Conseiller-d'État en revenant prendre sa femme à laquelle il dit brutalement : — Assez, madame, si je suis faible pour vous, je ne veux pas être un sot pour les autres.

Valérie quitta la petite maison Crevel, en jetant au baron un dernier regard si coquin qu'il se crut adoré. Le juge de paix donna galamment la main à madame Marneffe, en la conduisant en voiture. Le baron qui devait signer le procès-verbal, restait là tout hébété, seul avec le commissaire de police. Quand le Conseiller-d'État eut signé, le commissaire de police le regarda d'un air fin, par-dessus ses lunettes.

— Vous aimez beaucoup cette petite dame, monsieur le baron?...

— Pour mon malheur, vous le voyez...

— Si elle ne vous aimait pas? reprit le commissaire, si elle vous trompait?...

— Je l'ai déjà su, là, monsieur, à cette place... Nous nous le sommes dit, monsieur Crevel et moi...

— Ah! vous savez que vous êtes ici dans la petite maison de monsieur le maire.

— Parfaitement.

Le commissaire souleva légèrement son chapeau pour saluer le vieillard.

— Vous êtes bien amoureux, je me tais, dit-il. Je respecte les passions invétérées, autant que les médecins respectent les maladies invé.... J'ai vu monsieur de Nucingen, le banquier, atteint d'une passion de ce genre-là...

— C'est mon ami, reprit le baron. J'ai soupé souvent avec la belle Esther, elle valait les deux millions qu'elle lui a coûté.

— Plus, dit le commissaire. Cette fantaisie du vieux financier a coûté la vie à quatre personnes. Oh! ces passions-là, c'est comme le choléra...

— Qu'aviez-vous à me dire? demanda le Conseiller-d'État qui prit mal cet avis indirect.

— Pourquoi vous ôterais-je vos illusions? répliqua le commissaire de police; il est si rare d'en conserver à votre âge.

— Débarrassez-m'en! s'écria le Conseiller-d'État.

— On maudit le médecin plus tard, répondit le commissaire en souriant.

— De grâce, monsieur le commissaire?...

— Eh bien! cette femme était d'accord avec son mari...

— Oh!...

— Cela, monsieur, arrive deux fois sur dix. Oh! nous nous y connaissons.

— Quelle preuve avez-vous de cette complicité?

— Oh! d'abord le mari!... dit le fin commissaire de police avec le calme d'un chirurgien habitué à débrider des plaies. La spéculation est écrite sur cette plate et atroce figure. Mais, ne deviez-vous pas beaucoup tenir à certaine lettre écrite par cette femme et où il est question de l'enfant...

— Je tiens tant à cette lettre que je la porte toujours sur moi, répondit le baron Hulot au commissaire de police en fouillant dans sa poche de côté pour prendre le petit portefeuille qui ne le quittait jamais.

— Laissez le portefeuille où il est, dit le commissaire foudroyant comme un réquisitoire, voici la lettre. Je sais maintenant tout ce que je voulais savoir. Madame Marneffe devait être dans la confidence de ce que contenait ce portefeuille.

— Elle seule au monde.

— C'est ce que je pensais... Maintenant voici la preuve que vous me demandez de la complicité de cette petite femme.

— Voyons ! dit le baron encore incrédule.

— Quand nous sommes arrivés, monsieur le baron, reprit le commissaire, ce misérable Marneffe a passé le premier, et il a pris cette lettre que sa femme avait sans doute posée sur ce meuble, dit-il en montrant le bonheur-du-jour. Évidemment cette place avait été convenue entre la femme et le mari, si toutefois elle parvenait à vous dérober la lettre pendant votre sommeil ; car la lettre que cette dame vous a écrite est, avec celles que vous lui avez adressées, décisive au procès correctionnel.

Le commissaire fit voir à Hulot la lettre que le baron avait reçue par Reine dans son cabinet au ministère.

— Elle fait partie du dossier, dit le commissaire, rendez-la-moi, monsieur.

— Eh bien ! monsieur, dit Hulot dont la figure se décomposa, cette femme, c'est le libertinage en coupes réglées, je suis certain maintenant qu'elle a trois amants !

— Ça se voit, dit le commissaire de police. Ah ! elles ne sont pas toutes sur le trottoir. Quand on fait ce métier-là, monsieur le baron, en équipages, dans les salons, ou dans son ménage, il ne s'agit plus de francs ni de centimes. Mademoiselle Esther, dont vous parlez, et qui s'est empoisonnée, a dévoré des millions... Si vous m'en croyez, vous détellerez, monsieur le baron. Cette dernière partie vous coûtera cher. Ce gredin de mari a pour lui la loi... Enfin, sans moi, la petite femme vous repinçait !

— Merci, monsieur, dit le Conseiller-d'État qui tâcha de garder une contenance digne.

— Monsieur, nous allons fermer l'appartement, la farce est jouée, et vous remettrez la clef à monsieur le maire.

Hulot revint chez lui dans un état d'abattement voisin de la défaillance, et perdu dans les pensées les plus sombres. Il réveilla sa noble, sa sainte et pure femme, et il lui jeta l'histoire de ces trois années dans le cœur, en sanglotant comme un enfant à qui l'on ôte un jouet. Cette confession d'un vieillard jeune de cœur, cette affreuse et navrante épopée, tout en attendrissant intérieurement Adeline, lui causa la joie intérieure la plus vive, elle remercia le ciel de ce dernier coup, car elle vit son mari fixé pour toujours au sein de la famille.

— Lisbeth avait raison! dit madame Hulot d'une voix douce et sans faire de remontrances inutiles, elle nous a dit cela d'avance.

— Oui! Ah! si je l'avais écoutée, au lieu de me mettre en colère, le jour où je voulais que la pauvre Hortense rentrât dans son ménage pour ne pas compromettre la réputation de cette... Oh! chère Adeline, il faut sauver Wenceslas! il est dans cette fange jusqu'au menton!

— Mon pauvre ami, la petite bourgeoise ne t'a pas mieux réussi que les actrices, dit Adeline en souriant.

La baronne était effrayée du changement que présentait son Hector; quand elle le voyait malheureux, souffrant, courbé sous le poids des peines, elle était tout cœur, tout pitié, tout amour, elle eût donné son sang pour rendre Hulot heureux.

— Reste avec nous, mon cher Hector. Dis-moi comment elles font, ces femmes, pour t'attacher ainsi; je tâcherai... pourquoi ne m'as-tu pas formée à ton usage? est-ce que je manque d'intelligence? on me trouve encore assez belle pour me faire la cour.

Beaucoup de femmes mariées, attachées à leurs devoirs et à leurs maris, pourront ici se demander pourquoi ces hommes si forts et si bons, si pitoyables à des madame Marneffe, ne prennent pas leurs femmes, surtout quand elles ressemblent à la baronne Adeline Hulot, pour l'objet de leur fantaisie et de leurs passions. Ceci tient aux plus profonds mystères de l'organisation humaine. L'amour, cette immense débauche de la raison, ce mâle et sévère plaisir des grandes âmes, et le plaisir, cette vulgarité vendue sur la place, sont deux faces différentes d'un même fait. La femme qui satisfait ces deux vastes appétits des deux natures, est aussi rare, dans le sexe, que le grand général, le grand écrivain, le grand artiste, le grand inventeur, le sont dans une nation. L'homme supérieur comme l'imbécile, un Hulot comme un Crevel, ressentent également le besoin de l'idéal et celui du plaisir; tous vont cherchant ce mystérieux androgyne, cette rareté, qui, la plupart du temps, se trouve être un ouvrage en deux volumes. Cette recherche est une dépravation due à la société. Certes, le mariage doit être accepté comme une tâche, il est la vie avec ses travaux et ses durs sacrifices également faits des deux côtés. Les libertins, ces chercheurs de trésors, sont aussi coupables que d'autres malfaiteurs plus sévèrement punis qu'eux. Cette réflexion n'est pas un placage de morale, elle donne la raison de bien des malheurs incompris. Cette Scène porte d'ailleurs avec elle ses moralités qui sont de plus d'un genre.

Le baron alla promptement chez le maréchal prince de Wissembourg, dont la haute protection était sa dernière ressource. Protégé par le vieux guerrier depuis trente-cinq ans, il avait les entrées grandes et petites, il put pénétrer dans les appartements à l'heure du lever.

— Eh! bonjour, mon cher Hector, dit ce grand et bon capitaine. Qu'avez-vous? vous paraissez soucieux. La session est finie, cependant. Encore une de passée! je parle de cela maintenant, comme autrefois de nos campagnes. Je crois, ma foi, que les journaux appellent aussi les sessions, des campagnes parlementaires.

— Nous avons eu du mal, en effet, maréchal; mais c'est la misère du temps! dit Hulot. Que voulez-vous? le monde est ainsi fait. Chaque époque a ses inconvénients. Le plus grand malheur de l'an 1841, c'est que ni la royauté ni les ministres ne sont libres dans leur action comme l'était l'Empereur.

Le maréchal jeta sur Hulot un de ces regards d'aigle dont la fierté, la lucidité, la perspicacité montraient que, malgré les années, cette grande âme restait toujours ferme et vigoureuse.

— Tu veux quelque chose de moi? dit-il en prenant un air enjoué.

— Je me trouve dans la nécessité de vous demander, comme une grâce personnelle, la promotion d'un de mes sous-chefs au grade de Chef de bureau, et sa nomination d'officier dans la Légion...

— Comment se nomme-t-il? dit le maréchal en lançant au baron un regard qui fut comme un éclair.

— Marneffe!

— Il a une jolie femme, je l'ai vue au mariage de ta fille... Si Roger... mais Roger n'est plus ici. Hector, mon fils, il s'agit de ton plaisir. Comment! tu t'en donnes encore. Ah! tu fais honneur à la Garde impériale! voilà ce que c'est que d'avoir appartenu à l'intendance, tu as des réserves!... Laisse là cette affaire, mon cher garçon, elle est trop galante pour devenir administrative.

— Non, maréchal, c'est une mauvaise affaire, car il s'agit de la police correctionnelle; voulez-vous m'y voir?

— Ah! diantre, s'écria le maréchal devenant soucieux. Continue.

— Mais vous me voyez dans l'état d'un renard pris au piège... Vous avez toujours été si bon pour moi, que vous daignerez me tirer de la situation honteuse où je suis.

Hulot raconta le plus spirituellement et le plus gaiement possible sa mésaventure.

— Voulez-vous, prince, dit-il en terminant, faire mourir de chagrin mon frère que vous aimez tant, et laisser déshonorer un de vos directeurs, un Conseiller-d'État? Mon Marneffe est un misérable, nous le mettrons à la retraite dans deux ou trois ans.

— Comme tu parles de deux ou trois ans, mon cher ami!... dit le maréchal.

— Mais, prince, la Garde impériale est immortelle.

— Je suis maintenant le seul maréchal de la première promotion, dit le ministre. Écoute, Hector. Tu ne sais pas à quel point je te suis attaché! tu vas le voir! Le jour où je quitterai le ministère, nous le quitterons ensemble. Ah! tu n'es pas député, mon ami. Beaucoup de gens veulent ta place; et, sans moi, tu n'y serais plus. Oui, j'ai rompu bien des lances pour te garder... Eh bien! je t'accorde tes deux requêtes, car il serait par trop dur de te voir assis sur la sellette à ton âge et dans la position que tu occupes. Mais tu fais trop de brèches à ton crédit. Si cette nomination donne lieu à quelque tapage, on nous en voudra. Moi, je m'en moque, mais c'est une épine de plus sous ton pied. A la prochaine session, tu sauteras. Ta succession est présentée comme un appât à cinq ou six personnes influentes, et tu n'as été conservé que par la subtilité de mon raisonnement. J'ai dit que le jour où tu prendrais ta retraite, et que ta place serait donnée, nous aurions cinq mécontents et un heureux; tandis qu'en te laissant *branlant dans le manche* pendant deux ou trois ans, nous aurions nos six voix. On s'est mis à rire au conseil, et l'on a trouvé que le *vieux de la vieille*, comme on dit, devenait assez fort en tactique parlementaire... Je te dis cela nettement. D'ailleurs, tu grisonnes... Es-tu heureux de pouvoir encore te mettre dans des embarras pareils! Où est le temps où le sous-lieutenant Cottin avait des maîtresses! Le maréchal sonna. — Il faut faire déchirer ce procès-verbal! ajouta-t-il.

— Vous agissez, monseigneur, comme un père! je n'osais vous parler de mon anxiété.

— Je veux toujours que Roger soit ici, s'écria le maréchal en voyant entrer Mitouflet, son huissier, et j'allais le faire demander. Allez-vous-en, Mitouflet. Et toi, va, mon vieux camarade, va faire préparer cette nomination, je la signerai. Mais cet infâme intrigant ne jouira pas pendant long-temps du fruit de ses crimes, il sera surveillé, et cassé en tête de la compagnie, à la moindre faute. Maintenant que te voilà sauvé, mon cher Hector, prends garde à toi. Ne lasse pas tes amis, on t'enverra ta nomination ce matin, et ton homme sera officier!... Quel âge as-tu maintenant?

— Soixante-dix ans, dans trois mois.

— Quel gaillard tu fais! dit le maréchal en souriant. C'est toi qui mériterais une promotion, mais mille boulets! nous ne sommes pas sous Louis XV!

Tel est l'effet de la camaraderie qui lie entre eux les glorieux restes de la phalange napoléonienne, ils se croient toujours au bivouac, obligés de se protéger envers et contre tous.

— Encore une faveur comme celle-là, se dit Hulot en traversant la cour, et je suis perdu.

Le malheureux fonctionnaire alla chez le baron de Nucingen auquel il ne devait plus qu'une somme insignifiante, il réussit à lui emprunter quarante mille francs en engageant son traitement pour deux années de plus; mais le baron stipula que, dans le cas de la mise à la retraite de Hulot, la quotité saisissable de sa pension serait affectée au remboursement de cette somme, jusqu'à épuisement des intérêts et du capital. Cette nouvelle affaire fut faite, comme la première, sous le nom de Vauvinet, à qui le baron souscrivit pour douze mille francs de lettres de change. Le lendemain, le fatal procès-verbal, la plainte du mari, les lettres, tout fut anéanti. Les scandaleuses promotions du sieur Marneffe, à peine remarquées dans le mouvement des fêtes de juillet, ne donnèrent lieu à aucun article de journal.

Lisbeth, en apparence brouillée avec madame Marneffe, s'installa chez le maréchal Hulot. Dix jours après ces événements, on publia le premier ban du mariage de la vieille fille avec l'illustre vieillard à qui, pour obtenir un consentement, Adeline raconta la catastrophe financière arrivée à son Hector en le priant de ne jamais en parler au baron qui, dit-elle, était sombre, très-abattu, tout affaissé... — Hélas! il a son âge! ajoute-t-elle. Lisbeth triomphait donc! Elle allait atteindre au but de son ambition, elle allait voir son plan accompli, sa haine satisfaite. Elle jouissait par avance du bonheur de régner sur la famille qui l'avait si long-temps méprisée. Elle se promettait d'être la protectrice de ses protecteurs, l'ange sauveur qui ferait vivre la famille ruinée, elle s'appelait elle-même *madame la comtesse* ou *madame la maréchale*! en se saluant dans la glace. Adeline et Hortense achèveraient leurs jours dans la détresse, en combattant la misère, tandis que la cousine Bette, admise aux Tuileries, trônerait dans le monde.

Un événement terrible renversa la vieille fille du sommet social où elle se posait si fièrement.

Le jour même où ce premier ban fut publié, le baron reçut un autre message d'Afrique. Un second Alsacien se présenta, remit une lettre en s'assurant qu'il la donnait au baron Hulot, et après lui avoir laissé l'adresse de son logement, il quitta le haut fonctionnaire qu'il laissa foudroyé à la lecture des premières lignes de cette lettre.

« Mon neveu, vous recevrez cette lettre, d'après mon calcul,
» le sept août. En supposant que vous employiez trois jours pour
» nous envoyer le secours que nous réclamons, et qu'il mette
» quinze jours à venir ici, nous atteignons au premier septembre.

» Si l'exécution répond à ces délais, vous aurez sauvé l'honneur
» et la vie à votre dévoué Johann Fischer.

» Voici ce que demande l'employé que vous m'avez donné pour
» complice; car je suis, à ce qu'il paraît, susceptible d'aller en cour
» d'assises ou devant un conseil de guerre. Vous comprenez que
» jamais on ne traînera Johann Fischer devant aucun tribunal, il
» ira de lui-même à celui de Dieu.

» Votre employé me semble être un mauvais gars, très-capable
» de vous compromettre; mais il est intelligent comme un fripon.
» Il prétend que vous devez crier plus fort que les autres, et nous
» envoyer un inspecteur, un commissaire spécial chargé de décou-
» vrir les coupables, de chercher les abus, de sévir enfin; mais qui

» s'interposera d'abord entre nous et les tribunaux, en élevant un
» conflit.

» Si votre commissaire arrive ici le premier septembre et qu'il ait
» de vous le mot d'ordre, si vous nous envoyez deux cent mille
» francs pour rétablir en magasin les quantités que nous disons
» avoir dans les localités éloignées, nous serons regardés comme
» des comptables purs et sans tache.

» Vous pouvez confier au soldat qui vous remettra cette lettre,
» un mandat à mon ordre sur une maison d'Alger. C'est un homme
» solide, un parent, incapable de chercher à savoir ce qu'il porte.
» J'ai pris des mesures pour assurer le retour de ce garçon. Si
» vous ne pouvez rien, je mourrai volontiers pour celui à qui nous
» devons le bonheur de notre Adeline. »

Les angoisses et les plaisirs de la passion, la catastrophe qui venait de terminer sa carrière galante avaient empêché le baron Hulot de penser au pauvre Johann Fischer, dont la première lettre annonçait cependant positivement le danger, devenu maintenant si pressant. Le baron quitta la salle à manger dans un tel trouble, qu'il se laissa tomber sur le canapé du salon. Il était anéanti, perdu dans l'engourdissement que cause une chute violente. Il regardait fixement une rosace du tapis sans s'apercevoir qu'il tenait à la main la fatale lettre de Johann. Adeline entendit de sa chambre son mari se jetant sur le canapé comme une masse. Ce bruit fut si singulier qu'elle crut à quelque attaque d'apoplexie. Elle regarda par la porte dans la glace, en proie à cette peur qui coupe la respiration, qui fait rester immobile, et elle vit son Hector dans la posture d'un homme terrassé. La baronne vint sur la pointe du pied, Hector n'entendit rien, elle put s'approcher, elle aperçut la lettre, elle la prit, la lut, et trembla de tous ses membres. Elle éprouva l'une de ces révolutions nerveuses si violentes que le corps en garde éternellement la trace. Elle devint, quelques jours après, sujette à un tressaillement continuel ; car, ce premier moment passé, la nécessité d'agir lui donna cette force qui ne se prend qu'aux sources mêmes de la puissance vitale.

— Hector! viens dans ma chambre, dit-elle d'une voix qui ressemblait à un souffle. Que ta fille ne te voie pas ainsi ! viens, mon ami, viens.

— Où trouver deux cent mille francs? je puis obtenir l'envoi de Claude Vignon comme commissaire. C'est un garçon spirituel, intelligent... C'est l'affaire de deux jours... Mais deux cent mille francs, mon fils ne les a pas, sa maison est grevée de trois cent mille francs d'hypothèques. Mon frère a tout au plus trente mille francs d'économies. Nucingen se moquerait de moi!... Vauvinet?... il m'a peu gracieusement accordé dix mille francs pour compléter la somme donnée pour le fils de l'infâme Marneffe. Non, tout est dit, il faut que j'aille me jeter aux pieds du maréchal, lui avouer l'état des choses, m'entendre dire que je suis une canaille, accepter sa bordée afin de sombrer décemment.

— Mais Hector! ce n'est plus seulement la ruine, c'est le déshonneur, dit Adeline. Mon pauvre oncle se tuera. Ne tue que nous, tu en as le droit, mais ne sois pas un assassin! Reprends courage, il y a de la ressource.

— Aucune! dit le baron. Personne dans le gouvernement ne peut trouver deux cent mille francs, quand même il s'agirait de sauver un ministère! Oh! Napoléon, où es-tu?

— Mon oncle! pauvre homme! Hector, on ne peut pas le laisser se tuer déshonoré!

— Il y aurait bien une ressource, dit-il; mais... c'est bien chanceux... Oui, Crevel est à couteaux tirés avec sa fille... Ah! il a bien de l'argent, lui seul pourrait...

— Tiens, Hector, il vaut mieux que ta femme périsse que de laisser périr notre oncle, ton frère, et l'honneur de la famille! dit la baronne frappée d'un trait de lumière. Oui, je puis vous sauver tous... Oh! mon Dieu! quelle ignoble pensée! comment a-t-elle pu me venir?

Elle joignit les mains, tomba sur ses genoux, et fit une prière. En se relevant, elle vit une si folle expression de joie sur la figure de son mari, que la pensée diabolique revint, et alors Adeline tomba dans la tristesse des idiots.

— Va, mon ami, cours au ministère, s'écria-t-elle en se réveillant de cette torpeur, tâche d'envoyer un commissaire, il le faut. *Entortille le maréchal!* et à ton retour, à cinq heures, tu trouveras peut-être... oui! tu trouveras deux cent mille francs. Ta famille, ton honneur d'homme, de Conseiller-d'État, d'administrateur, ta probité, ton fils, tout sera sauvé; mais ton Adeline sera perdue, et tu ne la reverras jamais. Hector, mon ami, dit-elle en s'agenouillant, lui serrant la main et la baisant, bénis-moi, dis-moi adieu!

Ce fut si déchirant qu'en prenant sa femme, la relevant et l'embrassant, Hulot lui dit : — Je ne te comprends pas !

— Si tu comprenais, reprit-elle, je mourrais de honte, ou je n'aurais plus la force d'accomplir ce dernier sacrifice.

— Madame est servie, vint dire Mariette.

Hortense vint souhaiter le bonjour à son père et à sa mère. Il fallut aller déjeuner et montrer des visages menteurs.

— Allez déjeuner sans moi, je vous rejoindrai ! dit la baronne.

Elle se mit à sa table et écrivit la lettre suivante :

« Mon cher monsieur Crevel, j'ai un service à vous demander,
» je vous attends ce matin, et je compte sur votre galanterie, qui
» m'est connue, pour que vous ne fassiez pas attendre trop long-
» temps

» Votre dévouée servante,
» ADELINE HULOT. »

— Louise, dit-elle à la femme de chambre de sa fille qui servait, descendez cette lettre au concierge, dites-lui de la porter sur-le-champ à son adresse et de demander une réponse.

Le baron, qui lisait les journaux, tendit un journal républicain à sa femme en lui désignant un article, et lui disant : — Sera-t-il temps ? Voici l'article, un de ces terribles entre-filets avec lesquels les journaux nuancent leurs tartines politiques.

Un de nos correspondants nous écrit d'Alger qu'il s'est révélé de tels abus dans le service des vivres de la province d'Oran, que la justice informe. Les malversations sont évidentes, les coupables sont connus. Si la répression n'est pas sévère, nous continuerons à perdre plus d'hommes par le fait des concussions qui frappent sur leur nourriture que par le fer des Arabes et le feu du climat. Nous attendrons de nouveaux renseignements, avant de continuer ce déplorable sujet.

Nous ne nous étonnons plus de la peur que cause l'établissement en Algérie de la Presse comme l'a entendue la Charte de 1830.

— Je vais m'habiller et aller au ministère, dit le baron en quittant la table, le temps est trop précieux, il y a la vie d'un homme dans chaque minute.

— Oh! maman, je n'ai plus d'espoir, dit Hortense.

Et, sans pouvoir retenir ses larmes, elle tendit à sa mère une Revue des Beaux-Arts. Madame Hulot aperçut une gravure du groupe de Dalila par le comte de Steinbock, dessous laquelle était imprimé : *Appartenant à madame Marneffe*. Dès les premières lignes, l'article signé d'un V révélait le talent et la complaisance de Claude Vignon.

— Pauvre petite... dit la baronne.

Effrayée de l'accent presque indifférent de sa mère, Hortense la regarda, reconnut l'expression d'une douleur auprès de laquelle la sienne devait pâlir, et elle vint embrasser sa mère à qui elle dit :
— Qu'as-tu, maman? qu'arrive-t-il, pouvons-nous être plus malheureuses que nous ne le sommes?

— Mon enfant, il me semble en comparaison de ce que je souffre aujourd'hui que mes horribles souffrances passées ne sont rien. Quand ne souffrirai-je plus?

— Au ciel, ma mère! dit gravement Hortense.

— Viens, mon ange, tu m'aideras à m'habiller.... mais non.... Je ne veux pas que tu t'occupes de cette toilette. Envoie-moi Louise.

Adeline, rentrée dans sa chambre, alla s'examiner au miroir. Elle se contempla tristement et curieusement en se demandant à elle-même : — Suis-je encore belle?... peut-on me désirer encore?... Ai-je des rides?...

Elle souleva ses beaux cheveux blonds et se découvrit les tempes! Là tout était frais comme chez une jeune fille. Adeline alla plus loin, elle se découvrit les épaules et fut satisfaite, elle eut un mouvement d'orgueil. La beauté des épaules qui sont belles, est celle qui s'en va la dernière chez la femme, surtout quand la vie a été pure. Adeline choisit avec soin les éléments de sa toilette ; mais la femme pieuse et chaste resta chastement mise, malgré ses petites inventions de coquetterie. A quoi bon des bas de soie gris tout neufs, des souliers en satin à cothurnes, puisqu'elle ignorait totalement l'art d'avancer, au moment décisif, un joli pied en le faisant dépasser de quelques lignes une robe à demi soulevée pour ouvrir des horizons au désir! Elle mit bien sa plus jolie robe de mousseline à fleurs peintes, décolletée et à manches courtes; mais, épouvantée de ses nudités, elle couvrit ses beaux bras de manches en gaze claire, elle voila sa poitrine et ses épaules d'un fichu brodé. Sa coiffure à l'anglaise lui parut être trop significative, elle en éteignit l'entrain par un très-joli bonnet; mais, avec ou sans bonnet, eût-elle su jouer avec ses rouleaux dorés pour exhiber, pour faire admirer ses mains en fuseau?... Voici quel fut son fard. La certitude de sa criminalité, les préparatifs d'une faute délibérée causèrent à cette sainte femme une violente fièvre qui lui rendit l'éclat de la jeunesse pour un moment. Ses yeux brillèrent, son teint resplendit. Au lieu de se donner un air séduisant, elle se vit en quelque sorte un air dévergondé qui lui fit horreur. Lisbeth avait, à la prière d'Adeline, raconté les circonstances de l'infidélité de Wenceslas, et la baronne avait alors appris, à son grand étonnement, qu'en une soirée, en un moment, madame Marneffe s'était rendue maîtresse de l'artiste ensorcelé. — Comment font ces femmes? avait demandé la baronne à Lisbeth. Rien n'égale la curiosité des femmes vertueuses à ce sujet, elles voudraient posséder les séductions du Vice et rester pures. — Mais, elles séduisent, c'est leur état, avait répondu la cousine Bette. Valérie était, ce soir-là, vois-tu, ma chère, à faire damner un ange. — Raconte-moi donc comment elle s'y est prise? — Il n'y a pas de théorie, il n'y a que la pratique dans ce métier, avait dit railleusement Lisbeth. Le baronne, en se rappelant cette conversation, aurait voulu consulter la cousine Bette; mais le temps manquait. La pauvre Adeline, incapable d'inventer une mouche, de se poser un bouton de rose dans le beau milieu du corsage, de trouver les stratagèmes de toilette destinés à réveiller chez les hommes des désirs amortis, ne fut que soigneusement habillée. N'est pas courtisane qui veut! La femme est le potage de l'homme, a dit plaisamment Molière par la bouche du judicieux Gros-René. Cette comparaison suppose une sorte de science culinaire en amour. La femme vertueuse et digne serait alors le repas homérique, la chair jetée sur les charbons ardents. La courtisane, au contraire, serait l'œuvre de Carême avec ses condiments, avec ses épices et ses recherches. La baronne ne pouvait pas, ne savait pas *servir* sa blanche poitrine dans un magnifique plat de guipure, à l'instar de madame Marneffe. Elle ignorait le secret de certaines attitudes, l'effet de certains regards. Enfin, elle n'avait pas sa botte secrète. La noble femme se serait bien retournée cent fois, elle n'aurait rien su offrir à l'œil savant du libertin. Être une honnête et *prude* femme pour le monde, et se faire courtisane pour son mari, c'est être une femme de génie, et il y en a peu. Là est le secret des longs attachements, inexplicables pour les femmes qui sont déshéritées de ces doubles et magnifiques facultés. Supposez madame Marneffe vertueuse!... vous avez la marquise de Pescaire! Ces grandes et illustres femmes, ces belles Diane de Poitiers vertueuses, on les compte.

La scène par laquelle commence cette sérieuse et terrible Étude de mœurs parisiennes allait donc se reproduire avec cette singulière différence que les misères prophétisées par le capitaine de la milice bourgeoise y changeaient les rôles. Madame Hulot attendait Crevel dans les intentions qui le faisaient venir en souriant aux Parisiens du haut de son milord, trois ans auparavant. Enfin, chose étrange! la baronne était fidèle à elle-même, à son amour, en se livrant à la plus grossière des infidélités, celles que l'entraînement d'une passion ne justifie pas aux yeux de certains juges. — Comment faire pour être une madame Marneffe! se dit-elle en entendant sonner. Elle comprima ses larmes, la fièvre anima ses traits, elle se promit d'être bien courtisane, la pauvre et noble créature!

— Que diable me veut cette brave baronne Hulot? se disait Crevel en montant le grand escalier. Ah! bah! elle va me parler de ma querelle avec Célestine et Victorin; mais je ne plierai pas!... En entrant dans le salon, où il suivait Louise, il se dit en regardant la nudité *du local* (style Crevel) : — Pauvre femme!... la voilà comme ces beaux tableaux mis au grenier par un homme qui ne se connaît pas en peinture. Crevel, qui voyait le comte Popinot, ministre du commerce, achetant des tableaux et des statues, voulait se rendre célèbre parmi les Mécènes parisiens dont l'amour pour les arts consiste à chercher des pièces de vingt francs pour des pièces de vingt sous. Adeline sourit gracieusement à Crevel en lui montrant une chaise devant elle.

— Me voici, belle dame, à vos ordres, dit Crevel.

Monsieur le maire, devenu homme politique, avait adopté le drap noir. Sa figure apparaissait au-dessus de ce vêtement comme une pleine lune dominant un rideau de nuages bruns. Sa chemise, étoilée de trois grosses perles de cinq cents francs chacune, donnait une haute idée de ses capacités... thoraciques, et il disait : — « On voit en moi le futur athlète de la tribune! » Ses larges mains roturières portaient le gant jaune dès le matin. Ses bottes vernies accusaient le petit coupé brun à un cheval qui l'avait amené. Depuis trois ans, l'ambition avait modifié la pose de Crevel. Comme les grands peintres, il en était à sa seconde manière. Dans le grand monde, quand il allait chez le prince de Wissembourg, à la Préfecture, chez le comte Popinot, etc., il gardait son chapeau à la main d'une façon dégagée que Valérie lui avait apprise, et il insérait le pouce de l'autre main dans l'entournure de son gilet d'un air coquet, en minaudant de la tête et des yeux. Cette autre *mise en position* était due à la railleuse Valérie qui, sous prétexte de rajeunir son maire, l'avait doté d'un ridicule de plus.

— Je vous ai prié de venir, mon bon et cher monsieur Crevel, dit la baronne d'une voix troublée, pour une affaire de la plus haute importance...

— Je la devine, madame, dit Crevel d'un air fin ; mais vous demandez l'impossible... Oh ! je ne suis pas un père barbare, un homme, selon le mot de Napoléon, *carré de base comme de hauteur* dans son avarice. Écoutez-moi, belle dame. Si mes enfants se ruinaient pour eux, je viendrais à leur secours ; mais garantir votre mari, madame ?... c'est vouloir remplir le tonneau des Danaïdes ! Une maison hypothéquée de trois cent mille francs pour un père incorrigible ! Ils n'ont plus rien, les misérables ! et ils ne se sont pas amusés ! Ils auront maintenant pour vivre ce que gagnera Victorin au Palais. Qu'il *jabote*, monsieur votre fils !... Ah ! il devait être ministre, ce petit docteur ! notre espérance à tous. Joli remorqueur qui s'engrave bêtement, car, s'il empruntait pour parvenir, s'il s'endettait pour avoir festoyé des députés, pour obtenir des voix et augmenter son influence, je lui dirais : — Voilà ma bourse, puise, mon ami ! Mais payer les folies du papa, des folies que je vous ai prédites ! Ah ! son père l'a rejeté loin du pouvoir... C'est moi qui serai ministre...

— Hélas ! cher Crevel, il ne s'agit pas de nos enfants, pauvres dévoués !... Si votre cœur se ferme pour Victorin et Célestine, je les aimerai tant, que peut-être pourrai-je adoucir l'amertume que met dans leurs belles âmes votre colère. Vous punissez vos enfants d'une bonne action !

— Oui, d'une bonne action mal faite ! C'est un demi-crime ! dit Crevel très-content de ce mot.

— Faire le bien, mon cher Crevel, reprit la baronne, ce n'est pas prendre l'argent dans une bourse qui en regorge ! c'est endurer des privations à cause de sa générosité, c'est souffrir de son bienfait !

c'est s'attendre à l'ingratitude! La charité qui ne coûte rien, le ciel l'ignore...

— Il est permis, madame, aux saints d'aller à l'hôpital, ils savent que c'est, pour eux, la porte du ciel. Moi, je suis un mondain, je crains Dieu, mais je crains encore plus l'enfer de la misère. Être sans le sou, c'est le dernier degré du malheur dans notre ordre social actuel. Je suis de mon temps, j'honore l'argent!...

— Vous avez raison, dit Adeline, au point de vue du monde.

Elle se trouvait à cent lieues de la question, et elle se sentait, comme saint Laurent, sur un gril, en pensant à son oncle; car elle le voyait se tirant un coup de pistolet! Elle baissa les yeux, puis elle les releva sur Crevel pleins d'une angélique douceur, et non de cette provocante luxure, si spirituelle chez Valérie. Trois ans auparavant, elle eût fasciné Crevel par cet adorable regard.

— Je vous ai connu, dit-elle, plus généreux... Vous parliez de trois cent mille francs comme en parlent les grands seigneurs...

Crevel regarda madame Hulot, il la vit comme un lis sur la fin de sa floraison, il eut de vagues idées; mais il honorait tant cette sainte créature qu'il refoula ces soupçons dans le côté liberté de son cœur.

— Madame, je suis toujours le même, mais un ancien négociant est et doit être grand seigneur avec méthode, avec économie, il porte en tout ses idées d'ordre. On ouvre un compte aux fredaines, on les crédite, on consacre à ce chapitre certains bénéfices, mais entamer son capital!... ce serait une folie. Mes enfants auront tout leur bien, celui de leur mère et le mien; mais ils ne veulent sans doute pas que leur père s'ennuie, se moinifie et se momifie!... Ma vie est joyeuse! Je descends gaiement le fleuve. Je remplis tous les devoirs que m'imposent la loi, le cœur et la famille, de même que j'acquittais scrupuleusement mes billets à l'échéance. Que mes enfants se comportent comme moi dans mon ménage; je serai content; et, quant au présent, pourvu que mes folies, car j'en fais, ne coûtent rien à personne qu'aux *gogos*..... (pardon! vous ne connaissez pas ce mot de Bourse) ils n'auront rien à me reprocher, et trouveront encore une belle fortune, à ma mort. Vos enfants n'en diront pas autant de leur père, qui carambole en ruinant son fils et ma fille...

Plus elle allait, plus la baronne s'éloignait de son but...

— Vous en voulez beaucoup à mon mari, mon cher Crevel, et

vous seriez cependant son meilleur ami, si vous aviez trouvé sa femme faible...

Elle lança sur Crevel une œillade brûlante. Mais alors elle fit comme Dubois qui donnait trop de coups de pied au Régent, elle se déguisa trop, et les idées libertines revinrent si bien au parfumeur-régence qu'il se dit : — Voudrait-elle se venger de Hulot?... Me trouverait-elle mieux en maire qu'en garde national?... Les femmes sont si bizarres! Et il se mit en position dans sa seconde manière en regardant la baronne d'un air Régence.

— On dirait, dit-elle en continuant, que vous vous vengez sur lui d'une vertu qui vous a résisté, d'une femme que vous aimiez assez... pour... l'acheter, ajouta-t-elle tout bas.

— D'une femme divine, reprit Crevel en souriant significativement à la baronne qui baissait les yeux et dont les cils se mouillèrent ; car, en avez-vous avalé des couleuvres !... depuis trois ans... hein? ma belle !

— Ne parlons pas de mes souffrances, *cher Crevel*, elles sont au-dessus des forces de la créature. Ah ! si vous m'aimiez encore, vous pourriez me retirer du gouffre où je suis ! Oui, je suis dans l'enfer ! Les régicides qu'on tenaillait, qu'on tirait à quatre chevaux, étaient sur des roses, comparés à moi, car on ne leur démembrait que le corps, et j'ai le cœur tiré à quatre chevaux !...

La main de Crevel quitta l'entournure du gilet, il posa son chapeau sur la travailleuse, il rompit sa position, il souriait ! Ce sourire fut si niais que la baronne s'y méprit, elle crut à une expression de bonté.

— Vous voyez une femme, non pas au désespoir, mais à l'agonie de l'honneur, et déterminée à tout, *mon ami*, pour empêcher des crimes... Craignant qu'Hortense ne vînt, elle poussa le verrou de sa porte; puis, par le même élan, elle se mit aux pieds de Crevel, lui prit la main et la lui baisa. — Soyez, dit-elle, mon sauveur ! Elle supposa des fibres généreuses dans ce cœur de négociant, et fut saisie par un espoir, qui brilla soudain, d'obtenir les deux cent mille francs sans se déshonorer. — Achetez une âme, vous qui vouliez acheter une vertu !... reprit-elle en lui jetant un regard fou. Fiez-vous à ma probité de femme, à mon honneur, dont la solidité vous est connue ! Soyez mon ami ! Sauvez une famille entière de la ruine, de la honte, du désespoir, empêchez-la de rouler dans un bourbier où la fange se fera avec du sang? Oh !

ne me demandez pas d'explication!... fit-elle à un mouvement de Crevel qui voulut parler. Surtout, ne me dites pas : — « Je vous l'avais prédit! » comme les amis heureux d'un malheur. Voyons!... obéissez à celle que vous aimiez, à une femme dont l'abaissement à vos pieds est peut-être le comble de la noblesse; ne lui demandez rien, attendez tout de sa reconnaissance!... Non, ne donnez rien; mais prêtez-moi, prêtez à celle que vous nommiez Adeline!...

Ici les larmes arrivèrent avec une telle abondance, Adeline sanglota tellement qu'elle en mouilla les gants de Crevel. Ces mots : — Il me faut deux cent mille francs!... furent à peine distinctibles dans le torrent de pleurs, de même que les pierres, quelque grosses qu'elles soient, ne marquent point dans les cascades alpestres enflées à la fonte des neiges.

Telle est l'inexpérience de la Vertu! le Vice ne demande rien, comme on l'a vu par madame Marneffe, il se fait tout offrir. Ces sortes de femmes ne deviennent exigeantes qu'au moment où elles se sont rendues indispensables, ou quand il s'agit d'exploiter un homme, comme on *exploite* une carrière où le plâtre devient rare, *en ruine*, disent les carriers. En entendant ces mots : « Deux cent mille francs! » Crevel comprit tout. Il releva galamment la baronne en lui disant cette insolente phrase : — Allons, soyons calme, *ma petite mère*, que dans son égarement Adeline n'entendit pas. La scène changeait de face, Crevel devenait, selon son mot, maître de la position. L'énormité de la somme agit si fortement sur Crevel, que sa vive émotion, en voyant à ses pieds cette belle femme en pleurs, se dissipa. Puis, quelque angélique et sainte que soit une femme, quand elle pleure à chaudes larmes, sa beauté disparaît. Les madame Marneffe, comme on l'a vu, pleurnichent quelquefois, laissent une larme glisser le long de leurs joues; mais fondre en larmes, se rougir les yeux et le nez!... elles ne commettent jamais cette faute.

— Voyons, *mon enfant*, du calme, sapristi! reprit Crevel en prenant les mains de la belle madame Hulot dans ses mains et les y tapotant. Pourquoi me demandez-vous deux cent mille francs? qu'en voulez-vous faire? pour qui est-ce?

— N'exigez de moi, répondit-elle aucune explication, donnez-les moi!... Vous aurez sauvé la vie à trois personnes et l'honneur à vos enfants.

— Et vous croyez, ma petite mère, dit Crevel, que vous trouverez dans Paris un homme qui, sur la parole d'une femme à peu près folle, ira chercher, *hic et nunc*, dans un tiroir, n'importe où, deux cent mille francs qui mijotent là, tout doucement, en attendant qu'elle daigne les écumer? Voilà comment vous connaissez la vie! les affaires, ma belle?... Vos gens sont bien malades, envoyez-leur les sacrements; car personne dans Paris, excepté Son Altesse Divine Madame la Banque, l'illustre Nucingen ou des avares insensés amoureux de l'or, comme nous autres nous le sommes d'une femme, ne peut accomplir un pareil miracle! La Liste Civile, quelque civile qu'elle soit, la Liste Civile elle-même vous prierait de repasser demain. Tout le monde fait valoir son argent et le tripote de son mieux. Vous vous abusez, cher ange, si vous croyez que c'est le roi Louis-Philippe qui règne, et il ne s'abuse pas là-dessus. Il sait comme nous tous, qu'au-dessus de la Charte, il y a la sainte, la vénérée, la solide, l'aimable, la gracieuse, la belle, la noble, la jeune, la toute-puissante pièce de cent sous! Or, mon bel ange, l'argent exige des intérêts, et il est toujours occupé à les percevoir! Dieu des Juifs, tu l'emportes! a dit le grand Racine. Enfin, l'éternelle allégorie du veau d'or!... Du temps de Moïse, on agiotait dans le désert! Nous sommes revenus aux temps bibliques! Le veau d'or a été le premier grand-livre connu, reprit-il. Vous vivez par trop, mon Adeline, rue Plumet! Les Égyptiens devaient des emprunts énormes aux Hébreux, et ils ne couraient pas après le peuple de Dieu, mais après des capitaux. Il regarda la baronne d'un air qui voulait dire : — Ai-je de l'esprit! — Vous ignorez l'amour de tous les citoyens pour leur Saint-Frusquin? reprit-il après cette pause. Pardon. Écoutez-moi bien! Saisissez ce raisonnement. Vous voulez deux cent mille francs?... personne ne peut les donner sans changer des placements faits. Comptez!... Pour avoir deux cent mille francs *d'argent vivant*, il faut vendre environ sept mille francs de rentes trois pour cent! Eh bien! vous n'avez votre argent qu'au bout de deux jours. Voilà la voie la plus prompte. Pour décider quelqu'un à se dessaisir d'une fortune, car c'est toute la fortune de bien des gens, deux cent mille francs! encore doit-on lui dire où tout cela va, pour quel motif...

— Il s'agit, mon bon et cher Crevel, de la vie de deux hommes, dont l'un mourra de chagrin, dont l'autre se tuera! Enfin, il s'agit de moi, qui deviendrai folle! Ne le suis-je pas un peu déjà?

— Pas si folle! dit-il en prenant madame Hulot par les genoux, le père Crevel a son prix, puisque tu as daigné penser à lui, mon ange.

— Il paraît qu'il faut se laisser prendre les genoux! pensa la sainte et noble femme en se cachant la figure dans les mains. Vous m'offriez jadis une fortune! dit-elle en rougissant.

— Ah! ma petite mère, il y a trois ans! reprit Crevel. Oh! vous êtes plus belle que je ne vous ai jamais vue!... s'écria-t-il en saisissant le bras de la baronne et le serrant contre son cœur. Vous avez de la mémoire, chère enfant, sapristi!... Eh bien! voyez comme vous avez eu tort de faire la bégueule! car les trois cent mille francs que vous avez noblement refusés sont dans l'escarcelle d'une autre. Je vous aimais et je vous aime encore; mais reportons-nous à trois ans d'ici. Quand je vous disais : « Je vous aurai! » quel était mon dessein? Je voulais me venger de ce scélérat de Hulot. Or, votre mari, ma belle, a pris pour maîtresse un bijou de femme, une perle, une petite finaude alors âgée de vingt-trois ans, car elle en a vingt-six aujourd'hui. J'ai trouvé plus drôle, plus complet, plus Louis XV, plus maréchal de Richelieu, plus corsé de lui souffler cette charmante créature, qui d'ailleurs n'a jamais aimé Hulot, et qui depuis trois ans est folle de votre serviteur...

En disant cela, Crevel, des mains de qui la baronne avait retiré ses mains, s'était remis en position. Il tenait ses entournures et battait son torse de ses deux mains, comme par deux aîles, en croyant se rendre désirable et charmant. Il semblait dire : — Voilà l'homme que vous avez mis à la porte!

— Voilà, ma chère enfant, je suis vengé, votre mari l'a su! Je lui ai catégoriquement démontré qu'il était *dindonné,* ce que nous appelons *refait au même...* Madame Marneffe est *ma* maîtresse, et si le sieur Marneffe crève, elle sera ma femme...

Madame Hulot regardait Crevel d'un œil fixe et presque égaré.

— Hector a su cela! dit-elle.

— Et il y est retourné! répondit Crevel, et je l'ai souffert, parce que Valérie voulait être la femme d'un chef de bureau; mais elle m'a juré d'arranger les choses de manière à ce que notre baron fût si bien *roulé,* qu'il ne reparût plus. Et ma petite duchesse (car elle est née duchesse, cette femme-là, parole d'honneur!) à tenu parole. Elle vous a rendu, madame, comme elle le dit si spirituellement, votre Hector *vertueux à perpétuité!*... La leçon a été bonne, allez! le baron en a vu de sévères; il n'entretiendra plus ni danseuses, ni femmes comme il faut; il est guéri radicalement, car il est rincé comme un verre à bière. Si vous aviez écouté Crevel au lieu de l'humilier, de le jeter à la porte, vous auriez quatre cent mille francs, car ma vengeance me coûte bien cette somme-là. Mais je retrouverai ma monnaie, je l'espère, à la mort de Marneffe... J'ai placé sur ma future. C'est là le secret de mes prodigalités. J'ai résolu le problème d'être grand seigneur à bon marché.

— Vous donnerez une pareille belle-mère à votre fille?... s'écria madame Hulot.

— Vous ne connaissez pas Valérie, madame, reprit gravement Crevel, qui se mit en position dans sa première manière. C'est à la fois une femme bien née, une femme comme il faut et une femme qui jouit de la plus haute considération. Tenez, hier, le vicaire de la paroisse dînait chez elle. Nous avons donné, car elle est pieuse, un superbe ostensoir à l'église. Oh! elle est habile, elle est spirituelle, elle est délicieuse, instruite, elle a tout pour elle. Quant à moi, chère Adeline, je dois tout à cette charmante femme; elle a dégourdi mon esprit, épuré, comme vous voyez, mon langage; elle corrige mes saillies, elle me donne des mots et des idées. Je ne dis plus rien d'inconvenant. On voit de grands changements en moi, vous devez les avoir remarqués. Enfin, elle a réveillé mon ambition. Je serais député, je ne ferais point de *boulettes*, car je consulterais mon Égérie dans les moindres choses. Ces grands politiques, Numa, notre illustre ministre actuel, ont tous eu leur Sibylle d'*écume.* Valérie reçoit une vingtaine de députés, elle devient très-influente, et maintenant qu'elle va se trouver dans un charmant hôtel avec voiture, elle sera l'une des souveraines occultes de Paris. C'est une fière locomotive qu'une pareille femme! Ah! je vous ai bien souvent remerciée de votre rigueur!...

— Ceci ferait douter de la vertu de Dieu, dit Adeline chez qui l'indignation avait séché les larmes. Mais non, la justice divine doit planer sur cette tête-là!...

— Vous ignorez le monde, belle dame, reprit le grand politique Crevel profondément blessé. Le monde, mon Adeline, aime le succès! Voyons? Vient-il chercher votre sublime vertu dont le tarif est de deux cent mille francs?

Ce mot fit frissonner madame Hulot, qui fut reprise de son tremblement nerveux. Elle comprit que le parfumeur retiré se vengeait d'elle ignoblement, comme il s'était vengé de Hulot; le dégoût lui souleva le cœur, et le lui crispa si bien qu'elle eut le gosier serré à ne pouvoir parler.

— L'argent!... toujours l'argent!... dit-elle enfin.

— Vous m'avez bien ému, reprit Crevel ramené par ce mot à l'abaissement de cette femme, quand je vous ai vue là pleurant à mes pieds!... Tenez, vous ne me croirez peut-être pas? eh! bien, si j'avais eu mon portefeuille, il était à vous. Voyons, il vous faut cette somme?...

En entendant cette phrase grosse de deux cent mille francs, Adeline oublia les abominables injures de ce grand seigneur à bon marché, devant cet allèchement du succès si machiavéliquement présenté par Crevel, qui voulait seulement pénétrer les secrets d'Adeline pour en rire avec Valérie.

— Ah! je ferai tout! s'écria la malheureuse femme. Monsieur, je me vendrai, je deviendrai, s'il le faut, une Valérie.

— Cela vous serait difficile, répondit Crevel. Valérie est le sublime du genre. Ma petite mère, vingt-cinq ans de vertu, ça repousse toujours, comme une maladie mal soignée. Et votre vertu a bien moisi ici, ma chère enfant. Mais vous allez voir à quel point je vous aime. Je vais vous faire avoir vos deux cent mille francs.

Adeline saisit la main de Crevel, la prit, la mit sur son cœur, sans pouvoir articuler un mot, et une larme de joie mouilla ses paupières.

— Oh! attendez! il y aura du tirage! Moi, je suis un bon vivant, un bon enfant, sans préjugés, et je vais vous dire tout bonifacement les choses. Vous voulez faire comme Valérie, bon. Cela ne suffit pas, il faut un Gogo, un actionnaire, un Hulot. Je connais un gros épicier retiré, c'est même un bonnetier. C'est lourd, épais, sans idées, je le forme, et je ne sais pas quand il pourra me faire honneur. Mon homme est député, bête et vaniteux, conservé par la tyrannie d'une espèce de femme à turban, au fond de la province, dans une entière virginité sous le rapport du luxe et des plaisirs de la vie parisienne ; mais Beauvisage (il se nomme Beauvisage) est millionnaire, et il donnerait comme moi, ma chère petite, il y a trois ans, cent mille écus pour être aimé d'une femme comme il faut... Oui, dit-il en croyant avoir bien interprété le geste que fit Adeline, il est jaloux de moi, voyez-vous !... oui, jaloux de mon bonheur avec madame Marneffe, et le gars est homme à vendre une propriété pour être propriétaire d'une...

— Assez! monsieur Crevel, dit madame Hulot en ne déguisant plus son dégoût et laissant paraître toute sa honte sur son visage. Je suis punie maintenant au delà de mon péché. Ma conscience, si violemment contenue par la main de fer de la nécessité, me crie à cette dernière insulte que de tels sacrifices sont impossibles. Je n'ai plus de fierté, je ne me courrouce point comme jadis, je ne vous dirai pas : — « Sortez ! » après avoir reçu ce coup mortel. J'en ai perdu le droit : je me suis offerte à vous, comme une prostituée... Oui, reprit-elle en répondant à un geste de dénégation, j'ai sali ma vie, jusqu'ici pure, par une intention ignoble ; et... je suis sans excuse, je le savais !... Je mérite toutes les injures dont vous m'accablez ! Que la volonté de Dieu s'accomplisse ! S'il veut la mort de deux êtres dignes d'aller à lui, qu'ils meurent, je les pleurerai, je prierai pour eux ! S'il veut l'humiliation de notre famille, courbons-nous sous l'épée vengeresse, et baisons-la, chrétiens que nous sommes ! Je sais comment expier cette honte d'un moment qui sera le tourment de tous mes derniers jours. Ce n'est plus madame Hulot, monsieur, qui vous parle, c'est la pauvre, l'humble pécheresse, la chrétienne dont le cœur n'aura plus qu'un seul sentiment, le repentir, et qui sera toute à la prière et à la charité. Je ne puis être que la dernière des femmes et la première des repenties par la puissance de ma faute. Vous avez été l'instrument de mon retour à la raison, à la voix de Dieu qui maintenant parle en moi, je vous remercie !...

Elle tremblait de ce tremblement qui, depuis ce moment, ne la quitta plus. Sa voix pleine de douceur contrastait avec la fiévreuse parole de la femme décidée au déshonneur pour sauver une famille. Le sang abandonna ses joues, elle devint blanche, et ses yeux furent secs.

— Je jouais, d'ailleurs, bien mal mon rôle, n'est-ce pas ? reprit-elle en regardant Crevel avec la douceur que les martyrs devaient mettre en jetant les yeux sur le proconsul. L'amour vrai, l'amour saint et dévoué d'une femme a d'autres plaisirs que ceux qui s'achètent au marché de la prostitution!... Pourquoi ces paroles? dit-elle en faisant un retour sur elle-même et un pas de plus dans la voie de la perfection, elles ressemblent à de l'ironie, et je n'en ai point! pardonnez-les moi. D'ailleurs, monsieur, peut-être n'est-ce que moi que j'ai voulu blesser...

La majesté de la vertu, sa céleste lumière avait balayé l'impureté passagère de cette femme, qui, resplendissante de la beauté qui lui était propre, parut grandie à Crevel. Adeline fut en ce moment sublime comme ces figures de la Religion, soutenues par une croix, que les vieux Vénitiens ont peintes; mais elle exprimait toute la grandeur de son infortune et celle de l'Église catholique où elle se réfugiait par un vol de colombe blessée. Crevel fut ébloui, abasourdi.

— Madame, je suis à vous sans condition! dit-il dans un élan de générosité. Nous allons examiner l'affaire, et... que voulez-vous?... tenez! l'impossible?... je le ferai. Je déposerai des rentes à la Banque, et, dans deux heures, vous aurez votre argent...

— Mon Dieu! quel miracle! dit la pauvre Adeline en se jetant à genoux.

Elle récita une prière avec une onction qui toucha si profondément Crevel, que madame Hulot lui vit des larmes aux yeux, quand elle se releva, sa prière finie.

— Soyez mon ami, monsieur!... lui dit-elle. Vous avez l'âme meilleure que la conduite et que la parole. Dieu vous a donné votre âme, et vous tenez vos idées du monde et de vos passions! Oh! je vous aimerai bien! s'écria-t-elle avec une ardeur angélique dont l'expression contrastait singulièrement avec ses méchantes petites coquetteries.

— Ne tremblez plus ainsi, dit Crevel.

— Est-ce que je tremble? demanda la baronne qui ne s'apercevait pas de cette infirmité si rapidement venue.

— Oui, tenez, voyez, dit Crevel en prenant le bras d'Adeline et lui démontrant qu'elle avait un tremblement nerveux. Allons, madame, reprit-il avec respect, calmez-vous, je vais à la Banque...

— Revenez promptement! Songez, mon ami, dit-elle en livrant ses secrets, qu'il s'agit d'empêcher le suicide de mon pauvre oncle Fischer, compromis par mon mari, car j'ai confiance en vous maintenant, et je vous dis tout! Ah! si nous n'arrivons pas à temps, je connais le maréchal, il a l'âme si délicate, qu'il mourrait en quelques jours.

— Je pars alors, dit Crevel en baisant la main de la baronne. Mais qu'a donc fait ce pauvre Hulot?

— Il a volé l'État!

— Ah! mon Dieu!... je cours, madame, je vous comprends, je vous admire.

Crevel fléchit un genou, baisa la robe de madame Hulot, et disparut en disant : A bientôt. Malheureusement, de la rue Plumet, pour aller chez lui prendre des inscriptions, Crevel passa par la rue Vanneau; et il ne put résister au plaisir d'aller voir sa petite duchesse. Il arriva la figure encore bouleversée. Il entra dans la chambre de Valérie, qu'il trouva se faisant coiffer. Elle examina Crevel dans la glace, et fut, comme toutes ces sortes de femmes, choquée, sans rien savoir encore, de lui voir une émotion forte, de laquelle elle n'était pas la cause.

— Qu'as-tu, ma biche? dit-elle à Crevel. Est-ce qu'on entre ainsi chez sa petite duchesse? Je ne serais plus une duchesse pour vous, monsieur, que je suis toujours ta *petite touloutte*, vieux monstre!

Crevel répondit par un sourire triste, et montra Reine.

— Reine, ma fille, assez pour aujourd'hui, j'achèverai ma coiffure moi-même! donne-moi ma robe de chambre en étoffe chinoise, car *mon monsieur* me paraît joliment *chinoisé...*

Reine, fille dont la figure était trouée comme une écumoire et qui semblait avoir été faite exprès pour Valérie, échangea un sourire avec sa maîtresse, et apporta la robe de chambre. Valérie ôta son peignoir, elle était en chemise, elle se trouva dans sa robe de chambre comme une couleuvre sous sa touffe d'herbe.

— Madame n'y est pour personne?

— Cette question! dit Valérie. Allons, dis, mon gros minet, la rive gauche a baissé?

— Non.

— L'hôtel est frappé de surenchère?

— Non.

— Tu ne te crois pas le père de ton petit Crevel?

— C'te bêtise! répliqua l'homme sûr d'être aimé.

— Ma foi, je n'y suis plus, dit madame Marneffe. Quand je dois tirer les peines d'un ami comme on tire les bouchons aux bouteilles de vin de Champagne, je laisse tout là... Va-t'en, tu m'em...

— Ce n'est rien, dit Crevel. Il me faut deux cent mille francs dans deux heures...

— Oh! tu les trouveras? Tiens, je n'ai pas employé les cinquante mille francs du procès-verbal Hulot, et je puis demander cinquante mille francs à Henri!

— Henri! toujours Henri!... s'écria Crevel.

— Crois-tu, gros Machiavel en herbe, que je congédierai Henri! La France désarme-t-elle sa flotte?... Henri; mais c'est le poignard pendu dans sa gaîne à un clou. Ce garçon, dit-elle, me sert à savoir si tu m'aimes. Et tu ne m'aimes pas ce matin.

— Je ne t'aime pas, Valérie! dit Crevel, je t'aime comme un million!

— Ce n'est pas assez!... reprit-elle en sautant sur les genoux de Crevel et lui passant ses deux bras au cou comme autour d'une patère pour s'y accrocher. Je veux être aimée comme dix millions, comme tout l'or de la terre, et plus que cela. Jamais Henri ne resterait cinq minutes sans me dire ce qu'il a sur le cœur! Voyons, qu'as-tu, gros chéri? Faisons notre petit déballage... Disons tout et vivement à notre petite louloutte! Et elle frôla le visage de Crevel avec ses cheveux en lui tortillant le nez. — Peut-on avoir un nez comme ça, reprit-elle, et garder un secret pour sa Vavalélé-ririe!... *Vava,* le nez allait à droite, *lélé,* il était à gauche, *ririe,* elle le remit en place.

— Eh bien! je viens de voir... Crevel s'interrompit, regarda madame Marneffe. — Valérie, mon bijou, tu me promets sur ton honneur... tu sais, le nôtre, de ne pas répéter un mot de ce que je vais te dire...

— Connu, maire! on lève la main, tiens!... et le pied!

Elle se posa de manière à rendre Crevel, comme a dit Rabelais, déchaussé de sa cervelle jusqu'aux talons, tant elle fut drôle et sublime de nu visible à travers le brouillard de la batiste.

— Je viens de voir le désespoir de la Vertu!...

— Ça a de la vertu, le désespoir? dit-elle en hochant la tête et se croisant les bras à la Napoléon.

— C'est la pauvre madame Hulot, il lui faut deux cent mille francs! Sinon le maréchal et le père Fischer se brûlent la cervelle, et comme tu es un peu la cause de tout cela, ma petite duchesse, je vais réparer le mal. Oh! c'est une sainte femme, je la connais, elle me rendra tout.

Au mot Hulot, et aux deux cent mille francs, Valérie eut un regard qui passa, comme la lueur du canon dans sa fumée, entre ses longues paupières.

— Qu'a-t-elle donc fait pour t'apitoyer, la vieille! elle t'a montré, quoi? sa... sa religion!...

— Ne te moque pas d'elle, mon cœur, c'est une bien sainte, une bien noble et pieuse femme, digne de respect!...

— Je ne suis donc pas digne de respect, moi! dit Valérie en regardant Crevel d'un air sinistre.

— Je ne dis pas cela, répondit Crevel en comprenant combien l'éloge de la vertu devait blesser madame Marneffe.

— Moi aussi je suis pieuse, dit Valérie en allant s'asseoir sur un fauteuil; mais je ne fais pas métier de ma religion, je me cache pour aller à l'église.

Elle resta silencieuse et ne fit plus attention à Crevel. Crevel, excessivement inquiet, vint se poser devant le fauteuil où s'était plongée Valérie et la trouva perdue dans les pensées qu'il avait si niaisement réveillées.

— Valérie, mon petit ange?...

Profond silence. Une larme assez problématique fut essuyée furtivement.

— Un mot, ma louloutte...

— Monsieur!

— A quoi penses-tu, mon amour?

— Ah! monsieur Crevel, je pense au jour de ma première communion! Étais-je belle! Étais-je pure! Étais-je sainte!... immaculée!... ah! si quelqu'un était venu dire à ma mère: — « Votre fille sera *une traînée,* elle trompera son mari. Un jour, un commissaire de police la trouvera dans une petite maison, elle se vendra à un Crevel pour trahir un Hulot, deux atroces vieillards... » Pouah!... fi! Elle serait morte avant la fin de la phrase, tant elle m'aimait, la pauvre femme!

— Calme-toi!

— Tu ne sais pas combien il faut aimer un homme pour imposer silence à ces remords qui viennent vous pincer le cœur d'une femme adultère. Je suis fâchée que Reine soit partie; elle t'aurait dit que, ce matin, elle m'a trouvée les larmes aux yeux et priant Dieu. Moi, voyez-vous, monsieur Crevel, je ne me moque point de la religion. M'avez-vous jamais entendue dire un mot de mal à ce sujet?...

Crevel fit un geste d'approbation.

— Je défends qu'on en parle devant moi... Je blague sur tout ce qu'on voudra : les rois, la politique, la finance, tout ce qu'il y a de sacré pour le monde, les juges, le mariage, l'amour, les jeunes filles, les vieillards!... Mais l'Église... mais Dieu!... Oh! là, moi, je m'arrête! Je sais bien que je fais mal, que je vous sacrifie mon avenir... Et vous ne vous doutez pas de l'étendue de mon amour!

Crevel joignit les mains.

— Ah! il faudrait pénétrer dans mon cœur, y mesurer l'étendue de mes convictions pour savoir tout ce que je vous sacrifie!... Je sens en moi l'étoffe d'une Madeleine. Aussi voyez de quel respect j'entoure les prêtres! Comptez les présents que je fais à l'église! Ma mère m'a élevée dans la foi catholique, et je comprends Dieu! C'est à nous autres perverties qu'il parle le plus terriblement.

Valérie essuya deux larmes qui roulèrent sur ses joues. Crevel fut épouvanté, madame Marneffe se leva, s'exalta.

— Calme-toi, ma louloutte!... tu m'effraies!

Madame Marneffe tomba sur ses genoux.

— Mon Dieu! je ne suis pas mauvaise! dit-elle en joignant les mains. Daignez ramasser votre brebis égarée, frappez-la, meurtrissez-la, pour la reprendre aux mains qui la font infâme et adultère, elle se blottira joyeusement sur votre épaule! elle reviendra tout heureuse au bercail!

Elle se leva, regarda Crevel, et Crevel eut peur des yeux blancs de Valérie.

— Et puis, Crevel, sais-tu? Moi, j'ai peur, par moments... La justice de Dieu s'exerce aussi bien dans ce bas monde que dans l'autre. Qu'est-ce que je peux attendre de bon de Dieu? Sa vengeance fond sur la coupable de toutes les manières, elle emprunte tous les caractères du malheur. Tous les malheurs que ne s'expliquent pas les imbéciles, sont des expiations. Voilà ce que me disait ma mère à son lit de mort en me parlant de sa vieillesse. Et si je te perdais!... ajouta-t-elle en saisissant Crevel par une étreinte d'une sauvage énergie... Ah! j'en mourrais!

Madame Marneffe lâcha Crevel, s'agenouilla de nouveau devant son fauteuil, joignit les mains (et dans quelle pose ravissante!), et dit avec une incroyable onction la prière suivante : — Et vous, sainte Valérie, ma bonne patronne, pourquoi ne visitez-vous pas plus souvent le chevet de celle qui vous est confiée? Oh! venez ce soir, comme vous êtes venue ce matin, m'inspirer de bonnes pensées, et je quitterai le mauvais sentier, je renoncerai, comme Madeleine, aux joies trompeuses, à l'éclat menteur du monde, même à celui que j'aime tant!

— Ma louloutte! dit Crevel.

— Il n'y a plus de louloutte, monsieur! Elle se retourna fière comme une femme vertueuse, et, les yeux humides de larmes, elle se montra digne, froide, indifférente. — Laissez-moi, dit-elle en repoussant Crevel. Quel est mon devoir?... d'être à mon mari. Cet homme est mourant, et que fais-je? je le trompe au bord de la tombe. Il croit votre fils à lui... Je vais lui dire la vérité, commencer par acheter son pardon, avant de demander celui de Dieu. Quittons-nous!... Adieu, monsieur Crevel!... reprit-elle debout en tendant à Crevel une main glacée. Adieu, mon ami, nous ne nous verrons plus que dans un monde meilleur... Vous m'avez dû quelques plaisirs, bien criminels, maintenant je veux... oui, j'aurai votre estime...

Crevel pleurait à chaudes larmes.

— Gros cornichon! s'écria-t-elle en poussant un infernal éclat de rire, voilà la manière dont les femmes pieuses s'y prennent pour vous tirer une carotte de deux cent mille francs! Et toi, qui parles du maréchal de Richelieu, cet original de Lovelace, tu te laisses prendre à ce ponsif-là! comme dit Steinbock. Je t'en arracherais des deux cent mille francs, moi, si je voulais, grand imbécile!... Garde donc ton argent! Si tu en as de trop, ce trop m'appartient! Si tu donnes deux sous à cette femme respectable qui fait de la piété parce qu'elle a cinquante-sept ans, nous ne nous reverrons jamais, et tu la prendras pour maîtresse; tu me reviendras le lendemain tout meurtri de ses caresses anguleuses et soûl de ses larmes, de ses petits bonnets *ginguets*, de ses pleurnicheries qui doivent faire de ses faveurs des averses!...

— Le fait est, dit Crevel, que deux cent mille francs, c'est de l'argent.

— Elles ont bon appétit, les femmes pieuses!... ah! microscope! elles vendent mieux leurs sermons que nous ne vendons ce qu'il y a de plus rare et de plus certain sur la terre, le plaisir... Et elles font des romans! Non... ah! je les connais, j'en ai vu chez ma mère! Elles se croient tout permis pour l'église, pour... Tiens, tu devrais être honteux, ma biche! toi, si peu donnant... car tu ne m'as pas donné deux cent mille francs en tout, à moi!

— Ah! si, reprit Crevel, rien que le petit hôtel coûtera cela...

— Tu as donc alors quatre cent mille francs? dit-elle d'un air rêveur.

— Non.

— Eh bien! monsieur, vous vouliez prêter à cette vieille horreur les deux cent mille francs de mon hôtel? en voilà un crime de lèse-louloutte!...

— Mais écoute-moi donc!

— Si tu donnais cet argent à quelque bête d'invention philanthropique, tu passerais pour être un homme d'avenir, dit-elle en s'animant, et je serais la première à te le conseiller, car tu as trop d'innocence pour écrire de gros livres politiques qui vous font une réputation; tu n'as pas assez de style pour tartiner des brochures; tu pourrais te poser comme tous ceux qui sont dans ton cas, et qui dorent de gloire leur nom en se mettant à la tête d'une chose sociale, morale, nationale ou générale. On t'a volé la Bienfaisance, elle est maintenant trop mal portée... Les petits repris de justice, à qui l'on fait un sort meilleur que celui des pauvres diables honnêtes, c'est usé. Je te voudrais voir inventer, pour deux cent mille francs, une chose plus difficile, une chose vraiment utile. On parlerait de toi, comme d'un *petit manteau bleu*, d'un Montyon, et je serais fière de toi! Mais jeter deux cent mille francs dans un bénitier, les prêter à une dévote abandonnée de son mari par une raison quelconque, va! il y a toujours une raison (me quitte-t-on, moi?), c'est une stupidité qui, dans notre époque, ne peut germer que dans le crâne d'un ancien parfumeur! Cela sent son comptoir. Tu n'oserais plus, deux jours après, te regarder dans ton miroir! Va déposer ton prix à la caisse d'amortissement, cours, car je ne te reçois plus sans le récépissé de la somme. Va! et vite, et tôt!

Elle poussa Crevel par les épaules hors de sa chambre, en voyant sur sa figure l'avarice refleurie. Quand la porte de l'appartement se ferma, elle dit : — Voilà Lisbeth outre-vengée!... Quel dommage qu'elle soit chez son vieux maréchal, aurions-nous ri! Ah! la vieille veut m'ôter le pain de la bouche !... je vais te la secouer, moi !

Obligé de prendre un appartement en harmonie avec la première dignité militaire, le maréchal Hulot s'était logé dans un magnifique hôtel, situé rue du Mont-Parnasse, où il se trouve deux ou trois maisons princières. Quoiqu'il eût loué tout l'hôtel, il n'en occupait que le rez-de-chaussée. Lorsque Lisbeth vint tenir la maison, elle voulut aussitôt sous-louer le premier étage qui, disait-elle, payerait toute la location, le comte serait alors logé pour presque rien; mais le vieux soldat s'y refusa. Depuis quelques mois, le maréchal était travaillé par de tristes pensées. Il avait deviné la gêne de sa belle-sœur, il en soupçonnait les malheurs sans en pénétrer la cause. Ce vieillard, d'une sérénité si joyeuse, devenait taciturne, il pensait qu'un jour sa maison serait l'asile de la baronne Hulot et de sa fille, et il leur réservait ce premier étage. La médiocrité de fortune du comte de Forzheim était si connue, que le ministre de la guerre, le prince de Wissembourg, avait exigé de son vieux camarade qu'il acceptât une indemnité d'installation. Hulot employa cette indemnité à meubler le rez-de-chaussée, où tout était convenable, car il ne voulait pas, selon son expression, du bâton de maréchal pour le porter à pied. L'hôtel ayant appartenu sous l'Empire à un sénateur, les salons du rez-de-chaussée avaient été établis avec une grande magnificence, tous blanc et or, sculptés, et se trouvaient bien conservés. Le maréchal y avait mis de beaux vieux meubles analogues. Il gardait sous la remise une voiture, où sur les panneaux étaient peints les deux bâtons en sautoir, et il louait des chevaux quand il devait aller *in fiocchi*, soit au ministère, soit au château, dans une cérémonie ou à quelque fête. Ayant pour domestique, depuis trente ans, un ancien soldat âgé de soixante ans, dont la sœur était sa cuisinière, il pouvait économiser une dizaine de mille francs qu'il joignait à un petit trésor destiné à Hortense. Tous les jours le vieillard venait à pied de la rue du Mont-Parnasse à la rue Plumet par le boulevard; chaque invalide, en le voyant venir, ne manquait jamais à se mettre en ligne, à le saluer, et le maréchal récompensait le vieux soldat par un sourire.

— Qu'est-ce que c'est que celui-là pour qui vous vous alignez? disait un jour un jeune ouvrier à un vieux capitaine des Invalides.

— Je vais te le dire, gamin, répondit l'officier. Le gamin se posa comme un homme qui se résigne à écouter un bavard. — En 1809, dit l'invalide, nous protégions le flanc de la Grande-Armée, commandée par l'empereur, qui marchait sur Vienne. Nous arrivons à un pont défendu par une triple batterie de canons étagés sur une manière de rocher, trois redoutes l'une sur l'autre, et qui enfilaient le pont. Nous étions sous les ordres du maréchal Masséna. Celui que tu vois était alors colonel des grenadiers de la garde, et je marchais avec... Nos colonnes occupaient un côté du fleuve, les redoutes étaient de l'autre. On a trois fois attaqué le pont, et trois fois on a boudé. « Qu'on aille chercher Hulot! a dit le maréchal, il n'y a que lui et ses hommes qui puissent avaler ce morceau-là. » Nous arrivons. Le dernier général qui se retirait de devant ce pont, arrête Hulot sous le feu pour lui dire la manière de s'y prendre, et il embarrassait le chemin. — « Il ne me faut pas de conseils, mais de la place pour passer, » a dit tranquillement le général en franchissant le pont en tête de sa colonne. Et puis, rrrran! une décharge de trente canons sur nous. — Ah! nom d'un petit bonhomme! s'écria l'ouvrier, ça a dû en faire de ces béquilles! — Si tu avais entendu dire paisiblement ce mot-là, comme moi, petit, tu saluerais cet homme jusqu'à terre! Ce n'est pas si connu que le pont d'Arcole, c'est peut-être plus beau. Et nous sommes arrivés avec Hulot à la course dans les batteries. Honneur à ceux qui y sont restés! fit l'officier en ôtant son chapeau. Les *Kaiserlicks* ont été étourdis du coup. Aussi l'Empereur a-t-il nommé comte le vieux que tu vois; il nous a honorés tous dans notre chef, et ceux-ci ont eu grandement raison de le faire maréchal. — Vive le maréchal! dit l'ouvrier. — Oh! tu peux crier, va, le maréchal est sourd à force d'avoir entendu le canon.

Cette anecdote peut donner la mesure du respect avec lequel les invalides traitaient le maréchal Hulot, à qui ses opinions républicaines invariables conciliaient les sympathies populaires dans tout le quartier.

L'affliction, entrée dans cette âme si calme, si pure, si noble, était un spectacle désolant. La baronne ne pouvait que mentir et cacher à son beau-frère, avec l'adresse des femmes, toute l'affreuse vérité. Pendant cette désastreuse matinée, le maréchal, qui dormait peu comme tous les vieillards, avait obtenu de Lisbeth des aveux sur la situation de son frère, en lui promettant de l'épouser pour prix de son indiscrétion. Chacun comprendra le plaisir qu'eut la vieille fille à se laisser arracher des confidences que, depuis son entrée au logis, elle voulait faire à son futur; car elle consolidait ainsi son mariage.

— Votre frère est incurable! criait Lisbeth dans la bonne oreille du maréchal.

La voix forte et claire de la Lorraine lui permettait de causer avec le vieillard. Elle fatiguait ses poumons, tant elle tenait à démontrer à son futur qu'il ne serait jamais sourd avec elle.

— Il a eu trois maîtresses, disait le vieillard, et il avait une Adeline! Pauvre Adeline!...

— Si vous voulez m'écouter, cria Lisbeth, vous profiterez de votre influence auprès du prince de Wissembourg pour obtenir à ma cousine une place honorable; elle en aura besoin, car le traitement du baron est engagé pour trois ans.

— Je vais aller au Ministère, répondit-il, voir le maréchal, savoir ce qu'il pense de mon frère, et lui demander son active protection pour ma sœur. Trouvez une place digne d'elle...

— Les dames de charité de Paris ont formé des associations de bienfaisance d'accord avec l'archevêque; elles ont besoin d'inspectrices honorablement rétribuées, employées à reconnaître les vrais besoins. De telles fonctions conviendraient à ma chère Adeline, elles seraient selon son cœur.

— Envoyez demander les chevaux! dit le maréchal, je vais m'habiller. J'irai, s'il le faut, à Neuilly!

— Comme il l'aime! Je la trouverai donc toujours, et partout, dit la Lorraine.

Lisbeth trônait déjà dans la maison, mais loin des regards du maréchal. Elle avait imprimé la crainte aux trois serviteurs. Elle s'était donné une femme de chambre et déployait son activité de vieille fille en se faisant rendre compte de tout, examinant tout, et cherchant, en toute chose, le bien-être de son cher maréchal. Aussi républicaine que son futur, Lisbeth lui plaisait beaucoup par ses côtés démocratiques, elle le flattait d'ailleurs avec une habileté prodigieuse; et, depuis deux semaines, le maréchal, qui vivait mieux, qui se trouvait soigné comme l'est un enfant par sa mère, avait fini par apercevoir en Lisbeth une partie de son rêve.

— Mon cher maréchal! cria-t-elle en l'accompagnant au perron, levez les glaces, ne vous mettez pas entre deux airs, faites cela pour moi!...

Le maréchal, ce vieux garçon, qui n'avait jamais été dorloté, partit en souriant à Lisbeth, quoiqu'il eût le cœur navré.

En ce moment même, le baron Hulot quittait les bureaux de la Guerre et se rendait au cabinet du maréchal, prince de Wissembourg, qui l'avait fait demander. Quoiqu'il n'y eût rien d'extraordinaire à ce que le ministre mandât un de ses Directeurs généraux, la conscience de Hulot était si malade, qu'il trouva je ne sais quoi de sinistre et de froid dans la figure de Mitouflet.

— Mitouflet, comment va le prince? demanda-t-il en fermant son cabinet et rejoignant l'huissier qui s'en allait en avant.

— Il doit avoir une dent contre vous, monsieur le baron, répondit l'huissier, car sa voix, son regard, sa figure sont à l'orage...

Hulot devint blême et garda le silence, il traversa l'antichambre, les salons, et arriva, les pulsations du cœur troublées, à la porte du cabinet. Le maréchal, alors âgé de soixante et dix ans, les cheveux entièrement blancs, la figure tannée comme celle des vieillards de cet âge, se recommandait par un front d'une ampleur telle, que l'imagination y voyait un champ de bataille. Sous cette coupole grise, chargée de neige, brillaient, assombris par la saillie très-prononcée des deux arcades sourcilières, des yeux d'un bleu napoléonien, ordinairement tristes, pleins de pensées amères et de regrets. Ce rival de Bernadotte avait espéré se reposer sur un trône. Mais ces yeux devenaient deux formidables éclairs lorsqu'un grand sentiment s'y peignait. La voix, presque toujours caverneuse, jetait alors des éclats stridents. En colère, le prince redevenait soldat, il parlait le langage du sous-lieutenant Cottin, il ne ménageait plus rien. Hulot d'Ervy aperçut ce vieux lion, les cheveux épars comme une crinière, debout à la cheminée, les sourcils contractés, le dos appuyé au chambranle et les yeux distraits en apparence.

— Me voici à l'ordre, mon prince! dit Hulot gracieusement et d'un air dégagé.

Le maréchal regarda fixement le directeur sans mot dire pendant tout le temps qu'il mit à venir du seuil de la porte à quelques pas de lui. Ce regard de plomb fut comme le regard de Dieu, Hulot ne le supporta pas, il baissa les yeux d'un air confus. — Il sait tout, pensa-t-il.

— Votre conscience ne vous dit-elle rien? demanda le maréchal de sa voix sourde et grave.

— Elle me dit, mon prince, que j'ai probablement tort de faire, sans vous en parler, des razzias en Algérie. A mon âge et avec mes goûts, après quarante-cinq ans de services, je suis sans fortune. Vous connaissez les principes des quatre cents élus de la France. Ces messieurs envient toutes les positions, ils ont rogné le traitement des ministres, c'est tout dire!... allez donc leur demander de l'argent pour un vieux serviteur!... Qu'attendre de gens qui payent aussi mal qu'elle l'est la magistrature? qui donnent trente sous par jour aux ouvriers du port de Toulon, quand il y a impossibilité matérielle d'y vivre à moins de quarante sous pour une famille? qui ne réfléchissent pas à l'atrocité des traitements d'employés à six cents, à mille et à douze cents francs dans Paris, et qui pour eux veulent nos places quand les appointements sont de quarante mille francs?... enfin, qui refusent à la Couronne un bien de la Couronne confisqué en 1830 à la Couronne, et un acquêt fait des deniers de Louis XVI encore! quand on le leur demandait pour un prince pauvre!... Si vous n'aviez pas de fortune, on vous laisserait très-bien, mon prince, comme mon frère, avec votre traitement tout sec, sans se souvenir que vous avez sauvé la Grande-Armée, avec moi, dans les plaines marécageuses de la Pologne.

— Vous avez volé l'État, vous vous êtes mis dans le cas d'aller en Cour d'Assises, dit le maréchal, comme ce caissier du Trésor, et vous prenez cela, monsieur, avec cette légèreté?...

— Quelle différence, monseigneur! s'écria le baron Hulot. Ai-je plongé les mains dans une caisse qui m'était confiée?...

— Quand on commet de pareilles infamies, dit le maréchal, on est deux fois coupable, dans votre position, de faire les choses avec maladresse. Vous avez compromis ignoblement notre haute administration, qui jusqu'à présent est la plus pure de l'Europe!... Et cela, monsieur, pour deux cent mille francs et pour une gueuse!... dit le maréchal d'une voix terrible. Vous êtes Conseiller-d'État, et l'on punit de mort le simple soldat qui vend les effets du régiment. Voici ce que m'a dit un jour le colonel Pourin, du deuxième lanciers. A Saverne, un de ses hommes aimait une petite Alsacienne qui désirait un châle; la drôlesse fit tant, que ce pauvre diable de lancier, qui devait être promu maréchal-des-logis-chef, après vingt ans de services, l'honneur du régiment, a vendu, pour donner ce

18.

châle, des effets de sa compagnie. Savez-vous ce qu'il a fait, le lancier, baron d'Ervy? il a mangé les vitres d'une fenêtre après les avoir pilées, et il est mort de maladie, en onze heures, à l'hôpital... Tâchez, vous, de mourir d'une apoplexie pour que nous puissions vous sauver l'honneur...

Le baron regarda le vieux guerrier d'un œil hagard, et le maréchal, voyant cette expression qui révélait un lâche, eut quelque rougeur aux joues, ses yeux s'allumèrent.

— M'abandonneriez-vous?... dit Hulot en balbutiant.

En ce moment, le maréchal Hulot, ayant apris que son frère et le ministre étaient seuls, se permit d'entrer; et il alla, comme les sourds, droit au prince.

— Oh! cria le héros de la campagne de Pologne, je sais ce que tu viens faire, mon vieux camarade!... Mais tout est inutile...

— Inutile?... répéta le maréchal Hulot qui n'entendit que ce mot.

— Oui, tu viens me parler pour ton frère; mais sais-tu ce qu'est ton frère?...

— Mon frère?... demanda le sourd.

— Eh bien! cria le maréchal, c'est un j... f..... indigne de toi!...

Et la colère du maréchal lui fit jeter par les yeux ces regards fulgurants qui, semblables à ceux de Napoléon, brisaient les volontés et les cerveaux.

— Tu en as menti, Cottin! répliqua le maréchal Hulot devenu blême. Jette ton bâton comme je jette le mien!... je suis à tes ordres.

Le prince alla droit à son vieux camarade, le regarda fixement, et lui dit dans l'oreille en lui serrant la main : — Es-tu un homme?

— Tu le verras...

— Eh bien! tiens-toi ferme! il s'agit de porter le plus grand malheur qui pût t'arriver.

Le prince se retourna, prit sur sa table un dossier, le mit entre les mains du maréchal Hulot en lui criant : — Lis!

Le comte de Forzheim lut la lettre suivante, qui se trouvait sur le dossier.

A Son Excellence le président du conseil.

(CONFIDENTIELLE.)

Alger, le...

« Mon cher prince, nous avons sur les bras une bien mauvaise

» affaire, comme vous le verrez par la procédure que je vous
» envoie.

» En résumé, le baron Hulot d'Ervy a envoyé dans la province
» d'O... un de ses oncles pour tripoter sur les grains et sur les
» fourrages, en lui donnant pour complice un garde-magasin. Ce
» garde-magasin a fait des aveux pour se rendre intéressant, et a
» fini par s'évader. Le procureur du roi a mené rudement l'affaire,
» en ne voyant que deux subalternes en cause; mais Johann Fis-
» cher, oncle de votre Directeur général, se voyant sur le point
» d'être traduit en cour d'assises, s'est poignardé dans sa prison
» avec un clou.

» Tout aurait été fini là, si ce digne et honnête homme, trompé
» vraisemblablement et par son complice et par son neveu, ne s'é-
» tait pas avisé d'écrire au baron Hulot. Cette lettre, saisie par le
» parquet, a tellement étonné le procureur du roi qu'il est venu
» me voir. Ce serait un coup si terrible que l'arrestation et la mise
» en accusation d'un Conseiller-d'État, d'un Directeur général qui
» compte tant de bons et loyaux services, car il nous a sauvés tous
» après la Bérésina en réorganisant l'administration, que je me suis
» fait communiquer les pièces.

» Faut-il que l'affaire suive son cours? faut-il, le principal cou-
» pable visible étant mort, étouffer ce procès en faisant condamner
» le garde-magasin par contumace?

» Le procureur général consent à ce que les pièces vous soient
» transmises; et le baron d'Ervy étant domicilié à Paris, le procès
» sera du ressort de votre Cour royale. Nous avons trouvé ce moyen,
» assez louche, de nous débarrasser momentanément de la difficulté.

» Seulement, mon cher maréchal, prenez un parti promptement.
» On parle déjà beaucoup trop de cette déplorable affaire qui nous
» ferait autant de mal qu'elle en causera, si la complicité du grand
» coupable, qui n'est encore connue que du procureur du roi, du
» juge d'instruction, du procureur général et de moi, venait à s'é-
» bruiter. »

Là, ce papier tomba des mains du maréchal Hulot, il regarda son frère, il vit qu'il était inutile de compulser le dossier; mais il chercha la lettre de Johann Fischer, et la lui tendit après l'avoir lue en deux regards.

« De la prison d'O...

» Mon neveu, quand vous lirez cette lettre, je n'existerai plus.

» Soyez tranquille, on ne trouvera pas de preuves contre vous.
» Moi, mort, votre jésuite de Chardin en fuite, le procès s'arrê-
» tera. La figure de notre Adeline, si heureuse par vous, m'a rendu
» la mort très-douce. Vous n'avez plus besoin d'envoyer les deux
» cent mille francs. Adieu.

» Cette lettre vous sera remise par un détenu sur qui je crois
» pouvoir compter.

» JOHANN FISCHER. »

— Je vous demande pardon, dit avec une touchante fierté le maréchal Hulot au prince de Wissembourg.

— Allons, tutoie-moi toujours, Hulot? répliqua le ministre en serrant la main de son vieil ami. — Le pauvre lancier n'a tué que lui, dit-il en foudroyant Hulot d'Ervy d'un regard.

— Combien avez-vous pris? dit sévèrement le comte de Forzheim à son frère.

— Deux cent mille francs.

— Mon cher ami, dit le comte en s'adressant au ministre, vous aurez les deux cent mille francs sous quarante-huit heures. On ne pourra jamais dire qu'un homme portant le nom de Hulot a fait tort d'un denier à la chose publique...

— Quel enfantillage! dit le maréchal. Je sais où sont les deux cent mille francs et je vais les faire restituer. Donnez vos démissions et demandez votre retraite! reprit-il en faisant voler une double feuille de papier tellière jusqu'à l'endroit où s'était assis à la table le Conseiller-d'État dont les jambes flageolaient. Ce serait une honte pour nous tous que votre procès; aussi ai-je obtenu du conseil des ministres la liberté d'agir comme je le fais. Puisque vous acceptez la vie sans l'honneur, sans mon estime, une vie dégradée, vous aurez la retraite qui vous est due. Seulement faites-vous bien oublier.

Le maréchal sonna.

— L'employé Marneffe est-il là?

— Oui, monseigneur, dit l'huissier.

— Qu'il entre.

— Vous, s'écria le ministre en voyant Marneffe, et votre femme, vous avez sciemment ruiné le baron d'Ervy que voici.

— Monsieur le ministre, je vous demande pardon, nous sommes très-pauvres, je n'ai que ma place pour vivre, et j'ai deux enfants, dont le petit dernier aura été mis dans ma famille par monsieur le baron.

— Quelle figure de coquin ! dit le prince en montrant Marneffe au maréchal Hulot. Trêve de discours à la Sganarelle, reprit-il, vous rendrez deux cent mille francs, ou vous irez en Algérie.

— Mais, *monsieur le ministre*, vous ne connaissez pas ma femme, elle a tout mangé. Monsieur le baron invitait tous les jours six personnes à dîner... On dépensait chez moi cinquante mille francs par an.

— Retirez-vous, dit le ministre de la voix formidable qui sonnait la charge au fort des batailles, vous recevrez avis de votre changement dans deux heures... allez.

— Je préfère donner ma démission, dit insolemment Marneffe; car c'est trop d'être ce que je suis, et battu ; je ne serais pas content, moi !

Et il sortit.

— Quel impudent drôle, dit le prince.

Le maréchal Hulot, qui pendant cette scène était resté debout, immobile, pâle comme un cadavre, examinant son frère à la dérobée, alla prendre la main du prince et lui répéta : — Dans quarante-huit heures le tort matériel sera réparé ; mais l'honneur ! Adieu, maréchal ! c'est le dernier coup qui tue... Oui, j'en mourrai, lui dit-il à l'oreille.

— Pourquoi diantre es-tu venu ce matin ? répondit le prince ému.

— Je venais pour sa femme, répliqua le comte en montrant Hector ; elle est sans pain ! surtout maintenant.

— Il a sa retraite !

— Elle est engagée !

— Il faut avoir le diable au corps ! dit le prince en haussant les épaules. Quel philtre vous font donc avaler ces femmes-là pour vous ôter l'esprit ? demanda-t-il à Hulot d'Hervy. Comment pouviez-vous, vous qui connaissez la minutieuse exactitude avec laquelle l'administration française écrit tout, verbalise sur tout, consomme des rames de papier pour constater l'entrée et la sortie de quelques centimes, vous qui déploriez qu'il fallût des centaines de signatures pour des riens, pour libérer un soldat, pour acheter des étrilles, comment pouviez-vous donc espérer de cacher un vol pendant long-temps ? Et les journaux ! et les envieux ! et les gens qui voudraient voler ! Ces femmes-là vous ôtent donc le bon sens ?

elles vous mettent donc des coquilles de noix sur les yeux? ou vous êtes donc fait autrement que nous autres? Il fallait quitter l'Administration du moment où vous n'étiez plus un homme, mais un tempérament! Si vous avez joint tant de sottises à votre crime, vous finirez... je ne veux pas vous dire où....

— Promets-moi de t'occuper d'elle, Cottin?... demanda le comte de Forzheim qui n'entendait rien et qui ne pensait qu'à sa belle-sœur.

— Sois tranquille! dit le ministre.

— Eh bien! merci, et adieu! — Venez, monsieur? dit-il à son frère.

Le prince regarda d'un œil en apparence calme les deux frères, si différents d'attitude, de conformation et de caractère, le brave et le lâche, le voluptueux et le rigide, l'honnête et le concussionnaire, et il se dit : — Ce lâche ne saura pas mourir! et mon pauvre Hulot, si probe, a la mort dans son sac, lui! Il s'assit dans son fauteuil et reprit la lecture des dépêches d'Afrique par un mouvement qui peignait à la fois le sang-froid du capitaine et la pitié profonde que donne le spectacle des champs de bataille! car il n'y a rien de plus humain en réalité que les militaires, si rudes en apparence, et à qui l'habitude de la guerre communique cet absolu glacial, si nécessaire sur les champs de bataille.

Le lendemain, quelques journaux contenaient, sous des rubriques différentes, ces différents articles :

M. le baron Hulot d'Ervy vient de demander sa retraite. Les désordres de la comptabilité de l'administration algérienne qui ont été signalés par la mort et par la fuite de deux employés ont influé sur la détermination prise par ce haut fonctionnaire. En apprenant les fautes commises par des employés, en qui malheureusement il avait placé sa confiance, M. le baron Hulot a éprouvé dans le cabinet même du ministre une attaque de paralysie.

M. Hulot d'Ervy, frère du maréchal, compte quarante-cinq ans de services. Cette résolution, vainement combattue, a été vue avec regret par tous ceux qui connaissent M. Hulot, dont les qualités privées égalent les talents administratifs. Personne n'a oublié le dévouement de l'ordonnateur en chef de la garde impériale à Varsovie, ni l'activité merveilleuse avec laquelle il a su organiser les différents services de l'armée improvisée en 1815 par Napoléon.

C'est encore une des gloires de l'époque impériale qui va quitter la scène. Depuis 1830, M. le baron Hulot n'a cessé d'être une des lumières nécessaires au Conseil-d'État et au ministère de la guerre.

Alger. — L'affaire dite des fourrages, à laquelle quelques journaux ont donné des proportions ridicules, est terminée par la mort du principal coupable. Le sieur Johann Wisch s'est tué dans sa prison et son complice est en fuite ; mais il sera jugé par contumace.

Wisch, ancien fournisseur des armées, était un honnête homme, très-estimé, qui n'a pas supporté l'idée d'avoir été la dupe du sieur Chardin, le garde-magasin en fuite.

Et aux faits-Paris, on lisait ceci :

« M. le maréchal ministre de la guerre, pour éviter à l'avenir tout désordre, a résolu de créer un bureau des subsistances en Afrique. On désigne un chef de bureau, M. Marneffe, comme devant être chargé de cette organisation. »

La succession du baron Hulot excite toutes les ambitions. Cette direction est, dit-on, promise à M. le comte Martial de La Roche-Hugon, député, beau-frère de M. le comte de Rastignac. M. Massol, maître des requêtes, serait nommé Conseiller-d'État, et M. Claude Vignon maître des requêtes.

De toutes les espèces de *canards*, la plus dangereuse pour les journaux de l'Opposition, c'est le canard officiel. Quelque rusés que soient les journalistes, ils sont parfois les dupes volontaires ou involontaires de l'habileté de ceux d'entre eux qui, de la Presse, ont passé, comme Claude Vignon, dans les hautes régions du Pouvoir. Le journal ne peut être vaincu que par le journaliste. Aussi doit-on se dire, en travestissant Voltaire :

Le fait-Paris n'est pas ce qu'un vain peuple pense.

Le maréchal Hulot ramena son frère, qui se tint sur le devant de la voiture, en laissant respectueusement son aîné dans le fond. Les deux frères n'échangèrent pas une parole. Hector était anéanti. Le maréchal resta concentré, comme un homme qui rassemble ses forces et qui les bande pour soutenir un poids écrasant. Rentré dans son hôtel, il amena, sans dire un mot et par des gestes impératifs, son frère dans son cabinet. Le comte avait reçu de l'empereur Napoléon une magnifique paire de pistolets de la manufacture de Versailles; il tira la boîte, sur laquelle était gravée l'inscription : *Donnée par l'Empereur Napoléon au général Hulot*, du secrétaire où il la mettait, et la montrant à son frère, il lui dit :

— Voilà ton médecin.

Lisbeth, qui regardait par la porte entrebâillée, courut à la voiture, et donna l'ordre d'aller au grand trot rue Plumet. En vingt minutes à peu près, elle amena la baronne instruite de la menace du maréchal à son frère.

Le comte, sans regarder son frère, sonna pour demander son factotum, le vieux soldat qui le servait depuis trente ans.

— Beaupied, lui dit-il, amène-moi mon notaire, le comte Steinbock, ma nièce Hortense et l'agent de change du Trésor. Il est dix heures et demie, il me faut tout ce monde à midi. Prends des voitures... Et va *plus vite que ça!*... dit-il en retrouvant une locution républicaine qu'il avait souvent à la bouche jadis. Et il fit la moue terrible qui rendait ses soldats attentifs quand il examinait les genêts de la Bretagne en 1799. (Voir LES CHOUANS.)

— Vous serez obéi, maréchal, dit Beaupied en mettant le revers de sa main à son front.

Sans s'occuper de son frère, le vieillard revint dans son cabinet, prit une clef cachée dans un secrétaire, et ouvrit une cassette en malachite plaquée sur acier, présent de l'empereur Alexandre. Par ordre de l'empereur Napoléon, il était venu rendre à l'empereur russe des effets particuliers pris à la bataille de Dresde, et contre lesquels Napoléon espérait obtenir Vandamme. Le Czar récompensa magnifiquement le général Hulot en lui donnant cette cassette, et lui dit qu'il espérait pouvoir un jour avoir la même courtoisie pour l'empereur des Français; mais il garda Vandamme. Les armes impériales de Russie étaient en or sur le couvercle de cette boîte garnie tout en or. Le maréchal compta les billets de banque et l'or qui s'y trouvaient; il possédait cent cinquante-deux mille francs!

Il laissa échapper un mouvement de satisfaction. En ce moment, madame Hulot entra dans un état à attendrir des juges politiques. Elle se jeta sur Hector, en regardant la boîte de pistolets, et le maréchal, alternativement, d'un air fou.

— Qu'avez-vous contre votre frère? Que vous a fait mon mari? dit-elle d'une voix si vibrante que le maréchal l'entendit.

— Il nous a déshonorés tous! répondit le vieux soldat de la République qui rouvrit par cet effort une de ses blessures. Il a volé l'État! Il m'a rendu mon nom odieux; il me fait souhaiter de mourir, il m'a tué... Je n'ai de force que pour accomplir la restitution!... J'ai été humilié devant le Condé de la République, devant l'homme que j'estime le plus, et à qui j'ai donné injustement un démenti, le prince de Wissembourg!... Est-ce rien, cela? Voilà son compte avec la Patrie!

Il essuya une larme.

— A sa famille maintenant! reprit-il. Il vous arrache le pain que je vous gardais, le fruit de trente ans d'économies, le trésor des privations du vieux soldat! Voilà ce que je vous destinais! dit-il en montrant les billets de banque. Il a tué son oncle Fischer, noble et digne enfant de l'Alsace, qui n'a pas, comme lui, pu soutenir l'idée d'une tache à son nom de paysan. Enfin, Dieu, par une clémence adorable, lui avait permis de choisir un ange entre toutes les femmes! il a eu le bonheur inouï de prendre pour épouse une Adeline! et il l'a trahie, il l'a abreuvée de chagrins, il l'a quittée pour des catins, pour des gourgandines, pour des sauteuses, des actrices, des Cadine, des Joséphas, des Marneffe... Et voilà l'homme de qui j'ai fait mon enfant, mon orgueil... Va, malheureux, si tu acceptes la vie infâme que tu t'es faite, sors! Moi! je n'ai pas la force de maudire un frère que j'ai tant aimé; je suis aussi faible pour lui que vous l'êtes, Adeline; mais qu'il ne reparaisse plus devant moi. Je lui défends d'assister à mon convoi, de suivre mon cercueil. Qu'il ait la pudeur du crime, s'il n'en a pas le remords...

Le maréchal, devenu blême, se laissa tomber sur le divan de son cabinet, épuisé par ces solennelles paroles. Et, pour la première fois de sa vie peut-être, deux larmes roulèrent de ses yeux et sillonnèrent ses joues.

— Mon pauvre oncle Fischer! s'écria Lisbeth qui se mit un mouchoir sur les yeux.

— Mon frère! dit Adeline en venant s'agenouiller devant le maréchal, vivez pour moi ! Aidez-moi dans l'œuvre que j'entreprendrai de réconcilier Hector avec la vie, de lui faire racheter ses fautes !...

— Lui ! dit le maréchal, s'il vit, il n'est pas au bout de ses crimes ! Un homme qui a méconnu une Adeline, et qui a éteint en lui les sentiments du vrai républicain, cet amour du Pays, de la Famille et du Pauvre que je m'efforçais de lui inculquer, cet homme est un monstre, un pourceau... Emmenez-le, si vous l'aimez encore, car je sens en moi une voix qui me crie de charger mes pistolets et de lui faire sauter la cervelle! En le tuant, je vous sauverais tous, et je le sauverais de lui-même.

Le vieux maréchal se leva par un mouvement si redoutable, que la pauvre Adeline s'écria : — Viens, Hector ! Elle saisit son mari, l'emmena, quitta la maison, entraînant le baron, si défait, qu'elle fut obligée de le mettre en voiture pour le transporter rue Plumet, où il prit le lit. Cet homme, quasi-dissous, y resta plusieurs jours, refusant toute nourriture sans dire un mot. Adeline obtenait à force de larmes qu'il avalât des bouillons ; elle le gardait, assise à son chevet, et ne sentant plus, de tous les sentiments qui naguère lui remplissaient le cœur, qu'une pitié profonde.

A midi et demi, Lisbeth introduisit dans le cabinet de son cher maréchal, qu'elle ne quittait pas, tant elle fut effrayée des changements qui s'opéraient en lui, le notaire et le comte Steinbock.

— Monsieur le comte, dit le maréchal, je vous prie de signer l'autorisation nécessaire à ma nièce, votre femme, pour vendre une inscription de rentes dont elle ne possède encore que la nue propriété. Mademoiselle Fischer, vous acquiescerez à cette vente en abandonnant votre usufruit.

— Oui, cher comte, dit Lisbeth sans hésiter.

— Bien, ma chère, répondit le vieux soldat. J'espère vivre assez pour vous récompenser. Je ne doutais pas de vous : vous êtes une vraie républicaine, une fille du peuple.

Il prit la main de la vieille fille et y mit un baiser.

— Monsieur Hannequin, dit-il au notaire, faites l'acte nécessaire sous forme de procuration, que je l'aie d'ici à deux heures, afin de pouvoir vendre la rente à la Bourse d'aujourd'hui. Ma nièce, la comtesse, a le titre ; elle va venir, elle signera l'acte quand vous l'apporterez, ainsi que mademoiselle. Monsieur le comte vous accompagnera chez vous pour vous donner sa signature.

L'artiste, sur un signe de Lisbeth, salua respectueusement le maréchal et sortit.

Le lendemain, à dix heures du matin, le comte de Forzheim se fit annoncer chez le prince de Wissembourg et fut aussitôt admis.

— Eh bien! mon cher Hulot, dit le maréchal Cottin en présentant les journaux à son vieil ami, nous avons, vous le voyez, sauvé les apparences... Lisez.

Le maréchal Hulot posa les journaux sur le bureau de son vieux camarade et lui tendit deux cent mille francs.

— Voici ce que mon frère a pris à l'État, dit-il.

— Quelle folie! s'écria le ministre. Il nous est impossible, ajouta-t-il en prenant le cornet que lui présenta le maréchal et lui parlant dans l'oreille, d'opérer cette restitution. Nous serions obligés d'avouer les concussions de votre frère, et nous avons tout fait pour les cacher...

— Faites-en ce que vous voudrez; mais je ne veux pas qu'il y ait dans la fortune de la famille Hulot un liard de volé dans les deniers de l'État, dit le comte.

— Je prendrai les ordres du roi à ce sujet. N'en parlons plus, répondit le ministre en reconnaissant l'impossibilité de vaincre le sublime entêtement du vieillard.

— Adieu, Cottin, dit le vieillard en prenant la main du prince de Wissembourg, je me sens l'âme gelée... Puis, après avoir fait un pas, il se retourna, regarda le prince qu'il vit ému fortement, il ouvrit les bras pour l'y serrer, et le prince embrassa le maréchal.

— Il me semble que je dis adieu, dit-il, à toute la Grande-Armée en ta personne...

— Adieu donc, mon bon et vieux camarade! dit le ministre.

— Oui, adieu, car je vais où sont tous ceux de nos soldats que nous avons pleurés...

En ce moment, Claude Vignon entra. Les deux vieux débris des phalanges napoléoniennes se saluèrent gravement en faisant disparaître toute trace d'émotion.

— Vous avez dû, mon prince, être content des journaux? dit le futur maître des requêtes. J'ai manœuvré de manière à faire croire aux feuilles de l'Opposition qu'elles publiaient nos secrets...

— Malheureusement, tout est inutile, répliqua le ministre qui regarda le maréchal s'en allant par le salon. Je viens de dire un dernier adieu qui m'a fait bien du mal. Le maréchal Hulot n'a pas trois jours à vivre, je l'ai bien vu d'ailleurs, hier. Cet homme, une de ces probités divines, un soldat respecté par les boulets malgré sa bravoure... tenez... là, sur ce fauteuil!... a reçu le coup mortel, et de ma main, par un papier!... Sonnez et demandez ma voiture. Je vais à Neuilly, dit-il en serrant les deux cent mille francs dans son portefeuille ministériel.

Malgré les soins de Lisbeth, trois jours après, le maréchal Hulot était mort. De tels hommes sont l'honneur des partis qu'ils ont embrassés. Pour les républicains, le maréchal était l'idéal du patriotisme ; aussi se trouvèrent-ils tous à son convoi, qui fut suivi d'une foule immense. L'Armée, l'Administration, la Cour, le Peuple, tout le monde vint rendre hommage à cette haute vertu, à cette intacte probité, à cette gloire si pure. N'a pas, qui veut, le peuple à son convoi. Ces obsèques furent marquées par un de ces témoignages pleins de délicatesse, de bon goût et de cœur, qui, de loin en loin, rappellent les mérites et la gloire de la Noblesse française. Derrière le cercueil du maréchal on vit le vieux marquis de Montauran, le frère de celui qui, dans la levée de boucliers des Chouans en 1799, avait été l'adversaire et l'adversaire malheureux de Hulot. Le marquis, en mourant sous les balles des Bleus, avait confié les intérêts de son jeune frère au soldat de la République. (Voir les *Chouans*.) Hulot avait si bien accepté le testament verbal du noble, qu'il réussit à sauver les biens de ce jeune homme, alors émigré. Ainsi, l'hommage de la vieille noblesse française ne manqua pas au soldat qui, neuf ans auparavant, avait vaincu Madame.

Cette mort, arrivée quatre jours avant la dernière publication de son mariage, fut pour Lisbeth le coup de foudre qui brûle la moisson engrangée avec la grange. La Lorraine, comme il arrive souvent, avait trop réussi. Le maréchal était mort des coups portés à cette famille, par elle et par madame Marneffe. La haine de la vieille fille, qui semblait assouvie par le succès, s'accrut de toutes ses espérances trompées. Lisbeth alla pleurer de rage chez madame Marneffe ; car elle fut sans domicile, le maréchal ayant subordonné la durée de son bail à celle de sa vie. Crevel, pour consoler l'amie de sa Valérie, en prit les économies, les doubla largement, et plaça ce capital en cinq pour cent, en lui donnant l'usufruit et mettant la propriété au nom de Célestine. Grâce à cette opération, Lisbeth posséda deux mille francs de rentes viagères. On trouva, lors de l'inventaire, un mot du maréchal à sa belle-sœur, à sa nièce Hortense, et à son neveu Victorin, qui les chargeait de payer, à eux trois, douze cents francs de rentes viagères à celle qui devait être sa femme, mademoiselle Lisbeth Fischer.

Adeline, voyant le baron entre la vie et la mort, réussit à lui cacher pendant quelques jours le décès du maréchal; mais Lisbeth vint en deuil, et la fatale vérité lui fut révélée onze jours après les funérailles. Ce coup terrible rendit de l'énergie au malade, il se leva, trouva toute sa famille réunie au salon, habillée en noir, et elle devint silencieuse à son aspect. En quinze jours, Hulot, devenu maigre comme un spectre, offrit à sa famille une ombre de lui-même.

— Il faut prendre un parti, dit-il d'une voix éteinte en s'asseyant sur un fauteuil et regardant cette réunion où manquaient Crevel et Steinbock.

— Nous ne pouvons plus rester ici, faisait observer Hortense au moment où son père se montra, le loyer est trop cher...

— Quant à la question du logement, dit Victorin en rompant ce pénible silence, j'offre à *ma mère*...

En entendant ces mots, qui semblaient l'exclure, le baron releva sa tête inclinée vers le tapis où il contemplait les fleurs sans les voir, et jeta sur l'avocat un déplorable regard. Les droits du père sont toujours si sacrés, même lorsqu'il est infâme et dépouillé d'honneur, que Victorin s'arrêta.

— A votre mère... reprit le baron. Vous avez raison, mon fils!

— L'appartement au-dessus du nôtre, dans notre pavillon, dit Célestine achevant la phrase de son mari.

— Je vous gêne, mes enfants?... dit le baron avec la douceur des gens qui se sont condamnés eux-mêmes. Oh! soyez sans inquiétude pour l'avenir, vous n'aurez plus à vous plaindre de votre père, et vous ne le reverrez qu'au moment où vous n'aurez plus à rougir de lui.

Il alla prendre Hortense et la baisa au front. Il ouvrit ses bras à son fils qui s'y jeta désespérément en devinant les intentions de son père. Le baron fit un signe à Lisbeth, qui vint, et il l'embrassa au front. Puis, il se retira dans sa chambre où Adeline, dont l'inquiétude était poignante, le suivit.

— Mon frère avait raison, Adeline, lui dit-il en la prenant par la main. Je suis indigne de la vie de famille. Je n'ai pas osé bénir autrement que dans mon cœur mes pauvres enfants, dont la conduite a été sublime; dis-leur que je n'ai pu que les embrasser; car, d'un homme infâme, d'un père qui devient l'assassin, le fléau de la famille au lieu d'en être le protecteur et la gloire, une bénédiction pourrait être funeste; mais je les bénirai de loin, tous les jours. Quant à toi, Dieu seul, car il est tout-puissant, peut te donner des récompenses proportionnées à tes mérites!... Je te demande pardon, dit-il en s'agenouillant devant sa femme, lui prenant les mains et les mouillant de larmes.

— Hector! Hector! tes fautes sont grandes; mais la miséricorde divine est infinie, et tu peux tout réparer en restant avec moi... Relève-toi dans des sentiments chrétiens, mon ami... Je suis ta femme et non ton juge. Je suis ta chose, fais de moi tout ce que tu voudras, mène-moi où tu iras, je me sens la force de te consoler, de te rendre la vie supportable, à force d'amour, de soins et de respect!... Nos enfants sont établis, ils n'ont plus besoin de moi. Laisse-moi tâcher d'être ton amusement, ta distraction. Permets-moi de partager les peines de ton exil, de ta misère, pour les adoucir. Je te serai toujours bonne à quelque chose, ne fût-ce qu'à t'épargner la dépense d'une servante...

— Me pardonnes-tu, ma chère et bien-aimée Adeline?

— Oui; mais, mon ami, relève-toi!

— Eh bien! avec ce pardon, je pourrai vivre! reprit-il en se relevant. Je suis rentré dans notre chambre pour que nos enfants ne fussent pas témoins de l'abaissement de leur père. Ah! voir tous les jours devant soi un père, criminel comme je le suis, il y a quelque chose d'épouvantable qui ravale le pouvoir paternel et qui dissout la famille. Je ne puis donc rester au milieu de vous, je vous quitte pour vous épargner l'odieux spectacle d'un père sans dignité. Ne t'oppose pas à ma fuite, Adeline. Ce serait armer toi-même le pistolet avec lequel je me ferais sauter la cervelle... Enfin! ne me suis pas dans ma retraite, tu me priverais de la seule force qui me reste, celle du remords.

L'énergie d'Hector imposa silence à la mourante Adeline. Cette femme, si grande au milieu de tant de ruines, puisait son courage dans son intime union avec son mari; car elle le voyait à elle, elle apercevait la mission sublime de le consoler, de le rendre à la vie de famille, et de le réconcilier avec lui-même.

— Hector, tu veux donc me laisser mourir de désespoir, d'anxiétés, d'inquiétudes !... dit-elle en se voyant enlever le principe de sa force.

— Je te reviendrai, ange descendu du ciel, je crois, exprès pour moi ; je vous reviendrai, sinon riche, du moins dans l'aisance. Écoute, ma bonne Adeline, je ne puis rester ici par une foule de raisons. D'abord, ma pension qui sera de six mille francs est engagée pour quatre ans, je n'ai donc rien. Ce n'est pas tout ! je vais être sous le coup de la contrainte par corps dans quelques jours, à cause des lettres de change souscrites à Vauvinet... Ainsi, je dois m'absenter, jusqu'à ce que mon fils, à qui je vais laisser des instructions précises, ait racheté ces titres. Ma disparition aidera puissamment cette opération. Lorsque ma pension de retraite sera libre, lorsque Vauvinet sera payé, je vous reviendrai... Tu décèlerais le secret de mon exil. Sois tranquille, ne pleure pas, Adeline... Il ne s'agit que d'un mois...

— Où iras-tu ? que feras-tu ? que deviendras-tu ? qui te soignera, toi qui n'es plus jeune ? Laisse-moi disparaître avec toi, nous irons à l'étranger, dit-elle.

— Eh bien ! nous allons voir, répondit-il.

Le baron sonna, donna l'ordre à Mariette de rassembler tous ses effets, de les mettre secrètement et promptement dans des malles. Puis, il pria sa femme, après l'avoir embrassée avec une effusion de tendresse à laquelle elle n'était pas habituée, de le laisser un moment seul pour écrire les instructions dont avait besoin Victorin, en lui promettant de ne quitter la maison qu'à la nuit et avec elle. Dès que la baronne fut rentrée au salon, le fin vieillard passa par le cabinet de toilette, gagna l'antichambre et sortit en remettant à Mariette un carré de papier, sur lequel il avait écrit : « Adressez mes malles par le chemin de fer de Corbeil, à monsieur Hector, bureau restant, à Corbeil. » Le baron, monté dans un fiacre, courait déjà dans Paris, lorsque Mariette vint montrer à la baronne ce mot, en lui disant que monsieur venait de sortir. Adeline s'élança dans la chambre en tremblant plus fortement que jamais ; ses enfants, effrayés, l'y suivirent en entendant un cri perçant. On releva la baronne évanouie, il fallut la mettre au lit, car elle fut prise d'une fièvre nerveuse qui la tint entre la vie et la mort pendant un mois.

— Où est-il ? était la seule parole qu'on obtenait d'elle.

Les recherches de Victorin furent infructueuses. Voici pourquoi.

Le baron s'était fait conduire à la place du Palais-Royal. Là, cet homme qui retrouva tout son esprit pour accomplir un dessein prémédité pendant les jours où il était resté dans son lit anéanti de douleur et de chagrin, traversa le Palais-Royal, et alla prendre une magnifique voiture de remise, rue Joquelet. D'après l'ordre reçu, le cocher entra rue de la Ville-l'Évêque, au fond de l'hôtel Joséphq, dont les portes s'ouvrirent, au cri du cocher, pour cette splendide voiture. Joséphα vint, amenée par la curiosité; son valet de chambre lui avait dit qu'un vieillard impotent, incapable de quitter sa voiture, la priait de descendre pour un instant.

— Joséphα! c'est moi!...

L'illustre cantatrice ne reconnut son Hulot qu'à la voix.

— Comment, c'est toi! mon pauvre vieux?... Ma parole d'honneur, tu ressembles aux pièces de vingt francs que les juifs d'Allemagne ont lavées et que les changeurs refusent.

— Hélas! oui, répondit Hulot, je sors des bras de la Mort! Mais tu es toujours belle, toi! seras-tu bonne?

— C'est selon, tout est relatif! dit-elle.

— Écoute-moi, reprit Hulot. Peux-tu me loger dans une chambre de domestique, sous les toits, pendant quelques jours? Je suis sans un liard, sans espérance, sans pain, sans pension, sans femme, sans enfants, sans asile, sans honneur, sans courage, sans ami, et, pis que cela! sous le coup de lettres de change...

— Pauvre vieux! c'est bien des sans! Es-tu aussi sans-culotte?

— Tu ris, je suis perdu! s'écria le baron. Je comptais cependant sur toi, comme Gourville sur Ninon.

— C'est, m'a-t-on dit, demanda Joséphα, une femme du monde qui t'a mis dans cet état-là? Les farceuses s'entendent mieux que nous à la plumaison du dinde!... Oh! te voilà comme une carcasse abandonnée par les corbeaux... on voit le jour à travers!

— Le temps presse! Joséphα!

— Entre, mon vieux! je suis seule, et mes gens ne te connaissent pas. Renvoie ta voiture. Est-elle payée?

— Oui, dit le baron en descendant appuyé sur le bras de Joséphα.

— Tu passeras, si tu veux, pour mon père, dit la cantatrice prise de pitié.

Elle fit asseoir Hulot dans le magnifique salon où il l'avait vue la dernière fois.

— Est-ce vrai, vieux, reprit-elle, que tu as tué ton frère et ton oncle, ruiné ta famille, surhypothéqué la maison de tes enfants et mangé la grenouille du gouvernement en Afrique avec la princesse?

Le baron inclina tristement la tête.

— Eh bien! j'aime cela! s'écria Joséph, qui se leva pleine d'enthousiasme. C'est un *brûlage* général! C'est sardanapale! c'est grand! c'est complet! On est une canaille, mais on a du cœur. Eh bien! moi, j'aime mieux un mange-tout, passionné comme toi pour les femmes, que ces froids banquiers sans âme qu'on dit vertueux et qui ruinent des milliers de familles avec leurs rails qui sont de l'or pour eux et du fer pour les *Gogos!* Toi! tu n'as ruiné que les tiens, tu n'as disposé que de toi! et puis tu as une excuse, et physique et morale...

Elle se posa tragiquement et dit :

C'est Vénus tout entière à sa proie attachée.

— Et voilà! ajouta-t-elle en pirouettant.

Hulot se trouvait absous par le Vice, le Vice lui souriait au milieu de son luxe effréné. La grandeur des crimes était là, comme pour les jurés, une circonstance atténuante.

— Est-elle jolie ta femme du monde, au moins? demanda la cantatrice en essayant pour première aumône de distraire Hulot dont la douleur la navrait.

— Ma foi, presque autant que toi! répondit finement le baron.

— Et... bien farce? m'a-t-on dit. Que te faisait-elle donc? Est-elle plus drôle que moi?

— N'en parlons plus, dit Hulot.

— On dit qu'elle a *enguirlandé* mon Crevel, le petit Steinbock et un magnifique Brésilien.

— C'est bien possible...

— Elle est dans un hôtel aussi joli que celui-ci, donné par Crevel. Cette gueuse-là, c'est mon prévôt, elle achève les gens que j'ai entamés! Voilà, vieux, pourquoi je suis si curieuse de savoir comment elle est, je l'ai entrevue en calèche au Bois, mais de loin... C'est, m'a dit Carabine, *une voleuse finie!* Elle essaie de manger Crevel! mais elle ne pourra que le grignoter. Crevel est un *rat!* un rat bonhomme qui dit toujours *oui*, et qui n'en fait qu'à sa tête. Il est vaniteux, il est passionné, mais son argent est froid. On n'a rien de ces cadets-là que mille ou trois mille francs par mois, et ils s'ar-

19.

rêtent devant la grosse dépense, comme des ânes devant une rivière. Ce n'est pas comme toi, mon vieux, tu es un homme à passions, on te ferait vendre ta patrie! Aussi, vois-tu, je suis prête à tout faire pour toi! Tu es mon père, tu m'as lancée! c'est sacré. Que te faut-il? Veux-tu cent mille francs? on s'exterminera le tempérament pour te les gagner. Quant à te donner la pâtée et la niche, ce n'est rien. Tu auras ton couvert mis ici tous les jours, tu peux prendre une belle chambre au second, et tu auras cent écus par mois pour ta poche.

Le baron, touché de cette réception, eut un dernier accès de noblesse.

— Non, ma petite, non, je ne suis pas venu pour me faire entretenir, dit-il.

— A ton âge, c'est un fier triomphe! dit-elle.

— Voici ce que je désire, mon enfant. Ton duc d'Hérouville a d'immenses propriétés en Normandie, et je voudrais être son régisseur sous le nom de Thoul. J'ai la capacité, l'honnêteté, car on prend à son gouvernement, on ne vole pas pour cela dans une caisse...

— Hé! hé! fit Joséplia, qui a bu, boira!

— Enfin, je ne demande qu'à vivre inconnu pendant trois ans...

— Ça, c'est l'affaire d'un instant, ce soir, après-dîner, dit Josépha, je n'ai qu'à parler. Le duc m'épouserait si je le voulais; mais j'ai sa fortune, je veux plus!... son estime. C'est un duc de la haute école. C'est noble, c'est distingué, c'est grand comme Louis XIV et comme Napoléon mis l'un sur l'autre, quoique nain. Et puis, j'ai fait comme la Schontz avec Rochefide : par mes conseils, il vient de gagner deux millions. Mais écoute-moi, mon vieux pistolet!... Je te connais, tu aimes les femmes, et tu courras là-bas après les petites Normandes qui sont des filles superbes; tu te feras casser les os par les gars ou par les pères, et le duc sera forcé de te dégommer. Est-ce que je ne vois pas à la manière dont tu me regardes que *le jeune homme* n'est pas encore tué chez toi, comme a dit Fénelon! Cette régie n'est pas ton affaire. On ne rompt pas comme on veut, vois-tu, vieux, avec Paris, avec nous autres! Tu crèverais d'ennui à Hérouville!

— Que devenir? demanda le baron, car je ne veux rester chez toi que le temps de prendre un parti.

— Voyons, veux-tu que je te case à mon idée ? Écoute, vieux chauffeur !... — Il te faut des femmes. Ça console de tout. Écoute-moi bien. Au bas de la Courtille, rue Saint-Maur-du-Temple, je connais une pauvre famille qui possède un trésor : une petite fille, plus jolie que je ne l'étais à seize ans !... Ah ! ton œil flambe déjà ! Ça travaille seize heures par jour à broder des étoffes précieuses pour les marchands de soieries et ça gagne seize sous par jour, un sou par heure, une misère !... Et ça mange comme les Irlandais des pommes de terre, mais frites dans de la graisse de rat, du pain cinq fois la semaine, ça boit de l'eau de l'Ourcq aux tuyaux de la Ville, parce que l'eau de la Seine est trop chère ; et ça ne peut pas avoir d'établissement à son compte, faute de six ou sept mille francs. Ça ferait les *cent* horreurs pour avoir sept ou huit mille francs. Ta famille et ta femme t'embêtent, n'est-ce pas ?... D'ailleurs, on ne peut pas se voir rien là où l'on était dieu. Un père sans argent et sans honneur, ça s'empaille et ça se met derrière un vitrage...

Le baron ne put s'empêcher de sourire à ces atroces plaisanteries.

— Eh bien ! la petite Bijou vient demain m'apporter une robe de chambre brodée, un amour, ils y ont passé six mois, personne n'aura pareille étoffe ! Bijou m'aime, car je lui donne des friandises et mes vieilles robes. Puis j'envoie des bons de pain, des bons de bois et de viande à la famille, qui casserait pour moi les deux tibias à un premier sujet si je le voulais. Je tâche de faire un peu de bien ! Ah ! je sais ce que j'ai souffert quand j'avais faim ! Bijou m'a versé dans le cœur ses petites confidences. Il y a chez cette petite fille l'étoffe d'une figurante de l'Ambigu-Comique. Bijou rêve de porter de belles robes comme les miennes, et surtout d'aller en voiture. Je lui dirai : — « Ma petite, veux-tu d'un monsieur de...
— *Qu'èque-t'as ?*... demanda-t-elle en s'interrompant, soixante-douze...

— Je n'ai plus d'âge !

— « Veux-tu, lui dirai-je, d'un monsieur de soixante-douze ans, bien propret, qui ne prend pas de tabac, sain comme mon œil, qui vaut un jeune homme ? tu te marieras avec lui au Treizième, il vivra bien gentiment avec vous, il vous donnera sept mille francs pour être à votre compte, il te meublera un appartement tout en acajou ; puis, si tu es sage, il te mènera quelquefois au spectacle. Il te donnera cent francs par mois pour toi, et cinquante francs pour la dépense ! » Je connais Bijou, c'est moi-même à quatorze ans ! J'ai sauté de joie quand cet abominable Crevel m'a fait ces atroces propositions-là ! Eh bien ! vieux, tu seras emballé là pour trois ans. C'est sage, c'est honnête, et ça aura d'ailleurs des illusions pour trois ou quatre ans, pas plus.

Hulot n'hésitait pas, son parti de refuser était pris; mais, pour remercier la bonne et excellente cantatrice qui faisait le bien à sa manière, il eut l'air de balancer entre le Vice et la Vertu.

— Ah çà ! tu restes froid comme un pavé en décembre ! reprit-elle étonnée. Voyons ! tu fais le bonheur d'une famille composée d'un grand-père qui trotte, d'une mère qui s'use à travailler, et de deux sœurs, dont une fort laide, qui gagnent à elles deux trente-deux sous en se tuant les yeux. Ça compense le malheur dont tu es la cause chez toi, tu rachètes tes fautes en t'amusant comme une lorette à Mabille.

Hulot, pour mettre un terme à cette séduction, fit le geste de compter de l'argent.

— Sois tranquille sur les voies et moyens, reprit Josépha. Mon duc te prêtera dix mille francs : sept mille pour un établissement de broderie au nom de Bijou, trois mille pour te meubler, et tous les trois mois, tu trouveras six cent cinquante francs ici sur un billet. Quand tu recouvreras ta pension, tu rendras au duc ces dix-sept mille francs-là. En attendant, tu seras heureux comme un coq en pâte, et perdu dans un trou à ne pas pouvoir être trouvé par la police ! Tu te mettras en grosse redingote de castorine, tu auras l'air d'être un propriétaire aisé du quartier. Nomme-toi Thoul, si c'est ta fantaisie. Moi, je te donne à Bijou comme un de mes oncles venu d'Allemagne en faillite, et tu seras chouchouté comme un dieu. Voilà, papa !... Qui sait ? Peut-être ne regretteras-tu rien ? Si par hasard tu t'ennuyais, garde une de tes belles pelures, tu viendras ici me demander à dîner et passer la soirée.

— Moi, qui voulais devenir vertueux, rangé !... Tiens, fais-moi prêter vingt mille francs, et je pars faire fortune en Amérique, à l'exemple de mon ami d'Aiglemont quand Nucingen l'a ruiné...

— Toi ! s'écria Josépha, laisse donc les mœurs aux épiciers, aux simples tourlouroux, aux citoyens frrrrançais, qui n'ont que la vertu pour se faire valoir ! Toi ! tu es né pour être autre chose qu'un jobard, tu es en homme ce que je suis en femme : un génie *gouapeur !*

— La nuit porte conseil, nous causerons de tout cela demain.

— Tu vas dîner avec le duc. Mon d'Hérouville te recevra poliment, comme si tu avais sauvé l'État! et demain tu prendras un parti. Allons, de la gaieté, mon vieux? La vie est un vêtement : quand il est sale, on le brosse! quand il est troué, on le raccommode, mais on reste vêtu tant qu'on peut!

Cette philosophie du vice et son entrain dissipèrent les chagrins cuisants de Hulot.

Le lendemain à midi, après un succulent déjeuner, Hulot vit entrer un de ces vivants chefs-d'œuvre que Paris, seul au monde, peut fabriquer à cause de l'incessant concubinage du Luxe et de la Misère, du Vice et de l'Honnêteté, du Désir réprimé et de la Tentation renaissante, qui rend cette ville l'héritière des Ninive, des Babylone et de la Rome impériale. Mademoiselle Olympe Bijou, petite fille de seize ans, montra le visage sublime que Raphaël a trouvé pour ses vierges, des yeux d'une innocence attristée par des travaux excessifs, des yeux noirs rêveurs, armés de longs cils, et dont l'humidité se desséchait sous le feu de la Nuit laborieuse, des yeux assombris par la fatigue; mais un teint de porcelaine et presque maladif; mais une bouche comme une grenade entr'ouverte, un sein tumultueux, des formes pleines, de jolies mains, des dents d'un émail distingué, des cheveux noirs abondants, le tout ficelé d'indienne à soixante-quinze centimes le mètre, orné d'une collerette brodée, monté sur des souliers de peau sans clous, et décoré de gants à vingt-neuf sous. L'enfant, qui ne connaissait pas sa valeur, avait fait sa plus belle toilette pour venir chez la grande dame. Le baron, repris par la main griffue de la Volupté, sentit toute sa vie s'échapper par ses yeux. Il oublia tout devant cette sublime créature. Il fut comme le chasseur apercevant le gibier : devant un empereur, on le met en joue!

— Et, lui dit Josépha dans l'oreille, c'est garanti neuf, c'est honnête! et pas de pain. Voilà Paris! J'ai été ça!

— C'est dit, répliqua le vieillard en se levant et se frottant les mains.

Quand Olympe Bijou fut partie, Josépha regarda le baron d'un air malicieux.

— Si tu ne veux pas avoir du désagrément, papa, dit-elle, sois sévère comme un procureur-général sur son siége. Tiens la petite en bride, sois Bartholo! Gare aux Auguste, aux Hippolyte, aux

Nestor, aux Victor, à tous les *or !* Dame ! une fois que ça sera vêtu, nourri, si ça lève la tête, tu seras mené comme un Russe... Je vais voir à t'emménager. Le duc fait bien les choses ; il te prête, c'est-à-dire il te donne dix mille francs, et il en met huit chez son notaire qui sera chargé de te compter six cents francs tous les trimestres, car je te crains. Suis-je gentille ?...

— Adorable !

Dix jours après avoir abandonné sa famille, au moment où, tout en larmes, elle était groupée autour du lit d'Adeline mourante, et qui disait d'une voix faible : « Que fait-il ? » Hector, sous le nom de Thoul, rue Saint-Maur, se trouvait avec Olympe à la tête d'un établissement de broderie, sous la déraison sociale Thoul et Bijou.

Victorin Hulot reçut, du malheur acharné sur sa famille, cette dernière façon qui perfectionne ou qui démoralise l'homme. Il devint parfait. Dans les grandes tempêtes de la vie, on imite les capitaines qui, par les ouragans, allègent le navire des grosses marchandises. L'avocat perdit son orgueil intérieur, son assurance visible, sa morgue d'orateur et ses prétentions politiques. Enfin il fut en homme ce que sa mère était en femme. Il résolut d'accepter sa Célestine, qui, certes, ne réalisait pas son rêve ; et jugea sainement la vie en voyant que la loi commune oblige à se contenter en toutes choses d'*à peu près*. Il se jura donc à lui-même d'accomplir ses devoirs, tant la conduite de son père lui fit horreur. Ces sentiments se fortifièrent au chevet du lit de sa mère, le jour où elle fut sauvée. Ce premier bonheur ne vint pas seul. Claude Vignon, qui, tous les jours, prenait de la part du prince de Wissembourg le bulletin de la santé de madame Hulot, pria le député réélu de l'accompagner chez le ministre. — Son Excellence, lui dit-il, désire avoir une conférence avec vous sur vos affaires de famille. Victorin Hulot et le ministre se connaissaient depuis long-temps ; aussi le maréchal le reçut-il avec une affabilité caractéristique et de bon augure.

— Mon ami, dit le vieux guerrier, j'ai juré, dans ce cabinet, à votre oncle le maréchal, de prendre soin de votre mère. Cette sainte femme va recouvrer la santé, m'a-t-on dit, le moment est venu de panser vos plaies. J'ai là deux cent mille francs pour vous, je vais vous les remettre.

L'avocat fit un geste digne de son oncle le maréchal.

— Rassurez-vous, dit le prince en souriant. C'est un fidéicommis. Mes jours sont comptés, je ne serai pas toujours là, prenez donc cette somme, et remplacez-moi dans le sein de votre famille. Vous pouvez vous servir de cet argent pour payer les hypothèques qui grèvent votre maison. Ces deux cent mille francs appartiennent à votre mère et à votre sœur. Si je donnais cette somme à madame Hulot, son dévouement à son mari me ferait craindre de la voir dissipée; et l'intention de ceux qui la rendent est que ce soit le pain de madame Hulot et celui de sa fille, la comtesse de Steinbock. Vous êtes un homme sage, le digne fils de votre noble mère, le vrai neveu de mon ami le maréchal, vous êtes bien apprécié ici, mon cher ami, comme ailleurs. Soyez donc l'ange tutélaire de votre famille, acceptez le legs de votre oncle et le mien.

— Monseigneur, dit Hulot en prenant la main du ministre et la lui serrant, des hommes comme vous savent que les remercîments en paroles ne signifient rien, la reconnaissance se prouve.

— Prouvez-moi la vôtre! dit le vieux soldat.

— Que faut-il faire?

— Accepter mes propositions, dit le ministre. On veut vous nommer avocat du Contentieux de la Guerre, qui, dans la partie du Génie, se trouve surchargée d'affaires litigieuses à cause des fortifications de Paris; puis avocat consultant de la préfecture de police, et conseil de la liste civile. Ces trois fonctions vous constitueront dix-huit mille francs de traitement et ne vous enlèveront point votre indépendance. Vous voterez à la Chambre selon vos opinions politiques et votre conscience... Agissez en toute liberté, allez! nous serions bien embarrassés si nous n'avions pas une Opposition nationale! Enfin, un mot de votre oncle, écrit quelques heures avant qu'il ne rendît le dernier soupir, m'a tracé ma conduite envers votre mère, que le maréchal aimait bien!... Mesdames Popinot, de Rastignac, de Navarreins, d'Espard, de Grandlieu, de Carigliano, de Lenoncourt et de La Bâtie ont créé pour votre chère mère une place d'inspectrice de bienfaisance. Ces présidentes de Sociétés de bonnes œuvres ne peuvent pas tout faire, elles ont besoin d'une dame probe qui puisse les suppléer activement, aller visiter les malheureux, savoir si la charité n'est pas trompée, vérifier si les secours sont bien remis à ceux qui les ont demandés, pénétrer chez les pauvres honteux, etc. Votre mère remplira la mission d'un ange, elle n'aura de rapports qu'avec messieurs les curés et les dames de charité; on lui donnera six mille francs par an, et ses voitures seront payées. Vous voyez, jeune homme, que, du fond de son tombeau, l'homme pur, l'homme noblement vertueux protége encore sa famille. Des noms tels que celui de votre oncle sont et doivent être une égide contre le malheur dans les sociétés bien organisées. Suivez donc les traces de votre oncle, persistez-y, car vous y êtes! je le sais.

— Tant de délicatesse, prince, ne m'étonne pas chez l'ami de mon oncle, dit Victorin. Je tâcherai de répondre à toutes vos espérances.

— Allez promptement consoler votre famille!... Ah! dites-moi, reprit le prince en échangeant une poignée de main avec Victorin, votre père a disparu?

— Hélas! oui.

— Tant mieux. Ce malheureux a eu, ce qui ne lui manque pas d'ailleurs, de l'esprit.

— Il a des lettres de change à craindre.

— Ah! vous recevrez, dit le maréchal, six mois d'honoraires de vos trois places. Ce payement anticipé vous aidera sans doute à retirer ces titres des mains de l'usurier. Je verrai d'ailleurs Nucingen, et peut-être pourrai-je dégager la pension de votre père, sans qu'il en coûte un liard ni à vous ni à mon ministère. Le pair de France n'a pas tué le banquier, Nucingen est insatiable, et il demande une concession de je ne sais quoi...

A son retour, rue Plumet, Victorin put donc accomplir son projet de prendre chez lui sa mère et sa sœur.

Le jeune et célèbre avocat possédait, pour toute fortune, un des plus beaux immeubles de Paris, une maison achetée en 1834, en prévision de son mariage, et située sur le boulevard, entre la rue de la Paix et la rue Louis-le-Grand. Un spéculateur avait bâti sur la rue et sur le boulevard deux maisons, au milieu desquelles se trouvait, entre deux jardinets et des cours, un magnifique pavillon, débris des splendeurs du grand hôtel de Verneuil. Hulot fils, sûr de la dot de mademoiselle Crevel, acheta pour un million, aux criées, cette superbe propriété, sur laquelle il paya cinq cent mille francs. Il se logea dans le rez-de-chaussée du pavillon, en croyant pouvoir achever le payement de son prix avec les loyers; mais si les spéculations en maisons à Paris sont sûres, elles sont lentes ou capricieuses, car elles dépendent de circonstances imprévisibles. Ainsi que les flâneurs parisiens ont pu le remarquer, le boulevard entre la rue Louis-le-Grand et la rue de la Paix fructifia tardivement ; il se nettoya, s'embellit avec tant de peine, que le Commerce ne vint étaler là qu'en 1840 ses splendides devantures, l'or des changeurs, les féeries de la mode et le luxe effréné de ses boutiques. Malgré deux cent mille francs offerts à sa fille par Crevel dans le temps où son amour-propre était flatté de ce mariage et lorsque le baron ne lui avait pas encore pris Joséplia ; malgré deux cent mille francs payés par Victorin en sept ans, la dette qui pesait sur l'immeuble s'élevait encore à cinq cent mille francs, à cause du dévouement du fils pour le père. Heureusement l'élévation continue des loyers, la beauté de la situation, donnaient en ce moment toute leur valeur aux deux maisons. La spéculation se réalisait à huit ans d'échéance pendant lesquels l'avocat s'était épuisé à payer des intérêts et des sommes insignifiantes sur le capital dû. Les marchands proposaient eux-mêmes des loyers avantageux pour les boutiques, à condition de porter les baux à dix-huit années de jouissance. Les appartements acquéraient du prix par le changement du centre des affaires, qui se fixait alors entre la Bourse et la Madeleine, désormais le siége du pouvoir politique et de la finance à Paris. La somme remise par le ministre, jointe à l'année payée d'avance et aux pots-de-vin consentis par les locataires, allaient réduire la dette de Victorin à deux cent mille francs. Les deux immeubles de produit entièrement loués devaient donner cent mille francs par an. Encore deux années, pendant lesquelles Hulot fils allait vivre de ses honoraires doublés par les places du maréchal, il se trouverait dans une position superbe. C'était la manne tombée du ciel. Victorin pouvait donner à sa mère tout le premier étage du pavillon, et à sa sœur le deuxième, où Lisbeth aurait deux chambres. Enfin, tenue par la cousine Bette, cette triple maison supporterait toutes ses charges et présenterait une surface honorable, comme il convenait au célèbre avocat. Les astres du Palais s'éclipsaient rapidement ; et Hulot fils, doué d'une parole sage, d'une probité sévère, était écouté par les juges et par les conseillers ; il étudiait ses affaires, il ne disait rien qu'il ne pût prouver ; il ne plaidait pas indifféremment toutes les causes, il faisait enfin honneur au barreau.

Son habitation, rue Plumet, était tellement odieuse à la baronne, qu'elle se laissa transporter rue Louis-le-Grand. Par les soins de son fils, Adeline occupa donc un magnifique appartement ; on lui sauva tous les détails matériels de l'existence, car Lisbeth accepta la charge de recommencer les tours de force économiques accomplis chez madame Marneffe, en voyant un moyen de faire peser sa sourde vengeance sur ces trois si nobles existences, objet d'une haine attisée par le renversement de toutes ses espérances. Une fois par mois, elle alla voir Valérie, chez qui elle fut envoyée par Hortense qui voulait avoir des nouvelles de Wenceslas, et par Célestine excessivement inquiète de la liaison avouée et reconnue de son père avec une femme à qui sa belle-mère et sa belle-sœur devaient leur ruine et leur malheur. Comme on le suppose, Lisbeth profita de cette curiosité pour voir Valérie aussi souvent qu'elle le voulait.

Vingt mois environ se passèrent, pendant lesquels la santé de la baronne se raffermit, sans que néanmoins son tremblement nerveux cessât. Elle se mit au courant de ses fonctions, qui présentaient de nobles distractions à sa douleur et un aliment aux divines facultés de son âme. Elle y vit d'ailleurs un moyen de retrouver son mari, par suite des hasards qui la conduisaient dans tous les quartiers de Paris. Pendant ce temps, les lettres de change de Vauvinet furent payées, et la pension de six mille francs, liquidée au profit du baron Hulot, fut presque libérée. Victorin acquittait toutes les dépenses de sa mère, ainsi que celles d'Hortense, avec les dix mille francs d'intérêt du capital remis par le maréchal en fidéicommis. Or, les appointements d'Adeline étant de six mille francs, cette somme, jointe aux six mille francs de la pension du baron, devait bientôt produire un revenu de douze mille francs par an, quittes de toute charge, à la mère et à la fille. La pauvre femme aurait eu presque le bonheur, sans ses perpétuelles inquiétudes sur le sort du baron, qu'elle aurait voulu faire jouir de la fortune qui commençait à sourire à la famille, sans le spectacle de sa fille abandonnée, et sans les coups terribles que lui portait *innocemment* Lisbeth, dont le caractère infernal se donnait pleine carrière.

Une scène qui se passa dans le commencement du mois de mars 1843 va d'ailleurs expliquer les effets produits par la haine persistante et latente de Lisbeth, toujours aidée par madame Marneffe. Deux grands événements s'étaient accomplis chez madame Marneffe. D'abord, elle avait mis au monde un enfant non viable, dont le cercueil lui valait deux mille francs de rente. Puis, quant au sieur Marneffe, onze mois auparavant, voici la nouvelle que Lisbeth avait donnée à la famille au retour d'une exploration à l'hôtel Marneffe. — « Ce matin, cette affreuse Valérie, avait-elle dit, a fait demander le docteur Bianchon pour savoir si les médecins, qui, la veille, ont condamné son mari, ne se trompaient point. Ce docteur a dit que cette nuit même cet homme immonde appartiendrait à l'enfer qui l'attend. Le père Crevel et madame Marneffe ont reconduit le médecin à qui votre père, ma chère Célestine, a donné cinq pièces d'or pour cette bonne nouvelle. Rentré dans le salon, Crevel a battu des entrechats comme un danseur; il a embrassé cette femme, et il criait : « Tu seras donc enfin madame Crevel !... » Et à moi, quand elle nous a laissés seuls en allant reprendre sa place au chevet de son mari qui râlait, votre honorable père m'a dit : — « Avec Valérie pour femme, je deviendrai pair de France ! J'achète une terre que je guette, la terre de Presles, que veut vendre madame de Serizy. Je serai Crevel de Presles, je deviendrai membre du Conseil général de Seine-et-Oise et député. J'aurai un fils ! Je serai tout ce que je voudrai être. — Eh bien ! lui ai-je dit, et votre fille ? — Bah ! c'est une fille, a-t-il répondu, et elle est devenue par trop une Hulot, et Valérie a ces gens-là en horreur... Mon gendre n'a jamais voulu venir ici, pourquoi fait-il le Mentor, le Spartiate, le puritain, le philanthrope ? D'ailleurs, j'ai rendu mes comptes à ma fille, et elle a reçu toute la fortune de sa mère et deux cent mille francs de plus ! Aussi suis-je maître de me conduire à ma guise. Je jugerai mon gendre et ma fille lors de mon mariage; comme ils feront, je ferai. S'ils sont bons pour leur belle-mère, je verrai ! Je suis un homme, moi ! » Enfin toutes ses bêtises ! et il se posait comme Napoléon sur la colonne ! » Les dix mois du veuvage officiel, ordonnés par le Code Napoléon, étaient expirés depuis quelques jours. La terre de Presles avait été achetée. Victorin et Célestine avaient envoyé le matin même Lisbeth chercher des nouvelles chez madame Marneffe sur le mariage de cette charmante veuve avec le maire de Paris, devenu membre du Conseil général de Seine-et-Oise.

Célestine et Hortense, dont les liens d'affection s'étaient resserrés par l'habitation sous le même toit, vivaient presque ensemble. La baronne, entraînée par un sentiment de probité qui lui faisait exagérer les devoirs de sa place, se sacrifiait aux œuvres de bienfaisance dont elle était l'intermédiaire, elle sortait presque tous les jours de onze heures à cinq heures. Les deux belles-sœurs, réunies par les soins à donner à leurs enfants, qu'elles surveillaient en commun, restaient et travaillaient donc ensemble au logis. Elles en étaient arrivées à penser tout haut, en offrant le touchant accord de deux sœurs, l'une heureuse, l'autre mélancolique. Belle, pleine de vie débordant, animée, rieuse et spirituelle, la sœur malheureuse semblait démentir sa situation réelle par son extérieur ; de même que la mélancolique, douce et calme, égale comme la raison, habituellement pensive et réfléchie, eût fait croire à des peines secrètes. Peut-être ce contraste contribuait-il à leur vive amitié. Ces deux femmes se prêtaient l'une à l'autre ce qui leur manquait. Assises dans un petit kiosque au milieu du jardinet que la truelle de la spéculation avait respecté par un caprice du constructeur, qui croyait conserver ces cent pieds carrés pour lui-même, elles jouissaient de ces premières pousses des lilas, fête printanière qui n'est savourée dans toute son étendue qu'à Paris, où, durant six mois, les Parisiens ont vécu dans l'oubli de la végétation, entre les falaises de pierre où s'agite leur océan humain.

— Célestine, disait Hortense en répondant à une observation de sa belle-sœur qui se plaignait de savoir son mari par un si beau temps à la Chambre, je trouve que tu n'apprécies pas assez ton bonheur. Victorin est un ange, et tu le tourmentes parfois.

— Ma chère, les hommes aiment à être tourmentés ! Certaines tracasseries sont une preuve d'affection. Si ta pauvre mère avait été non pas exigeante, mais toujours près de l'être, vous n'eussiez sans doute pas eu tant de malheurs à déplorer.

— Lisbeth ne revient pas ! Je vais chanter la chanson de Marlborough ! dit Hortense. Comme il me tarde d'avoir des nouvelles de Wenceslas... De quoi vit-il ? il n'a rien fait depuis deux ans.

— Victorin l'a, m'a-t-il dit, aperçu l'autre jour avec cette odieuse femme, et il suppose qu'elle l'entretient dans la paresse... Ah ! si tu voulais, chère sœur, tu pourrais encore ramener ton mari.

Hortense fit un signe de tête négatif.

— Crois-moi, ta situation deviendra bientôt intolérable, dit Célestine en continuant. Dans le premier moment, la colère et le désespoir, l'indignation t'ont prêté des forces. Les malheurs inouïs qui depuis ont accablé notre famille : deux morts, la ruine, la catastrophe du baron Hulot, ont occupé ton esprit et ton cœur ; mais, maintenant que tu vis dans le calme et le silence, tu ne supporteras pas facilement le vide de ta vie ; et, comme tu ne peux pas, que tu ne veux pas sortir du sentier de l'honneur, il faudra bien se réconcilier avec Wenceslas. Victorin, qui t'aime tant, est de cet avis. Il y a quelque chose de plus fort que nos sentiments, c'est la nature !

— Un homme si lâche ! s'écria la fière Hortense. Il aime cette femme parce qu'elle le nourrit... Elle a donc payé ses dettes ? elle !... Mon Dieu ! je pense nuit et jour à la situation de cet homme ! Il est le père de mon enfant, et il se déshonore...

— Vois ta mère, ma petite... reprit Célestine.

Célestine appartenait à ce genre de femmes qui, lorsqu'on leur a donné des raisons assez fortes pour convaincre des paysans bretons, recommencent pour la centième fois leur raisonnement primitif. Le caractère de sa figure un peu plate, froide et commune, ses cheveux châtain-clair disposés en bandeaux roides, la couleur de son teint, tout indiquait en elle la femme raisonnable, sans charme, mais aussi sans faiblesse.

— La baronne voudrait bien être près de son mari déshonoré, le consoler, le cacher dans son cœur à tous les regards, dit Célestine en continuant. Elle a fait arranger là-haut la chambre de monsieur Hulot, comme si, d'un jour à l'autre, elle allait le retrouver et l'y installer.

— Oh ! ma mère est sublime ! répondit Hortense, elle est sublime, à chaque instant, tous les jours, depuis vingt-six ans ; mais je n'ai pas ce tempérament-là... Que veux-tu ? je m'emporte quelquefois contre moi-même. Ah ! tu ne sais pas ce que c'est, Célestine, que d'avoir à pactiser avec l'infamie !

— Et mon père !... reprit tranquillement Célestine. Il est certainement dans la voie où le tien a péri ! Mon père a dix ans de moins que le baron, il a été commerçant, c'est vrai ; mais comment cela finira-t-il ? Cette madame Marneffe a fait de mon père son chien, elle dispose de sa fortune, de ses idées, et rien ne peut éclairer mon père. Enfin, je tremble d'apprendre que les bans de son mariage sont publiés ! Mon mari tente un effort, il regarde comme un devoir de venger la société, la famille, et de demander compte à cette femme de tous ses crimes. Ah ! chère Hortense, de nobles esprits comme celui de Victorin, des cœurs comme les nôtres comprennent trop tard le monde et ses moyens ! Ceci, chère sœur, est un secret, je te le confie, car il t'intéresse ; mais que pas une parole, pas un geste ne le révèle ni à Lisbeth, ni à ta mère, à personne, car...

— Voici Lisbeth! dit Hortense. Eh bien! cousine, comment va l'enfer de la rue Barbet?

— Mal pour vous, mes enfants. Ton mari, ma bonne Hortense, est plus ivre que jamais de cette femme, qui, j'en conviens, éprouve pour lui une passion folle. Votre père, chère Célestine, est d'un aveuglement royal. Ceci n'est rien, c'est ce que je vais observer tous les quinze jours, et vraiment je suis heureuse de n'avoir jamais su ce qu'est un homme... C'est de vrais animaux! Dans cinq jours d'ici, Victorin et vous, chère petite, vous aurez perdu la fortune de votre père!

— Les bans sont publiés?... dit Célestine.

— Oui, répondit Lisbeth. Je viens de plaider votre cause. J'ai dit à ce monstre, qui marche sur les traces de l'autre, que, s'il voulait vous sortir de l'embarras où vous étiez, en libérant votre maison, vous en seriez reconnaissants, que vous recevriez votre belle-mère...

Hortense fit un geste d'effroi.

— Victorin avisera... répondit Célestine froidement.

— Savez-vous ce que monsieur le maire m'a répondu? reprit Lisbeth : — « Je veux les laisser dans l'embarras, on ne dompte les chevaux que par la faim, le défaut de sommeil et le sucre! » Le baron Hulot valait mieux que monsieur Crevel. Ainsi, mes pauvres enfants, faites votre deuil de la succession. Et quelle fortune! Votre père a payé les trois millions de la terre de Presles, et il lui reste trente mille francs de rente! Oh! il n'a pas de secrets pour moi! Il parle d'acheter l'hôtel de Navarreins, rue du Bac. Madame Marneffe possède, elle, quarante mille francs de rente. — Ah! voilà notre ange gardien, voici ta mère!... s'écria-t-elle en entendant le roulement d'une voiture.

La baronne, en effet, descendit bientôt le perron et vint se joindre au groupe de la famille. A cinquante-cinq ans, éprouvée par tant de douleurs, tressaillant sans cesse comme si elle était saisie d'un frisson de fièvre, Adeline, devenue pâle et ridée, conservait une belle taille, des lignes magnifiques et sa noblesse naturelle. On disait en la voyant : — Elle a dû être bien belle! Dévorée par le chagrin d'ignorer le sort de son mari, de ne pouvoir lui faire partager dans cette oasis parisienne, dans la retraite et le silence, le bien-être dont sa famille allait jouir, elle offrait la suave majesté des ruines. A chaque lueur d'espoir évanouie, à chaque recherche inutile, Adeline tombait dans des mélancolies noires qui désespéraient ses enfants. La baronne, partie le matin avec une espérance, était impatiemment attendue. Un intendant-général, l'obligé de Hulot, à qui ce fonctionnaire devait sa fortune administrative, disait avoir aperçu le baron dans une loge au théâtre de l'Ambigu-Comique avec une femme d'une beauté splendide. Adeline était allée chez le baron Vernier. Ce haut fonctionnaire, tout en affirmant avoir vu son vieux protecteur, et prétendant que sa manière d'être avec cette femme pendant la représentation accusait un mariage clandestin, venait de dire à madame Hulot que son mari, pour éviter de le rencontrer, était sorti bien avant la fin du spectacle. — Il était comme un homme en famille, et sa mise annonçait une gêne cachée, ajouta-t-il en terminant.

— Eh bien? dirent les trois femmes à la baronne.

— Eh bien! monsieur Hulot est à Paris; et c'est déjà pour moi, répondit Adeline, un éclair de bonheur que de le savoir près de nous.

— Il ne paraît pas s'être amendé! dit Lisbeth quand Adeline eut fini de raconter son entrevue avec le baron Vernier, il se sera mis avec une petite ouvrière. Mais où peut-il prendre de l'argent? Je parie qu'il en demande à ses anciennes maîtresses, à mademoiselle Jenny Cadine ou à Josépha.

La baronne eut un redoublement dans le jeu constant de ses nerfs, elle essuya les larmes qui lui vinrent aux yeux, et les leva douloureusement vers le ciel.

— Je ne crois pas qu'un grand-officier de la Légion-d'Honneur soit descendu si bas, dit-elle.

— Pour son plaisir, reprit Lisbeth, que ne ferait-il pas? il a volé l'État, il volera les particuliers, il assassinera peut-être.

— Oh! Lisbeth! s'écria la baronne, garde ces pensées-là pour toi.

En ce moment, Louise vint jusqu'au groupe formé par la famille, auquel s'étaient joints les deux petits Hulot et le petit Wenceslas pour voir si les poches de leur grand'mère contenaient des friandises.

— Qu'y a-t-il, Louise?... demanda-t-on.

— C'est un homme qui demande mademoiselle Fischer.

— Quel homme est-ce ? dit Lisbeth.

— Mademoiselle, il est en haillons, il a du duvet sur lui comme un matelassier, il a le nez rouge, il sent le vin et l'eau-de-vie... C'est un de ces ouvriers qui travaillent à peine la moitié de la semaine.

Cette description peu engageante eut pour effet de faire aller vivement Lisbeth dans la cour de la maison de la rue Louis-le-Grand, où elle trouva l'homme fumant une pipe dont le culotage annonçait un artiste en fumerie.

— Pourquoi venez-vous ici, père Chardin ? lui dit-elle. Il est convenu que vous serez tous les premiers samedis de chaque mois à la porte de l'hôtel Marneffe, rue Barbet-de-Jouy ; j'en arrive après y être restée cinq heures, et vous n'y êtes pas venu ?...

— J'y suit été, ma respectable et charitable demoiselle ! répondit le matelassier ; maiz-i-le y avait une poule d'honneur au café des Savants, rue du Cœur-Volant, et chacun a ses passions. Moi c'est le billard. Sans le billard, je mangerais dans l'argent ; car, saisissez bien ceci ! dit-il en cherchant un papier dans le gousset de son pantalon déchiré, le billard entraîne le petit verre et la prune à l'eau-de-vie... C'est ruineux, comme toutes les belles choses, par les accessoires. Je connais la consigne, mais le vieux est dans un si grand embarras, que je suis venu sur le terrain défendu... Si notre crin était tout crin, on se laisserait dormir dessus ; mais il a du mélange ! Dieu n'est pas pour tout le monde, comme on dit, il a des préférences ; c'est son droit. Voici l'écriture de votre parent estimable et très-ami du matelas... C'est là son opinion politique.

Le père Chardin essaya de tracer dans l'atmosphère des zigzags avec l'index de sa main droite.

Lisbeth, sans écouter, lisait ces deux lignes :

« Chère cousine, soyez ma providence ! Donnez-moi trois cents
» francs aujourd'hui.
» HECTOR. »

— Pourquoi veut-il tant d'argent ?

— Le *popriétaire !* dit le père Chardin qui tâchait toujours de dessiner des arabesques. Et puis, mon fils est revenu de l'Algérie par l'Espagne, Bayonne et... il n'a rien pris, contre son habitude ; car, c'est un *guerdin* fini, sous votre respect, mon fils. Que voulez-vous ? il a faim ; mais il va vous rendre ce que nous lui prêterons, car il veut faire une *comme on dite* ; il a des idées qui peuvent le mener loin...

— En police correctionnelle! reprit Lisbeth. C'est l'assassin de mon oncle! je ne l'oublierai pas.

— Lui, saigner un poulet! il ne le pourrait pas!... respectable demoiselle.

— Tenez! voilà trois cents francs, dit Lisbeth en tirant quinze pièces d'or de sa bourse. Allez-vous-en, et ne revenez jamais ici...

Elle accompagna le père du garde-magasin des vivres d'Oran jusqu'à la porte, où elle désigna le vieillard ivre au concierge.

— Toutes les fois que cet homme-là viendra, si, par hasard il vient, vous ne laisserez pas entrer, et vous lui direz que je n'y suis pas. S'il cherchait à savoir si monsieur Hulot fils, si madame la baronne Hulot demeurent ici, vous lui répondriez que vous ne connaissez pas ces personnes-là...

— C'est bien, mademoiselle.

— Il y va de votre place, en cas d'une sottise, même involontaire, dit la vieille fille à l'oreille de la portière. — Mon cousin, dit-elle à l'avocat qui rentrait, vous êtes menacé d'un grand malheur.

— Lequel?

— Votre femme aura, dans quelques jours d'ici, madame Marneffe pour belle-mère.

— C'est ce que nous verrons! répondit Victorin.

Depuis six mois, Lisbeth payait exactement une petite pension à son protecteur, le baron Hulot, de qui elle était la protectrice; elle connaissait le secret de sa demeure, et elle savourait les larmes d'Adeline à qui, lorsqu'elle la voyait gaie et pleine d'espoir, elle disait, comme on vient de le voir : — Attendez-vous à lire quelque jour le nom de mon pauvre cousin à l'article Tribunaux. En ceci, comme précédemment, elle allait trop loin dans sa vengeance. Elle avait éveillé l prudence de Victorin. Victorin avait résolu d'en finir avec cette épée de Damoclès, incessamment montrée par Lisbeth, et avec le démon femelle à qui sa mère et la famille devaient tant de malheurs. Le prince de Wissembourg, qui connaissait la conduite de madame Marneffe, appuyait l'entreprise secrète de l'avocat, il lui avait promis, comme promet un président du conseil, l'intervention cachée de la police pour éclairer Crevel, et pour sauver toute une fortune des griffes de la diabolique courtisane à laquelle il ne pardonnait ni la mort du maréchal Hulot, ni la ruine totale du Conseiller-d'État.

Ces mots : — « Il en demande à ses anciennes maîtresses ! » dits par Lisbeth, occupèrent pendant toute la nuit la baronne. Semblable aux malades condamnés qui se livrent aux charlatans, semblable aux gens arrivés dans la dernière sphère dantesque du désespoir, ou aux noyés qui prennent des bâtons flottants pour des amarres, elle finit par croire la bassesse dont le seul soupçon l'avait indignée, et elle eut l'idée d'appeler à son secours une de ces odieuses femmes. Le lendemain matin, sans consulter ses enfants, sans dire un mot à personne, elle alla chez mademoiselle Joséplia Mirah, prima donna de l'Académie royale de Musique, y chercher ou y perdre l'espoir qui venait de luire comme un feu follet. A midi, la femme de chambre de la célèbre cantatrice lui remettait la carte de la baronne Hulot, en lui disant que cette personne attendait à sa porte après avoir fait demander si mademoiselle pouvait la recevoir.

— L'appartement est-il fait ?

— Oui, mademoiselle.

— Les fleurs sont-elles renouvelées ?

— Oui, mademoiselle.

— Dis à Jean d'y donner un coup d'œil, que rien n'y cloche, avant d'y introduire cette dame, et qu'on ait pour elle les plus grands respects. Va, reviens m'habiller, car je veux être crânement belle ! Elle alla se regarder dans sa psyché. — Ficelons-nous ! se dit-elle. Il faut que le Vice soit sous les armes devant la Vertu ! Pauvre femme ! que me veut-elle ?... Ça me trouble, moi ! de voir

Du malheur auguste victime !...

Elle achevait de chanter cet air célèbre, quand sa femme de chambre rentra.

— Madame, dit la femme de chambre, cette dame est prise d'un tremblement nerveux...

— Offrez de la fleur d'oranger, du rhum, un potage !...

— C'est fait, mademoiselle, mais elle a tout refusé, en disant que c'était une petite infirmité, des nerfs agacés...

— Où l'avez-vous fait entrer ?...

— Dans le grand salon.

— Dépêche-toi, ma fille ! Allons, mes plus belles pantoufles, ma robe de chambre en fleurs par Bijou, tout le tremblement des dentelles. Fais-moi une coiffure à étonner une femme... Cette femme tient le rôle opposé au mien ! Et qu'on dise à cette dame... (Car c'est une grande dame, ma fille ! c'est encore mieux, c'est ce que tu ne seras jamais : une femme dont les prières délivrent des âmes de votre purgatoire.) Qu'on lui dise que je suis au lit, que j'ai joué hier, que je me lève...

La baronne introduite dans le grand salon de l'appartement de Josépha, ne s'aperçut pas du temps qu'elle y passa, quoiqu'elle y attendît une grande demi-heure. Ce salon, déjà renouvelé depuis l'installation de Josépha dans ce petit hôtel, était en soieries couleur *massaca* et or. Le luxe que jadis les grands seigneurs déployaient dans leurs petites maisons et dont tant de restes magnifiques témoignent de ces *folies* qui justifiaient si bien leur nom, éclatait avec la perfection due aux moyens modernes, dans les quatre pièces ouvertes, dont la température douce était entretenue par un calorifère à bouches invisibles. La baronne étourdie examinait chaque objet d'art dans un étonnement profond. Elle y trouvait l'explication de ces fortunes fondues au creuset sous lequel le Plaisir et la Vanité attisent un feu dévorant. Cette femme qui, depuis vingt-six ans, vivait au milieu des froides reliques du luxe impérial, dont les yeux contemplaient des tapis à fleurs éteintes, des bronzes dédorés, des soieries flétries comme son cœur, entrevit la puissance des séductions du Vice en en voyant les résultats. On ne pouvait point ne pas envier ces belles choses, ces admirables créations auxquelles les grands artistes inconnus qui font le Paris actuel et sa production européenne avaient tous contribué. Là, tout surprenait par la perfection de la chose unique. Les modèles étant brisés, les formes, les figurines, les sculptures étaient toutes originales. C'est là le dernier mot du luxe aujourd'hui. Posséder des choses qui ne soient pas vulgarisées par deux mille bourgeois opulents qui se croient luxueux quand ils étalent des richesses dont sont encombrés les magasins, c'est le cachet du vrai luxe, le luxe des grands seigneurs modernes, étoiles éphémères du firmament parisien. En examinant des jardinières pleines de fleurs exotiques les plus rares, garnies de bronzes ciselés et faits dans le genre dit de Boule, la baronne fut effrayée de ce que cet appartement contenait de richesses. Nécessairement ce sentiment dut réagir sur la personne autour de qui ces profusions ruisselaient. Adeline pensa que Josépha Mirah, dont le portrait dû au pinceau de Joseph Bridau, brillait dans le boudoir voisin, était une cantatrice de génie, une Malibran, et elle s'attendit à voir une vraie lionne. Elle regretta d'être venue. Mais elle était poussée par un sentiment si puissant, si naturel, par un dévouement si peu calculateur, qu'elle rassembla son courage pour soutenir cette entrevue. Puis, elle allait satisfaire cette curiosité, qui la poignait, d'étudier le charme que possédaient ces sortes de femmes, pour extraire tant d'or des gisements avares du sol parisien. La baronne se regarda pour savoir si elle ne faisait pas tache dans ce luxe; mais elle portait bien sa robe en velours à guimpe, sur laquelle s'étalait une belle collerette en magnifique dentelle; son chapeau de velours en même couleur lui séyait. En se voyant encore imposante comme une reine, toujours reine même quand elle est détruite, elle pensa que la noblesse du malheur valait la noblesse du talent. Après avoir entendu ouvrir et fermer des portes, elle aperçut enfin Josépha. La cantatrice ressemblait à la Judith d'Alloris, gravée dans le souvenir de tous ceux qui l'ont vue dans le palais Pitti, auprès de la porte d'un grand salon : même fierté de pose, même visage sublime, des cheveux noirs tordus sans apprêt, et une robe de chambre jaune à mille fleurs brodées, absolument semblable au brocart dont est habillée l'immortelle homicide créée par le neveu du Bronzino.

— Madame la baronne, vous me voyez confondue de l'honneur que vous me faites en venant ici, dit la cantatrice qui s'était promis de bien jouer son rôle de grande dame.

Elle avança elle-même un fauteuil ganache à la baronne, et prit pour elle un pliant. Elle reconnut la beauté disparue de cette femme, et fut saisie d'une pitié profonde en la voyant agitée par ce tremblement nerveux que la moindre émotion rendait convulsif. Elle lut d'un seul regard cette vie sainte que jadis Hulot et Crevel lui dépeignaient; et non-seulement elle perdit alors l'idée de lutter avec cette femme, mais encore elle s'humilia devant cette grandeur qu'elle comprit. La sublime artiste admira ce dont se moquait la courtisane.

— Mademoiselle, je viens amenée par le désespoir qui fait recourir à tous les moyens...

Un geste de Josépha fit comprendre à la baronne qu'elle venait de blesser celle de qui elle attendait tant, et elle regarda l'artiste. Ce regard plein de supplication éteignit la flamme des yeux de Josépha qui finit par sourire. Ce fut entre ces deux femmes un jeu muet d'une horrible éloquence.

— Voici deux ans et demi que monsieur Hulot a quitté sa famille, et j'ignore où il est, quoique je sache qu'il habite Paris, reprit la baronne d'une voix émue. Un rêve m'a donné l'idée, absurde peut-être, que vous avez dû vous intéresser à monsieur Hulot. Si vous pouviez me mettre à même de revoir monsieur Hulot, ah! mademoiselle, je prierais Dieu pour vous, tous les jours, pendant le temps que je resterai sur cette terre...

Deux grosses larmes qui roulèrent dans les yeux de la cantatrice en annoncèrent la réponse.

— Madame, dit-elle avec l'accent d'une profonde humilité, je vous ai fait du mal sans vous connaître; mais maintenant que j'ai le bonheur, en vous voyant, d'avoir entrevu la plus grande image de la Vertu sur la terre, croyez que je sens la portée de ma faute, j'en conçois un sincère repentir; aussi, comptez que je suis capable de tout pour la réparer!...

Elle prit la main de la baronne, sans que la baronne eût pu s'opposer à ce mouvement, elle la baisa de la façon la plus respectueuse, et alla jusqu'à l'abaissement en pliant un genou. Puis elle se releva fière comme lorsqu'elle entrait en scène dans le rôle de Mathilde, et sonna.

— Allez, dit-elle à son valet de chambre, allez à cheval, et crevez-le s'il le faut, trouvez-moi la petite Bijou, rue Saint-Maur-du-Temple, amenez-la-moi, faites-la monter en voiture, et payez le cocher pour qu'il arrive au galop. Ne perdez pas une minute... ou je vous renvoie. — Madame, dit-elle en revenant à la baronne et lui parlant d'une voix pleine de respect, vous devez me pardonner. Aussitôt que j'ai eu le duc d'Hérouville pour protecteur, je vous ai renvoyé le baron, en apprenant qu'il ruinait pour moi sa famille. Que pouvais-je faire de plus? Dans la carrière du théâtre, une protection nous est nécessaire à toutes au moment où nous y débutons. Nos appointements ne soldent pas la moitié de nos dépenses, nous nous donnons donc des maris temporaires... Je ne tenais pas à monsieur Hulot, qui m'a fait quitter un homme riche, une bête vaniteuse. Le père Crevel m'aurait certainement épousée...

— Il me l'a dit, fit la baronne en interrompant la cantatrice.

— Eh bien ! voyez-vous, madame ! je serais une honnête femme aujourd'hui, n'ayant eu qu'un mari légal !

— Vous avez des excuses, mademoiselle, dit la baronne, Dieu les appréciera. Mais moi, loin de vous faire des reproches, je suis venue au contraire contracter envers vous une dette de reconnaissance.

— Madame, j'ai pourvu, voici bientôt trois ans, aux besoins de monsieur le baron...

— Vous, s'écria la baronne à qui des larmes vinrent aux yeux. Ah ! que puis-je pour vous ? je ne puis que prier...

— Moi ! et monsieur le duc d'Hérouville, reprit la cantatrice, un noble cœur, un vrai gentilhomme...

Et Josépha raconta l'emménagement et le mariage du père Thoul.

— Ainsi, mademoiselle, dit la baronne, mon ami, grâce à vous, n'a manqué de rien ?

— Nous avons tout fait pour cela, madame.

— Et où se trouve-t-il ?

— Monsieur le duc m'a dit, il y a six mois environ, que le baron, connu de son notaire sous le nom de Thoul, avait épuisé les huit mille francs qui devaient n'être remis que par parties égales de trois en trois mois, répondit Josépha. Ni moi ni monsieur d'Hérouville nous n'avons entendu parler du baron. Notre vie, à nous autres, est si occupée, si remplie, que je n'ai pu courir après le père Thoul. Par aventure, depuis six mois, Bijou, ma brodeuse, sa... comment dirais-je ?

— Sa maîtresse, dit madame Hulot.

— Sa maîtresse, répéta Josépha, n'est pas venue ici. Mademoiselle Olympe Bijou pourrait fort bien avoir divorcé. Le divorce est fréquent dans notre arrondissement.

Josépha se leva, fourragea les fleurs rares de ses jardinières, et fit un charmant, un délicieux bouquet pour la baronne, dont l'attente était, disons-le, entièrement trompée. Semblable à ces bons bourgeois qui prennent les gens de génie pour des espèces de monstres mangeant, buvant, marchant, parlant, tout autrement que les autres hommes, la baronne espérait voir Josépha la fascinatrice, Josépha la cantatrice, la courtisane spirituelle et amoureuse ; et elle trouvait une femme calme et posée, ayant la noblesse de son talent, la simplicité d'une actrice qui se sait reine le soir, et enfin, mieux que cela, une fille qui rendait par ses regards, par son attitude et ses façons, un plein et entier hommage à la femme vertueuse, à la *Mater dolorosa* de l'hymne saint, et qui en fleurissait les plaies, comme en Italie on fleurit la Madone.

— Madame, vint dire le valet revenu au bout d'une demi-heure, la mère Bijou est en route; mais il ne faut pas compter sur la petite Olympe. La brodeuse de madame est devenue bourgeoise, elle est mariée...

— En détrempe?... demanda Josépha.

— Non, madame, vraiment mariée. Elle est à la tête d'un magnifique établissement, elle a épousé le propriétaire d'un grand magasin de nouveautés où l'on a dépensé des millions, sur le boulevard des Italiens, et elle a laissé son établissement de broderie à ses sœurs et à sa mère. Elle est madame Grenouville. Ce gros négociant...

— Un Crevel!

— Oui, madame, dit le valet. Il a reconnu trente mille francs de rente au contrat de mademoiselle Bijou. Sa sœur aînée va, dit-on, aussi épouser un riche boucher.

— Votre affaire me semble aller bien mal, dit la cantatrice à la baronne. Monsieur le baron n'est plus où je l'avais casé.

Dix minutes après, on annonça madame Bijou. Josépha, par prudence, fit passer la baronne dans son boudoir, en en tirant la portière.

— Vous l'intimideriez, dit-elle à la baronne, elle ne lâcherait rien en devinant que vous êtes intéressée à ses confidences, laissez-moi la confesser! Cachez-vous là, vous entendrez tout. Cette scène se joue aussi souvent dans la vie qu'au théâtre. — Eh bien! mère Bijou, dit la cantatrice à une vieille femme enveloppée d'étoffe dite *tartan*, et qui ressemblait à une portière endimanchée, vous voilà tous heureux? votre fille a eu de la chance!

— Oh! heureuse... ma fille nous donne cent francs par mois, et elle va en voiture, et elle mange dans de l'argent, elle est *miyonaire*. Olympe aurait bien pu me mettre hors de peine. A mon âge, travailler!... Est-ce un bienfait?

— Elle a tort d'être ingrate, car elle vous doit sa beauté, reprit Josépha; mais pourquoi n'est-elle pas venue me voir? C'est moi qui l'ai tirée de peine en la mariant à mon oncle...

— Oui, madame, le père Thoul!... Mais il est ben vieux, ben cassé...

— Qu'en avez-vous donc fait ? Est-il chez vous ?... Elle a eu bien tort de s'en séparer, le voilà riche à millions...

— Ah ! Dieu de Dieu, fit la mère Bijou... c'est ce qu'on lui disait quand elle se comportait mal avec lui qu'était la douceur même, pauvre vieux ! Ah ! le faisait-elle *trimer !* Olympe a été pervertie, madame !

— Et comment !

— Elle a connu, sous votre respect, madame, un claqueur, petit-neveu d'un vieux matelassier du faubourg Saint-Marceau. Ce *faigniant*, comme tous les jolis garçons, un *souteneur* de pièces, quoi ! est la coqueluche du boulevard du Temple où il travaille aux pièces nouvelles, et *soigne les entrées* des actrices, comme il dit. Dans la matinée, il déjeune; avant le spectacle, il dîne pour se monter la tête; enfin il aime les liqueurs et le billard de naissance. — « C'est pas un état cela ! » que je disais à Olympe.

— C'est malheureusement un état, dit Joséphа.

— Enfin, Olympe avait la tête perdue pour ce gars-là, qui, madame, ne voyait pas bonne compagnie, à preuve qu'il a failli être arrêté dans l'estaminet où sont les voleurs ; mais, pour lors, monsieur Braulard, le chef de la claque, l'a réclamé. Ça porte des boucles d'oreilles en or, et ça vit de ne rien faire, aux crochets des femmes qui sont folles de ces bels hommes-là ! Il a mangé tout l'argent que monsieur Thoul donnait à la petite. L'établissement allait fort mal. Ce qui venait de la broderie allait au billard. Pour lors, ce gars-là, madame, avait une sœur jolie, qui faisait le même état que son frère, une pas grand'chose, dans le quartier des étudiants.

— Une lorette de la Chaumière, dit Joséphа.

— Oui, madame, dit la mère Bijou. Donc, Idamore, il se nomme Idamore, c'est son nom de guerre, car il s'appelle Chardin, Idamore a supposé que votre oncle devait avoir bien plus d'argent qu'il ne le disait, et il a trouvé moyen d'envoyer, sans que ma fille s'en doutât, Élodie, sa sœur (il lui a donné un nom de théâtre), chez nous, comme ouvrière; Dieu de Dieu ! qu'elle y a mis tout cen dessus-dessous, elle a débauché toutes ces pauvres filles qui sont devenues indécrottables, sous votre respect... Et elle a tant fait, qu'elle a pris pour elle le père Thoul, et elle l'a emmené, que nous ne savons pas où, que ça nous a mis dans un embarras, rapport à tous les billets. Nous sommes encore aujor-d'ojord'hui sans

pouvoir payer; mais ma fille qu'est là-dedans veille aux échéances...
Quand Idamore a évu le vieux à lui, rapport à sa sœur, il a laissé
là ma pauvre fille, et il est maintenant avec une jeune première
des Funambules... Et de là, le mariage de ma fille, comme vous
allez voir...

— Mais vous savez où demeure le matelassier?... demanda Joséphа.

— Le vieux père Chardin? Est-ce que ça demeure ça!... Il est
ivre dès six heures du matin, il fait un matelas tous les mois, il
est toute la journée dans les estaminets borgnes, il fait les poules...

— Comment, il fait les poules?... c'est un fier coq!

— Vous ne comprenez pas, madame; c'est la poule au billard,
il en gagne trois ou quatre tous les jours, et il boit...

— Des laits de poule! dit Joséphа. Mais Idamore fonctionne au
Boulevard, et en s'adressant à mon ami Braulard, on le trouvera...

— Je ne sais pas, madame, vu que ces événements-là se sont
passés il y a six mois. Idamore est un de ces gens qui doivent aller
à la Correctionnelle, de là à Melun, et puis... dame!...

— Au pré! dit Joséphа.

— Ah! madame sait tout, dit en souriant la mère Bijou. Si ma
fille n'avait pas connu cet être-là, elle, elle serait... Mais elle a eu
bien de la chance, tout de même, vous me direz; car monsieur Grenouville en est devenu amoureux au point qu'il l'a épousée...

— Et comment ce mariage-là s'est-il fait?...

— Par le désespoir d'Olympe, madame. Quand elle s'est vue
abandonnée pour la jeune première à qui elle a trempé une soupe!
ah! l'a-t-elle *giroflettée!*... et qu'elle a eu perdu le père Thoul
qui l'adorait, elle a voulu renoncer aux hommes. Pour lors, monsieur Grenouville, qui venait acheter beaucoup chez nous, deux
cents écharpes de Chine brodées par trimestre, l'a voulu consoler;
mais, vrai ou non, elle n'a voulu entendre à rien qu'avec la mairie
et l'église. — « Je veux être honnête!... disait-elle toujours, ou je
me péris! » Et elle a tenu bon. Monsieur Grenouville a consenti à
l'épouser, à la condition qu'elle renoncerait à nous, et nous avons
consenti...

— Moyennant finance?... dit la perspicace Joséphа.

— Oui, madame, dix mille francs, et une rente à mon père qui
ne peut plus travailler...

— J'avais prié votre fille de rendre le père Thoul heureux, et elle me l'a jeté dans la crotte! Ce n'est pas bien. Je ne m'intéresserai plus à personne! Voilà ce que c'est que de se livrer à la Bienfaisance!... La Bienfaisance n'est décidément bonne que comme spéculation. Olympe devait au moins m'avertir de ce tripotage-là! Si vous retrouvez le père Thoul, d'ici à quinze jours, je vous donnerai mille francs...

— C'est bien difficile, ma bonne dame, mais il y a bien des pièces de cent sous dans mille francs, et je vais tâcher de gagner votre argent...

— Adieu, madame Bijou.

En entrant dans son boudoir, la cantatrice y trouva madame Hulot complétement évanouie; mais, malgré la perte de ses sens, son tremblement nerveux la faisait toujours tressaillir, de même que les tronçons d'une couleuvre coupée s'agitent encore. Des sels violents, de l'eau fraîche, tous les moyens ordinaires prodigués rappelèrent la baronne à la vie, ou, si l'on veut, au sentiment de ses douleurs.

— Ah! mademoiselle! jusqu'où est-il tombé!... dit-elle en reconnaissant la cantatrice et se voyant seule avec elle.

— Ayez du courage, madame, répondit Josépha qui s'était mise sur un coussin aux pieds de la baronne et qui lui baisait les mains, nous le retrouverons; et, s'il est dans la fange, eh bien! il se lavera. Croyez-moi, pour les personnes bien élevées, c'est une question d'habits... Laissez-moi réparer mes torts envers vous, car je vois combien vous êtes attachée à votre mari, malgré sa conduite, puisque vous êtes venue ici!... Dame! ce pauvre homme! il aime les femmes... eh! bien, si vous aviez eu, voyez-vous, un peu de notre *chique*, vous l'auriez empêché de courailler; car vous auriez été ce que nous savons être : *toutes les femmes* pour un homme. Le gouvernement devrait créer une école de gymnastique pour les honnêtes femmes! Mais les gouvernements sont si bégueules!... ils sont menés par les hommes que nous menons! Moi, je plains les peuples!... Mais il s'agit de travailler pour vous, et non de rire... Eh bien! soyez tranquille, madame, rentrez chez vous, ne vous tourmentez plus. Je vous ramènerai votre Hector, comme il était il y a trente ans.

— Oh! mademoiselle, allons chez cette madame Grenouville! dit la baronne; elle doit savoir quelque chose, peut-être verrai-je monsieur Hulot aujourd'hui, et pourrai-je l'arracher immédiatement à la misère, à la honte...

— Madame, je vous témoignerai par avance la reconnaissance profonde que je vous garderai de l'honneur que vous m'avez fait, en ne montrant pas la cantatrice Josépha, la maîtresse du duc d'Hérouville, à côté de la plus belle, de la plus sainte image de la Vertu. Je vous respecte trop pour me faire voir auprès de vous. Ce n'est pas une humilité de comédienne, c'est un hommage que je vous rends. Vous me faites regretter, madame, de ne pas suivre votre sentier, malgré les épines qui vous ensanglantent les pieds et les mains ! Mais, que voulez-vous ! j'appartiens à l'Art comme vous appartenez à la Vertu...

— Pauvre fille ! dit la baronne émue au milieu de ses douleurs par un singulier sentiment de sympathie commisérative, je prierai Dieu pour vous, car vous êtes la victime de la Société, qui a besoin de spectacles. Quand la vieillesse viendra, faites pénitence... vous serez exaucée, si Dieu daigne entendre les prières d'une...

— D'une martyre, madame, dit Josépha qui baisa respectueusement la robe de la baronne.

Mais Adeline prit la main de la cantatrice, l'attira vers elle et la baisa au front. Rouge de plaisir, la cantatrice reconduisit Adeline jusqu'à sa voiture, avec les démonstrations les plus serviles.

— C'est quelque dame de charité, dit le valet de chambre à la femme de chambre, car *elle* n'est ainsi pour personne, pas même pour sa bonne amie, madame Jenny Cadine !

— Attendez quelques jours, dit-elle, madame, et vous *le* verrez, ou je renierai le dieu de mes pères ; et, pour une juive, voyez-vous, c'est promettre la réussite.

Au moment où la baronne entrait chez Josépha, Victorin recevait dans son cabinet une vieille femme âgée de soixante-quinze ans environ, qui, pour parvenir jusqu'à l'avocat célèbre, mit en avant le nom terrible du chef de la police de sûreté. Le valet de chambre annonça : — Madame de Saint-Estève !

— J'ai pris un de mes noms de guerre, dit-elle en s'asseyant.

Victorin fut saisi d'un frisson intérieur, pour ainsi dire, à l'aspect de cette affreuse vieille. Quoique richement mise, elle épouvantait par les signes de méchanceté froide que présentait sa plate figure horriblement ridée, blanche et musculeuse. Marat, en femme et à cet âge, eût été, comme la Saint-Estève, une image vivante de la Terreur. Cette vieille sinistre offrait dans ses petits yeux clairs la cupidité sanguinaire des tigres. Son nez épaté, dont les narines agrandies en trous ovales soufflaient le feu de l'enfer, rappelait le bec des plus mauvais oiseaux de proie. Le génie de l'intrigue siégeait sur son front bas et cruel. Ses longs poils de barbe poussés au hasard dans tous les creux de son visage, annonçaient la virilité de ses projets. Quiconque eût vu cette femme, aurait pensé que tous les peintres avaient manqué la figure de Méphistophélès...

— Mon cher monsieur, dit-elle d'un ton de protection, je ne me mêle plus de rien depuis long-temps. Ce que je vais faire pour vous, c'est par considération pour mon cher neveu, que j'aime mieux que je n'aimerais mon fils... Or, le préfet de police, à qui le président du conseil a dit deux mots dans le tuyau de l'oreille, rapport à vous, en conférant avec monsieur Chapuzot, a pensé que la police ne devait paraître en rien dans une affaire de ce genre-là. L'on a donné carte blanche à mon neveu; mais mon neveu ne sera là-dedans que pour le conseil, il ne doit pas se compromettre...

— Vous êtes la tante de...

— Vous y êtes, et j'en suis un peu orgueilleuse, répondit-elle en coupant la parole à l'avocat, car il est mon élève, un élève devenu promptement le maître... Nous avons étudié votre affaire, et nous avons *jaugé* ça ! Donnez-vous trente mille francs si l'on vous débarrasse de tout ceci ? je vous liquide la chose ! et vous ne payez que l'affaire faite...

— Vous connaissez les personnes ?

— Non, mon cher monsieur, j'attends vos renseignements. On nous a dit : Il y a un benêt de vieillard qui est entre les mains d'une veuve. Cette veuve de vingt-neuf ans a si bien fait son métier de *voleuse* qu'elle a quarante mille francs de rente prises à deux pères de famille. Elle est sur le point d'engloutir quatre-vingt mille francs de rente en épousant un bonhomme de soixante et un ans; elle ruinera toute une honnête famille, et donnera cette immense fortune à l'enfant de quelque amant, en se débarrassant promptement de son vieux mari... Voilà le problème.

— C'est exact ! dit Victorin. Mon beau-père, monsieur Crevel...

— Ancien parfumeur, un maire; je suis dans son arrondissement sous le nom de *mame* Nourrisson, répondit-elle.

— L'autre personne est madame Marneffe.

— Je ne la connais pas, dit madame Saint-Estève; mais, en trois jours, je serai à même de compter ses chemises.

— Pourriez-vous empêcher le mariage?... demanda l'avocat.

— Où en est-il?

— A la seconde publication.

— Il faudrait enlever la femme. Nous sommes aujourd'hui dimanche, il n'y a que trois jours, car ils se marieront mercredi, c'est impossible! Mais on peut vous la tuer...

Victorin Hulot fit un bond d'honnête homme en entendant ces six mots dits de sang-froid.

— Assassiner!... dit-il. Et comment ferez-vous?

— Voici quarante ans, monsieur, que nous remplaçons le Destin, répondit-elle avec un orgueil formidable, et que nous faisons tout ce que nous voulons dans Paris. Plus d'une famille, et du faubourg Saint-Germain, m'a dit ses secrets, allez! J'ai conclu, rompu bien des mariages, j'ai déchiré bien des testaments, j'ai sauvé bien des honneurs! Je parque là, dit-elle en montrant sa tête, un troupeau de secrets qui me vaut trente-six mille francs de rente; et, vous, vous serez un de mes agneaux, quoi! Une femme comme moi serait-elle ce que je suis, si elle parlait de ses moyens! J'agis! Tout ce qui se fera, mon cher maître, sera l'œuvre du hasard, et vous n'aurez pas le plus léger remords. Vous serez comme les gens guéris par les somnambules, ils croient au bout d'un mois que la nature a tout fait.

Victorin eut une sueur froide. L'aspect du bourreau l'aurait moins ému que cette sœur sentencieuse et prétentieuse du Bagne; en voyant sa robe lie-de-vin, il la crut vêtue de sang.

— Madame, je n'accepte pas le secours de votre expérience et de votre activité, si le succès doit coûter la vie à quelqu'un, et si le moindre fait criminel s'ensuit.

— Vous êtes un grand enfant, monsieur! répondit madame Saint-Estève. Vous voulez rester probe à vos propres yeux, tout en souhaitant que votre ennemi succombe.

Victorin fit un signe de dénégation.

— Oui, reprit-elle, vous voulez que cette madame Marneffe abandonne la proie qu'elle a dans la gueule! Et comment feriez-vous lâcher à un tigre son morceau de bœuf? Est-ce en lui passant la main sur le dos et lui disant : *minet!... minet!...* Vous n'êtes pas logique. Vous ordonnez un combat, et vous n'y voulez pas de blessures! Eh bien! je vais vous faire cadeau de cette innocence qui vous tient tant au cœur. J'ai toujours vu dans l'honnêteté de l'étoffe à hypocrisie! Un jour, dans trois mois, un pauvre prêtre viendra vous demander quarante mille francs pour une œuvre pie, un couvent ruiné dans le Levant, dans le désert! Si vous êtes content de votre sort, donnez les quarante mille francs au bonhomme! vous en verserez bien d'autres au fisc! Ce sera peu de chose, allez! en comparaison de ce que vous récolterez.

Elle se dressa sur ses larges pieds à peine contenus dans des souliers de satin que la chair débordait, elle sourit en saluant et se retira.

— Le diable a une sœur, dit Victorin en se levant.

Il reconduisit cette horrible inconnue, évoquée des antres de l'espionnage, comme du troisième dessous de l'Opéra se dresse un monstre au coup de baguette d'une fée dans un ballet-féerie. Après avoir fini ses affaires au Palais, il alla chez monsieur Chapuzot, le chef d'un des plus importants services à la Préfecture de police, pour y prendre des renseignements sur cette inconnue. En voyant monsieur Chapuzot seul dans son cabinet, Victorin Hulot le remercia de son assistance.

— Vous m'avez envoyé, dit-il, une vieille qui pourrait servir à personnifier Paris, vu du côté criminel.

Monsieur Chapuzot déposa ses lunettes sur ses papiers, et regarda l'avocat d'un air étonné.

— Je ne me serais pas permis de vous adresser qui que ce soit sans vous en avoir prévenu, sans donner un mot d'introduction, répondit-il.

— Ce sera donc monsieur le préfet...

— Je ne le pense pas, dit Chapuzot. La dernière fois que le prince de Wissembourg a dîné chez le ministre de l'intérieur, il a vu monsieur le préfet, et il lui a parlé de la situation où vous étiez, une situation déplorable, en lui demandant si l'on pouvait amiablement venir à votre secours. Monsieur le préfet, vivement intéressé par la peine que Son Excellence a montrée au sujet de cette affaire de famille, a eu la complaisance de me consulter à ce sujet. Depuis que monsieur le préfet a pris les rênes de cette administration, si calomniée et si utile, il s'est, de prime abord, interdit de pénétrer dans la Famille. Il a eu raison et en principe et comme morale; mais il a eu tort en fait. La police, depuis quarante-cinq ans que j'y suis, a rendu d'immenses services aux familles, de 1799 à 1815. Depuis 1820, la Presse et le Gouvernement constitutionnel ont totalement changé les conditions de notre existence.

Aussi, mon avis a-t-il été de ne pas s'occuper d'une semblable affaire, et monsieur le préfet a eu la bonté de se rendre à mes observations. Le chef de la police de sûreté a reçu devant moi l'ordre de ne pas s'avancer ; et si, par hasard, vous avez reçu quelqu'un de sa part, je le réprimanderai. Ce serait un cas de destitution. On a bientôt dit : La police fera cela ! La police ! la police ! Mais, mon cher maître, le maréchal, le conseil des ministres ignorent ce que c'est que la police. Il n'y a que la police qui se connaisse elle-même. Les Rois, Napoléon, Louis XVIII savaient les affaires de la leur ; mais la nôtre, il n'y a eu que Fouché, que monsieur Lenoir, monsieur de Sartines et quelques préfets, hommes d'esprit, qui s'en sont doutés... Aujourd'hui tout est changé. Nous sommes amoindris, désarmés ! J'ai vu germer bien des malheurs privés que j'aurais empêchés avec cinq scrupules d'arbitraire !... Nous serons regrettés par ceux-là mêmes qui nous ont démolis quand ils seront, comme vous, devant certaines monstruosités morales qu'il faudrait pouvoir enlever comme nous enlevons les boues ! En politique, la police est tenue de tout prévenir, quand il s'agit du salut public ; mais la Famille, c'est sacré. Je ferais tout pour découvrir et empêcher un attentat contre les jours du Roi ! je rendrais les murs d'une maison transparents ; mais aller mettre nos griffes dans les ménages, dans les intérêts privés !... jamais, tant que je siégerai dans ce cabinet, car j'ai peur...

— De quoi ?

— De la Presse ! monsieur le député du centre gauche.

— Que dois-je faire ? dit Hulot fils après une pause.

— Eh ! vous vous appelez la Famille ! reprit le Chef de Division, tout est dit, agissez comme vous l'entendrez ; mais vous venir en aide, mais faire de la police un instrument des passions et des intérêts privés, est-ce possible ?... Là, voyez-vous, est le secret de la persécution nécessaire, que les magistrats ont trouvée illégale, dirigée contre le prédécesseur de notre chef actuel de la Sûreté. Bibi-Lupin faisait la police pour le compte des particuliers. Ceci cachait un immense danger social ! Avec les moyens dont il disposait, cet homme eût été formidable, il eût été une *Sous-fatalité...*

— Mais à ma place ? dit Hulot.

— Oh ! vous me demandez une consultation, vous qui en vendez ! répliqua monsieur Chapuzot. Allons donc, mon cher maître, vous vous moquez de moi.

Hulot salua le Chef de Division, et s'en alla sans voir l'imperceptible mouvement d'épaules qui échappa au fonctionnaire, quand il se leva pour le reconduire. — Et ça veut être un homme d'État!... se dit monsieur Chapuzot en reprenant ses rapports.

Victorin revint chez lui, gardant ses perplexités, et ne pouvant les communiquer à personne. A dîner, la baronne annonça joyeusement à ses enfants que, sous un mois, leur père pourrait partager leur aisance et achever paisiblement ses jours en famille.

— Ah! je donnerais bien mes trois mille six cents francs de rente pour voir le baron ici! s'écria Lisbeth. Mais, ma bonne Adeline, ne conçois pas de pareilles joies par avance!... je t'en prie.

— Lisbeth a raison, dit Célestine. Ma chère mère, attendez l'événement.

La baronne, tout cœur, tout espérance, raconta sa visite à Joséphia, trouva ces pauvres filles malheureuses dans leur bonheur, et parla de Chardin, le matelassier, le père du garde-magasin d'Oran, en montrant ainsi qu'elle ne se livrait pas à un faux espoir.

Lisbeth, le lendemain matin, était à sept heures, dans un fiacre, sur le quai de la Tournelle, où elle fit arrêter à l'angle de la rue de Poissy.

— Allez, dit-elle au cocher, rue des Bernardins, au numéro sept, c'est une maison à allée, et sans portier. Vous monterez au quatrième étage, vous sonnerez à la porte à gauche, sur laquelle d'ailleurs vous lirez : « Mademoiselle Chardin, repriseuse de dentelles et de cachemires. » On viendra. Vous demanderez *le chevalier*. On vous répondra : « Il est sorti. » Vous direz : « Je le sais bien, mais trouvez-le, car *sa bonne* est là sur le quai, dans un fiacre, et veut le voir... »

Vingt minutes après, un vieillard, qui paraissait âgé de quatre-vingts ans, aux cheveux entièrement blancs, le nez rougi par le froid dans une figure pâle et ridée comme celle d'une vieille femme, allant d'un pas traînant, les pieds dans des pantoufles de lisière, le dos voûté, vêtu d'une redingote d'alpaga chauve, ne portant pas de décoration, laissant passer à ses poignets les manches d'un gilet tricoté, et la chemise d'un jaune inquiétant, se montra timidement, regarda le fiacre, reconnut Lisbeth, et vint à la portière.

— Ah! mon cher cousin, dit-elle, dans quel état vous êtes!

— Élodie prend tout pour elle! dit le baron Hulot. Ces Chardins sont des canailles puantes...

— Voulez-vous revenir avec nous?

— Oh! non, non, dit le vieillard, je voudrais passer en Amérique...

— Adeline est sur vos traces...

— Ah! si l'on pouvait payer mes dettes, demanda le baron d'un air défiant, car Samanon me poursuit.

— Nous n'avons pas encore payé votre arriéré, votre fils doit encore cent mille francs...

— Pauvre garçon !

— Et votre pension ne sera libre que dans sept à huit mois... Si vous voulez attendre, j'ai là deux mille francs !

Le baron tendit la main par un geste avide, effrayant.

— Donne, Lisbeth ! Que Dieu te récompense ! Donne ! je sais où aller !

— Mais vous me le direz, vieux monstre ?

— Oui. Je puis attendre ces huit mois, car j'ai découvert un petit ange, une bonne créature, une innocente et qui n'est pas assez âgée pour être encore dépravée.

— Songez à la cour d'assises, dit Lisbeth qui se flattait d'y voir un jour Hulot.

— Eh ! c'est rue de Charonne ! dit le baron Hulot, un quartier où tout arrive sans esclandre. Va, l'on ne me trouvera jamais. Je me suis déguisé, Lisbeth, en père Thorec, on me prendra pour un ancien ébéniste, la petite m'aime, et je ne me laisserai plus manger la laine sur le dos.

— Non, c'est fait! dit Lisbeth en regardant la redingote. Si je vous y conduisais, cousin ?...

Le baron Hulot monta dans la voiture, en abandonnant mademoiselle Élodie sans lui dire adieu, comme on jette un roman lu.

En une demi-heure pendant laquelle le baron Hulot ne parla que de la petite Atala Judix à Lisbeth, car il était arrivé par degrés aux affreuses passions qui ruinent les vieillards, sa cousine le déposa, muni de deux mille francs, rue de Charonne, dans le faubourg Saint-Antoine, à la porte d'une maison à façade suspecte et menaçante.

— Adieu, cousin, tu seras maintenant le *père Thorec*, n'est-ce pas? Ne m'envoie que des commissionnaires, et en les prenant toujours à des endroits différents.

— C'est dit. Oh! je suis bien heureux! dit le baron dont la figure fut éclairée par la joie d'un futur et tout nouveau bonheur.

— On ne le trouvera pas là, se dit Lisbeth qui fit arrêter son fiacre au boulevard Beaumarchais, d'où elle revint, en omnibus, rue Louis-le-Grand.

Le lendemain, Crevel fut annoncé chez ses enfants, au moment où toute la famille était réunie au salon, après le déjeuner. Célestine courut se jeter au cou de son père, et se conduisit comme s'il était venu la veille, quoique, depuis deux ans, ce fût sa première visite.

— Bonjour, mon père! dit Victorin en lui tendant la main.

— Bonjour, mes enfants! dit l'important Crevel. Madame la baronne, je mets mes hommages à vos pieds. Dieu! comme ces enfants grandissent! ça nous chasse! ça nous dit : — Grand-papa, je veux ma place au soleil! — Madame la comtesse, vous êtes toujours admirablement belle! ajouta-t-il en regardant Hortense. — Et voilà le reste de nos écus! ma cousine Bette, la vierge sage. Mais vous êtes tous très-bien ici... dit-il après avoir distribué ces phrases à chacun et en les accompagnant de gros rires qui remuaient difficilement les masses rubicondes de sa large figure.

Et il regarda le salon de sa fille avec une sorte de dédain.

— Ma chère Célestine, je te donne tout mon mobilier de la rue des Saussayes, il fera très-bien ici. Ton salon a besoin d'être renouvelé... Ah! voilà ce petit drôle de Wenceslas! Eh bien! sommes-nous sages, mes petits enfants? il faut avoir des mœurs.

— Pour ceux qui n'en ont pas, dit Lisbeth.

— Ce sarcasme, ma chère Lisbeth, ne me concerne plus. Je vais, mes enfants, mettre un terme à la fausse position où je me trouvais depuis si long-temps; et, en bon père de famille, je viens vous annoncer mon mariage, là, tout bonifacement.

— Vous avez le droit de vous marier, dit Victorin, et, pour mon compte je vous rends la parole que vous m'avez donnée en m'accordant la main de ma chère Célestine...

— Quelle parole? demanda Crevel.

— Celle de ne pas vous marier, répondit l'avocat. Vous me rendrez la justice d'avouer que je ne vous demandais pas cet engagement, que vous l'avez bien volontairement pris malgré moi, car je vous ai, dans ce temps, fait observer que vous ne deviez pas vous lier ainsi.

— Oui, je m'en souviens, mon cher ami, dit Crevel honteux. Et, ma foi, tenez!... mes chers enfants, si vous vouliez bien vivre avec madame Crevel, vous n'auriez pas à vous repentir... Votre délicatesse, Victorin, me touche... On n'est pas impunément généreux avec moi... Voyons, sapristi! accueillez bien votre belle-mère, venez à mon mariage!...

— Vous ne nous dites pas, mon père, quelle est votre fiancée? dit Célestine.

— Mais c'est le secret de la comédie, reprit Crevel... Ne jouons pas à cache-cache! Lisbeth a dû vous dire...

— Mon cher monsieur Crevel, répliqua la Lorraine, il est des noms qu'on ne prononce pas ici...

— Eh bien! c'est madame Marneffe!

— Monsieur Crevel, répondit sévèrement l'avocat, ni moi ni ma femme nous n'assisterons à ce mariage, non par des motifs d'intérêt, car je vous ai parlé tout à l'heure avec sincérité. Oui, je serais très-heureux de savoir que vous trouverez le bonheur dans cette union; mais je suis mu par des considérations d'honneur et de délicatesse que vous devez comprendre, et que je ne puis exprimer, car elles raviveraient des blessures encore saignantes ici...

La baronne fit un signe à la comtesse, qui, prenant son enfant dans ses bras, lui dit : — Allons, viens prendre ton bain, Wenceslas! — Adieu, monsieur Crevel.

La baronne salua Crevel en silence, et Crevel ne put s'empêcher de sourire en voyant l'étonnement de l'enfant quand il se vit menacé de ce bain improvisé.

— Vous épousez, monsieur, s'écria l'avocat, quand il se trouva seul avec Lisbeth, avec sa femme et son beau-père, une femme chargée des dépouilles de mon père, et qui l'a froidement conduit où il est; une femme qui vit avec le gendre, après avoir ruiné le beau-père; qui cause les chagrins mortels de ma sœur... Et vous croyez qu'on nous verra sanctionnant votre folie par ma présence? Je vous plains sincèrement, mon cher monsieur Crevel! vous n'avez pas le sens de la famille, vous ne comprenez pas la solidarité d'honneur qui en lie les différents membres. On ne raisonne pas (je l'ai trop su malheureusement!) les passions. Les gens passionnés sont sourds comme ils sont aveugles. Votre fille Célestine a trop le sentiment de ses devoirs pour vous dire un seul mot de blâme.

— Ce serait joli! dit Crevel qui tenta de couper court à cette mercuriale.

— Célestine ne serait pas ma femme, si elle vous faisait une seule observation, reprit l'avocat; mais moi, je puis essayer de vous arrêter avant que vous ne mettiez le pied dans le gouffre, surtout après vous avoir donné la preuve de mon désintéressement. Ce n'est certes pas votre fortune, c'est vous-même dont je me préoccupe... Et pour vous éclairer sur mes sentiments, je puis ajouter, ne fût-ce que pour vous tranquilliser relativement à votre futur contrat de mariage, que ma situation de fortune est telle que nous n'avons rien à désirer...

— Grâce à moi ! s'écria Crevel dont la figure était devenue violette.

— Grâce à la fortune de Célestine, répondit l'avocat; et si vous regrettez d'avoir donné, comme une dot venant de vous, à votre fille des sommes qui ne représentent pas la moitié de ce que lui a laissé sa mère, nous sommes prêts à vous les rendre...

— Savez-vous, monsieur mon gendre, dit Crevel qui se mit en position, qu'en couvrant de mon nom madame Marneffe, elle ne doit plus répondre au monde de sa conduite qu'en qualité de madame Crevel.

— C'est peut-être très gentilhomme, dit l'avocat, c'est généreux quant aux choses de cœur, aux écarts de la passion; mais je ne connais pas de nom, ni de lois, ni de titre qui puissent couvrir le vol des trois cent mille francs ignoblement arrachés à mon père!... Je vous dis nettement, mon cher beau-père, que votre future est indigne de vous, qu'elle vous trompe et qu'elle est amoureuse folle de mon beau-frère Steinbock, elle en a payé les dettes...

— C'est moi qui les ai payées...

— Bien, reprit l'avocat, j'en suis bien aise pour le comte Steinbock qui pourra s'acquitter un jour; mais il est aimé, très-aimé, souvent aimé...

— Il est aimé!... dit Crevel dont la figure annonçait un bouleversement général. C'est lâche, c'est sale, et petit, et commun de calomnier une femme!... Quand on avance ces sortes de choses-là, monsieur, on les prouve...

— Je vous donnerai des preuves...

— Je les attends...

— Après-demain, mon cher monsieur Crevel, je vous dirai le jour et l'heure, le moment où je serai en mesure de dévoiler l'épouvantable dépravation de votre future épouse...

— Très-bien, je serai charmé, dit Crevel qui reprit son sang-froid. Adieu, mes enfants, au revoir. Adieu, Lisbeth...

— Suis-le donc, Lisbeth, dit Célestine à l'oreille de la cousine Bette.

— Eh bien! voilà comme vous vous en allez?... cria Lisbeth à Crevel.

— Ah! lui dit Crevel, il est devenu très-fort, mon gendre, il s'est formé. Le Palais, la Chambre, la rouerie judiciaire et la rouerie politique en font un gaillard. Ah! ah! il sait que je me marie mercredi prochain, et dimanche, ce monsieur me propose de me dire, dans trois jours, l'époque à laquelle il me démontrera que ma femme est indigne de moi... Ce n'est pas maladroit... Je retourne signer le contrat. Allons, viens avec moi, Lisbeth, viens!... Ils n'en sauront rien! Je voulais laisser quarante mille francs de rente à Célestine; mais Hulot vient de se conduire de manière à s'aliéner mon cœur à tout jamais.

— Donnez-moi dix minutes, père Crevel, attendez-moi dans votre voiture à la porte, je vais trouver un prétexte pour sortir.

— Eh bien! c'est convenu...

— Mes amis, dit Lisbeth qui retrouva la famille au salon, je vais avec Crevel, on signe le contrat ce soir, et je pourrai vous en dire les dispositions. Ce sera probablement ma dernière visite à cette femme. Votre père est furieux. Il va vous déshériter...

— Sa vanité l'en empêchera, répondit l'avocat. Il a voulu posséder la terre de Presles, il la gardera, je le connais. Eût-il des enfants, Célestine recueillera toujours la moitié de ce qu'il laissera, la loi l'empêche de donner toute sa fortune... Mais ces questions ne sont rien pour moi, je ne pense qu'à notre honneur... Allez, cousine, dit-il en serrant la main de Lisbeth, écoutez bien le contrat.

Vingt minutes après, Lisbeth et Crevel entraient à l'hôtel de la rue Barbet, où madame Marneffe attendait dans une douce impatience le résultat de la démarche qu'elle avait ordonnée. Valérie avait été prise, à la longue, pour Wenceslas de ce prodigieux amour qui, une fois dans la vie, étreint le cœur des femmes. Cet artiste manqué devint, entre les mains de madame Marneffe, un amant si parfait, qu'il était pour elle ce qu'elle avait été pour le baron Hulot.

Valérie tenait des pantoufles d'une main, et l'autre était à Steinbock, sur l'épaule de qui elle reposait sa tête. Il en est de la conversation à propos interrompus dans laquelle ils s'étaient lancés depuis le départ de Crevel, comme de ces longues œuvres littéraires de notre temps, au fronton desquelles on lit : *La reproduction en est interdite.* Ce chef-d'œuvre de poésie intime amena naturellement sur les lèvres de l'artiste un regret qu'il exprima, non sans amertume.

— Ah ! quel malheur que je me sois marié, dit Wenceslas, car si j'avais attendu, comme le disait Lisbeth, aujourd'hui je pourrais t'épouser.

— Il faut être Polonais pour souhaiter faire sa femme d'une maîtresse dévouée ! s'écria Valérie. Échanger l'amour contre le devoir ! le plaisir contre l'ennui !

— Je te connais si capricieuse ! répondit Steinbock. Ne t'ai-je pas entendue causant avec Lisbeth du baron Montès, ce Brésilien ?...

— Veux-tu m'en débarrasser ? dit Valérie.

— Ce serait, répondit l'ex-sculpteur, le seul moyen de t'empêcher de le voir.

— Apprends, mon chéri, répondit Valérie, que je le ménageais pour en faire un mari, car je te dis tout à toi !... Les promesses que j'ai faites à ce Brésilien... (Oh ! bien avant de te connaître, dit-elle en répondant à un geste de Wenceslas.) Eh bien ! ces promesses dont il s'arme pour me tourmenter, m'obligent à me marier presque secrètement ; car s'il apprend que j'épouse Crevel, il est homme à... à me tuer !...

— Oh ! quant à cette crainte !... dit Steinbock en faisant un geste de dédain qui signifiait que ce danger-là devait être insignifiant pour une femme aimée par un Polonais.

Remarquez qu'en fait de bravoure, il n'y a plus la moindre forfanterie chez les Polonais, tant ils sont réellement et sérieusement braves.

— Et cet imbécile de Crevel qui veut donner une fête, et qui se livre à ses goûts de faste économique à propos de mon mariage, me met dans un embarras d'où je ne sais comment sortir.

Valérie pouvait-elle avouer à celui qu'elle adorait que le baron Henri Montès avait, depuis le renvoi du baron Hulot, hérité du privilége de venir chez elle à toute heure de nuit, et que, malgré son adresse, elle en était encore à trouver une cause de brouille où le Brésilien croirait avoir tous les torts ? Elle connaissait trop bien le caractère quasi-sauvage du baron, qui se rapprochait beaucoup de celui de Lisbeth, pour ne pas trembler en pensant à ce More de Rio de Janeiro. Au roulement de la voiture, Steinbock quitta Valérie, qu'il tenait par la taille, et il prit un journal dans la lecture duquel on le trouva tout absorbé. Valérie brodait, avec une attention minutieuse, des pantoufles à son futur.

— Comme on *la* calomnie ! dit Lisbeth à l'oreille de Crevel sur le seuil de la porte en lui montrant ce tableau... Voyez sa coiffure ! est-elle dérangée ? A entendre Victorin, vous auriez pu surprendre deux tourtereaux au nid.

— Ma chère Lisbeth, répondit Crevel en position, vois-tu, pour faire d'une Aspasie une Lucrèce, il suffit de lui inspirer une passion !...

— Ne vous ai-je pas toujours dit, reprit Lisbeth, que les femmes aiment les gros libertins comme vous ?

— Elle serait d'ailleurs bien ingrate, reprit Crevel, car combien d'argent ai-je mis ici ? Grindot et moi seuls nous le savons !

Et il montrait l'escalier. Dans l'arrangement de cet hôtel que Crevel regardait comme le sien, Grindot avait essayé de lutter avec Cleretti, l'architecte à la mode, à qui le duc d'Hérouville avait confié la maison de Joséphа. Mais Crevel, incapable de comprendre les arts, avait voulu, comme tous les bourgeois, dépenser une somme fixé, connue à l'avance. Maintenu par un devis, il fut impossible à Grindot de réaliser son rêve d'architecte. La différence qui distinguait l'hôtel de Joséphа de celui de la rue Barbet, était celle qui se trouve entre la personnalité des choses et leur vulgarité. Ce qu'on admirait chez Joséphа ne se voyait nulle part ; ce qui reluisait chez Crevel pouvait s'acheter partout. Ces deux luxes sont séparés l'un de l'autre par le fleuve du million. Un miroir unique vaut six mille francs, le miroir inventé par un fabricant qui l'exploite coûte cinq cents francs. Un lustre authentique de Boule monte en vente publique à trois mille francs ; le même lustre surmoulé pourra être fabriqué pour mille ou douze cents francs ; l'un est en Archéologie ce qu'un tableau de Raphaël est en peinture, l'autre en est la copie. Qu'estimez-vous une copie de Raphaël ? L'hôtel de Crevel était donc un magnifique spécimen du luxe des sots, comme l'hôtel de Joséphа le plus beau modèle d'une habitation d'artiste.

— Nous avons la guerre, dit Crevel en allant vers sa future.

Madame Marneffe sonna.

— Allez chercher monsieur Berthier, dit-elle au valet de chambre, et ne revenez pas sans lui. Si tu avais réussi, dit-elle en enlaçant Crevel, mon petit père, nous aurions retardé mon bonheur, et nous aurions donné une fête à étourdir; mais, quand toute une famille s'oppose à un mariage, mon ami, la décence veut qu'il se fasse sans éclat, surtout lorsque la mariée est veuve.

— Moi, je veux au contraire afficher un luxe à la Louis XIV, dit Crevel qui depuis quelque temps trouvait le dix-huitième siècle petit. J'ai commandé des voitures neuves; il y a la voiture de monsieur et celle de madame, deux jolis coupés, une calèche, une berline d'apparat avec un siége superbe qui tressaille comme madame Hulot.

— Ah! *je veux?*... Tu ne serais donc plus mon agneau? Non, non. Ma biche, tu feras à ma volonté. Nous allons signer notre contrat entre nous, ce soir. Puis, mercredi, nous nous marierons officiellement, comme on se marie réellement, *en catimini*, selon le mot de ma pauvre mère. Nous irons à pied vêtus simplement à l'église, où nous aurons une messe basse. Nos témoins sont Stidmann, Steinbock, Vignon et Massol, tous gens d'esprit qui se trouveront à la mairie comme par hasard, et qui nous feront le sacrifice d'entendre une messe. Ton collègue nous mariera, par exception, à neuf heures du matin. La messe est à dix heures, nous serons ici à déjeuner à onze heures et demie. J'ai promis à nos convives que l'on ne se lèverait de table que le soir... Nous aurons Bixiou, ton ancien camarade de Birotterie du Tillet, Lousteau, Vernisset, Léon de Lora, Vernou, la fleur des gens d'esprit, qui ne nous sauront pas mariés, nous les mystifierons, nous nous griserons un petit brin, et Lisbeth en sera; je veux qu'elle apprenne le mariage, Bixiou doit lui faire des propositions et la... la déniaiser.

Pendant deux heures, madame Marneffe débita des folies qui firent faire à Crevel cette réflexion judicieuse : — Comment une femme si gaie pourrait-elle être dépravée? Folichonne, oui! mais perverse... allons donc!

— Qu'est-ce que tes enfants ont dit de moi? demanda Valérie à Crevel dans un moment où elle le tint près d'elle sur sa causeuse, bien des horreurs!

— Ils prétendent, répondit Crevel, que tu aimes Wenceslas d'une façon criminelle, toi! la vertu même!

— Je crois bien que je l'aime, mon petit Wenceslas! s'écria

Valérie en appelant l'artiste, le prenant par la tête et l'embrassant au front. Pauvre garçon sans appui, sans fortune! dédaigné par une girafe couleur carotte! Que veux-tu, Crevel? Wenceslas, c'est mon poëte, et je l'aime au grand jour comme si c'était mon enfant! Ces femmes vertueuses, ça voit du mal partout et en tout. Ah! çà! elles ne pourraient donc pas rester sans mal faire auprès d'un homme? Moi, je suis comme les enfants gâtés à qui l'on n'a jamais rien refusé : les bonbons ne me causent plus aucune émotion. Pauvres femmes, je les plains!... Et qu'est-ce qui me détériorait comme cela?

— Victorin, dit Crevel.

— Eh bien! pourquoi ne lui as-tu pas fermé le bec, à ce perroquet judiciaire, avec les deux cent mille francs de *la maman?*

— Ah! la baronne avait fui, dit Lisbeth.

— Qu'ils y prennent garde! Lisbeth, dit madame Marneffe en fronçant les sourcils, ou ils me recevront chez eux, et très-bien, et viendront chez leur belle-mère, tous! ou je les logerai (dis-leur de ma part) plus bas que ne se trouve le baron... Je veux devenir méchante, à la fin! Ma parole d'honneur, je crois que le Mal est la faux avec laquelle on met le Bien en coupe.

A trois heures, maître Berthier, successeur de Cardot, lut le contrat de mariage, après une courte conférence entre Crevel et lui, car certains articles dépendaient de la résolution que prendraient monsieur et madame Hulot jeune. Crevel reconnaissait à sa future épouse une fortune composée : 1° de quarante mille francs de rente dont les titres étaient désignés; 2° de l'hôtel et de tout le mobilier qu'il contenait, et 3° de trois millions en argent. En outre, il faisait à sa future épouse toutes les donations permises par la loi; il la dispensait de tout inventaire; et dans le cas où, lors de leur décès, les conjoints se trouveraient sans enfants, ils se donnaient respectivement l'un à l'autre l'universalité de leurs biens, meubles et immeubles. Ce contrat réduisait la fortune de Crevel à deux millions de capital. S'il avait des enfants de sa nouvelle femme, il restreignait la part de Célestine à cinq cent mille francs, à cause de l'usufruit de sa fortune accordé à Valérie. C'était la neuvième partie environ de sa fortune actuelle.

Lisbeth revint dîner rue Louis-le-Grand, le désespoir peint sur la figure. Elle expliqua, commenta le contrat de mariage, et trouva Célestine insensible autant que Victorin à cette désastreuse nouvelle.

— Vous avez irrité votre père, mes enfants! Madame Marneffe a juré que vous recevriez chez vous la femme de monsieur Crevel, et que vous viendriez chez elle, dit-elle.

— Jamais! dit Hulot.

— Jamais! dit Célestine.

— Jamais! s'écria Hortense.

Lisbeth fut saisie du désir de vaincre l'attitude superbe de tous les Hulot.

— Elle paraît avoir des armes contre vous!... répondit-elle. Je ne sais pas encore de quoi il s'agit, mais je le saurai... Elle a parlé vaguement d'une histoire de deux cent mille francs qui regarde Adeline.

La baronne Hulot se renversa doucement sur le divan où elle se trouvait, et d'affreuses convulsions se déclarèrent.

— Allez-y, mes enfants!... cria la baronne. Recevez cette femme! Monsieur Crevel est un homme infâme! il mérite le dernier supplice... Obéissez à cette femme... Ah! c'est un monstre! *elle sait tout!*

Après ces mots mêlés à des larmes, à des sanglots, madame Hulot trouva la force de monter chez elle, appuyée sur le bras de sa fille et sur celui de Célestine.

— Qu'est-ce que tout ceci veut dire? s'écria Lisbeth restée seule avec Victorin.

L'avocat, planté sur ses jambes, dans une stupéfaction très-concevable, n'entendit pas Lisbeth.

— Qu'as-tu, mon Victorin?

— Je suis épouvanté! dit l'avocat, dont la figure devint menaçante. Malheur à qui touche à ma mère, je n'ai plus alors de scrupules! Si je le pouvais, j'écraserais cette femme comme on écrase une vipère... Ah! elle attaque la vie et l'honneur de ma mère!...

— Elle a dit, ne répète pas ceci, mon cher Victorin, elle a dit qu'elle vous logerait tous encore plus bas que votre père... Elle a reproché vertement à Crevel de ne pas vous avoir fermé la bouche avec ce secret qui paraît tant épouvanter Adeline.

On envoya chercher un médecin, car l'état de la baronne empirait. Le médecin ordonna une potion pleine d'opium, et Adeline tomba, la potion prise, dans un profond sommeil; mais toute cette famille était en proie à la plus vive terreur. Le lendemain, l'avocat partit de bonne heure pour le Palais, et il passa par la préfecture de police, où il supplia Vautrin le chef de la sûreté de lui envoyer madame de Saint-Estève.

— On nous a défendu, monsieur, de nous occuper de vous, mais madame de Saint-Estève est marchande, elle est à vos ordres, répondit le célèbre Chef.

De retour chez lui, le pauvre avocat apprit que l'on craignait pour la raison de sa mère. Le docteur Bianchon, le docteur Larabit, le professeur Angard, réunis en consultation, venaient de décider l'emploi des moyens héroïques pour détourner le sang qui se portait à la tête. Au moment où Victorin écoutait le docteur Bianchon, qui lui détaillait les raisons qu'il avait d'espérer l'apaisement de cette crise, quoique ses confrères en désespérassent, le valet de chambre vint annoncer à l'avocat sa cliente, madame de Saint-Estève. Victorin laissa Bianchon au milieu d'une période et descendit l'escalier avec une rapidité de fou.

— Y aurait-il dans la maison un principe de folie contagieux? dit Bianchon en se retournant vers Larabit.

Les médecins s'en allèrent en laissant un interne chargé par eux de veiller madame Hulot.

— Toute une vie de vertu!... était la seule phrase que la malade prononçât depuis la catastrophe. Lisbeth ne quittait pas le chevet d'Adeline, elle l'avait veillée; elle était admirée par les deux jeunes femmes.

— Eh bien! ma chère madame Saint-Estève! dit l'avocat en introduisant l'horrible vieille dans son cabinet et en fermant soigneusement les portes, où en sommes-nous?

— Eh bien! mon cher ami, dit-elle en regardant Victorin d'un œil froidement ironique, vous avez fait vos petites réflexions?...

— Avez-vous agi?...

— Donnez-vous cinquante mille francs?...

— Oui, répondit Hulot fils, car il faut marcher. Savez-vous que, par une seule phrase, cette femme a mis la vie et la raison de ma mère en danger? Ainsi, marchez!

— On a marché! répliqua la vieille.

— Eh bien?... dit Victorin convulsivement.

— Eh bien! vous n'arrêtez pas les frais?

— Au contraire.

— C'est qu'il y a déjà vingt-trois mille francs de frais.

Hulot fils regarda la Saint-Estève d'un air imbécile.

— Ah! çà, seriez-vous un jobard, vous l'une des lumières du Palais? dit la vieille. Nous avons pour cette somme une conscience de femme de chambre et un tableau de Raphaël, ce n'est pas cher...

Hulot restait stupide, il ouvrait de grands yeux.

— Eh bien! reprit la Saint-Estève, nous avons acheté mademoiselle Reine Tousard, celle pour qui madame Marneffe n'a pas de secrets...

— Je comprends...

— Mais si vous lésinez, dites-le?...

— Je payerai de confiance, répondit-il, allez. Ma mère m'a dit que ces gens-là méritaient les plus grands supplices...

— On ne roue plus, dit la vieille.

— Vous me répondez du succès?

— Laissez-moi faire, répondit la Saint-Estève. Votre vengeance mijote.

Elle regarda la pendule, la pendule marquait six heures.

— Votre vengeance s'habille, les fourneaux du Rocher-de-Cancale sont allumés, les chevaux des voitures piaffent, mes fers chauffent. Ah! je sais votre madame Marneffe par cœur. Tout est paré, quoi! Il y a des boulettes dans la ratière, je vous dirai demain si la souris s'empoisonnera. Je le crois! Adieu, mon fils.

— Adieu, madame.

— Savez-vous l'anglais?

— Oui.

— Avez-vous vu jouer *Macbeth*, en anglais?

— Oui.

— Eh bien! mon fils, tu seras roi! c'est-à-dire tu hériteras! dit cette affreuse sorcière devinée par Shakspeare et qui paraissait connaître Shakspeare. Elle laissa Hulot hébété sur le seuil de son cabinet. — N'oubliez pas que le référé est pour demain! dit-elle gracieusement en plaideuse consommée. Elle voyait venir deux personnes, et voulait passer à leurs yeux pour une comtesse Pimbêche.

— Quel aplomb! se dit Hulot en saluant sa prétendue cliente.

Le baron Montès de Montéjanos était un lion, mais un lion inexpliqué. Le Paris de la fashion, celui du turf et des lorettes admiraient les gilets ineffables de ce seigneur étranger, ses bottes d'un vernis irréprochable, ses sticks incomparables, ses chevaux enviés, sa voiture menée par des nègres parfaitement esclaves et très-bien battus. Sa fortune était connue, il avait un crédit de sept cent mille francs chez le célèbre banquier du Tillet ; mais on le voyait toujours seul. S'il allait aux premières représentations, il était dans une stalle d'orchestre. Il ne hantait aucun salon. Il n'avait jamais donné le bras à une lorette ! On ne pouvait unir son nom à celui d'aucune jolie femme du monde. Pour passe-temps, il jouait au whist au Jockey-Club. On en était réduit à calomnier ses mœurs, ou, ce qui paraissait infiniment plus drôle, sa personne : on l'appelait Combabus ! Bixiou, Léon de Lora, Lousteau, Florine, mademoiselle Héloïse Brisetout et Nathan, soupant un soir chez l'illustre Carabine avec beaucoup de lions et de lionnes, avaient inventé cette explication, excessivement burlesque. Massol, en sa qualité de Conseiller-d'État, Claude Vignon, en sa qualité d'ancien professeur de grec, avaient raconté aux ignorantes lorettes la fameuse anecdote, rapportée dans l'Histoire ancienne de Rollin, concernant Combabus, cet Abélard volontaire chargé de garder la femme d'un roi d'Assyrie, de Perse, Bactriane, Mésopotamie et autres départements de la géographie particulière au vieux professeur du Bocage qui continua d'Anville, le créateur de l'ancien Orient. Ce surnom, qui fit rire pendant un quart d'heure les convives de Carabine, fut le sujet d'une foule de plaisanteries trop lestes dans un ouvrage auquel l'Académie pourrait ne pas donner le prix Montyon, mais parmi lesquelles on remarqua le nom qui resta sur la crinière touffue du beau baron, que Joséphа nommait un *magnifique Brésilien*, comme on dit un magnifique *Catoxantha*! Carabine, la plus illustre des lorettes, celle dont la beauté fine et les saillies avaient arraché le sceptre du Treizième arrondissement aux mains de mademoiselle Turquet, plus connue sous le nom de *Malaga*, mademoiselle Séraphine Sinet (tel était son vrai nom) était au banquier du Tillet ce que Joséphа Mirah était au duc d'Hérouville.

Or, le matin même du jour où la Saint-Estève prophétisait le succès à Victorin, Carabine avait dit à du Tillet, sur les sept heures du matin : — Si tu étais gentil, tu me donnerais à dîner au *Rocher de Cancale*, et tu m'amènerais Combabus ; nous voulons savoir enfin s'il a une maîtresse... j'ai parié pour... je veux gagner...

— Il est toujours à l'hôtel des Princes, j'y passerai, répondit du Tillet ; nous nous amuserons. Aïe tous nos *gars :* le *gars* Bixiou, le *gars* Lora ! Enfin toute notre séquelle !

A sept heures et demie, dans le plus beau salon de l'établissement où l'Europe entière a dîné, brillait sur la table un magnifique service d'argenterie fait exprès pour les dîners où la Vanité soldait l'addition en billets de banque. Des torrents de lumière produisaient des cascades au bord des ciselures. Des garçons, qu'un provincial aurait pris pour des diplomates, n'était l'âge, se tenaient sérieux comme des gens qui se savent ultra-payés.

Cinq personnes arrivées en attendaient neuf autres. C'était d'abord Bixiou, le sel de toute cuisine intellectuelle, encore debout en 1843, avec une armure de plaisanteries toujours neuves, phénomène aussi rare à Paris que la vertu. Puis, Léon de Lora, le plus grand peintre de paysage et de marine existant, qui gardait sur tous ses rivaux l'avantage de ne jamais se trouver au-dessous de ses débuts. Les Lorettes ne pouvaient pas se passer de ces deux rois du bon mot. Pas de souper, pas de dîner, pas de partie sans eux. Séraphine Sinet, dite Carabine, en sa qualité de maîtresse en titre de l'amphitryon, était venue l'une des premières, et faisait resplendir sous les nappes de lumière ses épaules sans rivales à Paris, un cou tourné comme par un tourneur, sans un pli! son visage mutin et sa robe de satin broché, bleu sur bleu, ornée de dentelles d'Angleterre en quantité suffisante à nourrir un village pendant un mois. La jolie Jenny Cadine, qui ne jouait pas à son théâtre, et dont le portrait est trop connu pour en dire quoi que ce soit, arriva dans une toilette d'une richesse fabuleuse. Une partie est toujours pour ces dames un Longchamps de toilettes, où chacune d'elles veut faire obtenir le prix à son millionnaire, en disant ainsi à ses rivales : — Voilà le prix que je vaux!

Une troisième femme, sans doute au début de la carrière, regardait, presque honteuse, le luxe des deux commères posées et riches. Simplement habillée en cachemire blanc orné de passementeries bleues, elle avait été coiffée en fleurs, par un coiffeur du Genre *Merlan* dont la main malhabile avait donné, sans le savoir, les grâces de la niaiserie à des cheveux blonds adorables. Encore gênée dans sa robe, *elle avait la timidité,* selon la phrase consacrée, *inséparable d'un premier début.* Elle arrivait de Valognes pour placer à Paris une fraîcheur désespérante, une candeur à irriter le désir chez un mourant, et une beauté digne de toutes celles que la Normandie a déjà fournies aux différents théâtres de la capitale. Les lignes de cette figure intacte offraient l'idéal de la pureté des anges. Sa blancheur lactée renvoyait si bien la lumière, que vous eussiez dit d'un miroir. Ses couleurs fines avaient été mises sur les joues comme avec un pinceau. Elle se nommait Cydalise. C'était, comme on va le voir, un pion nécessaire dans la partie que jouait *mame* Nourrisson contre madame Marneffe.

— Tu n'as pas le bras de ton nom, ma petite, avait dit Jenny Cadine à qui Carabine avait présenté ce chef-d'œuvre âgé de seize ans et amené par elle.

Cydalise, en effet, offrait à l'admiration publique de beaux bras d'un tissu serré, grenu, mais rougi par un sang magnifique.

— Combien vaut-elle? demanda Jenny Cadine tout bas à Carabine.

— Un héritage.

— Qu'en veux-tu faire?

— Tiens, madame Combabus!...

— Et l'on te donne, pour faire ce métier-là?...

— Devine!

— Une belle argenterie?

— J'en ai trois!

— Des diamants?

— J'en vends...

— Un singe vert!

— Non, un tableau de Raphaël!

— Quel rat te passe dans la cervelle?

— Josépha me scie l'omoplate avec ses tableaux, répondit Carabine, et j'en veux avoir de plus beaux que les siens...

Du Tillet amena le héros du dîner, le Brésilien; le duc d'Hérouville les suivait avec Josépha. La cantatrice avait mis une simple robe de velours. Mais autour de son cou brillait un collier de cent vingt mille francs, des perles à peine distinctibles sur sa peau de camélia blanc. Elle s'était fourré dans ses nattes noires un seul camélia rouge (une mouche!) d'un effet étourdissant et elle s'était amusée à étager onze bracelets de perles sur chacun de ses bras. Elle vint serrer la main à Jenny Cadine, qui lui dit : — Prête-moi donc tes mitaines?... Josépha détacha ses bracelets et les offrit, sur une assiette, à son amie.

— Quel genre! dit Carabine, faut être duchesse! Plus que cela de perles! Vous avez dévalisé la mer pour orner la fille, monsieur le duc? ajouta-t-elle en se tournant vers le petit duc d'Hérouville.

L'actrice prit un seul bracelet, rattacha les vingt autres aux beaux bras de la cantatrice et y mit un baiser.

Lousteau, le pique-assiette littéraire, La Palférine et Malaga, Massol et Vauvinet, Théodore Gaillard, l'un des propriétaires d'un des plus importants journaux politiques, complétaient les invités. Le duc d'Hérouville, poli comme un grand seigneur avec tout le monde, eut pour le comte de La Palférine ce salut particulier qui, sans accuser l'estime ou l'intimité, dit à tout le monde : — « Nous sommes de la même famille, de la même race, nous nous valons ! » Ce salut, le *sihboleth* de l'aristocratie, a été créé pour le désespoir des gens d'esprit de la haute bourgeoisie.

Carabine prit Combabus à sa gauche et le duc d'Hérouville à sa droite. Cydalise flanqua le Brésilien, et Bixiou fut mis à côté de la Normande. Malaga prit place à côté du duc.

A sept heures, on attaqua les huîtres. A huit heures, entre les deux services, on dégusta le punch glacé. Tout le monde connaît le menu de ces festins. A neuf heures, on babillait comme on babille après quarante-deux bouteilles de différents vins, bues entre quatorze personnes. Le dessert, cet affreux dessert du mois d'avril, était servi. Cette atmosphère capiteuse n'avait grisé que la Normande, qui chantonnait un Noël. Cette pauvre fille exceptée, personne n'avait perdu la raison, les buveurs, les femmes étaient l'élite de Paris soupant. Les esprits riaient, les yeux, quoique brillantés, restaient pleins d'intelligence, mais les lèvres tournaient à la satire, à l'anecdote, à l'indiscrétion. La conversation, qui jusqu'alors avait roulé dans le cercle vicieux des courses et des chevaux, des exécutions à la Bourse, des différents mérites des lions comparés les uns aux autres, et des histoires scandaleuses connues, menaçait de devenir intime, de se fractionner par groupes de deux cœurs.

Ce fut en ce moment que, sur des œillades distribuées par Carabine à Léon de Lora, Bixiou, La Palférine et du Tillet, on parla d'amour.

— Les médecins comme il faut ne parlent jamais médecine, les vrais nobles ne parlent jamais ancêtres, les gens de talent ne parlent pas de leurs œuvres, dit Josépha, pourquoi parler de notre état... J'ai fait faire relâche à l'Opéra pour venir, ce n'est pas certes pour *travailler* ici. Ainsi ne *posons* point, mes chères amies.

— On te parle du véritable amour, ma petite! dit Malaga, de cet amour qui fait qu'on s'enfonce! qu'on enfonce père et mère, qu'on vend femmes et enfants, et qu'on va *dà* Clichy...

— Causez, alors! reprit la cantatrice. Connais pas!

Connais pas!... Ce mot, passé de l'argot des gamins de Paris dans le vocabulaire de la lorette, est, à l'aide des yeux et de la physionomie de ces femmes, tout un poëme sur leurs lèvres.

— Je ne vous aime donc point, Josépha? dit tout bas le duc.

— Vous pouvez m'aimer véritablement, dit à l'oreille du duc la cantatrice en souriant; mais moi je ne vous aime pas de l'amour dont on parle, de cet amour qui fait que l'univers est tout noir sans l'homme aimé. Vous m'êtes agréable, utile, mais vous ne m'êtes pas indispensable; et, si demain vous m'abandonniez, j'aurais trois ducs pour un...

— Est-ce que l'amour existe à Paris? dit Léon de Lora. Personne n'y a le temps de faire sa fortune, comment se livrerait-on à l'amour vrai qui s'empare d'un homme comme l'eau s'empare du sucre? Il faut être excessivement riche pour aimer, car l'amour annule un homme, à peu près comme notre cher baron brésilien que voilà. Il y a long-temps que je l'ai déjà dit, *les extrêmes se bouchent!* Un véritable amoureux ressemble à un eunuque, car il n'y a plus de femmes pour lui sur la terre! Il est mystérieux, il est comme le vrai chrétien, solitaire dans sa thébaïde! Voyez-moi ce brave Brésilien!... Toute la table examina Henri Montès de Montéjanos qui fut honteux de se trouver le centre de tous les regards. — Il pâture là depuis une heure, sans plus savoir que ne le saurait un bœuf, qu'il a pour voisine la femme la plus... je ne dirai pas ici la plus belle, mais la plus fraîche de Paris.

— Tout est frais ici, même le poisson, c'est la renommée de la maison, dit Carabine.

Le baron Montès de Montéjanos regarda le paysagiste d'un air aimable et dit: — Très-bien! je bois à vous! Et il salua Léon de Lora d'un signe de tête, inclina son verre plein de vin de Porto, et but magistralement.

— Vous aimez donc? dit Carabine à son voisin en interprétant ainsi le toast.

Le baron brésilien fit encore remplir son verre, salua Carabine, et répéta le toast.

— A la santé de madame, dit alors la lorette d'un ton si plaisant que le paysagiste, du Tillet et Bixiou partirent d'un éclat de rire.

Le Brésilien resta grave comme un homme de bronze. Ce sang-froid irrita Carabine. Elle savait parfaitement que Montès aimait madame Marneffe; mais elle ne s'attendait pas à cette foi brutale, à ce silence obstiné de l'homme convaincu. On juge aussi souvent une femme d'après l'attitude de son amant, qu'on juge un amant sur le maintien de sa maîtresse. Fier d'aimer Valérie et d'être aimé d'elle, le sourire du baron offrait à ces connaisseurs émérites une teinte d'ironie, et il était d'ailleurs superbe à voir : les vins n'avaient pas altéré sa coloration, et ses yeux brillant de l'éclat particulier à l'or bruni, gardaient les secrets de l'âme. Aussi Carabine se dit-elle en elle-même : — Quelle femme! comme elle vous a cacheté ce cœur-là !

— C'est un roc! dit à demi-voix Bixiou, qui ne voyait là qu'une charge et qui ne soupçonnait pas l'importance attachée par Carabine à la démolition de cette forteresse.

Pendant que ces discours, en apparence si frivoles, se disaient à la droite de Carabine, la discussion sur l'amour continuait à sa gauche entre le duc d'Hérouville, Lousteau, Joséphа, Jenny Cadine et Massol. On en était à chercher si ces rares phénomènes étaient produits par la passion, par l'entêtement ou par l'amour. Joséphа, très-ennuyée de ces théories, voulut changer de conversation.

— Vous parlez de ce que vous ignorez complétement! Y a-t-il un de vous qui ait assez aimé une femme, et une femme indigne de lui, pour manger sa fortune, celle de ses enfants, pour vendre son avenir, pour ternir son passé, pour encourir les galères en volant l'État, pour tuer un oncle et un frère, pour se laisser si bien bander les yeux qu'il n'ait pas pensé qu'on les lui bouchait afin de l'empêcher de voir le gouffre où, pour dernière plaisanterie, on l'a lancé! Du Tillet a sous la mamelle gauche une caisse, Léon de Lora y a son esprit, Bixiou rirait de lui-même s'il aimait une autre personne que lui, Massol a un portefeuille ministériel à la place d'un cœur, Lousteau n'a là qu'un viscère, lui qui a pu se laisser quitter par madame de La Baudraye, monsieur le duc est trop riche pour pouvoir prouver son amour par sa ruine, Vauvinet ne compte pas, je retranche l'escompteur du genre humain. Ainsi, vous n'avez jamais aimé, ni moi non plus, ni Jenny, ni Carabine...

Quant à moi, je n'ai vu qu'une seule fois le phénomène que je viens de décrire. C'est, dit-elle à Jenny Cadine, notre pauvre baron Hulot, que je vais faire afficher comme un chien perdu, car je veux le retrouver.

— Ah çà! se dit en elle-même Carabine en regardant Joséphi d'une certaine manière, madame Nourrisson a donc deux tableaux de Raphaël, que Josépha joue mon jeu?

— Pauvre homme! dit Vauvinet, il était bien grand, bien magnifique. Quel style! quelle tournure! Il avait l'air de François Ier! Quel volcan! et quelle habileté, quel génie il déployait pour trouver de l'argent! Là où il est, il en cherche, et il doit en extraire de ces murs faits avec des os qu'on voit dans les faubourgs de Paris, près des barrières, où sans doute il s'est caché...

— Et cela, dit Bixiou, pour cette petite madame Marneffe! En voilà-t-il une rouée!

— Elle épouse mon ami Crevel! ajouta du Tillet.

— Et elle est folle de mon ami Steinbock! dit Léon de Lora.

Ces trois phrases furent trois coups de pistolet que Montès reçut en pleine poitrine. Il devint blême et souffrit tant qu'il se leva péniblement.

— Vous êtes des canailles! dit-il. Vous ne devriez pas mêler le nom d'une honnête femme aux noms de toutes vos femmes perdues! ni surtout en faire une cible pour vos lazzis.

Montès fut interrompu par des bravos et des applaudissements unanimes. Bixiou, Léon de Lora, Vauvinet, du Tillet, Massol donnèrent le signal. Ce fut un chœur.

— Vive l'empereur! dit Bixiou.

— Qu'on le couronne! s'écria Vauvinet.

— *Un grognement* pour Médor, *hurrah* pour le Brésil! cria Lousteau.

— Ah! baron cuivré, tu aimes notre Valérie? dit Léon de Lora; tu n'es pas dégoûté!

— Ce n'est pas parlementaire, ce qu'il a dit; mais c'est magnifique!... fit observer Massol.

— Mais, mon amour de client, tu m'es recommandé, je suis ton banquier, ton innocence va me faire du tort.

— Ah! dites-moi, vous qui êtes un homme sérieux, demanda le Brésilien à du Tillet.

— Merci, pour nous tous, fit Bixiou qui salua.

— Dites-moi quelque chose de positif!... ajouta Montès sans prendre garde au mot de Bixiou.

— Ah çà! reprit du Tillet, j'ai l'honneur de te dire que je suis invité à la noce de Crevel.

— Ah! Combabus prend la défense de madame Marneffe! dit Josépha qui se leva solennellement. Elle alla d'un air tragique jusqu'à Montès, elle lui donna sur la tête une petite tape amicale, elle le regarda pendant un instant en laissant voir sur sa figure une admiration comique, et hocha la tête. — Hulot est le premier exemple de l'amour *quand même*, voilà le second, dit-elle; mais il ne devrait pas compter, car il vient des Tropiques!

Au moment où Josépha frappa doucement le front du Brésilien, Montès retomba sur sa chaise, et s'adressa, par un regard, à du Tillet : — Si je suis le jouet d'une de vos plaisanteries parisiennes, lui dit-il, si vous avez voulu m'arracher mon secret... Et il enveloppa la table entière d'une ceinture de feu embrassant tous les convives d'un coup d'œil où flamba le soleil du Brésil. — Par grâce, avouez-le-moi, reprit-il d'un air suppliant et presque enfantin; mais ne calomniez pas une femme que j'aime...

— Ah çà! lui répondit Carabine à l'oreille, mais si vous étiez indignement trahi, trompé, joué par Valérie, et que je vous en donnasse les preuves, dans une heure, chez moi, que feriez-vous?

— Je ne puis pas vous le dire ici, devant tous ces Iagos... dit le baron brésilien.

Carabine entendit *magots!*

— Eh bien! taisez-vous! lui répondit-elle en souriant, ne prêtez pas à rire aux hommes les plus spirituels de Paris, et venez chez moi, nous causerons...

Montès était anéanti...

— Des preuves!... dit-il en balbutiant, songez!...

— Tu en auras trop, répondit Carabine, et puisque le soupçon te porte autant à la tête, j'ai peur pour ta raison...

— Est-il entêté cet être-là, c'est pis que feu le roi de Hollande. Voyons? Lousteau, Bixiou, Massol, ohé! les autres? n'êtes-vous pas invités tous à déjeuner par madame Marneffe, après-demain? demanda Léon de Lora.

— *Ya*, répondit du Tillet. J'ai l'honneur de vous répéter, baron, que si vous aviez, par hasard, l'intention d'épouser madame Marneffe, vous êtes rejeté comme un projet de loi par une boule du nom de Crevel. Mon ami, mon ancien camarade Crevel a quatre-vingt mille livres de rente, et vous n'en avez pas probablement fait voir autant, car alors vous eussiez été, je le crois, préféré...

Montès écouta d'un air à demi rêveur, à demi souriant, qui parut terrible à tout ce monde. Le premier garçon vint dire en ce moment à l'oreille de Carabine qu'une de ses parentes était dans le salon et désirait lui parler. La lorette se leva, sortit, et trouva madame Nourrisson sous voiles de dentelle noire.

— Eh bien! dois-je aller chez toi, ma fille? A-t-il mordu?

— Oui, ma petite mère, le pistolet est si bien chargé que j'ai peur qu'il n'éclate, répondit Carabine.

Une heure après, Montès, Cydalise et Carabine, revenus du *Rocher de Cancale*, entraient rue Saint-Georges, dans le petit salon de Carabine. La lorette vit madame Nourrisson assise dans une bergère, au coin du feu.

— Tiens! voilà ma respectable tante! dit-elle.

— Oui, ma fille, c'est moi qui viens chercher moi-même ma petite rente. Tu m'oublierais, quoique tu aies bon cœur, et j'ai demain des billets à payer. Une marchande à la toilette, c'est toujours gêné. Qu'est-ce que tu traînes donc après toi?... Ce monsieur a l'air d'avoir bien du désagrément...

L'affreuse madame Nourrisson, dont en ce moment la métamorphose était complète, et qui semblait être une bonne vieille femme, se leva pour embrasser Carabine, une des cent et quelques lorettes qu'elle avait lancées dans l'horrible carrière du vice.

— C'est un Othello qui ne se trompe pas, et que j'ai l'honneur de te présenter : monsieur le baron Montès de Montéjanos...

— Oh! je connais monsieur pour en avoir beaucoup entendu parler; on vous appelle Combabus parce que vous n'aimez qu'une femme; c'est, à Paris, comme si l'on n'en avait pas du tout. Eh bien! s'agirait-il par hasard de votre objet? de madame Marneffe, la femme à Crevel... Tenez, mon cher monsieur, bénissez votre sort au *lieu* de l'accuser... C'est une rien du tout, cette petite femme-là. Je connais ses allures!...

— Ah bah! dit Carabine à qui madame Nourrisson avait glissé dans la main une lettre en l'embrassant, tu ne connais pas les Brésiliens. C'est des crânes qui tiennent à s'empaler par le cœur!... Tant plus ils sont jaloux, tant plus ils veulent l'être. Môsieur parle de tout massacrer, et il ne massacrera rien, parce qu'il aime! Enfin, je ramène ici monsieur le baron pour lui donner les preuves de son malheur que j'ai obtenues de ce petit Steinbock.

Montès était ivre, il écoutait comme s'il ne s'agissait pas de lui-même. Carabine alla se débarrasser de son crispin en velours, et lut le *fac-simile* du billet suivant :

« Mon chat, *il* va ce soir dîner chez Popinot, et viendra me
» chercher à l'Opéra sur les onze heures. Je partirai sur les cinq
» heures et demie, et compte te trouver à notre paradis, où tu
» feras venir à dîner de la Maison d'Or. Habille-toi de manière à
» pouvoir me ramener à l'Opéra. Nous aurons quatre heures à
» nous. Tu me rendras ce petit mot, non pas que ta Valérie se dé-
» fie de toi, je te donnerais ma vie, ma fortune et mon honneur;
» mais je crains les farces du hasard. »

— Tiens, baron, voilà le poulet envoyé ce matin au comte de Steinbock, lis l'adresse! L'original vient d'être brûlé.

Montès tourna, retourna le papier, reconnut l'écriture, et fut frappé d'une idée juste, ce qui prouve combien sa tête était dérangée.

— Ah çà! dans quel intérêt me déchirez-vous le cœur, car vous avez acheté bien cher le droit d'avoir ce billet pendant quelque temps entre les mains pour le faire lithographier? dit-il en regardant Carabine.

— Grand imbécile! dit Carabine à un signe de madame Nourrisson, ne vois-tu pas cette pauvre Cydalise..... un enfant de seize ans qui t'aime depuis trois mois à en perdre le boire et le manger, et qui se désole de n'avoir pas encore obtenu le plus distrait de tes regards? (Cydalise se mit un mouchoir sur les yeux, et eut l'air de pleurer.) — Elle est furieuse, malgré son air de sainte-nitouche, de voir que l'homme dont elle est folle est la dupe d'une scélérate, dit Carabine en poursuivant, et elle tuerait Valérie...

— Oh! ça, dit le Brésilien, ça me regarde!

— Tuer?... toi! mon petit, dit la Nourrisson, ça ne se fait plus ici.

— Oh! reprit Montès, je ne suis pas de ce pays-ci, moi! Je vis dans une capitainerie où je me moque de vos lois, et si vous me donnez des preuves...

— Ah çà! ce billet, ce n'est donc rien?...

— Non, dit le Brésilien. Je ne crois pas à l'écriture, je veux voir...

— Oh! voir! dit Carabine qui comprit à merveille un nouveau geste de sa fausse tante ; mais on te fera tout voir, mon cher tigre, à une condition...

— Laquelle?

— Regardez Cydalise.

Sur un signe de madame Nourrisson, Cydalise regarda tendrement le Brésilien.

— L'aimeras-tu? lui feras-tu son sort?... demanda Carabine. Une femme de cette beauté-là, ça vaut un hôtel et un équipage! Ce serait une monstruosité que de la laisser à pied. Et elle a..... des dettes. Que dois-tu? fit Carabine en pinçant le bras de Cydalise.

— Elle vaut ce qu'elle vaut, dit la Nourrisson. Suffit qu'il y a marchand!

— Écoutez! s'écria Montès en apercevant enfin cet admirable chef-d'œuvre féminin, vous me ferez voir Valérie?...

— Et le comte de Steinbock, parbleu! dit madame Nourrisson.

Depuis dix minutes, la vieille observait le Brésilien, elle vit en lui l'instrument monté au diapason du meurtre dont elle avait besoin, elle le vit surtout assez aveuglé pour ne plus prendre garde à ceux qui le menaient, et elle intervint.

— Cydalise, mon chéri du Brésil, est ma nièce, et l'affaire me regarde un peu. Toute cette débâcle, c'est l'affaire de dix minutes; car c'est une de mes amies qui loue au comte de Steinbock la chambre garnie où ta Valérie prend en ce moment son café, un drôle de café, mais elle appelle cela son café. Donc, entendons-nous, Brésil! J'aime le Brésil, c'est un pays chaud. Quel sera le sort de ma nièce?

— Vieille autruche! dit Montès frappé des plumes que la Nourrisson avait sur son chapeau, tu m'as interrompu. Si tu me fais voir... voir Valérie et cet artiste ensemble...

— Comme tu voudrais être avec elle, dit Carabine, c'est entendu.

— Et bien! je prends cette Normande, et l'emmène...

— Où?... demanda Carabine.

— Au Brésil! répondit le baron, j'en ferai ma femme. Mon oncle m'a laissé dix lieues carrées de pays invendables, voilà pourquoi je possède encore cette habitation; j'y ai cent nègres, rien que des nègres, des négresses et des négrillons achetés par mon oncle...

— Le neveu d'un négrier!... dit Carabine en faisant la moue, c'est à considérer. Cydalise, mon enfant, es-tu négrophile?

— Ah çà! *ne blaguons* plus, Carabine, dit la Nourrisson. Que diable! nous sommes en affaires, monsieur et moi.

— Si je me redonne une Française, je la veux toute à moi, reprit le Brésilien. Je vous en préviens, mademoiselle, je suis un roi, mais pas un roi constitutionnel, je suis un czar, j'ai acheté tous mes sujets, et personne ne sort de mon royaume, qui se trouve à cent lieues de toute habitation, il est bordé de Sauvages du côté de l'intérieur, et séparé de la côte par un désert grand comme votre France...

— J'aime mieux une mansarde ici! dit Carabine...

— C'est ce que je pensais, répliqua le Brésilien, puisque j'ai vendu toutes mes terres, et tout ce que je possédais à Rio de Janeiro pour venir retrouver madame Marneffe.

— On ne fait pas ces voyages-là pour rien, dit madame Nourrisson. Vous avez le droit d'être aimé pour vous-même, étant surtout très-beau... Oh! il est beau, dit-elle à Carabine.

— Très-beau! plus beau que le postillon de Lonjumeau, répondit la lorette.

Cydalise prit la main du Brésilien, qui se débarrassa d'elle le plus honnêtement possible.

— J'étais revenu pour enlever madame Marneffe! reprit le Brésilien en reprenant son argumentation, et vous ne savez pas pourquoi j'ai mis trois ans à revenir?

— Non, Sauvage, dit Carabine.

— Eh bien! elle m'avait tant dit qu'elle voulait vivre avec moi, seule, dans un désert!...

— Ce n'est plus un Sauvage, dit Carabine en partant d'un éclat de rire, il est de la tribu des Jobards civilisés.

— Elle me l'avait tant dit, reprit le baron insensible aux railleries de la lorette, que j'ai fait arranger une habitation délicieuse au centre de cette immense propriété. Je reviens en France chercher Valérie, et la nuit où je l'ai revue...

— Revue est décent, dit Carabine, je retiens le mot!

— Elle m'a dit d'attendre la mort de ce misérable Marneffe, et j'ai consenti, tout en lui pardonnant d'avoir accepté les hommages de Hulot. Je ne sais pas si le diable a pris des jupes, mais cette femme, depuis ce moment, a satisfait à tous mes caprices, à toutes mes exigences; enfin, elle ne m'a pas donné lieu de la suspecter pendant une minute!...

— Ça! c'est très-fort! dit Carabine à madame Nourrisson.

Madame Nourrisson hocha la tête en signe d'assentiment.

— Ma foi en cette femme, dit Montès en laissant couler ses larmes, égale mon amour. J'ai failli souffleter tout ce monde à table, tout à l'heure...

— Je l'ai bien vu! dit Carabine.

— Si je suis trompé, si elle se marie, et si elle est en ce moment dans les bras de Steinbock, cette femme a mérité mille morts, et je la tuerai comme on écrase une mouche...

— Et les gendarmes, mon petit... dit madame Nourrisson avec un sourire de vieille qui donnait chair de poule.

— Et le commissaire de police et les juges, et la cour d'assises et tout le tremblement!... dit Carabine.

— Vous êtes un fat! mon cher, reprit madame Nourrisson qui voulait connaître les projets de vengeance du Brésilien.

— Je la tuerai! répéta froidement le Brésilien. Ah çà! vous m'avez appelé Sauvage!... Est-ce que vous croyez que je vais imiter la sottise de vos compatriotes qui vont acheter du poison chez les pharmaciens?... J'ai pensé, pendant le temps que vous avez mis à venir chez vous, à ma vengeance, dans le cas où vous auriez raison contre Valérie. L'un de mes nègres porte avec lui le plus sûr des poisons animaux, une terrible maladie qui vaut mieux qu'un poison végétal et qui ne se guérit qu'au Brésil, je la fais prendre à Cydalise, qui me la donnera; puis, quand la mort sera dans les veines de Crevel et de sa femme, je serai par delà les Açores avec votre cousine que je ferai guérir et que je prendrai pour femme. Nous autres Sauvages, nous avons nos procédés!... Cydalise, dit-il en regardant la Normande, est la bête qu'il me faut. Que doit-elle?...

— Cent mille francs! dit Cydalise.

— Elle parle peu, mais bien, dit à voix basse Carabine à madame Nourrisson.

— Je deviens fou! s'écria d'une voix creuse le Brésilien en retombant sur une causeuse. J'en mourrai! Mais je veux voir, car c'est impossible! Un billet lithographié!... qui me dit que ce n'est pas l'œuvre d'un faussaire?... Le baron Hulot aimer Valérie!... dit-il en se rappelant le discours de Joséplia; mais la preuve qu'il ne l'aimait pas, c'est qu'elle existe!... Moi je ne la laisserai vivante à personne, si elle n'est pas toute à moi!...

Montès était effrayant à voir, et plus effrayant à entendre ! Il rugissait, il se tordait, tout ce qu'il touchait était brisé, le bois de palissandre semblait être du verre.

— Comme il casse ! dit Carabine en regardant Nourrisson. — Mon petit, reprit-elle en donnant une tape au Brésilien, Roland furieux fait très-bien dans un poëme ; mais, dans un appartement, c'est prosaïque et cher.

— Mon fils ! dit la Nourrisson en se levant et allant se poser en face du Brésilien abattu, je suis de ta religion. Quand on aime d'une certaine façon, qu'on s'est *agrafé à mort*, la vie répond de l'amour. Celui qui s'en va arrache tout, quoi ! c'est une démolition générale. Tu as mon estime, mon admiration, mon consentement, surtout pour ton procédé qui va me rendre négrophile. Mais tu aimes ! tu reculeras !...

— Moi !... si c'est une infâme, je...

— Voyons, tu causes trop à la fin des fins ! reprit la Nourrisson redevenant elle-même. Un homme qui veut se venger et qui se dit Sauvage à procédés se conduit autrement. Pour qu'on te fasse voir ton objet dans son paradis, il faut prendre Cydalise et avoir l'air d'entrer là, par suite d'une erreur de bonne, avec ta particulière, mais pas d'esclandre ! Si tu veux te venger, il faut caponer, avoir l'air d'être au désespoir et te faire rouler par ta maîtresse ? Ça y est-il ? dit madame Nourrisson en voyant le Brésilien surpris d'une machination si subtile.

— Allons ! l'Autruche, répondit-il, allons... je comprends.

— Adieu, mon bichon, dit madame Nourrisson à Carabine.

Elle fit signe à Cydalise de descendre avec Montès, et resta seule avec Carabine.

— Maintenant, ma mignonne, je n'ai peur que d'une chose, c'est qu'il l'étrangle ! Je serais dans de mauvais draps, il ne nous faut que des affaires *en douceur*. Oh ! je crois que tu as gagné ton tableau de Raphaël, mais on dit que c'est un Mignard. Sois tranquille. C'est beaucoup plus beau ; l'on m'a dit que les Raphaël étaient tout noirs, tandis que celui-là, c'est gentil comme un Girodet.

— Je ne tiens qu'à l'emporter sur Joséplia ! s'écria Carabine, et ça m'est égal que ça soit avec un Mignard ou avec un Raphaël. Non, cette voleuse avait des perles, ce soir... on se damnerait pour !

Cydalise, Montès et madame Nourrisson montèrent dans un fiacre qui stationnait à la porte de Carabine. Madame Nourrisson indiqua tout bas au cocher une maison du pâté des Italiens, où l'on serait arrivé dans quelques instants, car, de la rue Saint-Georges, la distance est de sept à huit minutes ; mais madame Nourrisson ordonna de prendre par la rue Lepelletier, et d'aller très-lentement, de manière à passer en revue les équipages stationnés.

— Brésilien ! dit la Nourrisson, vois à reconnaître les gens et la voiture de ton ange.

Le baron montra du doigt l'équipage de Valérie au moment où le fiacre passa devant.

— Elle a dit à ses gens de venir à dix heures, et elle s'est fait conduire en fiacre à la maison où elle est avec le comte Steinbock ; elle y a dîné, et elle viendra dans une demi-heure à l'Opéra. C'est bien travaillé ! dit madame Nourrisson. Cela t'explique comment elle peut t'avoir attrapé si long-temps.

Le Brésilien ne répondit pas. Métamorphosé en tigre, il avait repris le sang-froid imperturbable tant admiré pendant le dîner. Enfin, il était calme comme un failli, le lendemain du bilan déposé.

A la porte de la fatale maison, stationnait une citadine à deux chevaux, de celles qui s'appellent *Compagnie générale,* du nom de l'entreprise.

— Reste dans ta boîte, dit madame Nourrisson à Montès. On n'entre pas ici comme dans un estaminet, on viendra vous chercher.

Le paradis de madame Marneffe et de Wenceslas ne ressemblait guère à la petite maison Crevel, que Crevel avait vendue au comte Maxime de Trailles ; car, dans son opinion, elle devenait inutile. Ce paradis, le paradis de bien du monde, consistait en une chambre située au quatrième étage, et donnant sur l'escalier, dans une maison sise au pâté des Italiens. A chaque étage, il se trouvait dans cette maison, sur chaque palier, une chambre, autrefois disposée pour servir de cuisine à chaque appartement. Mais la maison étant devenue une espèce d'auberge louée aux amours clandestins à des prix exorbitants, la principale locataire, la vraie madame Nourrisson, marchande à la toilette rue Neuve-Saint-Marc, avait jugé sainement de la valeur immense de ces cuisines, en en faisant des espèces de salles à manger. Chacune de ces pièces, flanquée de deux gros murs mitoyens, éclairée sur la rue, se trouvait totalement isolée, au moyen de portes battantes très-épaisses qui faisaient une double fermeture sur le palier. On pouvait donc causer de secrets importants en dînant sans courir le risque d'être entendu. Pour plus de sûreté, les fenêtres étaient pourvues de persiennes au dehors et de volets en dedans. Ces chambres, à cause de cette particularité, coûtaient trois cents francs par mois. Cette maison, grosse de paradis et de mystères, était louée vingt-quatre mille francs à madame Nourrisson Ire, qui en gagnait vingt mille, bon an, mal an, sa gérante (madame Nourrisson IIe) payée, car elle n'administrait point par elle-même.

Le paradis loué au comte Steinbock avait été tapissé de perse. La froideur et la dureté d'un ignoble carreau rougi d'encaustique ne se sentait plus aux pieds sous un moelleux tapis. Le mobilier consistait en deux jolies chaises et un lit dans une alcôve, alors à demi caché par une table chargée des restes d'un dîner fin, et où deux bouteilles à longs bouchons et une bouteille de vin de Champagne éteinte dans sa glace jalonnaient les champs de Bacchus cultivés par Vénus. On voyait, envoyés sans doute par Valérie, un bon fauteuil-ganache à côté d'une chauffeuse, et une jolie commode en bois de rose avec sa glace bien encadrée en style Pompadour. Une lampe au plafond donnait un demi-jour accru par les bougies de la table et par celles qui décoraient la cheminée.

Ce croquis peindra, *urbi et orbi*, l'amour clandestin dans les mesquines proportions qu'y imprime le Paris de 1840. A quelle distance est-on, hélas! de l'amour adultère symbolisé par les filets de Vulcain, il y a trois mille ans.

Au moment où Cydalise et le baron montaient, Valérie, debout devant la cheminée, où brûlait une falourde, se faisait lacer par Wenceslas. C'est le moment où la femme qui n'est ni trop grasse ni trop maigre, comme était la fine, l'élégante Valérie, offre des beautés surnaturelles. La chair rosée, à teintes moites, sollicite un regard des yeux les plus endormis. Les lignes du corps, alors si peu voilé, sont si nettement accusées par les plis éclatants du jupon et par le basin du corset, que la femme est irrésistible, comme tout ce qu'on est obligé de quitter. Le visage heureux et souriant dans le miroir, le pied qui s'impatiente, la main qui va réparant le désordre des boucles de la coiffure mal reconstruite, les yeux où déborde la reconnaissance; puis le feu du contentement qui, semblable à un coucher de soleil, embrase les plus menus détails de la physionomie, tout de cette heure en fait une mine à souvenirs!... Certes, quiconque jetant un regard sur les premières erreurs de sa vie y reprendra quelques-uns de ces délicieux détails, comprendra peut-être, sans les excuser, les folies des Hulot et des Crevel. Les femmes connaissent si bien leur puissance en ce moment qu'elles y trouvent toujours ce qu'on peut appeler le regain du rendez-vous.

— Allons donc! après deux ans, tu ne sais pas encore lacer une femme! tu es aussi par trop Polonais! Voilà dix heures, mon Wencès...las! dit Valérie en riant.

En ce moment, une méchante bonne fit adroitement sauter avec la lame d'un couteau le crochet de la porte battante qui faisait toute la sécurité d'Adam et d'Ève. Elle ouvrit brusquement la porte, car les locataires de ces Éden ont tous peu de temps à eux, et découvrit un de ces charmants tableaux de genre, si souvent exposés au Salon, d'après Gavarni.

— Ici, madame! dit la fille.

Et Cydalise entra suivie du baron Montès.

— Mais il y a du monde!... Excusez, madame, dit la Normande effrayée.

— Comment! mais c'est Valérie! s'écria Montès qui ferma la porte violemment.

Madame Marneffe, en proie à une émotion trop vive pour être dissimulée, se laissa tomber sur une chauffeuse au coin de la cheminée. Deux larmes roulèrent dans ses yeux et se séchèrent aussitôt. Elle regarda Montès, aperçut la Normande et partit d'un éclat de rire forcé. La dignité de la femme offensée effaça l'incorrection de sa toilette inachevée, elle vint au Brésilien, et le regarda si fièrement que ses yeux étincelèrent comme des armes.

— Voilà donc, dit-elle en venant se poser devant le Brésilien et lui montrant Cydalise, de quoi est doublée votre fidélité? Vous! qui m'avez fait des promesses à convaincre une athée en amour! vous pour qui je faisais tant de choses et même des crimes!... Vous avez raison, monsieur, je ne suis rien auprès d'une fille de cet âge et de cette beauté!... Je sais ce que vous allez me dire, reprit-elle en montrant Wenceslas dont le désordre était une preuve trop évidente pour être niée. Ceci me regarde. Si je pouvais vous aimer, après cette trahison infâme, car vous m'avez espionnée, vous avez acheté chaque marche de cet escalier, et la maîtresse de la maison, et la servante, et Reine peut-être... Oh! que tout cela est beau! Si j'avais un reste d'affection pour un homme si lâche, je lui donnerais des raisons de nature à redoubler l'amour!... Mais je vous laisse, monsieur, avec tous vos doutes qui deviendront des remords... Wenceslas, ma robe.

Elle prit sa robe, la passa, s'examina dans le miroir, et acheva tranquillement de s'habiller sans regarder le Brésilien, absolument comme si elle était seule.

— Wenceslas! êtes-vous prêt? allez devant.

Elle avait du coin de l'œil et dans la glace espionné la physionomie de Montès, elle crut retrouver dans sa pâleur les indices de cette faiblesse qui livre ces hommes si forts à la fascination de la femme, elle le prit par la main en s'approchant assez près de lui pour qu'il pût respirer ces terribles parfums aimés dont se grisent les amoureux; et, le sentant palpiter, elle le regarda d'un air de reproche : — Je vous permets d'aller raconter votre expédition à monsieur Crevel, il ne vous croira jamais, aussi ai-je le droit de l'épouser; il sera mon mari après demain!... et je le rendrai bien heureux!... Adieu! tâchez de m'oublier...

— Ah! Valérie! s'écria Henri Montès en la serrant dans ses bras, c'est impossible! Viens au Brésil?

Valérie regarda le baron et retrouva son esclave.

— Ah! si tu m'aimais toujours, Henri! dans deux ans, je serais ta femme; mais ta figure en ce moment me paraît bien sournoise.

— Je te jure qu'on m'a grisé, que de faux amis m'ont jeté cette femme sur les bras, et que tout ceci est l'œuvre du hasard! dit Montès.

— Je pourrais donc encore te pardonner? dit-elle en souriant.

— Et te marierais-tu toujours? demanda le baron en proie à une navrante anxiété.

— Quatre-vingt mille francs de rente! dit-elle avec un enthousiasme à demi comique. Et Crevel m'aime tant, qu'il en mourra!

— Ah, je te comprends, dit le Brésilien.

— Eh bien!... dans quelques jours, nous nous entendrons, dit-elle.

Et elle descendit triomphante.

— Je n'ai plus de scrupules, pensa le baron, qui resta planté sur ses jambes pendant un moment. Comment! cette femme pense à se servir de son amour pour se débarrasser de cet imbécile, comme elle comptait sur la destruction de Marneffe!... Je serai l'instrument de la colère divine!

Deux jours après, ceux des convives de du Tillet, qui déchiraient madame Marneffe à belles dents, se trouvaient attablés chez elle, une heure après qu'elle venait de faire peau neuve en changeant son nom pour le glorieux nom d'un maire de Paris. Cette trahison de la langue est une des légèretés les plus ordinaires de la vie parisienne. Valérie avait eu le plaisir de voir à l'église le baron brésilien, que Crevel, devenu mari complet, invita par forfanterie. La présence de Montès au déjeuner n'étonna personne. Tous ces gens d'esprit étaient depuis long-temps familiarisés avec les lâchetés de la passion, avec les transactions du plaisir. La profonde mélancolie de Steinbock, qui commençait à mépriser celle dont il avait fait un ange, parut être d'excellent goût. Le Polonais semblait dire ainsi que tout était fini entre Valérie et lui. Lisbeth vint embrasser sa chère madame Crevel, en s'excusant de ne pas assister au déjeuner, sur le douloureux état de santé d'Adeline.

— Sois tranquille, dit-elle à Valérie en la quittant, ils te recevront chez eux et tu les recevras chez toi. Pour avoir seulement entendu ces quatre mots : *Deux cent mille francs*, la baronne est à la mort. Oh ! tu les tiens tous par cette histoire ; mais tu me la diras ?...

Un mois après son mariage, Valérie en était à sa dixième querelle avec Steinbock, qui voulait d'elle des explications sur Henri Montès, qui lui rappelait ses phrases pendant la scène du paradis, et qui non content de flétrir Valérie par des termes de mépris, la surveillait tellement qu'elle ne trouvait plus un instant de liberté, tant elle était pressée entre la jalousie de Wenceslas et l'empressement de Crevel. N'ayant plus auprès d'elle Lisbeth, qui la conseillait admirablement bien, elle s'emporta jusqu'à reprocher durement à Wenceslas l'argent qu'elle lui prêtait. La fierté de Steinbock se réveilla si bien qu'il ne revint plus à l'hôtel Crevel. Valérie avait atteint à son but, elle voulait éloigner Wenceslas pendant quelque temps pour recouvrer sa liberté. Valérie attendit un voyage à la campagne que Crevel devait faire chez le comte Popinot afin d'y négocier la présentation de madame Crevel, et put ainsi donner un rendez-vous au baron, qu'elle désirait avoir toute une journée à elle pour lui donner des raisons qui devaient redoubler l'amour du Brésilien. Le matin de ce jour-là, Reine, jugeant de son crime par la grosseur de la somme reçue, essaya d'avertir sa maîtresse, à qui naturellement elle s'intéressait plus qu'à des inconnus ; mais, comme on l'avait menacée de la rendre folle et de l'enfermer à la Salpêtrière, en cas d'indiscrétion, elle fut timide.

— Madame est si heureuse maintenant, dit-elle, pourquoi s'embarrasserait-elle encore de ce Brésilien?... Je m'en défie, moi!

— C'est vrai, Reine! répondit-elle; aussi vais-je le congédier.

— Ah! madame, j'en suis bien aise, il m'effraie, ce moricaud! Je le crois capable de tout...

— Es-tu sotte! c'est pour lui qu'il faut craindre quand il est avec moi.

En ce moment Lisbeth entra.

— Ma chère gentille chevrette! il y a long-temps que nous ne nous sommes vues! dit Valérie, je suis bien malheureuse. Crevel m'assomme, et je n'ai plus de Wenceslas; nous sommes brouillés.

— Je le sais, reprit Lisbeth, et c'est à cause de lui que je viens : Victorin l'a rencontré sur les cinq heures du soir, au moment où il entrait dans un restaurant à vingt-cinq sous, rue de Valois; il l'a pris à jeun par les sentiments et l'a ramené rue Louis-le-Grand... Hortense, en revoyant Wenceslas maigre, souffrant, mal vêtu, lui a tendu la main. Voilà comment tu me trahis!

— Monsieur Henri, madame! vint dire le valet de chambre à l'oreille de Valérie.

— Laisse-moi, Lisbeth, je t'expliquerai tout cela demain!...

Mais, comme on va le voir, Valérie ne devait bientôt plus pouvoir rien expliquer à personne.

Vers la fin du mois de mai, la pension du baron Hulot fut entièrement dégagée par les payements que Victorin avait successivement faits au baron de Nucingen. Chacun sait que les semestres des pensions ne sont acquittés que sur la présentation d'un certificat de vie, et comme on ignorait la demeure du baron Hulot, les semestres frappés d'opposition au profit de Vauvinet restaient accumulés au Trésor. Vauvinet ayant signé sa mainlevée, désormais il était indispensable de trouver le titulaire pour toucher l'arriéré. La baronne avait, grâce aux soins du docteur Bianchon, recouvré la santé. La bonne Josépha contribua par une lettre, dont l'orthographe trahissait la collaboration du duc d'Hérouville, à l'entier rétablissement d'Adeline. Voici ce que la cantatrice écrivit à la baronne, après quarante jours de recherches actives :

« Madame la baronne,

» Monsieur Hulot vivait, il y a deux mois, rue des Bernardins,
» avec Élodie Chardin, la repriseuse de dentelle, qui l'avait enlevé

» à mademoiselle Bijou ; mais il est parti, laissant là tout ce qu'il
» possédait, sans dire un mot, sans qu'on puisse savoir où il est allé.
» Je ne me suis pas découragée, et j'ai mis à sa poursuite un
» homme qui déjà croit l'avoir rencontré sur le boulevard Bourdon.

» La pauvre juive tiendra la promesse faite à la chrétienne. Que
» l'ange prie pour le démon ! c'est ce qui doit arriver quelquefois
» dans le ciel.

» Je suis, avec un profond respect et pour toujours, votre hum-
» ble servante,
» JOSÉPHA MIRAH. »

Maître Hulot d'Ervy n'entendant plus parler de la terrible madame Nourrisson, voyant son beau-père marié, ayant reconquis son beau-frère, revenu sous le toit de la famille, n'éprouvant aucune contrariété de sa nouvelle belle-mère, et trouvant sa mère mieux de jour en jour, se laissait aller à ses travaux politiques et judiciaires, emporté par le courant rapide de la vie parisienne, où les heures comptent pour des journées. Chargé d'un rapport à la Chambre des Députés, il fut obligé, vers la fin de la session, de passer toute une nuit à travailler. Rentré dans son cabinet vers neuf heures, il attendait que son valet de chambre apportât ses flambeaux garnis d'abat-jour, et il pensait à son père. Il se reprochait de laisser la cantatrice occupée de cette recherche, et il se proposait de voir à ce sujet le lendemain monsieur Chapuzot, lorsqu'il aperçut à sa fenêtre, dans la lueur du crépuscule, une sublime tête de vieillard, à crâne jaune, bordé de cheveux blancs.

— Dites, mon cher monsieur, qu'on laisse arriver jusqu'à vous un pauvre ermite venu du désert et chargé de quêter pour la reconstruction d'un saint asile.

Cette vision, qui prenait une voix et qui rappela soudain à l'avocat une prophétie de l'horrible Nourrisson, le fit tressaillir.

— Introduisez ce vieillard, dit-il à son valet de chambre.

— Il empestera le cabinet de monsieur, répondit le domestique, il porte une robe brune qu'il n'a pas renouvelée depuis son départ de Syrie, et il n'a pas de chemise...

— Introduisez ce vieillard, répéta l'avocat.

Le vieillard entra, Victorin examina d'un œil défiant ce soi-disant ermite en pèlerinage, et vit un superbe modèle de ces moines napolitains dont les robes sont sœurs des guenilles du lazzarone, dont les sandales sont les haillons du cuir, comme le moine est lui-même un haillon humain. C'était d'une vérité si complète que, tout en gardant sa défiance, l'avocat se gourmanda d'avoir cru aux sortiléges de madame Nourrisson.

— Que me demandez-vous?

— Ce que vous croyez devoir me donner.

Victorin prit cent sous à une pile d'écus et tendit la pièce à l'étranger.

— A compte de cinquante mille francs, c'est peu, dit le mendiant du désert.

Cette phrase dissipa toutes les incertitudes de Victorin.

— Et le ciel a-t-il tenu ses promesses? dit l'avocat en fronçant le sourcil.

— Le doute est une offense, mon fils! répliqua le solitaire. Si vous voulez ne payer qu'après les pompes funèbres accomplies, vous êtes dans votre droit, je reviendrai dans huit jours.

— Les pompes funèbres! s'écria l'avocat en se levant.

— On a marché, dit le vieillard en se retirant, et les morts vont vite à Paris!

Quand Hulot, qui baissa la tête, voulut répondre, l'agile vieillard avait disparu.

— Je n'y comprends pas un mot, se dit Hulot fils à lui-même... Mais dans huit jours, je lui redemanderai mon père, si nous ne l'avons pas trouvé. Où madame Nourrisson (oui, elle se nomme ainsi) prend-elle de pareils acteurs?

Le lendemain, le docteur Bianchon permit à la baronne de descendre au jardin, après avoir examiné Lisbeth qui, depuis un mois, était obligée, par une légère maladie des bronches de garder la chambre. Le savant docteur, qui n'osa dire toute sa pensée sur Lisbeth avant d'avoir observé des symptômes décisifs, accompagna la baronne au jardin pour étudier, après deux mois de réclusion, l'effet du plein air sur le tressaillement nerveux dont il s'occupait. La guérison de cette névrose affriolait le génie de Bianchon. En voyant ce grand et célèbre médecin assis et leur accordant quelques instants, la baronne et ses enfants eurent une conversation de politesse avec lui.

— Vous avez une vie bien occupée, et bien tristement! dit la baronne. Je sais ce que c'est que d'employer ses journées à voir des misères ou des douleurs physiques.

— Madame, répondit le médecin, je n'ignore pas les spectacles que la charité vous oblige à contempler; mais vous vous y ferez à la longue, comme nous nous y faisons tous. C'est la loi sociale. Le confesseur, le magistrat, l'avoué seraient impossibles si *l'esprit de l'état* ne domptait pas *le cœur de l'homme.* Vivrait-on sans l'accomplissement de ce phénomène? Le militaire, en temps de guerre, n'est-il pas également réservé à des spectacles encore plus cruels que ne le sont les nôtres? et tous les militaires qui ont vu le feu sont bons. Nous, nous avons le plaisir d'une cure qui réussit, comme vous avez, vous, la jouissance de sauver une famille des horreurs de la faim, de la dépravation, de la misère, en la rendant au travail, à la vie sociale; mais comment se consolent le magistrat, le commissaire de police et l'avoué qui passent leur vie à fouiller les plus scélérates combinaisons de l'intérêt, ce monstre social qui connaît le regret de ne pas avoir réussi, mais que le repentir ne visitera jamais? La moitié de la société passe sa vie à observer l'autre. J'ai pour ami depuis bien long-temps un avoué, maintenant retiré, qui me disait que, depuis quinze ans, les notaires, les avoués se défient autant de leurs clients que des adversaires de leurs clients. Monsieur votre fils est avocat, n'a-t-il jamais été compromis par celui dont il entreprenait la défense?

— Oh! souvent! dit en souriant Victorin.

— D'où vient ce mal profond? demanda la baronne.

— Du manque de religion, répondit le médecin, et de l'envahissement de la finance, qui n'est autre chose que l'égoïsme solidifié. L'argent autrefois n'était pas tout, on admettait des supériorités qui le primaient. Il y avait la noblesse, le talent, les services rendus à l'État; mais aujourd'hui la loi fait de l'argent un étalon général, elle l'a pris pour base de la capacité politique! Certains magistrats ne sont pas éligibles, Jean-Jacques Rousseau ne serait pas éligible! Les héritages perpétuellement divisés obligent chacun à penser à soi dès l'âge de vingt ans. Eh bien! entre la nécessité de faire fortune et la dépravation des combinaisons, il n'y a pas d'obstacle, car le sentiment religieux manque en France, malgré les louables efforts de ceux qui tentent une restauration catholique. Voilà ce que se disent tous ceux qui contemplent, comme moi, la société dans ses entrailles.

— Vous avez peu de plaisirs, dit Hortense.

— Le vrai médecin, répondit Bianchon, se passionne pour la science. Il se soutient par ce sentiment autant que par la certitude de son utilité sociale. Tenez, en ce moment, vous me voyez dans une espèce de joie scientifique, et bien des gens superficiels me prendraient pour un homme sans cœur. Je vais annoncer demain à l'Académie de Médecine une trouvaille. J'observe en ce moment une maladie perdue. Une maladie mortelle, d'ailleurs, et contre laquelle nous sommes sans armes, dans les climats tempérés, car elle est guérissable aux Indes. Une maladie qui régnait au Moyen-Age. C'est une belle lutte que celle du médecin contre un pareil sujet. Depuis dix jours, je pense à toute heure à mes malades, car ils sont deux, la femme et le mari ! Ne vous sont-ils pas alliés, car, madame, vous êtes la fille de monsieur Crevel, dit-il en s'adressant à Célestine.

— Quoi ! votre malade serait mon père ?... dit Célestine. Demeure-t-il rue Barbet-de-Jouy ?

— C'est bien cela, répondit Bianchon.

— Et la maladie est mortelle ? répéta Victorin épouvanté.

— Je vais chez mon père ! s'écria Célestine en se levant.

— Je vous le défends bien positivement, madame, répondit tranquillement Bianchon. Cette maladie est contagieuse.

— Vous y allez bien, monsieur, répliqua la jeune femme. Croyez-vous que les devoirs de la fille ne soient pas supérieurs à ceux du médecin ?

— Madame, un médecin sait comment se préserver de la contagion, et l'irréflexion de votre dévouement me prouve que vous ne pourriez pas avoir ma prudence.

Célestine se leva, retourna chez elle, où elle s'habilla pour sortir.

— Monsieur, dit Victorin à Bianchon, espérez-vous sauver monsieur et madame Crevel ?

— Je l'espère sans le croire, répondit Bianchon. Le fait est inexplicable pour moi... Cette maladie est une maladie propre aux nègres et aux peuplades américaines, dont le système cutané diffère de celui des races blanches. Or, je ne peux établir aucune communication entre les noirs, les cuivrés, les métis et monsieur ou madame Crevel. Si c'est d'ailleurs une maladie fort belle pour nous, elle est affreuse pour tout le monde. La pauvre créature, qui, dit-on, était jolie, est bien punie par où elle a péché, car elle est aujourd'hui d'une ignoble laideur, si toutefois elle est quelque chose !... ses dents et ses cheveux tombent, elle a l'aspect des lépreux, elle se fait horreur à elle-même ; ses mains, épouvantables à voir, sont enflées et couvertes de pustules verdâtres ; les ongles déchaussés restent dans les plaies qu'elle gratte ; enfin toutes les extrémités se détruisent dans la sanie qui les ronge.

— Mais la cause de ces désordres ? demanda l'avocat.

— Oh ! dit Bianchon, la cause est dans une altération rapide du sang, il se décompose avec une effrayante rapidité. J'espère attaquer le sang, je l'ai fait analyser ; je rentre prendre chez moi le résultat du travail de mon ami le professeur Duval, le fameux chimiste, pour entreprendre un de ces coups désespérés que nous jouons quelquefois contre la mort.

— Le doigt de Dieu est là ! dit la baronne d'une voix profondément émue. Quoique cette femme m'ait causé des maux qui m'ont fait appeler, dans des moments de folie, la justice divine sur sa tête, je souhaite, mon Dieu ! que vous réussissiez, monsieur le docteur.

Hulot fils avait le vertige, il regardait sa mère, sa sœur et le docteur alternativement, en tremblant qu'on ne devinât ses pensées. Il se considérait comme un assassin. Hortense, elle, trouvait Dieu très-juste. Célestine reparut pour prier son mari de l'accompagner.

— Si vous y allez, madame, et vous, monsieur, restez à un pied de distance du lit des malades, voilà toute la précaution. Ni vous ni votre femme ne vous avisez d'embrasser le moribond ! Aussi devez-vous accompagner votre femme, monsieur Hulot, pour l'empêcher de transgresser cette ordonnance.

Adeline et Hortense, restées seules, allèrent tenir compagnie à Lisbeth. La haine d'Hortense contre Valérie était si violente, qu'elle ne put en contenir l'explosion.

— Cousine ! ma mère et moi nous sommes vengées !... s'écria-t-elle. Cette venimeuse créature se sera mordue, elle est en décomposition !

— Hortense, dit la baronne, tu n'es pas chrétienne en ce moment. Tu devrais prier Dieu de daigner inspirer le repentir à cette malheureuse.

— Que dites-vous ? s'écria la Bette en se levant de sa chaise, parlez-vous de Valérie ?

— Oui, répondit Adeline, elle est condamnée, elle va mourir d'une horrible maladie, dont la description seule donne le frisson.

Les dents de la cousine Bette claquèrent, elle fut prise d'une sueur froide, elle eut une secousse terrible qui révéla la profondeur de son amitié passionnée pour Valérie.

— J'y vais, dit-elle.

— Mais le docteur t'a défendu de sortir!

— N'importe! j'y vais. Ce pauvre Crevel, dans quel état il doit être, car il aime sa femme...

— Il meurt aussi, répliqua la comtesse Steinbock. Ah! tous nos ennemis sont entre les mains du diable...

— De Dieu!... ma fille...

Lisbeth s'habilla, prit son fameux cachemire jaune, sa capote de velours noir, mit ses brodequins; et, rebelle aux remontrances d'Adeline et d'Hortense, elle partit comme poussée par une force despotique. Arrivée rue Barbet quelques instants après monsieur et madame Hulot, Lisbeth trouva sept médecins que Bianchon avait mandés pour observer ce cas unique, et auxquels il venait de se joindre. Ces docteurs, debout dans le salon, discutaient sur la maladie : tantôt l'un tantôt l'autre allait soit dans la chambre de Valérie, soit dans celle de Crevel, pour observer, et revenait avec un argument basé sur cette rapide observation.

Deux graves opinions partageaient ces princes de la science. L'un, seul de son opinion, tenait pour un empoisonnement et parlait de vengeance particulière en niant qu'on eût retrouvé la maladie décrite au Moyen Age. Trois autres voulaient voir une décomposition de la lymphe et des humeurs. Le second parti, celui de Bianchon, soutenait que cette maladie était causée par une viciation du sang que corrompait un principe morbifique inconnu. Bianchon apportait le résultat de l'analyse du sang faite par le professeur Duval. Les moyens curatifs, quoique désespérés et tout à fait empiriques, dépendaient de la solution de ce problème médical.

Lisbeth resta pétrifiée à trois pas du lit où mourait Valérie, en voyant un vicaire de Saint-Thomas-d'Aquin au chevet de son amie, et une sœur de charité la soignant. La Religion trouvait une âme à sauver dans un amas de pourriture qui, des cinq sens de la créature, n'avait gardé que la vue. La sœur de charité, qui seule avait accepté la tâche de garder Valérie, se tenait à distance. Ainsi l'Église catholique, ce corps divin, toujours animé par l'inspiration du sacrifice en toute chose, assistait, sous sa double forme d'esprit et de chair, cette infâme et infecte moribonde en lui prodiguant sa mansuétude infinie et ses inépuisables trésors de miséricorde.

Les domestiques épouvantés refusaient d'entrer dans la chambre de monsieur ou de madame; ils ne songeaient qu'à eux et trouvaient leurs maîtres justement frappés. L'infection était si grande que, malgré les fenêtres ouvertes et les plus puissants parfums, personne ne pouvait rester long-temps dans la chambre de Valérie. La Religion seule y veillait. Comment une femme, d'un esprit aussi supérieur que Valérie, ne se serait-elle pas demandé quel intérêt faisait rester là ces deux représentants de l'Église? Aussi la mourante avait-elle écouté la voix du prêtre. Le repentir avait entamé cette âme perverse en proportion des ravages que la dévorante maladie faisait à la beauté. La délicate Valérie avait offert à la maladie beaucoup moins de résistance que Crevel, et elle devait mourir la première, ayant été d'ailleurs la première attaquée.

— Si je n'avais pas été malade, je serais venue te soigner, dit enfin Lisbeth après avoir échangé un regard avec les yeux abattus de son amie. Voici quinze ou vingt jours que je garde la chambre, mais en apprenant ta situation par le docteur, je suis accourue.

— Pauvre Lisbeth, tu m'aimes encore, toi! je le vois, dit Valérie. Écoute! je n'ai plus qu'un jour ou deux à penser, car je ne puis pas dire *vivre*. Tu le vois? je n'ai plus de corps, je suis un tas de boue... On ne me permet pas de me regarder dans un miroir... Je n'ai que ce que je mérite. Ah! je voudrais, pour être reçue à merci, réparer tout le mal que j'ai fait.

— Oh! dit Lisbeth, si tu parles ainsi, tu es bien morte!

— N'empêchez pas cette femme de se repentir, laissez-la dans ses pensées chrétiennes, dit le prêtre.

— Plus rien! se dit Lisbeth épouvantée. Je ne reconnais ni ses yeux, ni sa bouche! Il ne reste pas un seul trait d'elle! Et l'esprit a déménagé! Oh! c'est effrayant!...

— Tu ne sais pas, reprit Valérie, ce que c'est que la mort, ce que c'est que de penser forcément au lendemain de son dernier jour, à ce que l'on doit trouver dans le cercueil : des vers pour le corps, mais quoi pour l'âme?... Ah! Lisbeth, je sens qu'il y a une autre vie!... et je suis toute à une terreur qui m'empêche de sentir les douleurs de ma chair décomposée!... Moi qui disais en riant à Crevel, en me moquant d'une sainte, que la vengeance de Dieu prenait toutes les formes du malheur... Eh bien! j'étais prophète!... Ne joue pas avec les choses sacrées, Lisbeth! Si tu m'aimes, imite-moi, repens-toi!

— Moi! dit la Lorraine, j'ai vu la vengeance partout dans la nature, les insectes périssent pour satisfaire le besoin de se venger quand on les attaque! Et ces messieurs, dit-elle en montrant le prêtre, ne nous disent-ils pas que Dieu se venge, et que sa vengeance dure l'éternité!...

Le prêtre jeta sur Lisbeth un regard plein de douceur et lui dit:
— Vous êtes athée, madame.
— Mais vois donc où j'en suis!... lui dit Valérie.
— Et d'où te vient cette gangrène? demanda la vieille fille qui resta dans son incrédulité villageoise.
— Oh! j'ai reçu de Henri un billet qui ne me laisse aucun doute sur mon sort... Il m'a tuée. Mourir au moment où je voulais vivre honnêtement, et mourir un objet d'horreur... Lisbeth, abandonne toute idée de vengeance! Sois bonne pour cette famille, à qui j'ai déjà, par un testament, donné tout ce dont la loi me permet de disposer! Va, ma fille, quoique tu sois le seul être aujourd'hui qui ne s'éloigne pas de moi avec horreur, je t'en supplie, va-t'en, laisse-moi... je n'ai plus que le temps de me livrer à Dieu!...
— Elle bat la campagne, se dit Lisbeth sur le seuil de la chambre.

Le sentiment le plus violent que l'on connaisse, l'amitié d'une femme pour une femme, n'eut pas l'héroïque constance de l'Église. Lisbeth, suffoquée par les miasmes délétères, quitta la chambre. Elle vit les médecins continuant à discuter. Mais l'opinion de Bianchon l'emportait et l'on ne débattait plus que la manière d'entreprendre l'expérience...

— Ce sera toujours une magnifique autopsie, disait un des opposants, et nous aurons deux sujets pour pouvoir établir des comparaisons.

Lisbeth accompagna Bianchon, qui vint au lit de la malade, sans avoir l'air de s'apercevoir de la fétidité qui s'en exhalait.

— Madame, dit-il, nous allons essayer sur vous une médication puissante et qui peut vous sauver...
— Si vous me sauvez, dit-elle, serai-je belle comme auparavant?...
— Peut-être! dit le savant médecin.
— Votre peut-être est connu! dit Valérie. Je serais comme ces femmes tombées dans le feu! Laissez-moi toute à l'Église! je ne puis maintenant plaire qu'à Dieu! je vais tâcher de me réconcilier avec lui, ce sera ma dernière coquetterie! Oui, il faut que je *fasse le bon Dieu!*
— Voilà le dernier mot de ma pauvre Valérie, je la retrouve! dit Lisbeth en pleurant.

La Lorraine crut devoir passer dans la chambre de Crevel, où elle trouva Victorin et sa femme assis à trois pieds de distance du lit du pestiféré.

— Lisbeth, dit-il, on me cache l'état dans lequel est ma femme, tu viens de la voir, comment va-t-elle?

— Elle est mieux, elle se dit sauvée! répondit Lisbeth en se permettant ce calembour afin de tranquilliser Crevel.

— Ah! bon, reprit le maire, car j'avais peur d'être la cause de sa maladie... On n'a pas été commis-voyageur pour la parfumerie impunément. Je me fais des reproches. Si je la perdais, que deviendrais-je! Ma parole d'honneur, mes enfants, j'adore cette femme-là.

Crevel essaya de se mettre en position, en se remettant sur son séant.

— Oh! papa, dit Célestine, si vous pouviez être bien portant, je recevrais ma belle-mère, j'en fais le vœu!

— Pauvre petite Célestine! reprit Crevel, viens m'embrasser!...

Victorin retint sa femme qui s'élançait.

— Vous ignorez, monsieur, dit avec douceur l'avocat, que votre maladie est contagieuse...

— C'est vrai, répondit Crevel, les médecins s'applaudissent d'avoir retrouvé sur moi je ne sais quelle peste du Moyen Age qu'on croyait perdue, et qu'ils faisaient tambouriner dans leurs Facultés... C'est fort drôle!

— Papa, dit Célestine, soyez courageux et vous triompherez de cette maladie.

— Soyez calmes, mes enfants, la mort regarde à deux fois avant de frapper un maire de Paris! dit-il avec un sang-froid comique. Et puis, si mon arrondissement est assez malheureux pour se voir enlever l'homme qu'il a deux fois honoré de ses suffrages... (Hein! voyez comme je m'exprime avec facilité!) Eh bien! je saurai faire mes paquets. Je suis un ancien commis-voyageur, j'ai l'habitude des départs. Ah! mes enfants, je suis un esprit fort.

— Papa, promets-moi de laisser venir l'Église à ton chevet.

— Jamais, répondit Crevel. Que voulez-vous, j'ai sucé le lait de la révolution, je n'ai pas l'esprit du baron d'Holbach, mais j'ai sa force d'âme. Je suis plus que jamais Régence, Mousquetaire gris, abbé Dubois, et maréchal de Richelieu! sacrebleu! Ma pauvre femme, qui perd la tête, vient de m'envoyer un homme à soutane, à moi, l'admirateur de Béranger, l'ami de Lisette, l'enfant de Voltaire et de Rousseau... Le médecin m'a dit, pour me tâter, pour savoir si la maladie m'abattait : — Vous avez vu monsieur l'abbé?... Eh bien! j'ai imité le grand Montesquieu. Oui, j'ai regardé le médecin, tenez, comme cela, fit-il en se mettant de trois quarts comme dans son portrait et tendant la main avec autorité, et j'ai dit :

> . . . . . Cet esclave est venu,
> Il a montré son ordre, et n'a rien obtenu.

Son Ordre est un joli calembour, qui prouve qu'à l'agonie monsieur le président de Montesquieu conservait toute la grâce de son génie, car on lui avait envoyé un Jésuite!... J'aime ce passage... on ne peut pas dire de sa vie, mais de sa mort. Ah! le passage! encore un calembour! Le Passage Montesquieu.

Hulot fils contemplait tristement son beau-père, en se demandant si la bêtise et la vanité ne possédaient pas une force égale à celle de la vraie grandeur d'âme. Les causes qui font mouvoir les ressorts de l'âme semblent être tout à fait étrangères aux résultats. La force que déploie un grand criminel serait-elle donc la même que celle dont s'enorgueillit un Champcenetz allant au supplice?

A la fin de la semaine, madame Crevel était enterrée, après des souffrances inouïes, et Crevel suivit sa femme à deux jours de distance. Ainsi, les effets du contrat de mariage furent annulés, et Crevel hérita de Valérie.

Le lendemain même de l'enterrement, l'avocat revit le vieux moine, et il le reçut sans mot dire. Le moine tendit silencieusement la main, et silencieusement aussi, maître Victorin Hulot lui remit quatre-vingts billets de banque de mille francs, pris sur la somme que l'on trouva dans le secrétaire de Crevel. Madame Hulot jeune hérita de la terre de Presles et de trente mille francs de rente. Madame Crevel avait légué trois cent mille francs au baron Hulot. Le scrofuleux Stanislas devait avoir, à sa majorité, l'hôtel Crevel et vingt-quatre mille francs de rente.

Parmi les nombreuses et sublimes associations instituées par la charité catholique dans Paris, il en est une, fondée par madame de La Chanterie, dont le but est de marier civilement et religieusement les gens du peuple qui se sont unis de bonne volonté. Les législateurs, qui tiennent beaucoup aux produits de l'Enregistrement, la Bourgeoisie régnante, qui tient aux honoraires du Notariat, feignent d'ignorer que les trois quarts des gens du peuple ne peuvent pas payer quinze francs pour leur contrat de mariage. La chambre des notaires est au-dessous, en ceci, de la chambre des avoués de Paris. Les avoués de Paris, compagnie assez calomniée, entreprennent gratuitement la poursuite des procès des indigents, tandis que les notaires n'ont pas encore décidé de faire gratis les contrats de mariage des pauvres gens. Quant au Fisc, il faudrait remuer toute la machine gouvernementale pour obtenir qu'il se relâchât de sa rigueur à cet égard. L'Enregistrement est sourd et muet. L'Église, de son côté, perçoit des droits sur les mariages. L'Église est, en France, excessivement fiscale ; elle se livre, dans la maison de Dieu, à d'ignobles trafics de petits bancs et de chaises dont s'indignent les Étrangers, quoiqu'elle ne puisse avoir oublié la colère du Sauveur chassant les vendeurs du Temple. Si l'Église se relâche difficilement de ses droits, il faut croire que ses droits, dits de fabrique, constituent aujourd'hui l'une de ses ressources, et la faute des Églises serait alors celle de l'État. La réunion de ces circonstances, par un temps où l'on s'inquiète beaucoup trop des nègres, des petits condamnés de la police correctionnelle, pour s'occuper des honnêtes gens qui souffrent, fait que beaucoup de ménages honnêtes restent dans le concubinage, faute de trente francs, dernier prix auquel le Notariat, l'Enregistrement, la Mairie et l'Église puissent unir deux Parisiens. L'institution de madame de La Chanterie, fondée pour remettre les pauvres ménages dans la voie religieuse et légale, est à la poursuite de ces couples, qu'elle trouve d'autant mieux qu'elle les secourt comme indigents, avant de vérifier leur état incivil.

Lorsque madame la baronne Hulot fut tout à fait rétablie, elle reprit ses occupations. Ce fut alors que la respectable madame de La Chanterie vint prier Adeline de joindre la légalisation des mariages naturels aux bonnes œuvres dont elle était l'intermédiaire.

Une des premières tentatives de la baronne en ce genre eut lieu dans le quartier sinistre nommé autrefois la *Petite-Pologne,* et que circonscrivent la rue du Rocher, la rue de la Pépinière et la rue de Miroménil. Il existe là comme une succursale du faubourg Saint-Marceau. Pour peindre ce quartier, il suffira de dire que les propriétaires de certaines maisons habitées par des industriels sans industries, par de dangereux ferrailleurs, par des indigents livrés à des métiers périlleux, n'osent pas y réclamer leurs loyers, et ne trouvent pas d'huissiers qui veuillent expulser les locataires insolvables. En ce moment, la Spéculation, qui tend à changer la face de ce coin de Paris et à bâtir l'espace en friche qui sépare la rue d'Amsterdam de la rue du Faubourg-du-Roule, en modifiera sans doute la population, car la truelle est, à Paris, plus civilisatrice qu'on ne le pense! En bâtissant de belles et d'élégantes maisons à concierges, les bordant de trottoirs et y pratiquant des boutiques, la Spéculation écarte, par le prix du loyer, les gens sans aveu, les ménages sans mobilier et les mauvais locataires. Ainsi les quartiers se débarrassent de ces populations sinistres et de ces bouges où la police ne met le pied que quand la justice l'ordonne.

En juin 1844, l'aspect de la place Delaborde et de ses environs était encore peu rassurant. Le fantassin élégant qui, de la rue de la Pépinière, remontait par hasard dans ces rues épouvantables, s'étonnait de voir l'aristocratie coudoyée là par une infime Bohême. Dans ces quartiers, où végètent l'indigence ignorante et la misère aux abois, florissent les derniers écrivains publics qui se voient dans Paris. Là où vous voyez écrits ces deux mots : *Ecrivain public,* en grosse coulée, sur un papier blanc affiché à la vitre de quelque entresol ou d'un fangeux rez-de-chaussée, vous pouvez hardiment penser que le quartier recèle beaucoup de gens ignares, et partant des malheurs, des vices et des criminels. L'ignorance est la mère de tous les crimes. Un crime est, avant tout, un manque de raisonnement.

Or, pendant la maladie de la baronne, ce quartier, pour lequel elle était une seconde Providence, avait acquis un écrivain public établi dans le passage du Soleil, dont le nom est une de ces antithèses familières aux Parisiens, car ce passage est doublement obscur. Cet écrivain, soupçonné d'être Allemand, se nommait Vyder, et vivait maritalement avec une jeune fille, de laquelle il était si jaloux, qu'il ne la laissait aller que chez d'honnêtes fumistes de la rue Saint-Lazare, Italiens, comme tous les fumistes, et à Paris depuis longues années. Ces fumistes avaient été sauvés d'une faillite inévitable, et qui les aurait réduits à la misère, par la baronne Hulot, agissant pour le compte de madame de La Chanterie. En quelques mois, l'aisance avait remplacé la misère, et la religion était entrée en des cœurs qui naguère maudissaient la Providence, avec l'énergie particulière aux Italiens fumistes. Une des premières visites de la baronne fut donc pour cette famille. Elle fut heureuse du spectacle qui s'offrit à ses regards, au fond de la maison où demeuraient ces braves gens, rue Saint-Lazare, auprès de la rue du Rocher. Au-dessus des magasins et de l'atelier, maintenant bien fournis, et où grouillaient des apprentis et des ouvriers, tous Italiens de la vallée de Domodossola, la famille occupait un petit appartement où le travail avait apporté l'abondance. La baronne fut reçue comme si c'eût été la Sainte-Vierge apparue. Après un quart d'heure d'examen, forcée d'attendre le mari pour savoir comment allaient les affaires, Adeline s'acquitta de son saint espionnage en s'enquérant des malheureux que pouvait connaître la famille du fumiste.

— Ah! ma bonne dame, vous qui sauveriez les damnés de l'enfer, dit l'Italienne, il y a bien près d'ici une jeune fille à retirer de la perdition.

— La connaissez-vous bien? demanda la baronne.

— C'est la petite-fille d'un ancien patron de mon mari, venu en France dès la révolution, en 1798, nommé Judici. Le père Judici a été, sous l'empereur Napoléon, l'un des premiers fumistes de Paris; il est mort en 1819, laissant une belle fortune à son fils. Mais le fils Judici a tout mangé avec de mauvaises femmes, et il a fini par en épouser une plus rusée que les autres, celle dont il a eu cette pauvre petite fille, qui sort d'avoir quinze ans.

— Que lui est-il arrivé? dit la baronne vivement impressionnée par la ressemblance du caractère de ce Judici avec celui de son mari.

— Eh bien! madame, cette petite, nommée Atala, a quitté père et mère pour venir vivre ici à côté, avec un vieil Allemand de quatre-vingts ans, au moins, nommé Vyder, qui fait toutes les affaires des gens qui ne savent ni lire ni écrire. Si au moins ce vieux libertin, qui, dit-on, aurait acheté la petite à sa mère pour quinze cents francs, épousait cette jeunesse, comme il a sans doute peu de temps à vivre, et qu'on le dit susceptible d'avoir quelques milliers de francs de rente, eh bien! la pauvre enfant, qui est un petit ange, échapperait au mal, et surtout à la misère, qui la pervertira.

— Je vous remercie de m'avoir indiqué cette bonne action à faire, dit Adeline; mais il faut agir avec prudence. Quel est ce vieillard?

— Oh! madame, c'est un brave homme, il rend la petite heureuse, et il ne manque pas de bon sens; car, voyez-vous, il a quitté le quartier des Judici, je crois, pour sauver cette enfant des griffes de sa mère. La mère était jalouse de sa fille, et peut-être rêvait-elle de tirer parti de cette beauté, de faire de cette enfant *une demoiselle !...* Atala s'est souvenue de nous, elle a conseillé à *son monsieur* de s'établir auprès de notre maison ; et, comme le bonhomme a vu qui nous étions, il la laisse venir ici ; mais mariez-le, madame, et vous ferez une action bien digne de vous... Une fois mariée, la petite sera libre, elle échappera par ce moyen à sa mère, qui la guette et qui voudrait, pour tirer parti d'elle, la voir au théâtre ou réussir dans l'affreuse carrière où elle l'a lancée.

— Pourquoi ce vieillard ne l'a-t-il pas épousée?...

— Ce n'était pas nécessaire, dit l'Italienne, et quoique le bonhomme Vyder ne soit pas un homme absolument méchant, je crois qu'il est assez rusé pour vouloir être maître de la petite, tandis que marié, dame ! il craint, ce pauvre vieux, ce qui pend au nez de tous les vieux...

— Pouvez-vous envoyer chercher la jeune fille ? dit la baronne, je la verrais ici, je saurais s'il y a de la ressource...

La femme du fumiste fit un signe à sa fille aînée, qui partit aussitôt. Dix minutes après, cette jeune personne revint, tenant par la main une fille de quinze ans et demi, d'une beauté tout italienne.

Mademoiselle Judici tenait du sang paternel cette peau jaunâtre au jour, qui le soir, aux lumières, devient d'une blancheur éclatante, des yeux d'une grandeur, d'une forme, d'un éclat oriental, des cils fournis et recourbés qui ressemblaient à de petites plumes noires, une chevelure d'ébène, et cette majesté native de la Lombardie qui fait croire à l'étranger, quand il se promène le dimanche à Milan, que les filles des portiers sont autant de reines. Atala, prévenue par la fille du fumiste de la visite de cette grande dame dont elle avait entendu parler, avait mis à la hâte une jolie robe de soie, des brodequins et un mantelet élégant. Un bonnet à rubans couleur cerise décuplait l'effet de la tête. Cette petite se tenait dans une pose de curiosité naïve, en examinant du coin de l'œil la baronne, dont le tremblement nerveux l'étonnait beaucoup. La baronne poussa un profond soupir en voyant ce chef-d'œuvre féminin dans la boue de la prostitution, et jura de la ramener à la Vertu.

— Comment te nommes-tu, mon enfant?

— Atala, madame.

— Sais-tu lire, écrire?...

— Non, madame ; mais cela ne fait rien, puisque monsieur le sait...

— Tes parents t'ont-ils menée à l'église? As-tu fait ta première communion? Sais-tu ton catéchisme?

— Madame, papa voulait me faire faire des choses qui ressemblent à ce que vous dites, mais maman s'y est opposée...

— Ta mère!... s'écria la baronne. Elle est donc bien méchante, ta mère?...

— Elle me battait toujours! Je ne sais pourquoi, mais j'étais le sujet de disputes continuelles entre mon père et ma mère...

— On ne t'a donc jamais parlé de Dieu?... s'écria la baronne. L'enfant ouvrit de grands yeux.

— Ah! maman et papa disaient souvent : S.... n.. de Dieu! Tonnerre de Dieu! Sacre-Dieu!... dit-elle avec une délicieuse naïveté.

— N'as-tu jamais vu d'église? ne t'est-il pas venu dans l'idée d'y entrer?

— Des églises?... Ah! Notre-Dame, le Panthéon, j'ai vu cela de loin, quand papa m'emmenait dans Paris; mais cela n'arrivait pas souvent. Il n'y a pas de ces églises-là dans le faubourg.

— Dans quel faubourg étiez-vous?

— Dans le faubourg...

— Quel faubourg.

— Mais rue de Charonne, madame...

Les gens du faubourg Saint-Antoine n'appellent jamais autrement ce quartier célèbre que le *faubourg*. C'est pour eux le faubourg par excellence, le souverain faubourg, et les fabricants eux-mêmes entendent par ce mot spécialement le faubourg Saint-Antoine.

— On ne t'a jamais dit ce qui était bien, ce qui était mal?

— Maman me battait quand je ne faisais pas les choses à son idée...

— Mais ne savais-tu pas que tu commettais une mauvaise action en quittant ton père et ta mère pour aller vivre avec un vieillard?

Atala Judici regarda d'un air superbe la baronne, et ne lui répondit pas.

— C'est une fille tout à fait sauvage !... se dit Adeline.

— Oh! madame, il y en a beaucoup comme elle au faubourg! dit la femme du fumiste.

— Mais elle ignore tout, même le mal, mon Dieu! Pourquoi ne me réponds-tu pas?... demanda la baronne en essayant de prendre Atala par la main.

Atala courroucée recula d'un pas.

— Vous êtes une vieille folle! dit-elle. Mon père et ma mère étaient à jeun depuis une semaine! Ma mère voulait faire de moi quelque chose de bien mauvais, puisque mon père l'a battue en l'appelant voleuse! Pour lors, monsieur Vyder a payé toutes les dettes de mon père et de ma mère et leur a donné de l'argent... oh! plein un sac!... Et il m'a emmenée, que mon pauvre papa pleurait... Mais il fallait nous quitter!... Eh bien! est-ce mal? demanda-t-elle.

— Et aimez-vous bien ce monsieur Vyder?...

— Si je l'aime?... dit-elle. Je crois bien, madame! il me raconte de belles histoires tous les soirs!... Et il m'a donné de belles robes, du linge, un châle. Mais, c'est que suis nippée comme une princesse, et je ne porte plus de sabots! Enfin, depuis deux mois, je ne sais plus ce que c'est que d'avoir faim. Je ne mange plus de pommes de terre! Il m'apporte des bonbons, des pralines! Oh! que c'est bon, le chocolat praliné!... Je fais tout ce qu'il veut pour un sac de chocolat! Et puis, mon gros père Vyder est bien bon, il me soigne si bien, si gentiment, que ça me fait voir comment aurait dû être ma mère... Il va prendre une vieille bonne pour me soigner, car il ne veut pas que je me salisse les mains à faire la cuisine. Depuis un mois, il commence à gagner pas mal d'argent, il m'apporte trois francs tous les soirs... que je mets dans une tirelire! Seulement, il ne veut pas que je sorte, excepté pour venir ici... C'est ça un amour d'homme; aussi, fait-il de moi ce qu'il veut... Il m'appelle sa petite chatte! et ma mère ne m'appelait que petite B...., ou bien f.... p.....! voleuse, vermine! Est-ce que je sais!

— Eh bien! pourquoi, mon enfant, ne ferais-tu pas ton mari du père Vyder?...

— Mais, c'est fait, madame! dit la jeune fille en regardant la baronne d'un air plein de fierté, sans rougir, le front pur, les yeux calmes. Il m'a dit que j'étais sa petite femme, mais c'est bien embêtant d'être la femme d'un homme!... Allez! sans les pralines!...

— Mon Dieu! se dit à voix basse la baronne, quel est le monstre qui a pu abuser d'une si complète et si sainte innocence? Remettre cette enfant dans le bon sentier, n'est-ce pas racheter bien des fautes! Moi je savais ce que je faisais! se dit-elle en pensant à sa scène avec Crevel. Elle! elle ignore tout!

— Connaissez-vous monsieur Samanon?... demanda la petite Atala d'un air câlin.

— Non, ma petite; mais pourquoi me demandes-tu cela?

— Bien vrai? dit l'innocente créature.

— Ne crains rien de madame, Atala?... dit la femme du fumiste, c'est un ange!

— C'est que mon gros chat a peur d'être trouvé par ce Samanon, il se cache... et que je voudrais bien qu'il pût être libre...

— Et pourquoi?...

— Dame! il me mènerait à Bobino! peut-être à l'Ambigu!

— Quelle ravissante créature! dit la baronne en embrassant cette petite fille.

— Êtes-vous riche?... demanda Atala qui jouait avec les manchettes de la baronne.

— Oui et non, répondit la baronne. Je suis riche pour les bonnes petites filles comme toi, quand elles veulent se laisser instruire des devoirs du chrétien par un prêtre, et aller dans le bon chemin.

— Dans quel chemin? dit Atala. Je vais bien sur mes jambes.

— Le chemin de la vertu!

Atala regarda la baronne d'un air matois et rieur.

— Vois madame, elle est heureuse depuis qu'elle est rentrée dans le sein de l'Église?... dit la baronne en montrant la femme du fumiste. Tu t'es mariée comme les bêtes s'accouplent.

— Moi! reprit Atala, mais si vous voulez me donner ce que me donne le père Vyder, je serai bien contente de ne pas me marier. C'est une scie! savez-vous ce que c'est?...

— Une fois qu'on s'est unie à un homme, comme toi, reprit la baronne, la vertu veut qu'on lui soit fidèle.

— Jusqu'à ce qu'il meure?... dit Atala d'un air fin, je n'en aurai pas pour long-temps. Si vous saviez comme le père Vyder tousse et souffle! Peuh! peuh! fit-elle en imitant le vieillard.

— La vertu, la morale veulent, reprit la baronne, que l'Église qui représente Dieu, et la mairie qui représente la loi, consacrent votre mariage. Vois, madame, elle s'est mariée légitimement...

— Est-ce que ça sera plus amusant? demanda l'enfant.

— Tu seras plus heureuse, dit la baronne, car personne ne pourra te reprocher ce mariage. Tu plairas à Dieu! Demande à madame si elle s'est mariée sans avoir reçu le sacrement du mariage?

Atala regarda la femme du fumiste.

— Qu'a-t-elle plus que moi? demanda-t-elle. Je suis plus jolie qu'elle.

— Oui, mais je suis une honnête femme, et toi, l'on peut te donner un vilain nom...

— Comment veux-tu que Dieu te protége, si tu foules aux pieds les lois divines et humaines? dit la baronne. Sais-tu que Dieu tient en réserve un paradis pour ceux qui suivent les commandements de son Église?

— Quéqu'il y a dans le paradis? Y a-t-il des spectacles? dit Atala.

— Oh! le paradis, c'est, dit la baronne, toutes les jouissances que tu peux imaginer. Il est plein d'anges, dont les ailes sont blanches. On y voit Dieu dans sa gloire, on partage sa puissance, on est heureux à tout moment et dans l'éternité!...

Atala Judici écoutait la baronne comme elle eût écouté de la musique; et, la voyant hors d'état de comprendre, Adeline pensa qu'il fallait prendre une autre voie en s'adressant au vieillard.

— Retourne chez toi, ma petite, et j'irai parler à ce monsieur Vyder. Est-il Français?...

— Il est Alsacien, madame; mais il sera riche, allez! Si vous vouliez payer ce qu'il doit à ce vilain Samanon, il vous rendrait votre argent! car il aura dans quelques mois, dit-il, six mille francs de rente, et nous irons alors vivre à la campagne, bien loin, dans les Vosges...

Ce mot *les Vosges* fit tomber la baronne dans une rêverie profonde. Elle revit son village! La baronne fut tirée de cette douloureuse méditation par les salutations du fumiste qui venait lui donner les preuves de sa prospérité.

— Dans un an, madame, je pourrai vous rendre les sommes que vous nous avez prêtées; car c'est l'argent du bon Dieu! c'est celui des pauvres et des malheureux! Si je fais fortune, vous puiserez un jour dans notre bourse, je rendrai par vos mains aux autres le secours que vous nous avez apporté.

— En ce moment, dit la baronne, je ne vous demande pas d'argent, je vous demande votre coopération à une bonne œuvre. Je viens de voir la petite Judici qui vit avec un vieillard, et je veux les marier religieusement, légalement.

— Ah! le père Vyder! c'est un bien brave et digne homme, il est de bon conseil. Ce pauvre vieux s'est déjà fait des amis dans le quartier, depuis deux mois qu'il y est venu. Il me met mes mémoires au net. C'est un brave colonel, je crois, qui a bien servi l'Empereur... Ah! comme il aime Napoléon! Il est décoré, mais il ne porte jamais de décorations. Il attend qu'il se soit refait, car il a des dettes, le pauvre cher homme !... je crois même qu'il se cache, il est sous le coup des huissiers...

— Dites que je payerai ses dettes, s'il veut épouser la petite...

— Ah bien! ce sera bientôt fait. Tenez, madame, allons-y... c'est à deux pas, dans le passage du Soleil!

La baronne et le fumiste sortirent pour aller au passage du Soleil.

— Par ici, madame, dit le fumiste en montrant la rue de la Pépinière.

Le passage du Soleil est en effet au commencement de la rue de la Pépinière et débouche rue du Rocher. Au milieu de ce passage de création récente, et dont les boutiques sont d'un prix très-modique, la baronne aperçut, au-dessus d'un vitrage garni de taffetas vert, à une hauteur qui ne permettait pas aux passants de jeter des regards indiscrets : ÉCRIVAIN PUBLIC, et sur la porte :

CABINET D'AFFAIRES.

Ici l'on rédige les pétitions, on met les mémoires au net, etc. Discrétion, célérité.

L'intérieur ressemblait à ces bureaux de transit où les omnibus de Paris font attendre les places de correspondance aux voyageurs. Un escalier intérieur menait sans doute à l'appartement en entresol éclairé par la galerie et qui dépendait de la boutique. La baronne aperçut un bureau de bois blanc noirci, des cartons, et un ignoble fauteuil acheté d'occasion. Une casquette et un abat-jour en taffetas vert à fil d'archal tout crasseux annonçaient soit des précautions prises pour se déguiser, soit une faiblesse d'yeux assez concevable chez un vieillard.

— Il est là haut, dit le fumiste, je vais monter le prévenir et le faire descendre.

La baronne baissa son voile et s'assit. Un pas pesant ébranla le petit escalier de bois, et Adeline ne put retenir un cri perçant en voyant son mari, le baron Hulot, en veste grise tricotée, en pantalon de vieux molleton gris et en pantoufles.

— Que voulez-vous, madame? dit Hulot galamment.

Adeline se leva, saisit Hulot, et lui dit d'une voix brisée par l'émotion : — Enfin, je te retrouve !...

— Adeline !... s'écria le baron stupéfait qui ferma la porte de la boutique. Joseph ! cria-t-il au fumiste, allez-vous-en par l'allée.

— Mon ami, dit-elle oubliant tout dans l'excès de sa joie, tu peux revenir au sein de ta famille, nous sommes riches ! ton fils a cent soixante mille francs de rente ! ta pension est libre, tu as un arriéré de quinze mille francs à toucher sur ton simple certificat de vie ! Valérie est morte en te léguant trois cent mille francs. On a bien oublié ton nom, va ! tu peux rentrer dans le monde, et tu trouveras d'abord chez ton fils une fortune. Viens, notre bonheur sera complet. Voici bientôt trois ans que je te cherche, et j'espérais si bien te rencontrer, que tu as un appartement tout prêt à te recevoir. Oh ! sors d'ici, sors de l'affreuse situation où je te vois !

— Je le veux bien, dit le baron étourdi; *mais pourrai-je emmener la petite?*

— Hector, renonce à elle ! fais cela pour ton Adeline qui ne t'a jamais demandé le moindre sacrifice ! je te promets de doter cette enfant, de la bien marier, de la faire instruire. Qu'il soit dit qu'une de celles qui t'ont rendu heureux soit heureuse, et ne tombe plus ni dans le vice, ni dans la fange !

— C'est donc toi, reprit le baron avec un sourire, qui voulais me marier ?... Reste un instant là, dit-il, je vais aller m'habiller là-haut, où j'ai dans une malle des vêtements convenables...

Quand Adeline fut seule, et qu'elle regarda de nouveau cette affreuse boutique, elle fondit en larmes. — Il vivait là, se dit-elle, et nous sommes dans l'opulence !... Pauvre homme ! a-t-il été puni, lui qui était l'élégance même ! Le fumiste vint saluer sa bienfaitrice, qui lui dit de faire avancer une voiture. Quand le fumiste revint, la baronne le pria de prendre chez lui la petite Atala Judici, de l'emmener sur-le-champ.

— Vous lui direz, ajouta-t-elle, que si elle veut se mettre sous la direction de monsieur le curé de la Madeleine, le jour où elle fera sa première communion je lui donnerai trente mille francs de dot et un bon mari, quelque brave jeune homme !

— Mon fils aîné, madame ! il a vingt-deux ans, et il adore cette enfant !

Le baron descendit en ce moment, il avait les yeux humides.

— Tu me fais quitter, dit-il à l'oreille de sa femme, la seule créature qui ait approché de l'amour que tu as pour moi ! Cette petite fond en larmes, et je ne puis pas l'abandonner ainsi...

— Sois tranquille, Hector ! elle va se trouver au milieu d'une honnête famille, et je réponds de ses mœurs.

— Ah ! je puis te suivre alors, dit le baron en conduisant sa femme à la citadine.

Hector, redevenu baron d'Ervy, avait mis un pantalon et une redingote en drap bleu, un gilet blanc, une cravate noire et des gants. Lorsque la baronne fut assise au fond de la voiture, Atala s'y fourra par un mouvement de couleuvre.

— Ah ! madame, dit-elle, laissez-moi vous accompagner et aller avec vous... Tenez, je serai bien gentille, bien obéissante, je ferai tout ce que vous voudrez ; mais ne me séparez pas du père Vyder, de mon bienfaiteur qui me donne de si bonnes choses. Je vais être battue !...

— Allons, Atala, dit le baron, cette dame est ma femme, et il faut nous quitter...

— Elle ! si vieille que ça ! répondit l'innocente, et qui tremble comme une feuille ! Oh ! c'te tête !

Et elle imita railleusement le tressaillement de la baronne. Le fumiste, qui courait après la petite Judici, vint à la portière de la voiture.

— Emportez-la ! dit la baronne.

Le fumiste prit Atala dans ses bras et l'emmena chez lui de force.

— Merci de ce sacrifice, mon ami ! dit Adeline en prenant la main du baron et la serrant avec une joie délirante. Es-tu changé ! Comme tu dois avoir souffert ! Quelle surprise pour ta fille, pour ton fils !

Adeline parlait comme parlent les amants qui se revoient après une longue absence, de mille choses à la fois. En dix minutes, le baron et sa femme arrivèrent rue Louis-le-Grand, où Adeline trouva la lettre suivante :

« Madame la baronne,

» Monsieur le baron d'Ervy est resté un mois rue de Charonne,
» sous le nom de Thorec, anagramme d'Hector. Il est maintenant
» passage du Soleil, sous le nom de Vyder. Il se dit Alsacien,
» fait des écritures, et vit avec une jeune fille nommée Atala Ju-
» dici. Prenez bien des précautions, madame, car on cherche ac-
» tivement le baron, je ne sais dans quel intérêt.

» La comédienne a tenu sa parole, et se dit, comme toujours,

» Madame la baronne,
» Votre humble servante,
» J. M. »

Le retour du baron excita des transports de joie qui le convertirent à la vie de famille. Il oublia la petite Atala Judici, car les excès de la passion l'avaient fait arriver à la mobilité de sensations qui distingue l'enfance. Le bonheur de la famille fut troublé par le changement survenu chez le baron. Après avoir quitté ses enfants encore valide, il revenait presque centenaire, cassé, voûté, la physionomie dégradée. Un dîner splendide, improvisé par Célestine, rappela les dîners de la cantatrice au vieillard qui fut étourdi des splendeurs de sa famille.

— Vous fêtez le retour du père prodigue ! dit-il à l'oreille d'Adeline.

— Chut !... tout est oublié, répondit-elle.

— Et Lisbeth ? demanda le baron qui ne vit pas la vieille fille.

— Hélas ! répondit Hortense, elle est au lit, elle ne se lève plus, et nous aurons le chagrin de la perdre bientôt. Elle compte te voir après dîner.

Le lendemain matin, au lever du soleil, Hulot fils fut averti par son concierge que des soldats de la garde municipale cernaient toute sa propriété. Des gens de justice cherchaient le baron Hulot. Le garde du commerce, qui suivait la portière, présenta des jugements en règle à l'avocat, en lui demandant s'il voulait payer pour son père. Il s'agissait de dix mille francs de lettres de change souscrites au profit d'un usurier nommé Samanon, et qui probablement avait donné deux ou trois mille francs au baron d'Ervy.

Hulot fils pria le garde du commerce de renvoyer son monde, et il paya. — Sera-ce là tout? se dit-il avec inquiétude.

Lisbeth, déjà bien malheureuse du bonheur qui luisait sur la famille, ne put soutenir cet événement heureux. Elle empira si bien, qu'elle fut condamnée par Bianchon à mourir une semaine après, vaincue au bout de cette longue lutte marquée pour elle par tant de victoires. Elle garda le secret de sa haine au milieu de l'affreuse agonie d'une phthisie pulmonaire. Elle eut d'ailleurs la satisfaction suprême de voir Adeline, Hortense, Hulot, Victorin, Steinbock, Célestine et leurs enfants tous en larmes autour de son lit, et la regrettant comme l'ange de la famille. Le baron Hulot, mis à un régime substantiel qu'il ignorait depuis bientôt trois ans, reprit de la force, et il se ressembla presque à lui-même. Cette restauration rendit Adeline heureuse à un tel point que l'intensité de son tressaillement nerveux diminua. — Elle finira par être heureuse! se dit Lisbeth la veille de sa mort en voyant l'espèce de vénération que le baron témoignait à sa femme dont les souffrances lui avaient été racontées par Hortense et par Victorin. Ce sentiment hâta la fin de la cousine Bette, dont le convoi fut mené par toute une famille en larmes.

Le baron et la baronne Hulot, se voyant arrivés à l'âge du repos absolu, donnèrent au comte et à la comtesse Steinbock les magnifiques appartements du premier étage, et se logèrent au second. Le baron, par les soins de son fils, obtint une place dans un chemin de fer, au commencement de l'année 1845, avec six mille francs d'appointements, qui, joints aux six mille francs de pension de sa retraite et à la fortune léguée par madame Crevel, lui composèrent vingt-quatre mille francs de rente. Hortense, ayant été séparée de biens avec son mari pendant les trois années de brouille, Victorin n'hésita plus à placer au nom de sa sœur les deux cent mille francs du fidéicommis, et il fit à Hortense une pension de douze mille francs. Wenceslas, mari d'une femme riche, ne lui faisait aucune infidélité; mais il flânait, sans pouvoir se résoudre à entreprendre une œuvre, si petite qu'elle fût. Redevenu artiste *in partibus*, il avait beaucoup de succès dans les salons, il était consulté par beaucoup d'amateurs; enfin il passa critique, comme tous les impuissants qui mentent à leurs débuts. Chacun de ces ménages jouissait donc d'une fortune particulière, quoique vivant en famille. Éclairée par tant de malheurs, la baronne laissait à son fils le soin de gérer les affaires, et réduisait ainsi le baron à ses appointements, espérant que l'exiguïté de ce revenu l'empêcherait de retomber dans ses anciennes erreurs. Mais, par un bonheur étrange, et sur lequel ni la mère ni le fils ne comptaient, le baron semblait avoir renoncé au beau sexe. Sa tranquillité, mise sur le compte de la nature, avait fini par tellement rassurer la famille, qu'on jouissait entièrement de l'amabilité revenue et des charmantes qualités du baron d'Ervy. Plein d'attention pour sa femme et pour ses enfants, il les accompagnait au spectacle, dans le monde où il reparut, et il faisait avec une grâce exquise les honneurs du salon de son fils. Enfin, ce père prodigue reconquis donnait la plus grande satisfaction à sa famille. C'était un agréable vieillard, complétement détruit, mais spirituel, n'ayant gardé de son vice que ce qui pouvait en faire une vertu sociale. On arriva naturellement à une sécurité complète. Les enfants et la baronne portaient aux nues le père de famille, en oubliant la mort des deux oncles! La vie ne va pas sans de grands oublis!

Madame Victorin, qui menait avec un grand talent de ménagère, dû d'ailleurs aux leçons de Lisbeth, cette maison énorme, avait été forcée de prendre un cuisinier. Le cuisinier rendit nécessaire une fille de cuisine. Les filles de cuisine sont aujourd'hui des créatures ambitieuses, occupées à surprendre les secrets du chef, et qui deviennent des cuisinières dès qu'elles savent faire tourner les sauces. Donc on change très-souvent de filles de cuisine. Au commencement du mois de décembre 1845, Célestine prit pour fille de cuisine, une grosse Normande d'Isigny, à taille courte, à bons bras rouges, munie d'un visage commun, bête comme une pièce de circonstance, et qui se décida difficilement à quitter le bonnet de coton classique dont se coiffent les filles de la Basse-Normandie. Cette fille, douée d'un embonpoint de nourrice, semblait près de faire éclater la cotonnade dont elle entourait son corsage. On eût dit que sa figure rougeaude avait été taillée dans du caillou, tant les jaunes contours en étaient fermes. On ne fit naturellement aucune attention dans la maison, à l'entrée de cette fille appelée Agathe, la vraie fille délurée que la province envoie journellement à Paris. Agathe tenta médiocrement le cuisinier, tant elle était grossière dans son langage, car elle avait servi les rouliers, elle sortait d'une auberge de faubourg, et au lieu de faire la conquête du chef et d'obtenir de lui qu'il lui montrât le grand art de la cuisine, elle fut l'objet de son mépris. Le cuisinier courtisait Louise, la femme de chambre de la comtesse Steinbock. Aussi la Normande, se voyant maltraitée, se plaignit-elle de son sort ; elle était toujours envoyée dehors, sous un prétexte quelconque, quand le chef finissait un plat ou parachevait une sauce. — Décidément, je n'ai pas de chance, disait-elle, j'irai dans une autre maison. Néanmoins, elle resta, quoiqu'elle eût demandé déjà deux fois à sortir.

Une nuit, Adeline, réveillée par un bruit étrange, ne trouva plus Hector dans le lit qu'il occupait auprès du sien, car ils couchaient dans des lits jumeaux, ainsi qu'il convient à des vieillards. Elle attendit une heure sans voir revenir le baron. Prise de peur, croyant à une catastrophe tragique, à l'apoplexie, elle monta d'abord à l'étage supérieur occupé par les mansardes où couchaient les domestiques, et fut attirée vers la chambre d'Agathe, autant par la vive lumière qui sortait par la porte, entrebâillée, que par le murmure de deux voix. Elle s'arrêta tout épouvantée en reconnaissant la voix du baron, qui, séduit par les charmes d'Agathe, en était arrivé par la résistance calculée de cette atroce maritorne, à lui dire ces odieuses paroles : — Ma femme n'a pas long-temps à vivre, et si tu veux tu pourras être baronne. Adeline jeta un cri, laissa tomber son bougeoir et s'enfuit.

Trois jours après, la baronne, administrée la veille, était à l'agonie et se voyait entourée de sa famille en larmes. Un moment avant d'expirer, elle prit la main de son mari, la pressa et lui dit à l'oreille : — Mon ami, je n'avais plus que ma vie à te donner : dans un moment tu seras libre, et tu pourras faire une baronne Hulot.

Et l'on vit, ce qui doit être rare, des larmes sortir des yeux d'une morte. La férocité du Vice avait vaincu la patience de l'ange, à qui, sur le bord de l'Éternité, il échappa le seul mot de reproche qu'elle eût fait entendre de toute sa vie.

Le baron Hulot quitta Paris trois jours après l'enterrement de sa femme. Onze mois après, Victorin apprit indirectement le mariage de son père avec mademoiselle Agathe Piquetard, qui s'était célébré à Isigny, le premier février mil huit cent quarante-six.

— Les ancêtres peuvent s'opposer au mariage de leurs enfants, mais les enfants ne peuvent pas empêcher les folies des ancêtres en enfance, dit maître Hulot à maître Popinot, le second fils de l'ancien ministre du commerce, qui lui parlait de ce mariage.

DEUXIÈME ÉPISODE.
LE COUSIN PONS.

Vers trois heures de l'après-midi, dans le mois d'octobre de l'année 1844, un homme âgé d'une soixantaine d'années, mais à qui tout le monde eût donné plus que cet âge, allait le long du boulevard des Italiens, le nez à la piste, les lèvres papelardes, comme un négociant qui vient de conclure une excellente affaire, ou comme un garçon content de lui-même au sortir d'un boudoir. C'est à Paris la plus grande expression connue de la satisfaction personnelle chez l'homme. En apercevant de loin ce vieillard, les personnes qui sont là tous les jours assises sur des chaises, livrées au plaisir d'analyser les passants, laissaient toutes poindre dans leurs physionomies ce sourire particulier aux gens de Paris, et qui dit tant de choses ironiques, moqueuses ou compatissantes, mais qui, pour animer le visage du Parisien, blasé sur tous les spectacles possibles, exigent de hautes curiosités vivantes. Un mot fera comprendre et la valeur archéologique de ce bonhomme et la raison du sourire qui se répétait comme un écho dans tous les yeux. On demandait à Hyacinthe, un acteur célèbre par ses saillies, où il faisait faire les chapeaux à la vue desquels la salle pouffe de rire : « — Je ne les fais point faire, je les garde ? » répondit-il. Eh bien ! il se rencontre dans le million d'acteurs qui composent la grande troupe de Paris, des Hyacinthes sans le savoir qui gardent sur eux tous les ridicules d'un temps, et qui vous apparaissent comme la personnification de toute une époque pour vous arracher une bouffée de gaieté quand vous vous promenez en dévorant quelque chagrin amer causé par la trahison d'un ex-ami.

En conservant dans quelques détails de sa mise une fidélité *quand même* aux modes de l'an 1806, ce passant rappelait l'Empire sans être par trop caricature. Pour les observateurs, cette finesse rend ces sortes d'évocations extrêmement précieuses. Mais cet ensemble de petites choses voulait l'attention analytique dont sont doués les connaisseurs en flânerie ; et, pour exciter le rire à distance, le passant devait offrir une de ces énormités à crever les yeux, comme on dit, et que les acteurs recherchent pour assurer le succès de leurs *entrées*. Ce vieillard, sec et maigre, portait un spencer couleur noisette sur un habit verdâtre à boutons de métal blanc!... Un homme en spencer, en 1844, c'est, voyez-vous, comme si Napoléon eût daigné ressusciter pour deux heures.

Le spencer fut inventé, comme son nom l'indique, par un lord sans doute vain de sa jolie taille. Avant la paix d'Amiens, cet Anglais avait résolu le problème de couvrir le buste sans assommer le corps par le poids de cet affreux carrick qui finit aujourd'hui sur le dos des vieux cochers de fiacre; mais comme les fines tailles sont en minorité, la mode du spencer pour homme n'eut en France qu'un succès passager, quoique ce fût une invention anglaise. A la vue du spencer, les gens de quarante à cinquante ans revêtaient par la pensée ce monsieur de bottes à revers, d'une culotte de casimir vert-pistache à nœud de rubans, et se revoyaient dans le costume de leur jeunesse! Les vieilles femmes se remémoraient leurs conquêtes! Quant aux jeunes gens, ils se demandaient pourquoi ce vieil Alcibiade avait coupé la queue à son paletot. Tout concordait si bien à ce spencer que vous n'eussiez pas hésité à nommer ce passant un homme-Empire, comme on dit un meuble-Empire; mais il ne symbolisait l'Empire que pour ceux à qui cette magnifique et grandiose époque est connue, au moins *de visu;* car il exigeait une certaine fidélité de souvenirs quant aux modes. L'Empire est déjà si loin de nous, que tout le monde ne peut pas se le figurer dans sa réalité gallo-grecque.

Le chapeau mis en arrière découvrait presque tout le front avec cette espèce de crânerie par laquelle les administrateurs et les pékins essayèrent alors de répondre à celle des militaires. C'était d'ailleurs un horrible chapeau de soie à quatorze francs, aux bords intérieurs duquel de hautes et larges oreilles imprimaient des marques blanchâtres, vainement combattues par la brosse. Le tissu de soie mal appliqué, comme toujours, sur le carton de la forme, se plissait en quelques endroits, et semblait être attaqué de la lèpre, en dépit de la main qui le pansait tous les matins.

Sous ce chapeau, qui paraissait près de tomber, s'étendait une de ces figures falotes et drôlatiques comme les Chinois seuls en savent inventer pour leurs magots. Ce vaste visage percé comme une écumoire, où les trous produisaient des ombres, et refouillé comme un masque romain, démentait toutes les lois de l'anatomie. Le regard n'y sentait point de charpente. Là où le dessin voulait des os, la chair offrait des méplats gélatineux, et là où les figures présentent ordinairement des creux, celle-là se contournait en bosses flasques. Cette face grotesque, écrasée en forme de potiron, attristée par des yeux gris surmontés de deux lignes rouges au lieu de sourcils, était commandée par un nez à la Don Quichotte, comme une plaine est dominée par un bloc erratique. Ce nez exprime, ainsi que Cervantes avait dû le remarquer, une disposition native à ce dévouement aux grandes choses qui dégénère en duperie. Cette laideur, poussée tout au comique, n'excitait cependant point le rire. La mélancolie excessive qui débordait par les yeux pâles de ce pauvre homme atteignait le moqueur et lui glaçait la plaisanterie sur les lèvres. On pensait aussitôt que la nature avait interdit à ce bonhomme d'exprimer la tendresse, sous peine de faire rire une femme ou de l'affliger. Le Français se tait devant ce malheur, qui lui paraît le plus cruel de tous les malheurs : ne pouvoir plaire !

Cet homme si disgracié par la nature était mis comme le sont les pauvres de la bonne compagnie, à qui les riches essaient assez souvent de ressembler. Il portait des souliers cachés par des guêtres, faites sur le modèle de celles de la garde impériale, et qui lui permettaient sans doute de garder les mêmes chaussettes pendant un certain temps. Son pantalon en drap noir présentait des reflets rougeâtres, et sur les plis des lignes blanches ou luisantes qui, non moins que la façon, assignaient à trois ans la date de l'acquisition. L'ampleur de ce vêtement déguisait assez mal une maigreur provenue plutôt de la constitution que d'un régime pythagoricien ; car le bonhomme, doué d'une bouche sensuelle à lèvres lippues, montrait en souriant des dents blanches dignes d'un requin. Le gilet à châle, également en drap noir, mais doublé d'un gilet blanc sous lequel brillait en troisième ligne le bord d'un tricot rouge, vous remettait en mémoire les cinq gilets de Garat. Une énorme cravate en mousseline blanche dont le nœud prétentieux avait été cherché par un Beau pour charmer les *femmes charmantes* de 1809, dépassait si bien le menton que la figure semblait s'y plonger comme dans un abîme. Un cordon de soie tressée, jouant les cheveux, traversait la chemise et protégeait la montre contre un vol improbable. L'habit verdâtre, d'une propreté remarquable, comptait quelque trois ans de plus que le pantalon ; mais le collet en velours noir et les boutons en métal blanc récemment renouvelés trahissaient les soins domestiques poussés jusqu'à la minutie.

Cette manière de retenir le chapeau par l'occiput, le triple gilet, l'immense cravate où plongeait le menton, les guêtres, les boutons de métal sur l'habit verdâtre, tous ces vestiges des modes impériales s'harmoniaient aux parfums arriérés de la coquetterie des Incroyables, à je ne sais quoi de menu dans les plis, de correct et de sec dans l'ensemble, qui sentait l'école de David, qui rappelait les meubles grêles de Jacob. On reconnaissait d'ailleurs à la première vue un homme bien élevé en proie à quelque vice secret, ou l'un de ces petits rentiers dont toutes les dépenses sont si nettement déterminées par la médiocrité du revenu, qu'une vitre cassée, un habit déchiré, ou la peste philanthropique d'une quête, suppriment leurs menus plaisirs pendant un mois. Si vous eussiez été là, vous vous seriez demandé pourquoi le sourire animait cette figure grotesque dont l'expression habituelle devait être triste et froide, comme celle de tous ceux qui luttent obscurément pour obtenir les triviales nécessités de l'existence. Mais en remarquant la précaution maternelle avec laquelle ce vieillard singulier tenait de sa main droite un objet évidemment précieux, sous les deux basques gauches de son double habit, pour le garantir des chocs imprévus; en lui voyant surtout l'air affairé que prennent les oisifs chargés d'une commission, vous l'auriez soupçonné d'avoir retrouvé quelque chose d'équivalent au bichon d'une marquise et de l'apporter triomphalement, avec la galanterie empressée d'un homme-Empire, à la charmante femme de soixante ans qui n'a pas encore su renoncer à la visite journalière de son *attentif*. Paris est la seule ville du monde où vous rencontriez de pareils spectacles, qui font de ses boulevards un drame continu joué gratis par les Français, au profit de l'Art.

D'après le galbe de cet homme osseux, et malgré son hardi spencer, vous l'eussiez difficilement classé parmi les artistes parisiens, nature de convention dont le privilége, assez semblable à celui du gamin de Paris, est de réveiller dans les imaginations bourgeoises les jovialités les plus mirobolantes, puisqu'on a remis en honneur ce vieux mot drôlatique. Ce passant était pourtant un grand prix, l'auteur de la première cantate couronnée à l'Institut, lors du rétablissement de l'Académie de Rome, enfin monsieur Sylvain Pons!... l'auteur de célèbres romances roucoulées par nos mères, de deux ou trois opéras joués en 1815 et 1816, puis de quelques partitions inédites. Ce digne homme finissait chef d'orchestre à un théâtre des boulevards. Il était, grâce à sa figure, professeur dans quelques pensionnats de demoiselles, et n'avait pas d'autres revenus que ses appointements et ses cachets. Courir le cachet à cet âge !... Combien de mystères dans cette situation peu romanesque !

Ce dernier porte-spencer portait donc sur lui plus que les symboles de l'Empire, il portait encore un grand enseignement écrit sur ses trois gilets. Il montrait gratis une des nombreuses victimes du fatal et funeste système nommé Concours qui règne encore en France après cent ans de pratique sans résultat. Cette presse des intelligences fut inventée par Poisson de Marigny, le frère de madame de Pompadour, nommé, vers 1746, directeur des Beaux-Arts. Or, tâchez de compter sur vos doigts les gens de génie fournis depuis un siècle par les lauréats? D'abord, jamais aucun effort administratif ou scolaire ne remplacera les miracles du hasard auquel on doit les grands hommes. C'est, entre tous les mystères de la génération, le plus inaccessible à notre ambitieuse analyse moderne. Puis, que penseriez-vous des Égyptiens qui, dit-on, inventèrent des fours pour faire éclore des poulets, s'ils n'eussent point immédiatement donné la becquée à ces mêmes poulets? Ainsi se comporte cependant la France qui tâche de produire des artistes par la serre-chaude du Concours; et, une fois le statuaire, le peintre, le graveur, le musicien obtenus par ce procédé mécanique, elle ne s'en inquiète pas plus que le dandy ne se soucie le soir des fleurs qu'il a mises à sa boutonnière. Il se trouve que l'homme de talent est Greuze ou Watteau, Félicien David ou Pagnest, Géricault ou Decamps, Auber ou David d'Angers, Eugène Delacroix ou Meissonier, gens peu soucieux des grands prix et poussés en pleine terre sous les rayons de ce soleil invisible, nommé la Vocation.

Envoyé par l'État à Rome, pour devenir un grand musicien, Sylvain Pons en avait rapporté le goût des antiquités et des belles choses d'art. Il se connaissait admirablement en tous ces travaux, chefs-d'œuvre de la main et de la Pensée, compris depuis peu dans ce mot populaire, le Bric-à-Brac. Cet enfant d'Euterpe revint donc à Paris, vers 1810, collectionneur féroce, chargé de tableaux, de statuettes, de cadres, de sculptures en ivoire, en bois, d'émaux, porcelaines, etc., qui, pendant son séjour académique à Rome, avaient absorbé la plus grande partie de l'héritage paternel, autant par les frais de transport que par les prix d'acquisition. Il avait employé de la même manière la succession de sa mère durant le voyage qu'il fit en Italie, après ces trois ans officiels passés à Rome. Il voulut visiter à loisir Venise, Milan, Florence, Bologne, Naples, séjournant dans chaque ville en rêveur, en philosophe, avec l'insouciance de l'artiste qui, pour vivre, compte sur son talent, comme les filles de joie comptent sur leur beauté. Pons fut heureux pendant ce splendide voyage autant que pouvait l'être un homme plein d'âme et de délicatesse, à qui sa laideur interdisait *des succès auprès des femmes*, selon la phrase consacrée en 1809, et qui trouvait les choses de la vie toujours au-dessous du type idéal qu'il s'en était créé; mais il avait pris son parti sur cette discordance entre le son de son âme et les réalités. Ce sentiment du beau, conservé pur et vif dans son cœur, fut sans doute le principe des mélodies ingénieuses, fines, pleines de grâce qui lui valurent une réputation de 1810 à 1814. Toute réputation qui se fonde en France sur la vogue, sur la mode, sur les folies éphémères de Paris, produit des Pons. Il n'est pas de pays où l'on soit si sévère pour les grandes choses, et si dédaigneusement indulgent pour les petites. Bientôt noyé dans les flots d'harmonie allemande, et dans la production rossinienne, si Pons fut encore, en 1824, un musicien agréable et connu par quelques dernières romances, jugez de ce qu'il pouvait être en 1834! Aussi, en 1844, l'année où commença le seul drame de cette vie obscure, Sylvain Pons avait-il atteint à la valeur d'une croche antédiluvienne; les marchands de musique ignoraient complètement son existence, quoiqu'il fît à des prix médiocres la musique de quelques pièces à son théâtre et aux théâtres voisins.

Ce bonhomme rendait d'ailleurs justice aux fameux maîtres de notre époque; une belle exécution de quelques morceaux d'élite le faisait pleurer; mais sa religion n'arrivait pas à ce point où elle frise la manie, comme chez les Kreisler d'Hoffmann; il n'en laissait rien paraître, il jouissait en lui-même à la façon des *Hatchischins* ou des Tériaskis. Le génie de l'admiration, de la compréhension, la seule faculté par laquelle un homme ordinaire devient le frère d'un grand poëte, est si rare à Paris, où toutes les idées ressemblent à des voyageurs passant dans une hôtellerie, que l'on doit accorder à Pons une respectueuse estime. Le fait de l'insuccès du bonhomme peut sembler exorbitant, mais il avouait naïvement sa faiblesse relativement à l'harmonie: il avait négligé l'étude du Contrepoint; et l'orchestration moderne, grandie outre mesure, lui parut inabordable au moment où, par de nouvelles études, il aurait pu se maintenir parmi les compositeurs modernes, devenir, non pas Rossini, mais Hérold. Enfin, il trouva dans les plaisirs du collectionneur de si vives compensations à la faillite de la gloire, que s'il lui eût fallu choisir entre la possession de ses curiosités et le nom de Rossini, le croirait-on? Pons aurait opté pour son cher cabinet. Le vieux musicien pratiquait l'axiome de Chenavard, le savant collectionneur de gravures précieuses, qui prétend qu'on ne peut avoir de plaisir à regarder un Ruysdaël, un Hobbéma, un Holbein, un Raphaël, un Murillo, un Greuze, un Sébastien del Piombo, un Giorgione, un Albert Durer, qu'autant que le tableau n'a coûté que cinquante francs. Pons n'admettait pas d'acquisition au-dessus de cent francs; et, pour qu'il payât un objet cinquante francs, cet objet devait en valoir trois mille. La plus belle chose du monde, qui coûtait trois cents francs, n'existait plus pour lui. Rares avaient été les occasions, mais il possédait les trois éléments du succès : les jambes du cerf, le temps des flâneurs et la patience de l'israélite.

Ce système, pratiqué pendant quarante ans, à Rome comme à Paris, avait porté ses fruits. Après avoir dépensé, depuis son retour de Rome, environ deux mille francs par an, Pons cachait à tous les regards une collection de chefs-d'œuvre en tout genre dont le catalogue atteignait au fabuleux numéro 1907. De 1811 à 1816, pendant ses courses à travers Paris, il avait trouvé pour dix francs ce qui se paye aujourd'hui mille à douze cents francs. C'était des tableaux triés dans les quarante-cinq mille tableaux qui s'exposent par an dans les ventes parisiennes; des porcelaines de Sèvres, pâte tendre, achetées chez les Auvergnats, ces satellites de la Bande-Noire, qui ramenaient sur des charrettes les merveilles de la France-Pompadour. Enfin, il avait ramassé les débris du dix-septième et du dix-huitième siècle, en rendant justice aux gens d'esprit et de génie de l'école française, ces grands inconnus, les Lepautre, les Lavallée-Poussin, etc., qui ont créé le genre Louis XV, le genre Louis XVI, et dont les œuvres défraient aujourd'hui les prétendues inventions de nos artistes, incessamment courbés sur les trésors du Cabinet des Estampes pour faire du nouveau en faisant d'adroits pastiches. Pons devait beaucoup de morceaux à ces échanges, bonheur ineffable des collectionneurs! Le plaisir d'acheter des curiosités n'est que le second, le premier c'est de les brocanter. Le premier, Pons avait collectionné les tabatières et les miniatures. Sans célébrité dans la Bricabraquologie, car il ne hantait pas les ventes, il ne se montrait pas chez les illustres marchands, Pons ignorait la valeur vénale de son trésor.

Feu Dusommerard avait bien essayé de se lier avec le musicien; mais le prince du Bric-à-Brac mourut sans avoir pu pénétrer dans le musée Pons, le seul qui pût être comparé à la célèbre collection Sauvageot. Entre Pons et monsieur Sauvageot, il se rencontrait quelques ressemblances. Monsieur Sauvageot, musicien comme Pons, sans grande fortune aussi, a procédé de la même manière, par les mêmes moyens, avec le même amour de l'art, avec la même haine contre ces illustres riches qui se font des cabinets pour faire une habile concurrence aux marchands. De même que son rival, son émule, son antagoniste pour toutes ces œuvres de la Main, pour ces prodiges du travail, Pons se sentait au cœur une avarice insatiable, l'amour de l'amant pour une belle maîtresse, et la *revente*, dans les salles de la rue des Jeûneurs, aux coups de marteau des commissaires priseurs, lui semblait un crime de lèse Bric-à-Brac. Il possédait son musée pour en jouir à toute heure, car les âmes créées pour admirer les grandes œuvres, ont la faculté sublime des vrais amants; ils éprouvent autant de plaisir aujourd'hui qu'hier, ils ne se lassent jamais, et les chefs-d'œuvre sont, heureusement, toujours jeunes. Aussi l'objet tenu si paternellement devait-il être une de ces trouvailles que l'on emporte, avec quel amour! amateurs, vous le savez!

Aux premiers contours de cette esquisse biographique, tout le monde va s'écrier : « — Voilà, malgré sa laideur, l'homme le plus heureux de la terre! » En effet, aucun ennui, aucun spleen ne résiste au moxa qu'on se pose à l'âme en se donnant une manie. Vous tous qui ne pouvez plus boire à ce que, dans tous les temps, on a nommé *la coupe du plaisir*, prenez à tâche de collectionner quoi que ce soit (on a collectionné des affiches!), et vous retrouverez le lingot du bonheur en petite monnaie. Une manie, c'est le plaisir passé à l'état d'idée! Néanmoins, n'enviez pas le bonhomme Pons, ce sentiment reposerait, comme tous les mouvements de ce genre, sur une erreur.

Cet homme, plein de délicatesse, dont l'âme vivait par une admiration infatigable pour la magnificence du Travail humain, cette belle lutte avec les travaux de la nature, était l'esclave de celui des sept péchés capitaux que Dieu doit punir le moins sévèrement : Pons était gourmand. Son peu de fortune et sa passion pour le Bric-à-Brac lui commandaient un régime diététique tellement en horreur avec sa *gueule fine*, que le célibataire avait tout d'abord tranché la question en allant dîner tous les jours en ville. Or, sous l'Empire, on eut bien plus que de nos jours un culte pour les gens célèbres, peut-être à cause de leur petit nombre et de leur peu de prétentions politiques. On devenait poëte, écrivain, musicien à si peu de frais! Pons, regardé comme le rival probable des Nicolo, des Paër et des Berton, reçut alors tant d'invitations, qu'il fut obligé de les écrire sur un agenda, comme les avocats écrivent leurs causes. Se comportant d'ailleurs en artiste, il offrait des exemplaires de ses romances à tous ses amphitryons, il *touchait le forté* chez eux, il leur apportait des loges à Feydeau, théâtre pour lequel il travaillait; il y organisait des concerts; il jouait même quelquefois du violon chez ses parents en improvisant un petit bal. Les plus beaux hommes de la France échangeaient en ce temps-là des coups de sabre avec les plus beaux hommes de la coalition ; la laideur de Pons s'appela donc *originalité*, d'après la grande loi promulguée par Molière dans le fameux couplet d'Eliante. Quand il avait rendu quelque service à quelque *belle dame*, il s'entendit appeler quelquefois un homme charmant, mais son bonheur n'alla jamais plus loin que cette parole.

Pendant cette période, qui dura six ans environ, de 1810 à 1816, Pons contracta la funeste habitude de bien dîner, de voir les personnes qui l'invitaient se mettant en frais, se procurant des primeurs, débouchant leurs meilleurs vins, soignant le dessert, le café, les liqueurs, et le traitant de leur mieux, comme on traitait sous l'Empire, où beaucoup de maisons imitaient les splendeurs des rois, des reines, des princes dont regorgeait Paris. On jouait beaucoup alors à la royauté, comme on joue aujourd'hui à la Chambre en créant une foule de Sociétés à présidents, vice-présidents et secrétaires; Société linière, vinicole, séricicole, agricole, de l'industrie, etc. On est arrivé jusqu'à chercher des plaies sociales pour constituer les guérisseurs en société ! Un estomac dont l'éducation se fait ainsi, réagit nécessairement sur le moral et le corrompt en raison de la haute sapience culinaire qu'il acquiert. La Volupté, tapie dans tous les plis du cœur, y parle en souveraine, elle bat en brèche la volonté, l'honneur, elle veut à tout prix sa satisfaction. On n'a jamais peint les exigences de la Gueule, elles échappent à la critique littéraire par la nécessité de vivre; mais on ne se figure pas le nombre des gens que la Table a ruinés. La Table est, à Paris, sous ce rapport, l'émule de la courtisane; c'est, d'ailleurs, la Recette dont celle-ci est la Dépense. Lorsque, d'invité perpétuel, Pons arriva, par sa décadence comme artiste, à l'état de pique-assiette, il lui fut impossible de passer de ces tables si bien servies au brouet lacédémonien d'un restaurant à quarante sous. Hélas! il lui prit des frissons en pensant que son indépendance tenait à de si grands sacrifices, et il se sentit capable des plus grandes lâchetés pour continuer à bien vivre, à savourer toutes les primeurs à leur date, enfin à *gobichonner* (mot populaire, mais expressif) de bons petits plats soignés. Oiseau picoreur, s'enfuyant le gosier plein, et gazouillant un air pour tout remercîment, Pons éprouvait d'ailleurs un certain plaisir à bien vivre aux dépens de la société qui lui demandait, quoi? de la monnaie de singe. Habitué, comme tous les célibataires qui ont le chez soi en horreur et qui vivent chez les autres, à ces formules, à ces grimaces sociales par lesquelles on remplace les sentiments dans le monde, il se servait des compliments comme de menue monnaie; et, à l'égard des personnes, il se contentait des étiquettes sans plonger une main curieuse dans les sacs.

Cette phase assez supportable dura dix autres années; mais quelles années! Ce fut un automne pluvieux. Pendant tout ce temps, Pons se maintint gratuitement à table, en se rendant nécessaire dans toutes les maisons où il allait. Il entra dans une voie fatale en s'acquittant d'une multitude de commissions, en remplaçant les portiers et les domestiques dans mainte et mainte occasion. Préposé de bien des achats, il devint l'espion honnête et innocent détaché d'une famille dans une autre; mais on ne lui sut aucun gré de tant de courses et de tant de lâchetés. — Pons est un garçon, disait-on, il ne sait que faire de son temps, il est trop heureux de trotter pour nous... Que deviendrait-il?

Bientôt se déclara la froideur que le vieillard répand autour de lui. Cette bise se communique, elle produit son effet dans la température morale, surtout lorsque le vieillard est laid et pauvre. N'est-ce pas être trois fois vieillard? Ce fut l'hiver de la vie, l'hiver au nez rouge, aux joues hâves, avec toutes sortes d'onglées!

De 1836 à 1843, Pons se vit invité rarement. Loin de rechercher le parasite, chaque famille l'acceptait comme on accepte un impôt ; on ne lui tenait plus compte de rien, pas même de ses services réels. Les familles où le bonhomme accomplissait ses évolutions, toutes sans respect pour les arts, en adoration devant les résultats, ne prisaient que ce qu'elles avaient conquis depuis 1830 : des fortunes ou des positions sociales éminentes. Or, Pons n'ayant pas assez de hauteur dans l'esprit ni dans les manières pour imprimer la crainte que l'esprit ou le génie cause au bourgeois, avait naturellement fini par devenir moins que rien, sans être néanmoins tout à fait méprisé. Quoiqu'il éprouvât dans ce monde de vives souffrances, comme tous les gens timides, il les taisait. Puis, il s'était habitué par degrés à comprimer ses sentiments, à se faire de son cœur un sanctuaire où il se retirait. Ce phénomène, beaucoup de gens superficiels le traduisent par le mot égoïsme. La ressemblance est assez grande entre le solitaire et l'égoïste pour que les médisants paraissent avoir raison contre l'homme de cœur, surtout à Paris, où personne dans le monde n'observe, où tout est rapide comme le flot, où tout passe comme un ministère !

Le cousin Pons succomba donc sous un acte d'accusation d'égoïsme porté en arrière contre lui, car le monde finit toujours par condamner ceux qu'il accuse. Sait-on combien une défaveur imméritée accable les gens timides ? Qui peindra jamais les malheurs de la Timidité ! Cette situation, qui s'aggravait de jour en jour davantage, explique la tristesse empreinte sur le visage de ce pauvre musicien, qui vivait de capitulations infâmes. Mais les lâchetés que toute passion exige sont autant de liens ; plus la passion en demande, plus elle vous attache ; elle fait de tous les sacrifices comme un idéal trésor négatif où l'homme voit d'immenses richesses. Après avoir reçu le regard insolemment protecteur d'un bourgeois roide de bêtise, Pons dégustait comme une vengeance le verre de vin de Porto, la caille au gratin qu'il avait commencé de savourer, se disant à lui-même : — Ce n'est pas trop payé !

Aux yeux du moraliste, il se rencontrait cependant en cette vie des circonstances atténuantes. En effet, l'homme n'existe que par une satisfaction quelconque. Un homme sans passion, le juste parfait, est un monstre, un demi-ange qui n'a pas encore ses ailes. Les anges n'ont que des têtes dans la mythologie catholique. Sur terre, le juste, c'est l'ennuyeux Grandisson, pour qui la Vénus des carrefours elle-même se trouverait sans sexe. Or, excepté les rares et vulgaires aventures de son voyage en Italie, où le climat fut sans doute la raison de ses succès, Pons n'avait jamais vu de femmes lui sourire. Beaucoup d'hommes ont cette fatale destinée. Pons était monstre-né ; son père et sa mère l'avaient obtenu dans leur vieillesse, et il portait les stigmates de cette naissance hors de saison sur son teint cadavéreux qui semblait avoir été contracté dans le bocal d'esprit-de-vin où la science conserve certains fœtus extraordinaires. Cet artiste, doué d'une âme tendre, rêveuse, délicate, forcé d'accepter le caractère que lui imposait sa figure, désespéra d'être jamais aimé. Le célibat fut donc chez lui moins un goût qu'une nécessité. La gourmandise, le péché des moines vertueux, lui tendit les bras ; il s'y précipita comme il s'était précipité dans l'adoration des œuvres d'art et dans son culte pour la musique. La bonne chère et le Bric-à-Brac furent pour lui la monnaie d'une femme ; car la musique était son état, et trouvez un homme qui aime l'état dont il vit ? A la longue, il en est d'une profession comme du mariage, on n'en sent plus que les inconvénients.

Brillat-Savarin a justifié par parti pris les goûts des gastronomes ; mais peut-être n'a-t-il pas assez insisté sur le plaisir réel que l'homme trouve à table. La digestion, en employant les forces humaines, constitue un combat intérieur qui, chez les gastrolâtres, équivaut aux plus hautes jouissances de l'amour. On sent un si vaste déploiement de la capacité vitale, que le cerveau s'annule au profit du second cerveau, placé dans le diaphragme, et l'ivresse arrive par l'inertie même de toutes les facultés. Les boas gorgés d'un taureau sont si bien ivres qu'ils se laissent tuer. Passé quarante ans, quel homme ose travailler après son dîner ?... Aussi tous les grands hommes ont-ils été sobres. Les malades en convalescence d'une maladie grave, à qui l'on mesure si chichement une nourriture choisie, ont pu souvent observer l'espèce de griserie gastrique causée par une seule aile de poulet. Le sage Pons, dont toutes les jouissances étaient concentrées dans le jeu de son estomac, se trouvait toujours dans la situation de ces convalescents : il demandait à la bonne chère toutes les sensations qu'elle peut donner, et il les avait jusqu'alors obtenues tous les jours. Personne n'ose dire adieu à une habitude. Beaucoup de suicides se sont arrêtés sur le seuil de la Mort par le souvenir du café où ils vont jouer tous les soirs leur partie de dominos.

En 1835, le hasard vengea Pons de l'indifférence du beau sexe, il lui donna ce qu'on appelle, en style familier, un bâton de vieillesse. Ce vieillard de naissance trouva dans l'amitié un soutien pour sa vie, il contracta le seul mariage que la société lui permît de faire, il épousa un homme, un vieillard, un musicien comme lui. Sans la divine fable de La Fontaine, cette esquisse aurait eu pour titre LES DEUX AMIS. Mais n'eût-ce pas été comme un attentat littéraire, une profanation devant laquelle tout véritable écrivain reculera? Le chef-d'œuvre de notre fabuliste, à la fois la confidence de son âme et l'histoire de ses rêves, doit avoir le privilége éternel de ce titre. Cette page, au fronton de laquelle le poète a gravé ces trois mots : LES DEUX AMIS, est une de ces propriétés sacrées, un temple où chaque génération entrera respectueusement et que l'univers visitera, tant que durera la typographie.

L'ami de Pons était un professeur de piano, dont la vie et les mœurs sympathisaient si bien avec les siennes, qu'il disait l'avoir connu trop tard pour son bonheur ; car leur connaissance, ébauchée à une distribution de prix, dans un pensionnat, ne datait que de 1834. Jamais peut-être deux âmes ne se trouvèrent si pareilles dans l'océan humain qui prit sa source au paradis terrestre contre la volonté de Dieu. Ces deux musiciens devinrent en peu de temps l'un pour l'autre une nécessité. Réciproquement confidents l'un de l'autre, ils furent en huit jours comme deux frères. Enfin Schmucke ne croyait pas plus qu'il pût exister un Pons, que Pons ne se doutait qu'il existât un Schmucke. Déjà, ceci suffirait à peindre ces deux braves gens, mais toutes les intelligences ne goûtent pas les brièvetés de la synthèse. Une légère démonstration est nécessaire pour les incrédules.

Ce pianiste, comme tous les pianistes, était un Allemand, Allemand comme le grand Listz et le grand Mendelssohn, Allemand comme Steibelt, Allemand comme Mozart et Dusseck, Allemand comme Meyer, Allemand comme Dœlher, Allemand comme Thalberg, comme Dreschok, comme Hiller, comme Léopold Mayer, comme Crammer, comme Zimmerman et Kalkbrenner, comme Herz, Woëtz, Karr, Wolff, Pixis, Clara Wieck, et particulièrement tous les Allemands. Quoique grand compositeur, Schmucke ne pouvait être que démonstrateur, tant son caractère se refusait à l'audace nécessaire à l'homme de génie pour se manifester en musique. La naïveté de beaucoup d'Allemands n'est pas continue, elle a cessé; celle qui leur est restée à un certain âge, est prise, comme on prend l'eau d'un canal, à la source de leur jeunesse, et ils s'en servent pour fertiliser leur succès en toute chose, science, art ou argent, en écartant d'eux la défiance. En France, quelques gens fins remplacent cette naïveté d'Allemagne par la bêtise de l'épicier parisien. Mais Schmucke avait gardé toute sa naïveté d'enfant, comme Pons gardait sur lui les reliques de l'Empire, sans s'en douter. Ce véritable et noble Allemand était à la fois le spectacle et les spectateurs, il se faisait de la musique à lui-même. Il habitait Paris, comme un rossignol habite sa forêt, et il y chantait seul de son espèce, depuis vingt ans, jusqu'au moment où il rencontra dans Pons un autre lui-même. (Voir UNE FILLE D'ÈVE.)

Pons et Schmucke avaient en abondance, l'un comme l'autre, dans le cœur et dans le caractère, ces enfantillages de sentimentalité qui distinguent les Allemands : comme la passion des fleurs, comme l'adoration des effets naturels, qui les porte à planter de grosses bouteilles dans leurs jardins pour voir en petit le paysage qu'ils ont en grand sous les yeux; comme cette prédisposition aux recherches qui fait faire à un savant germanique cent lieues dans ses guêtres pour trouver une vérité qui le regarde en riant, assise à la marge du puits sous le jasmin de la cour; comme enfin ce besoin de prêter une signifiance psychique aux riens de la création, qui produit les œuvres inexplicables de Jean-Paul Richter, les griseries imprimées d'Hoffmann et les garde-fous in-folio que l'Allemagne met autour des questions les plus simples, creusées en manière d'abîmes, au fond desquels il ne se trouve qu'un Allemand. Catholiques tous deux, allant à la messe ensemble, ils accomplissaient leurs devoirs religieux, comme des enfants n'ayant jamais rien à dire à leurs confesseurs. Ils croyaient fermement que la musique, la langue du ciel, était aux idées et aux sentiments, ce que les idées et les sentiments sont à la parole, et ils conversaient à l'infini sur ce système, en se répondant l'un à l'autre par des orgies de musique pour se démontrer à eux-mêmes leurs propres convictions, à la manière des amants. Schmucke était aussi distrait que Pons était attentif. Si Pons était collectionneur, Schmucke était rêveur; celui-ci étudiait les belles choses morales, comme l'autre sauvait les belles choses matérielles. Pons voyait et achetait une tasse de porcelaine pendant le temps que Schmucke mettait à se moucher, en pensant à quelque motif de Rossini, de Bellini, de Beethoven, de Mozart, et cherchant dans le monde des sentiments où pouvait se trouver l'origine ou la réplique de cette phrase musicale. Schmucke, dont les économies étaient administrées par la distraction, Pons, prodigue par passion, arrivaient l'un et l'autre au même résultat : zéro dans la bourse à la Saint-Sylvestre de chaque année.

Sans cette amitié, Pons eût succombé peut-être à ses chagrins; mais dès qu'il eut un cœur où décharger le sien, la vie devint supportable pour lui. La première fois qu'il exhala ses peines dans le cœur de Schmucke, le bon Allemand lui conseilla de vivre comme lui, de pain et de fromage, chez lui, plutôt que d'aller manger des dîners qu'on lui faisait payer si cher. Hélas! Pons n'osa pas avouer à Schmucke que, chez lui, le cœur et l'estomac étaient ennemis, que l'estomac s'accommodait de ce qui faisait souffrir le cœur, et qu'il lui fallait à tout prix un bon dîner à déguster, comme à un homme galant une maîtresse à... lutiner. Avec le temps, Schmucke finit par comprendre Pons, car il était trop Allemand pour avoir la rapidité d'observation dont jouissent les Français, et il n'en aima que mieux le pauvre Pons. Rien ne fortifie l'amitié comme lorsque, de deux amis, l'un se croit supérieur à l'autre. Un ange n'aurait eu rien à dire en voyant Schmucke, quand il se frotta les mains au moment où il découvrit dans son ami l'intensité qu'avait prise la gourmandise. En effet, le lendemain le bon Allemand orna le déjeuner de friandises qu'il alla chercher lui-même, et il eut soin d'en avoir tous les jours de nouvelles pour son ami; car depuis leur réunion ils déjeunaient tous les jours ensemble au logis.

Il ne faudrait pas connaître Paris pour imaginer que les deux amis eussent échappé à la raillerie parisienne, qui n'a jamais rien respecté. Schmucke et Pons, en mariant leurs richesses et leurs misères, avaient eu l'idée économique de loger ensemble, et ils supportaient également le loyer d'un appartement fort inégalement partagé, situé dans une tranquille maison de la tranquille rue de Normandie, au Marais. Comme ils sortaient souvent ensemble, qu'ils faisaient souvent les mêmes boulevards côte à côte, les flâneurs du quartier les avaient surnommés *les deux casse-noisettes*. Ce sobriquet dispense de donner ici le portrait de Schmucke, qui était à Pons ce que la nourrice de Niobé, la fameuse statue du Vatican, est à la Vénus de la Tribune.

Madame Cibot, la portière de cette maison, était le pivot sur lequel roulait le ménage des deux casse-noisettes; mais elle joue un si grand rôle dans le drame qui dénoua cette double existence, qu'il convient de réserver son portrait au moment de son entrée dans cette Scène.

Ce qui reste à dire sur le moral de ces deux êtres en est précisément le plus difficile à faire comprendre aux quatre-vingt-dix-neuf centièmes des lecteurs dans la quarante-septième année du dix-neuvième siècle, probablement à cause du prodigieux développement financier produit par l'établissement des chemins de fer. C'est peu de chose et c'est beaucoup. En effet, il s'agit de donner une idée de la délicatesse excessive de ces deux cœurs. Empruntons une image aux rails-ways, ne fût-ce que par façon de remboursement des emprunts qu'ils nous font. Aujourd'hui les convois en brûlant leurs rails y broient d'imperceptibles grains de sable. Introduisez ce grain de sable invisible pour les voyageurs dans leurs reins, ils ressentiront les douleurs de la plus affreuse maladie, la gravelle; on en meurt. Eh bien! ce qui, pour notre société lancée dans sa voie métallique avec une vitesse de locomotive, est le grain de sable invisible dont elle ne prend nul souci, ce grain incessamment jeté dans les fibres de ces deux êtres, et à tout propos, leur causait comme une gravelle au cœur. D'une excessive tendresse aux douleurs d'autrui, chacun d'eux pleurait de son impuissance; et, pour leurs propres sensations, ils étaient d'une finesse de sensitive qui arrivait à la maladie. La vieillesse, les spectacles continuels du drame parisien, rien n'avait endurci ces deux âmes fraîches, enfantines et pures. Plus ces deux êtres allaient, plus vives étaient leurs souffrances intimes. Hélas! il en est ainsi chez les natures chastes, chez les penseurs tranquilles et chez les vrais poètes qui ne sont tombés dans aucun excès.

Depuis la réunion de ces deux vieillards, leurs occupations, à peu près semblables, avaient pris cette allure fraternelle qui distingue à Paris les chevaux de fiacre. Levés vers les sept heures du matin en été comme en hiver, après leur déjeuner ils allaient donner leurs leçons dans les pensionnats où ils se suppléaient au besoin. Vers midi, Pons se rendait à son théâtre quand une répétition l'y appelait, et il donnait à la flânerie tous ses instants de liberté. Puis les deux amis se retrouvaient le soir au théâtre où Pons avait placé Schmucke. Voici comment.

Au moment où Pons rencontra Schmucke, il venait d'obtenir, sans l'avoir demandé, le bâton de maréchal des compositeurs inconnus, un bâton de chef d'orchestre! Grâce au comte Popinot, alors ministre, cette place fut stipulée pour le pauvre musicien, au moment où ce héros bourgeois de la révolution de Juillet fit donner un privilége de théâtre à l'un de ces amis dont rougit un parvenu, quand, roulant en voiture, il aperçoit dans Paris un ancien camarade de jeunesse, triste-à-patte, sans sous-pieds, vêtu d'une redingote à teintes invraisemblables, et le nez à des affaires trop élevées pour des capitaux fuyards. Ancien commis-voyageur, cet ami, nommé Gaudissard, avait été jadis fort utile au succès de la grande maison Popinot. Popinot, devenu comte, devenu pair de France après avoir été deux fois ministre, ne renia point L'ILLUSTRE GAUDISSARD! Bien plus, il voulut mettre le voyageur en position de renouveler sa garde-robe et de remplir sa bourse; car la politique, les vanités de la cour citoyenne n'avaient point gâté le cœur de cet ancien droguiste. Gaudissard, toujours fou des femmes, demanda le privilége d'un théâtre alors en faillite, et le ministre, en le lui donnant, eut soin de lui envoyer quelques vieux amateurs du beau sexe, assez riches pour créer une puissante commandite amoureuse de ce que cachent les maillots. Pons, parasite de l'hôtel Popinot, fut un appoint du privilége. La compagnie Gaudissard, qui fit d'ailleurs fortune, eut en 1834 l'intention de réaliser au Boulevard cette grande idée : un opéra pour le peuple. La musique des ballets et des pièces féeries exigeait un chef d'orchestre passable et quelque peu compositeur. L'administration à laquelle succédait la compagnie Gaudissard était depuis trop long-temps en faillite pour posséder un copiste. Pons introduisit donc Schmucke au théâtre en qualité d'entrepreneur des copies, métier obscur qui veut de sérieuses connaissances musicales. Schmucke, par le conseil de Pons, s'entendit avec le chef de ce service à l'Opéra-Comique, et n'en eut point les soins mécaniques. L'association de Schmucke et de Pons produisit un résultat merveilleux. Schmucke, très-fort comme tous les Allemands sur l'harmonie, soigna l'instrumentation dans les partitions dont le chant fut fait par Pons. Quand les connaisseurs admirèrent quelques fraîches compositions qui servirent d'accompagnement à deux ou trois grandes pièces à succès, ils les expliquèrent par le mot *progrès*, sans en chercher les auteurs. Pons et Schmucke s'éclipsèrent dans la gloire, comme certaines personnes se noient dans leur baignoire. A Paris, surtout depuis 1830, personne n'arrive sans pousser, *quibuscumque viis*, et très-fort, une masse effrayante de concurrents ; il faut alors beaucoup trop de force dans les reins, et les deux amis avaient cette gravelle au cœur, qui gêne tous les mouvements ambitieux.

Ordinairement Pons se rendait à l'orchestre de son théâtre vers huit heures, heure à laquelle se donnent les pièces en faveur, et dont les ouvertures et les accompagnements exigeaient la tyrannie du bâton. Cette tolérance existe dans la plupart des petits théâtres ; mais Pons était à cet égard d'autant plus à l'aise, qu'il mettait dans ses rapports avec l'administration un grand désintéressement. Schmucke suppléait d'ailleurs Pons au besoin. Avec le temps, la position de Schmucke à l'orchestre s'était consolidée. L'illustre Gaudissard avait reconnu, sans en rien dire, et la valeur et l'utilité du collaborateur de Pons. On avait été obligé d'introduire à l'orchestre un piano comme aux grands théâtres. Le piano, touché gratis par Schmucke, fut établi auprès du pupitre du chef d'orchestre, où se plaçait le surnuméraire volontaire. Quand on connut ce bon Allemand, sans ambition ni prétention, il fut accepté par tous les musiciens. L'administration, pour un modique traitement, chargea Schmucke des instruments qui ne sont pas représentés dans l'orchestre des théâtres du Boulevard, et qui sont souvent nécessaires, comme le piano, la viole d'amour, le cor anglais, le violoncelle, la harpe, les castagnettes de la cachucha, les sonnettes et les inventions de Sax, etc. Les Allemands, s'ils ne savent pas jouer des grands instruments de la Liberté, savent jouer naturellement de tous les instruments de musique.

Les deux vieux artistes, excessivement aimés au théâtre, y vivaient en philosophes. Ils s'étaient mis sur les yeux une taie pour ne jamais voir les maux inhérents à une troupe quand il s'y trouve un corps de ballet mêlé à des acteurs et des actrices, l'une des plus affreuses combinaisons que les nécessités de la recette aient créées pour le tourment des directeurs, des auteurs et des musiciens. Un grand respect des autres et de lui-même avait valu l'estime générale au bon et modeste Pons. D'ailleurs, dans toute sphère, une vie limpide, une honnêteté sans tache commandent une sorte d'admiration aux cœurs les plus mauvais. A Paris une belle vertu a le succès d'un gros diamant, d'une curiosité rare. Pas un acteur, pas un auteur, pas une danseuse, quelque effrontée qu'elle pût être, ne se serait permis la moindre mystification ou quelque mauvaise plaisanterie contre Pons ou contre son ami. Pons se montrait quelquefois au foyer ; mais Schmucke ne connaissait que le chemin souterrain qui menait de l'extérieur du théâtre à l'orchestre. Dans les entr'actes, quand il assistait à une représentation, le bon vieux Allemand se hasardait à regarder la salle et questionnait parfois la première flûte, un jeune homme né à Strasbourg d'une famille allemande de Kehl, sur les personnages excentriques dont sont presque toujours garnies les Avant-scènes. Peu à peu l'imagination enfantine de Schmucke, dont l'éducation sociale fut entreprise par cette flûte, admit l'existence fabuleuse de la Lorette, la possibilité des mariages au Treizième Arrondissement, les prodigalités d'un premier sujet, et le commerce interlope des ouvreuses. Les innocences du vice parurent à ce digne homme le dernier mot des dépravations babyloniennes, et il y souriait comme à des arabesques chinoises. Les gens habiles doivent comprendre que Pons et Schmucke étaient exploités, pour se servir d'un mot à la mode; mais ce qu'ils perdirent en argent, ils le gagnèrent en considération, en bons procédés.

Après le succès d'un ballet qui commença la rapide fortune de la compagnie Gaudissard, les directeurs envoyèrent à Pons un groupe en argent attribué à Benvenuto Cellini, dont le prix effrayant avait été l'objet d'une conversation au foyer. Il s'agissait de douze cents francs ! Le pauvre honnête homme voulut rendre ce cadeau ! Gaudissard eut mille peines à le lui faire accepter. — « Ah ! si nous pouvions, dit-il à son associé, trouver des acteurs de cet échantillon-là ! » Cette double vie, si calme en apparence, était troublée uniquement par le vice auquel sacrifiait Pons, ce besoin féroce de dîner en ville. Aussi toutes les fois que Schmucke se trouvait au logis quand Pons s'habillait, le bon Allemand déplorait-il cette funeste habitude. — « *Engore si ça t'encraissait* ! » s'écriait-il souvent. Et Schmucke rêvait au moyen de guérir son ami de ce vice dégradant, car les amis véritables jouissent, dans l'ordre moral, de la perfection dont est doué l'odorat des chiens ; ils flairent les chagrins de leurs amis, ils en devinent les causes, ils s'en préoccupent.

Pons, qui portait toujours, au petit doigt de la main droite, une bague à diamant tolérée sous l'Empire, et devenue ridicule aujourd'hui, Pons, beaucoup trop troubadour et trop Français, n'offrait pas dans sa physionomie la sérénité divine qui tempérait l'effroyable laideur de Schmucke. L'Allemand avait reconnu dans l'expression mélancolique de la figure de son ami, les difficultés croissantes qui rendaient ce métier de parasite de plus en plus pénible. En effet, en octobre 1844, le nombre des maisons où dînait Pons était naturellement très-restreint. Le pauvre chef d'orchestre, réduit à parcourir le cercle de la famille, avait, comme on va le voir, beaucoup trop étendu la signification du mot famille.

L'ancien lauréat était le cousin germain de la première femme de monsieur Camusot, le riche marchand de soieries de la rue des Bourdonnais, une demoiselle Pons, unique héritière d'un des fameux Pons frères, les brodeurs de la cour, maison où le père et la mère du musicien étaient commanditaires après l'avoir fondée avant la Révolution de 1789, et qui fut achetée par monsieur Rivet, en 1815, du père de la première madame Camusot. Ce Camusot, retiré des affaires depuis dix ans, se trouvait en 1844 membre du conseil général des manufactures, député, etc. Pris en amitié par la tribu des Camusot, le bonhomme Pons se considéra comme étant cousin des enfants que le marchand de soieries eut de son second lit, quoiqu'ils ne fussent rien, pas même alliés.

La deuxième madame Camusot étant une demoiselle Cardot, Pons s'introduisit à titre de parent des Camusot dans la nombreuse famille des Cardot, deuxième tribu bourgeoise, qui par ses alliances formait toute une société non moins puissante que celle des Camusot. Cardot le notaire, frère de la seconde madame Camusot, avait épousé une demoiselle Chiffreville. La célèbre famille des Chiffreville, la reine des produits chimiques, était liée avec la grosse droguerie dont le coq fut pendant long-temps monsieur Anselme Popinot que la révolution de juillet avait lancé, comme on sait, au cœur de la politique la plus dynastique. Et Pons de venir à la queue des Camusot et des Cardot chez les Chiffreville ; et, de là chez les Popinot, toujours en qualité de cousin des cousins.

Ce simple aperçu des dernières relations du vieux musicien fait comprendre comment il pouvait être encore reçu familièrement en 1844 : 1° Chez monsieur le comte Popinot, pair de France, ancien ministre de l'agriculture et du commerce ; 2° Chez monsieur Cardot, ancien notaire, maire et député d'un arrondissement de Paris ; 3° Chez le vieux monsieur Camusot, député, membre du conseil municipal de Paris et du conseil général des manufactures, en route vers la pairie ; 4° Chez monsieur Camusot de Marville, fils du premier lit, et partant le vrai, le seul cousin réel de Pons, quoique petit-cousin.

Ce Camusot, qui, pour se distinguer de son père et de son frère du second lit, avait ajouté à son nom celui de la terre de Marville, était, en 1844, président de chambre à la cour royale de Paris.

L'ancien notaire Cardot, ayant marié sa fille à son successeur, nommé Berthier, Pons, faisant partie de la charge, sut garder ce dîner, par-devant notaire, disait-il.

Voilà le firmament bourgeois que Pons appelait sa famille, et où il avait si péniblement conservé droit de fourchette.

De ces dix maisons, celle où l'artiste devait être le mieux accueilli, la maison du président Camusot, était l'objet de ses plus grands soins. Mais, hélas! la présidente, fille du feu sieur Thirion, huissier du cabinet des rois Louis XVIII et Charles X, n'avait jamais bien traité le petit-cousin de son mari. A tâcher d'adoucir cette terrible parente, Pons avait perdu son temps, car après avoir donné gratuitement des leçons à mademoiselle Camusot, il lui avait été impossible de faire une musicienne de cette fille un peu rousse. Or, Pons, la main sur l'objet précieux, se dirigeait en ce moment chez son cousin le président, où il croyait en entrant, être aux Tuileries, tant les solennelles draperies vertes, les tentures couleur carmélite et les tapis en moquette, les meubles graves de cet appartement où respirait la plus sévère magistrature, agissaient sur son moral. Chose étrange! il se sentait à l'aise à l'hôtel Popinot, rue Basse-du-Rempart, sans doute à cause des objets d'art qui s'y trouvaient; car l'ancien ministre avait, depuis son avénement en politique, contracté la manie de collectionner les belles choses, sans doute pour faire opposition à la politique qui collectionne secrètement les actions les plus laides.

Le président de Marville demeurait rue de Hanovre, dans une maison achetée depuis dix ans par la présidente, après la mort de son père et de sa mère, les sieur et dame Thirion, qui lui laissèrent environ cent cinquante mille francs d'économies. Cette maison, d'un aspect assez sombre sur la rue où la façade est à l'exposition du nord, jouit de l'exposition du midi sur la cour, ensuite de laquelle se trouve un assez beau jardin. Le magistrat occupe tout le premier étage qui, sous Louis XV, avait logé l'un des plus puissants financiers de ce temps. Le second étant loué à une riche et vieille dame, cette demeure présente un aspect tranquille et honorable qui sied à la magistrature. Les restes de la magnifique terre de Marville, à l'acquisition desquels le magistrat avait employé ses économies de vingt ans ainsi que l'héritage de sa mère, se composent du château, splendide monument comme il s'en rencontre encore en Normandie, et d'une bonne ferme de douze mille francs. Un parc de cent hectares entoure le château. Ce luxe, aujourd'hui princier, coûte un millier d'écus au président, en sorte que la terre ne rapporte guère que neuf mille francs *en sac*, comme on dit. Ces neuf mille francs et son traitement donnaient alors au président une fortune d'environ vingt mille francs de rente, en apparence suffisante, surtout en attendant la moitié qui devait lui revenir dans la succession de son père, où il représentait à lui seul le premier lit; mais la vie de Paris et les convenances de leur position avaient obligé monsieur et madame de Marville à dépenser la presque totalité de leurs revenus. Jusqu'en 1834, ils s'étaient trouvés gênés.

Cet inventaire explique pourquoi mademoiselle de Marville, jeune fille âgée de vingt-trois ans, n'était pas encore mariée, malgré cent mille francs de dot, et malgré l'appât de ses espérances, habilement et souvent, mais vainement, présenté. Depuis cinq ans, le cousin Pons écoutait les doléances de la présidente qui voyait tous les substituts mariés, les nouveaux juges au tribunal déjà pères, après avoir inutilement fait briller les espérances de mademoiselle de Marville aux yeux peu charmés du jeune vicomte Popinot, fils aîné du coq de la droguerie, au profit de qui, selon les envieux du quartier des Lombards, la révolution de juillet avait été faite, au moins autant qu'à celui de la branche cadette.

Arrivé rue Choiseul et sur le point de tourner la rue de Hanovre, Pons éprouva cette inexplicable émotion qui tourmente les consciences pures, qui leur inflige les supplices ressentis par les plus grands scélérats à l'aspect d'un gendarme, et causée uniquement par la question de savoir comment le recevrait la présidente. Ce grain de sable, qui lui déchirait les fibres du cœur, ne s'était jamais arrondi; les angles en devenaient de plus en plus aigus, et les gens de cette maison en ravivaient incessamment les arêtes. En effet, le peu de cas que les Camusot faisaient de leur cousin Pons, sa démonétisation au sein de la famille, agissait sur les domestiques qui, sans manquer d'égards envers lui, le considéraient comme une variété du Pauvre.

L'ennemi capital de Pons était une certaine Madeleine Vivet, vieille fille sèche et mince, la femme de chambre de madame C. de

Marville et de sa fille. Cette Madeleine, malgré la couperose de son teint, et peut-être à cause de cette couperose et de sa longueur vipérine, s'était mis en tête de devenir madame Pons. Madeleine étala vainement vingt mille francs d'économies aux yeux du vieux célibataire, Pons avait refusé ce bonheur par trop couperosé. Aussi cette Didon d'antichambre, qui voulait devenir la cousine de ses maîtres, jouait-elle les plus méchants tours au pauvre musicien. Madeleine s'écriait très-bien : « — Ah ! voilà le pique-assiette ! » en entendant le bonhomme dans l'escalier et en tâchant d'être entendue par lui. Si elle servait à table, en l'absence du valet de chambre, elle versait peu de vin et beaucoup d'eau dans le verre de sa victime, en lui donnant la tâche difficile de conduire à sa bouche, sans en rien verser, un verre près de déborder. Elle oubliait de servir le bonhomme, et se le faisait dire par la présidente (de quel ton ?... le cousin en rougissait), ou elle lui renversait de la sauce sur ses habits. C'était enfin la guerre de l'inférieur qui se sait impuni, contre un supérieur malheureux. A la fois femme de charge et femme de chambre, Madeleine avait suivi monsieur et madame Camusot depuis leur mariage. Elle avait vu ses maîtres dans la pénurie de leurs commencements, en province, quand monsieur était juge au tribunal d'Alençon ; elle les avait aidés à vivre lorsque, président au tribunal de Mantes, monsieur Camusot vint à Paris en 1828, où il fut nommé juge d'instruction. Elle appartenait donc trop à la famille pour ne pas avoir des raisons de s'en venger. Ce désir de jouer à l'orgueilleuse et ambitieuse présidente le tour d'être la cousine de monsieur, devait cacher une de ces haines sourdes, engendrée par un de ces graviers qui font les avalanches.

— Madame, voilà votre monsieur Pons, et en spencer encore ! vint dire Madeleine à la présidente, il devrait bien me dire par quel procédé il le conserve depuis vingt-cinq ans !

En entendant un pas d'homme dans le petit salon, qui se trouvait entre son grand salon et sa chambre à coucher, madame Camusot regarda sa fille et haussa les épaules.

— Vous me prévenez toujours avec tant d'intelligence, Madeleine, que je n'ai plus le temps de prendre un parti, dit la présidente.

— Madame, Jean est sorti, j'étais seule, monsieur Pons a sonné, je lui ai ouvert la porte, et, comme il est presque de la maison, je ne pouvais pas l'empêcher de me suivre ; il est là qui se débarrasse de son spencer.

— Ma pauvre Minette, dit la présidente à sa fille, nous sommes prises, nous devons maintenant dîner ici.

— Voyons, reprit-elle, en voyant à sa chère Minette une figure piteuse, faut-il nous débarrasser de lui pour toujours?

— Oh! pauvre homme! répondit mademoiselle Camusot, le priver d'un de ses dîners!

Le petit salon retentit de la fausse tousserie d'un homme qui voulait dire ainsi : Je vous entends.

— Eh bien! qu'il entre! dit madame Camusot à Madeleine en faisant un geste d'épaules.

— Vous êtes venu de si bonne heure, mon cousin, dit Cécile Camusot en prenant un petit air câlin, que vous nous avez surprises au moment où ma mère allait s'habiller.

Le cousin Pons, à qui le mouvement d'épaules de la présidente n'avait pas échappé, fut si cruellement atteint, qu'il ne trouva pas un compliment à dire, et il se contenta de ce mot profond : — Vous êtes toujours charmante, ma petite cousine! Puis se tournant vers la mère et la saluant : — Chère cousine, reprit-il, vous ne sauriez m'en vouloir de venir un peu plus tôt que de coutume, je vous apporte ce que vous m'avez fait le plaisir de me demander...

Et le pauvre Pons, qui sciait en deux le président, la présidente et Cécile chaque fois qu'il les appelait *cousin* ou *cousine*, tira de la poche de côté de son habit une ravissante petite boîte oblongue en bois de Sainte-Lucie, divinement sculptée.

— Ah! je l'avais oublié! dit sèchement la présidente.

Cette exclamation n'était-elle pas atroce? n'ôtait-elle pas tout mérite au soin du parent, dont le seul tort était d'être un parent pauvre?

— Mais, reprit-elle, vous êtes bien bon, mon cousin. Vous dois-je beaucoup d'argent pour cette petite bêtise?

Cette demande causa comme un tressaillement intérieur au cousin, il avait la prétention de solder tous ses dîners par l'offrande de ce bijou.

— J'ai cru que vous me permettiez de vous l'offrir, dit-il d'une voix émue.

— Comment! comment! reprit la présidente; mais, entre nous, pas de cérémonies, nous nous connaissons assez pour laver notre linge ensemble. Je sais que vous n'êtes pas assez riche pour faire la guerre à vos dépens. N'est-ce pas déjà beaucoup que vous ayez pris la peine de perdre votre temps à courir chez les marchands?...

— Vous ne voudriez pas de cet éventail, ma chère cousine, si vous deviez en donner la valeur, répliqua le pauvre homme offensé, car c'est un chef-d'œuvre de Watteau qui l'a peint des deux côtés; mais soyez tranquille, ma cousine, je n'ai pas payé la centième partie du prix d'art.

Dire à un riche : « Vous êtes pauvre ! » c'est dire à l'archevêque de Grenade que ses homélies ne valent rien. Madame la présidente était beaucoup trop orgueilleuse de la position de son mari, de la possession de la terre de Marville, et de ses invitations aux bals de la cour, pour ne pas être atteinte au vif par une semblable observation, surtout partant d'un misérable musicien vis-à-vis de qui elle se posait en bienfaitrice.

— Ils sont donc bien bêtes les gens à qui vous achetez ces choses-là?... dit vivement la présidente.

— On ne connaît pas à Paris de marchands bêtes, répliqua Pons presque sèchement.

— C'est alors vous qui avez beaucoup d'esprit, dit Cécile pour calmer le débat.

— Ma petite cousine, j'ai l'esprit de connaître Lancret, Pater, Watteau, Greuze; mais j'avais surtout le désir de plaire à votre chère maman.

Ignorante et vaniteuse, madame de Marville ne voulait pas avoir l'air de recevoir la moindre chose de son pique-assiette, et son ignorance la servait admirablement, elle ne connaissait pas le nom de Watteau. Si quelque chose peut exprimer jusqu'où va l'amour-propre des collectionneurs, qui, certes, est un des plus vifs, car il rivalise avec l'amour-propre d'auteur, c'est l'audace que Pons venait d'avoir en tenant tête à sa cousine, pour la première fois depuis vingt ans. Stupéfait de sa hardiesse, Pons reprit une contenance pacifique en détaillant à Cécile les beautés de la fine sculpture des branches de ce merveilleux éventail. Mais, pour être dans tout le secret de la trépidation cordiale à laquelle le bonhomme était en proie, il est nécessaire de donner une légère esquisse de la présidente.

A quarante-six ans, madame de Marville, autrefois petite, blonde, grasse et fraîche, toujours petite, était devenue sèche. Son front busqué, sa bouche rentrée, que la jeunesse décorait jadis de teintes fines, changeaient alors son air, naturellement dédaigneux, en un air rechigné. L'habitude d'une domination absolue au logis avait rendu sa physionomie dure et désagréable. Avec le temps, le blond de la chevelure avait tourné au châtain aigre. Les yeux, encore vifs et caustiques, exprimaient une morgue judiciaire chargée d'une envie contenue. En effet, la présidente se trouvait presque pauvre au milieu de la société de bourgeois parvenus où dînait Pons. Elle ne pardonnait pas au riche marchand droguiste, ancien président du tribunal de commerce, d'être devenu successivement député, ministre, comte et pair. Elle ne pardonnait pas à son beau-père de s'être fait nommer, au détriment de son fils aîné, député de son arrondissement, lors de la promotion de Popinot à la pairie. Après dix-huit ans de services à Paris, elle attendait encore pour Camusot la place de conseiller à la Cour de cassation, d'où l'excluait d'ailleurs une incapacité connue au Palais. Le ministre de la justice de 1844 regrettait la nomination de Camusot à la présidence, obtenue en 1834; mais on l'avait placé à la chambre des mises en accusation où, grâce à sa routine d'ancien juge d'instruction, il rendait des services en rendant des arrêts. Ces mécomptes, après avoir usé la présidente de Marville, qui ne s'abusait pas d'ailleurs sur la valeur de son mari, la rendaient terrible. Son caractère, déjà cassant, s'était aigri. Plus vieillie que vieille, elle se faisait âpre et sèche comme une brosse pour obtenir, par la crainte, tout ce que le monde se sentait disposé à lui refuser. Mordante à l'excès, elle avait peu d'amies. Elle imposait beaucoup, car elle s'était entourée de quelques vieilles dévotes de son acabit qui la soutenaient à charge de revanche. Aussi les rapports du pauvre Pons avec ce diable en jupons étaient-ils ceux d'un écolier avec un maître qui ne parle que par férules. La présidente ne s'expliquait donc pas la subite audace de son cousin, elle ignorait la valeur du cadeau.

— Où donc avez-vous trouvé cela? demanda Cécile en examinant le bijou.

— Rue de Lappe, chez un brocanteur qui venait de le rapporter d'un château qu'on a dépecé près de Dreux. Aulnay, un château que madame de Pompadour habitait quelquefois, avant de bâtir Ménars; on en a sauvé les plus splendides boiseries que l'on connaisse; elles sont si belles que Liénard, notre célèbre sculpteur en bois, en a gardé, comme *nec plus ultra* de l'art, deux cadres ovales pour modèles... Il y avait là des trésors. Mon brocanteur a trouvé cet éventail dans un *bonheur-du-jour* en marqueterie que j'aurais acheté, si je faisais collection de ces œuvres-là ; mais c'est inabordable ! un meuble de Reisener vaut de trois à quatre mille francs ! On commence à reconnaître à Paris que les fameux marqueteurs allemands et français des seizième, dix-septième et dix-huitième siècles ont composé de véritables tableaux en bois. Le mérite du collectionneur est de devancer la mode. Tenez ! d'ici à cinq ans, on payera à Paris les porcelaines de Frankenthal, que je collectionne depuis vingt ans, deux fois plus cher que la pâte tendre de Sèvres.

— Qu'est-ce que le Frankenthal ? dit Cécile.

— C'est le nom de la fabrique de porcelaines de l'Électeur Palatin ; elle est plus ancienne que notre manufacture de Sèvres, comme les fameux jardins de Heidelberg, ruinés par Turenne, ont eu le malheur d'exister avant ceux de Versailles. Sèvres a beaucoup copié Frankenthal... Les Allemands, il faut leur rendre cette justice, ont fait, avant nous, d'admirables choses en Saxe et dans le Palatinat.

La mère et la fille se regardaient comme si Pons leur eût parlé chinois, car on ne peut se figurer combien les Parisiens sont ignorants et exclusifs ; ils ne savent que ce qu'on leur apprend, quand ils veulent l'apprendre.

— Et à quoi reconnaissez-vous le Frankenthal ?

— Et la signature ! dit Pons avec feu. Tous ces ravissants chefs-d'œuvre sont signés. Le Frankenthal porte un C. et un T (Charles-Théodore) entrelacés et surmontés d'une couronne de prince. Le vieux Saxe a ses deux épées et le numéro d'ordre en or. Vincennes signait avec un cor. Vienne a un V fermé et barré. Berlin a deux barres. Mayence a la roue. Sèvres les deux L L, et la porcelaine à la reine un A qui veut dire Antoinette, surmonté de la couronne royale. Au dix-huitième siècle, tous les souverains de l'Europe ont rivalisé dans la fabrication de la porcelaine. On s'arrachait les ouvriers. Watteau dessinait des services pour la manufacture de Dresde, et ses œuvres ont acquis des prix fous. (Il faut s'y bien connaître, car, aujourd'hui, Dresde les répète et les recopie.) Alors on a fabriqué des choses admirables et qu'on ne refera plus...

— Ah bah !

— Oui, cousine ! on ne refera plus certaines marqueteries, certaines porcelaines, comme on ne refera plus des Raphaël, des Titien, ni des Rembrandt, ni des Van Eyck, ni des Cranach !... Tenez ! les Chinois sont bien habiles, bien adroits, eh bien ! ils recopient aujourd'hui les belles œuvres de leur porcelaine dite *Grand-Mandarin*... Eh bien ! deux vases de *Grand-Mandarin* ancien, du plus grand format, valent six, huit, dix mille francs, et on a la copie moderne pour deux cents francs !

— Vous plaisantez !

— Cousine, ces prix vous étonnent, mais ce n'est rien. Non-seulement un service complet pour un dîner de douze personnes en pâte tendre de Sèvres, qui n'est pas de la porcelaine, vaut cent mille francs, mais c'est le prix de facture. Un pareil service se payait cinquante mille livres, à Sèvres, en 1750. J'ai vu des factures originales.

— Revenons à cet éventail, dit Cécile à qui le bijou paraissait trop vieux.

— Vous comprenez que je me suis mis en chasse, dès que votre chère maman m'a fait l'honneur de me demander un éventail, reprit Pons. J'ai vu tous les marchands de Paris sans y rien trouver de beau ; car, pour la chère présidente, je voulais un chef-d'œuvre, et je pensais à lui donner l'éventail de Marie-Antoinette, le plus beau de tous les éventails célèbres. Mais hier, je fus ébloui par ce divin chef-d'œuvre, que Louis XV a bien certainement commandé. Pourquoi suis-je allé chercher un éventail, rue de Lappe ! chez un Auvergnat ! qui vend des cuivres, des ferrailles, des meubles dorés ? Moi, je crois à l'intelligence des objets d'art, ils connaissent les amateurs, ils les appellent, ils leur font : Chit! chit!...

La présidente haussa les épaules en regardant sa fille, sans que Pons pût voir cette mimique rapide.

— Je les connais tous, ces *rapiats-là !* « Qu'avez-vous de nouveau, papa Monistrol ? Avez-vous des dessus de porte ? » ai-je demandé à ce marchand, qui me permet de jeter les yeux sur ses acquisitions avant les grands marchands. A cette question, Monistrol me raconte comment Liénard, qui sculptait dans la chapelle de Dreux de fort belles choses pour la liste civile, avait sauvé à la vente d'Aulnay les boiseries sculptées des mains des marchands de Paris, occupés de porcelaines et de meubles incrustés. — « Je n'ai pas eu grand'chose, me dit-il, mais je pourrai gagner mon voyage avec cela. » Et il me montra le bonheur-du-jour, une merveille ! C'est des dessins de Boucher exécutés en marqueterie avec un art... C'est à se mettre à genoux devant ! « Tenez, monsieur, me dit-il, je viens de trouver dans un petit tiroir fermé, dont la clef manquait et que j'ai forcé, cet éventail ! vous devriez bien me dire à qui je peux le vendre... » Et il me tire cette petite boîte en bois de Sainte-Lucie sculpté. « Voyez! c'est de ce Pompadour qui ressemble au gothique fleuri. » « Oh! lui ai-je répondu, la boîte est jolie, elle pourrait m'aller, la boîte! car l'éventail, mon vieux Monistrol, je n'ai point de madame Pons à qui donner ce vieux bijou; d'ailleurs, on en fait des neufs, bien jolis. On peint aujourd'hui ces vélins-là d'une manière miraculeuse et assez bon marché. Savez-vous qu'il y a deux mille peintres à Paris! » Et je dépliais négligemment l'éventail, contenant mon admiration, regardant froidement ces deux petits tableaux d'un laissez-aller, d'une exécution à ravir. Je tenais l'éventail de madame de Pompadour! Watteau s'est exterminé à composer cela! « Combien voulez-vous du meuble? » — Oh! mille francs, on me les donne déjà! » Je lui dis un prix de l'éventail qui correspondait aux frais présumés de son voyage. Nous nous regardons alors dans le blanc des yeux, et je vois que je tiens mon homme. Aussitôt je remets l'éventail dans sa boîte, afin que l'Auvergnat ne se mette pas à l'examiner, et je m'extasie sur le travail de cette boîte qui, certes, est un vrai bijou. « Si je l'achète, dis-je à Monistrol, c'est à cause de cela, voyez-vous, il n'y a que la boîte qui me tente. Quant à ce bonheur-du-jour, vous en aurez plus de mille francs, voyez donc comme ces cuivres sont ciselés! c'est des modèles... On peut exploiter cela... ça n'a pas été reproduit, on faisait tout *unique* pour madame de Pampadour... » Et mon homme, *allumé* pour son bonheur-du-jour, oublie l'éventail, il me le laisse à rien pour prix de la révélation que je lui fais de la beauté de ce meuble de Riesener. Et voilà! Mais il faut bien de la pratique pour conclure de pareils marchés! C'est des combats d'œil à œil, et quel œil que celui d'un juif ou d'un Auvergnat!

L'admirable pantomime, la verve du vieil artiste qui faisaient de lui, racontant le triomphe de sa finesse sur l'ignorance du brocanteur, un modèle digne du pinceau hollandais, tout fut perdu pour la présidente et pour sa fille qui se dirent, en échangeant des regards froids et dédaigneux : — Quel original!...

— Ça vous amuse donc? demanda la présidente.

Pons, glacé par cette question, éprouva l'envie de battre la présidente.

— Mais, ma chère cousine, reprit-il, c'est la chasse aux chefs-d'œuvre! Et on se trouve face à face avec des adversaires qui défendent le gibier! c'est ruse contre ruse! Un chef-d'œuvre doublé d'un Normand, d'un juif ou d'un Auvergnat; mais c'est comme dans les contes de fées, une princesse gardée par des enchanteurs!

— Et comment savez-vous que c'est de Wat.... comment dites-vous?

— Watteau! ma cousine, un des plus grands peintres français du dix-huitième siècle! Tenez, ne voyez-vous pas la signature? dit-il en montrant une des bergeries qui représentait une ronde dansée par de fausses paysannes et par des bergers grands seigneurs. C'est d'un entrain! Quelle verve! quel coloris! Et c'est fait! tout d'un trait! comme un paraphe de maître d'écriture; on ne sent plus le travail! Et de l'autre côté, tenez! un bal dans un salon! C'est l'hiver et l'été! Quels ornements! et comme c'est conservé! Vous voyez, la virole est en or, et elle est terminée de chaque côté par un tout petit rubis que j'ai décrassé!

— S'il en est ainsi, je ne pourrais pas, mon cousin, accepter de vous un objet d'un si grand prix. Il vaut mieux vous en faire des rentes, dit la présidente qui ne demandait cependant pas mieux que de garder ce magnifique éventail.

— Il est temps que ce qui a servi au Vice soit aux mains de la Vertu! dit le bonhomme en retrouvant de l'assurance. Il aura fallu cent ans pour opérer ce miracle. Soyez sûre qu'à la cour aucune princesse n'aura rien de comparable à ce chef-d'œuvre; car il est, malheureusement, dans la nature humaine de faire plus pour une Pompadour que pour une vertueuse reine!...

— Eh bien! je l'accepte, dit en riant la présidente. Cécile, mon petit ange, va donc voir avec Madeleine à ce que le dîner soit digne de notre cousin...

La présidente voulait balancer le compte. Cette recommandation faite à haute voix, contrairement aux règles du bon goût, ressemblait si bien à l'appoint d'un payement, que Pons rougit comme une jeune fille prise en faute. Ce gravier un peu trop gros lui roula pendant quelque temps dans le cœur. Cécile, jeune personne très-rousse, dont le maintien, entaché de pédantisme, affectait la gravité judiciaire du président et se sentait de la sécheresse de sa mère, disparut en laissant le pauvre Pons aux prises avec la terrible présidente.

— Elle est bien gentille, ma petite Lili, dit la présidente en employant toujours l'abréviation enfantine donnée jadis au nom de Cécile.

— Charmante! répondit le vieux musicien en tournant ses pouces.

— Je ne comprends rien au temps où nous vivons, répondit la présidente. A quoi cela sert-il donc d'avoir pour père un président à la Cour royale de Paris, et commandeur de la Légion-d'Honneur, pour grand'père un député millionnaire, un futur pair de France, le plus riche des marchands de soieries en gros?

Le dévouement du président à la dynastie nouvelle lui avait valu récemment le cordon de commandeur, faveur attribuée par quelques jaloux à l'amitié qui l'unissait à Popinot. Ce ministre, malgré sa modestie, s'était, comme on le voit, laissé faire comte.

— A cause de mon fils, dit-il à ses nombreux amis.

— On ne veut que de l'argent aujourd'hui, répondit le cousin Pons, on n'a d'égards que pour les riches, et...

— Que serait-ce donc, s'écria la présidente, si le ciel m'avait laissé mon pauvre petit Charles?...

— Oh! avec deux enfants, vous seriez pauvre! reprit le cousin. C'est l'effet du partage égal des biens; mais, soyez tranquille, ma belle cousine, Cécile finira par bien se marier. Je ne vois nulle part de jeune fille si accomplie.

Voilà jusqu'où Pons avait ravalé son esprit chez ses amphitryons : il y répétait leurs idées, et il les leur commentait platement, à la manière des chœurs antiques. Il n'osait pas se livrer à l'originalité qui distingue les artistes et qui dans sa jeunesse abondait en traits fins chez lui, mais que l'habitude de s'effacer avait alors presque abolie, et qu'on rembarrait, comme tout à l'heure, quand elle reparaissait.

— Mais, je me suis mariée avec vingt mille francs de dot, seulement...

— En 1819, ma cousine? dit Pons en interrompant. Et c'était vous, une femme de tête, une jeune fille protégée par le roi Louis XVIII!

— Mais enfin ma fille est un ange de perfection, d'esprit; elle est pleine de cœur, elle a cent mille francs en mariage, sans compter les plus belles espérances, et elle nous reste sur les bras...

Madame de Marville parla de sa fille et d'elle-même pendant vingt minutes, en se livrant aux doléances particulières aux mères qui sont en puissance de filles à marier. Depuis vingt ans que le vieux musicien dînait chez son unique cousin Camusot, le pauvre homme attendait encore un mot sur ses affaires, sur sa vie, sur sa santé. Pons était d'ailleurs partout une espèce d'égout aux confidences domestiques, il offrait les plus grandes garanties dans sa discrétion connue et nécessaire, car un seul mot hasardé lui aurait fait fermer la porte de dix maisons; son rôle d'écouteur était donc doublé d'une approbation constante; il souriait à tout, il n'accusait, il ne défendait personne; pour lui, tout le monde avait raison. Aussi ne comptait-il plus comme un homme, c'était un estomac! Dans cette longue tirade, la présidente avoua, non sans quelques précautions, à son cousin, qu'elle était disposée à prendre pour sa fille presque aveuglément les partis qui se présenteraient. Elle alla jusqu'à regarder comme une bonne affaire, un homme de quarante-huit ans, pourvu qu'il eût vingt mille francs de rente.

— Cécile est dans sa vingt-troisième année, et si le malheur voulait qu'elle atteignît à vingt-cinq ou vingt-six ans, il serait excessivement difficile de la marier. Le monde se demande alors pourquoi une jeune personne est restée si long-temps sur pied. On cause déjà beaucoup trop dans notre société de cette situation. Nous avons épuisé les raisons vulgaires : « Elle est bien jeune. — Elle aime trop ses parents pour les quitter. — Elle est heureuse à la maison. — Elle est difficile, elle veut un beau nom! » Nous devenons ridicules, je le sens bien. D'ailleurs, Cécile est lasse d'attendre, elle souffre, pauvre petite...

— Et de quoi? demanda sottement Pons.

— Mais, reprit la mère d'un ton de duègue, elle est humiliée de voir toutes ses amies mariées avant elle.

— Ma cousine, qu'y a-t-il donc de changé depuis la dernière fois que j'ai eu le plaisir de dîner ici, pour que vous songiez à des gens de quarante-huit ans? dit humblement le pauvre musicien.

— Il y a, répliqua la présidente, que nous devions avoir une entrevue chez un conseiller à la cour, dont le fils a trente ans, dont la fortune est considérable, et pour qui monsieur de Marville aurait obtenu, moyennant finance, une place de référendaire à la Cour des comptes. Le jeune homme y est déjà surnuméraire. Et l'on vient de nous dire que ce jeune homme avait fait la folie de partir pour l'Italie, à la suite d'une duchesse du Bal Mabille. C'est un refus déguisé. On ne veut pas nous donner un jeune homme dont la mère est morte, et qui jouit déjà de trente mille francs de rente, en attendant la fortune du père. Aussi, devez-vous nous pardonner notre mauvaise humeur, cher cousin : vous êtes arrivé en pleine crise.

Au moment où Pons cherchait une de ces complimenteuses réponses qui lui venaient toujours trop tard chez les amphitryons dont il avait peur, Madeleine entra, remit un petit billet à la présidente, et attendit une réponse. Voici ce que contenait le billet :

« Si nous supposions, ma chère maman, que ce petit mot nous
» est envoyé du Palais par mon père qui te dirait d'aller dîner avec
» moi chez son ami pour renouer l'affaire de mon mariage, le
» cousin s'en irait, et nous pourrions donner suite à nos projets
» chez les Popinot. »

— Qui donc monsieur m'a-t-il dépêché? demanda vivement la présidente.

— Un garçon de salle du Palais, répondit effrontément la sèche Madeleine.

Par cette réponse, la vieille soubrette indiquait à sa maîtresse qu'elle avait ourdi ce complot, de concert avec Cécile impatientée.

— Dites que ma fille et moi, nous y serons à cinq heures et demie.

Madeleine une fois sortie, la présidente regarda le cousin Pons avec cette fausse aménité qui fait sur une âme délicate l'effet que du vinaigre et du lait mélangés produisent sur la langue d'un friand.

— Mon cher cousin, le dîner est ordonné, vous le mangerez sans nous, car mon mari m'écrit de l'audience pour me prévenir que le projet de mariage se reprend avec le conseiller, et nous allons y dîner... Vous concevez que nous sommes sans aucune gêne ensemble. Agissez ici comme si vous étiez chez vous. Vous voyez la franchise dont j'use avec vous pour qui je n'ai pas de secret... Vous ne voudriez pas faire manquer le mariage de ce petit ange?

— Moi, ma cousine, qui voudrais au contraire lui trouver un mari; mais dans le cercle où je vis...

— Oui, ce n'est pas probable, repartit insolemment la présidente. Ainsi, vous restez? Cécile vous tiendra compagnie pendant que je m'habillerai.

— Oh! ma cousine, je puis dîner ailleurs, dit le bonhomme.

Quoique cruellement affecté de la manière dont s'y prenait la présidente pour lui reprocher son indigence, il était encore plus effrayé par la perspective de se trouver seul avec les domestiques.

— Mais pourquoi?... le dîner est prêt, les domestiques le mangeraient.

En entendant cette horrible phrase, Pons se redressa comme si la décharge de quelque pile galvanique l'eût atteint, salua froidement sa cousine et alla reprendre son spencer. La porte de la chambre à coucher de Cécile qui donnait dans le petit salon était entre-bâillée, en sorte qu'en regardant devant lui dans une glace, Pons aperçut la jeune fille prise d'un fou rire, parlant à sa mère par des coups de tête et des mines qui révélèrent quelque lâche mystification au vieil artiste. Pons descendit lentement l'escalier en retenant ses larmes : il se voyait chassé de cette maison, sans savoir pourquoi. — Je suis trop vieux maintenant, se disait-il, le monde a horreur de la vieillesse et de la pauvreté, deux laides choses. Je ne veux plus aller nulle part sans invitation. Mot héroïque !...

La porte de la cuisine située au rez-de-chaussée, en face de la loge du concierge, restait souvent ouverte, comme dans les maisons occupées par les propriétaires, et dont la porte cochère est toujours fermée ; le bonhomme put donc entendre les rires de la cuisinière et du valet de chambre, à qui Madeleine racontait le tour joué à Pons, car elle ne supposa point que le bonhomme évacuerait la place si promptement. Le valet de chambre approuvait hautement cette plaisanterie envers un habitué de la maison qui, disait-il, ne donnait jamais qu'un petit écu aux étrennes !

— Oui, mais s'il prend la mouche et qu'il ne revienne pas, fit observer la cuisinière, ce sera toujours trois francs de perdus pour nous autres au jour de l'an...

— Hé ! comment le saurait-il ? dit le valet de chambre en réponse à la cuisinière.

— Bah ! reprit Madeleine, un peu plus tôt, un peu plus tard, qu'est-ce que cela nous fait ? Il ennuie tellement les maîtres dans les maisons où il dîne, qu'on le chassera de partout.

En ce moment le vieux musicien cria : « Le cordon s'il vous plaît ! » à la portière. Ce cri douloureux fut accueilli par un profond silence à la cuisine.

— Il écoutait, dit le valet de chambre.

— Hé bien ! tant *pire*, ou plutôt tant mieux, répliqua Madeleine, c'est un rat fini.

Le pauvre homme, qui n'avait rien perdu des propos tenus à la cuisine, entendit encore ce dernier mot. Il revint chez lui par les boulevards dans l'état où serait une vieille femme après une lutte acharnée avec des assassins. Il marchait, en se parlant à lui-même, avec une vitesse convulsive, car l'honneur saignant le poussait comme une paille emportée par un vent furieux. Enfin, il se trouva sur le boulevard du Temple à cinq heures, sans savoir comment il y était venu ; mais, chose extraordinaire, il ne se sentit pas le moindre appétit.

Maintenant, pour comprendre la révolution que le retour de Pons à cette heure allait produire chez lui, les explications promises sur madame Cibot sont ici nécessaires.

La rue de Normandie est une de ces rues au milieu desquelles on peut se croire en province : l'herbe y fleurit, un passant y fait événement, et tout le monde s'y connaît. Les maisons datent de l'époque où, sous Henri IV, on entreprit un quartier dont chaque rue portât le nom d'une province, et au centre duquel devait se trouver une belle place dédiée à la France. L'idée du quartier de l'Europe fut la répétition de ce plan. Le monde se répète en toute chose partout, même en spéculation. La maison où demeuraient les deux musiciens est un ancien hôtel entre cour et jardin ; mais le devant, sur la rue, avait été bâti lors de la vogue excessive dont a joui le Marais durant le dernier siècle. Les deux amis occupaient tout le deuxième étage dans l'ancien hôtel. Cette double maison appartenait à monsieur Pillerault, un octogénaire, qui en laissait la gestion à monsieur et madame Cibot, ses portiers depuis vingt-six ans. Or, comme on ne donne pas des émoluments assez forts à un portier du Marais, pour qu'il puisse vivre de sa loge, le sieur Cibot joignait à son sou pour livre et à sa bûche prélevée sur chaque voie de bois, les ressources de son industrie personnelle ; il était tailleur, comme beaucoup de concierges. Avec le temps, Cibot avait cessé de travailler pour les maîtres tailleurs ; car, par suite de la confiance que lui accordait la petite bourgeoisie du quartier, il jouissait du privilége inattaqué de faire les raccommodages, les reprises perdues, les mises à neuf de tous les habits dans un périmètre de trois rues. La loge était vaste et saine, il y attenait une chambre. Aussi le ménage Cibot passait-il pour un des plus heureux parmi messieurs les concierges de l'arrondissement.

Cibot, petit homme rabougri, devenu presque olivâtre à force de rester toujours assis, à la turque, sur une table élevée à la hauteur de la croisée grillagée qui voyait sur la rue, gagnait à son métier environ quarante sous par jour. Il travaillait encore, quoiqu'il eût cinquante-huit ans ; mais cinquante-huit ans, c'est le plus bel âge des portiers; ils se sont faits à leur loge, la loge est devenue pour eux ce qu'est l'écaille pour les huîtres, et *ils sont connus dans le quartier!*

Madame Cibot, ancienne belle écaillère, avait quitté son poste au Cadran-Bleu par amour pour Cibot, à l'âge de vingt-huit ans, après toutes les aventures qu'une belle écaillère rencontre sans les chercher. La beauté des femmes du peuple dure peu, surtout quand elles restent en espalier à la porte d'un restaurant. Les chauds rayons de la cuisine se projettent sur les traits qui durcissent, les restes de bouteilles bus en compagnie des garçons s'infiltrent dans le teint, et nulle fleur ne mûrit plus vite que celle d'une belle écaillère. Heureusement pour madame Cibot, le mariage légitime et la vie de concierge arrivèrent à temps pour la conserver; elle demeura comme un modèle de Rubens, en gardant une beauté virile que ses rivales de la rue de Normandie calomniaient, en la qualifiant de *grosse dondon*. Ses tons de chair pouvaient se comparer aux appétissants glacis des mottes de beurre d'Isigny; et nonobstant son embonpoint, elle déployait une incomparable agilité dans ses fonctions. Madame Cibot atteignait à l'âge où ces sortes de femmes sont obligées de se faire la barbe. N'est-ce pas dire qu'elle avait quarante-huit ans? Une portière à moustaches est une des plus grandes garanties d'ordre et de sécurité pour un propriétaire. Si Delacroix avait pu voir madame Cibot posée fièrement sur son balai, certes il en eût fait une Bellone!

La position des époux Cibot, en style d'acte d'accusation, devait, chose singulière! affecter un jour celle des deux amis; aussi l'historien, pour être fidèle, est-il obligé d'entrer dans quelques détails au sujet de la loge. La maison rapportait environ huit mille francs, car elle avait trois appartements complets, doubles en profondeur, sur la rue, et trois dans l'ancien hôtel entre cour et jardin. En outre, un ferrailleur nommé Rémonencq occupait une boutique sur la rue. Ce Rémonencq, passé depuis quelques mois à l'état de marchand de curiosités, connaissait si bien la valeur bric-à-braquoise de Pons, qu'il le saluait du fond de sa boutique, quand le musicien entrait ou sortait. Ainsi, le sou pour livre donnait environ quatre cents francs au ménage Cibot, qui trouvait en outre gratuitement son logement et son bois. Or, comme les salaires de Cibot produisaient environ sept à huit cents francs en moyenne par an, les époux se faisaient, avec leurs étrennes, un revenu de seize cents francs, à la lettre mangés par les Cibot qui vivaient mieux que ne vivent les gens du peuple. — « On ne vit qu'une fois ! » disait la Cibot. Née pendant la révolution, elle ignorait, comme on le voit, le catéchisme.

De ses rapports avec le Cadran-Bleu, cette portière, à l'œil orange et hautain, avait gardé quelques connaissances en cuisine qui rendaient son mari l'objet de l'envie de tous ses confrères. Aussi, parvenus à l'âge mûr, sur le seuil de la vieillesse, les Cibot ne trouvaient-ils pas devant eux cent francs d'économie. Bien vêtus, bien nourris, ils jouissaient d'ailleurs dans le quartier d'une considération due à vingt-six ans de probité stricte. S'ils ne possédaient rien, ils n'avaient *nune centime* à autrui, selon leur expression, car madame Cibot prodiguait les N dans son langage. Elle disait à son mari : « — Tu n'es n'un amour ! » Pourquoi ? Autant vaudrait demander la raison de son indifférence en matière de religion. Fiers tous les deux de cette vie au grand jour, de l'estime de six ou sept rues et de l'autocratie que leur laissait leur *propriétaire* sur la maison, ils gémissaient en secret de ne pas avoir aussi des rentes. Cibot se plaignait de douleurs dans les mains et dans les jambes, et madame Cibot déplorait que son pauvre Cibot fût encore contraint de travailler à son âge. Un jour viendra qu'après trente ans d'une vie pareille, un concierge accusera le gouvernement d'injustice, il voudra qu'on lui donne la décoration de la Légion-d'Honneur ! Toutes les fois que les commérages du quartier leur apprenaient que telle servante, après huit ou dix ans de service, était couchée sur un testament pour trois ou quatre cents francs en viager, c'était des doléances de loge en loge, qui peuvent donner une idée de la jalousie dont sont dévorées les professions infimes à Paris. — Ah çà ! il ne nous arrivera jamais, à nous autres, d'être mis sur des testaments ! Nous n'avons pas de chance ! Nous sommes plus utiles que les domestiques, cependant. Nous sommes des gens de confiance, nous faisons les recettes, nous veillons au grain ; mais nous sommes traités ni plus ni moins que des chiens, et voilà ! — Il n'y a qu'heur et malheur, disait Cibot en rapportant un habit. — Si j'avais laissé Cibot à sa loge, et que je me fusse mise cuisinière, nous aurions trente mille francs de placés, s'écriait madame Cibot en causant avec sa voisine les mains sur ses grosses hanches. J'ai mal entendu la vie, histoire d'être logée et chauffée dedans une bonne loge et de ne manquer de rien.

Lorsqu'en 1836, les deux amis vinrent occuper à eux deux le deuxième étage de l'ancien hôtel, ils occasionnèrent une sorte de révolution dans le ménage Cibot. Voici comment. Schmucke avait, aussi bien que son ami Pons, l'habitude de prendre les portiers ou portières des maisons où il logeait pour faire faire son ménage. Les deux musiciens furent donc du même avis en s'installant rue de Normandie pour s'entendre avec madame Cibot, qui devint leur femme de ménage, à raison de vingt-cinq francs par mois, douze francs cinquante centimes pour chacun d'eux. Au bout d'un an, la portière émérite régna chez les deux vieux garçons, comme elle régnait sur la maison de monsieur Pillerault, le grand-oncle de madame la comtesse Popinot ; leurs affaires furent ses affaires, et elle disait : « *Mes deux messieurs.* » Enfin, en trouvant les deux Casse-noisettes doux comme des moutons, faciles à vivre, point défiants, de vrais enfants, elle se mit, par suite de son cœur de femme du peuple, à les protéger, à les adorer, à les servir avec un dévouement si véritable, qu'elle leur lâchait quelques semonces, et les défendait contre toutes les tromperies qui grossissent à Paris les dépenses de ménage. Pour vingt-cinq francs par mois, les deux garçons, sans préméditation et sans s'en douter, acquirent une mère. En s'apercevant de toute la valeur de madame Cibot, les deux musiciens lui avaient naïvement adressé des éloges, des remercîments, de petites étrennes qui resserrèrent les liens de cette alliance domestique. Madame Cibot aimait mille fois mieux être appréciée à sa valeur que payée ; sentiment qui, bien connu, bonifie toujours les gages. Cibot faisait à moitié prix les courses, les raccommodages, tout ce qui pouvait le concerner dans le service des deux messieurs de sa femme.

Enfin, dès la seconde année, il y eut, dans l'étreinte du deuxième étage et de la loge, un nouvel élément de mutuelle amitié. Schmucke conclut avec madame Cibot un marché qui satisfit à sa paresse et à son désir de vivre sans s'occuper de rien. Moyennant trente sous par jour ou quarante-cinq francs par mois, madame Cibot se chargea de donner à déjeuner et à dîner à Schmucke. Pons, trouvant le déjeuner de son ami très-satisfaisant, passa de même un marché de dix-huit francs pour son déjeuner. Ce système de fournitures, qui jeta quatre-vingt-dix francs environ par mois dans les recettes de la loge, fit des deux locataires des êtres inviolables, des anges, des chérubins, des dieux. Il est fort douteux que le roi des Français, qui s'y connaît, soit servi comme le furent alors les deux Casse-noisettes. Pour eux, le lait sortait pur de la boîte, ils lisaient gratuitement les journaux du premier et du troisième étage, dont les locataires se levaient tard et à qui l'on eût dit, au besoin, que les journaux n'étaient pas arrivés. Madame Cibot tenait d'ailleurs l'appartement, les habits, le palier, tout dans un état de propreté flamande. Schmucke jouissait, lui, d'un bonheur qu'il n'avait jamais espéré; madame Cibot lui rendait la vie facile; il donnait environ six francs par mois pour le blanchissage dont elle se chargeait, ainsi que des raccommodages. Il dépensait quinze francs de tabac par mois. Ces trois natures de dépenses formaient un total mensuel de soixante-six francs, lesquels, multipliés par douze, donnent sept cent quatre-vingt-douze francs. Joignez-y deux cent vingt francs de loyer et d'impositions, vous avez mille douze francs. Cibot habillait Schmucke, et la moyenne de cette dernière fourniture allait à cent cinquante francs. Ce profond philosophe vivait donc avec douze cents francs par an. Combien de gens, en Europe, dont l'unique pensée est de venir demeurer à Paris, seront agréablement surpris de savoir qu'on peut y être heureux avec douze cents francs de rente, rue de Normandie, au Marais, sous la protection d'une madame Cibot!

Madame Cibot fut stupéfaite en voyant rentrer le bonhomme Pons à cinq heures du soir. Non-seulement ce fait n'avait jamais eu lieu, mais encore *son monsieur* ne la vit pas, ne la salua point.

— Ah bien! Cibot, dit-elle à son mari, monsieur Pons est millionnaire ou fou!

— Ça m'en a l'air, répliqua Cibot en laissant tomber une manche d'habit où il faisait ce que, dans l'argot des tailleurs, on appelle *un poignard.*

Au moment où Pons rentrait machinalement chez lui, madame Cibot achevait le dîner de Schmucke. Ce dîner consistait en un certain ragoût, dont l'odeur se répandait dans toute la cour. C'était des restes de bœuf bouilli achetés chez un rôtisseur tant soit peu regrattier, et fricassés au beurre avec des oignons coupés en tranches minces, jusqu'à ce que le beurre fût absorbé par la viande et par les oignons, de manière à ce que ce mets de portier présentât l'aspect d'une friture. Ce plat, amoureusement concoctionné pour Cibot et Schmucke, entre qui la Cibot le partageait, accompagné d'une bouteille de bière et d'un morceau de fromage, suffisait au vieux maître de musique allemand. Et croyez bien que le roi Salomon, dans sa gloire, ne dînait pas mieux que Schmucke. Tantôt ce plat de bouilli fricassé aux oignons, tantôt des reliefs de poulet sauté, tantôt une persillade et du poisson à une sauce inventée par la Cibot, et à laquelle une mère aurait mangé son enfant sans s'en apercevoir, tantôt de la venaison, selon la qualité ou la quantité de ce que les restaurants du boulevard revendaient au rôtisseur de la rue Boucherat, tel était l'ordinaire de Schmucke, qui se contentait, sans mot dire, de tout ce que lui servait la *ponne montame Zipod.* Et, de jour en jour, la bonne madame Cibot avait diminué cet ordinaire jusqu'à pouvoir le faire pour la somme de vingt sous.

— Je vas savoir ce qui lui n'est arrivé, n'à ce pauvre cher homme, dit madame Cibot à son époux, car v'là le dîner de monsieur Schmucke tout paré.

Madame Cibot couvrit le plat de terre creux d'une assiette en porcelaine commune; puis elle arriva, malgré son âge, à l'appartement des deux amis, au moment où Schmucke ouvrait à Pons.

— *Qu'as-du, mon pon ami?* dit l'Allemand effrayé par le bouleversement de la physionomie de Pons.

— Je te dirai tout; mais je viens dîner avec toi...

— *Tinner! tinner!* s'écria Schmucke enchanté. *Mais c'esdre imbossiple!* ajouta-t-il en pensant aux habitudes gastrolâtriques de son ami.

Le vieil Allemand aperçut alors madame Cibot qui écoutait, selon son droit de femme de ménage légitime. Saisi par une de ces inspirations qui ne brillent que dans le cœur d'un ami véritable, il alla droit à la portière, et l'emmena sur le palier.

— *Montame Zipod, ce pon Bons aime les ponnes chosses, hâlez au Gatran Pleu, temandez ein bedid tinner vin : tes angeois, di magaroni! Anvin ein rebas de Liquillis!*

— Qu'est-ce que c'est ? demanda madame Cibot.

— *Eh pien!* reprit Schmucke, *c'esde ti feau à la pourchoise, eine pon boisson, cin poudeille te fin te Porieaux, dout ce qu'il y aura te meilleur en vriantise : gomme tes groguettes te risse ed ti lard vimé! Bayez! ne tittes rien, che fus rentrai tutte l'archand temain madin.*

Schmucke rentra d'un air joyeux en se frottant les mains; mais sa figure reprit graduellement une expression de stupéfaction, en

27.

entendant le récit des malheurs qui venaient de fondre en un moment sur le cœur de son ami. Schmucke essaya de consoler Pons, en lui dépeignant le monde à son point de vue. Paris était une tempête perpétuelle, les hommes et les femmes y étaient emportés par un mouvement de valse furieuse, et il ne fallait rien demander au monde, qui ne regarde qu'à l'extérieur, « *ed bas ad l'indérière,* » dit-il. Il raconta pour la centième fois que, d'année en année, les trois seules écolières qu'il eût aimées, par lesquelles il était chéri, pour lesquelles il donnerait sa vie, de qui même il tenait une petite pension de neuf cents francs, à laquelle chacune contribuait pour une part égale d'environ trois cents francs, avaient si bien oublié, d'année en année, de le venir voir, et se trouvaient emportées par le courant de la vie parisienne avec tant de violence, qu'il n'avait pas pu être reçu par elles depuis trois ans, quand il se présentait. (Il est vrai que Schmucke se présentait chez ces grandes dames à dix heures du matin.) Enfin, les quartiers de ses rentes étaient payés chez des notaires.

— *Ed cebentant, c'esde tes cueirs t'or,* reprit-il. *Anvin, c'esd mes bedides saindes Céciles, tes phames jarmantes, montame de Bordentuère, montame de Fentenesse, montame Ti Dilet. Quante che les fois, c'esd aus Jambs-Elusées, sans qu'elles me foient... ed elles m'aiment pien, et che pourrais aller tinner chesse elles, elles seraient bien gondentes. Che beusse aller à leur gambagne; mais je breffère te peaucoup edre afec mon hami Bons, barce que che le fois quant che feux, ed tus les churs.*

Pons prit la main de Schmucke, la mit entre ses mains, il la serra par un mouvement où l'âme se communiquait tout entière, et tous deux ils restèrent ainsi pendant quelques minutes, comme des amants qui se revoient après une longue absence.

— *Tinne izi, dus les churs !...* reprit Schmucke qui bénissait intérieurement la dureté de la présidente. *Diens! nus pricabraquerons ensemple, et le tiaple ne meddra chamais sa queu tan notre ménache.*

Pour l'intelligence de ce mot vraiment héroïque : *nous pricabraquerons ensemble !* il faut avouer que Schmucke était d'une ignorance crasse en Bric-à-braquologie. Il fallait toute la puissance de son amitié pour qu'il ne cassât rien dans le salon et dans le cabinet abandonnés à Pons pour lui servir de musée. Schmucke, ap-

partenant tout entier à la musique, compositeur pour lui-même, regardait toutes les petites bêtises de son ami, comme un poisson, qui aurait reçu un billet d'invitation, regarderait une exposition de fleurs au Luxembourg. Il respectait ces œuvres merveilleuses à cause du respect que Pons manifestait en époussetant son trésor. Il répondait : « *Ui! c'esde pien choli!* » aux admirations de son ami, comme une mère répond des phrases insignifiantes aux gestes d'un enfant qui ne parle pas encore. Depuis que les deux amis vivaient ensemble, Schmucke avait vu Pons changeant sept fois d'horloge en en troquant toujours une inférieure contre une plus belle. Pons possédait alors la plus magnifique horloge de Boule, une horloge en ébène incrustée de cuivres et garnie de sculptures, de la première manière de Boule. Boule a eu deux manières, comme Raphaël en a eu trois. Dans la première, il mariait le cuivre à l'ébène; et, dans la seconde, contre ses convictions il sacrifiait à l'écaille; il a fait des prodiges pour vaincre ses concurrents, inventeurs de la marqueterie en écaille. Malgré les savantes démonstrations de Pons, Schmucke n'apercevait pas la moindre différence entre la magnifique horloge de la première manière de Boule et les dix autres. Mais, à cause du bonheur de Pons, Schmucke avait plus de soin de tous ces *prinporions* que son ami n'en prenait lui-même. Il ne faut donc pas s'étonner que le mot sublime de Schmucke ait eu le pouvoir de calmer le désespoir de Pons, car le :
— *Nus pricapraquerons!* de l'Allemand voulait dire : — Je mettrai de l'argent dans le bric-à-brac, si tu veux dîner ici.

— Ces messieurs sont servis, vint dire avec un aplomb étonnant madame Cibot.

On comprendra facilement la surprise de Pons en voyant et savourant le dîner dû à l'amitié de Schmucke. Ces sortes de sensations, si rares dans la vie, ne viennent pas du dévouement continu par lequel deux hommes se disent perpétuellement l'un à l'autre : « Tu as en moi un autre toi-même » (car on s'y fait); non, elles sont causées par la comparaison de ces témoignages du bonheur de la vie intime avec les barbaries de la vie du monde. C'est le monde qui lie à nouveau, sans cesse, deux amis ou deux amants, lorsque deux grandes âmes se sont mariées par l'amour ou par l'amitié. Aussi Pons essuya-t-il deux grosses larmes! et Schmucke, de son côté, fut obligé d'essuyer ses yeux mouillés. Ils ne se dirent rien, mais ils s'aimèrent davantage, et ils se firent de petits signes de tête dont les expressions balsamiques pansèrent les douleurs du gravier introduit par la présidente dans le cœur de Pons. Schmucke se frottait les mains à s'emporter l'épiderme, car il avait conçu l'une de ces inventions qui n'étonnent un Allemand que lorsqu'elle est rapidement éclose dans son cerveau congelé par le respect dû aux princes souverains.

— *Mon pon Bons?* dit Schmucke.

— Je te devine, tu veux que nous dînions tous les jours ensemble...

— *Che fitrais edre assez ruche bir de vaire fifre tu les churs gomme ça...* répondit mélancoliquement le bon Allemand.

Madame Cibot, à qui Pons donnait de temps en temps des billets pour les spectacles du boulevard, ce qui le mettait dans son cœur à la même hauteur que son pensionnaire Schmucke, fit alors la proposition que voici : — Pardine, dit-elle, pour trois francs, sans le vin, je puis vous faire tous les jours, pour vous deux, n'un dîner n'à licher les plats, et les rendre nets comme s'ils étaient lavés.

— *Le vrai est,* répondit Schmucke, *que che tine mieix afec ce que me guisine montame Zipod que les chens qui mangent le vrigod di Roi...*

Dans son espérance, le respectueux Allemand alla jusqu'à imiter l'irrévérence des petits journaux, en calomniant le prix fixe de la table royale.

— Vraiment? dit Pons. Eh bien! j'essaierai demain!

En entendant cette promesse, Schmucke sauta d'un bout de la table à l'autre, en entraînant la nappe, les plats, les carafes, et saisit Pons par une étreinte comparable à celle d'un gaz s'emparant d'un autre gaz pour lequel il a de l'affinité.

— *Kel ponhire!* s'écria-t-il.

— Monsieur dînera tous les jours ici! dit orgueilleusement madame Cibot attendrie.

Sans connaître l'événement auquel elle devait l'accomplissement de son rêve, l'excellente madame Cibot descendit à sa loge et y entra comme Josépha entre en scène dans *Guillaume Tell*. Elle jeta les plats et les assiettes, et s'écria : — Cibot, cours chercher deux demi-tasses, au Café Turc! et dis au garçon de fourneau que c'est pour moi! Puis elle s'assit en se mettant les mains sur ses puissants genoux, et regardant par la fenêtre le mur qui faisait face à la maison, elle s'écria : — J'irai, ce soir, consulter madame Fontaine !... Madame Fontaine tirait les cartes à toutes les cuisinières, femmes de chambre, laquais, portiers, etc., du Marais. — Depuis que ces deux messieurs sont venus chez nous, nous avons deux mille francs de placés à la caisse d'épargne. En huit ans ! quelle chance ! Faut-il ne rien gagner au dîner de monsieur Pons, et l'attacher à son ménage ? La poule à mame Fontaine me dira cela.

En ne voyant pas d'héritiers, ni à Pons ni à Schmucke, depuis trois ans environ madame Cibot se flattait d'obtenir une ligne dans le testament de *ses messieurs*, et elle avait redoublé de zèle dans cette pensée cupide, poussée très-tard au milieu de ses moustaches, jusqu'alors pleines de probité. En allant dîner en ville tous les jours, Pons avait échappé jusqu'alors à l'asservissement complet dans lequel la portière voulait tenir *ses messieurs*. La vie nomade de ce vieux troubadour-collectionneur effarouchait les vagues idées de séduction qui voltigeaient dans la cervelle de madame Cibot et qui devinrent un plan formidable, à compter de ce mémorable dîner. Un quart d'heure après, madame Cibot reparut dans la salle à manger, armée de deux excellentes tasses de café que flanquaient deux petits verres de kirch-wasser.

— *Fife montame Zipod !* s'écria Schmucke, *elle m'a tefiné*.

Après quelques lamentations du pique-assiette que combattit Schmucke par les câlineries que le pigeon sédentaire dut trouver pour son pigeon voyageur, les deux amis sortirent ensemble. Schmucke ne voulut pas quitter son ami dans la situation où l'avait mis la conduite des maîtres et des gens de la maison Camusot. Il connaissait Pons et savait que des réflexions horriblement tristes pouvaient le saisir à l'orchestre sur son siége magistral et détruire le bon effet de sa rentrée au nid. Schmucke, en ramenant le soir, vers minuit, Pons au logis, le tenait sous le bras ; et comme un amant fait pour une maîtresse adorée, il indiquait à Pons les endroits où finissait, où recommençait le trottoir ; il l'avertissait quand un ruisseau se présentait ; il aurait voulu que les pavés fussent en coton, que le ciel fût bleu, que les anges fissent entendre à Pons la musique qu'ils lui jouaient. Il avait conquis la dernière province qui n'était pas à lui dans ce cœur !

Pendant trois mois environ, Pons dîna tous les jours avec Schmucke. D'abord il fut forcé de retrancher quatre-vingts francs par mois sur la somme de ses acquisitions, car il lui fallut trente-cinq francs de vin environ avec les quarante-cinq francs que le dîner coûtait. Puis, malgré les soins et les lazzis allemands de Schmucke, le vieil artiste regretta les plats soignés, les petits verres de liqueurs, le bon café, le babil, les politesses fausses, les convives et les médisances des maisons où il dînait. On ne rompt pas au déclin de la vie avec une habitude qui dure depuis trente-six ans. Une pièce de vin de cent trente francs verse un liquide peu généreux dans le verre d'un gourmet; aussi, chaque fois que Pons portait son verre à ses lèvres, se rappelait-il avec mille regrets poignants les vins exquis de ses amphitryons. Donc, au bout de trois mois, les atroces douleurs qui avaient failli briser le cœur délicat de Pons étaient amorties, il ne pensait plus qu'aux agréments de la société; de même qu'un vieux homme à femmes regrette une maîtresse quittée coupable de trop d'infidélités! Quoiqu'il essayât de cacher la mélancolie profonde qui le dévorait, le vieux musicien paraissait évidemment attaqué par une de ces inexplicables maladies, dont le siége est dans le moral. Pour expliquer cette nostalgie produite par une habitude brisée, il suffira d'indiquer un des mille riens qui, semblables aux mailles d'une cotte d'armes, enveloppent l'âme dans un réseau de fer. Un des plus vifs plaisirs de l'ancienne vie de Pons, un des bonheurs du pique-assiette d'ailleurs, était la *surprise*, l'impression gastronomique du plat extraordinaire, de la friandise ajoutée triomphalement dans les maisons bourgeoises par la maîtresse qui veut donner un air de festoiement à son dîner! Ce délice de l'estomac manquait à Pons, madame Cibot lui racontait le menu par orgueil. Le piquant périodique de la vie de Pons avait totalement disparu. Son dîner se passait sans l'inattendu de ce qui, jadis, dans les ménages de nos aïeux, se nommait le *plat couvert!* Voilà ce que Schmucke ne pouvait pas comprendre. Pons était trop délicat pour se plaindre, et s'il y a quelque chose de plus triste que le génie méconnu, c'est l'estomac incompris. Le cœur dont l'amour est rebuté, ce drame dont on abuse, repose sur un faux besoin; car si la créature nous délaisse, on peut aimer le créateur, il a des trésors à nous dispenser. Mais l'estomac!... Rien ne peut être comparé à ses souffrances; car, avant tout, la vie! Pons regrettait certaines crèmes, de vrais poëmes! certaines sauces blanches, des chefs-d'œuvre! certaines volailles truffées, des amours! et par-dessus tout les fameuses car-

pes du Rhin qui ne se trouvent qu'à Paris et avec quels condiments !
Par certains jours Pons s'écriait : — « O Sophie ! » en pensant à la
cuisinière du comte Popinot. Un passant, en entendant ce soupir,
aurait cru que le bonhomme pensait à une maîtresse, et il s'agissait de quelque chose de plus rare, d'une carpe grasse ! accompagnée d'une sauce, claire dans la saucière, épaisse sur la langue,
une sauce à mériter le prix Montyon ! Le souvenir de ces dîners
mangés fit donc considérablement maigrir le chef d'orchestre attaqué d'une nostalgie gastrique.

Dans le commencement du quatrième mois, vers la fin de janvier 1845, le jeune flûtiste, qui se nommait Wilhem comme presque tous les Allemands, et Schwab pour se distinguer de tous les
Wilhem, ce qui ne le distinguait pas de tous les Schwab, jugea
nécessaire d'éclairer Schmucke sur l'état du chef d'orchestre dont
on se préoccupait au théâtre. C'était le jour d'une première représentation où donnaient les instruments dont jouait le vieux maître
allemand.

— Le bonhomme Pons décline, il y a quelque chose dans son
sac qui sonne mal, l'œil est triste, le mouvement de son bras s'affaiblit, dit Wilhem Schwab en montrant le bonhomme qui montait
à son pupitre d'un air funèbre.

— *C'esdre gomme ça à soissande ans, tuchurs*, répondit
Schmucke.

Schmucke, semblable à cette mère des chroniques de la Canongate qui, pour jouir de son fils vingt-quatre heures de plus, le fait
fusiller, était capable de sacrifier Pons au plaisir de le voir dîner
tous les jours avec lui.

— Tout le monde au théâtre s'inquiète, et, comme le dit mademoiselle Héloïse Brisetout, notre première danseuse, il ne fait
presque plus de bruit en se mouchant.

Le vieux musicien paraissait donner du cor, quand il se mouchait,
tant son nez long et creux sonnait dans le foulard. Ce tapage était
la cause d'un des plus constants reproches de la présidente au cousin Pons.

— *Che tonnerais pien tes chausses pir l'amisser*, dit
Schmucke, *l'annui te cagne.*

— Ma foi, dit Wilhem Schwab, monsieur Pons me semble un
être si supérieur à nous autres pauvres diables, que je n'osais pas
l'inviter à ma noce. Je me marie...

— *Ed gommend ?* demanda Schmucke.

— Oh ! très-honnêtement, répondit Wilhem qui trouva dans la question bizarre de Schmucke une raillerie dont ce parfait chrétien était incapable.

— Allons, messieurs, à vos places ! dit Pons qui regarda dans l'orchestre sa petite armée après avoir entendu le coup de sonnette du directeur.

On exécuta l'ouverture de la Fiancée du Diable, une pièce féerie qui eut deux cents représentations. Au premier entr'acte, Wilhem et Schmucke se virent seuls dans l'orchestre désert. L'atmosphère de la salle comportait trente-deux degrés Réaumur.

— *Gondez-moi tonc fotre husdoire*, dit Schmucke à Wilhem.

— Tenez, voyez-vous à l'avant-scène, ce jeune homme ?... le reconnaissez-vous ?

— *Ti tud...*

— Ah ! parce qu'il a des gants jaunes, et qu'il brille de tous les rayons de l'opulence ; mais c'est mon ami, Fritz Brunner de Francfort-sur-Mein...

— *Celui qui fenaid foir les bièces à l'orguesdre, brès te fus ?*

— Le même. N'est-ce pas, que c'est à ne pas croire à une pareille métamorphose ?

Ce héros de l'histoire promise était un de ces Allemands dont la figure contient à la fois la raillerie sombre du Méphistophélès de Gœthe et la bonhomie des romans d'Auguste Lafontaine de pacifique mémoire ; la ruse et la naïveté, l'âpreté des comptoirs et le laissez-aller raisonné d'un membre du Jockey-Club ; mais surtout le dégoût qui met le pistolet à la main de Werther, beaucoup plus ennuyé des princes allemands que de Charlotte. C'était véritablement une figure typique de l'Allemagne : beaucoup de juiverie et beaucoup de simplicité, de la bêtise et du courage, un savoir qui produit l'ennui, une expérience que le moindre enfantillage rend inutile, l'abus de la bière et du tabac ; mais, pour relever toutes ces antithèses, une étincelle diabolique dans de beaux yeux bleus fatigués. Mis avec l'élégance d'un banquier, Fritz Brunner offrait aux regards de toute la salle une tête chauve d'une couleur titianesque, de chaque côté de laquelle se bouclaient les quelques cheveux d'un blond ardent que la débauche et la misère lui avaient laissés pour qu'il eût le droit de payer un coiffeur au jour de sa restauration financière. Sa figure, jadis belle et fraîche, comme celle du Jésus-Christ des peintres, avait pris des tons aigres que des moustaches rouges, une barbe fauve rendaient presque sinistres. Le bleu pur de ses yeux s'était troublé dans sa lutte avec le chagrin. Enfin les mille prostitutions de Paris avaient estompé les paupières et le tour de ses yeux, où jadis une mère regardait avec ivresse une divine réplique des siens. Ce philosophe prématuré, ce jeune vieillard était l'œuvre d'une marâtre.

Ici commence l'histoire curieuse d'un fils prodigue de Francfort-sur-Mein, le fait le plus extraordinaire et le plus bizarre qui soit jamais arrivé dans cette ville sage, quoique centrale.

Monsieur Gédéon Brunner, père de ce Fritz, un de ces célèbres aubergistes de Francfort-sur-Mein qui pratiquent, de complicité avec les banquiers, des incisions autorisées par les lois sur la bourse des touristes, honnête calviniste d'ailleurs, avait épousé une juive convertie, à la dot de laquelle il dut les éléments de sa fortune. Cette juive mourut, laissant son fils Fritz, à l'âge de douze ans, sous la tutelle du père et sous la surveillance d'un oncle maternel, marchand de fourrures à Leipsick, le chef de la maison Virlaz et compagnie. Brunner le père fut obligé, par cet oncle qui n'était pas aussi doux que ses fourrures, de placer la fortune du jeune Fritz en beaucoup de marcs banco dans la maison Al-Sartchild, et sans y toucher. Pour se venger de cette exigence israélite, le père Brunner se remaria, en alléguant l'impossibilité de tenir son immense auberge sans l'œil et le bras d'une femme. Il épousa la fille d'un autre aubergiste, dans laquelle il vit une perle; mais il n'avait pas expérimenté ce qu'était une fille unique, adulée par un père et une mère. La deuxième madame Brunner fut ce que sont les jeunes Allemandes, quand elles sont méchantes et légères. Elle dissipa sa fortune, et vengea la première madame Brunner en rendant son mari l'homme le plus malheureux dans son intérieur qui fût connu sur le territoire de la ville libre de Francfort-sur-Mein où, dit-on, les millionnaires vont faire rendre une loi municipale qui contraigne les femmes à les chérir exclusivement. Cette Allemande aimait les différents vinaigres que les Allemands appellent communément vins du Rhin. Elle aimait les articles-Paris. Elle aimait à monter à cheval. Elle aimait la parure. Enfin la seule chose coûteuse qu'elle n'aimât pas, c'était les femmes. Elle prit en aversion le petit Fritz, et l'aurait rendu fou, si ce jeune produit du calvinisme et du mosaïsme n'avait pas eu Francfort pour berceau, et la maison Virlaz de Leipsick pour tutelle; mais l'oncle Virlaz, tout à ses fourrures, ne veillait qu'aux marcs banco, il laissa l'enfant en proie à la marâtre.

Cette hyène était d'autant plus furieuse contre ce chérubin, fils de la belle madame Brunner, que, malgré des efforts dignes d'une locomotive, elle ne pouvait pas avoir d'enfant. Mue par une pensée diabolique, cette criminelle Allemande lança le jeune Fritz, à l'âge de vingt et un ans, dans des dissipations anti-germaniques. Elle espéra que le cheval anglais, le vinaigre du Rhin et les Marguerites de Gœthe dévoreraient l'enfant de la juive et sa fortune; car l'oncle Virlaz avait laissé un bel héritage à son petit Fritz au moment où celui-ci devint majeur. Mais si les roulettes des Eaux et les amis du Vin, au nombre desquels était Wilhem Schwab, achevèrent le capital Virlaz, le jeune enfant prodigue demeura pour servir, selon les vœux du Seigneur, d'exemple aux puînés de la ville de Francfort-sur-Mein, où toutes les familles l'emploient comme un épouvantail pour garder leurs enfants sages et effrayés dans leurs comptoirs de fer doublés de marcs banco. Au lieu de mourir à la fleur de l'âge, Fritz Brunner eut le plaisir de voir enterrer sa marâtre dans un de ces charmants cimetières où les Allemands, sous prétexte d'honorer leurs morts, se livrent à leur passion effrénée pour l'horticulture. La seconde madame Brunner mourut donc avant ses auteurs, le vieux Brunner en fut pour l'argent qu'elle avait extrait de ses coffres, et pour des peines telles, que cet aubergiste, d'une constitution herculéenne, se vit, à soixante-sept ans, diminué comme si le fameux poison des Borgia l'avait attaqué. Ne pas hériter de sa femme après l'avoir supportée pendant dix années, fit de cet aubergiste une autre ruine de Heidelberg, mais radoubée incessamment par les *Rechnungs* des voyageurs, comme on radoube celles de Heidelberg pour entretenir l'ardeur des touristes qui affluent pour voir cette belle ruine, si bien entretenue. On en causait à Francfort comme d'une faillite, on s'y montrait Brunner au doigt en se disant : — Voilà où peut nous mener une mauvaise femme de qui l'on n'hérite pas, et un fils élevé à la française.

En Italie et en Allemagne, les Français sont la raison de tous les malheurs, la cible de toutes les balles ; *mais le dieu poursuivant sa carrière...* (Le reste comme dans l'ode de Lefranc de Pompignan.)

La colère du propriétaire du grand hôtel de Hollande ne tomba pas seulement sur les voyageurs dont les mémoires (*Rechnung*) se ressentirent de son chagrin. Quand son fils fut totalement ruiné, Gédéon, le regardant comme la cause indirecte de tous ses malheurs, lui refusa le pain et l'eau, le sel, le feu, le logement et la pipe! ce qui, chez un père aubergiste et allemand, est le dernier degré de la malédiction paternelle. Les autorités du pays ne se rendant pas compte des premiers torts du père, et voyant en lui l'un des hommes les plus malheureux de Francfort-sur-Mein, lui vinrent en aide; ils expulsèrent Fritz du territoire de cette ville libre, en lui faisant une querelle d'Allemand. La justice n'est pas plus humaine ni plus sage à Francfort qu'ailleurs, quoique cette ville soit le siége de la Diète germanique. Rarement un magistrat remonte le fleuve des crimes et des infortunes pour savoir qui tenait l'urne d'où le premier filet d'eau s'épancha. Si Brunner oublia son fils, les amis du fils imitèrent l'aubergiste.

Ah! si cette histoire avait pu se jouer devant le trou du souffleur pour cette assemblée, au sein de laquelle les journalistes, les lions et quelques Parisiennes se demandaient d'où sortait la figure profondément tragique de cet Allemand surgi dans le Paris élégant en pleine première représentation, seul, dans une avant-scène, c'eût été bien plus beau que la pièce féerie de la FIANCÉE DU DIABLE, quoique ce fût la deux cent millième représentation de la sublime parabole jouée en Mésopotamie, trois mille ans avant Jésus-Christ.

Fritz alla de pied à Strasbourg, et il y rencontra ce que l'enfant prodigue de la Bible n'a pas trouvé dans la patrie de la Sainte-Écriture. En ceci se révèle la supériorité de l'Alsace, où battent tant de cœurs généreux pour montrer à l'Allemagne la beauté de la combinaison de l'esprit français et de la solidité germanique. Wilhem, depuis quelques jours héritier de ses père et mère, possédait cent mille francs. Il ouvrit ses bras à Fritz, il lui ouvrit son cœur, il lui ouvrit sa maison, il lui ouvrit sa bourse. Décrire le moment où Fritz, poudreux, malheureux et quasi-lépreux, rencontra, de l'autre côté du Rhin, une vraie pièce de vingt francs dans la main d'un véritable ami, ce serait vouloir entreprendre une ode, et Pindare seul pourrait la lancer en grec sur l'humanité pour y réchauffer l'amitié mourante. Mettez les noms de Fritz et Wilhem avec ceux de Damon et Pythias, de Castor et Pollux, d'Oreste et Pylade, de Dubreuil et Pmejà, de Schmucke et Pons, et de tous les noms de fantaisie que nous donnons aux deux amis du Monomotapa, car La Fontaine, en homme de génie qu'il était, en a fait des apparences sans corps, sans réalité ; joignez ces deux noms nouveaux à ces illustrations avec d'autant plus de raison que Wilhem mangea, de compagnie avec Fritz, son héritage, comme Fritz avait bu le sien avec Wilhem, mais en fumant, bien entendu, toutes les espèces de tabacs connus.

Les deux amis avalèrent cet héritage, chose étrange ! dans les brasseries de Strasbourg, de la manière la plus stupide, la plus vulgaire, avec des figurantes du théâtre de Strasbourg et des Alsaciennes qui, de leurs petits balais, n'avaient que le manche. Et ils se disaient tous les matins l'un à l'autre : — Il faut cependant nous arrêter, prendre un parti, faire quelque chose avec ce qui nous reste ! — Bah ! encore aujourd'hui, disait Fritz, mais demain… Oh ! demain… Dans la vie des dissipateurs, Aujourd'hui est un bien grand fat, mais Demain est un grand lâche qui s'effraie du courage de son prédécesseur ; Aujourd'hui, c'est le Capitan de l'ancienne comédie, et Demain, c'est le Pierrot de nos pantomimes. Arrivés à leur dernier billet de mille francs, les deux amis prirent une place aux messageries dites royales, qui les conduisirent à Paris, où ils se logèrent dans les combles de l'hôtel du Rhin, rue du Mail, chez Graff, un ancien premier garçon de Gédéon Brunner. Fritz entra commis à six cents francs chez les frères Keller, banquiers, où Graff le recommanda. Graff, maître de l'hôtel du Rhin, est le frère du fameux tailleur Graff. Le tailleur prit Wilhem en qualité de teneur de livres. Graff trouva ces deux places exiguës aux deux enfants prodigues, en souvenir de son apprentissage à l'hôtel de Hollande. Ces deux faits : un ami ruiné reconnu par un ami riche, et un aubergiste allemand s'intéressant à deux compatriotes sans le sou, feront croire à quelques personnes que cette histoire est un roman; mais toutes les choses vraies ressemblent d'autant plus à des fables, que la fable prend de notre temps des peines inouïes pour ressembler à la vérité.

Fritz, commis à six cents francs, Wilhem, teneur de livres aux mêmes appointements, s'aperçurent de la difficulté de vivre dans une ville aussi courtisane que Paris. Aussi, dès la deuxième année de leur séjour, en 1837, Wilhem, qui possédait un joli talent de flûtiste, entra-t-il dans l'orchestre dirigé par Pons, pour pouvoir mettre quelquefois du beurre sur son pain. Quant à Fritz, il ne put trouver un supplément de paye qu'en déployant la capacité financière d'un enfant issu des Virlaz. Malgré son assiduité, peut-être à cause de ses talents, le Francfourtois n'atteignit à deux mille francs qu'en 1843. La Misère, cette divine marâtre, fit pour ces deux jeunes gens ce que leurs mères n'avaient pu faire, elle leur apprit l'économie, le monde et la vie; elle leur donna cette grande, cette forte éducation qu'elle dispense à coups d'étrivières aux grands hommes, tous malheureux dans leur enfance. Fritz et Wilhem, étant des hommes assez ordinaires, n'écoutèrent point toutes les leçons de la Misère, ils se défendirent de ses atteintes, ils lui trouvèrent le sein dur, les bras décharnés, et ils n'en dégagèrent point cette bonne fée Urgèle qui cède aux caresses des gens de génie. Néanmoins ils apprirent toute la valeur de la fortune, et se promirent de lui couper les ailes, si jamais elle revenait à leur porte.

— Eh bien! papa Schmucke, tout va vous être expliqué en un mot, reprit Wilhem qui raconta longuement cette histoire en allemand au pianiste. Le père Brunner est mort. Il était, sans que son fils ni monsieur Graff, chez qui nous logeons, en sussent rien, l'un des fondateurs des chemins de fer badois, avec lesquels il a réalisé des bénéfices immenses, et il laisse quatre millions. Je joue ce soir de la flûte pour la dernière fois. Si ce n'était pas une première représentation, je m'en serais allé depuis quelques jours, mais je n'ai pas voulu faire manquer ma partie.

— *C'esdre pien, cheûne homme*, dit Schmucke. *Mais qui ébisez-fus?*

— La fille de monsieur Graff, notre hôte, le propriétaire de l'hôtel du Rhin. J'aime mademoiselle Émilie depuis sept ans, elle a lu tant de romans immoraux qu'elle a refusé tous les partis pour moi, sans savoir ce qui en adviendrait. Cette jeune personne sera très-riche, elle est l'unique héritière des Graff, les tailleurs de la rue de Richelieu. Fritz me donne cinq fois ce que nous avons mangé ensemble à Strasbourg, cinq cent mille francs!... Il met un million de francs dans une maison de banque, où monsieur Graff le tailleur place cinq cent mille francs aussi; le père de ma promise me permet d'y employer la dot, qui est de deux cent cinquante mille francs, et il nous commandite d'autant. La maison Brunner, Schwab et compagnie aura donc deux millions cinq cent mille francs de capital. Fritz vient d'acheter pour quinze cent mille francs d'actions de la banque de France, pour y garantir notre compte. Ce n'est pas toute la fortune de Fritz, il lui reste encore les maisons de son père à Francfort, qui sont estimées un million, et il a déjà loué le grand hôtel de Hollande à un cousin des Graff.

— *Fus recartez fodre hami drisdement*, répondit Schmucke qui avait écouté Wilhem avec attention ; *seriez-fus chaloux de lui ?*

— Je suis jaloux, mais c'est du bonheur de Fritz, dit Wilhem. Est-ce là le masque d'un homme satisfait ? J'ai peur de Paris pour lui ; je lui voudrais voir prendre le parti que je prends. L'ancien démon peut se réveiller en lui. De nos deux têtes, ce n'est pas la sienne où il est entré le plus de plomb. Cette toilette, cette lorgnette, tout cela m'inquiète. Il n'a regardé que les lorettes dans la salle. Ah ! si vous saviez comme il est difficile de marier Fritz ; il a en horreur ce qu'on appelle en France *faire la cour*, et il faudrait le lancer dans la famille, comme en Angleterre on lance un homme dans l'éternité.

Pendant le tumulte qui signale la fin de toutes les premières représentations, la flûte fit son invitation à son chef d'orchestre. Pons accepta joyeusement. Schmucke aperçut alors, pour la première fois depuis trois mois, un sourire sur la face de son ami ; il le ramena rue de Normandie dans un profond silence, car il reconnut à cet éclair de joie la profondeur du mal qui rongeait Pons. Qu'un homme vraiment noble, si désintéressé, si grand par le sentiment, eût de telles faiblesses !.... voilà ce qui stupéfiait le stoïcien Schmucke, qui devint horriblement triste, car il sentit la nécessité de renoncer à voir tous les jours son « *pon Bons* » à table devant lui ! dans l'intérêt du bonheur de Pons ; et il ne savait si ce sacrifice serait possible ; cette idée le rendait fou.

Le fier silence que gardait Pons, réfugié sur le mont Aventin de la rue de Normandie, avait nécessairement frappé la présidente, qui, délivrée de son parasite, s'en tourmentait peu ; elle pensait avec sa charmante fille que le cousin avait compris la plaisanterie de sa petite Lili ; mais il n'en fut pas ainsi du président. Le président Camusot de Marville, petit homme gros, devenu solennel depuis son avancement en la cour, admirait Cicéron, préférait l'Opéra-Comique aux Italiens, comparait les acteurs les uns aux autres, suivait la foule pas à pas, répétait comme de lui tous les articles du journal ministériel, et en opinant, il paraphrasait les idées du conseiller après lequel il parlait. Ce magistrat, suffisamment connu sur ses principaux traits de son caractère, obligé par sa position à tout prendre au sérieux, tenait surtout aux liens de famille. Comme la plupart des maris entièrement dominés par leurs femmes, le président affectait dans les petites choses une indépendance que respectait sa femme. Si pendant un mois le président se contenta des raisons banales que lui donna la présidente, relativement à la disparition de Pons, il finit par trouver singulier que le vieux musicien, un ami de quarante ans, ne vînt plus, précisément après avoir fait un présent aussi considérable que l'éventail de madame de Pompadour. Cet éventail, reconnu par le comte Popinot pour un chef-d'œuvre, valut à la présidente, et aux Tuileries, où l'on se passa ce bijou de main en main, des compliments qui flattèrent excessivement son amour-propre; on lui détailla les beautés des dix branches en ivoire dont chacune offrait des sculptures d'une finesse inouïe. Une dame russe (les Russes se croient toujours en Russie) offrit, chez le comte Popinot, six mille francs à la présidente de cet éventail extraordinaire, en souriant de le voir en de telles mains, car c'était, il faut l'avouer, un éventail de duchesse.

— On ne peut pas refuser à ce pauvre cousin, dit Cécile à son père le lendemain de cette offre, de se bien connaître à ces petites bêtises-là...

— Des petites bêtises! s'écria le président. Mais l'État va payer trois cent mille francs la collection de feu monsieur le conseiller Dusommerard, et dépenser, avec la ville de Paris par moitié, près d'un million en achetant et réparant l'hôtel Cluny pour loger ces petites bêtises-là. Ces petites bêtises-là, ma chère enfant, sont souvent les seuls témoignages qui nous restent de civilisations disparues. Un pot étrusque, un collier, qui valent quelquefois, l'un quarante, l'autre cinquante mille francs, sont des petites bêtises qui nous révèlent la perfection des arts au temps du siége de Troie, en nous démontrant que les Étrusques étaient des Troyens réfugiés en Italie.

Tel était le genre de plaisanterie du gros petit président, il procédait avec sa femme et sa fille par de lourdes ironies.

— La réunion des connaissances qu'exigent ces petites bêtises, Cécile, reprit-il, est une science qui s'appelle l'archéologie. L'archéologie comprend l'architecture, la sculpture, la peinture, l'orfévrerie, la céramique, l'ébénisterie, art tout moderne, les dentelles, les tapisseries, enfin toutes les créations du travail humain.

— Le cousin Pons est donc un savant? dit Cécile.

— Ah çà! pourquoi ne le voit-on plus? demanda le président de l'air d'un homme qui ressent une commotion produite par mille observations oubliées dont la réunion subite *fait balle*, pour employer une expression aux chasseurs.

— Il aura pris la mouche pour des riens, répondit la présidente. Je n'ai peut-être pas été sensible autant que je le devais au cadeau de cet éventail. Je suis, vous le savez, assez ignorante...

— Vous! une des plus fortes élèves de Servin, s'écria le président, vous ne connaissez pas Watteau?

— Je connais David, Gérard, Gros, et Girodet, et Guérin, et monsieur de Forbin, et monsieur Turpin de Crissé...

— Vous auriez dû...

— Qu'aurais-je dû, monsieur? demanda la présidente en regardant son mari d'un air de reine de Saba.

— Savoir ce qu'est Watteau, ma chère, il est très à la mode, répondit le président avec une humilité qui dénotait toutes les obligations qu'il avait à sa femme.

Cette conversation avait eu lieu quelques jours avant la première représentation de LA FIANCÉE DU DIABLE, où tout l'orchestre fut frappé de l'état maladif de Pons. Mais alors les gens habitués à voir Pons à leur table, à le prendre pour messager, s'étaient tous interrogés, et il s'était répandu dans le cercle où le bonhomme gravitait une inquiétude d'autant plus grande, que plusieurs personnes l'aperçurent à son poste au théâtre. Malgré le soin avec lequel Pons évitait dans ses promenades ses anciennes connaissances quand il en rencontrait, il se trouva nez à nez avec l'ancien ministre, le comte Popinot, chez Monistrol, un des illustres et audacieux marchands du nouveau boulevard Beaumarchais, dont parlait naguère Pons à la présidente, et dont le narquois enthousiasme fait renchérir de jour en jour les curiosités, qui, disent-ils, deviennent si rares qu'on n'en trouve plus.

— Mon cher Pons, pourquoi ne vous voit-on plus? Vous nous manquez beaucoup, et madame Popinot ne sait que penser de cet abandon.

— Monsieur le comte, répondit le bonhomme, on m'a fait comprendre dans une maison, chez un parent, qu'à mon âge on est de trop dans le monde. On ne m'a jamais reçu avec beaucoup d'égards, mais du moins on ne m'avait pas encore insulté. Je n'ai jamais demandé rien à personne, dit-il avec la fierté de l'artiste. En retour de quelques politesses, je me rendais souvent utile à ceux qui m'accueillaient; mais il paraît que je me suis trompé, je serais taillable et corvéable à merci pour l'honneur que je recevais en allant dîner chez mes amis, chez mes parents... Eh bien! j'ai donné ma démission de pique-assiette. Chez moi je trouve tous les jours ce qu'aucune table ne m'a offert, un véritable ami!

Ces paroles, empreintes de l'amertume que le vieil artiste avait encore la faculté d'y mettre par le geste et par l'accent, frappèrent tellement le pair de France, qu'il prit le digne musicien à part.

— Ah çà, mon vieil ami, que vous est-il arrivé? Ne pouvez-vous me confier ce qui vous a blessé? Vous me permettrez de vous faire observer que, chez moi, vous devez avoir trouvé des égards...

— Vous êtes la seule exception que je fasse, dit le bonhomme. D'ailleurs, vous êtes un grand seigneur, un homme d'État, et vos préoccupations excuseraient tout, au besoin.

Pons, soumis à l'adresse diplomatique conquise par Popinot dans le maniement des hommes et des affaires, finit par raconter ses infortunes chez le président de Marville. Popinot épousa si vivement les griefs de la victime, qu'il en parla chez lui tout aussitôt à madame Popinot, excellente et digne femme, qui fit des représentations à la présidente aussitôt qu'elle la rencontra. L'ancien ministre ayant, de son côté, dit quelques mots à ce sujet au président, il y eut une explication en famille chez les Camusot de Marville. Quoique Camusot ne fût pas tout à fait le maître chez lui, sa remontrance était trop fondée *en droit et en fait*, pour que sa femme et sa fille n'en reconnussent pas la vérité; toutes les deux, elles s'humilièrent et rejetèrent la faute sur les domestiques. Les gens, mandés et gourmandés, n'obtinrent leur pardon que par des aveux complets, qui démontrèrent au président combien le cousin Pons avait raison en restant chez soi. Comme les maîtres de maison dominés par leurs femmes, le président déploya toute sa majesté maritale et judiciaire, en déclarant à ses gens qu'ils seraient chassés, et qu'ils perdraient ainsi tous les avantages que leurs longs services pouvaient leur valoir chez lui, si, désormais, son cousin Pons et tous ceux qui lui faisaient l'honneur de venir chez lui n'étaient pas traités comme lui-même. Cette parole fit sourire Madeleine.

— Vous n'avez même, dit le président, qu'une chance de salut, c'est de désarmer mon cousin par des excuses. Allez lui dire que votre maintien ici dépend entièrement de lui, car je vous renvoie tous, s'il ne vous pardonne.

Le lendemain, le président partit d'assez bonne heure pour pouvoir faire une visite à son cousin avant l'audience. Ce fut un événement que l'apparition de monsieur le président de Marville annoncé par madame Cibot. Pons, qui recevait cet honneur pour la première fois de sa vie, pressentit une réparation.

— Mon cher cousin, dit le président après les compliments d'usage, j'ai fini par savoir la cause de votre retraite. Votre conduite augmente, si c'est possible, l'estime que j'ai pour vous. Je ne vous dirai qu'un mot à cet égard. Mes domestiques sont tous renvoyés. Ma femme et ma fille sont au désespoir; elles veulent vous voir, pour s'expliquer avec vous. En ceci, mon cousin, il y a un innocent, et c'est un vieux juge; ne me punissez donc pas pour l'escapade d'une petite fille étourdie qui voulait dîner chez les Popinot, surtout quand je viens vous demander la paix, en reconnaissant que tous les torts sont de notre côté... Une amitié de trente-six ans, en la supposant altérée, a bien encore quelques droits. Voyons?... signez la paix en venant dîner avec nous ce soir...

Pons s'embrouilla dans une diffuse réponse, et finit en faisant observer à son cousin qu'il assistait le soir aux fiançailles d'un musicien de son orchestre, qui jetait la flûte aux orties pour devenir banquier.

— Eh bien! demain.

— Mon cousin, madame la comtesse Popinot m'a fait l'honneur de m'inviter par une lettre d'une amabilité...

— Après-demain donc... reprit le président.

— Après-demain, l'associé de ma première flûte, un Allemand, un monsieur Brunner rend aux fiancés la politesse qu'il reçoit d'eux aujourd'hui...

— Vous êtes bien assez aimable pour qu'on se dispute ainsi le plaisir de vous recevoir, dit le président. Eh bien! dimanche prochain! à huitaine... comme on dit au Palais.

— Mais nous dînons chez un monsieur Graff, le beau-père de la flûte...

— Eh bien! à samedi! D'ici là, vous aurez eu le temps de rassurer une petite fille qui a déjà versé des larmes sur sa faute. Dieu ne demande que le repentir, serez-vous plus exigeant que le Père Éternel avec cette pauvre petite Cécile?...

Pons, pris par ses côtés faibles, se rejeta dans des formules plus que polies, et reconduisit le président jusque sur le palier. Une heure après, les gens du président arrivèrent chez le bonhomme Pons; ils se montrèrent ce que sont les domestiques, lâches et patelins : ils pleurèrent! Madeleine prit à part monsieur Pons, et se jeta résolument à ses pieds.

— C'est moi, monsieur, qui ai tout fait, et monsieur sait bien que je l'aime, dit-elle en fondant en larmes. C'est à la vengeance, qui me bouillait dans le sang, que monsieur doit s'en prendre de toute cette malheureuse affaire. Nous perdrons *nos viagers!...* Monsieur, j'étais folle, et je ne voudrais pas que mes camarades souffrissent de ma folie... Je vois bien, maintenant, que le sort ne m'a pas faite pour être à monsieur. Je me suis raisonnée, j'ai eu trop d'ambition, mais je vous aime toujours, monsieur. Pendant dix ans je n'ai pensé qu'au bonheur de faire le vôtre et de soigner tout ici. Quelle belle destinée!... Oh! si monsieur savait combien je l'aime! Mais monsieur a dû s'en apercevoir à toutes mes méchancetés. Si je mourais demain, qu'est-ce qu'on trouverait?... un testament en votre faveur, monsieur... oui, monsieur, dans ma malle, sous mes bijoux!

En faisant mouvoir cette corde, Madeleine livra le vieux garçon aux jouissances d'amour-propre que causera toujours une passion inspirée, quand même elle déplaît. Après avoir pardonné noblement à Madeleine, il reçut tout le monde à merci en disant qu'il parlerait à sa cousine la présidente pour obtenir que tous les gens restassent chez elle. Pons se vit avec un plaisir ineffable rétabli dans toutes ses jouissances habituelles, sans avoir commis de lâcheté. Le monde était venu vers lui, la dignité de son caractère allait y gagner; mais en expliquant son triomphe à son ami Schmucke, il eut la douleur de le voir triste, et plein de doutes inexprimés. Néanmoins, à l'aspect du changement subit qui eut lieu dans la physionomie de Pons, le bon Allemand finit par se réjouir en immolant le bonheur qu'il avait goûté de posséder pendant près de quatre mois son ami tout entier. Les maladies morales ont sur les maladies physiques un avantage immense, elles guérissent instantanément, par l'accomplissement du désir qui les cause, comme elles naissent par la privation ; Pons, dans cette matinée, ne fut plus le même homme. Le vieillard triste, moribond, fit place au Pons satisfait, qui naguère apportait à la présidente l'éventail de la marquise de Pompadour. Mais Schmucke tomba dans des rêveries profondes sur ce phénomène sans le comprendre, car le stoïcisme vrai ne s'expliquera jamais la courtisanerie française. Pons était un vrai Français de l'Empire, en qui la galanterie du dernier siècle s'unissait au dévouement pour la femme, tant célébré dans les romances de *Partant pour la Syrie,* etc. Schmucke enterra son chagrin dans son cœur sous les fleurs de sa philosophie allemande; mais en huit jours il devint jaune et madame Cibot usa d'artifices pour introduire le *médecin du quartier* auprès de Schmucke. Ce médecin craignit un *ictère*, et il laissa madame Cibot foudroyée par ce mot savant dont l'explication est *jaunisse!*

Pour la première fois peut-être, les deux amis allaient dîner ensemble en ville; mais, pour Schmucke, c'était faire une excursion en Allemagne. En effet, Johann Graff, le maître de l'hôtel du Rhin, et sa fille Émilie, Wolfgang Graff, le tailleur et sa femme, Fritz Brunner et Wilhem Schwab étaient Allemands. Pons et le notaire se trouvaient les seuls Français admis au banquet. Les tailleurs qui possédaient un magnifique hôtel situé rue de Richelieu, entre la rue Neuve-des-Petits-Champs et la rue Villedot, avaient élevé leur nièce, dont le père craignit avec raison le contact des gens de toute espèce qui viennent dans un hôtel. Ces dignes tailleurs, qui aimaient cette enfant comme si c'eût été leur fille, donnaient le rez-de-chaussée au jeune ménage. Là devait s'établir la maison de Banque Brunner, Schwab et compagnie. Comme ces arrangements dataient d'un mois environ, temps voulu pour recueillir l'héritage dévolu à Brunner, auteur de toute cette félicité, l'appartement des futurs époux avait été richement mis à neuf et meublé par le fameux tailleur. Les bureaux de la maison de Banque étaient ménagés dans l'aile qui réunissait une magnifique maison de produit bâtie sur la rue à l'ancien hôtel sis entre cour et jardin.

En allant de la rue de Normandie à la rue Richelieu, Pons obtint du distrait Schmucke les détails de cette nouvelle histoire de l'enfant prodigue, pour qui la Mort avait tué l'aubergiste gras. Pons, fraîchement réconcilié avec ses plus proches parents, fut aussitôt atteint du désir de marier Fritz Brunner avec Cécile de Marville. Le hasard voulut que le notaire des frères Graff fût précisément le gendre et le successeur de Cardot, ancien second premier clerc de l'Étude, chez qui dînait souvent Pons.

— Ah! c'est vous, monsieur Berthier, dit le vieux musicien en tendant la main à son ex-amphitryon.

— Et pourquoi ne nous faites-vous plus le plaisir de venir dîner chez nous? demanda le notaire. Ma femme était inquiète de vous. Nous vous avons vu à la première représentation de la FIANCÉE DU DIABLE, et notre inquiétude est devenue de la curiosité.

— Les vieillards sont susceptibles, répondit le bonhomme, ils ont le tort d'être d'un siècle en retard; mais qu'y faire?... c'est bien assez d'en représenter un, ils ne peuvent pas être de celui qui les voit mourir.

— Ah! dit le notaire d'un air fin, on ne court pas deux siècles à la fois.

— Ah çà! demanda le bonhomme en attirant le jeune notaire dans un coin, pourquoi ne mariez-vous pas ma cousine Cécile de Marville?...

— Ah! pourquoi... reprit le notaire. Dans ce siècle, où le luxe a pénétré jusque dans les loges de concierge, les jeunes gens hésitent à joindre leur sort à celui de la fille d'un président à la Cour royale de Paris, quand on ne lui constitue que cent mille francs de dot. On ne connaît pas encore de femme qui ne coûte à son mari que trois mille francs par an, dans la classe où sera placé le mari de mademoiselle de Marville. Les intérêts d'une semblable dot peuvent donc à peine solder les dépenses de toilette d'une future épouse. Un garçon, doué de quinze à vingt mille francs de rente, demeure dans un joli entre-sol, le monde ne lui demande aucun tapage, il peut n'avoir qu'un seul domestique, il applique tous ses revenus à ses plaisirs, il n'a d'autre décorum à garder que celui dont se charge son tailleur. Caressé par toutes les mères prévoyantes, il est un des rois de la fashion parisienne. Au contraire, une femme exige une maison montée, elle prend la voiture pour elle; si elle va au spectacle, elle veut une loge, là où le garçon ne payait que sa stalle; enfin elle devient toute la représentation de la fortune que le garçon représentait naguère à lui seul. Supposez aux époux trente mille francs de rente? dans le monde actuel, le garçon riche devient un pauvre diable qui regarde au prix d'une course à Chantilly. Introduisez des enfants?... la gêne se déclare. Comme monsieur et madame de Marville commencent à peine la cinquantaine, les *espé-*

rances ont quinze ou vingt ans d'échéance ; aucun garçon ne se soucie de les garder si long-temps en portefeuille ; et le calcul gangrène si bien le cœur des étourdis qui dansent la polka chez Mabille avec des lorettes, que tous les jeunes gens à marier étudient les deux faces de ce problème sans avoir besoin de nous pour le leur expliquer. Entre nous, mademoiselle de Marville laisse à ses *prétendus* le cœur assez tranquille pour que la tête soit à sa place, et ils se livrent tous à ces réflexions anti-matrimoniales. Si quelque jeune homme, jouissant de sa raison et de vingt mille francs de rente, se dessine *in petto* un programme d'alliance pour satisfaire à d'ambitieuses pensées, mademoiselle de Marville y répond fort peu...

— Et pourquoi ? demanda le musicien stupéfait.

— Ah !... répondit le notaire, aujourd'hui, presque tous ces garçons, fussent-ils laids comme nous deux, mon cher Pons, ont l'impertinence de vouloir une dot de six cent mille francs, des filles de grande maison, très-belles, très-spirituelles, très-bien élevées, sans tare, parfaites.

— Ma cousine se mariera donc difficilement ?

— Elle restera fille, tant que le père et la mère ne se décideront pas à lui donner Marville en dot ; et, s'ils l'avaient voulu, elle serait déjà la vicomtesse Popinot... Mais voici monsieur Brunner, nous allons lire l'acte de société de la maison Brunner et le contrat de mariage.

Une fois les présentations et les compliments faits, Pons, engagé par les parents à signer au contrat, entendit la lecture des actes, et, vers cinq heures et demie, on passa dans la salle à manger. Le dîner fut un de ces repas somptueux comme en donnent les négociants quand ils font trêve aux affaires, et qui d'ailleurs attestait les relations de Graff, le maître de l'hôtel du Rhin, avec les premiers fournisseurs de Paris. Jamais Pons ni Schmucke n'avaient connu pareille chère. Il y eut des *plats à ravir la pensée !...* des nouilles d'une délicatesse inédite, des éperlans d'une friture incomparable, un ferra de Genève à la vraie sauce génevoise, et une crème pour plum-pudding à étonner le fameux docteur qui l'a, dit-on, inventée à Londres. On sortit de table à dix heures du soir. Ce qui s'était bu de vin du Rhin et de vins français étonnerait des dandies, car on ne sait pas tout ce que les Allemands peuvent absorber de liquides en restant calmes et tranquilles. Il faut dîner en Allemagne et voir les bouteilles se succédant les unes aux autres comme le flot succède au flot sur une belle plage de la Méditerranée, et disparaissant comme si les Allemands avaient la puissance absorbante de l'éponge et du sable ; mais harmonieusement, sans le tapage français ; le discours reste sage comme l'improvisation d'un usurier, les visages rougissent comme ceux des fiancées peintes dans les fresques de Cornélius ou de Schnorr, c'est-à-dire imperceptiblement, et les souvenirs s'épanchent comme la fumée des pipes, avec lenteur.

Vers dix heures et demie, Pons et Schmucke se trouvèrent sur un banc dans le jardin, chacun à côté de l'ancienne flûte, sans trop savoir qui les avait amenés à s'expliquer leurs caractères, leurs opinions et leurs malheurs. Au milieu de ce pot-pourri de confidences, Wilhem parla de son désir de marier Fritz, mais avec une force, avec une éloquence vineuse.

— Que dites-vous de ce programme pour votre ami Brunner ? s'écria Pons à l'oreille de Wilhem : une jeune personne charmante, raisonnable, vingt-quatre ans, appartenant à une famille de la plus haute distinction, le père occupe une des places les plus élevées de la magistrature, il y a cent mille francs de dot, et des espérances pour un million.

— Attendez ! répondit Schwab, je vais en parler à l'instant à Fritz.

Et les deux musiciens virent Brunner et son ami tournant dans le jardin, passant et repassant sous leurs yeux, l'un écoutant l'autre alternativement. Pons, dont la tête était un peu lourde et qui, sans être absolument ivre, avait autant de légèreté dans les idées que de pesanteur dans leur enveloppe, observa Fritz Brunner à travers ce nuage diaphane que cause le vin, et voulut voir sur cette physionomie des aspirations vers le bonheur de la famille. Schwab présenta bientôt à monsieur Pons, son ami, son associé, lequel remercia beaucoup le vieillard de la peine qu'il daignait prendre. Une conversation s'engagea, dans laquelle Schmucke et Pons, ces deux célibataires, exaltèrent le mariage, et se permirent, sans y entendre malice, ce calembour : « que c'était la fin de l'homme. » Quand on servit des glaces, du thé, du punch et des gâteaux dans le futur appartement des futurs époux, l'hilarité fut au comble parmi ces estimables négociants, presque tous gris, en apprenant que le commanditaire de la maison de banque allait imiter son associé.

Schmucke et Pons à deux heures du matin, rentrèrent chez eux par les boulevards, en philosophant à perte de raison sur l'arrangement musical des choses en ce bas monde.

Le lendemain, Pons alla chez sa cousine la présidente, en proie à la joie profonde de rendre le bien pour le mal. Pauvre chère belle âme!... Certainement il atteignit au sublime, et tout le monde en conviendra, car nous sommes dans un siècle où l'on donne le prix Montyon à ceux qui font leur devoir, en suivant les préceptes de l'Évangile. — Ah ! ils auront d'immenses obligations à leur pique-assiette, se disait-il en tournant la rue de Choiseul.

Un homme moins absorbé que Pons dans son contentement, un homme du monde, un homme défiant eût observé la présidente et sa fille en revenant dans cette maison ; mais ce pauvre musicien était un enfant, un artiste plein de naïveté, ne croyant qu'au bien moral comme il croyait au beau dans les arts ; il fut enchanté des caresses que lui firent Cécile et la présidente. Ce bonhomme qui, depuis douze ans, voyait jouer le vaudeville, le drame et la comédie sous ses yeux, ne reconnut pas les grimaces de la comédie sociale sur lesquelles sans doute il était blasé. Ceux qui hantent le monde parisien et qui ont compris la sécheresse d'âme et de corps de la présidente, ardente seulement aux honneurs et enragée d'être vertueuse, sa fausse dévotion et la hauteur de caractère d'une femme habituée à commander chez elle, peuvent imaginer quelle haine cachée elle portait au cousin de son mari, depuis le tort qu'elle s'était donné. Toutes les démonstrations de la présidente et de sa fille furent donc doublées d'un formidable désir de vengeance, évidemment ajournée. Pour la première fois de sa vie, Amélie avait eu tort vis-à-vis du mari qu'elle régentait. Enfin, elle devait se montrer affectueuse pour l'auteur de sa défaite!... Il n'y a d'analogue à cette situation que certaines hypocrisies qui durent des années dans le sacré collége des cardinaux ou dans les chapitres des chefs d'ordres religieux. A trois heures, au moment où le président revint du Palais, Pons avait à peine fini de raconter les incidents merveilleux de sa connaissance avec monsieur Frédéric Brunner, et le repas de la veille qui n'avait fini que le matin, et tout ce qui concernait ledit Frédéric Brunner. Cécile était allée droit au fait, en s'enquérant de la manière dont s'habillait Frédéric Brunner, de la taille, de la tournure, de la couleur des cheveux et des yeux, et lorsqu'elle eut conjecturé que Frédéric avait l'air distingué, elle admira la générosité de son caractère.

— Donner cinq cent mille francs à son compagnon d'infortune ! oh ! maman, j'aurai voiture et loge aux Italiens.

Et Cécile devint presque jolie en pensant à la réalisation de toutes les prétentions de sa mère pour elle, et à l'accomplissement des espérances dont elle désespérait.

Quant à la présidente, elle dit ce seul mot : — Chère petite *fillette*, tu peux être mariée dans quinze jours.

Toutes les mères appellent leurs filles qui ont vingt-trois ans, des *fillettes !*

— Néanmoins, dit le président, encore faut-il le temps de prendre des renseignements, jamais je ne donnerai ma fille au premier venu...

— Quant aux renseignements, c'est chez Berthier que se sont faits les actes, répondit le vieil artiste. Quant au jeune homme, ma chère cousine, vous savez ce que vous m'avez dit ! Eh bien, il a quarante ans passés, la moitié de la tête est sans cheveux, il veut trouver dans la famille un port contre les orages, je ne l'en ai pas détourné; tous les goûts sont dans la nature...

— Raison de plus pour voir monsieur Frédéric Brunner, répliqua le président. Je ne veux pas donner ma fille à quelque valétudinaire.

— Eh bien ! ma cousine, vous allez juger de mon prétendu, dans cinq jours, si vous voulez; car, dans vos idées, une entrevue suffirait...

Cécile et la présidente firent un geste d'enchantement.

— Frédéric, qui est un amateur très-distingué, m'a prié de lui laisser voir en détail ma petite collection, reprit le cousin Pons. Vous n'avez jamais vu mes tableaux, mes curiosités, venez, dit-il à ses deux parentes, vous serez là comme des dames amenées par mon ami Schmucke, et vous ferez connaissance avec le futur, sans être compromises. Frédéric peut parfaitement ignorer qui vous êtes.

— A merveille ! s'écria le président.

On peut deviner les égards qui furent prodigués au parasite jadis dédaigné. Le pauvre homme fut, ce jour-là, le cousin de la présidente. L'heureuse mère, noyant sa haine dans les flots de sa joie, trouva des regards, des sourires, des paroles qui mirent le bonhomme en extase à cause du bien qu'il faisait, et à cause de l'avenir qu'il entrevoyait. Ne devait-il pas trouver dans les maisons

Brunner, Schwab, Graff, des dîners semblables à celui de la signature du contrat? Il apercevait une vie de cocagne et une suite merveilleuse de *plats couverts!* de surprises gastronomiques, de vins exquis!

— Si notre cousin Pons nous fait faire une pareille affaire, dit le président à sa femme quand Pons fut parti, nous devons lui constituer une rente équivalente à ses appointements de chef d'orchestre.

— Certainement, dit la présidente.

Cécile fut chargée, dans le cas où elle agréerait le jeune homme, de faire accepter cette ignoble munificence au vieux musicien.

Le lendemain, le président, désireux d'avoir des preuves authentiques de la fortune de monsieur Frédéric Brunner, alla chez le notaire. Berthier, prévenu par la présidente, avait fait venir son nouveau client, le banquier Schwab, l'ex-flûte. Ébloui d'une pareille alliance pour son ami (on sait combien les Allemands respectent les distinctions sociales! en Allemagne, une femme est madame la générale, madame la conseillère, madame l'avocate), Schwab fut coulant comme un collectionneur qui croit fourber un marchand.

— Avant tout, dit le père de Cécile à Schwab, comme je donnerai par contrat ma terre de Marville à ma fille, je désirerais la marier sous le régime dotal. Monsieur Brunner placerait alors un million en terres pour augmenter Marville, en constituant un immeuble dotal qui mettrait l'avenir de ma fille et celui de ses enfants à l'abri des chances de la Banque.

Berthier se caressa le menton en pensant : — Il va bien, monsieur le président.

Schwab, après s'être fait expliquer l'effet du régime dotal, se porta fort pour son ami. Cette clause accomplissait le vœu qu'il avait entendu former à Fritz de trouver une combinaison qui l'empêchât jamais de retomber dans la misère.

— Il se trouve en ce moment pour douze cent mille francs de fermes et d'herbages à vendre, dit le président.

— Un million en actions de la Banque suffira bien, dit Schwab, pour garantir le compte de notre maison à la Banque, Fritz ne veut pas mettre plus de deux millions dans les affaires, il fera ce que vous demandez, monsieur le président.

Le président rendit ses deux femmes presque folles en leur apprenant ces nouvelles. Jamais capture si riche ne s'était montrée si complaisante au filet conjugal.

— Tu seras madame Brunner de Marville, dit le père à sa fille, car j'obtiendrai pour ton mari la permission de joindre ce nom au sien, et plus tard il aura des lettres de naturalité. Si je deviens pair de France, il me succédera !

La présidente employa cinq jours à apprêter sa fille. Le jour de l'entrevue, elle habilla Cécile elle-même, elle l'équipa de ses mains avec le soin que l'amiral de la flotte bleue mit à armer le yacht de plaisance de la reine d'Angleterre quand elle partit pour son voyage d'Allemagne.

De leur côté, Pons et Schwab nettoyèrent, époussetèrent le musée de Pons, l'appartement, les meubles, avec l'agilité de matelots brossant un vaisseau d'amiral. Pas un grain de poussière dans les bois sculptés. Tous les cuivres reluisaient. Les glaces des pastels laissaient voir nettement les œuvres de Latour, de Greuze et de Liautard, l'illustre auteur de la Chocolatière, le miracle de cette peinture, hélas ! si passagère. L'inimitable émail des bronzes florentins chatoyait. Les vitraux coloriés resplendissaient de leurs fines couleurs. Tout brillait dans sa forme et jetait sa phrase à l'âme dans ce concert de chefs-d'œuvre organisé par deux musiciens aussi poëtes l'un que l'autre.

Assez habiles pour éviter les difficultés d'une entrée en scène, les femmes vinrent les premières, elles voulaient être sur leur terrain. Pons présenta son ami Schmucke à ses parentes, auxquelles il parut être un idiot. Occupées comme elles l'étaient d'un fiancé quatre fois millionnaire, les deux ignorantes prêtèrent une attention médiocre aux démonstrations artistiques du bonhomme Pons. Elles regardaient d'un œil indifférent les émaux de Petitot espacés dans les champs en velours rouge de trois cadres merveilleux. Les fleurs de Van Huysum, de David de Heim, les insectes d'Abraham Mignon, les Van Eyck, les Albert Durer, les vrais Cranach, le Giorgione, le Sébastien del Piombo, Backuysen, Hobbéma, Géricault, les raretés de la peinture, rien ne piquait leur curiosité, car elles attendaient le soleil qui devait éclairer ces richesses ; néanmoins, elles furent surprises de la beauté de quelques bijoux étrusques et de la valeur réelle des tabatières. Elles s'extasiaient par complaisance en tenant à la main des bronzes florentins, quand madame Cibot annonça monsieur Brunner ! Elles ne se retournèrent point et profitèrent d'une superbe glace de Venise encadrée dans de monstrueux morceaux d'ébène sculptés, pour examiner le phénix des prétendus.

Frédéric, prévenu par Wilhem, avait massé le peu de cheveux qui lui restait. Il portait un joli pantalon d'une nuance douce quoique sombre, un gilet de soie d'une élégance suprême et d'une coupe neuve, une chemise à points à jour d'une toile faite à la main par une Frisonne, une cravate bleue à filets blancs. La chaîne de sa montre sortait de chez Florent et Chanor, ainsi que la pomme de sa canne. Quant à l'habit, le père Graff l'avait taillé lui-même dans le plus beau drap. Des gants de Suède annonçaient l'homme qui avait déjà mangé la fortune de sa mère. On aurait deviné le petit coupé bas, à deux chevaux, du banquier en voyant miroiter ses bottes vernies, si l'oreille des deux commères n'en avait entendu déjà le roulement dans la rue de Normandie.

Quand le débauché de vingt ans est la chrysalide d'un banquier, il éclôt à quarante ans un observateur, d'autant plus fin, que Brunner avait compris tout le parti qu'un Allemand peut tirer de sa naïveté. Il eut, pour cette matinée, l'air rêveur d'un homme qui se trouve entre la vie de famille à prendre et les dissipations de la vie de garçon à continuer. Chez un Allemand francisé, cette physionomie parut à Cécile le superlatif du romanesque. Elle vit un Werther dans l'enfant des Virlaz. Quelle est la jeune fille qui ne se permet pas un petit roman dans l'histoire de son mariage? Cécile se regarda comme la plus heureuse des femmes, quand Brunner, à l'aspect des magnifiques œuvres collectionnées pendant quarante ans de patience, s'enthousiasma, les estima, pour la première fois, à leur valeur, à la grande satisfaction de Pons. — C'est un poëte! se dit mademoiselle de Marville, il voit là des millions. Un poëte est un homme qui ne compte pas, qui laisse sa femme maîtresse des capitaux, un homme facile à mener et qu'on occupe de niaiseries.

Chaque carreau des deux croisées de la chambre du bonhomme était un vitrail suisse colorié, dont le moindre valait mille francs, et il comptait seize de ces chefs-d'œuvre à la recherche desquels voyagent aujourd'hui les amateurs. En 1815, ces vitraux se vendaient entre six et dix francs. Le prix des soixante tableaux qui composaient cette divine collection, chefs-d'œuvre purs, sans un repeint, authentiques, ne pouvait être connu qu'à la chaleur des enchères. Autour de chaque tableau s'épanouissait un cadre d'une immense valeur, et l'on en voyait de toutes les façons : le cadre vénitien avec ses gros ornements semblables à ceux de la vaisselle actuelle des Anglais, le cadre romain si remarquable par ce que les artistes appellent le *fla-fla!* le cadre espagnol à rinceaux hardis, les cadres flamands et allemands avec leurs naïfs personnages, le cadre d'écaille incrusté d'étain, de cuivre, de nacre, d'ivoire; le cadre en ébène, le cadre en buis, le cadre en cuivre, le cadre Louis XIII, Louis XIV, Louis XV et Louis XVI, enfin une collection unique des plus beaux modèles. Pons, plus heureux que les conservateurs des Trésors de Dresde et de Vienne, possédait un cadre du fameux Brustolone, le Michel-Ange du bois.

Naturellement mademoiselle de Marville demanda des explications à chaque curiosité nouvelle. Elle se fit initier à la connaissance de ces merveilles par Brunner. Elle fut si naïve dans ses exclamations, elle parut si heureuse d'apprendre de Frédéric la valeur, la beauté d'une peinture, d'une sculpture, d'un bronze, que l'Allemand dégela : sa figure devint jeune. Enfin, de part et d'autre, on alla plus loin qu'on ne le voulait dans cette première rencontre, toujours due au hasard.

Cette séance dura trois heures. Brunner offrit la main à Cécile pour descendre l'escalier. En descendant les marches avec une sage lenteur, Cécile, qui causait toujours beaux-arts, fut étonnée de l'admiration de son prétendu pour les brimborions de son cousin Pons.

— Vous croyez donc que tout ce que nous venons de voir vaut beaucoup d'argent?

— Eh! mademoiselle, si monsieur votre cousin voulait me vendre sa collection, j'en donnerais ce soir huit cent mille francs, et je ne ferais pas une mauvaise affaire. Les soixante tableaux monteraient seuls à une somme plus forte en vente publique.

— Je le crois; puisque vous me le dites, répondit-elle, et il faut bien que cela soit, car c'est ce dont vous vous êtes le plus occupé.

— Oh! mademoiselle!... s'écria Brunner. Pour toute réponse à ce reproche, je vais demander à madame votre mère la permission de me présenter chez elle pour avoir le bonheur de vous revoir.

— Est-elle spirituelle, ma *fillette!* pensa la présidente qui marchait sur les talons de sa fille. — Ce sera avec le plus grand plaisir, monsieur, ajouta-t-elle à haute voix. J'espère que vous viendrez avec notre cousin Pons à l'heure du dîner; monsieur le président sera charmé de faire votre connaissance... — Merci, cousin. Elle pressa le bras de Pons d'une façon tellement significative, que la phrase sacramentelle : « C'est entre nous à la vie à la mort ! » n'eût pas été si forte. Elle embrassa Pons par l'œillade qui accompagna ce : « Merci, cousin. »

Après avoir mis la jeune personne en voiture, et quand le coupé de remise eut disparu dans la rue Charlot, Brunner parla bric-à-brac à Pons qui parlait mariage.

— Ainsi, vous ne voyez pas d'obstacle ?... dit Pons.

— Ah ! répliqua Brunner; la petite est insignifiante, la mère est un peu pincée... nous verrons.

— Une belle fortune à venir, fit observer Pons. Plus d'un million...

— À lundi ! répéta le millionnaire. Si vous vouliez vendre votre collection de tableaux, j'en donnerais bien cinq à six cent mille francs...

— Ah ! s'écria le bonhomme qui ne se savait pas si riche; mais je ne pourrais pas me séparer de ce qui fait mon bonheur... Je ne vendrais ma collection que livrable après ma mort.

— Eh bien ! nous verrons...

— Voilà deux affaires en train, dit le collectionneur qui ne pensait qu'au mariage.

Brunner salua Pons et disparut, emporté par son brillant équipage. Pons regarda fuir le petit coupé sans faire attention à Rémonencq qui fumait sa pipe sur le pas de la porte.

Le soir même, chez son beau-père que la présidente de Marville alla consulter, elle trouva la famille Popinot. Dans son désir de satisfaire une petite vengeance bien naturelle au cœur des mères, quand elles n'ont pas réussi à capturer un fils de famille, madame de Marville fit entendre que Cécile faisait un mariage superbe.

— Qui Cécile épouse-t-elle donc ? fut une demande qui courut sur toutes les lèvres. Et alors, sans croire trahir ses secrets, la présidente dit tant de petits mots, fit tant de confidences à l'oreille, confirmées par madame Berthier d'ailleurs, que voici ce qui se disait le lendemain dans l'empyrée bourgeois où Pons accomplissait ses évolutions gastronomiques.

Cécile de Marville se marie avec un jeune Allemand qui se fait banquier par humanité, car il est riche de quatre millions; c'est un héros de roman, un vrai Werther, charmant, un bon cœur, ayant fait ses folies, qui s'est épris de Cécile à en perdre la tête, c'est un amour à première vue, et d'autant plus sûr, que Cécile avait pour rivales toutes les madones peintes de Pons, etc. etc.

Le surlendemain, quelques personnes vinrent complimenter la présidente uniquement pour savoir si la dent d'or existait, et la présidente fit ces variations admirables que les mères pourront consulter, comme autrefois on consultait le *parfait secrétaire*.

— Un mariage n'est fait, disait-elle à madame Chiffreville, que quand on revient de la Mairie et de l'Église, et nous n'en sommes encore qu'à des entrevues; aussi compté-je assez sur votre amitié pour ne pas parler de nos espérances...

— Vous êtes bien heureuse, madame la présidente, les mariages se concluent aujourd'hui bien difficilement.

— Que voulez-vous? C'est un hasard; mais les mariages se font souvent ainsi.

— Eh bien! vous mariez donc Cécile? disait madame Cardot.

— Oui, répondait la présidente en comprenant la malice du *donc*. Nous étions exigeants, c'est ce qui retardait l'établissement de Cécile. Mais nous trouvons tout : fortune, amabilité, bon caractère, et un joli homme. Ma chère petite fille méritait bien cela d'ailleurs. Monsieur Brunner est un charmant garçon, plein de distinction; il aime le luxe, il connaît la vie, il est fou de Cécile, il l'aime sincèrement; et, malgré ses trois ou quatre millions, Cécile l'accepte... Nous n'avions pas de prétentions si élevées, mais... — Les avantages ne gâtent rien...

— Ce n'est pas tant la fortune que l'affection inspirée par ma fille qui nous décide, disait la présidente à madame Lebas. Monsieur Brunner est si pressé, qu'il veut que le mariage se fasse dans les délais légaux.

— C'est un étranger...

— Oui, madame; mais j'avoue que je suis bien heureuse. Non, ce n'est pas un gendre, c'est un fils que j'aurai. Monsieur Brunner est d'une délicatesse vraiment séduisante. On n'imagine pas l'empressement qu'il a mis à se marier sous le régime dotal... C'est une grande sécurité pour les familles. Il achète pour douze cent mille francs d'herbages qui seront réunis un jour à Marville.

Le lendemain, c'était d'autres variations sur le même thème. Ainsi, monsieur Brunner était un grand seigneur, faisant tout en grand seigneur ; il ne comptait pas ; et, si monsieur de Marville pouvait obtenir des lettres de grande naturalité (le ministère lui devait bien un petit bout de loi), le gendre deviendrait pair de France. On ne connaissait pas la fortune de monsieur Brunner, il avait *les plus beaux chevaux et les plus beaux équipages de Paris,* etc.

Le plaisir que les Camusot prenaient à publier leurs espérances, disait assez combien ce triomphe était inespéré.

Aussitôt après l'entrevue chez le cousin Pons, monsieur de Marville, poussé par sa femme, décida le ministre de la justice, son premier président et le procureur-général à dîner chez-lui le jour de la présentation du phénix des gendres. Les trois grands personnages acceptèrent, quoique invités à bref délai ; chacun d'eux comprit le rôle que leur faisait jouer le père de famille, et ils lui vinrent en aide avec plaisir. En France on porte assez volontiers secours aux mères de famille qui pêchent un gendre riche. Le comte et la comtesse Popinot se prêtèrent également à compléter le luxe de cette journée, quoique cette invitation leur parût être de mauvais goût. Il y eut en tout onze personnes. Le grand-père de Cécile, le vieux Camusot et sa femme ne pouvaient manquer à cette réunion, destinée par la position des convives à engager définitivement monsieur Brunner, annoncé, comme on l'a vu, comme un des plus riches capitalistes de l'Allemagne, un homme de goût (il aimait la *fillette*), le futur rival des Nucingen, des Keller, des du Tillet, etc.

— C'est notre jour, dit avec une simplicité fort étudiée la présidente à celui qu'elle regardait comme son gendre en lui nommant les convives, nous n'avons que des intimes. D'abord, le père de mon mari, qui, vous le savez, doit être promu pair de France ; puis monsieur le comte et la comtesse Popinot, dont le fils ne s'est pas trouvé assez riche pour Cécile, et nous n'en sommes pas moins bons amis, notre ministre de la justice, notre premier président, notre procureur-général, enfin nos amis... Nous serons obligés de dîner un peu tard, à cause de la Chambre où la séance ne finit jamais qu'à six heures.

Brunner regarda Pons d'une manière significative, et Pons se frotta les mains, en homme qui dit : — Voilà nos amis, mes amis !...

La présidente, en femme habile, eut quelque chose de particulier à dire à son cousin, afin de laisser Cécile un instant en tête-à-tête avec son Werther. Cécile bavarda considérablement, et s'arrangea pour que Frédéric aperçût un dictionnaire allemand, une grammaire allemande, un Goëthe qu'elle avait cachés.

— Ah! vous apprenez l'allemand? dit Brunner en rougissant. Il n'y a que les Françaises pour inventer ces sortes de trappes.

— Oh! dit-elle, êtes-vous méchant!... ce n'est pas bien, monsieur, de fouiller ainsi dans mes cachettes. Je veux lire Goëthe dans l'original, répondit-elle. Et il y a deux ans que j'apprends l'allemand.

— La grammaire est donc bien difficile à comprendre, car il n'y a pas dix feuillets de coupés... répondit naïvement Brunner.

Cécile, confuse, se retourna pour ne pas laisser voir sa rougeur. Un Allemand ne résiste pas à ces sortes de témoignages, il prit Cécile par la main, la ramena tout interdite sous son regard, et la regarda comme les fiancés se regardent dans les romans d'Auguste Lafontaine, de pudique mémoire.

— Vous êtes adorable! dit-il.

Celle-ci fit un geste mutin qui signifiait : — Et vous donc! qui ne vous aimerait? — Maman, ça va bien! dit-elle à l'oreille de sa mère qui revint avec Pons.

L'aspect d'une famille pendant une soirée pareille ne se décrit pas. Chacun était content de voir une mère qui mettait la main sur un bon parti pour sa fille. On félicitait par des mots à double entente ou à double détente, et Brunner qui feignait de ne rien comprendre, et Cécile qui comprenait tout, et le président qui quêtait des compliments. Tout le sang de Pons lui tinta dans les oreilles, il crut voir tous les becs de gaz de la rampe de son théâtre quand Cécile lui dit à voix basse avec les plus ingénieux ménagements l'intention de son père, relativement à une rente viagère de douze cents francs que le vieil artiste refusa positivement, en objectant la révélation que Brunner lui avait faite de sa fortune mobilière.

Le ministre, le premier président, le procureur général, les Popinot, tous les gens affairés s'en allèrent. Il ne resta bientôt plus que le vieux monsieur Camusot, et Cardot, l'ancien notaire, assisté de son gendre Berthier. Le bonhomme Pons, se voyant en famille, remercia fort maladroitement le président et la présidente de la proposition que Cécile venait de lui faire. Les gens de cœur sont ainsi, tout à leur premier mouvement. Brunner, qui vit dans cette rente offerte ainsi, comme une prime, fit sur lui-même un retour israélite, et prit une attitude qui dénotait la rêverie plus que froide du calculateur.

— Ma collection ou son prix appartiendra toujours à votre famille, que j'en traite avec notre ami Brunner ou que je la garde, disait Pons en apprenant à la famille étonnée qu'il possédait de si grandes valeurs.

Brunner observa le mouvement qui eut lieu chez tous ces ignorants, en faveur d'un homme qui passait d'un état taxé d'indigence à une fortune, comme il avait observé déjà les gâteries de la mère et du père pour leur Cécile, idole de la maison, et il se plut alors à exciter les surprises et les exclamations de ces dignes bourgeois.

— J'ai dit à mademoiselle que les tableaux de monsieur Pons valaient cette somme pour moi; mais au prix que les objets d'art uniques ont acquis, personne ne peut prévoir la valeur à laquelle cette collection atteindrait en vente publique. Les soixante tableaux monteraient à un million, j'en ai vu plusieurs de cinquante mille francs.

— Il fait bon être votre héritier, dit l'ancien notaire à Pons.

— Mais mon héritier, c'est ma cousine Cécile, répliqua le bonhomme en persistant dans sa parenté.

Un mouvement d'admiration se manifesta pour le vieux musicien.

— Ce sera une très-riche héritière, dit en riant Cardot qui partit.

On laissa Camusot le père, le président, la présidente, Cécile, Brunner, Berthier et Pons ensemble; car on présuma que la demande officielle de la main de Cécile allait se faire. En effet, lorsque ces personnes furent seules, Brunner commença par une demande, qui parut d'un bon augure aux parents.

— J'ai cru comprendre, dit Brunner en s'adressant à la présidente, que mademoiselle était fille unique...

— Certainement, répondit-elle avec orgueil.

— Vous n'aurez de difficultés avec personne, répondit le bonhomme Pons pour décider Brunner à formuler sa demande.

Brunner devint soucieux, et un fatal silence amena la froideur la plus étrange. Il semblait que la présidente eût avoué que sa *fillette* était épileptique. Le président, jugeant que sa fille ne devait pas être là, lui fit un signe que Cécile comprit, elle sortit. Brunner resta muet. On se regarda. La situation devint gênante. Le vieux Camusot, homme d'expérience, emmena l'Allemand dans la chambre de la présidente, sous prétexte de lui montrer l'éventail trouvé par Pons, en devinant qu'il surgissait quelques difficultés, et il demanda par un geste à son fils, à sa belle-fille et à Pons de le laisser avec le futur.

— Voilà ce chef-d'œuvre! dit le vieux marchand de soieries en montrant l'éventail.

— Cela vaut cinq mille francs, répondit Brunner après l'avoir contemplé.

— N'étiez-vous pas venu, monsieur, reprit le futur pair de France, pour demander la main de ma petite-fille?

— Oui, monsieur, dit Brunner, et je vous prie de croire qu'aucune alliance ne peut être plus flatteuse pour moi que celle-là. Je ne trouverai jamais une jeune personne plus belle, plus aimable, qui me convienne mieux que mademoiselle Cécile ; mais...

— Ah! pas de mais, dit le vieux Camusot, ou voyons sur-le-champ la traduction de vos mais, mon cher monsieur...

— Monsieur! reprit gravement Brunner, je suis bien heureux que nous ne soyons engagés ni les uns ni les autres, car la qualité de fille unique, si précieuse pour tout le monde, excepté pour moi, qualité que j'ignorais, croyez-moi, est un empêchement absolu...

— Comment, monsieur, dit le vieillard stupéfait, d'un avantage immense, vous en faites un tort? Votre conduite est vraiment extraordinaire, et je voudrais bien en connaître les raisons.

— Monsieur, reprit l'Allemand avec flegme, je suis venu ce soir ici avec l'intention de demander, à monsieur le président, la main de sa fille. Je voulais faire un sort brillant à mademoiselle Cécile en lui offrant tout ce qu'elle eût consenti à accepter de ma fortune; mais une fille unique est un enfant que l'indulgence de ses parents habitue à faire ses volontés, et qui n'a jamais connu la contrariété. Il en est ici comme dans plusieurs familles, où j'ai pu jadis observer le culte qu'on avait pour ces espèces de divinités : non-seulement votre petite-fille est l'idole de la maison, mais encore madame la présidente y porte les... vous savez quoi! Monsieur, j'ai vu le ménage de mon père devenir par cette cause, un enfer. Ma marâtre, cause de tous mes malheurs, fille unique, adorée, la plus charmante des fiancées, est devenue un diable incarné. Je ne doute pas que mademoiselle Cécile ne soit une exception à mon système; mais je ne suis plus un jeune homme, j'ai quarante ans, et la différence de nos âges entraîne des difficultés qui ne me permettent pas de rendre heureuse une jeune personne habituée à voir faire à madame la présidente toutes ses volontés, et que madame la présidente écoute comme un oracle. De quel droit exigerais-je le changement des idées et des habitudes de mademoiselle Cécile ? Au lieu d'un père et d'une mère complaisants à ses moindres caprices, elle rencontrera l'égoïsme d'un quadragénaire ; si elle résiste, c'est le quadragénaire qui sera vaincu. J'agis donc en honnête homme, je me retire. D'ailleurs, je désire être entièrement sacrifié, s'il est toutefois nécessaire d'expliquer pourquoi je n'ai fait qu'une visite ici...

— Si tels sont vos motifs, monsieur, dit le futur pair de France, quelque singuliers qu'ils soient, ils sont plausibles...

— Monsieur, ne mettez pas en doute ma sincérité, reprit vivement Brunner en l'interrompant. Si vous connaissez une pauvre fille dans une famille chargée d'enfants, bien élevée néanmoins, sans fortune, comme il s'en trouve beaucoup en France, et que son caractère m'offre des garanties, je l'épouse.

Pendant le silence qui suivit cette déclaration, Frédéric Brunner quitta le grand-père de Cécile, revint saluer poliment le président et la présidente, et se retira. Vivant commentaire du salut de son Werther, Cécile se montra pâle comme une moribonde, elle avait tout écouté, cachée dans la garde-robe de sa mère.

— Refusée !... dit-elle à l'oreille de sa mère.

— Et pourquoi ? demanda la présidente à son beau-père embarrassé.

— Sous le joli prétexte que les filles uniques sont des enfants gâtés, répondit le vieillard. Et il n'a pas tout à fait tort, ajouta-t-il en saisissant cette occasion de blâmer sa belle-fille, qui l'ennuyait fort depuis vingt ans.

— Ma fille en mourra ! vous l'aurez tuée !... dit la présidente à Pons en retenant sa fille qui trouva joli de justifier ces paroles en se laissant aller dans les bras de sa mère.

Le président et sa femme traînèrent Cécile dans un fauteuil, où elle acheva de s'évanouir. Le grand-père sonna les domestiques.

— J'aperçois la trame ourdie par monsieur, dit la mère furieuse en désignant le pauvre Pons.

Pons se dressa comme s'il avait entendu retentir à ses oreilles la trompette du jugement dernier.

— Monsieur, reprit la présidente dont les yeux furent comme deux fontaines de bile verte, monsieur a voulu répondre à une innocente plaisanterie par une injure. A qui fera-t-on croire que cet Allemand soit dans son bon sens? Ou il est complice d'une atroce vengeance, ou il est fou. J'espère, monsieur Pons, qu'à l'avenir vous nous épargnerez le déplaisir de vous voir dans une maison où vous avez essayé de porter la honte et le déshonneur.

Pons, devenu statue, tenait les yeux sur une rosace du tapis et tournait ses pouces.

— Eh bien ! vous êtes encore là, monstre d'ingratitude !... s'écria la présidente en se retournant. Nous n'y serons jamais, monsieur ni moi, si jamais monsieur se présentait ! dit-elle aux domestiques en leur montrant Pons. Allez chercher le docteur, Jean. Et vous, Madeleine, de l'eau de corne de cerf !

Pour la présidente, les raisons alléguées par Brunner n'étaient que le prétexte sous lequel il s'en cachait d'inconnues; mais la rupture du mariage n'en devenait que plus certaine. Avec cette rapidité de pensée qui distingue les femmes dans les grandes circonstances, madame de Marville avait trouvé la seule manière de réparer cet échec en attribuant à Pons une vengeance préméditée. Cette conception infernale par rapport à Pons, satisfaisait à l'honneur de la famille. Fidèle à sa haine contre Pons, elle avait fait d'un simple soupçon de femme, une vérité. En général, les femmes ont une foi particulière, une morale à elles, elles croient à la réalité de tout ce qui sert leurs intérêts et leurs passions. La présidente alla bien plus loin, elle persuada pendant toute la soirée au président sa propre croyance, et le magistrat fut convaincu le lendemain de la culpabilité de son cousin. Tout le monde trouvera la conduite de la présidente horrible ; mais en pareille circonstance, chaque mère imitera madame Camusot, elle aimera mieux sacrifier l'honneur d'un étranger que celui de sa fille. Les moyens changeront, le but sera le même.

Le musicien descendit avec rapidité l'escalier ; mais il marcha d'un pas lent par les boulevards, jusqu'au théâtre où il entra machinalement; il se mit à son pupitre machinalement et dirigea machinalement l'orchestre. Durant les entr'actes, il répondit si vaguement à Schmucke, que Schmucke dissimula ses inquiétudes, il pensa que Pons était devenu fou. Chez une nature aussi enfantine que celle de Pons, la scène qui venait de se passer prenait les proportions d'une catastrophe... Réveiller une effroyable haine, là où il avait voulu donner le bonheur, c'était un renversement total d'existence. Il avait enfin reconnu dans les yeux, dans le geste, dans la voix de la présidente, une inimitié mortelle.

Le lendemain, madame Camusot de Marville prit un grand parti, d'ailleurs exigé par la circonstance et auquel le président souscrivit. On résolut de donner en dot à Cécile la terre de Marville, l'hôtel de la rue de Hanovre et cent mille francs. Dans la matinée, la présidente alla voir la comtesse Popinot, en comprenant qu'il fallait répondre à un pareil échec par un mariage tout fait. Elle raconta la vengeance épouvantable et l'affreuse mystification préparées par Pons. Tout parut croyable quand on apprit que le prétexte de cette rupture était la condition de fille unique. Enfin, la présidente fit reluire avec art l'avantage de se nommer Popinot de Marville et l'énormité de la dot. Au prix où sont les biens en Normandie, à deux pour cent, cet immeuble représentait environ neuf cent mille francs, et l'hôtel de la rue de Hanovre était estimé deux cent cinquante mille francs. Aucune famille raisonnable ne pouvait refuser une pareille alliance; aussi le comte Popinot et sa femme l'acceptèrent-ils; puis, en gens intéressés à l'honneur de la famille dans laquelle ils entraient, ils promirent leur concours pour expliquer la catastrophe arrivée la veille.

Or, chez le même vieux Camusot, grand-père de Cécile, devant les mêmes personnes qui s'y trouvaient quelques jours auparavant et auxquelles la présidente avait chanté ses litanies-Brunner, cette même présidente, à qui chacun craignait de parler, alla bravement au-devant des explications.

— Vraiment aujourd'hui, disait-elle, on ne saurait prendre trop de précautions quand il s'agit de mariage, et surtout quand on a affaire à des étrangers.

— Et pourquoi, madame?

— Que vous est-il arrivé? demanda madame Chiffreville.

— Vous ne connaissez pas notre aventure avec ce Brunner, qui avait l'audace d'aspirer à la main de Cécile?... C'est le fils d'un cabaretier allemand, le neveu d'un marchand de peaux de lapins.

— Est-ce possible? Vous, si sagace!... dit une dame.

— Ces aventuriers sont si fins! Mais nous avons tout su par Berthier. Cet Allemand a pour ami un pauvre diable qui joue de la flûte! Il est lié avec un homme qui tient un garni, rue du Mail, avec des tailleurs... Nous avons appris qu'il a mené la vie la plus crapuleuse, et aucune fortune ne peut suffire à un drôle qui a déjà mangé celle de sa mère...

— Mais mademoiselle votre fille eû été bien malheureuse!... dit madame Berthier.

— Et comment vous a-t-il été présenté? demanda la vieille madame Lebas.

— C'est une vengeance de monsieur Pons; il nous a présenté ce beau monsieur-là pour nous livrer au ridicule... Ce Brunner, ça veut dire Fontaine (on nous le donnait pour un grand seigneur), est d'une assez triste santé, chauve, les dents gâtées; aussi m'a-t-il suffi de le voir une fois pour me défier de lui.

— Mais cette grande fortune dont vous me parliez? demanda timidement une jeune femme.

— La fortune n'est pas aussi considérable qu'on le dit. Les tailleurs, le maître d'hôtel et lui, tous ont gratté leurs caisses pour faire une maison de Banque... Aujourd'hui, qu'est-ce que la Banque, quand on la commence? c'est la licence de se ruiner. Une femme qui se couche millionnaire peut se réveiller réduite à ses *propres*. Du premier mot, à première vue, nous avons eu notre opinion faite sur ce monsieur qui ne sait rien de nos usages. On voit à ses gants, à son gilet, que c'est un ouvrier, le fils d'un gargotier allemand, sans noblesse dans les sentiments, un buveur de bière, et qui fume!... ah! madame! vingt-cinq pipes par jour. Quel eût été le sort de ma pauvre Lili?... J'en frémis encore. Dieu nous a sauvées! Cécile n'aimait d'ailleurs pas ce monsieur... Pouvions-nous attendre une pareille mystification d'un parent, d'un habitué de notre maison, qui dîne chez nous deux fois par semaine depuis vingt ans! que nous avons couvert de bienfaits, et qui jouait si bien la comédie qu'il a nommé Cécile son héritière devant le garde des sceaux, le procureur général, le premier président... Ce Brunner et monsieur Pons s'entendaient pour s'attribuer l'un à l'autre des millions!... Non, je vous l'assure, vous toutes, mesdames, vous eussiez été prises à cette mystification d'artiste!

En quelques semaines, les familles réunies des Popinot, des Camusot et leurs adhérents avaient remporté dans le monde un triomphe facile, car personne n'y prit la défense du misérable Pons, du parasite, du sournois, de l'avare, du faux bonhomme enseveli sous le mépris, regardé comme une vipère réchauffée au sein des familles, comme un homme d'une méchanceté rare, un saltimbanque dangereux qu'on devait oublier.

Un mois environ après le refus du faux Werther, le pauvre Pons, sorti pour la première fois de son lit où il était resté en proie à une fièvre nerveuse, se promenait le long des boulevards, au soleil, appuyé sur le bras de Schmucke. Au boulevard du Temple, personne ne riait plus des deux Casse-noisettes, à l'aspect de la destruction de l'un et de la touchante sollicitude de l'autre pour son ami convalescent. Arrivés sur le boulevard Poissonnière, Pons avait repris des couleurs, en respirant cette atmosphère des boulevards, où l'air a tant de puissance ; car, là où la foule abonde, le fluide est si vital, qu'à Rome on a remarqué le manque de *mala aria* dans l'infect Getto où pullulent les Juifs. Peut-être aussi l'aspect de ce qu'il se plaisait jadis à voir tous les jours, le grand spectacle de Paris, agissait-il sur le malade. En face du théâtre des Variétés, Pons laissa Schmucke, car ils allaient côte à côte ; mais le convalescent quittait de temps en temps son ami pour examiner les nouveautés fraîchement exposées dans les boutiques. Il se trouva nez à nez avec le comte Popinot, qu'il aborda de la façon la plus respectueuse, l'ancien ministre étant un des hommes que Pons estimait et vénérait le plus.

— Ah ! monsieur, répondit sévèrement le pair de France, je ne comprends pas que vous ayez assez peu de tact pour saluer une personne alliée à la famille où vous avez tenté d'imprimer la honte et le ridicule par une vengeance comme les artistes savent en inventer... Apprenez, monsieur, qu'à dater d'aujourd'hui nous devons être complétement étrangers l'un à l'autre. Madame la comtesse Popinot partage l'indignation que votre conduite chez les Marville a inspirée à toute la société.

L'ancien ministre passa, laissant Pons foudroyé. Jamais les passions, ni la justice, ni la politique, jamais les grandes puissances sociales ne consultent l'état de l'être sur qui elles frappent. L'homme d'État, pressé par l'intérêt de famille d'écraser Pons, ne s'aperçut point de la faiblesse physique de ce redoutable ennemi.

— *Qu'as-du, mon baufre ami?* s'écria Schmucke en devenant aussi pâle que Pons.

— Je viens de recevoir un nouveau coup de poignard dans le cœur, répondit le bonhomme en s'appuyant sur le bras de Schmucke. Je crois qu'il n'y a que le bon Dieu qui ait le droit de faire le bien, voilà pourquoi tous ceux qui se mêlent de sa besogne en sont si cruellement punis.

Ce sarcasme d'artiste fut un suprême effort de cette excellente créature qui voulut dissiper l'effroi peint sur la figure de son ami.

— *Che le grois*, répondit simplement Schmucke.

Ce fut inexplicable pour Pons, à qui ni les Camusot ni les Popinot n'avaient envoyé de billet de faire part du mariage de Cécile. Sur le boulevard des Italiens, Pons vit venir à lui monsieur Cardot. Pons, averti par l'allocution du pair de France, se garda bien d'arrêter ce personnage, chez qui, l'année dernière, il dînait une fois tous les quinze jours, il se contenta de le saluer ; mais le maire, le député de Paris, regarda Pons d'un air indigné sans lui rendre son salut.

— Va donc lui demander ce qu'ils ont tous contre moi, dit le bonhomme à Schmucke qui connaissait dans tous ses détails la catastrophe survenue à Pons.

— *Monsir,* dit finement Schmucke à Cardot, *mónc hâmi Bons relèfe d'eine malatie, et fu ne l'afez sans tude bas regonni.*

— Parfaitement.

— *Mais qu'afez fus tonc à lu rebroger ?*

— Vous avez pour ami un monstre d'ingratitude, un homme qui, s'il vit encore, c'est que, comme dit le proverbe : La mauvaise herbe croît en dépit de tout. Le monde a bien raison de se défier des artistes, ils sont malins et méchants comme des singes. Votre ami a essayé de déshonorer sa propre famille, de perdre de réputation une jeune fille pour se venger d'une innocente plaisanterie, je ne veux plus avoir la moindre relation avec lui ; je tâcherai d'oublier que je l'ai connu, qu'il existe. Ces sentiments, monsieur, sont ceux de toutes les personnes de ma famille, de la sienne, et des gens qui faisaient au sieur Pons l'honneur de le recevoir...

— *Mais, monsir, fus ètes cin home rézonaple ; ed, si fus le bermeddez, che fais fus egsbliguer l'avaire...*

— Restez, si vous en avez le cœur, son ami, libre à vous, monsieur, répliqua Cardot ; mais n'allez pas plus avant, car je crois devoir vous prévenir que j'envelopperai dans la même réprobation ceux qui tenteraient de l'excuser, de le défendre.

— *Te le chisdivier ?*

— Oui, car sa conduite est injustifiable, comme elle est inqualifiable.

Sur ce bon mot, le député de la Seine continua son chemin sans vouloir entendre une syllabe de plus.

— J'ai déjà les deux pouvoirs de l'État contre moi, dit en souriant le pauvre Pons quand Schmucke eut fini de lui redire ces sauvages imprécations.

— *Doud esd gondre nus,* répliqua douloureusement Schmucke.

Hâtons nus-en, bir ne ba rengondrer t'audres pèdes.

C'était la première fois de sa vie, vraiment ovine, que Schmucke proférait de telles paroles. Jamais sa mansuétude quasi-divine n'avait été troublée, il eût souri naïvement à tous les malheurs qui seraient venus à lui; mais voir maltraiter son sublime Pons, cet Aristide inconnu, ce génie résigné, cette âme sans fiel, ce trésor de bonté, cet or pur!... il éprouvait l'indignation d'Alceste, et il appelait les amphitryons de Pons, des *bêtes!* Chez cette paisible nature, ce mouvement équivalait à toutes les fureurs de Roland. Dans une sage prévision, Schmucke fit retourner Pons vers le boulevard du Temple; et Pons se laissa conduire, car le malade était dans la situation de ces lutteurs qui ne comptent plus les coups. Le hasard voulut que rien ne manquât en ce monde contre le pauvre musicien. L'avalanche qui roulait sur lui devait tout contenir : la chambre des pairs, la chambre des députés, la famille, les étrangers, les forts, les faibles, les innocents!

Sur le boulevard Poissonnière, en revenant chez lui, Pons vit venir la fille de ce même monsieur Cardot, une jeune femme qui avait assez éprouvé de malheurs pour être indulgente. Coupable d'une faute tenue secrète, elle s'était faite l'esclave de son mari. De toutes les maîtresses de maison où il dînait, madame Berthier était la seule que Pons nommât de son petit nom; il lui disait : — « Félicie! » et il croyait parfois être compris par elle. Cette douce créature parut contrariée de rencontrer le cousin Pons; car, malgré l'absence de toute parenté avec la famille de la seconde femme de son cousin le vieux Camusot, il était traité de cousin; mais, ne pouvant l'éviter, Félicie Berthier s'arrêta devant le moribond.

— Je ne vous croyais pas méchant, mon cousin; mais si, de tout ce que j'entends dire de vous, le quart seulement est vrai, vous êtes un homme bien faux... Oh! ne vous justifiez pas! ajouta-t-elle vivement en voyant faire à Pons un geste, c'est inutile par deux raisons : la première, c'est que je n'ai le droit d'accuser, ni de juger, ni de condamner personne, sachant par moi-même que ceux qui paraissent avoir le plus de torts peuvent offrir des excuses; la seconde, c'est que vos raisons ne serviraient à rien. Monsieur Berthier, qui a fait le contrat de mademoiselle Marville et du vicomte Popinot, est tellement irrité contre vous que, s'il apprenait que je vous ai dit un seul mot, que je vous ai parlé pour la dernière fois, il me gronderait. Tout le monde est contre vous.

— Je le vois bien, madame ! répondit d'une voix émue le pauvre musicien qui salua respectueusement la femme du notaire.

Et il reprit péniblement le chemin de la rue de Normandie en s'appuyant sur le bras de Schmucke avec une pesanteur qui trahit au vieil Allemand une défaillance physique courageusement combattue. Cette troisième rencontre fut comme le verdict prononcé par l'agneau qui repose aux pieds de Dieu, le courroux de cet ange des pauvres, le symbole des Peuples, est le dernier mot du ciel. Les deux amis arrivèrent chez eux sans avoir échangé une parole. En certaines circonstances de la vie, on ne peut que sentir son ami près de soi. La consolation parlée aigrit la plaie, elle en révèle la profondeur. Le vieux pianiste avait, comme vous le voyez, le génie de l'amitié, la délicatesse de ceux qui, ayant beaucoup souffert, savent les coutumes de la souffrance.

Cette promenade devait être la dernière du bonhomme Pons. Le malade tomba d'une maladie dans une autre. D'un tempérament sanguin-bilieux, la bile passa dans le sang, il fut pris par une violente hépatite. Ces deux maladies successives étant les seules de sa vie, il ne connaissait point de médecin ; et, dans une pensée toujours excellente d'abord, maternelle même, la sensible et dévouée Cibot amena le médecin du quartier. A Paris, dans chaque quartier, il existe un médecin dont le nom et la demeure ne sont connus que de la classe inférieure, des petits bourgeois, des portiers, et qu'on nomme conséquemment le médecin du quartier. Ce médecin, qui fait les accouchements et qui saigne, est en médecine ce qu'est dans les *Petites-Affiches* le *domestique pour tout faire*. Obligé d'être bon pour les pauvres, assez expert à cause de sa longue pratique, il est généralement aimé. Le docteur Poulain, amené chez ce malade par madame Cibot, et reconnu par Schmucke, écouta, sans y faire attention, les doléances du vieux musicien, qui, pendant toute la nuit, s'était gratté la peau devenue tout à fait insensible. L'état des yeux, cerclés de jaune, s'accordait avec ce symptôme.

— Vous avez eu, depuis deux jours, quelque violent chagrin, dit le docteur à son malade.

— Hélas ! oui, répondit Pons.

— Vous avez la maladie que monsieur a failli avoir, dit-il en montrant Schmucke, la jaunisse ; mais ce ne sera rien, ajouta le docteur Poulain en écrivant une ordonnance.

Malgré ce dernier mot si consolant, le docteur avait jeté sur le malade un de ces regards hippocratiques, où la sentence de mort, quoique cachée sous une commisération de costume, est toujours devinée par des yeux intéressés à savoir la vérité. Aussi Madame Cibot, qui plongea dans les yeux du docteur un coup d'œil d'espion, ne se méprit-elle pas à l'accent de la phrase médicale ni à la physionomie hypocrite du docteur Poulain, et elle le suivit à sa sortie.

— Croyez-vous que ce ne sera rien? dit madame Cibot au docteur sur le palier.

— Ma chère madame Cibot, votre monsieur est un homme mort, non par suite de l'invasion de la bile dans le sang, mais à cause de sa faiblesse morale. Avec beaucoup de soins, cependant, votre malade peut encore s'en tirer; il faudrait le sortir d'ici, l'emmener voyager...

— Et avec quoi?... dit la portière. Il n'a pour tout potage que sa place, et son ami vit de quelques petites rentes que lui font de grandes dames auxquelles il aurait, à l'entendre, rendu des services, des dames très-charitables. C'est deux enfants que je soigne depuis neuf ans.

— Je passe ma vie à voir des gens qui meurent, non pas de leurs maladies, mais de cette grande et incurable blessure, le manque d'argent. Dans combien de mansardes ne suis-je pas obligé, loin de faire payer ma visite, de laisser cent sous sur la cheminée!...

— Pauvre cher monsieur Poulain... dit madame Cibot. Ah! si vous n'aviez les cent mille livres de rente que possèdent certains *grigous* du quartier, qui sont de vrais *décharnés* des enfers (déchaînés), vous seriez le représentant du bon Dieu sur la terre.

Le médecin parvenu, par l'estime de messieurs les concierges de son Arrondissement, à se faire une petite clientèle qui suffisait à peine à ses besoins, leva les yeux au ciel et remercia madame Cibot par une moue digne de Tartuffe.

— Vous dites donc, mon cher monsieur Poulain, qu'avec beaucoup de soins, notre cher malade en reviendrait?

— Oui, s'il n'est pas trop attaqué dans son moral par le chagrin qu'il a éprouvé.

— Pauvre homme! qui donc a pu le chagriner? C'est n'un brave homme qui n'a son pareil sur terre que dans son ami, monsieur

Schmucke!... Je vais savoir de quoi n'il retourne! Et c'est moi qui me charge de savonner ceux qui m'ont *sangé* mon monsieur...

— Écoutez, ma chère madame Cibot, dit le médecin qui se trouvait alors sur le pas de la porte cochère, un des principaux caractères de la maladie de votre monsieur, c'est une impatience constante à propos de rien, et, comme il n'est pas vraisemblable qu'il puisse prendre une garde, c'est vous qui le soignerez. Ainsi...

— *Ch'est-i de mochieur Ponche que vouche parlez ?* demanda le marchand de ferraille qui fumait une pipe.

Et il se leva de dessus la borne de la porte pour se mêler à la conversation de la portière et du concierge.

— Oui, papa Rémonencq ! répondit madame Cibot à l'Auvergnat.

— *Eh bienne! il est plus richeu que moucheu Monichtrolle, et que les cheigneurs de la curiochité... Cheu me connaîche achez dedans l'artique pour vous direu que le cher homme a deche trégeors!*

— Tiens, j'ai cru que vous vous moquiez de moi l'autre jour, quand je vous ai montré toutes ces antiquailles-là pendant que mes messieurs étaient sortis, dit madame Cibot à Rémonencq.

A Paris, où les pavés ont des oreilles, où les portes ont une langue, où les barreaux des fenêtres ont des yeux, rien n'est plus dangereux que de causer devant les portes cochères. Les derniers mots qu'on se dit là, et qui sont à la conversation ce qu'un postscriptum est à une lettre, contiennent des indiscrétions aussi dangereuses pour ceux qui les laissent écouter que pour ceux qui les recueillent. Un seul exemple pourra suffire à corroborer celui que présente cette histoire.

Un jour, l'un des premiers coiffeurs du temps de l'Empire, époque à laquelle les hommes soignaient beaucoup leurs cheveux, sortait d'une maison où il venait de coiffer une jolie femme, et où il avait la pratique de tous les riches locataires. Parmi ceux-ci florissait un vieux garçon armé d'une gouvernante qui détestait les héritiers de son Monsieur. Le ci-devant jeune homme, gravement malade, venait de subir une consultation des plus fameux médecins qui ne s'appelaient pas encore *les princes* de la science. Sortis par hasard en même temps que le coiffeur, les médecins, en se disant adieu sur le pas de la porte cochère, parlaient, la science et la vérité sur la main, comme ils se parlent entre eux quand la farce de la consultation est jouée. — C'est un homme mort, dit le docteur Haudry. — Il n'a pas un mois à vivre..... répondit Desplein, à moins d'un miracle. Le coiffeur entendit ces paroles. Comme tous les coiffeurs, il entretenait des intelligences avec les domestiques. Poussé par une cupidité monstrueuse, il remonte aussitôt chez le ci-devant jeune homme, et il promet à la servante-maîtresse une assez belle prime si elle peut décider son maître à placer une grande partie de sa fortune en viager. Dans la fortune du vieux garçon moribond, âgé d'ailleurs de cinquante-six années, qui devaient compter doubles à cause de ses campagnes amoureuses, il se trouvait une magnifique maison sise rue Richelieu, valant alors deux cent cinquante mille francs. Cette maison, objet de la convoitise du coiffeur, lui fut vendue moyennant une rente viagère de trente mille francs. Ceci se passait en 1806. Ce coiffeur retiré, septuagénaire aujourd'hui, paye encore la rente en 1846. Comme le ci-devant jeune homme a quatre-vingt-seize ans, est en enfance, et qu'il a épousé sa madame Évrard, il peut aller encore fort loin. Le coiffeur ayant donné quelque trente mille francs à la bonne, l'immeuble lui coûte plus d'un million; mais la maison vaut aujourd'hui près de huit à neuf cent mille francs.

A l'imitation de ce coiffeur, l'Auvergnat avait écouté les derniers mots dits par Brunner à Pons sur le pas de sa porte, le jour de l'entrevue du fiancé-phénix avec Cécile; il avait donc désiré pénétrer dans le musée de Pons. Rémonencq, qui vivait en bonne intelligence avec les Cibot, fut bientôt introduit dans l'appartement des deux amis en leur absence. Rémonencq, ébloui de tant de richesses, vit *un coup à monter*, ce qui veut dire dans l'argot des marchands une fortune à voler, et il y songeait depuis cinq à six jours.

— *Che badine chi peu*, répondit-il à madame Cibot et au docteur Poulain, *que nous caugerons de la choge, et que chi ce braveu mocheu veutte une renteu viachère de chinquante mille francs, che vous paille un pagnier de vin du paysse chi vous me...*

— Y pensez-vous? dit le médecin à Rémonencq, cinquante mille francs de rente viagère!... Mais si le bonhomme est si riche, soigné par moi, gardé par madame Cibot, il peut guérir alors.... car les maladies de foie sont les inconvénients des tempéraments très-forts...

— *Ai-che dite chinquante? Maiche un mocheu, là, de-*

chus le passe de voustre porte, lui a proupouché chet chent mille francs, et cheulement des tabelausse, fouchtra!

En entendant cette déclaration de Rémonencq, madame Cibot regarda le docteur Poulain d'un air étrange, le diable alluma un feu sinistre dans ses yeux couleur orange.

— Allons! n'écoutons pas de pareilles fariboles, reprit le médecin assez heureux de savoir que son client pouvait payer toutes les visites qu'il allait faire.

— *Moncheu le doucteurre, chi ma chère madame Chibot, puiche que le moncheux est au litte, veutte me laicher amenar mon ecchepert, che chuis chûre de trouver l'archant, en deuche heures, quand il s'achirait de chet chent milé franques...*

— Bien, mon ami! répondit le docteur. Allons, madame Cibot, ayez soin de ne jamais contrarier le malade; il faut vous armer de patience, car tout l'irritera, le fatiguera, même vos attentions pour lui; attendez-vous à ce qu'il ne trouve rien de bien...

— Il sera joliment difficile, dit la portière.

— Voyons, écoutez-moi bien, reprit le médecin avec autorité. La vie de monsieur Pons est entre les mains de ceux qui le soigneront; aussi viendrai-je le voir peut-être deux fois, tous les jours. Je commencerai ma tournée par lui...

Le médecin avait soudain passé de l'insouciance profonde où il était sur le sort de ses malades pauvres, à la sollicitude la plus tendre, en reconnaissant la possibilité de cette fortune, d'après le sérieux du spéculateur.

— Il sera soigné comme un roi, répondit madame Cibot avec un factice enthousiasme.

La portière attendit que le médecin eût tourné la rue Charlot avant de reprendre la conversation avec Rémonencq. Le ferrailleur achevait sa pipe, le dos appuyé au chambranle de la porte de sa boutique. Il n'avait pas pris cette position sans dessein, il voulait voir venir à lui la portière.

Cette boutique, jadis occupée par un café, était restée telle que l'Auvergnat l'avait trouvée en la prenant à bail. On lisait encore : CAFÉ DE NORMANDIE, sur le tableau long qui couronne les vitrages de toutes les boutiques modernes. L'Auvergnat avait fait peindre, gratis sans doute, au pinceau et avec une couleur noire par quelque apprenti peintre en bâtiment, dans l'espace qui restait sous CAFÉ

DE NORMANDIE, ces mots : *Rémonencq, ferrailleur, achète les marchandises d'occasion*. Naturellement, les glaces, les tables, les tabourets, les étagères, tout le mobilier du café de Normandie avait été vendu. Rémonencq avait loué, moyennant six cents francs, la boutique toute nue, l'arrière-boutique, la cuisine et une seule chambre en entresol, où couchait autrefois le premier garçon, car l'appartement dépendant du café de Normandie fut compris dans une autre location. Du luxe primitif déployé par le limonadier, il ne restait qu'un papier vert-clair uni dans la boutique, et les fortes barres de fer de la devanture avec leurs boulons.

Venu là, en 1831, après la révolution de juillet, Rémonencq commença par étaler des sonnettes cassées, des plats fêlés, des ferrailles, de vieilles balances, des poids anciens repoussés par la loi sur les nouvelles mesures que l'État seul n'exécute pas, car il laisse dans la monnaie publique les pièces d'un et de deux sous qui datent du règne de Louis XVI. Puis cet Auvergnat, de la force de cinq Auvergnats, acheta des batteries de cuisine, des vieux cadres, des vieux cuivres, des porcelaines écornées. Insensiblement, à force de s'emplir et de se vider, la boutique ressembla aux farces de Nicolet, la nature des marchandises s'améliora. Le ferrailleur suivit cette prodigieuse et sûre martingale, dont les effets se manifestent aux yeux des flâneurs assez philosophes pour étudier la progression croissante des valeurs qui garnissent ces intelligentes boutiques. Au fer-blanc, aux quinquets, aux tessons succèdent des cadres et des cuivres. Puis viennent les porcelaines. Bientôt la boutique, un moment changée en *Crouteum*, passe au muséum. Enfin, un jour, le vitrage poudreux s'est éclairci, l'intérieur est restauré, l'Auvergnat quitte le velours et les vestes, il porte des redingotes! on l'aperçoit comme un dragon gardant son trésor; il est entouré de chefs-d'œuvre, il est devenu fin connaisseur, il a décuplé ses capitaux et ne se laisse plus prendre à aucune ruse, il sait les tours du métier. Le monstre est là, comme une vieille au milieu de vingt jeunes filles qu'elle offre au public. La beauté, les miracles de l'art sont indifférents à cet homme à la fois fin et grossier qui calcule ses bénéfices et rudoie les ignorants. Devenu comédien, il joue l'attachement à ses toiles, à ses marqueteries, ou il feint la gêne, ou il suppose des prix d'acquisition, il offre de montrer des bordereaux de vente. C'est un Protée, il est dans la même heure Jocrisse, Janot, queue rouge, ou Mondor, ou Harpagon, ou Nicodème.

Dès la troisième année, on vit chez Rémonencq d'assez belles pendules, des armures, de vieux tableaux ; et il faisait, pendant ses absences, garder sa boutique par une grosse femme fort laide, sa sœur venue du pays à pied, sur sa demande. La Rémonencq, espèce d'idiote au regard vague et vêtue comme une idole japonaise, ne cédait pas un centime sur les prix que son frère indiquait ; elle vaquait d'ailleurs aux soins du ménage, et résolvait le problème en apparence insoluble de vivre des brouillards de la Seine. Rémonencq et sa sœur se nourrissaient de pain et de harengs, d'épluchures, de restes de légumes ramassés dans les tas d'ordures que les restaurateurs laissent au coin de leurs bornes. A eux deux, ils ne dépensaient pas, le pain compris, douze sous par jour, et la Rémonencq cousait ou filait de manière à les gagner.

Ce commencement du négoce de Rémonencq, venu pour être commissionnaire à Paris, et qui, de 1825 à 1831, fit les commissions des marchands de curiosités du boulevard Beaumarchais et des chaudronniers de la rue de Lappe, est l'histoire normale de beaucoup de marchands de curiosités. Les Juifs, les Normands, les Auvergnats et les Savoyards, ces quatre races d'hommes ont les mêmes instincts, ils font fortune par les mêmes moyens. Ne rien dépenser, gagner de légers bénéfices, et cumuler intérêts et bénéfices, telle est leur Charte. Et cette Charte est une vérité.

En ce moment, Rémonencq, réconcilié avec son ancien bourgeois Monistrol, en affaires avec de gros marchands, allait *chiner* (le mot technique) dans la banlieue de Paris qui, vous le savez, comporte un rayon de quarante lieues. Après quatorze ans de pratique, il était à la tête d'une fortune de soixante mille francs, et d'une boutique bien garnie. Sans casuel, rue de Normandie où la modicité du loyer le retenait, il vendait ses marchandises aux marchands, en se contentant d'un bénéfice modéré. Toutes ses affaires se traitaient en patois d'Auvergne, dit *Charabia*. Cet homme caressait un rêve ! Il souhaitait d'aller s'établir sur les boulevards. Il voulait devenir un riche marchand de curiosités, et traiter un jour directement avec les amateurs. Il contenait d'ailleurs un négociant redoutable. Il gardait sur sa figure un enduit poussiéreux produit par la limaille de fer et collé par la sueur, car il faisait tout lui-même ; ce qui rendait sa physionomie d'autant plus impénétrable, que l'habitude de la peine physique l'avait doué de l'impassibilité stoïque des vieux soldats de 1799. Au physique, Rémonencq apparaissait comme un homme court et maigre, dont les petits yeux, disposés comme ceux des cochons, offraient, dans leur champ d'un bleu froid, l'avidité concentrée, la ruse narquoise des Juifs, moins leur apparente humilité doublée du profond mépris qu'ils ont pour les chrétiens.

Les rapports entre les Cibot et les Rémonencq étaient ceux du bienfaiteur et de l'obligé. Madame Cibot, convaincue de l'excessive pauvreté des Auvergnats, leur vendait à des prix fabuleux les restes de Schmucke et de Cibot. Les Rémonencq payaient une livre de croûtes sèches et de mie de pain deux centimes et demi, un centime et demi une écuellée de pommes de terre, et ainsi du reste. Le rusé Rémonencq n'était jamais censé faire d'affaires pour son compte. Il représentait toujours Monistrol, et se disait dévoré par les riches marchands; aussi les Cibot plaignaient-ils sincèrement les Rémonencq. Depuis onze ans l'Auvergnat n'avait pas encore usé la veste en velours, le pantalon de velours et le gilet de velours qu'il portait; mais ces trois parties du vêtement, particulier aux Auvergnats, étaient criblées de pièces, mises gratis par Cibot. Comme on le voit, tous les juifs ne sont pas en Israël.

— Ne vous moquez-vous pas de moi, Rémonencq? dit la portière. Est-ce que monsieur Pons peut avoir une pareille fortune et mener la vie qu'il mène? Il n'a pas cent francs chez lui!...

— *Lejé amateurs chont touches comme cha*, répondit sentencieusement Rémonencq.

— Ainsi, vous croyez, nà vrai, que mon monsieur n'a pour sept cent mille francs...

— *Rien qu'eu dedans leche tableausse... il en a eune que ch'il en voulait chinquante mille franques, queu che les trouveraisse quand che devrais me strangula. Vous chavez bien leje petite cadres en cuivre esmaillé, pleine de velurse rouche, où chont des pourtraictes.... Eh bien! ch'esce desche émauche de Petittotte que moncheu le minichtre du gouvarnemente, uene anchien deroguisse, paille mille escus pièche...*

— Il y en a trente! dans les deux cadres, dit la portière dont les yeux se dilatèrent.

— *Eh bien! chuchez de chon trégeor?*

Madame Cibot, prise de vertige, fit volte-face. Elle conçut aussitôt l'idée de se faire coucher sur le testament du bonhomme Pons, à l'imitation de toutes les servantes-maîtresses dont *les viagers* avaient excité tant de cupidités dans le quartier du Marais. Habitant en idée une commune aux environs de Paris, elle s'y pavanait dans une maison de campagne où elle soignait sa basse-cour, son jardin, et où elle finissait ses jours, servie comme une reine, ainsi que son pauvre Cibot, qui méritait tant de bonheur, comme tous les anges oubliés, incompris.

Dans le mouvement brusque et naïf de la portière, Rémonencq aperçut la certitude d'une réussite. Dans le métier de *chineur* (tel est le nom des chercheurs d'occasions, du verbe *chiner*, aller à la recherche des occasions et conclure de bons marchés avec des détenteurs ignorants); dans ce métier, la difficulté consiste à pouvoir s'introduire dans les maisons. On ne se figure pas les ruses à la Scapin, les tours à la Sganarelle, et les séductions à la Dorine qu'inventent les chineurs pour entrer chez le bourgeois. C'est des comédies dignes du théâtre, et toujours fondées comme ici, sur la rapacité des domestiques. Les domestiques, surtout à la campagne ou dans les provinces, pour trente francs d'argent ou de marchandises, font conclure des marchés où le chineur réalise des bénéfices de mille à deux mille francs. Il y a tel service de vieux Sèvres, pâte tendre, dont la conquête, si elle était racontée, montrerait toutes les ruses diplomatiques du congrès de Munster, toute l'intelligence déployée à Nimègue, à Utrecht, à Riswick, à Vienne, dépassées par les chineurs, dont le comique est bien plus franc que celui des négociateurs. Les chineurs ont des moyens d'action, qui plongent tout aussi profondément dans les abîmes de l'intérêt personnel que ceux si péniblement cherchés par les ambassadeurs pour déterminer la rupture des alliances les mieux cimentées.

— *Ch'ai chotiment allumé la Chibot,* dit le frère à la sœur en lui voyant reprendre sa place sur une chaise dépaillée. *Et doncques, che vais conchulteter le cheut qui s'y connaiche, nostre Chuif, un bon Chuif qui ne nouche a presté qu'à quinche pour chent!*

Rémonencq avait lu dans le cœur de la Cibot. Chez les femmes de cette trempe, vouloir, c'est agir; elles ne reculent devant aucun moyen pour arriver au succès; elles passent de la probité la plus entière à la scélératesse la plus profonde, en un instant. La probité, comme tous nos sentiments, d'ailleurs, devrait se diviser en deux probités : une probité négative, une probité positive. La probité négative serait celle des Cibot, qui sont probes tant qu'une occasion de s'enrichir ne s'offre pas à eux. La probité positive serait celle qui reste toujours dans la tentation jusqu'à mi-jambes sans y succomber, comme celle des garçons de recettes. Une foule d'intentions mauvaises se rua dans l'intelligence et dans le cœur de cette portière par l'écluse de l'intérêt ouverte à la diabolique parole du ferrailleur. La Cibot monta, vola, pour être exact, de la loge à l'appartement de ses deux messieurs, et se montra le visage masqué de tendresse, sur le seuil de la chambre où gémissaient Pons et Schmucke. En voyant entrer la femme de ménage, Schmucke lui fit signe de ne pas dire un mot des véritables opinions du docteur en présence du malade; car, l'ami, le sublime Allemand avait lu dans les yeux du docteur; et elle y répondit par un autre signe de tête, en exprimant une profonde douleur.

— Eh bien ! mon cher monsieur, comment vous sentez-vous ? dit la Cibot.

La portière se posa au pied du lit, les poings sur ses hanches et les yeux fixés sur le malade amoureusement; mais quelles paillettes d'or en jaillissaient ! C'eût été terrible comme un regard de tigre, pour un observateur.

— Mais bien mal ! répondit le pauvre Pons, je ne me sens plus le moindre appétit. Ah ! le monde ! le monde ! s'écriait-il en pressant la main de Schmucke qui tenait, assis au chevet du lit, la main de Pons, et avec qui sans doute le malade parlait des causes de sa maladie. — J'aurais bien mieux fait, mon bon Schmucke, de suivre tes conseils ! de dîner ici tous les jours depuis notre réunion ! de renoncer à cette société qui roule sur moi, comme un tombereau sur un œuf, et pourquoi ?...

— Allons, allons, mon bon monsieur, pas de doléances, dit la Cibot, le docteur m'a dit la vérité...

Schmucke tira la portière par la robe.

— Hé ! vous pouvez vous n'en tirer, mais n'avec beaucoup de soins... Soyez tranquille, vous n'avez près de vous n'un bon ami, et, sans me vanter, n'une femme qui vous soignera comme n'une mère soigne son premier enfant. J'ai tiré Cibot d'une maladie que monsieur Poulain l'avait condamné, qu'il lui n'avait jeté, comme on dit, le drap sur le nez? qu'il n'était n'abandonné comme mort... Eh bien ! vous qui n'en êtes pas là, Dieu merci, quoique vous soyez assez malade, comptez sur moi... je vous n'en tirerais n'à moi seule ! Soyez tranquille, ne vous n'agitez pas comme ça. Elle ramena la couverture sur les mains du malade. — N'allez ! mon fiston, dit-elle, monsieur Schmucke et moi, nous passerons les nuits, là, n'à votre chevet... Vous serez mieux gardé qu'un prince, et... d'ailleurs, vous n'êtes assez riche pour ne vous rien refuser de ce qu'il faut à votre maladie... Je viens de m'arranger avec Cibot ; car, pauvre cher homme, qué qui ferait sans moi... Eh bien ! je lui n'ai fait entendre raison, et nous vous aimons tant tous les deux, qu'il a consenti à ce que je sois n'ici la nuit... Et pour un homme comme lui... c'est un fier sacrifice, allez ! car il m'aime comme au premier jour. Je ne sais pas ce qu'il n'a ! c'est la loge ! tous deux à côté de l'autre, toujours !... Ne vous découvrez donc pas ainsi... dit-elle en s'élançant à la tête du lit et ramenant les couvertures sur la poitrine de Pons... Si vous n'êtes pas gentil, si vous ne faites pas bien tout ce qu'ordonnera monsieur Poulain, qui est, voyez-vous, l'image du bon Dieu sur la terre, je ne me mêle plus de vous... faut m'obéir...

— *Ui, montame Zipod ! it fus opéira*, répondit Schmucke, *gar ite feud fifre bir son pon hami Schmucke, che le carandis.*

— Ne vous impatientez pas, surtout, car votre maladie, dit la Cibot, vous n'y pousse assez, sans que vous n'augmentiez votre défaut de patience. Dieu nous envoie nos maux, mon cher bon monsieur, il nous punit de nos fautes, vous n'avez bien quelques chères petites fautes n'à vous reprocher !... Le malade inclina la tête négativement. — Oh ! n'allez ! vous n'aurez aimé dans votre jeunesse, vous n'aurez fait vos fredaines, vous n'avez peut-être quelque part n'un fruit de vos n'amours, qui n'est sans pain, ni feu, ni lieu... Monstres d'hommes ! Ça n'aime n'un jour, et puis : — Frist ! Ça ne pense plus n'à rien, pas même n'aux mois de nourrice ! Pauvres femmes !...

— Mais il n'y a que Schmucke et ma pauvre mère qui m'aient jamais aimé, dit tristement le pauvre Pons.

— Allons ! vous n'êtes pas n'un saint ! vous n'avez été jeune et vous deviez n'être bien joli garçon. A vingt ans... moi, bon comme vous l'êtes, je vous n'aurais n'aimé...

— J'ai toujours été laid comme un crapaud ! dit Pons au désespoir.

— Vous dites cela par modestie, car vous n'avez cela pour vous, que vous n'êtes modeste.

— Mais non, ma chère madame Cibot, je vous le répète, j'ai toujours été laid, et je n'ai jamais été aimé…

— Par exemple! vous?… dit la portière. Vous voulez n'à cette heure me faire accroire que vous n'êtes à votre âge, comme n'une rosière… à d'autres! n'un musicien! un homme de théâtre! mais ce serait nune femme qui me dirait cela, que je ne la croirais pas.

— *Montame Zibod! fus allez t'irrider!* cria Schmucke en voyant Pons qui se tortillait comme un ver dans son lit.

— Taisez-vous n'aussi, vous n'êtes deux vieux libertins… Vous n'avez beau n'être laids, il n'y a si vilain couvercle qui ne trouve son pot! comme dit le proverbe! Cibot s'est bien fait n'aimer d'une des plus belles écaillères de Paris… vous n'êtes infiniment mieux que lui… Vous n'êtes bon! vous… n'allons, vous n'avez fait vos farces! Et Dieu vous punit d'avoir abandonné vos enfants, comme Abraham!… Le malade abattu trouva la force de faire encore un geste de dénégation. — Mais soyez tranquille, ça ne vous empêchera de vivre n'autant que Mathusalem.

— Mais laissez-moi donc tranquille! cria Pons, je n'ai jamais su ce que c'était que d'être aimé!… je n'ai pas eu d'enfants, je suis seul sur la terre…

— Nà, bien vrai?… demanda la portière, car vous n'êtes si bon, que les femmes, qui, voyez-vous, n'aiment la bonté, c'est ce qui les attache… et il me semblait impossible que dans votre bon temps…

— Emmène-la! dit Pons à l'oreille de Schmucke, elle m'agace!

— Monsieur Schmucke alors, n'en a des enfants… Vous n'êtes tous comme ça, vous autres vieux garçons…

— Moi! s'écria Schmucke en se dressant sur ses jambes, mais…

— Allons, vous n'aussi, vous n'êtes sans héritiers, n'est-ce pas! Vous n'êtes venus tous deux comme des champignons sur cette terre.

— *Foyons, fenez!* répondit Schmucke.

Le bon Allemand prit héroïquement madame Cibot par la taille, et l'emmena dans le salon, sans tenir compte de ses cris.

— Vous voudriez n'à notre âge, n'abuser d'une pauvre femme!… criait la Cibot en se débattant dans les bras de Schmucke.

— *Ne griez pas!*

— Vous, le meilleur des deux! répondit la Cibot. Ah! j'ai n'eu tort de parler d'amour n'à des vieillards qui n'ont jamais connu de femmes ! j'ai n'allumé vos feux, monstre, s'écria-t-elle en voyant les yeux de Schmucke brillant de colère. N'à la garde ! n'à la garde ! on m'enlève !

— *Fus edes eine pedde ! répondit l'Allemand. Foyons, qu'a tid le togdeur ?...*

— Vous me brutalisez ainsi, dit en pleurant la Cibot rendue à la liberté, moi qui me jetterais dans le feu pour vous deux ! Ah bien ! n'on dit que les hommes se connaissent à l'user... Comme c'est vrai ! C'est pas mon pauvre Cibot qui me malmènerait ainsi... Moi qui fais de vous mes enfants ; car je n'ai pas d'enfants, et je disais hier, oui, pas plus tard qu'hier, à Cibot : — « Mon ami, Dieu savait bien ce qu'il faisait en nous refusant des enfants, car j'ai deux enfants là-haut ! » Voilà, par la sainte croix de Dieu, sur l'âme de ma mère, ce que je lui disais...

— *Eh ! mais qu'a tid le togdeur ?* demanda rageusement Schmucke qui pour la première fois de sa vie frappa du pied.

— Eh bien ! il n'a dit, répondit madame Cibot en attirant Schmucke dans la salle à manger, il n'a dit que notre cher bien-aimé chéri de n'amour de malade serait en danger de mourir, s'il n'était pas bien soigné : mais je suis là, malgré vos brutalités ; car vous n'êtes brutal, vous que je croyais si doux. N'en avez-vous de ce tempérament !... N'ah ! vous n'abuseriez donc n'encore n'à votre âge d'une femme, gros polisson ?...

— *Bolizon ! moâ ?... Fus ne gombrenez toncques bas que che n'ame que Bons.*

— N'à la bonne heure, vous me laisserez tranquille, n'est-ce pas ? dit-elle en souriant à Schmucke. Vous ferez bien, car Cibot casserait les os à quiconque n'attenterait à son noneur !

— *Zoignez-le pien, ma petite mondam Zibod,* reprit Schmucke en essayant de prendre la main à madame Cibot.

— N'ah ! voyez-vous, n'encore ?

— *Egoudez-moi tonc ? dud ce que c'haurai zera à fus, zi nus le zauffons...*

— Eh bien ! je vais chez l'apothicaire, chercher ce qu'il faut... car, voyez-vous, monsieur, ça coûtera cette maladie ; net comment ferez-vous ?...

— *Che dravaillerai ! Che feux que Bons zoid soigné gomme ein brince...*

— Il le sera, mon bon monsieur Schmucke ; et, voyez-vous, ne vous inquiétez de rien. Cibot et moi, nous n'avons deux mille francs d'économie, *elles* sont à vous, et n'il y a longtemps que je mets du mien ici, n'allez !...

— *Ponne phâme !* s'écria Schmucke en s'essuyant les yeux, *quel cueir !*

— Séchez des larmes qui m'honorent, car voilà ma récompense, à moi ! dit mélodramatiquement la Cibot. Je suis la plus désintéressée de toutes les créatures, mais n'entrez pas n'avec des larmes n'aux yeux, car monsieur Pons croirait qu'il est plus malade qu'il n'est.

Schmucke, ému de cette délicatesse, prit enfin la main de la Cibot et la lui serra.

— N'épargnez-moi ! dit l'ancienne écaillère en jetant à Schmucke un regard tendre.

— *Bons*, dit le bon Allemand en rentrant, *c'esd eine anche que montam Zibod, c'esd eine anche pafard, mais c'esde eine anche.*

— Tu crois ?... je suis devenu défiant depuis un mois, répondit le malade en hochant la tête. Après tous mes malheurs, on ne croit plus à rien qu'à Dieu et à toi !...

— *Cuéris, et nus fifrons dus trois gomme tes roissé !* s'écria Schmucke.

— Cibot ! s'écria la portière essoufflée, en entrant dans sa loge. Ah ! mon ami, notre fortune n'est faite ! Mes deux messieurs n'ont pas d'héritiers, ni d'enfants naturels, ni rien... quoi !... Oh ! j'irai chez madame Fontaine me faire tirer les cartes, pour savoir ce que nous n'aurons de rente !...

— Ma femme, répondit le petit tailleur, ne comptons pas sur les souliers d'un mort pour être bien chaussés.

— Ah çà ! vas-tu m'asticoter, toi, dit-elle, en donnant une tape amicale à Cibot. Je sais ce que je sais ! Monsieur Poulain n'a condamné monsieur Pons ! Et nous serons riches ! Je serai sur le testament... Je m'en sarge ! Tire ton aiguille et veille n'à ta loge, tu ne feras plus long-temps ce métier-là ! Nous nous retirerons n'à la campagne, n'à Batignolles. N'une belle maison, n'un beau jardin, que tu t'amuseras à cultiver, et j'aurai n'une servante !...

— *Eh bien ! voichine, comment cha va la hauté*, demanda Rémonencq, *chavez-vousse che que vautté chette collectchion ?...*

— Non, non, pas encore ! N'on ne va pas comme ça ! mon brave homme. Moi, j'ai commencé par me faire dire des choses plus importantes...

— *Pluche impourtantes !* s'écria Rémonencq ; *maiche, che qui este plus impourtant que cette choge...*

— Allons, gamin ! laisse-moi conduire la barque, dit la portière avec autorité.

— *Maiche, tante pour chent; chur chette chent mille franques, vouche auriez de quoi reschter bourcheois pour le reschte de vostre vie...*

— Soyez tranquille, papa Rémonencq, quand il faudra savoir ce que valent toutes les choses que le bonhomme a amassées, nous verrons...

Et la portière, après être allée chez l'apothicaire pour y prendre les médicaments ordonnés par le docteur Poulain, remit au lendemain sa consultation chez madame Fontaine, en pensant qu'elle trouverait les facultés de l'oracle plus nettes, plus fraîches, en s'y trouvant de bon matin avant tout le monde; car il y a souvent foule chez madame Fontaine.

Après avoir été pendant quarante ans l'antagoniste de la célèbre mademoiselle Lenormand, à qui d'ailleurs elle a survécu, madame Fontaine était alors l'oracle du Marais. On ne se figure pas ce que sont les tireuses de cartes pour les classes inférieures parisiennes, ni l'influence immense qu'elles exercent sur les déterminations des personnes sans instruction ; car les cuisinières, les portières, les femmes entretenues, les ouvriers, tous ceux qui, dans Paris, vivent d'espérances, consultent les êtres privilégiés qui possèdent l'étrange et inexpliqué pouvoir de lire dans l'avenir. La croyance aux sciences occultes est bien plus répandue que ne l'imaginent les savants, les avocats, les notaires, les médecins, les magistrats et les philosophes. Le peuple a des instincts indélébiles. Parmi ces instincts, celui qu'on nomme si sottement *superstition*, est aussi bien dans le sang du peuple que dans l'esprit des gens supérieurs. Plus d'un homme d'État consulte, à Paris, les tireuses de cartes. Pour les incrédules, l'astrologie judiciaire (alliance de mots excessivement bizarre) n'est que l'exploitation d'un sentiment inné, l'un des plus forts de notre nature, la Curiosité. Les incrédules nient donc complétement les rapports que la divination établit entre la destinée humaine et la configuration qu'on en obtient par les sept ou huit moyens principaux qui composent l'astrologie judiciaire. Mais il en est des sciences occultes comme de tant d'effets naturels repoussés par les esprits forts ou par les philosophes matérialistes, c'est-à-dire ceux qui s'en tiennent uniquement aux faits visibles, solides, aux résultats de la cornue ou des balances de la physique et de la chimie modernes; ces sciences subsistent, elles continuent leur marche, sans progrès d'ailleurs, car depuis environ deux siècles la culture en est abandonnée par les esprits d'élite.

En ne regardant que le côté possible de la divination, croire que les événements antérieurs de la vie d'un homme, que les secrets connus de lui seul peuvent être immédiatement représentés par des cartes qu'il mêle, qu'il coupe et que le diseur d'horoscope divise en paquets d'après des lois mystérieuses, c'est l'absurde; mais c'est l'absurde qui condamnait la vapeur, qui condamne encore la navigation aérienne, qui condamnait les inventions de la poudre et de l'imprimerie, celle des lunettes, de la gravure, et la dernière grande découverte, la daguerréotypie. Si quelqu'un fût venu dire à Napoléon qu'un édifice et qu'un homme sont incessamment et à toute heure représentés par une image dans l'atmosphère, que tous les objets existants y ont un spectre saisissable, perceptible, il aurait logé cet homme à Charenton, comme Richelieu logea Salomon de Caux à Bicêtre, lorsque le martyr normand lui apporta l'immense conquête de la navigation à vapeur. Et c'est là cependant ce que Daguerre a prouvé par sa découverte. Eh bien! si Dieu a imprimé, pour certains yeux clairvoyants, la destinée de chaque homme dans sa physionomie, en prenant ce mot comme l'expression totale du corps, pourquoi la main ne résumerait-elle pas la physionomie, puisque la main est l'action humaine tout entière et son seul moyen de manifestation? De là la chiromancie. La société n'imite-t-elle pas Dieu? Prédire à un homme les événements de sa vie à l'aspect de sa main, n'est pas un fait plus extraordinaire chez celui qui a reçu les facultés du Voyant, que le fait de dire à un soldat qu'il se battra, à un avocat qu'il parlera, à un cordonnier qu'il fera des souliers ou des bottes, à un cultivateur qu'il fumera la terre et la labourera. Choisissons un exemple frappant? Le génie est tellement visible en l'homme, qu'en se promenant à Paris, les gens les plus ignorants devinent un grand artiste quand il passe. C'est comme un soleil moral dont les rayons colorent tout à son passage. Un imbécile ne se reconnaît-il pas immédiatement par des impressions contraires à celles que produit l'homme de génie? Un homme ordinaire passe presque inaperçu. La plupart des observateurs de la nature sociale et parisienne peuvent dire la profession d'un passant en le voyant venir. Aujourd'hui, les mystères du sabbat, si bien peints par les peintres du seizième siècle, ne sont plus des mystères. Les Égyptiennes ou les Égyptiens, pères des Bohémiens, cette nation étrange, venue des Indes, faisait tout uniment prendre du hatschich à ses clients. Les phénomènes produits par cette conserve expliquent parfaitement le chevauchage sur les balais, la fuite par les cheminées, les *visions réelles*, pour ainsi dire, des vieilles changées en jeunes femmes, les danses furibondes et les délicieuses musiques qui composaient les fantaisies des prétendus adorateurs du diable.

Aujourd'hui tant de faits avérés, authentiques, sont issus des sciences occultes, qu'un jour ces sciences seront professées comme on professe la chimie et l'astronomie. Il est même singulier qu'au moment où l'on crée à Paris des chaires de slave, de mantchou, de littératures aussi peu *professables* que les littératures du Nord, qui, au lieu de fournir des leçons, devraient en recevoir, et dont les titulaires répètent d'éternels articles sur Shakspeare ou sur le seizième siècle, on n'ait pas restitué, sous le nom d'Anthropologie, l'enseignement de la philosophie occulte, l'une des gloires de l'ancienne Université. En ceci, l'Allemagne, ce pays à la fois si grand et si enfant, a devancé la France, car on y professe cette science, bien plus utile que les différentes PHILOSOPHIES, qui sont toutes la même chose.

Que certains êtres aient le pouvoir d'apercevoir les faits à venir dans le germe des causes, comme le grand inventeur aperçoit une industrie, une science dans un effet naturel inaperçu du vulgaire, ce n'est plus une de ces violentes exceptions qui font rumeur, c'est l'effet d'une faculté reconnue, et qui serait en quelque sorte le somnambulisme de l'esprit. Si donc cette proposition, sur laquelle reposent les différentes manières de déchiffrer l'avenir, semble absurde, le fait est là. Remarquez que prédire les gros événements de l'avenir n'est pas, pour le Voyant, un tour de force plus extraordinaire que celui de deviner le passé. Le passé, l'avenir sont également impossibles à savoir, dans le système des incrédules. Si les événements accomplis ont laissé des traces, il est vraisemblable d'imaginer que les événements à venir ont leurs racines. Dès qu'un *diseur de bonne aventure* vous explique minutieusement les faits connus de vous seul, dans votre vie antérieure, il peut vous dire les événements que produiront les causes existantes. Le monde moral est taillé pour ainsi dire sur le patron du monde naturel; les mêmes effets s'y doivent retrouver avec les différences propres à leurs divers milieux. Ainsi, de même que les corps se projettent réellement dans l'atmosphère en y laissant subsister ce spectre saisi par le daguerréotype qui l'arrête au passage; de même, les idées, créations réelles et agissantes, s'impriment dans ce qu'il faut nommer l'atmosphère du monde spirituel, y produisent des effets, y vivent *spectralement* (car il est nécessaire de forger des mots pour exprimer des phénomènes innommés), et dès lors certaines créatures douées de facultés rares peuvent parfaitement apercevoir ces formes ou ces traces d'idées.

Quant aux moyens employés pour arriver aux *visions*, c'est là le merveilleux le plus explicable, dès que la main du consultant dispose les objets à l'aide desquels on lui fait représenter les hasards de sa vie. En effet, tout s'enchaîne dans le monde réel. Tout mouvement y correspond à une cause, toute cause se rattache à l'ensemble ; et, conséquemment, l'ensemble se représente dans le moindre mouvement. Rabelais, le plus grand esprit de l'humanité moderne, cet homme qui résuma Pythagore, Hippocrate, Aristophane et Dante, a dit, il y a maintenant trois siècles : L'homme est un microcosme. Trois siècles après, Swedenborg, le grand prophète suédois, disait que la terre était un homme. Le prophète et le précurseur de l'incrédulité se rencontraient ainsi dans la plus grande des formules. Tout est fatal dans la vie humaine, comme dans la vie de notre planète. Les moindres accidents, les plus futiles, y sont subordonnés. Donc les grandes choses, les grands desseins, les grandes pensées s'y reflètent nécessairement dans les plus petites actions, et avec tant de fidélité, que si quelque conspirateur mêle et coupe un jeu de cartes, il y écrira le secret de sa conspiration pour le Voyant appelé bohème, diseur de bonne aventure, charlatan, etc. Dès qu'on admet la fatalité, c'est-à-dire l'enchaînement des causes, l'astrologie judiciaire existe et devient ce qu'elle était jadis, une science immense, car elle comprend la faculté de déduction qui fit Cuvier si grand, mais spontanée, au lieu d'être, comme chez ce beau génie, exercée dans les nuits studieuses du cabinet.

L'astrologie judiciaire, la divination, a régné pendant sept siècles, non pas comme aujourd'hui sur les gens du peuple, mais sur les plus grandes intelligences, sur les souverains, sur les reines et sur les gens riches. Une des plus grandes sciences de l'antiquité, le magnétisme animal, est sorti des sciences occultes, comme la chimie est sortie des fourneaux des alchimistes. La crânologie, la physiognomonie, la névrologie en sont également issues; et les illustres créateurs de ces sciences, en apparence nouvelles, n'ont eu qu'un tort, celui de tous les inventeurs, et qui consiste à systématiser absolument des faits isolés, dont la cause génératrice échappe encore à l'analyse. Un jour l'Église catholique et la Philosophie moderne se sont trouvées d'accord avec la Justice pour proscrire, persécuter, ridiculiser les mystères de la Cabale ainsi que ses adeptes, et il s'est fait une regrettable lacune de cent ans dans le règne et l'étude des sciences occultes. Quoi qu'il en soit, le peuple et beaucoup de gens d'esprit, les femmes surtout, continuent à payer leurs contributions à la mystérieuse puissance de ceux qui peuvent soulever le voile de l'avenir; ils vont leur acheter de l'espérance, du courage, de la force, c'est-à-dire ce que la religion seule peut donner. Aussi cette science est-elle toujours pratiquée, non sans quelques risques. Aujourd'hui, les sorciers, garantis de tout supplice par la tolérance due aux encyclopédistes du dix-huitième siècle, ne sont plus justiciables que de la police correctionnelle, et dans le cas seulement où ils se livrent à des manœuvres frauduleuses, quand ils effraient leurs pratiques dans le dessein d'extorquer de l'argent, ce qui constitue une escroquerie. Malheureusement l'escroquerie et souvent le crime, accompagnent l'exercice de cette faculté sublime. Voici pourquoi.

Les dons admirables qui font le Voyant se rencontrent ordinairement chez les gens à qui l'on décerne l'épithète de brutes. Ces brutes sont les vases d'élection où Dieu met les élixirs qui surprennent l'humanité. Ces brutes donnent les prophètes, les saint Pierre, les l'Hermite. Toutes les fois que la pensée demeure dans sa totalité, reste bloc, ne se débite pas en conversation, en intrigues, en œuvres de littérature, en imaginations de savant, en efforts administratifs, en conceptions d'inventeur, en travaux guerriers, elle est apte à jeter des feux d'une intensité prodigieuse, contenus comme le diamant brut garde l'éclat de ses facettes. Vienne une circonstance! cette intelligence s'allume,

elle a des ailes pour franchir les distances, des yeux divins pour
tout voir; hier, c'était un charbon, le lendemain, sous le jet du
fluide inconnu qui la traverse, c'est un diamant qui rayonne. Les
gens supérieurs, usés sur toutes les faces de leur intelligence,
ne peuvent jamais, à moins de ces miracles que Dieu se permet
quelquefois, offrir cette puissance suprême. Aussi, les devins et
les devineresses sont-ils presque toujours des mendiants ou des
mendiantes à esprits vierges, des êtres en apparence grossiers, des
cailloux roulés dans les torrents de la misère, dans les ornières de
la vie, où ils n'ont dépensé que des souffrances physiques. Le prophète, le Voyant, c'est enfin Martin le laboureur, qui a fait
trembler Louis XVIII en disant un secret que le Roi pouvait seul
savoir, c'est une mademoiselle Lenormand, une cuisinière comme
madame Fontaine, une négresse presque idiote, un pâtre vivant
avec des bêtes à cornes, un faquir assis au bord d'une pagode, et
qui, tuant la chair, fait arriver l'esprit à toute la puissance inconnue des facultés somnambulesques. C'est en Asie que de tout
temps se sont rencontrés les héros des sciences occultes. Souvent
alors ces gens qui, dans l'état ordinaire, restent ce qu'ils sont, car
ils remplissent en quelque sorte les fonctions physiques et chimiques
des corps conducteurs de l'électricité, tour à tour métaux inertes
ou canaux pleins de fluides mystérieux; ces gens, redevenus euxmêmes, s'adonnent à des pratiques, à des calculs qui les mènent
en police correctionnelle, voire même, comme le fameux Balthazar, en cour d'assises et au bagne. Enfin ce qui prouve l'immense
pouvoir que la Cartomancie exerce sur les gens du peuple, c'est
que la vie ou la mort du pauvre musicien dépendait de l'horoscope
que madame Fontaine allait tirer à madame Cibot.

Quoique certaines répétitions soient inévitables dans une histoire aussi considérable et aussi chargée de détails que l'est une
histoire complète de la société française au dix-neuvième siècle, il
est inutile de peindre le taudis de madame Fontaine, déjà décrit
dans *les Comédiens sans le savoir*. Seulement il est nécessaire
de faire observer que madame Cibot entra chez madame Fontaine,
qui demeure rue Vieille-du-Temple, comme les habitués du café
Anglais entrent dans ce restaurant pour y déjeuner. Madame Cibot,
pratique fort ancienne, amenait là souvent des jeunes personnes et
des commères dévorées de curiosité.

La vieille domestique, qui servait de prévôt à la tireuse de cartés, ouvrit la porte du sanctuaire, sans prévenir sa maîtresse.

— C'est madame Cibot! Entrez, ajouta-t-elle, il n'y a personne.

— Eh bien! ma petite, qu'avez-vous donc pour venir si matin? dit la sorcière.

Madame Fontaine, alors âgée de soixante-dix-huit ans, méritait cette qualification par son extérieur digne d'une Parque.

— J'ai *les sangs tournés*, donnez-moi le grand jeu! s'écria la Cibot, il s'agit de ma fortune.

Et elle expliqua la situation dans laquelle elle se trouvait en demandant une prédiction pour son sordide espoir.

— Vous ne savez pas ce que c'est que le grand jeu? dit solennellement madame Fontaine.

— Non, je ne suis pas n'assez riche pour n'en n'avoir jamais vu la farce! cent francs!... Excusez du peu! N'où que je les n'aurais pris? Mais n'aujourd'hui, n'il me le faut!

— Je ne le joue pas souvent, ma petite, répondit madame Fontaine, je ne le donne aux riches que dans les grandes occasions, et on me le paye vingt-cinq louis; car, voyez-vous, ça me fatigue, ça m'use! l'*Esprit* me tripote, là, dans l'estomac. C'est, comme on disait autrefois, aller au sabbat!

— Mais, quand je vous dis, ma bonne mame Fontaine, qu'il s'agit de mon n'avenir...

— Enfin pour vous à qui je dois tant de consultations, je vais me livrer à l'Esprit! répondit madame Fontaine en laissant voir sur sa figure décrépite une expression de terreur qui n'était pas jouée.

Elle quitta sa vieille bergère crasseuse, au coin de sa cheminée, alla vers sa table couverte d'un drap vert dont toutes les cordes usées pouvaient se compter, et où dormait à gauche un crapaud d'une dimension extraordinaire, à côté d'une cage ouverte et habitée par une poule noire aux plumes ébouriffées.

— Astaroth! ici, mon fils! dit-elle en donnant un léger coup d'une longue aiguille à tricoter sur le dos du crapaud, qui la regarda d'un air intelligent. — Et vous, mademoiselle Cléopâtre!... attention! reprit-elle en donnant un petit coup sur le bec de la vieille poule. Madame Fontaine se recueillit, elle demeura pendant quelques instants immobile; elle eut l'air d'une morte, ses yeux tournèrent et devinrent blancs. Puis elle se roidit, et dit : —

Me voilà! d'une voix caverneuse. Après avoir automatiquement éparpillé du millet pour Cléopâtre, elle prit son grand jeu, le mêla convulsivement, et le fit couper par madame Cibot, mais en soupirant profondément. Quand cette image de la Mort en turban crasseux, en casaquin sinistre, regarda les grains de millet que la poule noire piquait, et appela son crapaud Astaroth pour qu'il se promenât sur les cartes étalées, madame Cibot eut froid dans le dos, elle tressaillit. Il n'y a que les grandes croyances qui donnent de grandes émotions. Avoir ou n'avoir pas de rentes, telle était la question, a dit Shakspeare.

Après sept ou huit minutes pendant lesquelles la sorcière ouvrit et lut un grimoire d'une voix sépulcrale, examina les grains qui restaient, le chemin que faisait le crapaud en se retirant, elle déchiffra le sens des cartes en y dirigeant ses yeux blancs.

— Vous réussirez! quoique rien dans cette affaire ne doive aller comme vous le croyez! dit-elle. Vous aurez bien des démarches à faire. Mais vous recueillerez le fruit de vos peines. Vous vous conduirez bien mal, mais ce sera pour vous comme pour tous ceux qui sont auprès des malades, et qui convoitent une part de succession. Vous serez aidée dans cette œuvre de malfaisance par des personnages considérables... Plus tard, vous vous repentirez dans les angoisses de la mort, car vous mourrez assassinée par deux forçats évadés, un petit à cheveux rouges et un vieux tout chauve, à cause de la fortune qu'on vous supposera dans le village où vous vous retirerez avec votre second mari... Allez, ma fille, vous êtes libre d'agir ou de rester tranquille.

L'exaltation intérieure qui venait d'allumer des torches dans les yeux caves de ce squelette si froid en apparence, cessa. Lorsque l'horoscope fut prononcé, madame Fontaine éprouva comme un éblouissement et fut en tout point semblable aux somnambules quand on les réveille; elle regarda tout d'un air étonné; puis elle reconnut madame Cibot et parut surprise de la voir en proie à l'horreur peinte sur ce visage.

— Eh bien! ma fille! dit-elle d'une voix tout à fait différente de celle qu'elle avait eue en prophétisant, êtes-vous contente?...

Madame Cibot regarda la sorcière d'un air hébété sans pouvoir lui répondre.

— Ah! vous avez voulu le grand jeu! je vous ai traitée comme une vieille connaissance. Donnez-moi cent francs, seulement...

— Cibot, mourir? s'écria la portière.

— Je vous ai donc dit des choses bien terribles?... demanda très-ingénument madame Fontaine.

— Mais oui!... dit la Cibot en tirant de sa poche cent francs et les posant au bord de la table, mourir assassinée!...

— Ah! voilà, vous voulez le grand jeu!... Mais consolez-vous, tous les gens assassinés dans les cartes ne meurent pas.

— Mais c'est-y possible, mame Fontaine?

— Ah! ma petite belle, moi je n'en sais rien! Vous avez voulu frapper à la porte de l'avenir, j'ai tiré le cordon, voilà tout, et *il* est venu!

— Qui? il? dit madame Cibot.

— Eh bien! l'Esprit, quoi! répliqua la sorcière impatientée.

— Adieu, mame Fontaine! s'écria la portière. Je ne connaissais pas le grand jeu, vous m'avez bien effrayée, n'allez!...

— Madame ne se met pas deux fois par mois dans cet état-là! dit la servante en reconduisant la portière jusque sur le palier. Elle crèverait à la peine, tant ça la lasse. Elle va manger des côtelettes et dormir pendant trois heures...

Dans la rue, en marchant, la Cibot fit ce que font les consultants avec les consultations de toute espèce. Elle crut à ce que la prophétie offrait de favorable à ses intérêts et douta des malheurs annoncés. Le lendemain, affermie dans ses résolutions, elle pensait à tout mettre en œuvre pour devenir riche en se faisant donner une partie du Musée-Pons. Aussi n'eut-elle plus, pendant quelque temps, d'autre pensée que celle de combiner les moyens de réussir. Le phénomène expliqué ci-dessus, celui de la concentration des forces morales chez tous les gens grossiers qui, n'usant pas leurs facultés intelligentielles ainsi que les gens du monde par une dépense journalière, les trouvent fortes et puissantes au moment où joue dans leur esprit cette arme redoutable appelée l'idée fixe, se manifesta chez la Cibot à un degré supérieur. De même que l'idée fixe produit les miracles des évasions et les miracles du sentiment, cette portière, appuyée par la cupidité, devint aussi forte qu'un Nucingen aux abois, aussi spirituelle sous sa bêtise que le séduisant La Palférine.

Quelques jours après, sur les sept heures du matin, en voyant Rémonencq occupé d'ouvrir sa boutique, elle alla chattement à lui.

— Comment faire pour savoir la vérité sur la valeur des choses entassées chez mes messieurs? lui demanda-t-elle.

— Ah! c'est bien facile, répondit le marchand de curiosités dans son affreux charabias qu'il est inutile de continuer à figurer pour la clarté du récit. Si vous voulez jouer franc jeu avec moi, je vous indiquerai un appréciateur, un bien honnête homme, qui saura la valeur des tableaux à deux sous près...

— Qui?

— Monsieur Magus, un Juif qui ne fait plus d'affaires que pour son plaisir.

Élie Magus, dont le nom est trop connu dans la COMÉDIE HUMAINE pour qu'il soit nécessaire de parler de lui, s'était retiré du commerce des tableaux et des curiosités, en imitant, comme marchand, la conduite que Pons avait tenue comme amateur. Les célèbres appréciateurs, feu Henry, messieurs Pigeot et Moret, Théret, Georges et Roëhn, enfin, les experts du Musée, étaient tous des enfants, comparés à Élie Magus, qui devinait un chef-d'œuvre sous une crasse centenaire, qui connaissait toutes les Écoles et l'écriture de tous les peintres.

Ce Juif, venu de Bordeaux à Paris, avait quitté le commerce en 1835, sans quitter les dehors misérables qu'il gardait, selon les habitudes de la plupart des Juifs, tant cette race est fidèle à ses traditions. Au Moyen-Age, la persécution obligeait les Juifs à porter des haillons pour déjouer les soupçons, à toujours se plaindre, pleurnicher, crier à la misère. Ces nécessités d'autrefois sont devenues, comme toujours, un instinct de peuple, un vice endémique. Élie Magus, à force d'acheter des diamants et de les revendre, de brocanter les tableaux et les dentelles, les hautes curiosités et les émaux, les fines sculptures et les vieilles orfévreries, jouissait d'une immense fortune inconnue, acquise dans ce commerce, devenu si considérable. En effet, le nombre des marchands a décuplé depuis vingt ans à Paris, la ville où toutes les curiosités du monde se donnent rendez-vous. Quant aux tableaux, ils ne se vendent que dans trois villes, à Rome, à Londres et à Paris.

Élie Magus vivait, Chaussée des Minimes, petite et vaste rue qui mène à la place Royale où il possédait un vieil hôtel acheté, pour un morceau de pain, comme on dit, en 1831. Cette magnifique construction contenait un des plus fastueux appartements décorés du temps de Louis XV, car c'était l'ancien hôtel de Maulaincourt. Bâti par ce célèbre président de la cour des Aides, cet hôtel, à cause de sa situation, n'avait pas été dévasté durant la révolution. Si le vieux Juif s'était décidé, contre les lois israélites, à devenir propriétaire, croyez qu'il eut bien ses raisons. Le vieillard finissait, comme nous finissons tous, par une manie poussée jusqu'à la folie. Quoiqu'il fût avare autant que son ami feu Gobseck, il se laissa prendre par l'admiration des chefs-d'œuvre qu'il brocantait ; mais son goût, de plus en plus épuré, difficile, était devenu l'une de ces passions qui ne sont permises qu'aux Rois, quand ils sont riches et qu'ils aiment les arts. Semblable au second roi de Prusse, qui ne s'enthousiasmait pour un grenadier que lorsque le sujet atteignait à six pieds de hauteur, et qui dépensait des sommes folles pour le pouvoir joindre à son musée vivant de grenadiers, le brocanteur retiré ne se passionnait que pour des toiles irréprochables, restées telles que le maître les avait peintes, et du premier ordre dans l'œuvre. Aussi Élie Magus ne manquait-il pas une seule des grandes ventes, visitait-il tous les marchés, et voyageait-il par toute l'Europe. Cette âme vouée au lucre, froide comme un glaçon, s'échauffait à la vue d'un chef-d'œuvre, absolument comme un libertin, lassé de femmes, s'émeut devant une fille parfaite, et s'adonne à la recherche des beautés sans défauts. Ce Don Juan des toiles, cet adorateur de l'idéal, trouvait dans cette admiration des jouissances supérieures à celles que donne à l'avare la contemplation de l'or. Il vivait dans un sérail de beaux tableaux !

Ces chefs-d'œuvre, logés comme doivent l'être les enfants des princes, occupaient tout le premier étage de l'hôtel qu'Élie Magus avait fait restaurer, et avec quelle splendeur ! Aux fenêtres, pendaient en rideaux les plus beaux brocarts d'or de Venise. Sur les parquets, s'étendaient les plus magnifiques tapis de la Savonnerie. Les tableaux, au nombre de cent environ, étaient encadrés dans les cadres les plus splendides, redorés tous avec esprit par le seul doreur de Paris qu'Élie trouvât consciencieux, par Servais, à qui le vieux Juif apprit à dorer avec l'or anglais, or infiniment supérieur à celui des batteurs d'or français. Servais est, dans l'art du doreur, ce qu'était Thouvenin dans la reliure, un artiste amoureux de ses œuvres. Les fenêtres de cet appartement étaient protégées par des volets garnis en tôle. Élie Magus habitait deux chambres en mansarde au deuxième étage, meublées pauvrement, garnies de ses haillons, et sentant la juiverie, car il achevait de vivre comme il avait vécu.

Le rez-de-chaussée, tout entier pris par les tableaux que le Juif brocantait toujours, par les caisses venues de l'étranger, contenait un immense atelier où travaillait presque uniquement pour lui Moret, le plus habile de nos restaurateurs de tableaux, un de ceux que le Musée devrait employer. Là se trouvait aussi l'appartement de sa fille, le fruit de sa vieillesse, une Juive, belle comme sont toutes les Juives quand le type asiatique reparaît pur et noble en elles. Noémi, gardée par deux servantes fanatiques et juives, avait pour avant-garde un Juif polonais nommé Abramko, compromis, par un hasard fabuleux, dans les événements de Pologne, et qu'Élie Magus avait sauvé par spéculation. Abramko, concierge de cet hôtel muet, morne et désert, occupait une loge armée de trois chiens d'une férocité remarquable, l'un de Terre-Neuve, l'autre des Pyrénées, le troisième anglais et bouledogue.

Voici sur quelles observations profondes était assise la sûreté du Juif qui voyageait sans crainte, qui dormait sur ses deux oreilles, et ne redoutait aucune entreprise ni sur sa fille, son premier trésor, ni sur ses tableaux, ni sur son or. Abramko recevait chaque année deux cents francs de plus que l'année précédente, et ne devait plus rien recevoir à la mort de Magus, qui le dressait à faire l'usure dans le quartier. Abramko n'ouvrait jamais à personne sans avoir regardé par un guichet grillagé, formidable. Ce concierge, d'une force herculéenne, adorait Magus comme Sancho Pança adore don Quichotte. Les chiens, renfermés pendant le jour, ne pouvaient avoir sous la dent aucune nourriture; mais, à la nuit, Abramko les lâchait, et ils étaient condamnés par le rusé calcul du vieux Juif à stationner, l'un dans le jardin, au pied d'un poteau en haut duquel était accroché un morceau de viande, l'autre dans la cour au pied d'un poteau semblable, et le troisième dans la grande salle du rez-de-chaussée. Vous comprenez que ces chiens qui, par instinct, gardaient déjà la maison, étaient gardés eux-mêmes par leur faim; ils n'eussent pas quitté, pour la plus belle chienne, leur place au pied de leur mât de cocagne; ils ne s'en écartaient pas pour aller flairer quoi que ce soit. Qu'un inconnu se présentât, les chiens s'imaginaient tous trois que le quidam en voulait à leur nourriture, laquelle ne leur était descendue que le matin au réveil d'Abramko. Cette infernale combinaison avait un avantage immense. Les chiens n'aboyaient jamais, le génie de Magus les avait promus Sauvages, ils étaient devenus sournois comme des Mohicans. Or, voici ce qui advint. Un jour, des malfaiteurs, enhardis par ce silence, crurent assez légèrement pouvoir *rincer* la caisse de ce Juif. L'un d'eux, désigné pour monter le premier à l'assaut, passa par-dessus le mur du jardin et voulut descendre ; le bouledogue l'avait laissé faire, il l'avait parfaitement entendu ; mais, dès que le pied de ce monsieur fut à portée de sa gueule, il le lui coupa net, et le mangea. Le voleur eut le courage de repasser le mur, il marcha sur l'os de sa jambe jusqu'à ce qu'il tombât évanoui dans les bras de ses camarades qui l'emportèrent. Ce fait-Paris, car la *Gazette des Tribunaux* ne manqua pas de rapporter ce délicieux épisode des nuits parisiennes, fut pris pour un puff.

Magus, alors âgé de soixante-quinze ans, pouvait aller jusqu'à la centaine. Riche, il vivait comme vivaient les Rémonencq. Trois mille francs, y compris ses profusions pour sa fille, défrayaient toutes ses dépenses. Aucune existence n'était plus régulière que celle du vieillard. Levé dès le jour, il mangeait du pain frotté d'ail, déjeuner qui le menait jusqu'à l'heure du dîner. Le dîner, d'une frugalité monacale, se faisait en famille. Entre son lever et l'heure de midi, le maniaque usait le temps à se promener dans l'appartement où brillaient les chefs-d'œuvre. Il y époussetait tout, meubles et tableaux, il admirait sans lassitude ; puis il descendait chez sa fille, il s'y grisait du bonheur des pères, et il partait pour ses courses à travers Paris, où il surveillait les ventes, allait aux expositions, etc. Quand un chef-d'œuvre se trouvait dans les conditions où il le voulait, la vie de cet homme s'animait ; il avait un coup à monter, une affaire à mener, une bataille de Marengo à gagner. Il entassait ruse sur ruse pour avoir sa nouvelle sultane à bon marché. Magus possédait sa carte d'Europe, une carte où les chefs-d'œuvre étaient marqués, et il chargeait ses co-religionnaires dans chaque endroit d'espionner l'affaire pour son compte, moyennant une prime. Mais aussi quelles récompenses pour tant de soins!...

Les deux tableaux de Raphaël perdus et cherchés avec tant de persistance par les Raphaëliaques, Magus les possède! Il possède l'original de la maîtresse du Giorgione, cette femme pour laquelle ce peintre est mort, et les prétendus originaux sont des copies de cette toile illustre qui vaut cinq cent mille francs, à l'estimation de Magus. Ce Juif garde le chef-d'œuvre de Titien : le Christ mis au tombeau, tableau peint pour Charles-Quint, qui fut envoyé par le grand homme au grand Empereur, accompagné d'une lettre écrite tout entière de la main du Titien, et cette lettre est collée au bas de la toile. Il a, du même peintre, l'original, la maquette d'après laquelle tous les portraits de Philippe II ont été faits. Les quatre-vingt-dix-sept autres tableaux sont tous de cette force et de cette distinction. Aussi Magus se rit-il de notre musée, ravagé par le soleil qui ronge les plus belles toiles en passant par des vitres dont l'action équivaut à celle des lentilles. Les galeries de tableaux ne sont possibles qu'éclairées par leurs plafonds. Magus fermait et ouvrait les volets de son musée lui-même, déployait autant de soins et de précautions pour ses tableaux que pour sa fille, son autre idole. Ah! le vieux tableaumane connaissait bien les lois de la peinture! Selon lui, les chefs-d'œuvre avaient une vie qui leur était propre, ils étaient journaliers, leur beauté dépendait de la lumière qui venait les colorer, il en parlait comme les Hollandais parlaient jadis de leurs tulipes, et venait voir tel tableau, à l'heure où le chef-d'œuvre resplendissait dans toute sa gloire, quand le temps était clair et pur.

C'était un tableau vivant au milieu de ces tableaux immobiles que ce petit vieillard, vêtu d'une méchante petite redingote, d'un gilet de soie décennal, d'un pantalon crasseux, la tête chauve, le visage creux, la barbe frétillante et dardant ses poils blancs, le menton menaçant et pointu, la bouche démeublée, l'œil brillant comme celui de ses chiens, les mains osseuses et décharnées, le nez en obélisque, la peau rugueuse et froide, souriant à ces belles créations du génie! Un Juif, au milieu de trois millions, sera toujours un des plus beaux spectacles que puisse donner l'humanité. Robert Médal, notre grand acteur, ne peut pas, quelque sublime qu'il soit, atteindre à cette poésie. Paris est la ville du monde qui recèle le plus d'originaux en ce genre, ayant une religion au cœur. Les *excentriques* de Londres finissent toujours par se dégoûter de leurs adorations comme ils se dégoûtent de vivre; tandis qu'à Paris les monomanes vivent avec leur fantaisie dans un heureux concubinage d'esprit. Vous y voyez souvent venir à vous des Pons, des Élie Magus vêtus fort pauvrement, le nez comme celui du secrétaire perpétuel de l'Académie française, à l'ouest! ayant l'air de ne tenir à rien, de ne rien sentir, ne faisant aucune attention aux femmes, aux magasins, allant pour ainsi dire au hasard, le vide dans leur poche, paraissant être dénués de cervelle, et vous vous demandez à quelle tribu parisienne ils peuvent appartenir. Eh bien ! ces hommes sont des millionnaires, des collectionneurs, les gens les plus passionnés de la terre, des gens capables de s'avancer dans les terrains boueux de la police correctionnelle pour s'emparer d'une tasse, d'un tableau, d'une pièce rare, comme fit Élie Magus, un jour, en Allemagne.

Tel était l'expert chez qui Rémonencq conduisit mystérieusement la Cibot. Rémonencq consultait Elie Magus toutes les fois qu'il le rencontrait sur les boulevards. Le Juif avait, à diverses reprises, fait prêter par Abramko de l'argent à cet ancien commissionnaire dont la probité lui était connue. La Chaussée des Minimes étant à deux pas de la rue de Normandie, les deux complices du *coup à monter* y furent en dix minutes.

— Vous allez voir, lui dit Rémonencq, le plus riche des anciens marchands de la Curiosité, le plus grand connaisseur qu'il y ait à Paris...

Madame Cibot fut stupéfaite en se trouvant en présence d'un petit vieillard vêtu d'une houppelande indigne de passer par les mains de Cibot pour être raccommodée, qui surveillait son restaurateur, un peintre occupé à réparer des tableaux dans une pièce froide de ce vaste rez-de-chaussée ; puis, en recevant un regard de ces yeux pleins d'une malice froide comme ceux des chats, elle trembla.

— Que voulez-vous, Rémonencq ? dit-il.

— Il s'agit d'estimer des tableaux ; et il n'y a que vous dans Paris qui puissiez dire à un pauvre chaudronnier comme moi ce qu'il en peut donner, quand il n'a pas, comme vous, des mille et des cents !

— Où est-ce ? dit Elie Magus.

— Voici la portière de la maison qui fait le ménage du monsieur, et avec qui je me suis arrangé...

— Quel est le nom du propriétaire ?

— Monsieur Pons ! dit la Cibot.

— Je ne le connais pas, répondit d'un air ingénu Magus en pressant tout doucement de son pied le pied de son restaurateur.

Moret, ce peintre, savait la valeur du Musée-Pons, et il avait levé brusquement la tête. Cette finesse ne pouvait être hasardée qu'avec Rémonencq et la Cibot. Le Juif avait évalué moralement cette portière par un regard où les yeux firent l'office des balances d'un peseur d'or. L'un et l'autre devaient ignorer que le bonhomme Pons et Magus avaient mesuré souvent leurs griffes. En effet, ces deux amateurs féroces s'enviaient l'un l'autre. Aussi le vieux Juif venait-il d'avoir comme un éblouissement intérieur. Jamais il n'espérait pouvoir entrer dans un sérail si bien gardé. Le Musée-Pons était le seul à Paris qui pût rivaliser avec le Musée-Magus. Le Juif avait eu, vingt ans plus tard que Pons, la même idée; mais, en sa qualité de marchand-amateur, le Musée-Pons lui resta fermé de même qu'à Dusommerard. Pons et Magus avaient au cœur la même jalousie. Ni l'un ni l'autre ils n'aimaient cette célébrité que recherchent ordinairement ceux qui possèdent des cabinets. Pouvoir examiner la magnifique collection du pauvre musicien, c'était, pour Elie Magus, le même bonheur que celui d'un amateur de femmes parvenant à se glisser dans le boudoir d'une belle maîtresse que lui cache un ami. Le grand respect que témoignait Rémonencq à ce bizarre personnage et le prestige qu'exerce tout pouvoir réel, même mystérieux, rendirent la portière obéissante et souple. La Cibot perdit le ton autocratique avec lequel elle se conduisait dans sa loge avec les locataires et ses deux messieurs, elle accepta les conditions de Magus et promit de l'introduire dans le Musée-Pons, le jour même. C'était amener l'ennemi dans le cœur de la place, plonger un poignard au cœur de Pons qui, depuis dix ans, interdisait à la Cibot de laisser pénétrer qui que ce fût chez lui, qui prenait toujours sur lui ses clefs, et à qui la Cibot avait obéi, tant qu'elle avait partagé les opinions de Schmucke en fait de bric-à-brac. En effet, le bon Schmucke, en traitant ces magnificences de *primporions* et déplorant la manie de Pons, avait inculqué son mépris pour ces antiquailles à la portière et garanti le Musée-Pons de toute invasion pendant fort long-temps.

Depuis que Pons était alité, Schmucke le remplaçait au théâtre et dans les pensionnats. Le pauvre Allemand, qui ne voyait son ami que le matin et à dîner, tâchait de suffire à tout en conservant leur commune clientèle; mais toutes ses forces étaient absorbées par cette tâche, tant la douleur l'accablait. En voyant ce pauvre homme si triste, les écolières et les gens du théâtre, tous instruits par lui de la maladie de Pons, lui en demandaient des nouvelles, et le chagrin du pianiste était si grand, qu'il obtenait des indifférents la même grimace de sensibilité qu'on accorde à Paris aux plus grandes catastrophes. Le principe même de la vie du bon Allemand était attaqué tout aussi bien que chez Pons, Schmucke souffrait à la fois de sa douleur et de la maladie de son ami. Aussi parlait-il de Pons pendant la moitié de la leçon qu'il donnait ; il interrompait si naïvement une démonstration pour se demander à lui-même comment allait son ami, que la jeune écolière l'écoutait expliquant la maladie de Pons. Entre deux leçons, il accourait rue de Normandie pour voir Pons pendant un quart d'heure. Effrayé du vide de la caisse sociale, alarmé par madame Cibot qui, depuis quinze jours, grossissait de son mieux les dépenses de la maladie, le professeur de piano sentait ses angoisses dominées par un courage dont il ne se serait jamais cru capable. Il voulait pour la première fois de sa vie gagner de l'argent, pour que l'argent ne manquât pas au logis. Quand une écolière, vraiment touchée de la situation des deux amis, demandait à Schmucke comment il pouvait laisser Pons tout seul, il répondait, avec le sublime sourire des dupes : — *Matemoiselle, nus afons montam Zibod! eine trèssor! eine berle! Bous ed zoicné gomme ein brince!* Or, dès que Schmucke trottait par les rues, la Cibot était la maîtresse de l'appartement et du malade. Comment Pons, qui n'avait rien mangé depuis quinze jours, qui gisait sans force, que la Cibot était obligée de lever elle-même et d'asseoir dans une bergère pour faire le lit, aurait-il pu surveiller ce soi-disant ange gardien? Naturellement la Cibot était allée chez Elie Magus pendant le déjeuner de Schmucke.

Elle revint pour le moment où l'Allemand disait adieu au malade ; car, depuis la révélation de la fortune possible de Pons, la Cibot ne quittait plus son célibataire, elle le couvait! Elle s'enfonçait dans une bonne bergère, au pied du lit, et faisait à Pons, pour le distraire, ces commérages auxquels excellent ces sortes de femmes. Devenue pateline, douce, attentive, inquiète, elle s'établissait dans l'esprit du bonhomme Pons avec une adresse machiavélique, comme on va le voir. Effrayée par la prédiction du grand jeu de madame Fontaine, la Cibot s'était promis à elle-même de réussir par des moyens doux, par une scélératesse purement morale, à se faire coucher sur le testament de son monsieur. Ignorant pendant dix ans la valeur du Musée-Pons, la Cibot se voyait dix ans d'attachement, de probité, de désintéressement devant elle, et elle se proposait d'escompter cette magnifique valeur. Depuis le jour où, par un mot plein d'or, Rémonencq avait fait éclore dans le cœur de cette femme un serpent contenu dans sa coquille pendant vingt-cinq ans, le désir d'être riche, cette créature avait nourri le serpent de tous les mauvais levains qui tapissent le fond des cœurs, et l'on va voir comment elle exécutait les conseils que lui sifflait le serpent.

— Eh bien! a-t-il bien bu, notre chérubin? va t-il mieux? dit-elle à Schmucke.

— *Bas pien! mon tchère montame Zibod! bas pien!* répondit l'Allemand en essuyant une larme.

— Bah! vous vous alarmez par trop aussi, mon cher monsieur, il faut en prendre et en laisser... Cibot serait à la mort, je ne serais pas si désolée que vous l'êtes. Allez! notre chérubin est d'une bonne constitution. Et puis, voyez-vous, il paraît qu'il a été sage! vous ne savez pas combien les gens sages vivent vieux! Il est bien malade, c'est vrai, mais n'avec les soins que j'ai de lui, je l'en tirerai. Soyez tranquille, allez à vos affaires, je vais lui tenir compagnie, et lui faire boire ses pintes d'eau d'orge.

— *Sans fus, che murerais d'einquiédute...* dit Schmucke en pressant dans ses mains par un geste de confiance la main de sa bonne ménagère.

La Cibot entra dans la chambre de Pons en s'essuyant les yeux.

— Qu'avez-vous, madame Cibot? dit Pons.

— C'est monsieur Schmucke qui me met l'âme à l'envers, il vous pleure comme si vous étiez mort! dit-elle. Quoique vous ne soyez pas bien, vous n'êtes pas encore assez mal pour qu'on vous pleure; mais cela me fait tant d'effet! Mon Dieu, suis-je bête d'aimer comme cela les gens et de m'être attachée à vous plus qu'à Cibot! Car, après tout, vous ne m'êtes de rien, nous ne sommes parents que par la première femme; eh bien! j'ai les sangs tournés dès qu'il s'agit de vous, ma parole d'honneur. Je me ferais couper la main, la gauche s'entend, nà, devant vous, pour vous voir allant et venant, mangeant et flibustant des marchands, comme n'à votre ordinaire... Si j'avais eu n'un enfant, je pense que je l'aurais aimé, comme je vous aime, quoi! Buvez donc, mon mignon, allons, un plein verre! Voulez-vous boire, monsieur! D'abord, monsieur Poulain a dit : — S'il ne veut pas aller au Père-Lachaise, monsieur Pons doit boire dans sa journée autant de voies d'eau qu'un Auvergnat en vend. Ainsi, buvez! allons!...

— Mais, je bois, ma bonne Cibot.... tant et tant que j'ai l'estomac noyé...

— Là, c'est bien! dit la portière en prenant le verre vide. Vous

vous en sauverez comme ça! Monsieur Poulain avait un malade comme vous, qui n'avait aucun soin, que ses enfants abandonnaient et il est mort de cette maladie-là, faute d'avoir bu!... Ainsi faut boire, voyez-vous, mon bichon!... qu'on l'a enterré il y a deux mois... Savez-vous que si vous mouriez, mon cher monsieur, vous entraîneriez avec vous le bonhomme Schmucke... il est comme un enfant, ma parole d'honneur. Ah! vous aime-t-il, ce cher agneau d'homme! non, jamais une femme n'aime un homme comme ça!... Il en perd le boire et le manger, il est maigri depuis quinze jours, autant que vous qui n'avez que la peau et les os... Ça me rend jalouse, car je vous suis bien attachée ; mais je n'en suis pas là... je n'ai pas perdu l'appétit, au contraire! Forcée de monter et de descendre sans cesse les étages, j'ai des lassitudes dans les jambes, que le soir je tombe comme une masse de plomb. Ne voilà-t-il pas que je néglige mon pauvre Cibot pour vous, que mademoiselle Rémonencq lui fait son vivre, qu'il me bougonne parce que tout est mauvais! Pour lors, je lui dis comme ça qu'il faut savoir souffrir pour les autres, et que vous êtes trop malade pour qu'on vous quitte... D'abord vous n'êtes pas assez bien pour ne pas avoir une garde! Pus souvent que je souffrirais une garde ici, moi qui fais vos affaires et votre ménage depuis dix ans... Et alles sont sur leux bouche! qu'elles mangent comme dix, qu'elles veulent du vin, du sucre, leurs chaufferettes, leurs aises... Et puis qu'elles volent les malades, quand les malades ne les mettent pas sur leurs testaments... Mettez une garde ici pour aujourd'hui, mais demain nous trouvererions un tableau, quelque objet de moins...

— Oh! madame Cibot! s'écria Pons hors de lui, ne me quittez pas!... Qu'on ne touche à rien !...

— Je suis là! dit la Cibot, tant que j'en aurai la force, je serai là... soyez tranquille! Monsieur Poulain, qui peut-être a des vues sur votre trésor, ne voulait-il pas vous donner n'une garde!... Comme je vous l'ai remouché! — « Il n'y a que moi, que je lui ai dit, de qui veuille monsieur, il a mes habitudes comme j'ai les siennes. » Et il s'est tu. Mais une garde, c'est tout voleuses! J'haït-il ces femmes-là... Vous allez voir comme elles sont intrigantes. Pour lors, un vieux monsieur... — Notez que c'est monsieur Poulain qui m'a raconté cela. — Donc une madame Sabatier, une femme de trente-six ans, ancienne marchande de mules au Palais, — vous connaissez bien la galerie marchande qu'on a démolie au Palais...

Pons fit un signe affirmatif.

— Bien, c'te femme, pour lors, n'a pas réussi, rapport à son homme qui buvait tout et qu'est mort d'une imbustion spontanée, mais elle a été belle femme, faut tout dire, mais ça ne lui a pas profité, quoiqu'elle ait eu, dit-on, des avocats pour bons amis... Donc, dans la débine, elle s'a fait garde de femmes en couches, et n'alle demeure rue Barre-du-Bec. Elle n'a donc gardé comme ça n'un vieux monsieur, qui, sous votre respect, avait une maladie des foies lurinaires, qu'on le sondait comme un puits n'artésien, et qui voulait de si grands soins qu'elle couchait sur un lit de sangle dans la chambre de ce monsieur. C'est-y croyabe ces choses-là. Mais vous me direz : les hommes, ça ne respecte rien ! tant ils sont égoïstes ! Enfin voilà qu'en causant avec lui, vous comprenez, elle était là toujours, elle l'égayait, elle lui racontait des histoires, elle le faisait jaser, comme nous sommes-là, pas vrai, tous les deux à jacasser... Elle apprend que ses neveux, le malade avait des neveux, étaient des monstres, qu'ils lui donnaient des chagrins, et, fin finale, que sa maladie venait de ses neveux. Eh bien ! mon cher monsieur, elle a sauvé ce monsieur, et elle est devenue sa femme, et ils ont un enfant qu'est superbe, et que mame Bordevin, la bouchère de la rue Charlot qu'est parente à c'te dame, a été marraine... En voilà ed' la chance ! Moi, je suis mariée !... Mais je n'ai pas d'enfant, et je puis le dire, c'est la faute à Cibot, qui m'aime trop; car si je voulais... Suffit. Quéque nous serions devenus avec de la famille, moi et mon Cibot, qui n'avons pas n'un sou vaillant, n'après trente ans de probité, mon cher monsieur ! Mais ce qui me console, c'est que je n'ai pas n'un liard du bien d'autrui. Jamais je n'ai fait de tort à personne... Tenez, n'une supposition, qu'on peut dire, puisque dans six semaines vous serez sur vos quilles, à flâner sur le boulevard; eh bien ! vous me mettriez sur votre testament; eh bien ! je n'aurais de cesse que je n'aie trouvé vos héritiers pour leur rendre... tant j'ai tant peur du bien qui n'est pas acquis à la sueur de mon front. Vous me direz : « Mais, mame Cibot, ne vous tourmentez donc pas comme ça, vous l'avez bien gagné, vous avez soigné ces messieurs comme vos enfants, vous leur avez épargné mille francs par an... » Car, à ma place, savez-vous, monsieur, qu'il y a bien des cuisinières qui auraient déjà dix mille francs ed' placés. — « C'est donc justice si ce digne monsieur vous laisse un petit viager !... » qu'on me dirait par supposition. Eh bien ! non !

moi je suis désintéressée... Je ne sais pas comment il y a des femmes qui font le bien par intérêt... Ce n'est plus faire le bien, n'est-ce pas, monsieur?... Je ne vais pas à l'église, moi ! Je n'en ai pas le temps; mais ma conscience me dit ce qui est bien... Ne vous agitez pas comme ça, mon chat!... ne vous grattez pas ! Mon Dieu, comme vous jaunissez! vous êtes si jaune, que vous en devenez brun... Comme c'est drôle qu'on soit, en vingt jours, comme un citron!... La probité, c'est le trésor des pauvres gens, il faut bien posséder quelque chose ! D'abord, vous arrivereriez à toute extrémité, par supposition, je serais la première à vous dire que vous devez donner tout ce qui vous appartient à monsieur Schmucke. C'est là votre devoir, car il est à lui seul, toute votre famille ! il vous n'aime, celui-là, comme un chien aime son maître.

— Ah! oui! dit Pons, je n'ai été aimé dans toute ma vie que par lui...

— Ah! monsieur, dit madame Cibot, vous n'êtes pas gentil, et moi, donc! je ne vous aime donc pas...

— Je ne dis pas cela, ma chère madame Cibot.

— Bon ! allez-vous pas me prendre pour une servante, une cuisinière ordinaire, comme si je n'avais pas n'un cœur ! Ah ! mon Dieu! fendez-vous donc pendant onze ans pour deux vieux garçons! ne soyez donc occupée que de leur bien-être, que je remuais tout chez dix fruitières, à m'y faire dire des sottises, pour vous trouver du bon fromage de Brie, que j'allais jusqu'à la Halle pour vous avoir du beurre frais, et prenez donc garde à tout, qu'en dix ans je ne vous ai rien cassé, rien écorné... Soyez donc comme une mère pour ses enfants! Et vous n'entendre dire un *ma chère madame Cibot* qui prouve qu'il n'y a pas un sentiment pour vous dans le cœur du vieux monsieur que vous soignez comme un fils de roi, car le petit roi de Rome n'a pas été soigné comme vous!... Voulez-vous parier qu'on ne l'a pas soigné comme vous!... à preuve qu'il est mort à la fleur de son âge... Tenez, monsieur, vous n'êtes pas juste... Vous êtes un ingrat! C'est parce que je ne suis qu'une pauvre portière. Ah! mon Dieu, vous croyez donc aussi, vous, que nous sommes des chiens...

— Mais, ma chère madame Cibot...

— Enfin, vous qu'êtes un savant, expliquez-moi pourquoi nous sommes traités comme ça, nous autres concierges, qu'on ne nous croit pas des sentiments, qu'on se moque de nous, dans n'un temps où l'on parle d'égalité !... Moi, je ne vaux donc pas une autre femme ! moi qui ai été une des plus jolies femmes de Paris, qu'on m'a nommée *la belle écaillère,* et que je recevais des déclarations d'amour sept ou huit fois par jour... Et que si je voulais encore ! Tenez, monsieur, vous connaissez bien ce gringalet de ferrailleur qu'est à la porte, eh bien ! si j'étais veuve, une supposition, il m'épouserait les yeux fermés, tant il les a ouverts à mon endroit, qu'il me dit toute la journée : — Oh ! les beaux bras que vous avez !... mame Cibot ! je rêvais, cette nuit, que c'était du pain et que j'étais du beurre, et que je m'étendais là-dessus !... » Tenez, monsieur, en voilà des bras !... Elle retroussa sa manche et montra le plus magnifique bras du monde, aussi blanc et aussi frais que sa main était rouge et flétrie ; un bras potelé, rond, à fossettes, et qui, tiré de son fourreau de mérinos commun, comme une lame est tirée de sa gaine, devait éblouir Pons, qui n'osa pas le regarder trop longtemps. — Et, reprit-elle, qui ont ouvert autant de cœurs que mon couteau ouvrait d'huîtres ! Eh bien ! c'est à Cibot, et j'ai eu le tort de négliger ce pauvre cher homme, qui se jetterait dedans un précipice au premier mot que je dirais, pour vous, monsieur, qui m'appelez *ma chère madame Cibot,* quand je ferais l'impossible pour vous...

— Écoutez-moi donc, dit le malade, je ne peux pas vous appeler ma mère ni ma femme...

— Non, jamais de ma vie ni de mes jours, je ne m'attache plus à personne !...

— Mais laissez-moi donc dire ! reprit Pons. Voyons, j'ai parlé de Schmucke, d'abord.

— Monsieur Schmucke ! en voilà un de cœur ! dit-elle. Allez, il m'aime, lui, parce qu'il est pauvre ! C'est la richesse qui rend insensible, et vous êtes riche ! Eh bien ! n'ayez une garde, vous verrez quelle vie elle vous fera ! qu'elle vous tourmentera comme un hanneton... Le médecin dira qu'il faut vous faire boire, elle ne vous donnera rien qu'à manger ! elle vous enterrera pour vous voler ! Vous ne méritez pas d'avoir une madame Cibot !... Allez ! quand monsieur Poulain viendra, vous lui demanderez une garde !

— Mais, sacrebleu ! écoutez-moi donc ! s'écria le malade en colère. Je ne parlais pas des femmes en parlant de mon ami Schmucke !... Je sais bien que je n'ai pas d'autres cœurs où je suis aimé sincèrement que le vôtre et celui de Schmucke !...

— Voulez-vous bien ne pas vous irriter comme ça ! s'écria la Cibot en se précipitant sur Pons et le recouchant de force.

— Mais, comment ne vous aimerais-je pas?... dit le pauvre Pons.

— Vous m'aimez, là, bien vrai?... Allons, allons, pardon, monsieur ! dit-elle en pleurant et essuyant ses pleurs. Eh bien ! oui, vous m'aimez, comme on aime une domestique, voilà... une domestique à qui l'on jette une viagère de six cents francs, comme un morceau de pain dans la niche d'un chien !...

— Oh ! madame Cibot ! s'écria Pons, pour qui me prenez-vous ? Vous ne me connaissez pas !

— Ah ! vous m'aimerez encore mieux ! reprit-elle en recevant un regard de Pons; vous aimerez votre bonne grosse Cibot comme une mère ? Eh bien ! c'est cela ; je suis votre mère, vous êtes tous deux mes enfants !... Ah ! si je connaissais ceux qui vous ont causé du chagrin, je me ferais mener en cour d'assises et même à la correctionnelle, car je leux arracherais les yeux?... Ces gens-là méritent d'être fait mourir à la barrière Saint-Jacques ! et c'est encore trop doux pour de pareils scélérats !... Vous si bon, si tendre, car vous n'avez un cœur d'or, vous étiez créé et mis au monde pour rendre une femme heureuse... Oui, vous l'aureriez rendue heureuse... ça se voit, vous étiez taillé pour cela... Moi, d'abord, en voyant comment vous êtes avec monsieur Schmucke, je me disais : — Non, monsieur Pons a manqué sa vie ! il était fait pour être un bon mari... Allez, vous aimez les femmes !

— Ah ! oui, dit Pons, et je n'en ai jamais eu !...

— Vraiment ! s'écria la Cibot d'un air provocateur en se rapprochant de Pons et lui prenant la main. Vous ne savez pas ce que c'est que n'avoir une maîtresse qui fait les cent coups pour son ami ? C'est-il possible ! Moi, à votre place, je ne voudrais pas m'en aller d'ici dans l'autre monde sans avoir connu le plus grand bonheur qu'i y ait sur terre !... Pauvre bichon ! si j'étais ce que j'ai été, parole d'honneur, je quitterais Cibot pour vous ! Mais avec un nez taillé comme ça, car vous avez un fier nez ! comment avez-vous fait, mon pauvre chérubin ?... Vous me direz : Toutes les femmes ne se connaissent pas en hommes... et c'est un malheur qu'elles se marient à tort et à travers, que ça fait pitié. Moi, je vous croyais des maîtresses à la douzaine, des danseuses, des actrices, des duchesses, rapport à vos absences !... Qu'en vous voyant sortir, je disais toujours à Cibot : « Tiens, voilà monsieur Pons qui va *courir le guilledou!* » Parole d'honneur ! je disais cela, tant je vous croyais aimé des femmes ! Le ciel vous a créé pour l'amour... Tenez, mon cher petit monsieur, j'ai vu cela le jour où vous avez dîné ici pour la première fois. Oh ! étiez-vous touché du plaisir que vous donniez à monsieur Schmucke ! Et lui qui en pleurait encore le lendemain, en me disant : *Montam Zibod, il ha tinné izi!* que j'en ai pleuré comme une bête aussi. Et comme il était triste, quand vous avez recommencé vos *villevoustes!* et à aller dîner en ville ! Pauvre homme ! jamais désolation pareille ne s'est vue ! Ah ! vous avez bien raison de faire de lui votre héritier ! Allez, c'est toute une famille pour vous, ce digne, ce cher homme-là !... Ne l'oubliez pas ! autrement Dieu ne vous recevrait pas dans son paradis, où il doit ne laisser entrer que ceux qui ont été reconnaissants envers leurs amis en leur laissant des rentes.

Pons faisait de vains efforts pour répondre, la Cibot parlait comme le vent marche. Si l'on a trouvé le moyen d'arrêter les machines à vapeur, celui de *stoper* la langue d'une portière épuisera le génie des inventeurs.

— Je sais ce que vous allez dire ! reprit-elle. Ça ne tue pas, mon cher monsieur, de faire son testament quand on est malade ; et n'à votre place, moi, crainte d'accident, je ne voudrais pas abandonner ce pauvre mouton-là, car c'est la bonne bête du bon Dieu ; il ne sait rien de rien ; je ne voudrais pas le mettre à la merci des rapiats d'hommes d'affaires, et de parents que c'est tous canailles ! Voyons, y a-t-il quelqu'un qui, depuis vingt jours, soit venu vous voir?... Et vous leur donneriez votre bien ! Savez-vous qu'on dit que tout ce qui est ici en vaut la peine?

— Mais, oui, dit Pons.

— Rémoriencq, qui vous connaît pour un amateur, et qui brocante, dit qu'il vous ferait bien trente mille francs de rente viagère, pour avoir vos tableaux après vous... En voilà une affaire ! A votre place, je la ferais ! Mais j'ai cru qu'il se moquait de moi, quand il m'a dit cela... Vous devriez avertir monsieur Schmucke de la valeur de toutes ces choses-là, car c'est un homme qu'on tromperait comme un enfant ; il n'a pas la moindre idée de ce que valent les belles choses que vous avez ! Il s'en doute si peu, qu'il les donnerait pour un morceau de pain, si, par amour pour vous, il ne les gardait pas pendant toute sa vie, s'il vit après vous, toutefois, car il mourra de votre mort! Mais je suis là, moi! je le défendrai envers et contre tous!... moi et Cibot.

— Chère madame Cibot, répondit Pons attendri par cet effroyable bavardage où le sentiment paraissait être naïf comme il l'est chez les gens du peuple; que serais-je devenu sans vous et Schmucke?

— Ah! nous sommes bien vos seuls amis sur cette terre! ça c'est bien vrai! Mais deux bons cœurs valent toutes les familles... Ne me parlez pas de la famille! C'est comme la langue, disait cet ancien acteur, c'est tout ce qu'il y a de meilleur et de pire... Où sont-ils donc, vos parents? En avez-vous, des parents?... je ne les ai jamais vus...

— C'est eux qui m'ont mis sur le grabat!... s'écria Pons avec une profonde amertume.

— Ah! vous avez des parents!... dit la Cibot en se dressant comme si son fauteuil eût été de fer rougi subitement au feu. Ah bien! ils sont gentils, vos parents! Comment, voilà vingt jours, oui, ce matin, il y a vingt jours que vous êtes à la mort, et ils ne sont pas encore venus savoir de vos nouvelles! C'est un peu fort de café, cela!... Mais, à votre place, je laisserais plutôt ma fortune à l'hospice des Enfans-Trouvés que de leur donner un liard!

— Eh bien, ma chère madame Cibot, je voulais léguer tout ce que je possède à ma petite-cousine, la fille de mon cousin-germain, le président Camusot, vous savez, le magistrat qui est venu un matin, il y a bientôt deux mois.

— Ah! un petit gros, qui vous a envoyé ses domestiques vous demander pardon... de la sottise de sa femme... que la femme de chambre m'a fait des questions sur vous, une vieille mijaurée à qui j'avais envie d'épousseter son crispin en velours avec el manche de mon balai! A-t-on jamais vu n'une femme de chambre porter n'un crispin en velours! Non, ma parole d'honneur, le monde est renversé! pourquoi fait-on des révolutions? Dînez deux fois, si vous en avez le moyen, gueux de riches! Mais je dis que les lois sont inutiles, qu'il n'y a plus rien de sacré, si Louis-Philippe ne maintient pas les rangs; car enfin, si nous sommes tous égaux, pas vrai, monsieur, n'une femme de chambre ne doit pas avoir n'un crispin en velours, quand moi, mame Cibot, avec trente ans de probité, je n'en ai pas... Voilà-t-il pas quelque chose de beau! On doit voir qui vous êtes. Une femme de chambre est une femme de chambre,

32.

comme moi je suis n'une concierge! Pourquoi donc a-t-on des épaulettes à grains d'épinards dans le militaire? A chacun son grade! Tenez, voulez-vous que je vous dise le fin mot de tout ça? Eh bien! la France est perdue!... Et sous l'Empereur, pas vrai, monsieur? tout ça marchait autrement. Aussi j'ai dit à Cibot:

— Tiens, vois-tu, mon homme, une maison où il y a des femmes de chambre à crispins en velours, c'est des gens sans entrailles...

— Sans entrailles! c'est cela! répondit Pons.

Et Pons raconta ses déboires et ses chagrins à madame Cibot, qui se répandit en invectives contre les parents, et témoigna la plus excessive tendresse à chaque phrase de ce triste récit. Enfin, elle pleura!

Pour concevoir cette intimité subite entre le vieux musicien et madame Cibot, il suffit de se figurer la situation d'un célibataire, grièvement malade pour la première fois de sa vie, étendu sur un lit de douleur, seul au monde, ayant à passer sa journée face à face avec lui-même, et trouvant cette journée d'autant plus longue qu'il est aux prises avec les souffrances indéfinissables de l'hépatite qui noircit la plus belle vie, et que, privé de ses nombreuses occupations, il tombe dans le marasme parisien, il regrette tout ce qui se voit gratis à Paris. Cette solitude profonde et ténébreuse, cette douleur dont les atteintes embrassent le moral encore plus que le physique, l'inanité de la vie, tout pousse un célibataire, surtout quand il est déjà faible de caractère et que son cœur est sensible, crédule, à s'attacher à l'être qui le soigne, comme un noyé s'attache à une planche. Aussi Pons écoutait-il les commérages de la Cibot avec ravissement. Schmucke et madame Cibot, le docteur Poulain, étaient l'humanité tout entière, comme sa chambre était l'univers. Si déjà tous les malades concentrent leur attention dans la sphère qu'embrassent leurs regards, et si leur égoïsme s'exerce autour d'eux en se subordonnant aux êtres et aux choses d'une chambre, qu'on juge ce dont est capable un vieux garçon, sans affections, et qui n'a jamais connu l'amour. En vingt jours, Pons en était arrivé par moments à regretter de ne pas avoir épousé Madeleine Vivet! Aussi, depuis vingt jours, madame Cibot faisait-elle d'immenses progrès dans l'esprit du malade, qui se voyait perdu sans elle; car pour Schmucke, Schmucke était un second Pons pour le pauvre malade. L'art prodigieux de la Cibot consistait, à son insu d'ailleurs, à exprimer les propres idées de Pons.

— Ah! voilà le docteur, dit-elle en entendant des coups de sonnette.

Et elle laissa Pons tout seul, sachant bien que le Juif et Rémonencq arrivaient.

— Ne faites pas de bruit, messieurs... dit-elle, qu'il ne s'aperçoive de rien ! car il est comme un crin dès qu'il s'agit de son trésor.

— Une simple promenade suffira, répondit le Juif armé de sa loupe et d'une lorgnette.

Le salon où se trouvait la majeure partie du Musée-Pons était un de ces anciens salons comme les concevaient les architectes employés par la noblesse française, de vingt-cinq pieds de largeur sur trente de longueur et de treize pieds de hauteur. Les tableaux que possédait Pons, au nombre de soixante-sept, tenaient tous sur les quatre parois de ce salon boisé, blanc et or, mais le blanc jauni, l'or rougi par le temps offraient des tons harmonieux qui ne nuisaient point à l'effet des toiles. Quatorze statues s'élevaient sur des colonnes, soit aux angles, soit entre les tableaux, sur des gaînes de Boule. Des buffets en ébène, tous sculptés et d'une richesse royale, garnissaient à hauteur d'appui le bas des murs. Ces buffets contenaient les curiosités. Au milieu du salon, une ligne de crédences en bois sculpté présentait au regard les plus grandes raretés du travail humain : les ivoires, les bronzes, les bois, les émaux, l'orfévrerie, les porcelaines, etc.

Dès que le Juif fut dans ce sanctuaire, il alla droit à quatre chefs-d'œuvre qu'il reconnut pour les plus beaux de cette collection, et de maîtres qui manquaient à la sienne. C'était pour lui ce que sont pour les naturalistes ces *desiderata* qui font entreprendre des voyages du couchant à l'aurore, aux tropiques, dans les déserts, les pampas, les savanes, les forêts vierges. Le premier tableau était de Sébastien del Piombo, le second de Fra Bartholomeo della Porta, le troisième un paysage d'Hobbéma, et le dernier un portrait de femme par Albert Durer, quatre diamants ! Sébastien del Piombo se trouve, dans l'art de la peinture, comme un point brillant où trois écoles se sont donné rendez-vous pour y apporter chacune ses éminentes qualités. Peintre de Venise, il est venu à Rome y prendre le style de Raphaël, sous la direction de Michel-Ange, qui voulut l'opposer à Raphaël en luttant, dans la personne d'un de ses lieutenants, contre ce souverain pontife de l'Art. Ainsi, ce paresseux génie a fondu la couleur vénitienne, la composition florentine, le style raphaëlesque dans les rares tableaux qu'il a daigné peindre, et dont les cartons étaient dessinés, dit-on, par Michel-Ange. Aussi peut-on voir à quelle perfection est arrivé cet homme, armé de cette triple force, quand on étudie au Musée de Paris le portrait de Baccio Bandinelli qui peut être mis en comparaison avec l'Homme au gant de Titien, avec le portrait de vieillard où Raphaël a joint sa perfection à celle de Corrége, et avec le Charles VIII de Leonardo da Vinci, sans que cette toile y perde. Ces quatre perles offrent la même eau, le même orient, la même rondeur, le même éclat, la même valeur. L'art humain ne peut aller au delà. C'est supérieur à la nature qui n'a fait vivre l'original que pendant un moment. De ce grand génie, de cette palette immortelle, mais d'une incurable paresse, Pons possédait un Chevalier de Malte en prière, peint sur ardoise, d'une fraîcheur, d'un fini, d'une profondeur supérieurs encore aux qualités du portrait de Baccio Bandinelli. Le Fra Bartholomeo, qui représentait une Sainte Famille, eût été pris pour un tableau de Raphaël par beaucoup de connaisseurs. L'Hobbéma devait aller à soixante mille francs en vente publique. Quant à l'Albert Durer, ce portrait de femme était pareil au fameux Holzschuer de Nuremberg, duquel les rois de Bavière, de Hollande et de Prusse ont offert deux cent mille francs, et vainement, à plusieurs reprises. Est-ce la femme ou la fille du chevalier Holzschuer, l'ami d'Albert Durer?... l'hypothèse paraît une certitude, car la femme du Musée-Pons est dans une attitude qui suppose un pendant, et les armes peintes sont disposées de la même manière dans l'un et l'autre portrait. Enfin, le *ætatis suæ* XLI est en parfaite harmonie avec l'âge indiqué dans le portrait si religieusement gardé par la maison Holzschuer de Nuremberg, et dont la gravure a été récemment achevée.

Elie Magus eut des larmes dans les yeux en regardant tour à tour ces quatre chefs-d'œuvre.

— Je vous donne deux mille francs de gratification par chacun de ces tableaux, si vous me les faites avoir pour quarante mille francs!... dit-il à l'oreille de la Cibot stupéfaite de cette fortune tombée du ciel.

L'admiration, ou, pour être plus exact, le délire du Juif, avait produit un tel désarroi dans son intelligence et dans ses habitudes de cupidité, que le Juif s'y abîma, comme on voit.

— Et moi?... dit Rémonencq qui ne se connaissait pas en tableaux.

— Tout est ici de la même force, répliqua finement le Juif à l'oreille de l'Auvergnat, prends dix tableaux au hasard et aux mêmes conditions, ta fortune sera faite !

Ces trois voleurs se regardaient encore, chacun en proie à sa volupté, la plus vive de toutes, la satisfaction du succès en fait de fortune, lorsque la voix du malade retentit et vibra comme des coups de cloche...

— Qui va là !... criait Pons.

— Monsieur ! recouchez-vous donc ! dit la Cibot en s'élançant sur Pons et le forçant à se remettre au lit. Ah çà ! voulez-vous vous tuer !... Eh bien ! ce n'est pas monsieur Poulain, c'est ce brave Rémonencq, qui est si inquiet de vous, qu'il vient savoir de vos nouvelles !... Vous êtes si aimé, que toute la maison est en l'air pour vous. De quoi donc avez-vous peur ?

— Mais, il me semble que vous êtes là plusieurs, dit le malade.

— Plusieurs ! c'est bon !... Ah ! çà, rêvez-vous ?... Vous finirez par devenir fou, ma parole d'honneur !... Tenez ! voyez.

La Cibot alla vivement ouvrir la porte, fit signe à Magus de se retirer et à Rémonencq d'avancer.

— Eh bien ! mon cher monsieur, dit l'Auvergnat pour qui la Cibot avait parlé, je viens savoir de vos nouvelles, car toute la maison est dans les transes par rapport à vous... Personne n'aime que la mort se mette dans les maisons !... Et, enfin, le papa Monistrol, que vous connaissez bien, m'a chargé de vous dire que si vous aviez besoin d'argent, il se mettait à votre service...

— Il vous envoie pour donner un coup d'œil à mes *biblots !*... dit le vieux collectionneur avec une aigreur pleine de défiance.

Dans les maladies de foie, les sujets contractent presque toujours une antipathie spéciale, momentanée ; ils concentrent leur mauvaise humeur sur un objet ou sur une personne quelconque. Or, Pons se figurait qu'on en voulait à son trésor, il avait l'idée fixe de le surveiller, et il envoyait, de moments en moments, Schmucke voir si personne ne s'était glissé dans le sanctuaire.

— Elle est assez belle, votre collection, répondit astucieusement Rémonencq, pour exciter l'attention des chineurs ; je ne me connais pas en haute curiosité, mais monsieur passe pour être un si grand connaisseur, que quoique je ne sois pas bien avancé dans la chose, j'achèterai bien de monsieur, les yeux fermés... Si monsieur avait quelquefois besoin d'argent, car rien ne coûte comme ces sacrées maladies... que ma sœur, en dix jours, a dépensé trente sous de remèdes, quand elle a eu les sangs bouleversés, et qu'elle aurait bien guéri sans cela... Les médecins sont des fripons qui profitent de notre état pour...

— Adieu, merci, monsieur, répondit Pons au ferrailleur en lui jetant des regards inquiets.

— Je vais le reconduire, dit tout bas la Cibot à son malade, crainte qu'il ne touche à quelque chose.

— Oui, oui, répondit le malade en remerciant la Cibot par un regard.

La Cibot ferma la porte de la chambre à coucher, ce qui réveilla la défiance de Pons. Elle trouva Magus immobile devant les quatre tableaux. Cette immobilité, cette admiration ne peuvent être comprises que par ceux dont l'âme est ouverte au beau idéal, au sentiment ineffable que cause la perfection dans l'art, et qui restent plantés sur leurs pieds durant des heures entières au Musée devant la Joconde de Leonardo da Vinci, devant l'Antiope du Corrége, le chef-d'œuvre de ce peintre, devant la maîtresse du Titien, la Sainte-Famille d'*Andrea del Sarto*, devant les enfants entourés de fleurs du Dominiquin, le petit camaïeu de Raphaël et son portrait de vieillard, les plus immenses chefs-d'œuvre de l'art.

— Sauvez-vous sans bruit! dit-elle.

Le Juif s'en alla lentement et à reculons, regardant les tableaux comme un amant regarde une maîtresse à laquelle il dit adieu. Quand le Juif fut sur le palier, la Cibot, à qui cette contemplation avait donné des idées, frappa sur le bras sec de Magus.

— Vous me donnerez quatre mille francs par tableau! sinon rien de fait...

— Je suis si pauvre!... dit Magus. Si je désire ces toiles, c'est par amour, uniquement par amour de l'art, ma belle dame!

— Tu es si sec, mon fiston! dit la portière, que je conçois cet amour-là. Mais si tu ne me promets pas aujourd'hui seize mille francs devant Rémonencq, demain, ce sera vingt mille.

— Je promets les seize, répondit le Juif effrayé de l'avidité de cette portière.

— Par quoi ça peut-il jurer, un Juif?... dit la Cibot à Rémonencq.

— Vous pouvez vous fier à lui, répondit le ferrailleur, il est aussi honnête homme que moi.

— Eh bien! et vous? demanda la portière, si je vous en fais vendre, que me donnerez-vous?...

— Moitié dans les bénéfices, dit promptement Rémonencq.

— J'aime mieux une somme tout de suite, je ne suis pas dans le commerce, répondit la Cibot.

— Vous entendez joliment les affaires! dit Élie Magus en souriant, vous feriez une fameuse marchande.

— Je lui offre de s'associer avec moi corps et biens, dit l'Auvergnat en prenant le bras potelé de la Cibot et tapant dessus avec une force de marteau. Je ne lui demande pas d'autre mise de fonds que sa beauté! Vous avez tort de tenir à votre Turc de Cibot et à son aiguille! Est-ce un petit portier qui peut enrichir une belle femme comme vous? Ah! quelle figure vous feriez dans une boutique sur le boulevard, au milieu des curiosités, jabotant avec les amateurs et les entortillant! Laissez-moi là votre loge quand vous aurez fait votre pelote ici, et vous verrez ce que nous deviendrons à nous deux!

— Faire ma pelote! dit la Cibot. Je suis incapable de prendre ici la valeur d'une épingle! entendez-vous, Rémonencq? s'écria la portière. Je suis connue dans le quartier pour une honnête femme, n'à!

Les yeux de la Cibot flamboyaient.

— Là, rassurez-vous! dit Élie Magus. Cet Auvergnat a l'air de vous trop aimer pour vouloir vous offenser.

— Comme elle vous mènerait les pratiques! s'écria l'Auvergnat.

— Soyez justes, mes fistons, reprit madame Cibot radoucie, et jugez vous-mêmes de ma situation ici!... Voilà dix ans que je m'extermine le tempérament pour ces deux vieux garçons-là, sans que jamais ils ne m'aient donné autre chose que des paroles... Rémonencq vous dira que je nourris ces deux vieux à forfait, où que je perds des vingt à trente sous par jour, que toutes mes économies y ont passé, par l'âme de ma mère!... la seule auteur de mes jours que j'ai connue; mais aussi vrai que j'existe, et que voilà le jour qui nous éclaire, et que mon café me serve de poison si je mens d'une centime!... Eh bien! en voilà un qui va mourir, pas vrai? et c'est le plus riche de ces deux hommes de qui j'ai fait mes propres enfants!... Croireriez-vous, mon cher monsieur, que depuis vingt jours que je lui répète qu'il est à la mort (car monsieur Poulain l'a condamné!...), ce grigou-là ne parle pas plus de me mettre sur son testament que si je ne le connaissais pas! Ma parole d'honneur, nous n'avons notre dû qu'en le prenant, foi d'honnête femme; car allez donc vous fier à des héritiers?... pus souvent! Tenez, voyez-vous, paroles ne puent pas, tout le monde est de la canaille!

— C'est vrai! dit sournoisement Élie Magus, et c'est encore nous autres, ajouta-t-il en regardant Rémonencq, qui sommes les plus honnêtes gens...

— Laissez-moi donc, reprit la Cibot, je ne parle pas pour vous... Les *personnes pressantes*, comme dit cet ancien acteur, *sont toujours acceptées!*... Je vous jure que ces deux messieurs me doivent déjà près de trois mille francs, que le peu que je possède est déjà passé dans les médicaments et dans leurs affaires, et s'ils n'allaient ne me rien reconnaître de mes avances!... Je suis si bête avec ma probité que je n'ose pas leux en parler. Pour lors, vous qu'êtes dans les affaires, mon cher monsieur, me conseillez-vous de m'adresser à un avocat?...

— Un avocat! s'écria Rémonencq, vous en savez plus que tous les *avocasses!*...

Le bruit de la chute d'un corps lourd, tombé sur le carreau de la salle à manger, retentit dans le vaste espace de l'escalier.

— Ah! mon Dieu! cria la Cibot, qué qu'il arrive? Il me semble que c'est monsieur qui vient de prendre un billet de parterre!...

Elle poussa ses deux complices qui dégringolèrent avec agilité, puis elle se retourna, se précipita dans la salle à manger et y vit Pons étalé tout de son long, en chemise, évanoui! Elle prit le vieux garçon dans ses bras, l'enleva comme une plume, et le porta jusque sur son lit. Quand elle eut couché le moribond, elle lui fit respirer des barbes de plume brûlée, elle lui mouilla les tempes d'eau de Cologne, elle le ranima. Puis, lorsqu'elle vit les yeux de Pons ouverts, que la vie fut revenue, elle se posa les poings sur les hanches.

— Sans pantoufles, en chemise! il y a de quoi vous tuer! Et pourquoi vous défiez-vous de moi?... Si c'est ainsi, adieu, monsieur. Après dix ans que je vous sers, que je mets du mien dans votre ménage, que mes économies y sont toutes passées, pour éviter des ennuis à ce pauvre monsieur Schmucke, qui pleure comme un enfant par les escaliers... Voilà ma récompense! vous venez m'espionner... Dieu vous a puni! c'est bien fait! Et moi qui me donne un effort pour vous porter dans mes bras, que je risque d'être blessée pour le reste de mes jours. Ah! mon Dieu! et la porte que j'ai laissée ouverte...

— Avec qui causiez-vous?

— En voilà des idées! s'écria la Cibot. Ah çà! suis-je votre esclave? ai-je des comptes à vous rendre? Savez-vous que si vous m'ennuyez ainsi, je plante tout là! Vous prendrez n'une garde!

Pons, épouvanté de cette menace, donna sans le savoir à la Cibot la mesure de ce qu'elle pouvait tenter avec cette épée de Damoclès.

— C'est ma maladie! dit-il piteusement.

— A la bonne heure! répliqua la Cibot rudement.

Elle laissa Pons confus, en proie à des remords, admirant le dévouement criard de sa garde-malade, se faisant des reproches, et ne sentant pas le mal horrible par lequel il venait d'aggraver sa maladie en tombant ainsi sur les dalles de la salle à manger. La Cibot aperçut Schmucke qui montait l'escalier.

— Venez, monsieur... Il y a de tristes nouvelles! allez! monsieur Pons devient fou!... Figurez-vous qu'il s'est levé tout nu, qu'il m'a suivie, non, il s'est étendu là, tout de son long... Demandez-lui pourquoi, il n'en sait rien... Il va mal. Je n'ai rien fait pour le provoquer à des violences pareilles, à moins de lui avoir réveillé les idées en lui parlant de ses premières amours... Qui est-ce qui connaît les hommes! C'est tous vieux libertins... J'ai eu tort de lui montrer mes bras, que ses yeux en brillaient comme des escarboucles...

Schmucke écoutait madame Cibot, comme s'il l'entendait parlant hébreu.

— Je me suis donné un effort que j'en serai blessée pour jusqu'à la fin de mes jours!... ajouta la Cibot en paraissant éprouver de vives douleurs et pensant à mettre à profit l'idée qu'elle avait eue, par hasard, en sentant une petite fatigue dans les muscles. Je suis si bête! Quand je l'ai vu là, par terre, je l'ai pris dans mes bras, et je l'ai porté jusqu'à son lit, comme un enfant, quoi! Mais, maintenant je sens un effort! Ah! je me trouve mal!... je descends chez moi, gardez notre malade. Je vas envoyer Cibot chercher monsieur Poulain pour moi! J'aimerais mieux mourir que de me voir infirme...

La Cibot accrocha la rampe et roula par les escaliers en faisant mille contorsions et des gémissements si plaintifs, que tous les locataires, effrayés, sortirent sur les paliers de leurs appartements. Schmucke soutenait la malade en versant des larmes, et il expliquait le dévouement de la portière. Toute la maison, tout le quartier surent bientôt le trait sublime de madame Cibot, qui s'était donné un effort mortel, disait-on, en enlevant un des Casse-noisettes dans ses bras. Schmucke, revenu près de Pons, lui révéla l'état affreux de leur factotum, et tous deux ils se regardèrent en disant : Qu'allons-nous devenir sans elle?... Schmucke, en voyant le changement produit chez Pons par son escapade, n'osa pas le gronder.

— *Vichis pric-à-prac! c'haimerais mieux les priter que de bertre mon ami!...* s'écria-t-il en apprenant de Pons la cause de l'accident. *Se tevier de montam Zibod, qui nous brede ses igonomies! C'esdre bas pien; mais c'est la malatie...*

— Ah! quelle maladie! je suis changé, je le sens, dit Pons. Je ne voudrais pas te faire souffrir, mon bon Schmucke.

— *Cronte-moi!* dit Schmucke, *et laisse montam Zibod dranquille.*

Le docteur Poulain fit disparaître en quelques jours l'infirmité dont se disait menacée madame Cibot, et sa réputation reçut dans le quartier du Marais un lustre extraordinaire de cette guérison, qui tenait du miracle. Il attribua chez Pons ce succès à l'excellente constitution de la malade, qui reprit son service auprès de ses deux messieurs le septième jour à leur grande satisfaction. Cet événement augmenta de cent pour cent l'influence, la tyrannie de la portière sur le ménage des deux Casse-noisettes, qui, pendant cette semaine, s'étaient endettés, mais dont les dettes furent payées par elle. La Cibot profita de la circonstance pour obtenir (et avec quelle facilité!) de Schmucke une reconnaissance des deux mille francs qu'elle disait avoir prêtés aux deux amis.

— Ah! quel médecin que monsieur Poulain! dit la Cibot à Pons. Il vous sauvera, mon cher monsieur, car il m'a tirée du cercueil! Mon pauvre Cibot me regardait comme morte!... Eh bien! monsieur Poulain a dû vous le dire, pendant que j'étais sur mon lit, je ne pensais qu'à vous. « Mon Dieu, que je disais, prenez-
» moi, et laissez vivre mon cher monsieur Pons... »

— Pauvre chère madame Cibot, vous avez manqué d'avoir une infirmité pour moi !...

— Ah ! sans monsieur Poulain, je serais dans la chemise de sapin qui nous attend tous. Eh bien ! n'au bout du fossé la culbute, comme disait cet ancien acteur! Faut de la philosophie. Comment avez-vous fait sans moi ?...

— Schmucke m'a gardé, répondit le malade; mais notre pauvre caisse et notre clientèle en ont souffert... Je ne sais pas comment il a fait.

— *Ti galme! Bons!* s'écria Schmucke, *nus afons i tans le bère Zibod, ein panquier...*

— Ne parlez pas de cela! mon cher mouton, vous êtes tous deux nos enfants, reprit la Cibot. Nos économies sont bien placées chez vous, allez! vous êtes plus solides que la Banque. Tant que nous aurons un morceau de pain, vous en aurez la moitié... ça ne vaut pas la peine d'en parler...

— *Baufre montam Zibod!* dit Schmucke en s'en allant.

Pons gardait le silence.

— Croireriez-vous, mon chérubin, dit la Cibot au malade en le voyant inquiet, que, dans mon agonie, car j'ai vu la camarde de bien près!... ce qui me tourmentait le plus, c'était de vous laisser seuls, livrés à vous-mêmes, et de laisser mon pauvre Cibot sans un liard... C'est si peu de chose que mes économies, que je ne vous en parle que rapport à ma mort et à Cibot, qu'est un ange! Non, cet être-là m'a soignée comme une reine, en me pleurant comme un veau!... Mais je comptais sur vous, foi d'honnête femme. Je me disais : Va, Cibot, mes monsieurs ne te laisseront jamais sans pain...

Pons ne répondit rien à cette attaque *ad testamentum*, et la portière garda le silence en attendant un mot.

— Je vous recommanderai à Schmucke, dit enfin le malade.

— Ah! s'écria la portière, tout ce que vous ferez sera bien fait, je m'en rapporte à vous, à votre cœur... Ne parlons jamais de cela, car vous m'humiliez, mon cher chérubin; pensez à vous guérir! vous vivrez plus que nous...

Une profonde inquiétude s'empara du cœur de madame Cibot, elle résolut de faire expliquer son monsieur sur le legs qu'il entendait lui laisser; et, de prime abord, elle sortit pour aller trouver le docteur Poulain chez lui, le soir, après le dîner de Schmucke, qui mangeait auprès du lit de Pons depuis que son ami était malade.

Le docteur Poulain demeurait rue d'Orléans. Il occupait un petit rez-de-chaussée composé d'une antichambre, d'un salon et de deux chambres à coucher. Un office contigu à l'antichambre, et qui communiquait à l'une des deux chambres, celle du docteur, avait été converti en cabinet. Une cuisine, une chambre de domestique et une petite cave dépendaient de cette location située dans une aile de la maison, immense bâtisse construite sous l'Empire, à la place d'un vieil hôtel dont le jardin subsistait encore. Ce jardin était partagé entre les trois appartements du rez-de-chaussée.

L'appartement du docteur n'avait pas été changé depuis quarante ans. Les peintures, les papiers, la décoration, tout y sentait l'Empire. Une crasse quadragénaire, la fumée, y avaient flétri les glaces, les bordures, les dessins du papier, les plafonds et les peintures. Cette petite location, au fond du Marais, coûtait encore mille francs par an. Madame Poulain, mère du docteur, âgée de soixante-sept ans, achevait sa vie dans la seconde chambre à coucher. Elle travaillait pour les culottiers. Elle cousait les guêtres, les culottes de peau, les bretelles, les ceintures, enfin tout ce qui concerne cet article assez en décadence aujourd'hui. Occupée à surveiller le ménage et l'unique domestique de son fils, elle ne sortait jamais, et prenait l'air dans le jardinet, où l'on descendait par une porte-fenêtre du salon. Veuve depuis vingt ans, elle avait, à la mort de son mari, vendu son fonds de culottier à son premier ouvrier, qui lui réservait assez d'ouvrage pour qu'elle pût gagner environ trente sous par jour. Elle avait tout sacrifié à l'éducation de son fils unique, en voulant le placer à tout prix dans une situation supérieure à celle de son père. Fière de son Esculape, croyant à ses succès, elle continuait à tout lui sacrifier, heureuse de le soigner, d'économiser pour lui, ne rêvant qu'à son bien-être, et l'aimant avec intelligence, ce que ne savent pas faire toutes les mères. Ainsi, madame Poulain, qui se souvenait d'avoir été simple ouvrière, ne voulait pas nuire à son fils ou prêter à rire, au mépris, car la bonne femme parlait en S comme madame Cibot parlait en N ; elle se cachait dans sa chambre, d'elle-même, quand par hasard quelques clients distingués venaient consulter le docteur, ou lorsque des camarades de collége ou d'hôpital se présentaient.

Aussi, jamais le docteur n'avait-il eu à rougir de sa mère, qu'il vénérait, et dont le défaut d'éducation était bien compensé par cette sublime tendresse. La vente du fonds de culottier avait produit environ vingt mille francs ; la veuve les avait placés sur le Grand-Livre en 1820, et les onze cents francs de rente qu'elle en avait eus composaient toute sa fortune. Aussi, pendant long-temps, les voisins aperçurent-ils, dans le jardin, le linge du docteur et celui de sa mère, étendus sur des cordes. La domestique et madame Poulain blanchissaient tout au logis avec économie. Ce détail domestique nuisait beaucoup au docteur, on ne voulait pas lui reconnaître de talent en le voyant si pauvre. Les onze cents francs de rente passaient au loyer. Le travail de madame Poulain, bonne grosse petite vieille, avait, pendant les premiers temps, suffi à toutes les dépenses de ce pauvre ménage. Après douze ans de persistance dans son chemin pierreux, le docteur ayant fini par gagner un millier d'écus par an, madame Poulain pouvait alors disposer d'environ cinq mille francs. C'était, pour qui connaît Paris, avoir le strict nécessaire.

Le salon où les consultants attendaient, était mesquinement meublé de ce canapé vulgaire, en acajou, garni de velours d'Utrecht jaune à fleurs, de quatre fauteuils, de six chaises, d'une console et d'une table à thé, provenant de la succession du feu culottier et le tout de son choix. La pendule, toujours sous son globe de verre, entre deux candélabres égyptiens, figurait une lyre. On se demandait par quels procédés les rideaux pendus aux fenêtres avaient pu subsister si long-temps, car ils étaient en calicot jaune imprimé de rosaces rouges de la fabrique de Jouy. Obercampf avait reçu des compliments de l'Empereur pour ces atroces produits de l'industrie cotonnière en 1809. Le cabinet du docteur était meublé dans ce goût-là, le mobilier de la chambre paternelle en avait fait les frais. C'était sec, pauvre et froid. Quel malade pouvait croire à la science d'un médecin qui, sans renommée, se trouvait encore sans meubles, par un temps où l'Annonce est toute-puissante, où l'on dore les candélabres de la place de la Concorde pour consoler le pauvre en lui persuadant qu'il est un riche citoyen ?

L'antichambre servait de salle à manger. La bonne y travaillait quand elle ne s'adonnait pas aux travaux de la cuisine, ou qu'elle ne tenait pas compagnie à la mère du docteur. On devinait, dès l'entrée, la misère décente qui régnait dans ce triste appartement, désert pendant la moitié de la journée, en apercevant les petits rideaux de mousseline rousse à la croisée de cette pièce donnant sur la cour. Les placards devaient recéler des restes de pâtés moisis, des assiettes écornées, des bouchons éternels, des serviettes d'une semaine, enfin les ignominies justifiables des petits ménages parisiens, et qui de là ne peuvent aller que dans la hotte des chiffonniers. Aussi par ce temps où la pièce de cent sous est tapie dans toutes les consciences, où elle roule dans toutes les phrases, le docteur, âgé de trente ans, doué d'une mère sans relations, restait-il garçon. En dix ans, il n'avait pas rencontré le plus petit prétexte à roman dans les familles où sa profession lui donnait accès, car il guérissait les gens dans une sphère où les existences ressemblaient à la sienne; il ne voyait que des ménages pareils au sien, ceux de petits employés ou de petits fabricants. Ses clients les plus riches étaient les bouchers, les boulangers, les gros détaillants du quartier, gens qui, la plupart du temps, attribuaient leur guérison à la nature, pour pouvoir payer les visites du docteur à quarante sous, en le voyant venir à pied. En médecine, le cabriolet est plus nécessaire que le savoir.

Une vie commune et sans hasards finit par agir sur l'esprit le plus aventureux. Un homme se façonne à son sort, il accepte la vulgarité de sa vie. Aussi, le docteur Poulain, après dix ans de pratique, continuait-il à faire son métier de Sisyphe, sans les désespoirs qui rendirent ses premiers jours amers. Néanmoins, il caressait un rêve, car tous les gens de Paris ont leur rêve. Rémonencq jouissait d'un rêve, la Cibot avait le sien. Le docteur Poulain espérait être appelé près d'un malade riche et influent; puis obtenir, par le crédit de ce malade qu'il guérissait infailliblement, une place de médecin en chef à un hôpital, de médecin des prisons, ou des théâtres du boulevard, ou d'un ministère. Il avait d'ailleurs gagné sa place de médecin de la mairie de cette manière. Amené par la Cibot, il avait soigné, guéri, monsieur Pillerault, le propriétaire de la maison où les Cibot étaient concierges. Monsieur Pillerault, grand-oncle maternel de madame la comtesse Popinot, la femme du ministre, s'étant intéressé à ce jeune homme dont la misère cachée avait été sondée par lui dans une visite de remercîment, exigea de son petit-neveu, le ministre, qui le vénérait, la place que le docteur exerçait depuis cinq ans, et dont les maigres émoluments étaient venus bien à propos pour l'empêcher de prendre un parti violent, celui de l'émigration. Quitter la France est, pour un Français, une situation funèbre. Le docteur Poulain alla bien remercier le comte Popinot, mais, le médecin de l'homme d'État étant l'illustre Bianchon, le solliciteur comprit qu'il ne pouvait guère arriver dans cette maison-là. Le pauvre docteur, après s'être flatté d'obtenir la protection d'un des ministres influents, d'une des douze ou quinze cartes qu'une main puissante mêle depuis seize ans sur le tapis vert de la table du conseil, se trouva replongé dans le Marais où il pataugeait chez les pauvres, chez les petits bourgeois, et où il eut la charge de vérifier les décès, à raison de douze cents francs par an.

Le docteur Poulain, interne assez distingué, devenu praticien prudent, ne manquait pas d'expérience. D'ailleurs, ses morts ne faisaient pas scandale, et il pouvait étudier toutes les maladies *in animâ vili*. Jugez de quel fiel il se nourrissait? Aussi, l'expression de sa figure, déjà longue et mélancolique, était-elle parfois effrayante. Mettez dans un parchemin jaune les yeux ardents de Tartufe et l'aigreur d'Alceste; puis, figurez-vous la démarche, l'attitude, les regards de cet homme, qui, se trouvant tout aussi bon médecin que l'illustre Bianchon, se sentait maintenu dans une sphère obscure par une main de fer? Le docteur Poulain ne pouvait s'empêcher de comparer ses recettes de dix francs dans les jours heureux, à celles de Bianchon qui vont à cinq ou six cents francs! N'est-ce pas à concevoir toutes les haines de la démocratie? Cet ambitieux, refoulé, n'avait d'ailleurs rien à se reprocher. Il avait déjà tenté la fortune en inventant des pilules purgatives, semblables à celles de Morisson. Il avait confié cette exploitation à l'un de ses camarades d'hôpital, un interne devenu pharmacien; mais le pharmacien, amoureux d'une figurante de l'Ambigu-Comique, s'était mis en faillite, et le brevet d'invention des pilules purgatives se trouvant pris à son nom, cette immense découverte avait enrichi le successeur. L'ancien interne était parti pour le Mexique, la patrie de l'or, en emportant mille francs d'économies au pauvre Poulain, qui, pour fiche de consolation, fut traité d'usurier par la figurante à laquelle il vint redemander son argent. Depuis la bonne fortune de la guérison du vieux Pillerault, pas un seul client riche ne s'était présenté. Poulain courait tout le Marais, à pied, comme un chat maigre, et sur vingt visites, en obtenait deux à quarante sous. Le client qui payait bien était, pour lui, cet oiseau fantastiquè, appelé le *Merle blanc* dans tous les mondes sublunaires.

Le jeune avocat sans causes, le jeune médecin sans clients sont les deux plus grandes expressions du Désespoir décent, particulier à la ville de Paris, ce Désespoir muet et froid, vêtu d'un habit et d'un pantalon noirs à coutures blanchies qui rappellent le zinc de la mansarde, d'un gilet de satin luisant, d'un chapeau ménagé saintement, de vieux gants et de chemises en calicot. C'est un poëme de tristesse, sombre comme les Secrets de la Conciergerie. Les autres misères, celles du poëte, de l'artiste, du comédien, du musicien, sont égayées par les jovialités naturelles aux arts, par l'insouciance de la Bohême où l'on entre d'abord et qui mène aux Thébaïdes du génie! Mais ces deux habits noirs qui vont à pied, portés par deux professions pour lesquelles tout est plaie, à qui l'humanité ne montre que ses côtés honteux; ces deux hommes ont, dans les aplatissements du début, des expressions sinistres, provoquantes, où la haine et l'ambition concentrées jaillissent par des regards semblables aux premiers efforts d'un incendie couvé. Quand deux amis de collége se rencontrent, à vingt ans de distance, le riche évite alors son camarade pauvre, il ne le reconnaît pas, il s'épouvante des abîmes que la destinée a mis entre eux. L'un a parcouru la vie sur les chevaux fringants de la Fortune ou sur les nuages dorés du Succès; l'autre a cheminé souterrainement dans les égouts parisiens, et il en porte les stigmates. Combien d'anciens amis évitaient le docteur à l'aspect de sa redingote et de son gilet!

Maintenant il est facile de comprendre comment le docteur Poulain avait si bien joué son rôle dans la comédie du danger de la Cibot. Toutes les convoitises, toutes les ambitions se devinent. En ne trouvant aucune lésion dans aucun organe de la portière, en admirant la régularité de son pouls, la parfaite aisance de ses mouvements, et, en l'entendant jeter les hauts cris, il comprit qu'elle avait un intérêt à se dire à la mort. La rapide guérison d'une grave maladie feinte devant faire parler de lui dans l'Arrondissement, il exagéra la prétendue descente de la Cibot, il parla de la résoudre en la prenant à temps. Enfin il soumit la portière à de prétendus remèdes, à une fantastique opération, qui furent couronnés d'un plein succès. Il chercha, dans l'arsenal des cures extraordinaires de Desplein, un cas bizarre; il en fit l'application à madame Cibot, attribua modestement la réussite au grand chirurgien, et se donna pour son imitateur. Telles sont les audaces des débutants à Paris. Tout leur fait échelle pour monter sur le théâtre; mais comme tout s'use, même les bâtons d'échelles, les débutants en chaque profession ne savent plus de quel bois se faire des marchepieds. Par certains moments, le Parisien est réfractaire au succès. Lassé d'élever des piédestaux, il boude comme les enfants gâtés et ne veut plus d'idoles; ou pour être vrai, les gens de talent manquent parfois à ses engouements. La gangue d'où s'extrait le génie a ses lacunes; le Parisien se regimbe alors, il ne veut pas toujours dorer ou adorer les médiocrités.

En entrant avec sa brusquerie habituelle, madame Cibot surprit le docteur à table avec sa vieille mère, mangeant une salade de mâches, la moins chère de toutes les salades, et n'ayant pour dessert qu'un angle aigu de fromage de Brie, entre une assiette peu garnie par les fruits dits les quatre-mendiants, où se voyaient beaucoup de râpes de raisin, et une assiette de mauvaises pommes de bateau.

— Ma mère, vous pouvez rester, dit le médecin en retenant madame Poulain par le bras, c'est madame Cibot de qui je vous ai parlé.

— Mes respects, madame, mes devoirs, monsieur, dit la Cibot en acceptant la chaise que lui présenta le docteur. Ah! c'est madame votre mère, elle est bien heureuse d'avoir un fils qui a tant de talent; car c'est mon sauveur, madame, il m'a tiré de l'abîme...

La veuve Poulain trouva madame Cibot charmante, en l'entendant faire ainsi l'éloge de son fils.

— C'est donc pour vous dire, mon cher monsieur Poulain, entre nous, que le pauvre monsieur Pons va bien mal, et que j'ai à vous parler, rapport à lui...

— Passons au salon, dit le docteur Poulain en montrant la domestique à madame Cibot par un geste significatif.

Une fois au salon, la Cibot expliqua longuement sa position avec les deux Casse-noisettes, elle répéta l'histoire de son prêt en l'enjolivant, et raconta les immenses services qu'elle rendait depuis dix ans à messieurs Pons et Schmucke. A l'entendre, ces deux vieillards n'existeraient plus, sans ses soins maternels. Elle se posa comme un ange et dit tant et tant de mensonges arrosés de larmes, qu'elle finit par attendrir la vieille madame Poulain.

— Vous comprenez, mon cher monsieur, dit-elle en terminant,

qu'il faudrait bien savoir à quoi s'en tenir sur ce que monsieur Pons compte faire pour moi, dans le cas où il viendrait à mourir; c'est ce que je ne souhaite guère, car ces deux innocents à soigner, voyez-vous, madame, c'est ma vie; mais si l'un d'eux me manque, je soignerai l'autre. Moi, la Nature m'a bâtie pour être la rivale de la Maternité. Sans quelqu'un à qui je m'intéresse, de qui je me fais un enfant, je ne saurais que devenir... Donc, si monsieur Poulain le voulait, il me rendrait un service que je saurais bien reconnaître, ce serait de parler de moi à monsieur Pons. Mon Dieu! mille francs de viager, est-ce trop? je vous le demande... C'est autant de gagné pour monsieur Schmucke... Pour lors, notre cher malade m'a donc dit qu'il me recommanderait à ce pauvre Allemand, qui serait donc, dans son idée, son héritier... Mais qu'est-ce qu'un homme qui ne sait pas coudre deux idées en français, et qui d'ailleurs est capable de s'en aller en Allemagne, tant il sera désespéré de la mort de son ami?...

— Ma chère madame Cibot, répondit le docteur devenu grave, ces sortes d'affaires ne concernent point les médecins, et l'exercice de ma profession me serait interdit si l'on savait que je me suis mêlé des dispositions testamentaires d'un de mes clients. La loi ne permet pas à un médecin d'accepter un legs de son malade...

— Quelle bête de loi! car qu'est-ce qui m'empêche de partager mon legs avec vous? répondit sur-le-champ la Cibot.

— J'irai plus loin, dit le docteur, ma conscience de médecin m'interdit de parler à monsieur Pons de sa mort. D'abord, il n'est pas assez en danger pour cela; puis, cette conversation de ma part lui causerait un saisissement qui pourrait lui faire un mal réel, et rendre alors sa maladie mortelle...

— Mais je ne prends pas de mitaines, s'écria madame Cibot, pour lui dire de mettre ses affaires en ordre, et il ne s'en porte pas plus mal... Il est fait à cela!... ne craignez rien.

— Ne me dites rien de plus, ma chère madame Cibot!... Ces choses ne sont pas du domaine de la médecine, elles regardent les notaires...

— Mais, mon cher monsieur Poulain, si monsieur Pons vous demandait de lui-même où il en est, et s'il ferait bien de prendre ses précautions, là, refuseriez-vous de lui dire que c'est une excellente chose pour recouvrer la santé que d'avoir tout bâclé... Puis vous glisseriez un petit mot de moi...

— Ah! s'il me parle de faire son testament, je ne l'en détournerai point, dit le docteur Poulain.

— Eh bien! voilà qui est dit, s'écria madame Cibot. Je venais vous remercier de vos soins, ajouta-t-elle en glissant dans la main du docteur une papillote qui contenait trois pièces d'or. C'est tout ce que je puis faire pour le moment. Ah! si j'étais riche, vous le seriez, mon cher monsieur Poulain, vous qui êtes l'image du bon Dieu sur la terre... Vous avez là, madame, pour fils, un ange!

La Cibot se leva, madame Poulain la salua d'un air aimable, et le docteur la reconduisit jusque sur le palier. Là, cette affreuse lady Macbeth de la rue fut éclairée d'une lueur infernale; elle comprit que le médecin devait être son complice, puisqu'il acceptait des honoraires pour une fausse maladie.

— Comment, mon bon monsieur Poulain, lui dit-elle, après m'avoir tirée d'affaire pour mon accident, vous refuseriez de me sauver de la misère en disant quelques paroles?...

Le médecin sentit qu'il avait laissé le diable le prendre par un de ses cheveux, et que ce cheveu s'enroulait sur la corne impitoyable de la griffe rouge. Effrayé de perdre son honnêteté pour si peu de chose, il répondit à cette idée diabolique par une idée non moins diabolique.

— Écoutez, ma chère madame Cibot, dit-il en la faisant rentrer et l'emmenant dans son cabinet, je vais vous payer la dette de reconnaissance que j'ai contractée envers vous, à qui je dois ma place de la mairie...

— Nous partagerons, dit-elle vivement.

— Quoi? demanda le docteur.

— La succession, répondit la portière.

— Vous ne me connaissez pas, répliqua le docteur en se posant en Valérius Publicola. Ne parlons plus de cela. J'ai pour ami de collége un garçon fort intelligent, et nous sommes d'autant plus liés, que nous avons eu les mêmes chances dans la vie. Pendant que j'étudiais la médecine, il faisait son droit; pendant que j'étais interne, il grossoyait chez un avoué, maître Couture. Fils d'un cordonnier, comme je suis celui d'un culottier, il n'a pas trouvé de sympathies bien vives autour de lui, mais il n'a pas trouvé non plus de capitaux; car, après tout, les capitaux ne s'obtiennent que par sympathie. Il n'a pu traiter d'une étude qu'en province, à Mantes.,, Or, les gens de province comprennent si peu les intelligences parisiennes, que l'on a fait mille chicanes à mon ami.

— Des canailles ! s'écria la Cibot.

— Oui, reprit le docteur, car on s'est coalisé contre lui si bien, qu'il a été forcé de revendre son étude pour des faits où l'on a su lui donner l'apparence d'un tort ; le procureur du Roi s'en est mêlé ; ce magistrat était du pays, il a pris fait et cause pour les gens du pays. Ce pauvre garçon, encore plus sec et plus râpé que je ne le suis, logé comme moi, nommé Fraisier, s'est réfugié dans notre Arrondissement ; il en est réduit à plaider, car il est avocat, devant la Justice de paix et le tribunal de police ordinaire. Il demeure ici près, rue de la Perle. Allez au numéro 9, vous monterez trois étages, et, sur le palier, vous verrez imprimé en lettres d'or : CABINET DE MONSIEUR FRAISIER, sur un petit carré de maroquin rouge. Fraisier se charge spécialement des affaires contentieuses de messieurs les concierges, des ouvriers et de tous les pauvres de notre Arrondissement à des prix modérés. C'est un honnête homme, car je n'ai pas besoin de vous dire qu'avec ses moyens, s'il était fripon, il roulerait carrosse. Je verrai mon ami Fraisier ce soir. Allez chez lui demain de bonne heure, il connaît monsieur Louchard, le garde du commerce ; monsieur Tabareau, l'huissier de la Justice de paix ; monsieur Vitel, le juge de paix ; et monsieur Trognon, notaire : il est lancé déjà parmi les gens d'affaires les plus considérés du quartier. S'il se charge de vos intérêts, si vous pouvez le donner comme conseil à monsieur Pons, vous aurez en lui, voyez-vous, un autre vous-même. Seulement, n'allez pas, comme avec moi, lui proposer des compromis qui blessent l'honneur ; mais il a de l'esprit, vous vous entendrez. Puis, quant à reconnaître ses services, je serai votre intermédiaire...

Madame Cibot regarda le docteur malignement.

— N'est-ce pas l'homme de loi, dit-elle, qui a tiré la mercière de la rue Vieille-du-Temple, madame Florimond, de la mauvaise passe où elle était, rapport à cet héritage de son bon ami ?...

— C'est lui-même, dit le docteur.

— N'est-ce pas une horreur, s'écria la Cibot, qu'après lui avoir obtenu deux mille francs de rente, elle lui a refusé sa main, qu'il lui demandait, et qu'elle a cru, dit-on, être quitte en lui donnant douze chemises de toile de Hollande, vingt-quatre mouchoirs, enfin tout un trousseau !

— Ma chère madame Cibot, dit le docteur, le trousseau valait mille francs, et Fraisier, qui débutait alors dans le quartier, en avait bien besoin. Elle a d'ailleurs payé le mémoire de frais sans observation... Cette affaire-là en a valu d'autres à Fraisier, qui maintenant est très-occupé ; mais, dans mon genre, nos clientèles se valent...

— Il n'y a que les justes qui pâtissent ici-bas, répondit la portière ! Eh bien, adieu et merci, mon bon monsieur Poulain.

Ici commence le drame, ou, si vous voulez, la comédie terrible de la mort d'un célibataire livré par la force des choses à la rapacité des natures cupides qui se groupent à son lit, et qui, dans ce cas, eurent pour auxiliaires la passion la plus vive, celle d'un tableaumane, l'avidité du sieur Fraisier, qui, vu dans sa caverne, va vous faire frémir, et la soif d'un Auvergnat capable de tout, même d'un crime, pour se faire un capital. Cette comédie, à laquelle cette partie du récit sert en quelque sorte d'avant-scène, a d'ailleurs pour acteurs tous les personnages qui jusqu'à présent ont occupé la scène.

L'avilissement des mots est une de ces bizarreries des mœurs qui, pour être expliquée, voudrait des volumes. Écrivez à un avoué en le qualifiant d'*homme de loi,* vous l'aurez offensé tout autant que vous offenseriez un négociant en gros de denrées coloniales à qui vous adresseriez ainsi votre lettre : — Monsieur un tel, épicier. Un assez grand nombre de gens du monde qui devraient savoir, puisque c'est là toute leur science, ces délicatesses du savoir-vivre, ignorent encore que la qualification d'*homme de lettres* est la plus cruelle injure qu'on puisse faire à un auteur. Le mot monsieur est le plus grand exemple de la vie et de la mort des mots. Monsieur veut dire monseigneur. Ce titre, si considérable autrefois, réservé maintenant aux rois par la transformation de sieur en sire, se donne à tout le monde ; et néanmoins *messire*, qui n'est pas autre chose que le double du mot monsieur et son équivalent, soulève des articles dans les feuilles républicaines, quand, par hasard, il se trouve mis dans un billet d'enterrement. Magistrats, conseillers, jurisconsultes, juges, avocats, officiers ministériels, avoués, huissiers, conseils, hommes d'affaires, agents d'affaires et défenseurs, sont les Variétés sous lesquelles se classent les gens qui rendent la justice ou qui la travaillent. Les deux derniers bâtons de cette échelle sont le *praticien* et *l'homme de loi.* Le praticien, vulgairement appelé recors, est l'homme de justice par hasard, il est là pour assister l'exécution des jugements, c'est, pour les affaires civiles, un bourreau d'occasion. Quant à l'homme de loi, c'est l'injure particulière à la profession. Il est à la justice, ce que *l'homme de lettres* est à la littérature. Dans toutes les professions, en France, la rivalité qui les dévore, a trouvé des termes de dénigrement. Chaque état a son insulte. Le mépris qui frappe les mots *homme de lettres* et *homme de loi* s'arrête au pluriel. On dit très-bien sans blesser personne *les gens de lettres, les gens de loi*. Mais, à Paris, chaque profession a ses Oméga, des individus qui mettent le métier de plain-pied avec la pratique des rues, avec le peuple. Aussi l'*homme de loi*, le petit agent d'affaires existe-t-il encore dans certains quartiers, comme on trouve encore à la Halle, le prêteur à la petite semaine qui est à la haute banque ce que monsieur Fraisier était à la compagnie des avoués. Chose étrange! Les gens du peuple ont peur des officiers ministériels comme ils ont peur des restaurants fashionables. Ils s'adressent à des gens d'affaires comme ils vont boire au cabaret. Le plain-pied est la loi générale des différentes sphères sociales. Il n'y a que les natures d'élite qui aiment à gravir les hauteurs, qui ne souffrent pas en se voyant en présence de leurs supérieurs, qui se font leur place, comme Beaumarchais laissant tomber la montre d'un grand seigneur essayant de l'humilier; mais aussi les parvenus, surtout ceux qui savent faire disparaître leurs langes, sont-ils des exceptions grandioses.

Le lendemain à six heures du matin, madame Cibot examinait, rue de la Perle, la maison où demeurait son futur conseiller, le sieur Fraisier, homme de loi. C'était une de ces vieilles maisons habitées par la petite bourgeoisie d'autrefois. On y entrait par une allée. Le rez-de-chaussée, en partie occupé par la loge du portier et par la boutique d'un ébéniste, dont les ateliers et les magasins encombraient une petite cour intérieure, se trouvait partagé par l'allée et par la cage de l'escalier, que le salpêtre et l'humidité dévoraient. Cette maison semblait attaquée de la lèpre.

Madame Cibot alla droit à la loge, elle y trouva l'un des confrères de Cibot, un cordonnier, sa femme et deux enfants en bas âge logés dans un espace de dix pieds carrés, éclairé sur la petite cour. La plus cordiale entente régna bientôt entre les deux femmes, une fois que la Cibot eut déclaré sa profession, se fut nommée et eut parlé de sa maison de la rue de Normandie. Après un quart d'heure employé par les commérages et pendant lequel la portière de monsieur Fraisier faisait le déjeuner du cordonnier et des deux enfants, madame Cibot amena la conversation sur les locataires et parla de l'homme de loi.

— Je viens le consulter, dit-elle, pour des affaires; un de ses amis, monsieur le docteur Poulain, a dû me recommander à lui. Vous connaissez monsieur Poulain?

— Je le crois bien! dit la portière de la rue de la Perle. Il a sauvé ma petite qu'avait le croup!

— Il m'a sauvée aussi, moi, madame. Quel homme est-ce, ce monsieur Fraisier?...

— C'est un homme, ma chère dame, dit la portière, de qui l'on arrache bien difficilement l'argent de ses ports de lettres à la fin du mois.

Cette réponse suffit à l'intelligente Cibot.

— On peut être pauvre et honnête, répondit-elle.

— Je l'espère bien, reprit la portière de Fraisier; nous ne roulons pas sur l'or ni sur l'argent, pas même sur les sous, mais nous n'avons pas un liard à qui que ce soit.

La Cibot se reconnut dans ce langage.

— Enfin, ma petite, reprit-elle, on peut se fier à lui, n'est-ce pas?

— Ah! dame! quand monsieur Fraisier veut du bien à quelqu'un, j'ai entendu dire à madame Florimond qu'il n'a pas son pareil...

— Et pourquoi ne l'a-t-elle pas épousé, demanda vivement la Cibot, puisqu'elle lui devait sa fortune? C'est quelque chose pour une petite mercière, et qui était entretenue par un vieux, que de devenir la femme d'un avocat...

— Pourquoi? dit la portière en entraînant madame Cibot dans l'allée; vous montez chez lui, n'est-ce pas, madame?... eh bien! quand vous serez dans son cabinet, vous saurez pourquoi.

L'escalier, éclairé sur une petite cour par des fenêtres à coulisse, annonçait qu'excepté le propriétaire et le sieur Fraisier, les autres locataires exerçaient des professions mécaniques. Les marches boueuses portaient l'enseigne de chaque métier en offrant aux regards des découpures de cuivre, des boutons cassés, des brimborions de gaze, de sparterie. Les apprentis des étages supérieurs y dessinaient des caricatures obscènes. Le dernier mot de la portière, en excitant la curiosité de madame Cibot, la décida naturellement à consulter l'ami du docteur Poulain ; mais en se réservant de l'employer à ses affaires d'après ses impressions.

— Je me demande quelquefois comment madame Sauvage peut tenir à son service, dit en forme de commentaire la portière qui suivait madame Cibot. Je vous accompagne, madame, ajouta-t-elle, car je monte le lait et le journal à mon propriétaire.

Arrivée au second étage au-dessus de l'entresol, la Cibot se trouva devant une porte du plus vilain caractère. La peinture d'un rouge faux était enduite sur vingt centimètres de largeur, de cette couche noirâtre qu'y déposent les mains après un certain temps, et que les architectes ont essayé de combattre dans les appartements élégants, par l'application de glaces au-dessus et au-dessous des serrures. Le guichet de cette porte, bouché par des scories semblables à celles que les restaurateurs inventent pour vieillir des bouteilles adultes, ne servait qu'à mériter à la porte le surnom de porte de prison, et concordait d'ailleurs à ses ferrures en trèfles, à ses gonds formidables, à ses grosses têtes de clous. Quelque avare ou quelque folliculaire en querelle avec le monde entier devait avoir inventé ces appareils. Le plomb où se déversaient les eaux ménagères, ajoutait sa quote-part de puanteur dans l'escalier, dont le plafond offrait partout des arabesques dessinées avec de la fumée de chandelle, et quelles arabesques! Le cordon de tirage, au bout duquel pendait une olive crasseuse, fit résonner une petite sonnette dont l'organe faible dévoilait une cassure dans le métal. Chaque objet était un trait en harmonie avec l'ensemble de ce hideux tableau. La Cibot entendit le bruit d'un pas pesant, et la respiration asthmatique d'une femme puissante. Et madame Sauvage se manifesta! C'était une de ces vieilles devinées par Adrien Brauwer dans ses Sorcières partant pour le Sabbat, une femme de cinq pieds six pouces, à visage soldatesque et beaucoup plus barbu que celui de la Cibot, d'un embonpoint maladif, vêtue d'une affreuse robe de rouennerie à bon marché, coiffée d'un madras, faisant encore papillotes avec les imprimés que recevait gratuitement son maître, et portant à ses oreilles des espèces de roues de carrosse en or. Ce cerbère femelle tenait à la main un poêlon en fer-blanc, bossué, dont le lait répandu jetait dans l'escalier une odeur de plus, qui s'y sentait peu, malgré son âcreté nauséabonde.

— Qué qu'il y a pour votre service, *médème?* demanda madame Sauvage.

Et, d'un air menaçant, elle jeta sur la Cibot, qu'elle trouva, sans doute, trop bien vêtue, un regard d'autant plus meurtrier, que ses yeux étaient naturellement sanguinolents.

— Je viens voir monsieur Fraisier de la part de son ami le docteur Poulain.

— Entrez, *médème*, répondit la Sauvage d'un air devenu soudain très-aimable et qui prouvait qu'elle était avertie de cette visite matinale.

Et, après avoir fait une révérence de théâtre, la domestique à moitié mâle du sieur Fraisier ouvrit brusquement la porte du cabinet qui donnait sur la rue, et où se trouvait l'ancien avoué de Mantes. Ce cabinet ressemblait absolument à ces petites études d'huissier du troisième ordre, où les cartonniers sont en bois noirci, où les dossiers sont si vieux qu'ils ont de la barbe, en style de cléricature, où les ficelles rouges pendent d'une façon lamentable, où les cartons sentent les ébats des souris, où le plancher est gris de poussière et le plafond jaune de fumée. La glace de la cheminée était trouble; les chenets en fonte supportaient une bûche économique; la pendule en marqueterie moderne, valant soixante francs, avait été achetée à quelque vente par autorité de justice et les flambeaux qui l'accompagnaient étaient en zinc, mais ils affectaient des formes rococo mal réussies, et la peinture, partie en plusieurs endroits, laissait voir le métal. Monsieur Fraisier, petit homme sec et maladif, à figure rouge, dont les bourgeons annonçaient un sang très-vicié, mais qui d'ailleurs se grattait incessamment le bras droit, et dont la perruque, mise très en arrière, laissait voir un crâne couleur de brique et d'une expression sinistre, se leva de dessus un fauteuil de canne, où il siégeait sur un rond en maroquin vert. Il prit un air agréable et une voix flûtée pour dire en avançant une chaise : — Madame Cibot, je pense?...

— Oui, monsieur, répondit la portière qui perdit son assurance habituelle.

Madame Cibot fut effrayée par cette voix, qui ressemblait assez à celle de la sonnette, et par un regard encore plus vert que les yeux verdâtres de son futur conseil. Le cabinet sentait si bien son Fraisier, qu'on devait croire que l'air y était pestilentiel. Madame Cibot comprit alors pourquoi madame Florimond n'était pas devenue madame Fraisier.

— Poulain m'a parlé de vous, ma chère dame, dit l'homme de

loi, de cette voix d'emprunt qu'on appelle vulgairement *petite voix*, mais qui restait aigre et clairette comme un vin de pays.

Là, cet agent d'affaires essaya de se draper, en ramenant sur ses genoux pointus, couverts en molleton excessivement râpé, les deux pans d'une vieille robe de chambre en calicot imprimé, dont la ouate prenait la liberté de sortir par plusieurs déchirures, mais le poids de cette ouate entraînait les pans, et découvrait un justaucorps en flanelle devenu noirâtre. Après avoir resserré, d'un petit air fat, la cordelière de cette robe de chambre réfractaire pour dessiner sa taille de roseau, Fraisier réunit d'un coup de pincette deux tisons qui s'évitaient depuis fort long-temps, comme deux frères ennemis. Puis, saisi d'une pensée subite, il se leva : — Madame Sauvage ! cria-t-il.

— Après ?

— Je n'y suis pour personne.

— Hé ! *parbleur !* on le sait, répondit la virago d'une maîtresse voix.

— C'est ma vieille nourrice, dit l'homme de loi d'un air confus à la Cibot.

— Elle a encore beaucoup de laid, répliqua l'ancienne héroïne des Halles.

Fraisier rit du calembour et mit le verrou, pour que sa ménagère ne vînt pas interrompre les confidences de la Cibot.

— Eh bien ! madame, expliquez-moi votre affaire, dit-il en s'asseyant et tâchant toujours de draper sa robe de chambre. Une personne qui m'est recommandée par le seul ami que j'aie au monde peut compter sur moi... mais... absolument.

Madame Cibot parla pendant une demi-heure sans que l'agent d'affaires se permît la moindre interruption ; il avait l'air curieux d'un jeune soldat écoutant un *vieux de la vieille*. Ce silence et la soumission de Fraisier, l'attention qu'il paraissait prêter à ce bavardage à cascades, dont on a vu des échantillons dans les scènes entre la Cibot et le pauvre Pons, firent abandonner à la défiante portière quelques-unes des préventions que tant de détails ignobles venaient de lui inspirer. Quand la Cibot se fut arrêtée, et qu'elle attendit un conseil, le petit homme de loi, dont les yeux verts à points noirs avaient étudié sa future cliente, fut pris d'une toux dite de cercueil, et eut recours à un bol en faïence à demi plein de jus d'herbes, qu'il vida.

— Sans Poulain, je serais déjà mort, ma chère madame Cibot, répondit Fraisier à des regards maternels que lui jeta la portière; mais il me rendra, dit-il, la santé...

Il paraissait avoir perdu la mémoire des confidences de sa cliente, qui pensait à quitter un pareil moribond.

— Madame, en matière de succession, avant de s'avancer, il faut savoir deux choses, reprit l'ancien avoué de Mantes en devenant grave. Premièrement, si la succession vaut la peine qu'on se donne, et, deuxièmement, quels sont les héritiers; car, si la succession est le butin, les héritiers sont l'ennemi.

La Cibot parla de Rémonencq et d'Élie Magus, et dit que les deux fins compères évaluaient la collection de tableaux à six cent mille francs...

— La prendraient-ils à ce prix-là?... demanda l'ancien avoué de Mantes, car, voyez-vous, madame, les gens d'affaires ne croient pas aux tableaux. Un tableau, c'est quarante sous de toile ou cent mille francs de peinture! Or, les peintures de cent mille francs sont bien connues, et quelles erreurs dans toutes ces valeurs-là, même les plus célèbres! Un financier bien connu, dont la galerie était vantée, visitée et gravée (gravée!) passait pour avoir dépensé des millions... Il meurt, car on meurt, eh bien! ses *vrais* tableaux n'ont pas produit plus de deux cent mille francs. Il faudrait m'amener ces messieurs... Passons aux héritiers.

Et Fraisier se remit dans son attitude d'écouteur. En entendant le nom du président Camusot, il fit un hochement de tête, accompagné d'une grimace qui rendit la Cibot excessivement attentive; elle essaya de lire sur ce front, sur cette atroce physionomie, et trouva ce qu'en affaire on nomme *une tête de bois*.

— Oui, mon cher monsieur, répéta la Cibot, mon monsieur Pons est le propre cousin du président Camusot de Marville, il me rabâche sa parenté deux fois par jour. La première femme de monsieur Camusot, le marchand de soieries...

— Qui vient d'être nommé pair de France...

— Était une demoiselle Pons, cousine germaine de monsieur Pons.

— Ils sont cousins issus de germains...

— Ils ne sont plus rien du tout, ils sont brouillés.

Monsieur Camusot de Marville avait été, pendant cinq ans, président du tribunal de Mantes, avant de venir à Paris. Non-seulement il y avait laissé des souvenirs, mais encore il y avait conservé des relations; car son successeur, celui de ses juges avec lequel il s'était le plus lié pendant son séjour, présidait encore le tribunal et conséquemment connaissait Fraisier à fond.

— Savez-vous, madame, dit-il lorsque la Cibot eut arrêté les rouges écluses de sa bouche torrentielle, savez-vous que vous auriez pour ennemi capital un homme qui peut envoyer les gens à l'échafaud?

La portière exécuta sur sa chaise un bond qui la fit ressembler à la poupée de ce joujou nommé *une surprise*.

— Calmez-vous, ma chère dame, reprit Fraisier. Que vous ignoriez ce qu'est le président de la chambre des mises en accusation de la cour royale de Paris, rien de plus naturel, mais vous deviez savoir que monsieur Pons avait un héritier légal naturel. Monsieur le président de Marville est le seul et unique héritier de votre malade, mais il est collatéral au troisième degré; donc, monsieur Pons peut, aux termes de la loi, faire ce qu'il veut de sa fortune. Vous ignorez encore que la fille de monsieur le président a épousé, depuis six semaines au moins, le fils aîné de monsieur le comte Popinot, pair de France, ancien ministre de l'agriculture et du commerce, un des hommes les plus influents de la politique actuelle. Cette alliance rend le président encore plus redoutable qu'il ne l'est comme souverain de la cour d'assises.

La Cibot tressaillit encore à ce mot.

— Oui, c'est lui qui vous envoie là, reprit Fraisier. Ah! ma chère dame, vous ne savez pas ce qu'est une robe rouge! C'est déjà bien assez d'avoir une simple robe noire contre soi! Si vous me voyez ici ruiné, chauve, moribond... eh bien! c'est pour avoir heurté, sans le savoir, un simple petit procureur du roi de province. On m'a forcé de vendre mon étude à perte, et bien heureux de décamper en perdant ma fortune. Si j'avais voulu résister, je n'aurais pas pu garder ma profession d'avocat. Ce que vous ignorez encore, c'est que s'il ne s'agissait que du président Camusot, ce ne serait rien; mais il a, voyez-vous, une femme!... Et si vous vous trouviez face à face avec cette femme, vous trembleriez comme si vous étiez sur la première marche de l'échafaud, les cheveux vous dresseraient sur la tête. La présidente est vindicative à passer dix ans pour vous entortiller dans un piége où vous péririez! Elle fait agir son mari comme un enfant fait aller sa toupie. Elle a dans sa vie causé le suicide, à la Conciergerie, d'un charmant garçon ; elle a rendu blanc comme neige un comte qui se trouvait sous une accusation de faux. Elle a failli faire interdire l'un des plus grands seigneurs de la cour de Charles X. Enfin, elle a renversé le procureur-général, monsieur de Grandville...

— Qui demeurait Vieille-rue-du-Temple, au coin de la rue Saint-François, dit la Cibot.

— C'est lui-même. On dit qu'elle veut faire son mari ministre de la justice; et je ne sais pas si elle n'arrivera point à ses fins... Si elle se mettait dans l'idée de nous envoyer tous deux en cour d'assises et au bagne, moi qui suis innocent comme l'enfant qui naît, je prendrais un passe-port et j'irais aux États-Unis... tant je connais bien la justice. Or, ma chère madame Cibot, pour pouvoir marier sa fille unique au jeune vicomte Popinot, qui sera, dit-on, héritier de votre propriétaire, monsieur Pillerault, la présidente s'est dépouillée de toute sa fortune, si bien qu'en ce moment, le président et sa femme sont réduits à vivre avec le traitement de la présidence. Et vous croyez, ma chère dame, que, dans ces circonstances-là, madame la présidente négligera la succession de votre monsieur Pons ?... Mais j'aimerais mieux affronter des canons chargés à mitraille que de me savoir une pareille femme contre moi....

— Mais, dit la Cibot, ils sont brouillés...

— Qu'est-ce que cela fait? dit Fraisier. Raison de plus ! Tuer un parent de qui l'on se plaint, c'est quelque chose, mais hériter de lui, c'est là un plaisir !

— Mais le bonhomme a ses héritiers en horreur; il me répète que ces gens-là, je me rappelle les noms, monsieur Cardot, monsieur Berthier, etc., l'ont écrasé comme un œuf qui se trouverait sous un tombereau.

— Voulez-vous être broyée ainsi ?...

— Mon Dieu, mon Dieu! s'écria la portière. Ah ! madame Fontaine avait raison en disant que je rencontrerais des obstacles; mais elle a dit que je réussirais...

— Écoutez, ma chère madame Cibot... Que vous tiriez de cette affaire une trentaine de mille francs, c'est possible ; mais la succession, il n'y faut pas songer... Nous avons causé de vous et de votre affaire, le docteur Poulain et moi, hier au soir...

Là, madame Cibot fit encore un bond sur chaise.

— Eh bien! qu'avez-vous ?

— Mais, si vous connaissiez mon affaire, pourquoi m'avez-vous laissé jaser comme une pie?

— Madame Cibot, je connaissais votre affaire, mais je ne savais rien de madame Cibot! Autant de clients, autant de caractères...

Là, madame Cibot jeta sur son futur conseil un singulier regard où toute sa défiance éclata et que Fraisier surprit.

— Je reprends, dit Fraisier. Donc, notre ami Poulain a été mis par vous en rapport avec le vieux monsieur Pillerault, le grand-oncle de madame la comtesse Popinot, et c'est un de vos titres à mon dévouement. Poulain va voir votre propriétaire (notez ceci!) tous les quinze jours, et il a su tous ces détails par lui. Cet ancien négociant assistait au mariage de son arrière-petit-neveu (car c'est un oncle à succession, il a bien quelque quinze mille francs de rente; et, depuis vingt-cinq ans, il vit comme un moine, il dépense à peine mille écus par an...), et il a raconté toute l'affaire du mariage à Poulain. Il paraît que ce grabuge a été causé précisément par votre bonhomme de musicien qui a voulu déshonorer, par vengeance, la famille du président. Qui n'entend qu'une cloche n'a qu'un son... Votre malade se dit innocent, mais le monde le regarde comme un monstre...

— Ça ne m'étonnerait pas qu'il en fût un! s'écria la Cibot. Figurez-vous que voilà dix ans passés que j'y mets du mien, il le sait, il a mes économies, et il ne veut pas me coucher sur son testament... Non, monsieur, il ne le veut pas, il est têtu, que c'est un vrai mulet... Voilà dix jours que je lui en parle, le mâtin ne bouge pas plus que si c'était un terne. Il ne desserre par les dents, il me regarde d'un air... Le plus qu'il m'a dit, c'est qu'il me recommanderait à monsieur Schmucke.

— Il compte donc faire un testament en faveur de ce Schmucke?..

— Il lui donnera tout...

— Écoutez, ma chère madame Cibot, il faudrait pour que j'eusse des opinions arrêtées, pour concevoir un plan, que je connusse monsieur Schmucke, que je visse les objets dont se compose la succession, que j'eusse une conférence avec ce juif de qui vous me parlez; et, alors, laissez-moi vous diriger...

— Nous verrons, mon bon monsieur Fraisier.

— Comment! nous verrons, dit Fraisier en jetant un regard de vipère à la Cibot et parlant avec sa voix naturelle. Ah çà! suis-je ou ne suis-je pas votre conseil? entendons-nous bien.

La Cibot se sentit devinée, elle eut froid dans le dos.

— Vous avez toute ma confiance, répondit-elle en se voyant à la merci d'un tigre.

— Nous autres avoués, nous sommes habitués aux trahisons de nos clients. Examinez bien votre position : elle est superbe. Si vous suivez mes conseils de point en point, vous aurez, je vous le garantis, trente ou quarante mille francs de cette succession-là... Mais cette belle médaille a un revers. Supposez que la présidente apprenne que la succession de monsieur Pons vaut un million, et que vous voulez l'écorner, car il y a toujours des gens qui se chargent de dire ces choses-là !... fit-il en parenthèse.

Cette parenthèse, ouverte et fermée par deux pauses, fit frémir la Cibot, qui pensa sur-le-champ que Fraisier se chargerait de la dénonciation.

— Ma chère cliente, en dix minutes on obtiendra du bonhomme Pillerault votre renvoi de la loge, et l'on vous donnera deux heures pour déménager...

— Quéque ça me ferait !... dit la Cibot en se dressant sur ses pieds en Bellone, je resterais chez ces messieurs comme leur femme de confiance.

— Et, voyant cela, l'on vous tendrait un piége, et vous vous réveilleriez un beau matin dans un cachot, vous et votre mari, sous une accusation capitale...

— Moi !... s'écria la Cibot, moi qui n'ai pas n'une centime à autrui !... Moi !... moi !...

Elle parla pendant cinq minutes, et Fraisier examina cette grande artiste exécutant son concerto de louanges sur elle-même. Il était froid, railleur, son œil perçait la Cibot comme d'un stylet, il riait en dedans, sa perruque sèche se remuait. C'était Robespierre au temps où ce Sylla français faisait des quatrains.

— Et comment ! et pourquoi ! et sous quel prétexte ! demanda-t-elle en terminant.

— Voulez-vous savoir comment vous pourriez être guillotinée ?..

La Cibot tomba pâle comme une morte, car cette phrase lui tomba sur le cou comme le couteau de la loi. Elle regarda Fraisier d'un air égaré.

— Écoutez-moi bien, ma chère enfant, reprit Fraisier en réprimant un mouvement de satisfaction que lui causa l'effroi de sa cliente.

— J'aimerais mieux tout laisser là... dit en murmurant la Cibot.

Et elle voulut se lever.

— Restez, car vous devez connaître votre danger, je vous dois mes lumières, dit impérieusement Fraisier. Vous êtes renvoyée par monsieur Pillerault, ça ne fait pas de doute, n'est-ce pas? Vous deveniez la domestique de ces deux messieurs, très-bien! C'est une déclaration de guerre entre la présidente et vous. Vous voulez tout faire, vous, pour vous emparer de cette succession, en tirer pied ou aile...

La Cibot fit un geste.

— Je ne vous blâme pas, ce n'est pas mon rôle, dit Fraisier en répondant au geste de sa cliente. C'est une bataille que cette entreprise, et vous irez plus loin que vous ne pensez! On se grise de son idée, on tape dur...

Autre geste de dénégation de la part de madame Cibot, qui se rengorgea.

— Allons, allons, ma petite mère, reprit Fraisier avec une horrible familiarité, vous iriez bien loin...

— Ah çà! me prenez-vous pour une voleuse?

— Allons, maman, vous avez un reçu de monsieur Schmucke qui vous a peu coûté... Ah! vous êtes ici à confesse, ma belle dame... Ne trompez pas votre confesseur, surtout quand ce confesseur a le pouvoir de lire dans votre cœur...

La Cibot fut effrayée de la perspicacité de cet homme et comprit la raison de la profonde attention avec laquelle il l'avait écoutée.

— Eh bien! reprit Fraisier, vous pouvez bien admettre que la présidente ne se laissera pas dépasser par vous dans cette course à la succession... On vous observera, l'on vous espionnera... Vous obtenez d'être mise sur le testament de monsieur Pons... C'est parfait. Un beau jour, la justice arrive, on saisit une tisane, on y trouve de l'arsenic au fond, vous et votre mari vous êtes arrêtés, jugés, condamnés, comme ayant voulu tuer le sieur Pons, afin de toucher votre legs... J'ai défendu à Versailles une pauvre femme, aussi vraiment innocente que vous le seriez en pareil cas; les choses étaient comme je vous le dis, et tout ce que j'ai pu faire alors, ç'a été de lui sauver la vie. La malheureuse a eu vingt ans de travaux forcés et les fait à Saint-Lazare.

L'effroi de madame Cibot fut au comble. Devenue pâle, elle regardait ce petit homme sec aux yeux verdâtres comme la pauvre Moresque, réputée fidèle à sa religion, devait regarder l'inquisiteur au moment où elle s'entendait condamner au feu.

— Vous dites donc, mon bon monsieur Fraisier, qu'en vous laissant faire, vous confiant le soin de mes intérêts, j'aurais quelque chose, sans rien craindre?

— Je vous garantis trente mille francs, dit Fraisier en homme sûr de son fait.

— Enfin, vous savez combien j'aime le cher docteur Poulain, reprit-elle de sa voix la plus pateline, c'est lui qui m'a dit de venir vous trouver, et le digne homme ne m'envoyait pas ici pour m'entendre dire que je serais guillotinée comme une empoisonneuse...

Elle fondit en larmes, tant cette idée de guillotine l'avait fait frissonner, ses nerfs étaient en mouvement, la terreur lui serrait le cœur, elle perdit la tête. Fraisier jouissait de son triomphe. En apercevant l'hésitation de sa cliente, il se voyait privé de l'affaire, et il avait voulu dompter la Cibot, l'effrayer, la stupéfier, l'avoir à lui, pieds et poings liés. La portière, entrée dans ce cabinet, comme une mouche se jette dans une toile d'araignée, devait y rester, liée, entortillée, et servir de pâture à l'ambition de ce petit homme de loi. Fraisier voulait en effet trouver, dans cette affaire, la nourriture de ses vieux jours, l'aisance, le bonheur, la considération. La veille, pendant la soirée, tout avait été pesé mûrement, examiné soigneusement, à la loupe, entre Poulain et lui. Le docteur avait dépeint Schmucke à son ami Fraisier, et leurs esprits alertes avaient sondé toutes les hypothèses, examiné les ressources et les dangers. Fraisier, dans un élan d'enthousiasme, s'était écrié : — Notre fortune à tous deux est là-dedans! Et il avait promis à Poulain une place de médecin en chef d'hôpital, à Paris, et il s'était promis à lui-même de devenir juge de paix de l'arrondissement.

Être juge de paix! c'était pour cet homme plein de capacités, docteur en droit et sans chaussettes, une chimère si rude à la monture, qu'il y pensait, comme les avocats-députés pensent à la simarre et les prêtres italiens à la tiare. C'était une folie! Le juge de paix, monsieur Vitel, devant qui plaidait Fraisier, était un vieillard de soixante-neuf ans, assez maladif, qui parlait de prendre sa retraite, et Fraisier parlait d'être son successeur à Poulain, comme Poulain lui parlait d'une riche héritière qu'il épousait après lui

34.

avoir sauvé la vie. On ne sait pas quelles convoitises inspirent toutes les places à la résidence de Paris. Habiter Paris est un désir universel. Qu'un débit de tabac, de timbre, vienne à vaquer, cent femmes se lèvent comme un seul homme et font mouvoir tous leurs amis pour l'obtenir. La vacance probable d'une des vingt-quatre perceptions de Paris cause une émeute d'ambitions à la chambre des députés! Ces places se donnent en conseil, la nomination est une affaire d'État. Or, les appointements de juge de paix, à Paris, sont d'environ six mille francs. Le greffe de ce tribunal est une charge qui vaut cent mille francs. C'est une des places les plus enviées de l'ordre judiciaire. Fraisier, juge de paix, ami d'un médecin en chef d'hôpital, se mariait richement, et mariait le docteur Poulain; ils se prêtaient la main mutuellement. La nuit avait passé son rouleau de plomb sur toutes les pensées de l'ancien avoué de Mantes, et un plan formidable avait germé, plan touffu, fertile en moissons et en intrigues. La Cibot était la cheville ouvrière de ce drame. Aussi la révolte de cet instrument devait-elle être comprimée; elle n'avait pas été prévue, mais l'ancien avoué venait d'abattre à ses pieds l'audacieuse portière en déployant toutes les forces de sa nature vénéneuse.

— Ma chère madame Cibot, voyons, rassurez-vous, dit-il en lui prenant la main.

Cette main, froide comme la peau d'un serpent, produisit une impression terrible sur la portière, il en résulta comme une réaction physique qui fit cesser son émotion; elle trouva le crapaud Astaroth de madame Fontaine moins dangereux à toucher que ce bocal de poisons couvert d'une perruque rougeâtre et qui parlait comme les portes crient.

— Ne croyez pas que je vous effraie à tort, reprit Fraisier après avoir noté ce nouveau mouvement de répulsion de la Cibot. Les affaires qui font la terrible réputation de madame la présidente sont tellement connues au Palais, que vous pouvez consulter là-dessus qui vous voudrez. Le grand seigneur qu'on a failli interdire est le marquis d'Espard. Le marquis d'Esgrignon est celui qu'on a sauvé des galères. Le jeune homme, riche, beau, plein d'avenir, qui devait épouser une demoiselle appartenant à l'une des premières familles de France, et qui s'est pendu dans un cabanon de la Conciergerie, est le célèbre Lucien de Rubempré, dont l'affaire a soulevé tout Paris dans le temps. Il s'agissait là d'une succession, de celle d'une femme entretenue, la fameuse Esther, qui a laissé plusieurs millions, et on accusait ce jeune homme de l'avoir empoisonnée, car il était l'héritier institué par le testament. Ce jeune poëte n'était pas à Paris quand cette fille est morte, il ne se savait pas héritier!... On ne peut pas être plus innocent que cela. Eh bien! après avoir été interrogé par monsieur Camusot, ce jeune homme s'est pendu dans son cachot... La Justice, c'est comme la Médecine, elle a ses victimes. Dans le premier cas, on meurt pour la société; dans le second, pour la Science, dit-il en laissant échapper un affreux sourire. Eh bien! vous voyez que je connais le danger... Je suis déjà ruiné par la Justice, moi, pauvre petit avoué obscur. Mon expérience me coûte cher, elle est toute à votre service...

— Ma foi, non, merci... dit la Cibot, je renonce à tout! j'aurai fait un ingrat... Je ne veux que mon dû! J'ai trente ans de probité, monsieur. Mon monsieur Pons dit qu'il me recommandera sur son testament à son ami Schmucke; eh bien! je finirai mes jours en paix chez ce brave Allemand...

Fraisier dépassait le but, il avait découragé la Cibot, et il fut obligé d'effacer les tristes impressions qu'elle avait reçues.

— Ne désespérons de rien, dit-il, allez-vous-en chez vous, tout tranquillement. Allez, nous conduirons l'affaire à bon port.

— Mais que faut-il que je fasse alors, mon bon monsieur Fraisier, pour avoir des rentes, et?...

— N'avoir aucun remords, dit-il vivement en coupant la parole à la Cibot. Eh! mais, c'est précisément pour ce résultat que les gens d'affaires sont inventés. On ne peut rien avoir dans ces cas-là sans se tenir dans les termes de la loi... Vous ne connaissez pas les lois, moi je les connais... Avec moi, vous serez du côté de la légalité, vous posséderez en paix vis-à-vis des hommes, car la conscience, c'est votre affaire.

— Eh bien! dites, reprit la Cibot, que ces paroles rendirent curieuse et heureuse.

— Je ne sais pas, je n'ai pas étudié l'affaire dans ses moyens, je ne me suis occupé que des obstacles. D'abord, il faut, voyez-vous, pousser au testament, et vous ne ferez pas fausse route; mais avant tout, sachons en faveur de qui Pons disposera de sa fortune, car si vous étiez son héritière...

— Non, non, il ne m'aime pas! Ah! si j'avais connu la valeur de ses *biblots*, et si j'avais su ce qu'il m'a dit de ses amours, je serais sans inquiétude aujourd'hui...

— Enfin, reprit Fraisier, allez toujours! les moribonds ont de singulières fantaisies, ma chère madame Cibot, ils trompent bien des espérances. Qu'il teste, et nous verrons après. Mais, avant tout, il s'agit d'évaluer les objets dont se compose la succession. Ainsi, mettez-moi en rapport avec le Juif, avec ce Rémonencq, ils nous seront très-utiles... Ayez toute confiance en moi, je suis tout à vous. Je suis l'ami de mon client, à pendre et à dépendre, quand il est le mien. Ami ou ennemi, tel est mon caractère.

— Eh bien! je serai tout à vous, dit la Cibot, et, quant aux honoraires, monsieur Poulain...

— Ne parlons pas de cela, dit Fraisier. Songez à maintenir Poulain au chevet du malade; le docteur est un des cœurs les plus honnêtes, les plus purs que je connaisse, et il nous faut là, voyez-vous, un homme sûr... Poulain vaut mieux que moi, je suis devenu méchant.

— Vous en avez l'air, dit la Cibot, mais moi je me fierais à vous...

— Et vous auriez raison! dit-il... Venez me voir à chaque incident, et allez... Vous êtes une femme d'esprit, tout ira bien.

— Adieu, mon cher monsieur Fraisier, bonne santé..... votre servante.

Fraisier reconduisit la cliente jusqu'à la porte, et là, comme elle la veille avec le docteur, il lui dit son dernier mot.

— Si vous pouviez faire réclamer mes conseils par monsieur Pons, ce serait un grand pas de fait...

— Je tâcherai, répondit la Cibot.

— Ma grosse mère, reprit Fraisier en faisant rentrer la Cibot jusque dans son cabinet, je connais beaucoup monsieur Trognon, notaire, c'est le notaire du quartier. Si monsieur Pons n'a pas de notaire, parlez-lui de celui-là... faites-lui prendre...

— Compris, répondit la Cibot.

En se retirant, la portière entendit le frôlement d'une robe et le bruit d'un pas pesant qui voulait se rendre léger. Une fois seule et dans la rue, la portière, après avoir marché pendant un certain temps, recouvra sa liberté d'esprit. Quoiqu'elle restât sous l'influence de cette conférence, et qu'elle eût toujours une grande frayeur de l'échafaud, de la justice, des juges, elle prit une résolution très-naturelle et qui l'allait mettre en lutte sourde avec son terrible conseiller.

— Eh! qu'ai-je besoin, se dit-elle, de me donner des associés? faisons ma pelote, et après je prendrai tout ce qu'ils m'offriront pour servir leurs intérêts...

Cette pensée devait hâter, comme on va le voir, la fin du malheureux musicien.

— Eh bien! mon cher monsieur Schmucke, dit la Cibot en entrant dans l'appartement, comment va notre cher adoré de malade?

— *Bas pien*, répondit l'Allemand. *Bons hâ paddi* (battu) *la gambagne bendant tidde la nouitte.*

— Qué qu'il disait donc?

— *Tes bétisses! qu'il foutait que c'husse dude sa vordine* (fortune), *à la gondission de ne rien vendre... Et il pleurait! Paufre homme! Ça m'a vait pien ti mâle!*

— Ça passera! mon cher bichon! reprit la portière. Je vous ai fait attendre votre déjeuner, vu qu'il s'en va de neuf heures, mais ne me grondez pas... Voyez-vous, j'ai eu bien des affaires... rapport à vous. V'là que nous n'avons plus rien, et je me suis procuré de l'argent!...

— *Et gomment?* dit le pianiste.

— Et ma tante?

— *Guèle dande?*

— Le plan!

— *Le bland!*

— Oh! cher homme! est-il simple! Non, vous êtes un saint, n'un amour, un archevêque d'innocence, un homme à empailler, comme disait cet ancien acteur. Comment! vous êtes à Paris depuis vingt-neuf ans, vous avez vu, quoi... la Révolution de Juillet, et vous ne connaissez pas le *monde-piété*... les commissionnaires où l'on vous prête sur vos hardes!... j'y ai mis tous nos couverts d'argent, huit à filets. Bah! Cibot mangera dans du métal d'Alger. C'est très-bien porté, comme on dit. Et c'est pas la peine de parler de ça à notre Chérubin, ça le tribouillerait, ça le ferait jaunir, et il est bien assez irrité comme il est. Sauvons-le avant tout, et nous verrons après. Eh bien! dans le temps comme dans le temps. A la guerre comme à la guerre, pas vrai!...

— *Ponne phâme! cueir ziblime!* dit le pauvre musicien en

prenant la main de la Cibot et la mettant sur son cœur, avec une expression d'attendrissement.

Cet ange leva les yeux au ciel, les montra pleins de larmes.

— Finissez donc, papa Schmucke, vous êtes drôle. V'là-t-il pas quelque chose de fort! Je suis n'une vieille fille du peuple, j'ai le cœur sur la main. J'ai de ça, voyez-vous, dit-elle en se frappant le sein, autant que vous deux, qui êtes des âmes d'or...

— *Baba Schmucke!* reprit le musicien. *Non t'aller au fond di chagrin, t'y bleurer tes larmes de sang, et te monder tans le ciel, ça me prise! che ne sirfifrai pas à Bons....*

— Parbleu, je le crois bien, vous vous tuez... Écoutez, mon bichon.

— *Pichon!*

— Eh bien! mon fiston.

— *Viston?*

— Mon chou n'a! si vous aimez mieux.

— *Ça n'esde bas plis clair...*

— Eh bien! laissez-moi vous soigner et vous diriger, ou si vous continuez ainsi, voyez-vous, j'aurai deux malades sur les bras... Selon ma petite entendement, il faut nous partager la besogne ici. Vous ne pouvez plus aller donner des leçons dans Paris, que ça vous fatigue et que vous n'êtes plus propre à rien ici, où il va falloir passer les nuits, puisque monsieur Pons devient de plus en plus malade. Je vais courir aujourd'hui chez toutes vos pratiques et leur dire que vous êtes malade, pas vrai... Pour lors, vous passerez les nuits auprès de notre mouton, et vous dormirez le matin depuis cinq heures jusqu'à supposé deux heures après midi. Moi, je ferai le service qu'est le plus fatigant, celui de la journée, puisqu'il faut vous donner à déjeuner, à dîner, soigner le malade, le lever, le changer, le médiquer... Car, au métier que je fais, je ne tiendrais pas dix jours. Et voilà déjà trente jours que nous sommes sur les dents. Et que deviendriez-vous, si je tombais malade?... Et vous aussi, c'est à faire frémir, voyez comme vous êtes, pour avoir veillé monsieur cette nuit...

Elle amena Schmucke devant la glace, et Schmucke se trouva fort changé.

— Donc, si vous êtes de mon avis, je vas vous servir darre darre votre déjeuner. Puis vous garderez encore notre amour jusqu'à deux heures. Mais vous allez me donner la liste de vos pratiques, et j'aurai bientôt fait, vous serez libre pour quinze jours. Vous vous coucherez à mon arrivée, et vous vous reposerez jusqu'à ce soir.

Cette proposition était si sage, que Schmucke y adhéra sur-le-champ.

— *Motus* avec monsieur Pons; car, vous savez, il se croirait perdu si nous lui disions comme ça qu'il va suspendre ses fonctions au théâtre et ses leçons. Le pauvre monsieur s'imaginerait qu'il ne retrouvera plus ses écolières... des bêtises... Monsieur Poulain dit que nous ne sauverons notre Benjamin qu'en le laissant dans le plus grand calme.

— *A pien! pien! vaides le técheuner, che fais vaire la lisde et vis tonner les attresses!... fis avez réson, che zugomprais!...*

Une heure après, la Cibot s'endimancha, partit en milord au grand étonnement de Rémonencq, et se promit de représenter dignement la femme de confiance des deux Casse-noisettes dans tous les pensionnats, chez toutes les personnes où se trouvaient les écolières des deux musiciens.

Il est inutile de rapporter les différents commérages, exécutés comme les variations d'un thème, auxquels la Cibot se livra chez les maîtresses de pension et au sein des familles, il suffira de la scène qui se passa dans le cabinet directorial de L'ILLUSTRE GAUDISSARD, où la portière pénétra, non sans des difficultés inouïes. Les directeurs de spectacle, à Paris, sont mieux gardés que les rois et les ministres. La raison des fortes barrières qu'ils élèvent entre eux et le reste des mortels, est facile à comprendre : les rois n'ont à se défendre que contre les ambitions; les directeurs de spectacle ont à redouter les amours-propres d'artiste et d'auteur.

La Cibot franchit toutes les distances par l'intimité subite qui s'établit entre elle et le concierge. Les portiers se reconnaissent entre eux, comme tous les gens de même profession. Chaque état a ses *Shiboleth*, comme il a son injure et ses stigmates.

— Ah! madame, vous êtes la portière du théâtre, avait dit la Cibot. Moi, je ne suis qu'une pauvre concierge d'une maison de la rue de Normandie où loge monsieur Pons, votre chef d'orchestre. Oh! comme je serais heureuse d'être à votre place, de voir passer les acteurs, les danseuses, les auteurs! C'est, comme disait cet ancien acteur, le bâton de maréchal de notre métier.

— Et comment va-t-il, ce brave monsieur Pons? demanda la portière.

— Mais il ne va pas du tout; v'là deux mois qu'il ne sort pas de son lit, et il quittera la maison les pieds en avant, c'est sûr.

— Ce sera une perte...

— Oui. Je viens de sa part expliquer sa position à votre directeur; tâchez donc, ma petite, que je lui parle...

— Une dame de la part de monsieur Pons!

Ce fut ainsi que le garçon de théâtre, attaché au service du cabinet, annonça madame Cibot, que la concierge du théâtre lui recommanda. Gaudissard venait d'arriver pour une répétition. Le hasard voulut que personne n'eût à lui parler, que les auteurs de la pièce et les acteurs fussent en retard; il fut charmé d'avoir des nouvelles de son chef d'orchestre, il fit un geste napoléonien, et la Cibot entra.

Cet ancien commis-voyageur, à la tête d'un théâtre en faveur, trompait sa commandite, il la considérait comme une femme légitime. Aussi avait-il pris un développement financier qui réagissait sur sa personne. Devenu fort et gros, coloré par la bonne chère et la prospérité, Gaudissard s'était métamorphosé franchement en Mondor. — Nous tournons au Beaujon! disait-il en essayant de rire le premier de lui-même. — Tu n'en es encore qu'à Turcaret, lui répondit Bixiou qui le remplaçait souvent auprès de la première danseuse du théâtre, la célèbre Héloïse Brisetout. En effet, l'ex-ILLUSTRE GAUDISSARD exploitait son théâtre uniquement et brutalement dans son propre intérêt. Après s'être fait admettre comme collaborateur dans plusieurs ballets, dans des pièces, des vaudevilles, il en avait acheté l'autre part, en profitant des nécessités qui poignent les auteurs. Ces pièces, ces vaudevilles, toujours ajoutés aux drames à succès, rapportaient à Gaudissard quelques pièces d'or par jour. Il trafiquait, par procuration, sur les billets, et il s'en était attribué, comme *feux* de directeur, un certain nombre qui lui permettait de dîmer les recettes. Ces trois natures de contributions directoriales, outre les loges vendues et les présents des actrices mauvaises qui tenaient à remplir des bouts de rôle, à se montrer en pages, en reines, grossissaient si bien son tiers dans les bénéfices, que les commanditaires, à qui les deux autres tiers étaient dévolus, touchaient à peine le dixième des produits. Néanmoins, ce dixième produisait encore un intérêt de quinze pour cent des fonds. Aussi, Gaudissard, appuyé sur ces quinze pour cent de dividende, parlait-il de son intelligence, de sa probité, de son zèle et du bonheur de ses commanditaires. Quand le comte Popinot demanda, par un semblant d'intérêt, à monsieur Matifat, au général Gouraud, gendre de Matifat, à Crevel, s'ils étaient contents de Gaudissard, Gouraud, devenu pair de France, répondit : — On nous dit qu'il nous vole, mais il est si spirituel, si bon enfant, que nous sommes contents... — C'est alors comme dans le conte de La Fontaine, dit l'ancien ministre en souriant. Gaudissard faisait valoir ses capitaux dans des affaires en dehors du théâtre. Il avait bien jugé les Graff, les Schwab et les Brunner, il s'associa dans les entreprises de chemins de fer que cette maison lançait. Cachant sa finesse sous la rondeur et l'insouciance du libertin, du voluptueux, il avait l'air de ne s'occuper que de ses plaisirs et de sa toilette ; mais il pensait à tout, et mettait à profit l'immense expérience des affaires qu'il avait acquise en voyageant. Ce parvenu, qui ne se prenait pas au sérieux, habitait un appartement luxueux, arrangé par les soins de son décorateur, et où il donnait des soupers et des fêtes aux gens célèbres. Fastueux, aimant à bien faire les choses, il se donnait pour un homme coulant, et il semblait d'autant moins dangereux, qu'il avait gardé la *platine* de son ancien métier, pour employer son expression, en la doublant de l'argot des coulisses. Or, comme au théâtre, les artistes disent crûment les choses, il empruntait assez d'esprit aux coulisses qui ont leur esprit, pour, en le mêlant à la plaisanterie vive du commis-voyageur, avoir l'air d'un homme supérieur. En ce moment, il pensait à vendre son privilége et à *passer*, selon son mot, *à d'autres exercices*. Il voulait être à la tête d'un chemin de fer, devenir un homme sérieux, un administrateur, et épouser la fille d'un des plus riches maires de Paris, mademoiselle Minard. Il espérait être nommé député sur *sa ligne* et arriver, par la protection de Popinot, au Conseil d'État.

— A qui ai-je l'honneur de parler? dit Gaudissard en arrêtant sur la Cibot un regard directorial.

— Je suis, monsieur, la femme de confiance de monsieur Pons.

— Eh bien! comment va-t-il, ce cher garçon ?...

— Mal, très-mal, monsieur.

— Diable! diable! j'en suis fâché, je l'irai voir; car c'est un de ces hommes rares...

— Ah! oui, monsieur, un vrai chérubin..... Je me demande encore comment cet homme-là se trouvait dans un théâtre...

— Mais, madame, le théâtre est un lieu de correction pour les mœurs... dit Gaudissard. Pauvre Pons!... ma parole d'honneur, on devrait avoir de la graine pour entretenir cette espèce-là... c'est un homme modèle, et du talent... Quand croyez-vous qu'il pourra reprendre son service? Car le théâtre, malheureusement, ressemble aux diligences qui, vides ou pleines, partent à l'heure : la toile se lève ici tous les jours à six heures... et nous aurons beau nous apitoyer, ça ne ferait pas de bonne musique... Voyons, où en est-il?...

— Hélas! mon bon monsieur, dit la Cibot en tirant son mouchoir et en se le mettant sur les yeux, c'est bien terrible à dire; mais je crois que nous aurons le malheur de le perdre, quoique nous le soignions comme la prunelle de nos yeux... monsieur Schmucke et moi... même que je viens vous dire que vous ne devez plus compter sur ce digne monsieur Schmucke qui va passer toutes les nuits... On ne peut pas s'empêcher de faire comme s'il y avait de l'espoir, et d'essayer d'arracher ce digne et cher homme à la mort... Le médecin n'a plus d'espoir...

— Et de quoi meurt-il?

— De chagrin, de jaunisse, du foie, et tout cela compliqué de bien des choses de famille.

— Et d'un médecin, dit Gaudissard. Il aurait dû prendre le docteur Lebrun, notre médecin, ça n'aurait rien coûté...

— Monsieur en a un qu'est un Dieu... mais que peut faire un médecin, malgré son talent, contre tant de causes?...

— J'avais bien besoin de ces deux braves Casse-noisettes pour la musique de ma nouvelle féerie...

— Est-ce quelque chose que je puisse faire pour eux?... dit la Cibot d'un air digne de Jocrisse.

Gaudissard éclata de rire.

— Monsieur, je suis leur femme de confiance, et il y a bien des choses que ces messieurs...

Aux éclats de rire de Gaudissard, une femme s'écria : — Si tu ris, on peut entrer, mon vieux.

Et le premier sujet de la danse fit irruption dans le cabinet en se jetant sur le seul canapé qui s'y trouvât. C'était Héloïse Brisetout, enveloppée d'une magnifique écharpe dite *algérienne*...

— Qu'est-ce qui te fait rire?... Est-ce madame? Pour quel emploi vient-elle?... dit la danseuse en jetant un de ces regards d'artiste à artiste qui devrait faire le sujet d'un tableau.

Héloïse, fille excessivement littéraire, en renom dans la Bohême, liée avec de grands artistes, élégante, fine, gracieuse, avait plus d'esprit que n'en ont ordinairement les premiers sujets de la danse ; en faisant sa question, elle respira dans une cassolette des parfums pénétrants.

— Madame, toutes les femmes se valent quand elles sont belles, et si je ne renifle pas la peste en flacon, et si je ne me mets pas de brique pilée sur les joues...

— Avec ce que la nature vous en a mis déjà, ça ferait un fier pléonasme, mon enfant! dit Héloïse en jetant une œillade à son directeur.

— Je suis une honnête femme...

— Tant pis pour vous, dit Héloïse. N'est fichtre pas entretenue qui veut! et je le suis, madame, et crânement bien!

— Comment, tant pis! Vous avez beau avoir des *Algériens* sur le corps et faire votre tête, dit la Cibot, vous n'aurez jamais tant de déclarations que j'en ai reçu, *médème!* Et vous ne vaudrez jamais la belle écaillère du Cadran-Bleu...

La danseuse se leva subitement, se mit au port d'arme, et porta le revers de sa main droite à son front, comme un soldat qui salue son général.

— Quoi! dit Gaudissard, vous seriez cette belle écaillère dont me parlait mon père?

— Madame ne connaît alors ni la cachucha, ni la polka? Madame a cinquante ans passés! dit Héloïse.

La danseuse se posa dramatiquement et déclama ce vers :

> Soyons amis, Cinna !...

— Allons, Héloïse, madame n'est pas de force, laisse-la tranquille.

— Madame serait la nouvelle Héloïse?... dit la portière avec une fausse ingénuité pleine de raillerie.

— Pas mal, la vieille! s'écria Gaudissard.

— C'est archidit, reprit la danseuse, le calembour a des moustaches grises, trouvez-en un autre, la vieille... ou prenez une cigarette.

— Pardonnez-moi, madame, dit la Cibot, je suis trop triste pour continuer à vous répondre, j'ai mes deux messieurs bien malades... et j'ai engagé pour les nourrir et leur éviter des chagrins jusqu'aux habits de mon mari, ce matin, qu'en voilà la reconnaissance.....

— Oh! ici la chose tourne au drame! s'écria la belle Héloïse. De quoi s'agit-il?

— Madame, reprit la Cibot, tombe ici comme...

— Comme un premier sujet, dit Héloïse. Je vous souffle, allez! *médème*.

— Allons, je suis pressé, dit Gaudissard. Assez de farces comme ça! Héloïse, madame est la femme de confiance de notre pauvre chef d'orchestre qui se meurt; elle vient me dire de ne plus compter sur lui; je suis dans l'embarras.

— Ah! le pauvre homme, mais il faut donner une représentation à son bénéfice.

— Ça le ruinerait! dit Gaudissard, il pourrait le lendemain devoir cinq cents francs aux hospices qui ne reconnaissent pas d'autres malheureux à Paris que les leurs. Non, tenez, ma bonne femme, puisque vous courez pour le prix Montyon... Gaudissard sonna, le garçon de théâtre se présenta soudain. — Dites au caissier de m'envoyer un billet de mille francs. Asseyez-vous, madame.

— Ah! pauvre femme, voilà qu'elle pleure!... s'écria la danseuse. C'est bête... Allons, ma mère, nous irons le voir, consolez-vous. — Dis-donc, toi, Chinois, dit-elle au directeur en l'attirant dans un coin, tu veux me faire jouer le premier rôle du ballet d'Ariane. Tu te maries, et tu sais comme je puis te rendre malheureux!...

— Héloïse, j'ai le cœur doublé de cuivre, comme une frégate.

— Je montrerai des enfants de toi! j'en emprunterai.

— J'ai déclaré notre attachement...

— Sois bon enfant, donne la place de Pons à Garangeot, ce pauvre garçon a du talent, il n'a pas le sou, je te promets la paix.

— Mais attends que Pons soit mort... le bonhomme peut d'ailleurs en revenir.

— Oh! pour ça, non, monsieur... dit la Cibot. Depuis la dernière nuit, qu'il n'était plus dans son bon sens, il a le délire. C'est malheureusement bientôt fini.

— D'ailleurs, fais faire l'intérim par Garangeot! dit Héloïse, il a toute la Presse pour lui...

En ce moment le caissier entra, tenant à la main deux billets de cinq cents francs.

— Donnez-les à madame, dit Gaudissard. Adieu, ma brave femme, soignez bien ce cher homme, et dites-lui que j'irai le voir, demain ou après... dès que je le pourrai.

— Un homme à la mer, dit Héloïse.

— Ah! monsieur, des cœurs comme le vôtre ne se trouvent qu'au théâtre. Que Dieu vous bénisse!

— A quel compte porter cela? demanda le caissier.

— Je vais vous signer le bon, vous le porterez au compte des gratifications.

Avant de sortir, la Cibot fit une belle révérence à la danseuse et put entendre une question que fit Gaudissard à son ancienne maîtresse.

— Garangeot est-il capable de me trousser la musique de notre ballet des MOHICANS en douze jours? S'il me tire d'affaire, il aura la succession de Pons!

La portière, mieux récompensée pour avoir causé tant de mal que si elle avait fait une bonne action, supprima toutes les recettes des deux amis, et les priva de leurs moyens d'existence, dans le cas où Pons recouvrerait la santé. Cette perfide manœuvre devait amener en quelques jours le résultat désiré par la Cibot, l'aliénation des tableaux convoités par Elie Magus. Pour réaliser cette première spoliation, la Cibot devait endormir le terrible collaborateur qu'elle s'était donné, l'avocat Fraisier, et obtenir une entière discrétion d'Elie Magus et de Rémonencq.

Quant à l'Auvergnat, il était arrivé par degrés à l'une de ces passions comme les conçoivent les gens sans instruction, qui viennent du fond d'une province à Paris, avec les idées fixes qu'inspire l'isolement dans les campagnes, avec les ignorances des natures primitives et les brutalités de leurs désirs qui se convertissent en idées fixes. La beauté virile de madame Cibot, sa vivacité, son esprit de la Halle avaient été l'objet des remarques du brocanteur qui voulait faire d'elle sa concubine en l'enlevant à Cibot, espèce de bigamie beaucoup plus commune qu'on ne le pense, à Paris, dans les classes inférieures. Mais l'avarice fut un nœud coulant qui étreignit de jour en jour davantage le cœur et finit par étouffer la raison. Aussi Rémonencq, en évaluant à quarante mille francs les remises d'Elie Magus et les siennes, passa-t-il du délit au crime en souhaitant avoir la Cibot pour femme légitime. Cet amour, purement spéculatif, l'amena, dans les longues rêveries du fumeur, appuyé sur le pas de sa porte, à souhaiter la mort du petit tailleur. Il voyait ainsi ses capitaux presque triplés, il pensait quelle excellente commerçante serait la Cibot et quelle belle figure elle ferait dans un magnifique magasin sur le boulevard. Cette double convoitise grisait Rémonencq. Il louait une boutique au boulevard de la Madeleine, il l'emplissait des plus belles curiosités de la collection de défunt Pons. Après s'être couché dans des draps d'or et avoir vu des millions dans les spirales bleues de sa pipe, il se réveillait face à face avec le petit tailleur, qui balayait la cour, la porte et la rue au moment où l'Auvergnat ouvrait la devanture de sa boutique et disposait son étalage; car depuis la maladie de Pons, Cibot remplaçait sa femme dans les fonctions qu'elle s'était attribuées. L'Auvergnat considérait donc ce petit tailleur olivâtre, cuivré, rabougri, comme le seul obstacle qui s'opposait à son bonheur, et il se demandait comment s'en débarrasser. Cette passion croissante rendait la Cibot très-fière, car elle atteignait à l'âge où les femmes commencent à comprendre qu'elles peuvent vieillir.

Un matin donc, la Cibot, à son lever, examina Rémonencq d'un air rêveur au moment où il arrangeait les bagatelles de son étalage, et voulut savoir jusqu'où pourrait aller son amour.

— Eh bien! vint lui dire l'Auvergnat, les choses vont-elles comme vous le voulez?

— C'est vous qui m'inquiétez, lui répondit la Cibot. Vous me compromettez, ajouta-t-elle, les voisins finiront par apercevoir vos yeux en manches de veste.

Elle quitta la porte et s'enfonça dans les profondeurs de la boutique de l'Auvergnat.

— En voilà une idée ! dit Rémonencq.

— Venez que je vous parle, dit la Cibot. Les héritiers de monsieur Pons vont se remuer, et ils sont capables de nous faire bien de la peine. Dieu sait ce qui nous arriverait s'ils envoyaient des gens d'affaires qui fourreraient leur nez partout, comme des chiens de chasse. Je ne peux décider monsieur Schmucke à vendre quelques tableaux, que si vous m'aimez assez pour en garder le secret... oh! mais un secret! que la tête sur le billot vous ne diriez rien... ni d'où viennent les tableaux, ni qui les a vendus. Vous comprenez, monsieur Pons, une fois mort et enterré, qu'on trouve cinquante-trois tableaux au lieu de soixante-sept, personne n'en saura le compte! D'ailleurs, si monsieur Pons en a vendu de son vivant, on n'a rien à dire.

— Oui, reprit Rémonencq, pour moi ça m'est égal, mais monsieur Elie Magus voudra des quittances bien en règle.

— Vous aurez aussi votre quittance, pardine! Croyez-vous que ce sera moi qui vous écrirai cela!... Ce sera monsieur Schmucke! mais vous direz à votre Juif, reprit la portière, qu'il soit aussi discret que vous.

— Nous serons muets comme des poissons. C'est dans notre état. Moi je sais lire, mais je ne sais pas écrire, voilà pourquoi j'ai besoin d'une femme instruite et capable comme vous!... Moi qui n'ai jamais pensé qu'à gagner du pain pour mes vieux jours, je voudrais des petits Rémonencq... Laissez-moi là votre Cibot.

— Mais voilà votre Juif, dit la portière, nous pouvons arranger les affaires.

— Eh bien! ma chère dame, dit Elie Magus qui venait tous les trois jours de très-grand matin savoir quand il pourrait acheter ses tableaux. Où en sommes-nous?

— N'avez-vous personne qui vous ait parlé de monsieur Pons et de ses *biblots*? lui demanda la Cibot.

— J'ai reçu, répondit Elie Magus, une lettre d'un avocat; mais comme c'est un drôle qui me paraît être un petit coureur d'affaires, et que je me défie de ces gens-là, je n'ai rien répondu. Au bout de trois jours, il est venu me voir, et il a laissé une carte, j'ai dit à mon concierge que je serais toujours absent quand il viendrait..

— Vous êtes un amour de Juif, dit la Cibot à qui la prudence d'Elie Magus était peu connue. Eh bien! mes fistons, d'ici à quelques jours, j'amènerai monsieur Schmucke à vous vendre sept à huit tableaux, dix au plus; mais à deux conditions : la première, un secret absolu. Ce sera monsieur Schmucke qui vous aura fait venir, pas vrai, monsieur? ce sera monsieur Rémonencq qui vous aura proposé à monsieur Schmucke pour acquéreur. Enfin, quoi qu'il en soit, je n'y serai pour rien. Vous donnez quarante-six mille francs des quatre tableaux?

— Soit, répondit le Juif en soupirant.

— Très-bien, reprit la portière. La deuxième condition est que vous m'en remettrez quarante-trois mille, et que vous ne les achèterez que trois mille à monsieur Schmucke; Rémonencq en achètera quatre pour deux mille francs, et me remettra le surplus... Mais aussi, voyez-vous, mon cher monsieur Magus, après cela, je vous fais faire, à vous et à Rémonencq, une fameuse affaire, à condition de partager les bénéfices entre nous trois. Je vous mènerai chez cet avocat, ou cet avocat viendra sans doute ici. Vous estimerez tout ce qu'il y a chez monsieur Pons au prix que vous pouvez en donner, afin que ce monsieur Fraisier ait une certitude de la valeur de la succession. Seulement il ne faut pas qu'il vienne avant notre vente, entendez-vous ?...

— C'est compris, dit le Juif; mais il faut du temps pour voir les choses et en dire le prix.

— Vous aurez une demi-journée. Allez, ça me regarde... Causez de cela, mes enfants, entre vous; pour lors, après-demain, l'affaire se fera. Je vais chez ce Fraisier lui parler, car il sait tout ce qui se passe ici par le docteur Poulain, et c'est une fameuse scie que de le faire tenir tranquille, ce coco-là.

A moitié chemin, de la rue de Normandie à la rue de la Perle, la Cibot trouva Fraisier qui venait chez elle, tant il était impatient d'avoir, selon son expression, les éléments de l'affaire.

— Tiens! j'allais chez vous, dit-elle.

Fraisier se plaignit de n'avoir pas été reçu par Elie Magus; mais la portière éteignit l'éclair de défiance qui pointait dans les yeux de l'homme de loi, en lui disant que Magus revenait de voyage, et qu'au plus tard le surlendemain elle lui procurerait une entrevue avec lui dans l'appartement de Pons, pour fixer la valeur de la collection.

— Agissez franchement avec moi, lui répondit Fraisier. Il est plus que probable que je serai chargé des intérêts des héritiers de monsieur Pons. Dans cette position, je serai bien plus à même de vous servir.

Ce fut dit si sèchement, que la Cibot trembla. Cet homme d'affaires famélique devait manœuvrer de son côté, comme elle manœuvrait du sien; elle résolut donc de hâter la vente des tableaux. La Cibot ne se trompait pas dans ses conjectures. L'avocat et le médecin avaient fait la dépense d'un habillement tout neuf pour Fraisier, afin qu'il pût se présenter, mis décemment, chez madame la présidente Camusot de Marville. Le temps voulu pour la confection des habits était la seule cause du retard apporté à cette entrevue de laquelle dépendait le sort des deux amis. Après sa visite à madame Cibot, Fraisier se proposait d'aller essayer son habit, son gilet et son pantalon. Il trouva ses habillements prêts et finis. Il revint chez lui, mit une perruque neuve, et partit en cabriolet de remise sur les dix heures du matin pour la rue de Hanovre, où il espérait pouvoir obtenir une audience de la présidente. Fraisier, en cravate blanche, en gants jaunes, en perruque neuve, parfumé d'eau de Portugal, ressemblait à ces poisons mis dans du cristal et bouchés d'une peau blanche dont l'étiquette, et tout jusqu'au fil, est coquet, mais qui n'en paraissent que plus dangereux. Son air tranchant, sa figure bourgeonnée, sa maladie cutanée, ses yeux verts, sa saveur de méchanceté, frappaient comme des nuages sur un ciel bleu. Dans son cabinet, tel qu'il s'était montré aux yeux de la Cibot, c'était le vulgaire couteau avec lequel un assassin a commis un crime ; mais à la porte de la présidente, c'était le poignard élégant qu'une jeune femme met dans son petit-dunkerque.

Un grand changement avait eu lieu rue de Hanovre. Le vicomte et la vicomtesse Popinot, l'ancien ministre et sa femme n'avaient pas voulu que le président et la présidente allassent se mettre à loyer, et quittassent la maison qu'ils donnaient en dot à leur fille. Le président et sa femme s'installèrent donc au second étage, devenu libre par la retraite de la vieille dame qui voulait aller finir ses jours à la campagne. Madame Camusot, qui garda Madeleine Vivet, sa cuisinière et son domestique, en était revenue à la gêne de son point de départ, gêne adoucie par un appartement de quatre mille francs sans loyer, et par un traitement de dix mille francs. Cette *aurea mediocritas* satisfaisait déjà peu madame de Marville, qui voulait une fortune en harmonie avec son ambition ; mais la cession de tous les biens à leur fille entraînait la suppression du cens d'éligibilité pour le président. Or, Amélie voulait faire un député de son mari, car elle ne renonçait pas à ses plans facilement, et elle ne désespérait point d'obtenir l'élection du président dans l'arrondissement où Marville est situé. Depuis deux mois elle tourmentait donc monsieur le baron Camusot, car le nouveau pair de France avait obtenu la dignité de baron, pour arracher de lui cent mille francs en avance d'hoirie, afin, disait-elle, d'acheter un petit domaine enclavé dans celui de Marville, et rapportant environ deux mille francs nets d'impôts. Elle et son mari seraient là, chez eux, et auprès de leurs enfants ; la terre de Marville en serait arrondie et augmentée d'autant. La présidente faisait valoir aux yeux de son beau-père le dépouillement auquel elle avait été contrainte pour marier sa fille avec le vicomte Popinot, et demandait au vieillard s'il pouvait fermer à son fils aîné le chemin aux honneurs suprêmes de la magistrature, qui ne seraient plus accordés qu'à une forte position parlementaire, et son mari saurait la prendre et se faire craindre des ministres. — Ces gens-là n'accordent rien qu'à ceux qui leur tordent la cravate au cou jusqu'à ce qu'ils tirent la langue, dit-elle. Ils sont ingrats !... Que ne doivent-ils pas à Camusot ! Camusot, en poussant aux ordonnances de juillet, a causé l'élévation de la maison d'Orléans !...

Le vieillard se disait entraîné dans les chemins de fer au delà de ses moyens, et il remettait cette libéralité, de laquelle il reconnaissait d'ailleurs la nécessité, lors d'une hausse prévue sur les actions.

Cette quasi-promesse, arrachée quelques jours auparavant, avait plongé la présidente dans la désolation. Il était douteux que l'ex-propriétaire de Marville pût être en mesure lors de la réélection de la chambre, car il lui fallait la possession annale.

Fraisier parvint sans peine jusqu'à Madeleine Vivet. Ces deux natures de vipère se reconnurent pour être sorties du même œuf.

— Mademoiselle, dit doucereusement Fraisier, je désirerais obtenir un moment d'audience de madame la présidente pour une affaire qui lui est personnelle et qui concerne sa fortune ; i s'agit, dites-le-lui bien, d'une succession.... Je n'ai pas l'honneur d'être connu de madame la présidente, ainsi mon nom ne signifierait rien pour elle... Je n'ai pas l'habitude de quitter mon cabinet, mais je sais quels égards sont dus à la femme d'un président, et j'ai pris la peine de venir moi-même, d'autant plus que l'affaire ne souffre pas le plus léger retard.

La question posée dans ces termes-là, répétée et amplifiée par la femme de chambre, amena naturellement une réponse favorable. Ce moment était décisif pour les deux ambitions contenues en Fraisier. Aussi, malgré son intrépidité de petit avoué de province, cassant, âpre et incisif, il éprouva ce qu'éprouvent les capitaines au début d'une bataille d'où dépend le succès de la campagne. En passant dans le petit salon où l'attendait Amélie, il eut ce qu'aucun sudorifique, quelque puissant qu'il fût, n'avait pu produire encore sur cette peau réfractaire et bouchée par d'affreuses maladies, il se sentit une légère sueur dans le dos et au front. — Si ma fortune ne se fait pas, se dit-il, je suis sauvé, car Poulain m'a promis la santé le jour où la transpiration se rétablirait.—Madame..., dit-il, en voyant la présidente qui vint en négligé. Et Fraisier s'arrêta pour saluer, avec cette condescendance qui, chez les officiers ministériels, est la reconnaissance de la qualité supérieure de ceux à qui ils s'adressent.

— Asseyez-vous, monsieur, fit la présidente en reconnaissant aussitôt un homme du monde judiciaire.

— Madame la présidente, si j'ai pris la liberté de m'adresser à vous pour une affaire d'intérêt qui concerne monsieur le président, c'est que j'ai la certitude que monsieur de Marville, dans la haute position qu'il occupe, laisserait peut-être les choses dans leur état naturel, et qu'il perdrait sept à huit cent mille francs que les dames, qui s'entendent, selon moi, beaucoup mieux aux affaires privées que les meilleurs magistrats, ne dédaignent point...

— Vous avez parlé d'une succession... dit la présidente en interrompant.

Amélie, éblouie par la somme et voulant cacher son étonnement, son bonheur, imitait les lecteurs impatients qui courent au dénoûment du roman.

— Oui, madame, d'une succession perdue pour vous; oh! bien entièrement perdue, mais que je puis, que je saurai vous faire avoir...

— Parlez, monsieur! dit froidement madame de Marville qui toisa Fraisier et l'examina d'un œil sagace.

— Madame, je connais vos éminentes capacités, je suis de Mantes. Monsieur Lebœuf, le président du tribunal, l'ami de monsieur de Marville, pourra lui donner des renseignements sur moi...

La présidente fit un haut-le-corps si cruellement significatif, que Fraisier fut forcé d'ouvrir et de fermer rapidement une parenthèse dans son discours.

— Une femme aussi distinguée que vous va comprendre sur-le-champ pourquoi je lui parle d'abord de moi. C'est le chemin le plus court pour arriver à la succession.

La présidente répondit sans parler, à cette fine observation, par un geste.

— Madame, reprit Fraisier autorisé par le geste à raconter son histoire, j'étais avoué à Mantes, ma charge devait être toute ma fortune, car j'ai traité de l'étude de monsieur Levroux que vous avez sans doute connu...

La présidente inclina la tête.

— Avec des fonds qui m'étaient prêtés, et une dizaine de mille francs à moi, je sortais de chez Desroches, l'un des plus capables avoués de Paris, et j'y étais premier clerc depuis six ans. J'ai eu le malheur de déplaire au procureur du roi de Mantes, monsieur...

— Olivier Vinet.

— Le fils du procureur général, oui, madame. Il courtisait une petite dame...

— Lui !

— Madame Vatinelle...

— Ah ! madame Vatinelle... elle était bien jolie et bien... de mon temps...

— Elle avait des bontés pour moi : *Indè iræ*, reprit Fraisier. J'étais actif, je voulais rembourser mes amis et me marier; il me fallait des affaires; je les cherchais; j'en brassai bientôt à moi seul plus que les autres officiers ministériels. Bah ! j'ai eu contre moi les avoués de Mantes, les notaires et jusqu'aux huissiers. On m'a cherché chicane. Vous savez, madame, que lorsqu'on veut perdre un homme dans notre affreux métier, c'est bientôt fait. On m'a pris occupant dans une affaire pour les deux parties. C'est un peu léger; mais, dans certains cas, la chose se fait à Paris, les avoués s'y passent la casse et le séné. Cela ne se fait pas à Mantes. Monsieur Bouyonnet, à qui j'avais rendu déjà ce petit service, poussé par ses confrères, et stimulé par le procureur du roi, m'a trahi... Vous voyez que je ne vous cache rien. Ce fut un *tollé* général. J'étais un fripon, l'on m'a fait plus noir que Marat. On m'a forcé de vendre; j'ai tout perdu. Je suis à Paris où j'ai tâché de me créer un cabinet d'affaires; mais ma santé ruinée ne me laissait pas deux bonnes heures sur les vingt-quatre de la journée. Aujourd'hui, je n'ai qu'une ambition, elle est mesquine. Vous serez un jour la femme d'un garde des sceaux, peut-être; ou d'un premier président; mais moi, pauvre et chétif, je n'ai pas d'autre désir que d'avoir une place où finir tranquillement mes jours, un cul-de-sac, un poste où l'on végète. Je veux être juge de paix à Paris. C'est une bagatelle pour vous et pour monsieur le président que d'obtenir ma nomination, car vous devez causer assez d'ombrage au garde des sceaux actuel pour qu'il désire vous obliger... Ce n'est pas tout, madame, ajouta Fraisier en voyant la présidente prête à parler et lui faisant un geste. J'ai pour ami le médecin du vieillard de qui monsieur le président devrait hériter. Vous voyez que nous arrivons... Ce médecin, dont la coopération est indispensable, est dans la même situation que celle où vous me voyez : du talent et pas de chance!... C'est par lui que j'ai su combien vos intérêts sont lésés, car, au moment où je vous parle, il est probable que tout est fini, que le testament qui déshérite monsieur le président est fait... Ce médecin désire être nommé médecin en chef d'un hôpital, ou des collèges royaux ; enfin, vous comprenez, il lui faut une position à Paris, équivalente à la mienne... Pardon si j'ai traité de ces deux choses si délicates ; mais il ne faut pas la moindre ambiguïté dans notre affaire. Le médecin est d'ailleurs un homme fort considéré, savant, et qui a sauvé monsieur Pillerault, le grand-oncle de votre gendre, monsieur le vicomte Popinot. Maintenant si vous avez la bonté de me promettre ces deux places, celle de juge de paix et la sinécure médicale pour mon ami, je me fais fort de vous apporter l'héritage presque intact... Je dis presque intact, car il sera grevé des obligations qu'il faudra prendre avec le légataire et avec quelques personnes dont le concours nous sera vraiment indispensable. Vous n'accomplirez vos promesses qu'après l'accomplissement des miennes.

La présidente qui depuis un moment s'était croisé les bras, comme une personne forcée de subir un sermon, les décroisa, regarda Fraisier et lui dit : — Monsieur, vous avez le mérite de la clarté pour tout ce qui vous regarde ; mais pour moi vous êtes d'une obscurité...

— Deux mots suffisent à tout éclaircir, madame, dit Fraisier. Monsieur le président est le seul et unique héritier au troisième degré de monsieur Pons. Monsieur Pons est très-malade, il va tester, s'il ne l'a déjà fait, en faveur d'un Allemand, son ami, nommé Schmucke, et l'importance de sa succession sera de plus de sept cent mille francs. Dans trois jours, j'espère avoir des renseignements de la dernière exactitude sur le chiffre...

— Si cela est, se dit à elle-même la présidente foudroyée par la possibilité de ce chiffre, j'ai fait une grande faute en me brouillant avec lui, en l'accablant.

— Non, madame, car sans cette rupture il serait gai comme un pinson, et vivrait plus long-temps que vous, que monsieur le président et que moi... La Providence a ses voies, ne les sondons pas! ajouta-t-il pour déguiser tout l'odieux de cette pensée. Que voulez-vous, nous autres gens d'affaires, nous voyons le positif des choses. Vous comprenez maintenant, madame, que dans la haute position qu'occupe monsieur le président de Marville, il ne ferait rien, il ne pourrait rien faire dans la situation actuelle. Il est brouillé mortellement avec son cousin, vous ne voyez plus Pons, vous l'avez banni de la société, vous aviez sans doute d'excellentes raisons pour agir ainsi ; mais le bonhomme est malade, il lègue ses biens à son seul ami. L'un des présidents de la Cour royale de Paris n'a rien à dire contre un testament en bonne forme fait en pareilles circonstances. Mais entre nous, madame, il est bien désagréable, quand on a droit à une succession de sept à huit cent mille francs... que sais-je, un million peut-être, et qu'on est le seul héritier désigné par la loi, de ne pas rattraper son bien... Seulement, pour arriver à ce but, on tombe dans de sales intrigues ; elles sont si difficiles, si vétilleuses, il faut s'aboucher avec des gens placés si bas, avec des domestiques, des sous-ordres, et les serrer de si près, qu'aucun avoué, qu'aucun notaire de Paris ne peut suivre une pareille affaire. Ça demande un avocat sans cause comme moi, dont la capacité soit sérieuse, réelle, le dévouement acquis, et dont la position malheureusement précaire soit de plain-pied avec celle de ces gens-là... Je m'occupe, dans mon arrondissement, des affaires des petits bourgeois, des ouvriers, des gens du peuple... Oui, madame, voilà dans quelle condition m'a mis l'inimitié d'un procureur du roi devenu substitut à Paris aujourd'hui, qui ne m'a pas pardonné ma supériorité... Je vous connais, madame, je sais quelle est la solidité de votre protection, et j'ai aperçu, dans un tel service à vous rendre, la fin de mes misères et le triomphe du docteur Poulain, mon ami...

La présidente restait pensive. Ce fut un moment d'angoisse affreuse pour Fraisier. Vinet, l'un des orateurs du centre, procureur-général depuis seize ans, dix fois désigné pour endosser la simarre de la chancellerie, le père du procureur du roi de Mantes, nommé substitut à Paris depuis un an, était un antagoniste pour la haineuse présidente. Le hautain procureur général ne cachait pas son mépris pour le président Camusot. Fraisier ignorait et devait ignorer cette circonstance.

— N'avez-vous sur la conscience que le fait d'avoir occupé pour les deux parties ? demanda-t-elle en regardant fixement Fraisier.

— Madame la présidente peut voir monsieur Lebœuf; monsieur Lebœuf m'était favorable.

— Êtes-vous sûr que monsieur Lebœuf donnera sur vous de bons renseignements à monsieur de Marville, à monsieur le comte Popinot?

— J'en réponds, surtout monsieur Olivier Vinet n'étant plus à Mantes; car, entre nous, ce petit magistrat *seco* faisait peur au bon monsieur Lebœuf. D'ailleurs, madame la présidente, si vous me le permettez, j'irai voir à Mantes monsieur Lebœuf. Ce ne sera pas un retard, je ne saurai d'une manière certaine le chiffre de la succession que dans deux ou trois jours. Je veux et je dois cacher à madame la présidente tous les ressorts de cette affaire; mais le prix que j'attends de mon entier dévouement n'est-il pas pour elle un gage de réussite?

— Eh bien! disposez en votre faveur monsieur Lebœuf, et si la succession a l'importance, ce dont je doute, que vous accusez, je vous promets les deux places, en cas de succès, bien entendu...

— J'en réponds, madame. Seulement vous aurez la bonté de faire venir ici votre notaire, votre avoué, lorsque j'aurai besoin d'eux, de me donner une procuration pour agir au nom de monsieur le président, et de dire à ces messieurs de suivre mes instructions, de ne rien entreprendre de leur chef.

— Vous avez la responsabilité, dit solennellement la présidente, vous devez avoir l'omnipotence. Mais monsieur Pons est-il bien malade? demanda-t-elle en souriant.

— Ma foi, madame, il s'en tirerait, surtout soigné par un homme aussi consciencieux que le docteur Poulain, car, mon ami, madame, n'est qu'un innocent espion dirigé par moi dans vos intérêts, il est capable de sauver ce vieux musicien, mais il y a là, près du malade, une portière qui, pour avoir trente mille francs, le pousserait dans la fosse... Elle ne le tuerait pas, elle ne lui donnera pas d'arsenic, elle ne sera pas si charitable, elle fera pis, elle l'assassinera moralement, elle lui donnera mille impatiences par jour. Le pauvre vieillard, dans une sphère de silence, de tranquillité, bien soigné, caressé par des amis, à la campagne, se rétablirait; mais, tracassé par une madame Évrard qui dans sa jeunesse était une des trente belles écaillères que Paris a célébrées, avide, bavarde, brutale, tourmenté par elle pour faire un testament où elle soit richement partagée, le malade sera conduit fatalement jusqu'à l'induration du foie, il s'y forme peut-être en ce moment des calculs, et il faudra recourir pour les extraire à une opération qu'il ne supportera pas... Le docteur, une belle âme!... est dans une affreuse situation. Il devrait faire renvoyer cette femme...

— Mais cette mégère est un monstre! s'écria la présidente en faisant sa petite voix flûtée.

Cette similitude entre la terrible présidente et lui, fit sourire intérieurement Fraisier, qui savait à quoi s'en tenir sur ces douces modulations factices d'une voix naturellement aigre. Il se rappela ce président, le héros d'un des contes de Louis XI, que ce monarque a signé par le dernier mot. Ce magistrat, doué d'une femme taillée sur le patron de celle de Socrate, et n'ayant pas la philosophie de ce grand homme, fit mêler du sel à l'avoine de ses chevaux en ordonnant de les priver d'eau. Quand sa femme alla le long de la Seine à sa campagne, les chevaux se précipitèrent avec elle dans l'eau pour boire, et le magistrat remercia la Providence qui l'avait *si naturellement* délivré de sa femme. En ce moment, madame de Marville remerciait Dieu d'avoir placé près de Pons une femme qui l'en débarrasserait *honnêtement*.

— Je ne voudrais pas d'un million, dit-elle, au prix d'une indélicatesse... Votre ami doit éclairer monsieur Pons, et faire renvoyer cette portière.

— D'abord, madame, messieurs Schmucke et Pons croient que cette femme est un ange, et renverraient mon ami. Puis cette atroce écaillère est la bienfaitrice du docteur, elle l'a introduit chez monsieur Pillerault. Il recommande à cette femme la plus grande douceur avec le malade, mais ses recommandations indiquent à cette créature les moyens d'empirer la maladie.

— Que pense votre ami de l'état de *mon* cousin? demanda la présidente.

Fraisier fit trembler madame de Marville, par la justesse de sa réponse, et par la lucidité avec laquelle il pénétra dans ce cœur aussi avide que celui de la Cibot.

— Dans six semaines, la succession sera ouverte.

La présidente baissa les yeux.

— Pauvre homme! fit-elle en essayant, mais en vain, de prendre une physionomie attristée.

— Madame la présidente a-t-elle quelque chose à dire à monsieur Lebœuf? Je vais à Mantes par le chemin de fer.

— Oui, restez là, je lui écrirai de venir dîner demain avec nous, j'ai besoin de le voir pour nous concerter, afin de réparer l'injustice dont vous avez été la victime.

Quand la présidente l'eut quitté, Fraisier, qui se vit juge de paix, ne se ressembla plus à lui-même ; il paraissait gros ; il respirait à pleins poumons l'air du bonheur et le bon vent du succès. Puisant au réservoir inconnu de la volonté de nouvelles et fortes doses de cette divine essence, il se sentit capable, à la façon de Rémonencq, d'un crime, pourvu qu'il n'en existât pas de preuves, pour réussir. Il s'était avancé crânement en face de la présidente, convertissant les conjectures en réalité, affirmant à tort et à travers, dans le but unique de se faire commettre par elle au sauvetage de cette succession et d'obtenir sa protection. Représentant de deux immenses misères et de désirs non moins immenses, il repoussait d'un pied dédaigneux son affreux ménage de la rue de la Perle. Il entrevoyait mille écus d'honoraires chez la Cibot, et cinq mille francs chez le président. C'était conquérir un appartement convenable. Enfin, il s'acquittait avec le docteur Poulain. Quelques-unes de ces natures haineuses, âpres et disposées à la méchanceté par la souffrance ou par la maladie, éprouvent les sentiments contraires, à un égal degré de violence : Richelieu était aussi bon ami qu'ennemi cruel. En reconnaissance des secours que lui avait donnés Poulain, Fraisier se serait fait hacher pour lui. La présidente, en revenant une lettre à la main, regarda sans être vue par lui, cet homme, qui croyait à une vie heureuse et bien rentrée ; et elle le trouva moins laid qu'au premier coup d'œil qu'elle avait jeté sur lui ; d'ailleurs, il allait la servir, et on regarde un instrument qui nous appartient autrement qu'on ne regarde celui du voisin.

— Monsieur Fraisier, dit-elle, vous m'avez prouvé que vous étiez un homme d'esprit, je vous crois capable de franchise.

Fraisier fit un geste éloquent.

— Eh bien ! reprit la présidente, je vous somme de répondre avec candeur à cette question : — Monsieur de Marville ou moi devons-nous être compromis par suite de vos démarches ?...

— Je ne serais pas venu vous trouver, madame, si je pouvais un jour me reprocher d'avoir jeté de la boue sur vous, n'y en eût-il que gros comme la tête d'une épingle, car alors la tache paraît grande comme la lune. Vous oubliez, madame, que, pour devenir juge de paix à Paris, je dois vous avoir satisfait. J'ai reçu, dans ma vie, une première leçon, elle a été trop dure pour que je m'expose à recevoir encore de pareilles étrivières. Enfin, un dernier mot, madame. Toutes mes démarches, quand il s'agira de vous, vous seront préalablement soumises...

— Très-bien; voici la lettre pour monsieur Lebœuf. J'attends maintenant les renseignements sur la valeur de la succession.

— Tout est là, dit finement Fraisier en saluant la présidente avec toute la grâce que sa physionomie lui permettait d'avoir.

— Quelle providence! se dit madame Camusot de Marville. Ah! je serai donc riche! Camusot sera député, car en lâchant ce Fraisier dans l'arrondissement de Bolbec, il nous obtiendra la majorité. Quel instrument!

— Quelle providence! se disait Fraisier en descendant l'escalier, et quelle commère que madame Camusot! Il me faudrait une femme dans ces conditions-là! Maintenant à l'œuvre.

Et il partit pour Mantes où il fallait obtenir les bonnes grâces d'un homme qu'il connaissait fort peu; mais il comptait sur madame Vatinelle à qui, malheureusement, il devait toutes ses infortunes, et les chagrins d'amour sont souvent comme la lettre de change protestée d'un bon débiteur, elle porte intérêt.

Trois jours après, pendant que Schmucke dormait, car madame Cibot et le vieux musicien s'étaient déjà partagé le fardeau de garder et de veiller le malade, elle avait eu ce qu'elle appelait une *prise de bec* avec le pauvre Pons. Il n'est pas inutile de faire remarquer une triste particularité de l'hépatite. Les malades dont le foie est plus ou moins attaqué sont disposés à l'impatience, à la colère, et ces colères les soulagent momentanément; de même que dans l'accès de fièvre, on sent se déployer en soi des forces excessives. L'accès passé, l'affaissement, le *collapsus*, disent les médecins, arrive, et les pertes qu'a faites l'organisme s'apprécient alors dans toute leur gravité. Ainsi, dans les maladies de foie, et surtout dans celles dont la cause vient de grands chagrins éprouvés, le patient arrive après ses emportements à des affaiblissements d'autant plus dangereux qu'il est soumis à une diète sévère. C'est une sorte de fièvre qui agite le mécanisme humoristique de l'homme, car cette fièvre n'est ni dans le sang, ni dans le cerveau. Cette agacerie de tout l'être produit une mélancolie où le malade se prend lui-même en haine. Dans une situation pareille, tout cause une irritation dangereuse. La Cibot, malgré les recommandations du docteur, ne croyait pas, elle, femme du peuple sans expérience ni instruction, à ces tiraillements du système nerveux par le système humoristique. Les explications de monsieur Poulain étaient pour elle des *idées de médecin*. Elle voulait absolument, comme tous les gens du peuple, nourrir Pons, et pour l'empêcher de lui donner en cachette du jambon, une bonne omelette ou du chocolat à la vanille, il ne fallait rien moins que cette parole absolue du docteur Poulain :

— Donnez une seule bouchée de n'importe quoi à monsieur Pons, et vous le tueriez comme d'un coup de pistolet.

L'entêtement des classes populaires est si grand à cet égard, que la répugnance des malades pour aller à l'hôpital vient de ce que le peuple croit qu'on y tue les gens en ne leur donnant pas à manger. La mortalité qu'ont causée les vivres apportés en secret par les femmes à leurs maris a été si grande, qu'elle a déterminé les médecins à prescrire une visite de corps d'une excessive sévérité les jours où les parents viennent voir les malades. La Cibot, pour arriver à une brouille momentanée nécessaire à la réalisation de ses bénéfices immédiats, raconta sa visite au directeur du théâtre, sans oublier sa *prise de bec* avec mademoiselle Héloïse, la danseuse.

— Mais qu'alliez-vous faire là? lui demanda pour la troisième fois le malade qui ne pouvait arrêter la Cibot une fois qu'elle était lancée en paroles.

— Pour lors, quand je lui ai eu dit son fait, mademoiselle Héloïse qu'a vu ce que j'étais, a mis les pouces, et nous avons été les meilleures amies du monde. — Vous me demandez maintenant ce que j'allais faire là? dit-elle en répétant la question de Pons.

Certains bavards, et ceux-là sont des bavards de génie, ramassent ainsi les interpellations, les objections et les observations en manière de provision, pour alimenter leurs discours; comme si la source en pouvait jamais tarir.

— Mais j'y suis allée pour tirer votre monsieur Gaudissard d'embarras, il a besoin d'une musique pour un ballet, et vous n'êtes guère en état, mon chéri, de gribouiller du papier et de remplir votre devoir... J'ai donc entendu, comme ça, qu'on appellerait un monsieur Garangeot pour arranger les *Mohicans* en musique...

— Garangeot! s'écria Pons en fureur. Garangeot, un homme sans aucun talent, je n'ai pas voulu de lui pour premier violon! C'est un homme de beaucoup d'esprit, qui fait très-bien des feuil-

letons sur la musique; mais pour composer un air, je l'en défie!...
Et où diable avez-vous pris l'idée d'aller au théâtre?

— Mais est-il *ostiné*, ce démon-là!... Voyons, mon chat, ne nous emportons pas comme une soupe au lait... Pouvez-vous écrire de la musique dans l'état où vous êtes? Mais vous ne vous êtes donc pas regardé au miroir? Voulez-vous un miroir? Vous n'avez plus que la peau sur les os... vous êtes faible comme un moineau... et vous vous croyez capable de faire vos notes... mais vous ne feriez pas seulement les miennes... Ça me fait penser que je dois monter chez celle du troisième, qui nous doit dix-sept francs... et c'est bon à ramasser, dix-sept francs; car, l'apothicaire payé, il ne nous reste pas vingt francs... Fallait donc dire à cet homme, qui a l'air d'être un bon homme, à monsieur Gaudissard... J'aime ce nom-là... c'est un vrai Roger-Bontemps qui m'irait bien... il n'aura jamais mal au foie, celui-là!... Donc, fallait lui dire où vous en étiez... dame! vous n'êtes pas bien, et il vous a momentanément remplacé...

— Remplacé! s'écria Pons d'une voix formidable en se dressant sur son séant.

En général les malades, surtout ceux qui sont dans l'envergure de la faux de la Mort, s'accrochent à leurs places avec la fureur que déploient les débutants pour les obtenir. Aussi son remplacement parut-il être au pauvre moribond une première mort.

— Mais le docteur me dit, reprit-il, que je vas parfaitement bien! que je reprendrai bientôt ma vie ordinaire. Vous m'avez tué, ruiné, assassiné!...

— Ta, ta, ta, ta! s'écria la Cibot, vous voilà parti, allez, je suis votre bourreau, vous dites ces douceurs là, toujours, parbleu, à monsieur Schmucke, quand j'ai le dos tourné. J'entends bien ce que vous dites, allez!... vous êtes un monstre d'ingratitude.

— Mais vous ne savez pas que si je tarde seulement quinze jours à ma convalescence, on me dira, quand je reviendrai, que je suis une perruque, un vieux, que mon temps est fini, que je suis Empire, rococo! s'écria ce malade qui voulait vivre. Garangeot se sera fait des amis, dans le théâtre, depuis le contrôle jusqu'au cintre! Il aura baissé le diapason pour une actrice qui n'a pas de voix, il aura léché les bottes de monsieur Gaudissard; il aura, par ses amis, publié les louanges de tout le monde dans les feuilletons; et, alors, dans une boutique comme celle-là, madame Cibot, on sait trouver des poux à la tête d'un chauve! Quel démon vous a poussée là?...

— Mais parbleu, monsieur Schmucke a discuté la chose avec moi pendant huit jours. Que voulez-vous? Vous ne voyez rien que vous! vous êtes un égoïste à tuer les gens pour vous guérir!... Mais ce pauvre monsieur Schmucke est depuis un mois sur les dents, il marche sur ses boulets, il ne peut plus aller nulle part, ni donner des leçons, ni faire de service au théâtre, car vous ne voyez donc rien? il vous garde la nuit, et je vous garde le jour. Aujor d'aujourd'hui, si je passais les nuits comme j'ai tâché de le faire d'abord, en croyant que vous n'auriez rien, il me faudrait dormir pendant la journée! Et qué qui veillerait au ménage et au grain!... Et que voulez-vous, la maladie est la maladie!... et voilà!...

— Il est impossible que ce soit Schmucke qui ait eu cette pensée-là...

— Ne voulez-vous pas à cette heure que ce soit moi qui l'aie prise sous mon bonnet! Et croyez-vous que nous sommes de fer? Mais si monsieur Schmucke avait continué son métier, d'aller donner sept ou huit leçons et de passer la soirée de six heures et demie à onze heures et demie au théâtre à diriger l'orchestre, il serait mort dans dix jours d'ici... Voulez-vous la mort de ce digne homme, qui donnerait son sang pour vous? Par les auteurs de mes jours, on n'a jamais vu de malade comme vous... Qu'avez-vous fait de votre raison, l'avez-vous mise au Mont-de-Piété? Tout s'extermine ici pour vous, l'on fait tout pour le mieux, et vous n'êtes pas content... Vous voulez donc nous rendre fous à lier... moi d'abord je suis fourbue, en attendant le reste!

La Cibot pouvait parler à son aise, la colère empêchait Pons de dire un mot, il se roulait dans son lit, articulait péniblement des interjections, il se mourait. Comme toujours, arrivée à cette période, la querelle tournait subitement au tendre. La garde se précipita sur le malade, le prit par la tête, le força de se coucher, ramena sur lui la couverture.

— Peut-on se mettre dans des états pareils! Après ça, mon chat, c'est votre maladie! C'est ce que dit le bon monsieur Poulain. Voyons, calmez-vous. Soyez gentil, mon bon petit fiston. Vous êtes l'idole de tout ce qui vous approche, que le docteur lui-même vient vous voir jusqu'à deux fois par jour! Qué qu'il dirait s'il vous trouvait agité comme cela? Vous me mettez hors des gonds! ce n'est pas bien à vous... Quand on a mam' Cibot pour garde, on lui doit des égards... Vous criez, vous parlez!... ça vous est défendu! vous le savez. Parler, ça vous irrite... Et pourquoi vous emporter ? C'est vous qui avez tous les torts... vous m'asticotez toujours ! Voyons, raisonnons ! Si monsieur Schmucke et moi, qui vous aime comme mes petits boyaux, nous avons cru bien faire ! Eh bien ! mon chérubin, c'est bien, allez.

— Schmucke n'a pas pu vous dire d'aller au théâtre sans me consulter...

— Faut-il l'éveiller, ce pauvre cher homme qui dort comme un bienheureux, et l'appeler en témoignage !

— Non ! non ! s'écria Pons. Si mon bon et tendre Schmucke a pris cette résolution, je suis peut-être plus mal que je ne le crois, dit Pons en jetant un regard plein d'une horrible mélancolie sur les objets d'art qui décoraient sa chambre. Il faudra dire adieu à mes chers tableaux, à toutes ces choses dont je m'étais fait des amis. Et mon divin Schmucke ! — oh ! serait-ce vrai ?

La Cibot, cette atroce comédienne, se mit son mouchoir sur les yeux. Cette muette réponse fit tomber le malade dans une sombre rêverie. Abattu par ces deux coups portés dans des endroits si sensibles, la vie sociale et la santé, la perte de son état et la perspective de la mort, il s'affaissa tant, qu'il n'eut plus la force de se mettre en colère. Et il resta morne comme un poitrinaire après son agonie.

— Voyez-vous, dans l'intérêt de monsieur Schmucke, dit la Cibot en voyant sa victime tout à fait matée, vous feriez bien d'envoyer chercher le notaire du quartier, monsieur Trognon, un bien brave homme.

— Vous me parlez toujours de ce Trognon... dit le malade.

— Ah ! ça m'est bien égal, lui ou un autre, pour ce que vous me donnerez !

Et elle hocha la tête en signe de mépris des richesses. Le silence se rétablit.

En ce moment, Schmucke, qui dormait depuis plus de six heures, réveillé par la faim, se leva, vint dans la chambre de Pons, et le contempla pendant quelques instants sans mot dire, car madame Cibot s'était mis un doigt sur les lèvres en faisant : — Chut !

Puis elle se leva, s'approcha de l'Allemand pour lui parler à l'oreille, et lui dit : — Dieu merci ! le voilà qui va s'endormir, il est méchant comme un âne rouge !... Que voulez-vous ! il se défend contre la maladie...

— Non, je suis, au contraire, très-patient, répondit la victime d'un ton dolent qui accusait un effroyable abattement; mais, mon cher Schmucke, elle est allée au théâtre me faire renvoyer...

Il fit une pause, il n'eut pas la force d'achever. La Cibot profita de cet intervalle pour peindre par un signe à Schmucke l'état d'une tête où la raison déménage, et dit :

— Ne le contrariez pas, il mourrait...

— Et, reprit Pons en regardant l'honnête Schmucke, elle prétend que c'est toi qui l'as envoyée...

— *Ui,* répondit Schmucke héroïquement, *il le vallait. Daisdoi!... laisse-nus de saufer!... C'esde tes bédises que te d'ébuiser à drafailler quand du as ein drèssor... Rédablis-doi, nus fentons quelque pric-à-prac ed nus vinirons nos churs dranquillement dans ein goin, afec cede ponne montam Zibod...*

— Elle t'a perverti! répondit douloureusement Pons.

Le malade, ne voyant plus madame Cibot, qui s'était mise en arrière du lit pour pouvoir dérober à Pons les signes qu'elle faisait à Schmucke, la crut partie.

— Elle m'assassine, ajouta-t-il.

— Comment, je vous assassine?... dit-elle en se montrant l'œil enflammé, ses poings sur les hanches. Voilà donc la récompense d'un dévouement de chien caniche... Dieu de Dieu! Elle fondit en larmes, se laissa tomber sur un fauteuil, et ce mouvement tragique causa la plus funeste révolution à Pons. — Eh bien! dit-elle en se relevant et montrant aux deux amis ces regards de femme haineuse qui lancent à la fois des coups de pistolet et du venin, je suis lasse de ne rien faire de bien ici en m'exterminant le tempérament. Vous prendrez une garde! Les deux amis se regardèrent effrayés. — Oh! quand vous vous regarderez comme des acteurs! C'est dit! Je vas prier le docteur Poulain de vous chercher une garde! Et nous allons faire nos comptes. Vous me rendrez l'argent que j'ai mis ici... et que je ne vous aurais jamais redemandé... Moi qui suis allée chez monsieur Pillerault lui emprunter encore cinq cents francs...

C'est sa malatie! dit Schmucke en se précipitant sur madame Cibot et l'embrassant par la taille, *aycz te la badience!*

— Vous, vous êtes un ange, que je baiserais la marque de vos pas, dit-elle. Mais monsieur Pons ne m'a jamais aimée, il m'a teujours z'haïe !... D'ailleurs, il peut croire que je veux être mise sur son testament...

— *Chit ! fus alez le duer !* s'écria Schmucke.

— Adieu, monsieur ! vint-elle dire à Pons en le foudroyant par un regard. Pour le mal que je vous veux, portez-vous bien. Quand vous serez aimable pour moi, quand vous croirez que ce que je fais est bien fait, je reviendrai ! Jusque-là je reste chez moi... Vous étiez mon enfant, depuis quand a-t-on vu les enfants se révolter contre leurs mères?... Non, non, monsieur Schmucke, je ne veux rien entendre... Je vous apporterai votre dîner, je vous servirai ; mais prenez une garde, demandez-en une à monsieur Poulain.

Et elle sortit en fermant les portes avec tant de violence, que les objets frêles et précieux tremblèrent. Le malade entendit un cliquetis de porcelaine qui fut, dans sa torture, ce qu'était le coup de grâce dans le supplice de la roue.

Une heure après, la Cibot, au lieu d'entrer chez Pons, vint appeler Schmucke à travers la porte de la chambre à coucher, en lui disant que son dîner l'attendait dans la salle à manger. Le pauvre Allemand y vint le visage blême et couvert de larmes.

— *Mon baufre Bons extrafaque*, dit-il, *gar il bredend que fus édes ine scélérade. C'édre sa malatie*, dit-il pour attendrir la Cibot sans accuser Pons.

— Oh ! j'en ai assez, de sa maladie ! Écoutez, ce n'est ni mon père, ni mon mari, ni mon frère, ni mon enfant. Il m'a prise en grippe, eh bien ! en voilà assez ! Vous, voyez-vous, je vous suivrais au bout du monde ; mais quand on donne sa vie, son cœur, toutes ses économies, qu'on néglige son mari, que v'là Cibot malade, et qu'on s'entend traiter de scélérate... c'est un peu trop fort de café comme ça...

— *Gavé?*

— Oui, café ! Laissons les paroles oiseuses. Venons au positif ! Pour lors, vous me devez trois mois à cent quatre-vingt-dix francs, ça fait cinq cent soixante-dix ; plus le loyer que j'ai payé deux fois, que voilà les quittances, six cents francs avec le sou pour livre et vos impositions ; donc, douze cents moins quelque chose, et enfin les deux mille francs, sans intérêt bien entendu ; au total, trois mille cent quatre-vingt-douze francs... Et pensez qu'il va vous falloir au moins deux mille francs devant vous pour la garde, le médecin, les médicaments et la nourriture de la garde. Voilà pourquoi j'empruntais mille francs à monsieur Pillerault, dit-elle en montrant le billet de mille francs donné par Gaudissard.

Schmucke écoutait ce compte dans une stupéfaction très-concevable, car il était financier, comme les chats sont musiciens.

— *Montame Zibod, Bons n'a bas sa déde! Bartonnez-lui, gondinuez à le carter, resdez nodre Profidence... che fus le temante à chenux.*

Et l'Allemand se prosterna devant la Cibot en baisant les mains de ce bourreau.

— Écoutez, mon bon chat, dit-elle en relevant Schmucke et l'embrassant sur le front, voilà Cibot malade, il est au lit, je viens d'envoyer chercher le docteur Poulain. Dans ces circonstances-là je dois mettre mes affaires en ordre. D'ailleurs, Cibot qui m'a vue revenir en larmes, est tombé dans une fureur telle, qu'il ne veut plus que je remette les pieds ici. C'est lui qui exige son argent, et c'est le sien, voyez-vous. Nous autres femmes nous ne pouvons rien à cela. Mais en lui rendant son argent, à cet homme, trois mille deux cents francs, ça le calmera peut-être. C'est toute sa fortune à ce pauvre homme, ses économies de vingt-six ans de ménage, le fruit de ses sueurs. Il lui faut son argent demain, il n'y a pas à tortiller... Vous ne connaissez pas Cibot : quand il est en colère, il tuerait un homme. Eh bien! je pourrais peut-être obtenir de lui de continuer à vous soigner tous deux. Soyez tranquille, je me laisserai dire tout ce qui lui passera par la tête. Je souffrirai ce martyre-là pour l'amour de vous, qui êtes un ange.

— *Non, che suis ein paufre home, qui ème son ami, qui tonnerait sa fie pour le saufer...*

— Mais de l'argent?... Mon bon monsieur Schmucke, une supposition, vous ne me donneriez rien, qu'il faut trouver trois mille francs pour vos besoins! Ma foi, savez-vous ce que je ferais à votre place. Je n'en ferais ni un ni deux, je vendrais sept ou huit méchants tableaux, et je les remplacerais par quelques-uns de ceux qui sont dans votre chambre, retournés contre le mur, faute de place! car un tableau ou un autre, qu'est-ce que ça fait?

Et bourquoi?

— Il est si malicieux! c'est sa maladie, car en santé c'est un mouton! Il est capable de se lever, de fureter; et, si par hasard il venait dans le salon, quoiqu'il soit si faible qu'il ne pourra plus passer le seuil de sa porte, il trouverait toujours son nombre !...

— *C'est chiste !*

— Mais nous lui dirons la vente quand il sera tout à fait bien. Si vous voulez lui avouer cette vente, vous rejetterez tout sur moi, sur la nécessité de me payer. Allez, j'ai bon dos...

— *Che ne buis bas disboser de choses qui ne m'abbardiennent bas...* répondit simplement le bon Allemand.

— Eh bien ! je vais vous assigner en justice, vous et monsieur Pons.

— *Ce zerait le duer...*

— Choisissez !... Mon Dieu ! vendez les tableaux, et dites-le lui après... vous lui montrerez l'assignation...

— *Eh pien ! azicnez nus... ça sera mon egscusse... che lui mondrerai le chuchmend...*

Le jour même, à sept heures, madame Cibot, qui était allée consulter un huissier, appela Schmucke. L'Allemand se vit en présence de monsieur Tabareau, qui le somma de payer ; et, sur la réponse que fit Schmucke en tremblant de la tête aux pieds, il fut assigné lui et Pons devant le tribunal pour se voir condamner au payement. L'aspect de cet homme, le papier timbré griffonné produisirent un tel effet sur Schmucke, qu'il ne résista plus.

— *Fentez les dableaux*, dit-il les larmes aux yeux.

Le lendemain, à six heures du matin, Elie Magus et Rémonencq décrochèrent chacun leurs tableaux. Deux quittances de deux mille cinq cents francs furent ainsi faites parfaitement en règle.

« Je soussigné, me portant fort pour monsieur Pons, reconnais avoir reçu de monsieur Elie Magus la somme de deux mille cinq cents francs pour quatre tableaux que je lui ai vendus, ladite somme devant être employée aux besoins de monsieur Pons. L'un de ces tableaux, attribué à Durer, est un portrait de femme ; le second, de l'école italienne, est également un portrait ; le troisième est un paysage hollandais de Breughle ; le quatrième, un tableau florentin représentant une Sainte Famille, et dont le maître est inconnu. »

La quittance donnée par Rémonencq était dans les mêmes termes et comprenait un Greuze, un Claude Lorrain, un Rubens et un Van Dyck, déguisés sous les noms de tableaux de l'École française et de l'École flamande.

— *Ced archant me verait groire que ces primporions falent quelque chose...* dit Schmucke en recevant les cinq mille francs.

— Ça vaut quelque chose, dit Rémonencq. Je donnerais bien cent mille francs de tout cela.

L'Auvergnat, prié de rendre ce petit service, remplaça les huit tableaux par des tableaux de même dimension, dans les mêmes cadres, en choisissant parmi des tableaux inférieurs que Pons avait mis dans la chambre de Schmucke. Elie Magus, une fois en possession des quatre chefs-d'œuvre, emmena la Cibot chez lui, sous prétexte de faire leurs comptes. Mais il chanta misère, il trouva des défauts aux toiles, il fallait rentoiler, et il offrit à la Cibot trente mille francs pour sa commission ; il les lui fit accepter en lui montrant les papiers étincelants où la Banque a gravé le mot MILLE FRANCS ! Magus condamna Rémonencq à donner pareille somme à la Cibot, en la lui prêtant sur les quatre tableaux qu'il se fit déposer. Les quatre tableaux de Rémonencq parurent si magnifiques à Magus, qu'il ne put se décider à les rendre, et le lendemain il apporta six mille francs de bénéfice au brocanteur, qui lui céda les quatre toiles par facture. Madame Cibot, riche de soixante-huit mille francs, réclama de nouveau le plus profond secret de ses deux complices ; elle pria le Juif de lui dire comment placer cette somme de manière que personne ne pût la savoir en sa possession.

— Achetez des actions du chemin de fer d'Orléans, elles sont à trente francs au-dessous du pair, vous doublerez vos fonds en trois ans, et vous aurez des chiffons de papier qui tiendront dans un portefeuille.

— Restez ici, monsieur Magus, je vais chez l'homme d'affaires de la famille de monsieur Pons, il veut savoir à quel prix vous prendriez tout le bataclan de là-haut... je vais vous l'aller chercher...

— Si elle était veuve ! dit Rémonencq à Magus, ça serait bien mon affaire, car la voilà riche...

— Surtout si elle place son argent sur le chemin d'Orléans ; dans deux ans ce sera doublé. J'y ai placé mes pauvres petites économies, dit le Juif, c'est la dot de ma fille... Allons faire un petit tour sur le boulevard en attendant l'avocat...

— Si Dieu voulait appeler à lui ce Cibot, qui est bien malade déjà, reprit Rémonencq, j'aurais une fière femme pour tenir un magasin, et je pourrais entreprendre le commerce en grand...

— Bonjour, mon bon monsieur Fraisier, dit la Cibot d'un ton patelin, en entrant dans le cabinet de son conseil. Eh bien ! que me dit donc votre portier, que vous vous en allez d'ici !...

— Oui, ma chère madame Cibot, je prends, dans la maison du docteur Poulain, l'appartement du premier étage, au-dessus du sien. Je cherche à emprunter deux à trois mille francs pour meubler convenablement cet appartement, qui, ma foi, est très-joli, le propriétaire l'a remis à neuf. Je suis chargé, comme je vous l'ai dit, des intérêts du président de Marville et des vôtres... Je quitte le métier d'agent d'affaires, je vais me faire inscrire au tableau des avocats, et il faut être très-bien logé. Les avocats de Paris ne laissent inscrire au tableau que des gens qui possèdent un mobilier respectable, une bibliothèque, etc. Je suis docteur en droit, j'ai fait mon stage, et j'ai déjà des protecteurs puissants... Eh bien ! où en sommes-nous ?

— Si vous vouliez accepter mes économies qui sont à la caisse d'épargne, lui dit la Cibot ; je n'ai pas grand'chose, trois mille francs, le fruit de vingt-cinq ans d'épargnes et de privations... vous me feriez une lettre de change, comme dit Rémonencq, car je suis ignorante, je ne sais que ce qu'on m'apprend...

— Non, les statuts de l'ordre interdisent à un avocat de souscrire des lettres de change, je vous en ferai un reçu portant intérêt à cinq pour cent, et vous me le rendrez si je vous trouve douze cents francs de rente viagère dans la succession du bonhomme Pons.

La Cibot, prise au piége, garda le silence.

— Qui ne dit mot, consent, reprit Fraisier. Apportez-moi ça, demain.

— Ah ! je vous payerai bien volontiers vos honoraires d'avance, dit la Cibot, c'est être sûre que j'aurai mes rentes.

— Où en sommes-nous ? reprit Fraisier en faisant un signe de tête affirmatif. J'ai vu Poulain hier au soir, il paraît que vous menez votre malade grand train... Encore un assaut comme celui d'hier, et il se formera des calculs dans la vésicule du fiel... Soyez douce avec lui, voyez-vous, ma chère madame Cibot, il ne faut pas se créer des remords. On ne vit pas vieux.

— Laissez-moi donc tranquille, avec vos remords ! .. N'allez-vous pas encore me parler de la guillotine ? monsieur Pons, c'est un vieil *ostiné !* vous ne le connaissez pas ! c'est lui qui me fait *en-*

déver ! Il n'y a pas un plus méchant homme que lui, ses parents avaient raison, il est sournois, vindicatif et *ostiné...* Monsieur Magus est à la maison, comme je vous l'ai dit, et il vous attend.

— Bien!... j'y serai en même temps que vous. C'est de la valeur de cette collection que dépend le chiffre de votre rente, s'il y a huit cent mille francs, vous aurez quinze cents francs viagers... c'est une fortune !

— Eh bien ! je vas leur dire d'évaluer les choses en conscience.

Une heure après, pendant que Pons dormait profondément, après avoir pris des mains de Schmucke une potion calmante, ordonnée par le docteur, mais dont la dose avait été doublée à l'insu de l'Allemand par la Cibot, Fraisier, Rémonencq et Magus, ces trois personnages patibulaires, examinaient pièce à pièce les dix-sept cents objets dont se composait la collection du vieux musicien. Schmucke s'étant couché, ces corbeaux flairant leur cadavre furent maîtres du terrain.

— Ne faites pas de bruit, disait la Cibot toutes les fois que Magus s'extasiait et discutait avec Rémonencq en l'instruisant de la valeur d'une belle œuvre.

C'était un spectacle à navrer le cœur, que celui de ces quatre cupidités différentes soupesant la succession pendant le sommeil de celui dont la mort était le sujet de leurs convoitises. L'estimation des valeurs contenues dans le salon dura trois heures.

— En moyenne, dit le vieux juif crasseux, chaque chose ici vaut mille francs...

— Ce serait dix-sept cent mille francs ! s'écria Fraisier stupéfait.

— Non pas pour moi, reprit Magus dont l'œil prit des teintes froides. Je ne donnerais pas plus de huit cent mille francs ; car on ne sait pas combien de temps on gardera ça dans un magasin... Il y a des chefs-d'œuvre qui ne se vendent pas avant dix ans, et le prix d'acquisition est doublé par les intérêts composés ; mais je payerais la somme comptant.

— Il y a dans la chambre des vitraux, des émaux, des miniatures, des tabatières en or et en argent, fit observer Rémonencq.

— Peut-on les examiner ? demanda Fraisier.

— Je vas voir s'il dort bien, répliqua la Cibot.

Et, sur un signe de la portière, les trois oiseaux de proie entrèrent.

— Là, sont les chefs-d'œuvre ! dit en montrant le salon Magus dont la barbe blanche frétillait par tous ses poils, mais ici sont les richesses! Et quelles richesses! les souverains n'ont rien de plus beau dans leurs Trésors.

Les yeux de Rémonencq, allumés par les tabatières, reluisaient comme des escarboucles. Fraisier, calme, froid comme un serpent qui se serait dressé sur sa queue, allongeait sa tête plate et se tenait dans la pose que les peintres prêtent à Méphistophélès. Ces trois différents avares, altérés d'or comme les diables le sont des rosées du paradis, dirigèrent, sans s'être concertés, un regard sur le possesseur de tant de richesses, car il avait fait un de ces mouvements inspirés par le cauchemar. Tout à coup, sous le jet de ces trois rayons diaboliques, le malade ouvrit les yeux et jeta des cris perçants.

— Des voleurs! Les voilà! A la garde! on m'assassine. Évidemment il continuait son rêve tout éveillé, car il s'était dressé sur son séant, les yeux agrandis, blancs, fixes, sans pouvoir bouger. Élie Magus et Rémonencq gagnèrent la porte; mais ils y furent cloués par ce mot : — Magus, ici... Je suis trahi... Le malade était réveillé par l'instinct de la conservation de son trésor, sentiment au moins égal à celui de la conservation personnelle. — Madame Cibot, qui est monsieur? cria-t-il en frissonnant à l'aspect de Fraisier qui restait immobile.

— Pardieu! est-ce que je pouvais le mettre à la porte, dit-elle en clignant de l'œil et faisant signe à Fraisier... Monsieur s'est présenté tout à l'heure au nom de votre famille...

Fraisier laissa échapper un mouvement d'admiration pour la Cibot.

— Oui, monsieur, je venais de la part de madame la présidente de Marville, de son mari, de sa fille, vous témoigner leurs regrets; ils ont appris fortuitement votre maladie, et ils voudraient vous soigner eux-mêmes... ils vous offrent d'aller à la terre de Marville y recouvrer la santé; madame la vicomtesse Popinot, la petite Cécile que vous aimez tant, sera votre garde-malade... elle a pris votre défense auprès de sa mère, elle l'a fait revenir de l'erreur où elle était.

— Et ils vous ont envoyé, mes héritiers! s'écria Pons indigné, en vous donnant pour guide le plus habile connaisseur, le plus fin expert de Paris?... Ah! la charge est bonne, reprit-il en riant d'un rire de fou. Vous venez évaluer mes tableaux, mes curiosités, mes tabatières, mes miniatures!... Évaluez! vous avez un homme qui, non-seulement a les connaissances en toute chose, mais qui peut acheter, car il est dix fois millionnaire... Mes chers parents n'attendront pas long-temps ma succession, dit-il avec une ironie profonde, ils m'ont donné le coup de pouce... Ah! madame Cibot, vous vous dites ma mère, et vous introduisez les marchands, mon concurrent et les Camusot ici pendant que je dors!... Sortez tous...

Et le malheureux, surexcité par la double action de la colère et de la peur, se leva décharné.

— Prenez mon bras, monsieur, dit la Cibot en se précipitant sur Pons pour l'empêcher de tomber. Calmez-vous donc, ces messieurs sont sortis.

— Je veux voir le salon!... dit le moribond.

La Cibot fit signe aux trois corbeaux de s'envoler; puis, elle saisit Pons, l'enleva comme une plume, et le recoucha, malgré ses cris. En voyant le malheureux collectionneur tout à fait épuisé, elle alla fermer la porte de l'appartement. Les trois bourreaux de Pons étaient encore sur le palier, et lorsque la Cibot les vit, elle leur dit de l'attendre, en entendant cette parole de Fraisier à Magus : — Écrivez-moi une lettre signée de vous deux, par laquelle vous vous engageriez à payer neuf cent mille francs comptant la collection de monsieur Pons, et nous verrons à vous faire faire un beau bénéfice.

Puis il souffla dans l'oreille de la Cibot un mot, un seul que personne ne put entendre, et il descendit avec les deux marchands à la loge.

— Madame Cibot, dit le malheureux Pons, quand la portière revint, sont-ils partis?...

— Qui... partis?... demanda-t-elle...

— Ces hommes?...

— Quels hommes?... Allons, vous avez vu des hommes! dit-elle. Vous venez d'avoir un coup de fièvre chaude, que sans moi vous alliez passer par la fenêtre, et vous me parlez encore d'hommes... Allez-vous rester toujours comme ça?...

— Comment, là, tout à l'heure, il n'y avait pas un monsieur qui s'est dit envoyé par ma famille...

— Allez-vous *m'ostiner* encore, reprit-elle. Ma foi, savez-vous où l'on devrait vous mettre? à *Chalenton!*.. Vous voyez des hommes...

— Élie Magus, Rémonencq...

— Ah! pour Rémonencq, vous pouvez l'avoir vu, car il est venu me dire que mon pauvre Cibot va si mal, que je vais vous planter là pour reverdir. Mon Cibot avant tout, voyez-vous! Quand mon homme est malade, moi, je ne connais plus personne. Tâchez de rester tranquille et de dormir une couple d'heures, car j'ai dit d'envoyer chercher monsieur Poulain, et je reviendrai avec lui... Buvez et soyez sage.

— Il n'y avait personne dans ma chambre, là, tout à l'heure quand je me suis éveillé?...

— Personne! dit-elle. Vous aurez vu monsieur Rémonencq dans vos glaces.

— Vous avez raison, madame Cibot, dit le malade en devenant doux comme un mouton.

— Eh bien! vous voilà raisonnable, adieu, mon Chérubin, restez tranquille, je serai dans un instant à vous.

Quand Pons entendit fermer la porte de l'appartement, il rassembla ses dernières forces pour se lever, car il se dit :

— On me trompe! on me dévalise! Schmucke est un enfant qui se laisserait lier dans un sac!...

Et le malade, animé par le désir d'éclaircir la scène affreuse qui lui semblait trop réelle pour être une vision, put gagner la porte de sa chambre, il l'ouvrit péniblement, et se trouva dans son salon, où la vue de ses chères toiles, de ses statues, de ses bronzes florentins, de ses porcelaines, le ranima. Le collectionneur, en robe de chambre, les jambes nues, la tête en feu, put faire le tour des deux rues qui se trouvaient tracées par les crédences et les armoires dont la rangée partageait le salon en deux parties. Au premier coup d'œil du maître, il compta tout, et aperçut son musée au complet. Il allait rentrer, lorsque son regard fut attiré par un portrait de Greuze mis à la place du chevalier de Malte, de Sébastien del Piombo. Le soupçon sillonna son intelligence comme un éclair zèbre un ciel orageux. Il regarda la place occupée par ses huit tableaux capitaux, et les trouva remplacés tous. Les yeux du pauvre homme furent tout à coup couverts d'un voile noir, il fut pris par une faiblesse, et tomba sur le parquet. Cet évanouissement fut si complet, que Pons resta là pendant deux heures, il fut trouvé par Schmucke, quand l'Allemand, réveillé, sortit de sa chambre pour venir voir son ami. Schmucke eut mille peines à relever le moribond et à le recoucher; mais quand il adressa la parole à ce quasicadavre, et qu'il reçut un regard glacé, des paroles vagues et bégayées, le pauvre Allemand, au lieu de perdre la tête, devint un héros d'amitié. Sous la pression du désespoir, cet homme-enfant eut de ces inspirations comme en ont les femmes aimantes ou les mères. Il fit chauffer des serviettes (il trouva des serviettes!), il sut en entortiller les mains de Pons, il lui en mit au creux de l'estomac; puis il prit ce front moite et froid entre ses mains, il y appela la vie avec une puissance de volonté digne d'Apollonius de Thyane. Il baisa son ami sur les yeux comme ces Marie que les grands sculpteurs italiens ont sculptées dans leurs bas-reliefs appelés *Piéta*, baisant le Christ. Ces efforts divins, cette effusion d'une vie dans une autre, cette œuvre de mère et d'amante fut couronnée d'un plein succès. Au bout d'une demi-heure, Pons réchauffé reprit forme humaine : la couleur vitale revint aux yeux, la chaleur extérieure rappela le mouvement dans les organes, Schmucke fit boire à Pons de l'eau de mélisse mêlée à du vin, l'esprit de la vie s'infusa dans ce corps, l'intelligence rayonna de nouveau sur ce front naguère insensible comme une pierre. Pons comprit alors à quel saint dévouement, à quelle puissance d'amitié cette résurrection était due.

— Sans toi, je mourais! dit-il en se sentant le visage doucement baigné par les larmes du bon Allemand, qui riait et qui pleurait tout à la fois.

En entendant cette parole, attendue dans le délire de l'espoir, qui vaut celui du désespoir, le pauvre Schmucke, dont toutes les forces étaient épuisées, s'affaissa comme un ballon crevé. Ce fut à son tour de tomber, il se laissa aller sur un fauteuil, joignit les mains et remercia Dieu par une fervente prière. Un miracle venait pour lui de s'accomplir! Il ne croyait pas au pouvoir de sa prière en action, mais à celui de Dieu qu'il avait invoqué. Cependant le miracle était un effet naturel et que les médecins ont constaté souvent. Un malade entouré d'affection, soigné par des gens intéressés à sa vie, à chances égales est sauvé, là où succombe un sujet gardé par des mercenaires. Les médecins ne veulent pas voir en ceci les effets d'un magnétisme involontaire, ils attribuent ce résultat à des soins intelligents, à l'exacte observation de leurs ordonnances; mais beaucoup de mères connaissent la vertu de ces ardentes projections d'un constant désir.

— Mon bon Schmucke!...

— *Ne barle bas, che d'endendrai bar le cueir... rebose! rebose!* dit le musicien en souriant.

— Pauvre ami! noble créature! Enfant de Dieu vivant en Dieu! seul être qui m'ait aimé!... dit Pons par interjections, en trouvant dans sa voix des modulations inconnues.

L'âme, près de s'envoler, était toute dans ces paroles qui donnèrent à Schmucke des jouissances presque égales à celles de l'amour.

— *Fis! fis! ed che tevientrai ein lion! che drafaillerai bir teux.*

— Écoute, mon bon, et fidèle, et adorable ami! laisse-moi parler, le temps me presse, car je suis mort, je ne reviendrai pas de ces crises répétées.

Schmucke pleura comme un enfant.

— Écoute donc, tu pleureras après... dit Pons. Chrétien, il faut te soumettre. On m'a volé, et c'est la Cibot... Avant de te quitter je dois t'éclairer sur les choses de la vie, tu ne les sais pas... On a pris huit tableaux qui valaient des sommes considérables.

— *Bartonne-moi, che les ai fentus...*

— Toi!

— *Moi...* dit le pauvre Allemand, *nis édions assignés au dripinal...*

— Assignés?... par qui?...

— *Addans!...*

Schmucke alla chercher le papier timbré laissé par l'huissier et l'apporta.

Pons lut attentivement ce grimoire. Après lecture il laissa tomber le papier et garda le silence. Cet observateur du travail humain, qui jusqu'alors avait négligé le moral, finit par compter tous les fils de la trame ourdie par la Cibot. Sa verve d'artiste, son intelligence d'élève de l'Académie de Rome, toute sa jeunesse lui revint pour quelques instants.

— Mon bon Schmucke, obéis-moi militairement. Écoute! descends à la loge et dis à cette affreuse femme que je voudrais revoir la personne qui m'est envoyée par mon cousin le président, et que, si elle ne vient pas, j'ai l'intention de léguer ma collection au Musée; qu'il s'agit de faire mon testament.

Schmucke s'acquitta de la commission; mais, au premier mot, la Cibot répondit par un sourire.

— Notre cher malade a eu, mon bon monsieur Schmucke, une attaque de fièvre chaude, et il a cru voir du monde dans sa chambre. Je vous donne ma parole d'honnête femme que personne n'est venu de la part de la famille de notre cher malade...

Schmucke revint avec cette réponse, qu'il répéta textuellement à Pons.

— Elle est plus forte, plus madrée, plus astucieuse, plus machiavélique que je ne le croyais, dit Pons en souriant, elle ment jusque dans sa loge ! Figure-toi qu'elle a, ce matin, amené ici un Juif, nommé Élie Magus, Rémonencq et un troisième qui m'est inconnu, mais qui est plus affreux à lui seul que les deux autres. Elle a compté sur mon sommeil pour évaluer ma succession, le hasard a fait que je me suis éveillé, je les ai vus tous trois soupesant mes tabatières. Enfin, l'inconnu s'est dit envoyé par les Camusot, j'ai parlé avec lui... Cette infâme Cibot m'a soutenu que je rêvais... Mon bon Schmucke, je ne rêvais pas !... J'ai bien entendu cet homme, il m'a parlé... Les deux marchands se sont effrayés et ont pris la porte... J'ai cru que la Cibot se démentirait !... Cette tentative est inutile. Je vais tendre un autre piége où la scélérate se prendra... Mon pauvre ami, tu prends la Cibot pour un ange, c'est une femme qui m'a, depuis un mois, assassiné dans un but cupide. Je n'ai pas voulu croire à tant de méchanceté chez une femme qui nous avait servis fidèlement pendant quelques années. Ce doute m'a perdu... Combien t'a-t-on donné des huit tableaux ?...

— Cinq mille francs.

— Bon Dieu, ils en valaient vingt fois autant ! s'écria Pons, c'est la fleur de ma collection. Je n'ai pas le temps d'intenter un procès, d'ailleurs ce serait te mettre en cause comme la dupe de ces coquins.... Un procès te tuerait ! Tu ne sais pas ce que c'est que la justice ! c'est l'égout de toutes les infamies morales... A voir tant d'horreurs, des âmes comme la tienne y succombent. Et puis tu seras assez riche. Ces tableaux m'ont coûté quatre mille francs, je les ai depuis trente-six ans.... Mais nous avons été volés avec une habileté surprenante. Je suis sur le bord de ma fosse, je ne me soucie plus que de toi... de toi, le meilleur des êtres. Or, je ne veux pas que tu sois dépouillé, car tout ce que je possède est à toi. Donc, il faut te défier de tout le monde, et tu n'as jamais eu de défiance. Dieu te protége, je le sais ; mais il peut t'oublier pendant un moment, et tu serais flibusté comme un vaisseau marchand. La Cibot est un monstre, elle me tue ! et tu vois en elle un ange, je veux te la faire connaître, va la prier de t'indiquer un notaire, qui reçoive mon testament... et je te la montrerai les mains dans le sac.

Schmucke écoutait Pons comme s'il lui avait raconté l'Apocaypse. Qu'il existât une nature aussi perverse que devait être celle de la Cibot, si Pons avait raison, c'était pour lui la négation de la Providence.

— *Mon baufre ami Bons se droufe si mâle*, dit l'Allemand en descendant à la loge et s'adressant à madame Cibot, *qu'ile feud vaire son desdamand, alez chercher ein nodaire...*

Ceci fut dit en présence de plusieurs personnes, car l'état de Cibot était presque désespéré. Rémonencq, sa sœur, deux portières accourues des maisons voisines, trois domestiques des locataires de la maison et le locataire du premier étage sur le devant de la rue stationnaient sous la porte cochère.

— Ah! vous pouvez bien aller chercher un notaire vous-même, s'écria la Cibot les larmes aux yeux, et faire faire votre testament par qui vous voudrez... Ce n'est pas quand mon pauvre Cibot est à la mort que je quitterai son lit... Je donnerais tous les Pons du monde pour conserver Cibot... un homme qui ne m'a jamais causé pour deux onces de chagrin pendant trente ans de ménage!...

Et elle rentra, laissant Schmucke tout interdit.

— Monsieur, dit à Schmucke le locataire du premier étage, monsieur Pons est-il donc bien mal?...

Ce locataire, nommé Jolivard, était un employé de l'enregistrement, au bureau du Palais.

— *Il a vailli murir dud à l'heire!* répondit Schmucke avec une profonde douleur.

— Il y a près d'ici, rue Saint-Louis, monsieur Trognon, notaire, fit observer monsieur Jolivard. C'est le notaire du quartier.

— Voulez-vous que je l'aille chercher? demanda Rémonencq à Schmucke.

— *Pien folondiers...* répondit Schmucke, *gar si montame Zibod ne beut bas carter mon ami, che ne fitrais bas te guidder tans l'édat ù il esd...*

— Madame Cibot nous disait qu'il devenait fou!... reprit Jolivard.

— *Bons vou?* s'écria Schmucke frappé de terreur. *Chamais il n'a i dand t'esbrit... et c'ed ce qui m'einguiède bir sa sandé...*

Toutes les personnes qui composaient l'attroupement écoutaient cette conversation avec une curiosité bien naturelle, et qui la grava dans leur mémoire. Schmucke, qui ne connaissait pas Fraisier, ne put faire attention à cette tête satanique et à ces yeux brillants. Fraisier, en jetant deux mots dans l'oreille de la Cibot, avait été l'auteur de la scène hardie, peut-être au-dessus des moyens de la Cibot, mais qu'elle avait jouée avec une supériorité magistrale. Faire passer le moribond pour fou, c'était une des pierres angulaires de l'édifice bâti par l'homme de loi. L'incident de la matinée avait bien servi Fraisier; et, sans lui, peut-être la Cibot, dans son trouble, se serait-elle démentie, au moment où l'innocent Schmucke était venu lui tendre un piége en la priant de rappeler l'envoyé de la famille. Rémonencq, qui vit venir le docteur Poulain, ne demandait pas mieux que de disparaître. Et voici pourquoi : Rémonencq, depuis dix jours, remplissait le rôle de la Providence, ce qui déplaît singulièrement à la Justice dont la prétention est de la représenter à elle seule. Rémonencq voulait se débarrasser à tout prix du seul obstacle qui s'opposait à son bonheur. Pour lui, le bonheur, c'était d'épouser l'appétissante portière, et de tripler ses capitaux. Or, Rémonencq, en voyant le petit tailleur buvant de la tisane, avait eu l'idée de convertir son indisposition en une maladie mortelle, et son état de ferrailleur lui en avait donné le moyen.

Un matin, pendant qu'il fumait sa pipe, le dos appuyé au chambranle de la porte de sa boutique, et qu'il rêvait à ce beau magasin sur le boulevard de la Madeleine où trônerait madame Cibot, superbement vêtue, ses yeux tombèrent sur une rondelle en cuivre fortement oxydée. L'idée de nettoyer économiquement sa rondelle dans la tisane de Cibot lui vint subitement. Il attacha ce cuivre, rond comme une pièce de cent sous, par une petite ficelle; et, pendant que la Cibot était occupée chez ses messieurs, il allait tous les jours savoir des nouvelles de son ami le tailleur. Durant cette visite de quelques minutes, il laissait tremper la rondelle en cuivre; et, en s'en allant, il la reprenait par la ficelle. Cette légère addition de cuivre chargé de son oxyde, communément appelé vert-de-gris, introduisit secrètement un principe délétère dans la tisane bienfaisante, mais en proportions homœopathiques, ce qui fit des ravages incalculables. Voici quels furent les résultats de cette homœopathie criminelle. Le troisième jour, les cheveux du pauvre Cibot tombèrent, les dents tremblèrent dans leurs alvéoles, et l'économie de cette organisation fut troublée par cette imperceptible dose de poison. Le docteur Poulain se creusa la tête en apercevant l'effet de cette décoction, car il était assez savant pour reconnaître l'action d'un agent destructeur. Il emporta la tisane, à l'insu de tout le monde, et il en opéra l'analyse lui-même; mais il n'y trouva rien. Le hasard voulut que, ce jour-là, Rémonencq, effrayé de ses œuvres, n'eût pas mis sa fatale rondelle. Le docteur Poulain s'en tira vis-à-vis de lui-même et de la science, en supposant que, par suite d'une vie sédentaire, dans une loge humide, le sang de ce tailleur accroupi sur une table, devant cette fenêtre grillagée, avait pu se décomposer, faute d'exercice, et surtout à la perpétuelle aspiration des émanations d'un ruisseau fétide. La rue de Normandie est une de ces vieilles rues à chaussée fendue, où la ville de Paris n'a pas encore mis de bornes-fontaines, et dont le ruisseau noir roule péniblement les eaux ménagères de toutes les maisons, qui s'infiltrent sous les pavés et y produisent cette boue particulière à la ville de Paris.

La Cibot, elle, allait et venait, tandis que son mari, travailleur intrépide, était toujours devant cette croisée, assis comme un fakir. Les genoux du tailleur étaient ankylosés, le sang se fixait dans le buste, les jambes amaigries, tortues, devenaient des membres presque inutiles. Aussi le teint fortement cuivré de Cibot paraissait-il naturellement maladif depuis fort longtemps. La bonne santé de la femme et la maladie de l'homme semblèrent au docteur un fait naturel.

— Quelle est donc la maladie de mon pauvre Cibot? avait demandé la portière au docteur Poulain.

— Ma chère madame Cibot, répondit le docteur, il meurt de la maladie des portiers... son étiolement général annonce une incurable viciation du sang.

Un crime sans objet, sans aucun gain, sans aucun intérêt, finit par effacer dans l'esprit du docteur Poulain ses premiers soupçons. Qui pouvait vouloir tuer Cibot? sa femme? le docteur lui vit goûter à la tisane de Cibot en la sucrant. Une assez grande quantité de crimes échappent à la vengeance de la société, c'est en général ceux qui se commettent, comme celui-ci, sans les preuves effrayantes d'une violence quelconque : le sang répandu, la strangulation, les coups, enfin les procédés maladroits; mais surtout quand le meurtre est sans intérêt apparent, et commis dans les classes inférieures.

Le crime est toujours dénoncé par son avant-garde, par des haines, par des cupidités visibles dont sont instruits les gens aux yeux de qui l'on vit. Mais, dans les circonstances où se trouvaient le petit tailleur, Rémonencq et la Cibot, personne n'avait intérêt à chercher la cause de la mort, excepté le médecin. Ce portier maladif, cuivré, sans fortune, adoré de sa femme, était sans fortune et sans ennemis. Les motifs et la passion du brocanteur se cachaient dans l'ombre tout aussi bien que la fortune de la Cibot. Le médecin connaissait à fond la portière et ses sentiments, il la croyait capable de tourmenter Pons; mais il la savait sans intérêt ni force pour un crime; d'ailleurs, elle buvait une cuillerée de tisane toutes les fois que le docteur venait et qu'elle donnait à boire à son mari. Poulain, le seul de qui pouvait venir la lumière, crut à quelque hasard de maladie, à l'une de ces étonnantes exceptions qui rendent la médecine un si périlleux métier. Et en effet, le petit tailleur se trouva malheureusement, par suite de son existence rabougrie, dans des conditions de mauvaise santé telles que cette imperceptible addition d'oxyde de cuivre devait lui donner la mort. Les commères, les voisins se comportaient aussi de manière à innocenter Rémonencq en justifiant cette mort subite.

— Ah! s'écriait l'un, il y a bien longtemps que je disais que monsieur Cibot n'allait pas bien.

— Il travaillait trop, c't homme-là! répondait un autre, il s'est brûlé le sang.

— Il ne voulait pas m'écouter, s'écriait un voisin, je lui conseillais de se promener le dimanche, de faire le lundi, car ce n'est pas trop de deux jours par semaine pour se divertir.

Enfin, la rumeur du quartier, si délatrice, et que la justice écoute par les oreilles du commissaire de police, ce roi de la basse classe, expliquait parfaitement la mort du petit tailleur. Néanmoins, l'air pensif, les yeux inquiets de monsieur Poulain, embarrassaient beaucoup Rémonencq; aussi, voyant venir le docteur, se proposa-t-il avec empressement à Schmucke pour aller chercher ce monsieur Trognon que connaissait Fraisier.

— Je serai revenu pour le moment où le testament se fera, dit Fraisier à l'oreille de la Cibot, et, malgré votre douleur, il faut veiller au grain.

Le petit avoué, qui disparut avec la légèreté d'une ombre, rencontra son ami le médecin.

— Eh! Poulain, s'écria-t-il, tout va bien. Nous sommes sauvés!... Je te dirai ce soir comment! Cherche quelle est la place qui te convient! tu l'auras! Et moi! je suis juge de paix, Tabareau ne me refusera plus sa fille.... Quant à toi, je me charge de te faire épouser mademoiselle Vitel, la petite-fille de notre juge de paix.

Fraisier laissa Poulain sur la stupéfaction que ces folles paroles lui causèrent, et sauta sur le boulevard comme une balle; il fit signe à l'omnibus et fut, en dix minutes, déposé par ce coche moderne à la hauteur de la rue Choiseul. Il était environ quatre heures, Fraisier était sûr de trouver la présidente seule, car les magistrats ne quittent guère le Palais avant cinq heures.

Madame de Marville reçut Fraisier avec une distinction qui prouvait que, selon sa promesse, faite à madame Vatinelle, monsieur Lebœuf avait parlé favorablement de l'ancien avoué de Mantes. Amélie fut presque chatte avec Fraisier, comme la duchesse de Montpensier dut l'être avec Jacques Clément; car ce petit avoué, c'était son couteau. Mais quand Fraisier présenta la lettre collective, par laquelle Élie Magus et Rémonencq s'engageaient à prendre en bloc la collection de Pons pour une somme de neuf cent mille francs payée comptant, la présidente lança sur l'homme d'affaires un regard d'où jaillissait la somme. Ce fut une nappe de convoitise qui roula jusqu'à l'avoué.

— Monsieur le président, lui dit-elle, m'a chargé de vous inviter à dîner demain, nous serons en famille, vous aurez pour convives monsieur Godeschal, le successeur de maître Desroches mon avoué; puis Berthier, notre notaire; mon gendre et ma fille... Après le dîner, nous aurons vous et moi, le notaire et l'avoué, la petite conférence que vous avez demandée, et où je vous remettrai nos pouvoirs. Ces deux messieurs obéiront, comme vous l'exigez, à vos inspirations, et veilleront à ce que *tout cela* se passe bien. Vous aurez la procuration de monsieur de Marville dès qu'elle vous sera nécessaire...

— Il me la faudra pour le jour du décès...

— On la tiendra prête...

— Madame la présidente, si je demande une procuration, si je veux que votre avoué ne paraisse pas, c'est bien moins dans mon intérêt que dans le vôtre... Quand je me donne, moi! je me donne tout entier. Aussi, madame, demandé-je en retour la même fidélité, la même confiance à mes protecteurs, je n'ose dire de vous, mes clients. Vous pouvez croire qu'en agissant ainsi, je veux m'accrocher à l'affaire; non, non, madame : s'il se commettait des choses répréhensibles... car, en matière de succession, on est entraîné.., surtout par un poids de neuf cent mille francs... eh bien! vous ne pouvez pas désavouer un homme comme maître Godeschal, la probité même; mais on peut rejeter tout sur le dos d'un méchant petit homme d'affaires...

La présidente regarda Fraisier avec admiration.

— Vous devez aller bien haut ou bien bas, lui dit-elle. A votre place, au lieu d'ambitionner cette retraite de juge de paix, je voudrais être procureur du roi... à Mantes! et faire un grand chemin.

— Laissez-moi faire, madame! La justice de paix est un cheval de curé pour monsieur Vitel, je m'en ferai un cheval de bataille.

La présidente fut amenée ainsi à sa dernière confidence avec Fraisier.

— Vous me paraissez dévoué si complétement à nos intérêts, dit-elle, que je vais vous initier aux difficultés de notre position et à nos espérances. Le président, lors du mariage projeté pour sa fille et un intrigant qui, depuis, s'est fait banquier, désirait vivement augmenter la terre de Marville de plusieurs herbages, alors à vendre. Nous nous sommes dessaisis de cette magnifique habitation pour marier ma fille comme vous savez; mais je souhaite bien vivement, ma fille étant fille unique, acquérir le reste de ces herbages. Ces belles prairies ont été déjà vendues en partie, elles appartiennent à un Anglais qui retourne en Angleterre, après avoir demeuré là pendant vingt ans; il a bâti le plus charmant cottage dans une délicieuse situation, entre le parc de Marville et les prés qui dépendaient autrefois de la terre, et il a racheté, pour se faire un parc, des remises, des petits bois, des jardins à des pris fous. Cette habitation avec ses dépendances forme fabrique dans le paysage, et elle est contiguë aux murs du parc de ma fille. On pourrait avoir les herbages et l'habitation pour sept cent mille francs, car le produit net des prés est de vingt mille francs... Mais si monsieur Wadmann apprend que c'est nous qui achetons, il voudra sans doute deux ou trois cent mille francs de plus, car il les perd, si, comme cela se fait en matière rurale, on ne compte l'habitation pour rien...

— Mais, madame, vous pouvez, selon moi, si bien regarder la

succession comme à vous, que je m'offre à jouer le rôle d'acquéreur à votre profit, et je me charge de vous avoir la terre au meilleur marché possible par un sous-seing-privé, comme cela se fait pour les marchands de biens... Je me présenterai à l'Anglais en cette qualité. Je connais ces affaires-là, c'était à Mantes ma spécialité. Vatinelle avait doublé la valeur de son Étude, car je travaillais sous son nom...

— De là votre liaison avec la petite madame Vatinelle... Ce notaire doit être bien riche aujourd'hui...

— Mais madame Vatinelle dépense beaucoup... Ainsi, soyez tranquille, madame, je vous servirai l'Anglais cuit à point...

— Si vous arriviez à ce résultat, vous auriez des droits éternels à ma reconnaissance... Adieu, mon cher monsieur Fraisier. A demain...

Fraisier sortit en saluant la présidente avec moins de servilité que la dernière fois.

— Je dîne demain chez le président Marville !... se disait Fraisier. Allons, je tiens ces gens-là. Seulement, pour être maître absolu de l'affaire, il faudrait que je fusse le conseil de cet Allemand, dans la personne de Tabareau, l'huissier de la justice de paix ! Ce Tabareau, qui me refuse sa fille, une fille unique, me la donnera si je suis juge de paix. Mademoiselle Tabareau, cette grande fille rousse et poitrinaire, est propriétaire du chef de sa mère d'une maison à la place Royale ; je serai donc éligible. A la mort de son père, elle aura bien encore six mille livres de rente. Elle n'est pas belle ; mais, mon Dieu ! pour passer de zéro à dix-huit mille francs de rente, il ne faut pas regarder à la planche !...

Et, en revenant par les boulevards à la rue de Normandie, il se laissait aller au cours de ce rêve d'or. Il se laissait aller au bonheur d'être à jamais hors du besoin ; il pensait à marier mademoiselle Vitel, la fille du juge de paix, à son ami Poulain. Il se voyait, de concert avec le docteur, un des rois du quartier, il dominerait les élections municipales, militaires et politiques. Les boulevards paraissent courts, lorsqu'en s'y promenant on promène ainsi son ambition à cheval sur la fantaisie.

Lorsque Schmucke remonta près de son ami Pons, il lui dit que Cibot était mourant, et que Rémonencq était allé chercher monsieur Trognon, notaire. Pons fut frappé de ce nom, que la Cibot lui jetait si souvent dans ses interminables discours, en lui recommandant ce notaire comme la probité même. Et alors le malade, dont la défiance était devenue absolue depuis le matin, eut une idée lumineuse qui compléta le plan formé par lui pour se jouer de la Cibot et la dévoiler tout entière au crédule Schmucke.

— Schmucke, dit-il en prenant la main au pauvre Allemand hébété par tant de nouvelles et d'événements, il doit régner une grande confusion dans la maison, si le portier est à la mort, nous sommes à peu près libres pour quelques moments, c'est-à-dire sans espions, car on nous espionne, sois en sûr ! Sors, prends un cabriolet, va au théâtre, dis à mademoiselle Héloïse, notre première danseuse, que je veux la voir avant de mourir, et qu'elle vienne à dix heures et demie, après son service. De là, tu iras chez tes deux amis Schwab et Brunner, et tu les prieras d'être ici demain à neuf heures du matin, de venir demander de mes nouvelles, en ayant l'air de passer par ici et de monter me voir...

Voici quel était le plan forgé par le vieil artiste en se sentant mourir. Il voulait enrichir Schmucke en l'instituant son héritier universel ; et, pour le soustraire à toutes les chicanes possibles, il se proposait de dicter son testament à un notaire, en présence de témoins, afin qu'on ne supposât pas qu'il n'avait plus sa raison, et pour ôter aux Camusot tout prétexte d'attaquer ses dernières dispositions. Ce nom de Trognon lui fit entrevoir quelque machination, il crut à quelque vice de forme projeté par avance, à quelque infidélité préméditée par la Cibot, et il résolut de se servir de ce Trognon pour se faire dicter un testament olographe qu'il cachèterait et serrerait dans le tiroir de sa commode. Il comptait montrer à Schmucke, en le faisant cacher dans un des cabinets de son alcôve, la Cibot s'emparant de ce testament, le décachetant, le lisant et le recachetant. Puis, le lendemain à neuf heures, il voulait anéantir ce testament olographe par un testament par-devant notaire, bien en règle et indiscutable. Quand la Cibot l'avait traité de fou, de visionnaire, il avait reconnu la haine et la vengeance, l'avidité de la présidente ; car, au lit depuis deux mois, le pauvre homme, pendant ses insomnies, pendant ses longues heures de solitude, avait repassé les événements de sa vie au crible.

Les sculpteurs antiques et modernes ont souvent posé, de chaque côté de la tombe, des génies qui tiennent des torches allumées. Ces lueurs éclairent aux mourants le tableau de leurs fautes, de leurs erreurs, en leur éclairant les chemins de la Mort. La sculpture représente là de grandes idées, elle formule un fait humain. L'agonie a sa sagesse. Souvent on voit de simples jeunes filles, à l'âge le plus tendre, avoir une raison centenaire, devenir prophètes, juger leur famille, n'être les dupes d'aucune comédie. C'est là la poésie de la Mort. Mais, chose étrange et digne de remarque ! on meurt de deux façons différentes. Cette poésie de la prophétie, ce don de bien voir, soit en avant, soit en arrière, n'appartient qu'aux mourants dont la chair seulement est atteinte, qui périssent par la destruction des organes de la vie charnelle. Ainsi les êtres attaqués, comme Louis XIV, par la gangrène ; les poitrinaires, les malades qui périssent comme Pons par la fièvre, comme madame de Mortsauf par l'estomac, ou comme les soldats par des blessures qui les saisissent en pleine vie, ceux-là jouissent de cette lucidité sublime, et font des morts surprenantes, admirables ; tandis que les gens qui meurent par des maladies pour ainsi dire intelligentielles, dont le mal est dans le cerveau, dans l'appareil nerveux qui sert d'intermédiaire au corps pour fournir le combustible de la pensée ; ceux-là meurent tout entiers. Chez eux, l'esprit et le corps sombrent à la fois. Les uns, âmes sans corps, réalisent les spectres bibliques ; les autres sont des cadavres. Cet homme vierge, ce Caton friand, ce juste presque sans péchés, pénétra tardivement dans les poches de fiel qui composaient le cœur de la présidente. Il devina le monde sur le point de le quitter. Aussi, depuis quelques heures, avait-il pris gaiement son parti, comme un joyeux artiste, pour qui tout est prétexte à *charge*, à raillerie. Les derniers liens qui l'unissaient à la vie, les chaînes de l'admiration, les nœuds puissants qui rattachaient le connaisseur aux chefs-d'œuvre de l'art, venaient d'être brisés le matin. En se voyant volé par la Cibot, Pons avait dit adieu chrétiennement aux pompes et aux vanités de l'art, à sa collection, à ses amitiés pour les créateurs de tant de belles choses, et il voulait uniquement penser à la mort, à la façon de nos ancêtres qui la comptaient comme une des fêtes du chrétien. Dans sa tendresse pour Schmucke, Pons essayait de le protéger du fond de son cercueil. Cette pensée paternelle fut la raison du choix qu'il fit du premier sujet de la danse, pour avoir du secours contre les perfidies qui l'entouraient, et qui ne pardonneraient sans doute pas à son légataire universel.

Héloïse Brisetout était une de ces natures qui restent vraies dans une position fausse, capable de toutes les plaisanteries possibles contre des adorateurs paysans, une fille de l'école des Jenny Cadine et des Josépha; mais bonne camarade et ne redoutant aucun pouvoir humain, à force de les voir tous faibles, et habituée qu'elle était à lutter avec les sergents de ville au bal peu champêtre de Mabille et au carnaval. — Si elle a fait donner ma place à son protégé Garangeot, elle se croira d'autant plus obligée de me servir, se dit Pons. Schmucke put sortir sans qu'on fît attention à lui, dans la confusion qui régnait dans la loge, et il revint avec la plus excessive rapidité, pour ne pas laisser trop longtemps Pons tout seul.

Monsieur Trognon arriva pour le testament, en même temps que Schmucke. Quoique Cibot fût à la mort, sa femme accompagna le notaire, l'introduisit dans la chambre à coucher, et se retira d'elle-même, en laissant ensemble Schmucke, monsieur Trognon et Pons, mais elle s'arma d'une petite glace à main d'un travail curieux, et prit position à la porte, qu'elle laissa entre-bâillée. Elle pouvait ainsi non-seulement entendre, mais voir tout ce qui se dirait et ce qui se passerait dans ce moment suprême pour elle.

— Monsieur, dit Pons, j'ai malheureusement toutes mes facultés, car je sens que je vais mourir; et, par la volonté de Dieu, sans doute, aucune des souffrances de la mort ne m'est épargnée!... Voici monsieur Schmucke...

Le notaire salua Schmucke.

— C'est le seul ami que j'aie sur la terre, dit Pons, et je veux l'instituer mon légataire universel; dites-moi quelle forme doit avoir mon testament, pour que mon ami, qui est Allemand, qui ne sait rien de nos lois, puisse recueillir ma succession sans aucune contestation.

— On peut toujours tout contester, monsieur, dit le notaire, c'est l'inconvénient de la justice humaine. Mais en matière de testament, il en est d'inattaquables...

— Lequel? demanda Pons.

— Un testament fait par devant notaire, en présence de témoins qui certifient que le testateur jouit de toutes ses facultés, et si le testateur n'a ni femme, ni enfants, ni père, ni frère...

— Je n'ai rien de tout cela, toutes mes affections sont réunies sur la tête de mon cher ami Schmucke, que voici...

Schmucke pleurait.

— Si donc vous n'avez que des collatéraux éloignés, la loi vous laissant la libre disposition de vos meubles et immeubles, si vous ne les léguez pas à des conditions que la morale réprouve, car vous avez dû voir des testaments attaqués à cause de la bizarrerie des testateurs, un testament par-devant notaire est inattaquable. En effet, l'identité de la personne ne peut être niée ; le notaire a constaté l'état de sa raison, et la signature ne peut donner lieu à aucune discussion... Néanmoins, un testament olographe, en bonne forme et clair, est aussi peu discutable.

— Je me décide, pour des raisons à moi connues, à écrire sous votre dictée un testament olographe, et à le confier à mon ami que voici... Cela se peut-il ?...

— Très-bien ! dit le notaire... Voulez-vous écrire ? je vais dicter...

— Schmucke, donne-moi ma petite écritoire de Boule. Monsieur, dictez-moi tout bas ; car, ajouta-t-il, on peut nous écouter.

— Dites-moi donc avant tout quelles sont vos intentions, demanda le notaire.

Au bout de dix minutes, la Cibot, que Pons entrevoyait dans une glace, vit cacheter le testament, après que le notaire l'eut examiné pendant que Schmucke allumait une bougie ; puis Pons le remit à Schmucke en lui disant de le serrer dans une cachette pratiquée dans son secrétaire. Le testateur demanda la clef du secrétaire, l'attacha dans le coin de son mouchoir, et mit le mouchoir sous son oreiller. Le notaire, nommé par politesse exécuteur testamentaire, et à qui Pons laissait un tableau de prix, une de ces choses que la loi permet de donner à un notaire, sortit et trouva madame Cibot dans le salon.

— Eh bien ! monsieur ? monsieur Pons a-t-il pensé à moi ?

— Vous ne vous attendez pas, ma chère, à ce qu'un notaire trahisse les secrets qui lui sont confiés, répondit monsieur Trognon. Tout ce que je puis vous dire, c'est qu'il y aura bien des cupidités déjouées et bien des espérances trompées. Monsieur Pons a fait un beau testament plein de sens, un testament patriotique et que j'approuve fort.

On ne se figure pas à quel degré de curiosité la Cibot arriva, stimulée par de telles paroles. Elle descendit et passa la nuit près de Cibot, en se promettant de se faire remplacer par mademoiselle Rémonencq, et d'aller lire le testament entre deux et trois heures du matin.

La visite de mademoiselle Héloïse Brisetout, à dix heures et demie du soir, parut assez naturelle à la Cibot; mais elle eut si peur que la danseuse ne parlât des mille francs donnés par Gaudissard, qu'elle accompagna le premier sujet en lui prodiguant des politesses et des flatteries comme à une souveraine.

— Ah! ma chère, vous êtes bien mieux sur votre terrain qu'au théâtre, dit Héloïse en montant l'escalier. Je vous engage à rester dans votre emploi!

Héloïse, amenée en voiture par Bixiou, son ami de cœur, était magnifiquement habillée, car elle allait à une soirée de Mariette, l'un des plus illustres premiers sujets de l'Opéra. Monsieur Chapoulot, ancien passementier de la rue Saint-Denis, le locataire du premier étage, qui revenait de l'Ambigu-Comique avec sa fille, fut ébloui, lui comme sa femme, en rencontrant pareille toilette et une si jolie créature dans leur escalier.

— Qui est-ce, madame Cibot? demanda madame Chapoulot.

— C'est une rien du tout!... une sauteuse qu'on peut voir quasi-nue tous les soirs pour quarante sous... répondit la portière à l'oreille de l'ancienne passementière.

— Victorine! dit madame Chapoulot à sa fille, ma petite, laisse passer madame!

Ce cri de mère épouvantée fut compris d'Héloïse, qui se retourna.

— Votre fille est donc pire que l'amadou, madame, que vous craignez qu'elle ne s'incendie en me touchant?...

Héloïse regarda monsieur Chapoulot d'un air agréable en souriant.

— Elle est, ma foi, très-jolie à la ville! dit monsieur Chapoulot en restant sur le palier.

Madame Chapoulot pinça son mari à le faire crier, et le poussa dans l'appartement.

— En voilà, dit Héloïse, un second qui s'est donné le genre d'être un quatrième.

— Mademoiselle est cependant habituée à monter, dit la Cibot en ouvrant la porte de l'appartement.

— Eh bien! mon vieux, dit Héloïse en entrant dans la chambre où elle vit le pauvre musicien étendu, pâle et la face appauvrie, ça ne va donc pas bien? Tout le monde au théâtre s'inquiète de vous; mais vous savez! quoiqu'on ait bon cœur, chacun a ses affaires, et on ne trouve pas une heure pour aller voir ses amis. Gaudissard parle de venir ici tous les jours, et tous les matins il est pris par les ennuis de l'administration. Néanmoins nous vous aimons tous...

— Madame Cibot, dit le malade, faites-moi le plaisir de nous laisser avec mademoiselle, nous avons à causer théâtre et de ma place de chef d'orchestre... Schmucke reconduira bien madame.

Schmucke, sur un signe de Pons, mit la Cibot à la porte, et tira les verrous.

— Ah! le gredin d'Allemand! voilà qu'il se gâte aussi, lui!... se dit la Cibot en entendant ce bruit significatif, c'est monsieur Pons qui lui apprend ces horreurs-là... Mais vous me payerez cela, mes petits amis... se dit la Cibot en descendant. Bah! si cette saltimbanque de sauteuse lui parle des mille francs, je leur dirai que c'est une farce de théâtre...

Et elle s'assit au chevet de Cibot, qui se plaignait d'avoir le feu dans l'estomac, car Rémonencq venait de lui donner à boire en l'absence de sa femme.

— Ma chère enfant, dit Pons à la danseuse pendant que Schmucke renvoyait la Cibot, je ne me fie qu'à vous pour me choisir un notaire honnête homme, qui vienne recevoir demain matin, à neuf heures et demie précises, mon testament. Je veux laisser toute ma fortune à mon ami Schmucke. Si ce pauvre Allemand était l'objet de persécutions, je compte sur ce notaire pour le conseiller, pour le défendre. Voilà pourquoi je désire un notaire considéré, très-riche, au-dessus des considérations qui font fléchir les gens de loi; car mon pauvre légataire doit trouver un appui en lui. Je me défie de Berthier, successeur de Cardot; et vous qui connaissez tant de monde...

— Eh! j'ai ton affaire! dit la danseuse, le notaire de Florine, de la comtesse du Bruel, Léopold Hannequin, un homme vertueux qui ne sait pas ce qu'est une lorette! C'est comme un père de hasard, un brave homme qui vous empêche de faire des bêtises avec l'argent qu'on gagne; je l'appelle le père aux rats, car il a inculqué des principes d'économie à toutes mes amies. D'abord, il a, mon cher, soixante mille francs de rente, outre son étude. Puis il est notaire comme on était notaire autrefois! Il est notaire quand il marche, quand il dort; il a dû ne faire que de petits notaires et de petites notairesses... Enfin c'est un homme lourd et pédant;

mais c'est un homme à ne fléchir devant aucune puissance quand il est dans ses fonctions... Il n'a jamais eu de *voleuse*, c'est père de famille fossile! et c'est adoré de sa femme, qui ne le trompe pas quoique femme de notaire... Que veux-tu! il n'y a pas mieux dans Paris en fait de notaire. C'est patriarche; ça n'est pas drôle et amusant comme était Cardot avec Malaga, mais ça ne lèvera jamais le pied, comme le petit Chose qui vivait avec Antonia! J'enverrai mon homme demain matin à huit heures... Tu peux dormir tranquillement. D'abord, j'espère que tu guériras, et que tu nous feras encore de jolie musique; mais, après tout, vois-tu, la vie est bien triste, les entrepreneurs chipotent, les rois carottent, les ministres tripotent, les gens riches économisotent... Les artistes n'ont plus de ça! dit-elle en se frappant le cœur, c'est un temps à mourir... Adieu, vieux!

— Je te demande avant tout, Héloïse, la plus grande discrétion.

— Ce n'est pas une affaire de théâtre, dit-elle, c'est sacré, ça, pour une artiste.

— Quel est ton monsieur? ma petite.

— Le maire de ton arrondissement, monsieur Beaudoyer, un homme aussi bête que feu Crevel; car tu sais, Crevel, un des anciens commanditaires de Gaudissard, il est mort il y a quelques jours; et il ne m'a rien laissé, pas même un pot de pommade! C'est ce qui me fait te dire que notre siècle est dégoûtant.

— Et de quoi est-il mort?

— De sa femme!... S'il était resté avec moi, il vivrait encore! Adieu, mon bon vieux! je te parle de crevaison, parce que je te vois dans quinze jours d'ici te promenant sur le boulevard et flairant de jolies petites curiosités, car tu n'es pas malade, tu as les yeux plus vifs que je ne te les ai jamais vus...

Et la danseuse s'en alla, sûre que son protégé Garangeot tenait pour toujours le bâton de chef d'orchestre. Garangeot était son cousin germain. Toutes les portes étaient entre-bâillées, et tous les ménages sur pied regardèrent passer le premier sujet. Ce fut un événement dans la maison.

Fraisier, semblable à ces bouledogues qui ne lâchent pas le morceau où ils ont mis la dent, stationnait dans la loge auprès de la Cibot, quand la danseuse passa sous la porte cochère et demanda le cordon. Il savait que le testament était fait; il venait sonder les dispositions de la portière; car maître Trognon, notaire, avait refusé de dire un mot sur le testament tout aussi bien à Fraisier qu'à madame Cibot. Naturellement l'homme de loi regarda la danseuse et se promit de tirer parti de cette visite *in extremis.*

— Ma chère madame Cibot, dit Fraisier, voici pour vous le moment critique.

— Ah! oui!... dit-elle, mon pauvre Cibot!... quand je pense qu'il ne jouira pas de ce que je pourrais avoir...

— Il s'agit de savoir si monsieur Pons vous a légué quelque chose ; enfin si vous êtes sur le testament ou si vous êtes oubliée, dit Fraisier en continuant. Je représente les héritiers naturels, et vous n'aurez rien que d'eux dans tous les cas... Le testament est olographe, il est, par conséquent, très-vulnérable... Savez-vous où notre homme l'a mis?...

— Dans une cachette du secrétaire, et il en a pris la clef, répondit-elle, il l'a nouée au coin de son mouchoir, et il a serré le mouchoir sous son oreiller... J'ai tout vu.

— Le testament est-il cacheté?

— Hélas! oui!

— C'est un crime que de soustraire un testament et de le supprimer, mais ce n'est qu'un délit de le regarder ; et, dans tous les cas, qu'est-ce que c'est? des peccadilles qui n'ont pas de témoins! A-t-il le sommeil dur, notre homme?...

— Oui ; mais quand vous avez voulu tout examiner et tout évaluer, il devait dormir comme un sabot, et il s'est réveillé... Cependant, je vais voir! Ce matin, j'irai relever monsieur Schmucke sur les quatre heures du matin, et, si vous voulez venir, vous aurez le testament à vous pendant dix minutes...

— Eh bien! c'est entendu, je me lèverai sur les quatre heures, et je frapperai tout doucement...

— Mademoiselle Rémonencq, qui me remplacera près de Cibot, sera prévenue, et tirera le cordon ; mais frappez à la fenêtre pour n'éveiller personne.

— C'est entendu, dit Fraisier, vous aurez de la lumière, n'est-ce pas? une bougie, cela me suffira...

A minuit, le pauvre Allemand, assis dans un fauteuil, navré de douleur, contemplait Pons, dont la figure crispée, comme l'est celle d'un moribond, s'affaissait, après tant de fatigues, à faire croire qu'il allait expirer.

— Je pense que j'ai juste assez de force pour aller jusqu'à demain soir, dit Pons avec philosophie. Mon agonie viendra, sans doute, mon pauvre Schmucke, dans la nuit de demain. Dès que le notaire et tes deux amis seront partis, tu iras chercher notre bon abbé Duplanty, le vicaire de l'église de Saint-François. Ce digne homme ne me sait pas malade, et je veux recevoir les saints sacrements demain à midi...

Il se fit une longue pause.

— Dieu n'a pas voulu que la vie fût pour moi comme je la rêvais, reprit Pons. J'aurais tant aimé une femme, des enfants, une famille !... Être chéri de quelques êtres dans un coin, était toute mon ambition ! La vie est amère pour tout le monde, car j'ai vu des gens avoir tout ce que j'ai tant désiré vainement, et ne pas se trouver heureux... Sur la fin de ma carrière, le bon Dieu m'a fait trouver une consolation inespérée en me donnant un ami tel que toi !... Aussi n'ai-je pas à me reprocher de t'avoir méconnu ou mal apprécié... mon bon Schmucke ; je t'ai donné mon cœur et toutes mes forces aimantes... Ne pleure pas, Schmucke, ou je me tairai ! Et c'est si doux pour moi de te parler de nous... Si je t'avais écouté, je vivrais. J'aurais quitté le monde et mes habitudes, et je n'y aurais pas reçu des blessures mortelles. Enfin, je ne veux m'occuper que de toi...

— *Dû as dort !...*

— Ne me contrarie pas, écoute-moi, cher ami... Tu as la naïveté, la candeur d'un enfant de six ans qui n'aurait jamais quitté sa mère, c'est bien respectable ; il me semble que Dieu doit prendre soin lui-même des êtres qui te ressemblent. Cependant, les hommes sont si méchants, que je dois te prémunir contre eux. Tu vas donc perdre ta noble confiance, ta sainte crédulité, cette grâce des âmes pures qui n'appartient qu'aux gens de génie et aux cœurs comme le tien... Tu vas voir bientôt madame Cibot, qui nous a bien observés par l'ouverture de la porte entre-bâillée, venir prendre ce faux testament... Je présume que la coquine fera cette expédition ce matin, quand elle te croira endormi. Écoute-moi bien, et suis mes instructions à la lettre... M'entends-tu ? demanda le malade.

Schmucke, accablé de douleur, saisi par une affreuse palpitation, avait laissé aller sa tête sur le dos du fauteuil, et paraissait évanoui.

— *Ui, che d'endans ! mais gomme si du édais à deux cend*

bas te moi... il me zemble que che m'envonce dans la dombe afec toi!... dit l'Allemand que la douleur écrasait.

Il se rapprocha de Pons et il lui prit une main qu'il mit entre ses deux mains. Et il fit ainsi mentalement une fervente prière.

— Que marmottes-tu là, en allemand ?...

— *Chai brié Tieu de nus abbeler à lui emsemple!...* répondit-il simplement après avoir fini sa prière.

Pons se pencha péniblement, car il souffrait au foie des douleurs intolérables. Il put se baisser jusqu'à Schmucke, et il le baisa sur le front, en épanchant son âme comme une bénédiction sur cet être comparable à l'agneau qui repose aux pieds de Dieu.

— Voyons, écoute-moi, mon bon Schmucke, il faut obéir aux mourants...

— *J'égoude!*

— On communique de ta chambre dans la mienne par la petite porte de ton alcôve, qui donne dans l'un des cabinets de la mienne.

— *Ui! mais c'est engompré te dapleaux.*

— Tu vas dégager cette porte à l'instant, sans faire trop de bruit!...

— *Ui...*

— Débarrasse le passage des deux côtés, chez toi comme chez moi; puis tu laisseras la tienne entre-bâillée. Quand la Cibot viendra te remplacer près de moi (elle est capable d'arriver ce matin une heure plus tôt), tu t'en iras comme à l'ordinaire dormir, et tu paraîtras bien fatigué. Tâche d'avoir l'air endormi... Dès qu'elle se sera mise dans son fauteuil, passe par ta porte et reste en observation, là, en entr'ouvrant le petit rideau de mousseline de cette porte vitrée, et regarde bien ce qui se passera... Tu comprends?

— *Che t'ai gompris, ti grois que la scélérade prilera le desdaman...*

— Je ne sais pas ce qu'elle fera, mais je suis sûr que tu ne la prendras plus pour un ange, après. Maintenant, fais-moi de la musique, réjouis-moi par quelqu'une de tes improvisations... Ça t'occupera, tu perdras tes idées noires, et tu me rempliras cette triste nuit par tes poëmes...

Schmucke se mit au piano. Sur ce terrain, et au bout de quelques instants, l'inspiration musicale, excitée par le tremblement de la douleur et l'irritation qu'elle lui causait, emporta le bon Allemand, selon son habitude, au delà des mondes. Il trouva des thèmes sublimes sur lesquels il broda des caprices exécutés tantôt avec la douleur et la perfection raphaëlesques de Chopin, tantôt avec la fougue et le grandiose dantesque de Liszt, les deux organisations musicales qui se rapprochent le plus de celle de Paganini. L'exécution, arrivée à ce degré de perfection, met en apparence l'exécutant à la hauteur du poëte, il est au compositeur ce que l'acteur est à l'auteur, un divin traducteur de choses divines. Mais, dans cette nuit où Schmucke fit entendre par avance à Pons les concerts du Paradis, cette délicieuse musique qui fait tomber des mains de sainte Cécile ses instruments, il fut à la fois Beethoven et Paganini, le créateur et l'interprète! Intarissable comme le rossignol, sublime comme le ciel sous lequel il chante, varié, feuillu comme la forêt qu'il emplit de ses roulades, il se surpassa, et plongea le vieux musicien qui l'écoutait dans l'extase que Raphaël a peinte, et qu'on va voir à Bologne. Cette poésie fut interrompue par une affreuse sonnerie. La bonne des locataires du premier étage vint prier Schmucke, de la part de ses maîtres, de finir ce sabbat. Madame, monsieur et mademoiselle Chapoulot étaient éveillés, ne pouvaient plus se rendormir, et faisaient observer que la journée était assez longue pour répéter les musiques de théâtre, et que, dans une maison du Marais, on ne devait pas *pianoter* pendant la nuit... Il était environ trois heures du matin. A trois heures et demie, selon les prévisions de Pons, qui semblait avoir entendu la conférence de Fraisier et de la Cibot, la portière se montra. Le malade jeta sur Schmucke un regard d'intelligence qui signifiait : — N'ai-je pas bien deviné? Et il se mit dans la position d'un homme qui dort profondément.

L'innocence de Schmucke était une croyance si forte chez la Cibot, et c'est là l'un des grands moyens et la raison du succès de toutes les ruses de l'enfance, qu'elle ne put le soupçonner de mensonge quand elle le vit venir à elle, et lui dire d'un air à la fois dolent et joyeux : — *Ile hâ ei eine nouitte derriple! t'ine achidadion tiapolique! Chai édé opliché te vaire de la misicque bir le galmer, ed les loguadaires ti bremier cdache sont mondés bire me vaire daire!... C'esde avvreux, car il s'achissait te la fie te mon hami. Che suis si vadiqué t'affoir choué dudde la nouitte, que che zugombe ce madin.*

— Mon pauvre Cibot aussi va bien mal, et encore une journée

comme celle d'hier, il n'y aura plus de ressources!... Que voulez-vous? à la volonté de Dieu !

— *Fus èdes eine cueir si honède, eine ame si pelle, que si le bère Zibod meurd nus fifrons ensemble !...* dit le rusé Schmucke.

Quand les gens simples et droits se mettent à dissimuler, ils sont terribles, absolument comme les enfants, dont les piéges sont dressés avec la perfection que déploient les Sauvages.

— Eh bien! allez dormir, mon fiston! dit la Cibot, vous avez les yeux si fatigués, qu'ils sont gros comme le poing. Allez! ce qui pourrait me consoler de la perte de Cibot, ce serait de penser que je finirais mes jours avec un bon homme comme vous. Soyez tranquille, je vais donner une danse à madame Chapoulot... Est-ce qu'une mercière retirée peut avoir de pareilles exigences?...

Schmucke alla se mettre en observation dans le poste qu'il s'était arrangé. La Cibot avait laissé la porte de l'appartement entre-bâillée, et Fraisier, après être entré, la ferma tout doucement, lorsque Schmucke se fut enfermé chez lui. L'avocat était muni d'une bougie allumée et d'un fil de laiton excessivement léger, pour pouvoir décacheter le testament. La Cibot put d'autant mieux ôter le mouchoir où la clef du secrétaire était nouée, et qui se trouvait sous l'oreiller de Pons, que le malade avait exprès laissé passer son mouchoir dessous son traversin, et qu'il se prêtait à la manœuvre de la Cibot, en se tenant le nez dans la ruelle et dans une pose qui laissait pleine liberté de prendre le mouchoir. La Cibot alla droit au secrétaire, l'ouvrit en s'efforçant de faire le moins de bruit possible, trouva le ressort de la cachette, et courut le testament à la main dans le salon. Cette circonstance intrigua Pons au plus haut degré. Quant à Schmucke, il tremblait de la tête aux pieds, comme s'il avait commis un crime.

— Retournez à votre poste, dit Fraisier en recevant le testament de la Cibot, car, s'il s'éveillait, il faut qu'il vous trouve là.

Après avoir décacheté l'enveloppe avec une habileté qui prouvait qu'il n'en était pas à son coup d'essai, Fraisier fut plongé dans un étonnement profond en lisant cette pièce curieuse.

CECI EST MON TESTAMENT.

« Aujourd'hui, quinze avril mil huit cent quarante-cinq, étant sain d'esprit, comme ce testament, rédigé de concert avec monsieur Trognon, notaire, le démontrera; sentant que je dois mourir prochainement de la maladie dont je suis atteint depuis les premiers jours de février dernier, j'ai dû, voulant disposer de mes biens, tracer mes dernières volontés, que voici :

» J'ai toujours été frappé des inconvénients qui nuisent aux chefs-d'œuvre de la peinture, et qui souvent ont entraîné leur destruction. J'ai plaint les belles toiles d'être condamnées à toujours voyager de pays en pays, sans être jamais fixées dans un lieu où les admirateurs de ces chefs-d'œuvre pussent aller les voir. J'ai toujours pensé que les pages vraiment immortelles des fameux maîtres devraient être des propriétés nationales, et mises incessamment sous les yeux des peuples comme la lumière, chef-d'œuvre de Dieu, sert à tous ses enfants.

» Or, comme j'ai passé ma vie à rassembler, à choisir quelques tableaux, qui sont de glorieuses œuvres des plus grands maîtres, que ces tableaux sont francs, sans retouche, ni repeints, je n'ai pas pensé sans chagrin que ces toiles, qui ont fait le bonheur de ma vie, pouvaient être vendues aux criées; aller, les unes chez les Anglais, les autres en Russie, dispersées comme elles étaient avant leur réunion chez moi; j'ai donc résolu de les soustraire à ces misères, ainsi que les cadres magnifiques qui leur servent de bordure, et qui tous sont dus à d'habiles ouvriers.

» Donc, par ces motifs, je donne et lègue au roi, pour faire partie du Musée du Louvre, les tableaux dont se compose ma collection, à la charge, si le legs est accepté, de faire à mon ami Wilhelm Schmucke une rente viagère de deux mille quatre cents francs.

» Si le roi, comme usufruitier du Musée, n'accepte pas ce legs avec cette charge, lesdits tableaux feront alors partie du legs que je fais à mon ami Schmucke de toutes les valeurs que je possède, à la charge de remettre la tête de Singe de Goya à mon cousin le président Camusot; le tableau de fleurs d'Abraham Mignon, composé de tulipes, à monsieur Trognon, notaire, que je nomme mon exécuteur testamentaire, et de servir deux cents francs de rente à madame Cibot, qui fait mon ménage depuis dix ans.

» Enfin, mon ami Schmucke donnera la Descente de Croix, de Rubens, esquisse de son célèbre tableau d'Anvers, à ma paroisse, pour en décorer une chapelle, en remercîment des bontés de monsieur le vicaire Duplanty, à qui je dois de pouvoir mourir en chrétien et en catholique, » etc.

— C'est la ruine! se dit Fraisier, la ruine de toutes mes espérances! Ah! je commence à croire tout ce que la présidente m'a dit de la malice de ce vieux artiste!...

— Eh bien? vint demander la Cibot.

— Votre monsieur est un monstre, il donne tout au Musée, à l'État. Or, on ne peut plaider contre l'État!... Le testament est inattaquable. Nous sommes volés, ruinés, dépouillés, assassinés!...

— Que m'a-t-il donné?...

— Deux cents francs de rente viagère...

— La belle poussée!... Mais c'est un gredin fini!...

— Allez voir, dit Fraisier, je vais remettre le testament de votre gredin dans l'enveloppe.

Dès que madame Cibot eut le dos tourné, Fraisier substitua vivement une feuille de papier blanc au testament, qu'il mit dans sa poche; puis il recacheta l'enveloppe avec tant de talent qu'il montra le cachet à madame Cibot quand elle revint, en lui demandant si elle pouvait y apercevoir la moindre trace de l'opération. La Cibot prit l'enveloppe, la palpa, la sentit pleine, et soupira profondément. Elle avait espéré que Fraisier aurait brûlé lui-même cette fatale pièce.

— Eh bien! que faire, mon cher monsieur Fraisier? demanda-t-elle.

— Ah! ça vous regarde! Moi, je ne suis pas héritier, mais si j'avais les moindres droits à cela, dit-il en montrant la collection, je sais bien comment je ferais...

— C'est ce que je vous demande... dit assez niaisement la Cibot.

— Il y a du feu dans la cheminée... répliqua-t-il en se levant pour s'en aller.

— Au fait, il n'y a que vous et moi qui saurons cela!... dit la Cibot.

— On ne peut jamais prouver qu'un testament a existé! reprit l'homme de loi.

— Et vous?

— Moi?... si monsieur Pons meurt sans testament, je vous assure cent mille francs.

— Ah! ben oui! dit-elle, on vous promet des monts d'or, et quand on tient les choses, qu'il s'agit de payer, on vous carotte comme...

Elle s'arrêta bien à temps, car elle allait parler d'Élie Magus à Fraisier...

— Je me sauve! dit Fraisier. Il ne faut pas, dans votre intérêt, que l'on m'ait vu dans l'appartement; mais nous nous retrouverons en bas, à votre loge.

Après avoir fermé la porte, la Cibot revint, le testament à la main, dans l'intention bien arrêtée de le jeter au feu; mais quand elle rentra dans la chambre et qu'elle s'avança vers la cheminée, elle se sentit prise par les deux bras!... Elle se vit entre Pons et Schmucke, qui s'étaient l'un et l'autre adossés à la cloison, de chaque côté de la porte.

— Ah! cria la Cibot.

Elle tomba la face en avant dans des convulsions affreuses, réelles ou feintes, on ne sut jamais la vérité. Ce spectacle produisit une telle impression sur Pons, qu'il fut pris d'une faiblesse mortelle, et Schmucke laissa la Cibot par terre pour recoucher Pons. Les deux amis tremblaient comme des gens qui, dans l'exécution d'une volonté pénible, ont outre-passé leurs forces. Quand Pons fut couché, que Schmucke eut repris un peu de forces, il entendit des sanglots. La Cibot, à genoux, fondait en larmes, et tendait les mains aux deux amis en les suppliant par une pantomime très-expressive.

— C'est pure curiosité! dit-elle en se voyant l'objet de l'attention des deux amis, mon bon monsieur Pons! c'est le défaut des femmes, vous savez! Mais je n'ai su comment faire pour lire votre testament, et je le rapportais!...

— *Hâtez fis-en!* dit Schmucke qui se dressa sur ses pieds en se grandissant de toute la grandeur de son indignation. *Fus édes eine monsdre! fus afez essayé te duer mon pon Bons. Il a raison! fis édes plis qu'ein monsdre, fis édes tamnée!*

La Cibot, voyant l'horreur peinte sur la figure du candide Allemand, se leva fière comme Tartufe, jeta sur Schmucke un regard qui le fit trembler et sortit en emportant sous sa robe un sublime petit tableau de Metzu qu'Élie Magus avait beaucoup admiré, et dont il avait dit: — C'est un diamant! La Cibot trouva dans sa loge Fraisier qui l'attendait, en espérant qu'elle aurait brûlé l'enveloppe et le papier blanc par lequel il avait remplacé le testament; il fut bien étonné de voir sa cliente effrayée et le visage renversé.

— Qu'est-il arrivé?

38.

— Il est arrivé, mon cher monsieur Fraisier, que, sous prétexte de me donner de bons conseils et de me diriger, vous m'avez fait perdre à jamais mes rentes et la confiance de ces messieurs...

Et elle se lança dans une de ces trombes de paroles auxquelles elle excellait.

— Ne dites pas de paroles oiseuses, s'écria sèchement Fraisier en arrêtant sa cliente. Au fait! au fait! et vivement.

— Eh bien! et voilà comment ça s'est fait.

Elle raconta la scène telle qu'elle venait de se passer.

— Je ne vous ai rien fait perdre, répondit Fraisier. Ces deux messieurs doutaient de votre probité, puisqu'ils vous ont tendu ce piége; ils vous attendaient, ils vous épiaient!... Vous ne me dites pas tout... ajouta l'homme d'affaires en jetant un regard de tigre sur la portière.

— Moi! vous cacher quelque chose!... après tout ce que nous avons fait ensemble!... dit-elle en frissonnant.

— Mais, ma chère, je n'ai rien commis de répréhensible! dit Fraisier en manifestant ainsi l'intention de nier sa visite nocturne chez Pons.

La Cibot sentit ses cheveux lui brûler le crâne, et un froid glacial l'enveloppa.

— Comment?... dit-elle hébétée.

— Voilà l'affaire criminelle toute trouvée!... Vous pouvez être accusée de soustraction de testament, répondit froidement Fraisier.

La Cibot fit un mouvement d'horreur.

— Rassurez-vous, je suis votre conseil, reprit-il. Je n'ai voulu que vous prouver combien il est facile, d'une manière ou d'une autre, de réaliser ce que je vous disais. Voyons! qu'avez-vous fait pour que cet Allemand si naïf se soit caché dans la chambre à votre insu?...

— Rien, c'est la scène de l'autre jour, quand j'ai soutenu à monsieur Pons qu'il avait eu la berlue. Depuis ce jour-là, ces deux messieurs ont changé du tout au tout à mon égard. Ainsi vous êtes la cause de tous mes malheurs, car si j'avais perdu de mon empire sur monsieur Pons, j'étais sûre de l'Allemand qui parlait déjà de m'épouser, ou de me prendre avec lui, c'est tout un!

Cette raison était si plausible, que Fraisier fut obligé de s'en contenter.

— Rassurez-vous, reprit-il, je vous ai promis des rentes, je tiendrai ma parole. Jusqu'à présent, tout, dans cette affaire, était hypothétique; maintenant, elle vaut des billets de Banque... Vous n'aurez pas moins de douze cents francs de rente viagère... Mais il faudra, ma chère dame Cibot, obéir à mes ordres, et les exécuter avec intelligence.

— Oui, mon cher monsieur Fraisier, dit avec une servile souplesse la portière entièrement matée.

— Eh bien! adieu, repartit Fraisier en quittant la loge et emportant le dangereux testament.

Il revint chez lui tout joyeux, car ce testament était une arme terrible.

— J'aurai, pensait-il, une bonne garantie contre la bonne foi de madame la présidente de Marville. Si elle s'avisait de ne pas tenir sa parole, elle perdrait la succession.

Au petit jour, Rémonencq, après avoir ouvert sa boutique et l'avoir laissée sous la garde de sa sœur, vint, selon une habitude prise depuis quelques jours, voir comment allait son bon ami Cibot, et trouva la portière qui contemplait le tableau de Metzu en se demandant comment une petite planche peinte pouvait valoir tant d'argent.

— Ah! ah! c'est le seul, dit-il en regardant par-dessus l'épaule de la Cibot, que monsieur Magus regrettait de ne pas avoir, il dit qu'avec cette petite chose-là, il ne manquerait rien à son bonheur.

— Qu'en donnerait-il? demanda la Cibot.

— Mais si vous me promettez de m'épouser dans l'année de votre veuvage, répondit Rémonencq, je me charge d'avoir vingt mille francs d'Élie Magus, et si vous ne m'épousez pas, vous ne pourrez jamais vendre ce tableau plus de mille francs.

— Et pourquoi?

— Mais vous seriez obligée de signer une quittance comme propriétaire, et vous auriez alors un procès avec les héritiers. Si vous êtes ma femme, c'est moi qui le vendrai à monsieur Magus, et on ne demande rien à un marchand que l'inscription sur son livre d'achats, et j'écrirai que monsieur Schmucke me l'a vendu. Allez, mettez cette planche chez moi... si votre mari mourait, vous pourriez être bien tracassée, et personne ne trouvera drôle que j'aie chez moi un tableau... Vous me connaissez bien. D'ailleurs, si vous voulez, je vous en ferai une reconnaissance.

Dans la situation criminelle où elle était surprise, l'avide portière souscrivit à cette proposition, qui la liait pour toujours au brocanteur.

— Vous avez raison, apportez-moi votre écriture, dit-elle en serrant le tableau dans sa commode.

— Voisine, dit le brocanteur à voix basse en entraînant la Cibot sur le pas de la porte, je vois bien que nous ne sauverons pas notre pauvre ami Cibot; le docteur Poulain désespérait de lui hier soir, et disait qu'il ne passerait pas la journée... C'est un grand malheur! Mais après tout, vous n'étiez pas à votre place ici... Votre place, c'est dans un beau magasin de curiosités sur le boulevard des Capucines. Savez-vous que j'ai gagné bien près de cent mille francs depuis dix ans, et que si vous en avez un jour autant, je me charge de vous faire une belle fortune... si vous êtes ma femme... Vous seriez bourgeoise... bien servie par ma sœur qui ferait le ménage, et...

Le séducteur fut interrompu par les plaintes déchirantes du petit tailleur dont l'agonie commençait.

— Allez-vous-en, dit la Cibot, vous êtes un monstre de me parler de ces choses-là, quand mon pauvre homme se meurt dans de pareils états...

— Ah! c'est que je vous aime, dit Rémonencq, à tout confondre pour vous avoir...

— Si vous m'aimiez, vous ne me diriez rien en ce moment, répondit-elle.

Et Rémonencq rentra chez lui, sûr d'épouser la Cibot.

Sur les dix heures, il y eut à la porte de la maison une sorte d'émeute, car on administra les sacrements à monsieur Cibot. Tous les amis des Cibot, les concierges, les portières de la rue de Normandie et des rues adjacentes occupaient la loge, le dessous de la porte cochère et le devant sur la rue. On ne fit alors aucune attention à monsieur Léopold Hannequin, qui vint avec un de ses confrères, ni à Schwab et à Brunner, qui purent arriver chez Pons sans être vus de madame Cibot. La portière de la maison voisine, à qui le notaire s'adressa pour savoir à quel étage demeurait Pons, lui désigna l'appartement. Quant à Brunner, qui vint avec Schwab, il était déjà venu voir le musée Pons, il passa sans rien dire, et montra le chemin à son associé... Pons annula formellement son testament de la veille, et institua Schmucke son légataire universel. Une fois cette cérémonie accomplie, Pons, après avoir remercié Schwab et Brunner, et avoir recommandé vivement à monsieur Léopold Hannequin les intérêts de Schmucke, tomba dans une faiblesse telle, par suite de l'énergie qu'il avait déployée, et dans la scène nocturne avec la Cibot et dans ce dernier acte de la vie sociale, que Schmucke pria Schwab d'aller prévenir l'abbé Duplanty, car il ne voulut pas quitter le chevet de son ami, et Pons réclamait les sacrements.

Assise au pied du lit de son mari, la Cibot, d'ailleurs mise à la porte par les deux amis, ne s'occupa point du déjeuner de Schmucke; mais les événements de cette matinée, le spectacle de l'agonie résignée de Pons qui mourait héroïquement, avaient tellement serré le cœur de Schmucke, qu'il ne sentit pas la faim.

Néanmoins, vers les deux heures, n'ayant pas vu le vieil Allemand, la portière, autant par curiosité que par intérêt, pria la sœur de Rémonencq d'aller voir si Schmucke n'avait pas besoin de quelque chose. En ce moment même, l'abbé Duplanty, à qui le pauvre musicien avait fait sa confession suprême, lui administrait l'extrême-onction. Mademoiselle Rémonencq troubla donc cette cérémonie par des coups de sonnette réitérés. Or, comme Pons avait fait jurer à Schmucke de ne laisser entrer personne, tant il craignait qu'on ne le volât, Schmucke laissa sonner mademoiselle Rémonencq, qui descendit fort effrayée, et dit à la Cibot que Schmucke ne lui avait pas ouvert la porte. Cette circonstance bien marquée fut notée par Fraisier. Schmucke, qui n'avait jamais vu mourir personne, allait éprouver tous les embarras dans lesquels on se trouve à Paris avec un mort sur les bras, surtout sans aide, sans représentant ni secours. Fraisier qui savait que les parents vraiment affligés perdent alors la tête, et qui, depuis le matin, après son déjeuner, stationnait dans la loge en conférence perpétuelle avec le docteur Poulain, conçut alors l'idée de diriger lui-même tous les mouvements de Schmucke.

Voici comment les deux amis, le docteur Poulain et Fraisier, s'y prirent pour obtenir cet important résultat.

« Le bedeau de l'église Saint-François, ancien marchand de verreries, nommé Cantinet, demeurait rue d'Orléans, dans la maison mitoyenne de celle du docteur Poulain. Or, madame Cantinet, une des receveuses de la location des chaises, avait été soignée gratuitement par le docteur Poulain, à qui naturellement elle était liée par la reconnaissance et à qui elle avait conté souvent tous les malheurs de sa vie. Les deux Casse-Noisettes, qui, tous les dimanches et les jours de fête, allaient aux offices à Saint-François, étaient en bons termes avec le bedeau, le suisse, le donneur d'eau bénite, enfin avec cette milice ecclésiastique appelée à Paris *le bas clergé*, à qui les fidèles finissent par donner de petits pourboires. Madame Cantinet connaissait donc aussi bien Schmucke que Schmucke la connaissait. Cette dame Cantinet était affligée de deux plaies qui permettaient à Fraisier de faire d'elle un aveugle et involontaire instrument. Le jeune Cantinet, passionné pour le théâtre, avait refusé de suivre le chemin de l'église où il pouvait devenir suisse, en débutant dans les figurants du Cirque-Olympique, et il menait une vie échevelée qui navrait sa mère, dont la bourse était souvent mise à sec par des emprunts forcés. Puis Cantinet, adonné aux liqueurs et à la paresse, avait été forcé de quitter le commerce par ces deux vices. Loin de s'être corrigé, ce malheureux avait trouvé dans ses fonctions un aliment à ses deux passions : il ne faisait rien, et il buvait avec les cochers des noces, avec les gens des pompes funèbres, avec les malheureux secourus par le curé, de manière à se cardinaliser la figure dès midi.

Madame Cantinet se voyait vouée à la misère dans ses vieux jours, après avoir, disait-elle, apporté douze mille francs de dot à son mari. L'histoire de ces malheurs, cent fois racontée au docteur Poulain, lui suggéra l'idée de se servir d'elle pour faciliter chez Pons et Schmucke le placement de madame Sauvage, comme cuisinière et femme de peine. Présenter madame Sauvage était chose impossible, car la défiance des deux Casse-Noisettes était devenue absolue, et le refus d'ouvrir la porte à mademoiselle Rémonencq, avait suffisamment éclairé Fraisier à ce sujet. Mais il parut évident aux deux amis que les pieux musiciens accepteraient aveuglément une personne qui serait offerte par l'abbé Duplanty. Madame Cantinet, dans leur plan, serait accompagnée de madame Sauvage ; et la bonne de Fraisier, une fois là, vaudrait Fraisier lui-même.

Quand l'abbé Duplanty arriva sous la porte cochère, il fut arrêté pendant un moment par la foule des amis de Cibot qui donnait des marques d'intérêt au plus ancien et au plus estimé des concierges du quartier.

Le docteur Poulain salua l'abbé Duplanty, le prit à part, et lui dit : — Je vais aller voir ce pauvre monsieur Pons ; il pourrait encore se tirer d'affaire; il s'agirait de le décider à subir l'opération de l'extraction des calculs qui se sont formés dans la vésicule; on les sent au toucher, ils déterminent une inflammation qui causera la mort; et peut-être serait-il encore temps de la pratiquer. Vous devriez bien faire servir votre influence sur votre pénitent en l'engageant à subir cette opération; je réponds de sa vie, si pendant qu'on la pratiquera nul accident fâcheux ne se déclare.

— Dès que j'aurai reporté le saint-ciboire à l'église, je reviendrai, dit l'abbé Duplanty, car monsieur Schmucke est dans un état qui réclame quelques secours religieux.

— Je viens d'apprendre qu'il est seul, dit le docteur Poulain. Ce bon Allemand a eu ce matin une petite altercation avec madame Cibot, qui fait depuis dix ans le ménage de ces messieurs, et ils se sont brouillés momentanément sans doute; mais il ne peut pas rester sans aide dans les circonstances où il va se trouver. C'est œuvre de charité que de s'occuper de lui. Dites donc, Cantinet, dit le docteur en appelant à lui le bedeau, demandez donc à votre femme si elle veut garder monsieur Pons et veiller au ménage de monsieur Schmucke pendant quelques jours à la place de madame Cibot... qui, d'ailleurs, sans cette brouille, aurait toujours eu besoin de se faire remplacer. C'est une honnête femme, dit le docteur à l'abbé Duplanty.

— On ne peut pas mieux choisir, répondit le bon prêtre, car elle a la confiance de la fabrique pour la perception de la location des chaises.

Quelques moments après, le docteur Poulain suivait au chevet du lit les progrès de l'agonie de Pons, que Schmucke suppliait vainement de se laisser opérer. Le vieux musicien ne répondait aux prières du pauvre Allemand désespéré que par des signes de tête négatifs, entremêlés de mouvements d'impatience. Enfin, le moribond rassembla ses forces, lança sur Schmucke un regard affreux et lui dit : — Laisse-moi donc mourir tranquillement!...

Schmucke faillit mourir de douleur; mais il prit la main de Pons, la baisa doucement, et la tint dans ses deux mains, en essayant de lui communiquer encore une fois ainsi sa propre vie. Ce fut alors que le docteur Poulain entendit sonner et alla ouvrir la porte à l'abbé Duplanty.

— Notre pauvre malade, dit Poulain, commence à se débattre sous l'étreinte de la mort. Il aura expiré dans quelques heures;

vous enverrez sans doute un prêtre pour le veiller cette nuit. Mais il est temps de donner madame Cantinet et une femme de peine à monsieur Schmucke, il est incapable de penser à quoi que ce soit; je crains pour sa raison, et il se trouve ici des valeurs qui doivent être gardées par des personnes pleines de probité.

L'abbé Duplanty, bon et digne prêtre, sans méfiance ni malice, fut frappé de la vérité des observations du docteur Poulain; il croyait d'ailleurs aux qualités du médecin du quartier; il fit donc signe à Schmucke de venir lui parler, en se tenant au seuil de la chambre mortuaire. Schmucke ne put se décider à quitter la main de Pons qui se crispait et s'attachait à la sienne comme s'il tombait dans un précipice et qu'il voulût s'accrocher à quelque chose pour n'y pas rouler. Mais, comme on sait, les mourants sont en proie à une hallucination qui les pousse à s'emparer de tout, comme des gens empressés d'emporter dans un incendie leurs objets les plus précieux, et Pons lâcha Schmucke pour saisir ses couvertures et les rassembler autour de son corps par un horrible et significatif mouvement d'avarice et de hâte.

— Qu'allez-vous devenir, seul avec votre ami mort? dit le bon prêtre à l'Allemand qui vint alors l'écouter; vous êtes sans madame Cibot...

— *C'esde eine monsdre qui a dué Bons!* dit-il.

— Mais il vous faut quelqu'un auprès de vous? reprit le docteur Poulain, car il faudra garder le corps cette nuit.

— *Che le carterai, che brierai Tieu!* répondit l'innocent Allemand.

— Mais il faut manger!... Qui maintenant, vous fera votre cuisine? dit le docteur.

— *La touleur m'ôde l'abbédit!.....* répondit naïvement Schmucke.

— Mais, dit Poulain, il faut aller déclarer le décès avec des témoins, il faut dépouiller le corps, l'ensevelir en le cousant dans un linceul, il faut aller commander le convoi aux pompes funèbres, il faut nourrir la garde qui doit garder le corps et le prêtre qui veillera, ferez-vous cela tout seul?... On ne meurt pas comme des chiens dans la capitale du monde civilisé!

Schmucke ouvrit des yeux effrayés, et fut saisi d'un court accès de folie.

— *Mais Bons ne mûrera bas... che le sauferai!...*

— Vous ne resterez pas long-temps sans prendre un peu de sommeil, et alors qui vous remplacera? car il faut s'occuper de monsieur Pons, lui donner à boire, faire des remèdes...

— *Ah! c'esde frai!...* dit l'Allemand.

— Eh bien! reprit l'abbé Duplanty, je pense à vous donner madame Cantinet, une brave et honnête femme...

Le détail de ses devoirs sociaux envers son ami mort, hébéta tellement Schmucke, qu'il aurait voulu mourir avec Pons.

— C'est un enfant! dit le docteur Poulain à l'abbé Duplanty.

— *Eine anvant!...* répéta machinalement Schmucke.

— Allons! dit le vicaire, je vais parler à madame Cantinet et vous l'envoyer.

— Ne vous donnez pas cette peine, dit le docteur, elle est ma voisine, et je retourne chez moi.

La Mort est comme un assassin invisible contre lequel lutte le mourant; dans l'agonie il reçoit les derniers coups, il essaie de les rendre et se débat. Pons en était à cette scène suprême, il fit entendre des gémissements, entremêlés de cris. Aussitôt, Schmucke, l'abbé Duplanty, Poulain accoururent au lit du moribond. Tout à coup, Pons, atteint dans sa vitalité par cette dernière blessure, qui tranche les liens du corps et de l'âme, recouvra pour quelques instants la parfaite quiétude qui suit l'agonie, il revint à lui, la sérénité de la mort sur le visage et regarda ceux qui l'entouraient d'un air presque riant.

— Ah! docteur, j'ai bien souffert, mais vous aviez raison, je vais mieux... Merci, mon bon abbé, je me demandais où était Schmucke!...

— Schmucke n'a pas mangé depuis hier au soir, et il est quatre heures : vous n'avez plus personne auprès de vous, et il serait dangereux de rappeler madame Cibot...

— Elle est capable de tout! dit Pons en manifestant toute son horreur au nom de la Cibot. C'est vrai, Schmucke a besoin de quelqu'un de bien honnête.

— L'abbé Duplanty et moi, dit alors Poulain, nous avons pensé à vous deux...

— Ah! merci, dit Pons, je n'y songeais pas.

— Et il vous propose madame Cantinet...

— Ah! la loueuse de chaises! s'écria Pons. Oui, c'est une excellente créature.

— Elle n'aime pas madame Cibot, reprit le docteur, et elle aura bien soin de monsieur Schmucke...

— Envoyez-la-moi, mon bon monsieur Duplanty... elle et son mari, je serai tranquille. On ne volera rien ici...

Schmucke avait repris la main de Pons et la tenait avec joie, en croyant la santé revenue.

— Allons-nous-en, monsieur l'abbé, dit le docteur, je vais envoyer promptement madame Cantinet ; je m'y connais : elle ne trouvera peut-être pas monsieur Pons vivant.

Pendant que l'abbé Duplanty déterminait le moribond à prendre pour garde madame Cantinet, Fraisier avait fait venir chez lui la loueuse de chaises, et la soumettait à sa conversation corruptrice, aux ruses de sa puissance chicanière, à laquelle il était difficile de résister. Aussi madame Cantinet, femme sèche et jaune, à grandes dents, à lèvres froides, hébétée par le malheur, comme beaucoup de femmes du peuple, et arrivée à voir le bonheur dans les plus légers profits journaliers, eut-elle bientôt consenti à prendre avec elle madame Sauvage comme femme de ménage. La bonne de Fraisier avait déjà reçu le mot d'ordre. Elle avait promis de tramer une toile en fil de fer autour des deux musiciens, et de veiller sur eux comme l'araignée veille sur une mouche prise. Madame Sauvage devait avoir pour loyer de ses peines un débit de tabac : Fraisier trouvait ainsi le moyen de se débarrasser de sa prétendue nourrice, et mettait auprès de madame Cantinet un espion et un gendarme dans la personne de la Sauvage. Comme il dépendait de l'appartement des deux amis une chambre de domestique et une petite cuisine, la Sauvage pouvait coucher sur un lit de sangle et faire la cuisine de Schmucke. Au moment où les femmes se présentèrent, amenées par le docteur Poulain, Pons venait de rendre le dernier soupir, sans que Schmucke s'en fût aperçu. L'Allemand tenait encore dans ses mains la main de son ami, dont la chaleur s'en allait par degrés. Il fit signe à madame Cantinet de ne pas parler ; mais la soldatesque madame Sauvage le surprit tellement par sa tournure, qu'il laissa échapper un mouvement de frayeur, à laquelle cette femme mâle était habituée.

— Madame, dit madame Cantinet, est une dame de qui répond monsieur Duplanty ; elle a été cuisinière chez un évêque, elle est la probité même, elle fera la cuisine.

— Ah ! vous pouvez parler haut ! s'écria la puissante et asthmatique Sauvage, le pauvre monsieur est mort!... il vient de passer. Schmucke jeta un cri perçant, il sentit la main de Pons glacée qui se roidissait, et il resta les yeux fixes, arrêtés sur ceux de Pons, dont l'expression l'eût rendu fou, sans madame Sauvage, qui, sans doute accoutumée à ces sortes de scènes, alla vers le lit en tenant un miroir, elle le présenta devant les lèvres du mort, et comme aucune respiration ne vint ternir la glace, elle sépara vivement la main de Schmucke de la main du mort.

— Quittez-la donc, monsieur, vous ne pourriez plus l'ôter; vous ne savez pas comme les os vont se durcir! Ça va vite le refroidissement des morts. Si l'on n'apprête pas un mort pendant qu'il est encore tiède, il faut plus tard lui casser les membres...

Ce fut donc cette terrible femme qui ferma les yeux au pauvre musicien expiré; puis, avec cette habitude des garde-malades, métier qu'elle avait exercé pendant dix ans, elle déshabilla Pons, l'étendit, lui colla les mains de chaque côté du corps, et lui ramena la couverture sur le nez, absolument comme un commis fait un paquet dans un magasin.

— Il faut un drap pour l'ensevelir; où donc en prendre un?... demanda-t-elle à Schmucke, que ce spectacle frappa de terreur.

Après avoir vu la Religion procédant avec son profond respect de la créature destinée à un si grand avenir dans le ciel, ce fut une douleur à dissoudre les éléments de la pensée, que cette espèce d'emballage où son ami était traité comme une chose.

— *Vaides gomme fus fitrez!...* répondit machinalement Schmucke.

Cette innocente créature voyait mourir un homme pour la première fois. Et cet homme était Pons, le seul ami, le seul être qui l'eût compris et aimé!...

— Je vais aller demander à madame Cibot où sont les draps, dit la Sauvage.

— Il va falloir un lit de sangle pour coucher cette dame, dit madame Cantinet à Schmucke.

Schmucke fit un signe de tête et fondit en larmes. Madame Cantinet laissa ce malheureux tranquille; mais, au bout d'une heure, elle revint et lui dit:

— Monsieur, avez-vous de l'argent à nous donner pour acheter?

Schmucke tourna sur madame Cantinet un regard à désarmer

les haines les plus féroces ; il montra le visage blanc, sec et pointu du mort, comme une raison qui répondait à tout.

— *Brenez doud et laissez-moi bleurer et brier*, dit-il en s'agenouillant.

Madame Sauvage était allée annoncer la mort de Pons à Fraisier, qui courut en cabriolet chez la présidente lui demander, pour le lendemain, la procuration qui lui donnait le droit de représenter les héritiers.

— Monsieur, dit à Schmucke madame Cantinet, une heure après sa dernière question, je suis allée trouver madame Cibot, qui est donc au fait de votre ménage, afin qu'elle me dise où sont les choses ; mais, comme elle vient de perdre monsieur Cibot, elle m'a presque *agonie* de sottises... Monsieur, écoutez-moi donc...

Schmucke regarda cette femme, qui ne se doutait pas de sa barbarie ; car les gens du peuple sont habitués à subir passivement les plus grandes douleurs morales.

— Monsieur, il faut du linge pour un linceul, il faut de l'argent pour un lit de sangle, afin de coucher cette dame ; il en faut pour acheter de la batterie de cuisine, des plats, des assiettes, des verres, car il va venir un prêtre pour passer la nuit, et cette dame ne trouve absolument rien dans la cuisine.

— Mais, monsieur, répéta la Sauvage, il me faut cependant du bois, du charbon, pour apprêter le dîner, et je ne vois rien ! Ce n'est d'ailleurs pas bien étonnant, puisque la Cibot vous fournissait tout...

— Mais, ma chère dame, dit madame Cantinet en montrant Schmucke qui gisait aux pieds du mort dans un état d'insensibilité complète, vous ne voulez pas me croire, il ne répond à rien.

— Eh bien ! ma petite, dit la Sauvage, je vais vous montrer comment l'on fait dans ces cas-là.

La Sauvage jeta sur la chambre un regard comme en jettent les voleurs pour deviner les cachettes où doit se trouver l'argent. Elle alla droit à la commode de Pons, elle tira le premier tiroir, vit le sac où Schmucke avait mis le reste de l'argent provenant de la vente des tableaux, et vint le montrer à Schmucke, qui fit un signe de consentement machinal.

— Voilà de l'argent, ma petite ! dit la Sauvage à madame Cantinet ; je vas le compter, en prendre pour acheter ce qu'il faut, du vin, des vivres, des bougies, enfin tout, car ils n'ont rien... Cherchez-moi dans la commode un drap pour ensevelir le corps. On m'a bien dit que ce pauvre monsieur était simple ; mais je ne sais pas ce qu'il est, il est pis. C'est comme un nouveau-né, faudra lui entonner son manger...

Schmucke regardait les deux femmes et ce qu'elles faisaient, absolument comme un fou les aurait regardées. Brisé par la douleur, absorbé dans un état quasi-cataleptique, il ne cessait de contempler la figure fascinatrice de Pons, dont les lignes s'épuraient par l'effet du repos absolu de la mort. Il espérait mourir, et tout lui était indifférent. La chambre eût été dévorée par un incendie, il n'aurait pas bougé.

— Il y a douze cent cinquante-six francs... lui dit la Sauvage.

Schmucke haussa les épaules. Lorsque la Sauvage voulut procéder à l'ensevelissement de Pons, et mesurer le drap sur le corps, afin de couper le linceul et le coudre, il y eut une lutte horrible entre elle et le pauvre Allemand. Schmucke ressembla tout à fait à un chien qui mord tous ceux qui veulent toucher au cadavre de son maître. La Sauvage impatientée saisit l'Allemand, le plaça sur un fauteuil et l'y maintint avec une force herculéenne.

— Allons, ma petite ! cousez le mort dans son linceul, dit-elle à madame Cantinet.

Une fois l'opération terminée, la Sauvage remit Schmucke à sa place, au pied du lit, et lui dit :

— Comprenez-vous ? il fallait bien trousser ce pauvre homme en mort.

Schmucke se mit à pleurer ; les deux femmes le laissèrent et allèrent prendre possession de la cuisine, où elles apportèrent à elles d'eux en peu d'instants toutes les choses nécessaires à la vie. Après avoir fait un premier mémoire de trois cent soixante francs, la Sauvage se mit à préparer un dîner pour quatre personnes, et quel dîner ! Il y avait le faisan des savetiers, une oie grasse, comme pièce de résistance, une omelette aux confitures, une salade de légumes, et le pot au feu sacramentel dont tous les ingrédients étaient en quantité tellement exagérée, que le bouillon ressemblait à de la gelée de viande. A neuf heures du soir, le prêtre envoyé par le vicaire pour veiller Schmucke, vint avec Cantinet, qui apporta quatre cierges et des flambeaux d'église. Le prêtre trouva Schmucke couché le long de son ami, dans le lit, et le tenant étroitement embrassé. Il fallut l'autorité de la religion pour obtenir de Schmucke qu'il se séparât du corps. L'Allemand se mit à genoux, et le prêtre s'arrangea commodément dans le fauteuil. Pendant que le prêtre lisait ses prières, et que Schmucke, agenouillé devant le corps de Pons, priait Dieu de le réunir à Pons par un miracle, afin d'être enseveli dans la fosse de son ami, madame Cantinet était allée au Temple acheter un lit de sangle et un coucher complet, pour madame Sauvage ; car le sac de douze cent cinquante-six francs était au pillage. À onze heures du soir, madame Cantinet vint voir si Schmucke voulait manger un morceau. L'Allemand fit signe qu'on le laissât tranquille.

— Le souper vous attend, monsieur Pastelot, dit alors la loueuse de chaises au prêtre.

Schmucke, resté seul, sourit comme un fou qui se voit libre d'accomplir un désir comparable à celui des femmes grosses. Il se jeta sur Pons et le tint encore une fois étroitement embrassé. À minuit, le prêtre revint, et Schmucke, grondé par lui, lâcha Pons, et se remit en prière. Au jour, le prêtre s'en alla. À sept heures du matin, le docteur Poulain vint voir Schmucke affectueusement et voulut l'obliger à manger ; mais l'Allemand s'y refusa.

— Si vous ne mangez pas maintenant, vous sentirez la faim à votre retour, lui dit le docteur, car il faut que vous alliez à la mairie avec un témoin pour y déclarer le décès de monsieur Pons, et faire dresser l'acte...

— *Moi !* dit l'Allemand avec effroi.

— Et qui donc?... Vous ne pouvez pas vous en dispenser, puisque vous êtes la seule personne qui l'ait vu mourir...

— *Che n'ai boint te champes...* répondit Schmucke en implorant l'assistance du docteur Poulain.

— Prenez une voiture, répondit doucement l'hypocrite docteur. J'ai déjà constaté le décès. Demandez quelqu'un de la maison pour vous accompagner. Ces deux dames garderont l'appartement en votre absence.

On ne se figure pas ce que sont ces tiraillements de la loi sur une douleur vraie. C'est à faire haïr la civilisation, à faire préférer les coutumes des Sauvages. À neuf heures, madame Sauvage descendit Schmucke en le tenant sous les bras, et il fut obligé, dans le fiacre, de prier Rémonencq de venir avec lui certifier le décès de Pons à la mairie. Partout, et en toute chose, éclate à Paris l'inégalité des conditions, dans ce pays ivre d'égalité. Cette immuable force de choses se trahit jusque dans les effets de la Mort. Dans les familles riches, un parent, un ami, les gens d'affaires, évitent ces affreux détails à ceux qui pleurent ; mais en ceci, comme dans la répartition des impôts, le peuple, les prolétaires sans aide, souffrent tout le poids de la douleur.

Ah ! vous avez bien raison de le regretter, dit Rémonencq à une plainte échappée au pauvre martyr, car c'était un bien brave homme, un bien honnête homme, qui laisse une belle collection ; mais savez-vous, monsieur, que vous, qui êtes étranger, vous allez vous trouver dans un grand embarras, car on dit partout que vous êtes héritier de monsieur Pons.

Schmucke n'écoutait pas ; il était plongé dans une telle douleur, qu'elle avoisinait la folie. L'âme a son tétanos comme le corps.

— Et vous feriez bien de vous faire représenter par un conseil, par un homme d'affaires.

— *Ein home t'avvaires !* répéta Schmucke machinalement.

— Vous verrez que vous aurez besoin de vous faire représenter. A votre place, moi, je prendrais un homme d'expérience, un homme connu dans le quartier, un homme de confiance... Moi, dans toutes mes petites affaires, je me sers de Tabareau, l'huissier... Et en donnant votre procuration à son premier clerc, vous n'aurez aucun souci.

Cette insinuation, soufflée par Fraisier, convenue entre Rémonencq et la Cibot, resta dans la mémoire de Schmucke ; car, dans les instants où la douleur fige pour ainsi dire l'âme en en arrêtant les fonctions, la mémoire reçoit toutes les empreintes que le hasard y fait arriver. Schmucke écoutait Rémonencq, en le regardant d'un œil si complétement dénué d'intelligence, que le brocanteur ne lui dit plus rien.

— S'il reste imbécile comme cela, pensa Rémonencq, je pourrais bien lui acheter tout le bataclan de là-haut pour cent mille francs, si c'est à lui... — Monsieur, nous voici à la Mairie.

Rémonencq fut forcé de sortir Schmucke du fiacre et de le prendre sous le bras pour le faire arriver jusqu'au bureau des actes de l'État civil, où Schmucke donna dans une noce. Schmucke dut attendre son tour, car, par un de ces hasards assez fréquents à Paris, le commis avait cinq ou six actes de décès à dresser. Là, ce pauvre Allemand devait être en proie à une passion égale à celle de Jésus.

— Monsieur est monsieur Schmucke ? dit un homme vêtu de

noir en s'adressant à l'Allemand stupéfait de s'entendre appeler par son nom.

Schmucke regarda cet homme de l'air hébété qu'il avait eu en répondant à Rémonencq.

— Mais, dit le brocanteur à l'inconnu, que lui voulez-vous? Laissez donc cet homme tranquille, vous voyez bien qu'il est dans la peine.

— Monsieur vient de perdre son ami, et sans doute il se propose d'honorer dignement sa mémoire, car il est son héritier, dit l'inconnu. Monsieur ne lésinera sans doute pas... il achètera un terrain à perpétuité pour sa sépulture. Monsieur Pons aimait tant les arts! Ce serait bien dommage de ne pas mettre sur son tombeau la Musique, la Peinture et la Sculpture... trois belles figures en pied, éplorées...

Rémonencq fit un geste d'Auvergnat pour éloigner cet homme, et l'homme répondit par un autre geste, pour ainsi dire commercial, qui signifiait : — « Laissez-moi donc faire mes affaires! » et que comprit le brocanteur.

— Je suis le commissionnaire de la maison Sonet et compagnie, entrepreneurs de monuments funéraires, reprit le courtier, que Walter Scott eût surnommé *le jeune homme des tombeaux*. Si monsieur voulait nous charger de la commande, nous lui éviterions l'ennui d'aller à la Ville acheter le terrain nécessaire à la sépulture de l'ami que les Arts ont perdu...

Rémonencq hocha la tête en signe d'assentiment et poussa le coude à Schmucke.

— Tous les jours, nous nous chargeons, pour les familles, d'aller accomplir toutes les formalités, disait toujours le courtier encouragé par ce geste de l'Auvergnat. Dans le premier moment de sa douleur, il est bien difficile à un héritier de s'occuper par lui-même de ces détails, et nous avons l'habitude de ces petits services pour nos clients? Nos monuments, monsieur, sont tarifés à tant le mètre en pierre de taille ou en marbre... Nous creusons les fosses pour les tombes de famille... Nous nous chargeons de tout, au plus juste prix. Notre maison a fait le magnifique monument de la belle Esther Gobseck et de Lucien de Rubempré, l'un des plus magnifiques ornements du Père-Lachaise. Nous avons les meilleurs ouvriers, et j'engage monsieur à se défier des petits entrepreneurs... qui ne font que de la camelotte, ajouta-t-il en voyant venir un autre homme vêtu de noir qui se proposait de parler pour une autre maison de marbrerie et de sculpture.

On a souvent dit que la mort était la fin d'un voyage, mais on ne sait pas à quel point cette similitude est réelle à Paris. Un mort, un mort de qualité surtout, est accueilli sur le *sombre rivage* comme un voyageur qui débarque au port, et que tous les courtiers d'hôtellerie fatiguent de leurs recommandations. Personne, à l'exception de quelques philosophes ou de quelques familles sûres de vivre qui se font construire des tombes comme elles ont des hôtels, personne ne pense à la mort et à ses conséquences sociales. La mort vient toujours trop tôt; et d'ailleurs, un sentiment bien entendu empêche les héritiers de la supposer possible. Aussi, presque tous ceux qui perdent leurs pères, leurs mères, leurs femmes ou leurs enfants, sont-ils immédiatement assaillis par ces coureurs d'affaires, qui profitent du trouble où jette la douleur pour surprendre une commande. Autrefois, les entrepreneurs de monuments funéraires, tous groupés aux environs du célèbre cimetière du Père-Lachaise, où ils forment une rue qu'on devrait appeler rue des Tombeaux, assaillaient les héritiers aux environs de la tombe ou au sortir du cimetière; mais, insensiblement, la concurrence, le génie de la spéculation, les a fait gagner du terrain, et ils sont descendus aujourd'hui dans la ville jusqu'aux abords des Mairies. Enfin, les courtiers pénètrent souvent dans la maison mortuaire, un plan de tombe à la main.

— Je suis en affaire avec monsieur, dit le courtier de la maison Sonet au courtier qui se présentait.

— Décès Pons!... Où sont les témoins!... dit le garçon de bureau.

— Venez... monsieur, dit le courtier en s'adressant à Rémonencq.

Rémonencq pria le courtier de soulever Schmucke, qui restait sur son banc comme une masse inerte; ils le menèrent à la balustrade derrière laquelle le rédacteur des actes de décès s'abrite contre les douleurs publiques. Rémonencq, la providence de Schmucke, fut aidé par le docteur Poulain, qui vint donner les renseignements nécessaires sur l'âge et le lieu de naissance de Pons. L'Allemand ne savait qu'une seule chose, c'est que Pons était son ami. Une fois les signatures données, Rémonencq et le docteur, suivis du courtier, mirent le pauvre Allemand en voiture, dans laquelle se glissa l'enragé courtier, qui voulait avoir une solution pour sa commande. La Sauvage, en observation sur le pas de la porte cochère, monta Schmucke presque évanoui dans ses bras, aidée par Rémonencq et par le courtier de la maison Sonet.

— Il va se trouver mal!... s'écria le courtier, qui voulait terminer l'affaire qu'il disait commencée.

— Je le crois bien! répondit madame Sauvage; il pleure depuis vingt-quatre heures, et il n'a rien voulu prendre. Rien ne creuse l'estomac comme le chagrin.

— Mais, mon cher client, lui dit le courtier de la maison Sonet, prenez donc un bouillon. Vous avez tant de choses à faire : il faut aller à l'Hôtel-de-Ville, acheter le terrain nécessaire pour le monument que vous voulez élever à la mémoire de cet ami des Arts, et qui doit témoigner de votre reconnaissance.

— Mais cela n'a pas de bon sens, dit madame Cantinet à Schmucke en arrivant avec un bouillon et du pain.

— Songez, mon cher monsieur, si vous êtes si faible que cela, reprit Rémonencq, songez à vous faire représenter par quelqu'un, car vous avez bien des affaires sur les bras : il faut commander le convoi! vous ne voulez pas qu'on enterre votre ami comme un pauvre.

— Allons, allons, mon cher monsieur! dit la Sauvage en saisissant un moment où Schmucke avait la tête inclinée sur le dos du fauteuil.

Elle entonna dans la bouche de Schmucke une cuillerée de potage, et lui donna presque malgré lui à manger comme à un enfant.

— Maintenant, si vous étiez sage, monsieur, puisque vous voulez vous livrer tranquillement à votre douleur, vous prendriez quelqu'un pour vous représenter...

— Puisque monsieur, dit le courtier, a l'intention d'élever un magnifique monument à la mémoire de son ami, il n'a qu'à me charger de toutes les démarches, je les ferai...

— Qu'est-ce que c'est? qu'est-ce que c'est? dit la Sauvage. Monsieur vous a commandé quelque chose! Qui donc êtes-vous?

— L'un des courtiers de la maison Sonet, ma chère dame, les plus forts entrepreneurs de monuments funéraires... dit-il en tirant une carte et la présentant à la puissante Sauvage.

— Eh bien! c'est bon, c'est bon!... on ira chez vous quand on le jugera convenable; mais ne faut pas abuser de l'état dans lequel se trouve monsieur. Vous voyez bien que monsieur n'a pas sa tête...

— Si vous voulez vous arranger pour nous faire avoir la commande, dit le courtier de la maison Sonet à l'oreille de madame Sauvage en l'amenant sur le palier, j'ai pouvoir de vous offrir quarante francs...

— Eh bien! donnez-moi votre adresse, dit madame Sauvage en s'humanisant.

Schmucke, en se voyant seul et se trouvant mieux par cette ingestion d'un potage au pain, retourna promptement dans la chambre de Pons, où il se mit en prières. Il était perdu dans les abîmes de la douleur, lorsqu'il fut tiré de son profond anéantissement par un jeune homme vêtu de noir qui lui dit pour la onzième fois un : — Monsieur?... que le pauvre martyr entendit d'autant mieux, qu'il se sentit secoué par la manche de son habit.

— *Qu'y a-d-il engore?...*

— Monsieur, nous devons au docteur Gannal une découverte sublime; nous ne contestons pas sa gloire, il a renouvelé les miracles de l'Égypte; mais il y a eu des perfectionnements, et nous avons obtenu des résultats surprenants. Donc, si vous voulez revoir votre ami, tel qu'il était de son vivant...

— *Le refoir!...* s'écria Schmucke; *me bartera-d-il!*

— Pas absolument!... Il ne lui manquera que la parole, reprit le courtier d'embaumement; mais il restera pour l'éternité comme l'embaumement vous le montrera. L'opération exige peu d'instants. Une incision dans la carotide et l'injection suffisent; mais il est grand temps... Si vous attendiez encore un quart d'heure, vous ne pourriez plus avoir la douce satisfaction d'avoir conservé le corps...

— *Hâtis-fis-en au tiaple!... Bons est une âme!... et cedde âme est au ciel.*

— Cet homme est sans aucune reconnaissance, dit le jeune courtier d'un des rivaux du célèbre Gannal en passant sous la porte cochère; il refuse de faire embaumer son ami!

— Que voulez-vous, monsieur! dit la Cibot, qui venait de faire embaumer son chéri. C'est un héritier, un légataire. Une fois son affaire faite, le défunt n'est plus rien pour eux.

Une heure après, Schmucke vit venir dans la chambre madame Sauvage suivie d'un homme vêtu de noir et qui paraissait être un ouvrier.

— Monsieur, dit-elle, Cantinet a eu la complaisance de vous envoyer monsieur, qui est le fournisseur des bières de la paroisse.

Le fournisseur des bières s'inclina d'un air de commisération et de condoléance, mais, en homme sûr de son fait et qui se sait indispensable, il regarda le mort en connaisseur.

— Comment monsieur veut-il *cela!* En sapin, en bois de chêne simple, ou en bois de chêne doublé de plomb? Le bois de chêne doublé de plomb est ce qu'il y a de plus comme il faut. Le corps, dit-il, a la mesure ordinaire...

Il tâta les pieds pour toiser le corps.

— Un mètre soixante-dix! ajouta-t-il. Monsieur pense sans doute à commander le service funèbre à l'église?

Schmucke jeta sur cet homme des regards comme en ont les fous avant de faire un mauvais coup.

— Monsieur, vous devriez, dit la Sauvage, prendre quelqu'un qui s'occuperait de tous ces détails-là pour vous.

— Oui... dit enfin la victime.

— Voulez-vous que j'aille vous chercher monsieur Tabareau, car vous allez avoir bien des affaires sur les bras? Monsieur Tabareau, voyez-vous, c'est le plus honnête homme du quartier.

— *Ui, monsieur Dapareau! On m'en a barlé...* répondit Schmucke vaincu.

— Eh bien! monsieur va être tranquille, et libre de se livrer à sa douleur, après une conférence avec son fondé de pouvoir.

Vers deux heures, le premier clerc de monsieur Tabareau, jeune homme qui se destinait à la carrière d'huissier, se présenta modestement. La jeunesse a d'étonnants priviléges, elle n'effraie pas. Ce jeune homme, appelé Villemot, s'assit auprès de Schmucke, et attendit le moment de lui parler. Cette réserve toucha beaucoup Schmucke.

— Monsieur, lui dit-il, je suis le premier clerc de monsieur Tabareau, qui m'a confié le soin de veiller ici à vos intérêts, et de me charger de tous les détails de l'enterrement de votre ami... Êtes-vous dans cette intention?

— *Fus ne me sauferez pas la fie, gar che n'ai bas longdans à fifre, mais fus me laisserez dranquile?*

— Oh! vous n'aurez pas un dérangement, répondit Villemot.

— *Hé bien! que vaud-il vair bir cela?*

— Signez ce papier où vous nommez monsieur Tabareau votre

mandataire, relativement à toutes les affaires de la succession.

— *Pien! tonnez!* dit l'Allemand en voulant signer sur-le-champ.

— Non, je dois vous lire l'acte.

— *Lissez!*

Schmucke ne prêta pas la moindre attention à la lecture de cette procuration générale, et il la signa. Le jeune homme prit les ordres de Schmucke pour le convoi, pour l'achat du terrain où l'Allemand voulut avoir sa tombe, et pour le service de l'église, en lui disant qu'il n'éprouverait plus aucun trouble, ni aucune demande d'argent.

— *Bir afoir la dranquilidé, je tonnerais doud ce que ché bossète,* dit l'infortuné qui de nouveau s'agenouilla devant le corps de son ami.

Fraisier triomphait, le légataire ne pouvait pas faire un mouvement hors du cercle où il le tenait enfermé par la Sauvage et par Villemot.

Il n'est pas de douleur que le sommeil ne sache vaincre. Aussi vers la fin de la journée, la Sauvage trouva-t-elle Schmucke étendu au bas du lit où gisait le corps de Pons, et dormant ; elle l'emporta, le coucha, l'arrangea maternellement dans son lit, et l'Allemand y dormit jusqu'au lendemain. Quand Schmucke s'éveilla, c'est-à-dire quand, après cette trêve, il fut rendu au sentiment de ses douleurs, le corps de Pons était exposé sous la porte cochère, dans la chapelle ardente à laquelle ont droit les convois de troisième classe ; il chercha donc vainement son ami dans cet appartement qui lui parut immense, où il ne trouva rien que d'affreux souvenirs. La Sauvage, qui gouvernait Schmucke avec l'autorité d'une nourrice sur son marmot, le força de déjeuner avant d'aller à l'église. Pendant que cette pauvre victime se contraignait à manger, la Sauvage lui fit observer, avec des lamentations dignes de Jérémie, qu'il ne possédait pas d'habit noir. La garde-robe de Schmucke, entretenue par Cibot, en était arrivée, avant la maladie de Pons, comme le dîner, à sa plus simple expression, à deux pantalons et deux redingotes !...

— Vous allez aller comme vous êtes à l'enterrement de monsieur ? C'est une monstruosité à vous faire honnir par tout le quartier !..

— *Ed commend futez-fus que ch'y alle?*

— Mais en deuil !...

— *Le teuille!...*

— Les convenances...

— *Les gonfenances!... che me viche pien te doutes ces pétisses-là*, dit le pauvre homme arrivé au dernier degré d'exaspération où la douleur puisse porter une âme d'enfant.

— Mais c'est un monstre d'ingratitude, dit la Sauvage en se tournant vers un monsieur qui se montra soudain dans l'appartement, et qui fit frémir Schmucke.

Ce fonctionnaire, magnifiquement vêtu de drap noir, en culotte noire, en bas de soie noire, à manchettes blanches, décoré d'une chaîne d'argent à laquelle pendait une médaille, cravaté d'une cravate de mousseline blanche très-correcte, et en gants blancs; ce type officiel, frappé au même coin pour les douleurs publiques, tenait à la main une baguette en ébène, insigne de ses fonctions, et sous le bras gauche un tricorne à cocarde tricolore.

— Je suis le maître des cérémonies, dit ce personnage d'une voix douce.

Habitué par ses fonctions à diriger tous les jours des convois et à traverser toutes les familles plongées dans une même affliction, réelle ou feinte, cet homme, ainsi que tous ses collègues, parlait bas et avec douceur; il était décent, poli, convenable par état, comme une statue représentant le génie de la mort. Cette déclaration causa un tremblement nerveux à Schmucke, comme s'il eût vu le bourreau.

— Monsieur est-il le fils, le frère, le père du défunt?... demanda l'homme officiel.

— *Che zuis dout cela, et plis... che zuis son ami!...* dit Schmucke à travers un torrent de larmes.

— Êtes-vous l'héritier? demanda le maître des cérémonies.

— *L'héritier......* répéta Schmucke! *tout m'esd écal au monde.*

Et Schmucke reprit l'attitude que lui donnait sa douleur morne.

— Où sont les parents, les amis? demanda le maître des cérémonies.

— *Les foilà dous*, s'écria Schmucke en montrant les tableaux et les curiosités. *Chamais ceux-là n'ond vaid zouvrir mon pon Bons!... Foilà doud ce qu'il aimaid afec moi!*

— Il est fou, monsieur, dit la Sauvage au maître des cérémonies. Allez, c'est inutile de l'écouter.

Schmucke s'était assis et avait repris sa contenance d'idiot, en essuyant machinalement ses larmes. En ce moment, Villemot, le premier clerc de maître Tabareau, parut; et le maître des cérémonies, reconnaissant celui qui était venu commander le convoi, lui dit : — Eh bien, monsieur, il est temps de partir... le char est arrivé; mais j'ai rarement vu de convoi pareil à celui-là. Où sont les parents, les amis ?...

— Nous n'avons pas eu beaucoup de temps, reprit monsieur Villemot, monsieur est plongé dans une telle douleur qu'il ne pensait à rien ; mais il n'y a qu'un parent...

Le maître des cérémonies regarda Schmucke d'un air de pitié, car cet expert en douleur distinguait bien le vrai du faux, et il vint près de Schmucke.

— Allons, mon cher monsieur, du courage!... Songez à honorer la mémoire de votre ami.

— Nous avons oublié d'envoyer des billets de faire part, mais j'ai eu le soin d'envoyer un exprès à monsieur le président de Marville, le seul parent de qui je vous parlais... Il n'y a pas d'amis... Je ne crois pas que les gens du théâtre où le défunt était chef d'orchestre, viennent... Mais monsieur est, je crois, légataire universel.

— Il doit alors conduire le deuil, dit le maître des cérémonies.
— Vous n'avez pas d'habit noir? demanda le maître des cérémonies en avisant le costume de Schmucke.

— *Che zuis doud en noir à l'indériére!...* dit le pauvre Allemand d'une voix déchirante, *et si pien en noir, que che sens la mord en moi... Dieu me vera la craze de m'ini' à mon ami tans la dombe, ed che l'en remercie!...*

Et il joignit les mains.

— Je l'ai déjà dit à notre administration, qui a déjà tant introduit de perfectionnements, reprit le maître des cérémonies en s'adressant à Villemot; elle devrait avoir un vestiaire, et louer des costumes d'héritier... c'est une chose qui devient de jour en jour plus nécessaire... Mais puisque monsieur hérite, il doit prendre le manteau de deuil, et celui que j'ai apporté l'enveloppera tout entier, si bien qu'on ne s'apercevra pas de l'inconvenance de son costume...

— Voulez-vous avoir la bonté de vous lever? dit-il à Schmucke.

Schmucke se leva, mais il vacilla sur ses jambes.

— Tenez-le, dit le maître des cérémonies au premier clerc, puisque vous êtes son fondé de pouvoir.

Villemot soutint Schmucke en le prenant sous les bras, et alors le maître des cérémonies saisit cet ample et horrible manteau noir que l'on met aux héritiers pour suivre le char funèbre de la maison mortuaire à l'église, en le lui attachant par des cordons de soie noire sous le menton.

Et Schmucke fut *paré* en héritier.

— Maintenant, il nous survient une grande difficulté, dit le maître des cérémonies. Nous avons les quatre glands du poêle à *garnir*... S'il n'y a personne, qui les tiendra?... Voici deux heures et demie, dit-il en consultant sa montre, on nous attend à l'église.

— Ah! voici Fraisier! s'écria fort imprudemment Villemot.

Mais personne ne pouvait recueillir cet aveu de complicité.

— Qui est ce monsieur? demanda le maître des cérémonies?

— Oh! c'est la famille.

— Quelle famille?

— La famille déshéritée. C'est le fondé de pouvoir de monsieur le président Camusot.

— Bien! dit le maître des cérémonies, avec un air de satisfaction. Nous aurons au moins deux glands de tenus, l'un par vous et l'autre par lui.

Le maître des cérémonies, heureux d'avoir deux glands garnis, alla prendre deux magnifiques paires de gants de daim blancs, et les présenta tour à tour à Fraisier et à Villemot d'un air poli.

— Ces messieurs voudront bien prendre chacun un des coins du poêle!... dit-il.

Fraisier, tout en noir, mis avec prétention, cravate blanche, l'air officiel, faisait frémir, il contenait cent dossiers de procédure.

— Volontiers, monsieur, dit-il.

— S'il pouvait nous arriver seulement deux personnes, dit le maître des cérémonies, les quatre glands seraient garnis.

En ce moment arriva l'infatigable courtier de la maison Sonet, suivi du seul homme qui se souvînt de Pons, qui pensât à lui rendre les derniers devoirs. Cet homme était un gagiste du théâtre, le garçon chargé de mettre les partitions sur les pupitres à l'orchestre, et à qui Pons donnait tous les mois une pièce de cinq francs, en le sachant père de famille.

— *Ah! Dobinard* (Topinard).... s'écria Schmucke en reconnaissant le garçon. *Du ame Bons, doi!...*

— Mais, monsieur, je suis venu tous les jours, le matin, savoir des nouvelles de monsieur...

— *Dus les chours! baufre Dobinard!...* dit Schmucke en serrant la main au garçon de théâtre.

— Mais on me prenait sans doute pour un parent, et on me recevait bien mal! J'avais beau dire que j'étais du théâtre et que je venais savoir des nouvelles de monsieur Pons, on me disait qu'on connaissait ces couleurs-là. Je demandais à voir ce pauvre cher malade; mais on ne m'a jamais laissé monter.

— *L'invâme Zibod!...* dit Schmucke en serrant sur son cœur la main calleuse du garçon de théâtre.

— C'était le roi des hommes, ce brave monsieur Pons. Tous les mois, il me donnait cent sous... Il savait que j'ai trois enfants et une femme. Ma femme est à l'église.

— *Che bardacherai mon bain afec doi!* s'écria Schmucke dans la joie d'avoir près de lui un homme qui aimait Pons.

— Monsieur veut-il prendre un des glands du poêle? dit le maître des cérémonies, nous aurons ainsi les quatre.

Le maître des cérémonies avait facilement décidé le courtier de la maison Sonet à prendre un des glands, surtout en lui montrant la belle paire de gants qui, selon les usages, devait lui rester.

— Voici dix heures trois quarts!... il faut absolument descendre... l'église attend, dit le maître des cérémonies.

Et ces six personnes se mirent en marche à travers les escaliers.

— Fermez bien l'appartement et restez-y, dit l'atroce Fraisier aux deux femmes qui restaient sur le palier, surtout si vous voulez être gardienne, madame Cantinet. Ah! ah! c'est quarante sous par jour!...

Par un hasard qui n'a rien d'extraordinaire à Paris, il se trouvait deux catafalques sous la porte cochère, et conséquemment deux convois, celui de Cibot, le défunt concierge, et celui de Pons. Personne ne venait rendre aucun témoignage d'affection au brillant catafalque de l'ami des arts, et tous les portiers du voisinage affluaient et aspergeaient la dépouille mortelle du portier d'un coup de goupillon. Ce contraste de la foule accourue au convoi de Cibot, et de la solitude dans laquelle restait Pons, eut lieu non-seulement à la porte de la maison, mais encore dans la rue où le cercueil de Pons ne fut suivi que par Schmucke, que soutenait un croque-mort, car l'héritier défaillait à chaque pas. De la rue de Normandie à la rue d'Orléans, où l'église Saint-François est située, les deux convois allèrent entre deux haies de curieux, car, ainsi qu'on l'a dit, tout fait événement dans ce quartier. On remarquait donc la splendeur du char blanc, d'où pendait un écusson sur lequel était brodé un grand P, et qui n'avait qu'un seul homme à sa suite; tandis que le simple char, celui de la dernière classe, était accompagné d'une foule immense. Heureusement Schmucke, hébété par le monde aux fenêtres, et par la haie que formaient les badauds, n'entendait rien et ne voyait ce concours de personnes qu'à travers le voile de ses larmes.

— Ah! c'est le Casse-noisette, disait l'un... le musicien, vous savez !

— Quelles sont donc les personnes qui tiennent les cordons?...

— Bah! des comédiens !

— Tiens, voilà le convoi de ce pauvre père Cibot! En voilà un travailleur de moins ! quel dévorant!

— Il ne sortait jamais cet homme-là !

— Jamais il n'a fait le lundi.

— Aimait-il sa femme !

— En voilà une malheureuse!

Rémonencq était derrière le char de sa victime, et recevait des compliments de condoléance sur la perte de son voisin.

Ces deux convois arrivèrent à l'église, où Cantinet, d'accord avec le suisse, eut soin qu'aucun mendiant ne parlât à Schmucke. Villemot avait promis à l'héritier qu'il serait tranquille, et il satisfaisait à toutes les dépenses, en veillant sur son client. Le modeste corbillard de Cibot, escorté de soixante à quatre-vingts personnes, fut accompagné par tout ce monde jusqu'au cimetière. A la sortie de l'église, le convoi de Pons eut quatre voitures de deuil; une pour le clergé, les trois autres pour les parents; mais une seule fut nécessaire, car le courtier de la maison Sonet était allé, pendant la messe, prévenir monsieur Sonet du départ du convoi, afin qu'il pût présenter le dessin et le devis du monument au légataire universel au sortir du cimetière. Fraisier, Villemot, Schmucke et Topinard tinrent dans une seule voiture. Les deux autres, au lieu de retourner à l'administration, allèrent à vide au Père-Lachaise. Cette course inutile de voitures à vide a lieu souvent. Lorsque les morts ne jouissent d'aucune célébrité, n'attirent aucun concours de monde, il y a toujours trop de voitures. Les morts doivent avoir été bien aimés dans leur vie pour qu'à Paris, où tout le monde voudrait trouver une vingt-cinquième heure à chaque journée, on suive un parent ou un ami jusqu'au cimetière. Mais les cochers perdraient leur pourboire, s'ils ne faisaient pas leur besogne. Aussi, pleines ou vides, les voitures vont-elles à l'église, au cimetière, et reviennent-elles à la maison mortuaire, où les cochers demandent un pourboire. On ne se figure pas le nombre des gens pour qui la mort est un abreuvoir. Le bas clergé de l'Église, les pauvres, les croque-morts, les cochers, les fossoyeurs, ces natures spongieuses se retirent gonflées en se plongeant dans un corbillard. De l'église, où l'héritier à sa sortie fut assailli par une nuée de pauvres, aussitôt réprimée par le suisse, jusqu'au Père-Lachaise, le pauvre Schmucke alla comme les criminels allaient du Palais à la place de Grève. Il menait son propre convoi, tenant dans sa main la main du garçon Topinard, le seul homme qui eût dans le cœur un vrai regret de la mort de Pons. Topinard, excessivement touché de l'honneur qu'on lui avait fait en lui confiant un des cordons du poêle, et content d'aller en voiture, possesseur d'une paire de gants, commençait à entrevoir dans le convoi de Pons une des grandes journées de sa vie. Abîmé de douleur, soutenu par le contact de cette main à laquelle répondait un cœur, Schmucke se laissait rouler absolument comme ces malheureux veaux conduits en charrette à l'abattoir. Sur le devant de la voiture se tenaient Fraisier et Villemot. Or, ceux qui ont eu le malheur d'accompagner beaucoup des leurs au champ du repos, savent que toute hypocrisie cesse en voiture durant le trajet, qui, souvent, est fort long, de l'église au cimetière de l'Est, celui des cimetières parisiens où se sont donné rendez-vous toutes les vanités, tous les luxes, et si riche en monuments somptueux. Les indifférents commencent la conversation, et les gens les plus tristes finissent par les écouter et se distraire.

— Monsieur le président était déjà parti pour l'audience, disait Fraisier à Villemot, et je n'ai pas trouvé nécessaire d'aller l'arracher à ses occupations au Palais, il serait toujours venu trop tard. Comme il est l'héritier naturel et légal, mais qu'il est déshérité au profit de monsieur Schmucke, j'ai pensé qu'il suffisait à son fondé de pouvoir d'être ici...

Topinard prêta l'oreille.

— Qu'est-ce donc que ce drôle qui tenait le quatrième gland? demanda Fraisier à Villemot.

— C'est le courtier d'une *maison qui fait le monument funéraire*, et qui voudrait obtenir la commande d'une tombe où il se propose de sculpter trois figures en marbre, la Musique, la Peinture et la Sculpture versant des pleurs sur le défunt.

— C'est une idée, reprit Fraisier. Le bonhomme mérite bien cela ; mais ce monument-là coûtera bien sept à huit mille francs.

— Oh! oui !

— Si monsieur Schmucke fait la commande, ça ne peut pas regarder la succession, car on pourrait absorber une succession par de pareils frais...

— Ce serait un procès, mais on le gagnerait...

— Eh bien! reprit Fraisier, ça le regardera donc! C'est une bonne farce à faire à ces entrepreneurs... dit Fraisier à l'oreille de Villemot, car si le testament est cassé, ce dont je réponds... ou s'il n'y avait pas de testament, qui est-ce qui les payerait?

Villemot eut un rire de singe. Le premier clerc de Tabareau et l'homme de loi se parlèrent alors à voix basse et à l'oreille; mais, malgré le roulis de la voiture et tous les empêchements, le garçon de théâtre, habitué à tout deviner dans le monde des coulisses, devina que ces deux gens de justice méditaient de plonger le pauvre Allemand dans des embarras, et il finit par entendre le mot significatif de *Clichy!* Dès lors, le digne et honnête serviteur du monde comique résolut de veiller sur l'ami de Pons.

Au cimetière, où, par les soins du courtier de la maison Sonet, Villemot avait acheté trois mètres de terrain à la Ville, en annonçant l'intention d'y construire un magnifique monument, Schmucke fut conduit par le maître des cérémonies, à travers une foule de curieux, à la fosse où l'on allait descendre Pons. Mais à l'aspect de ce trou carré au-dessus duquel quatre hommes tenaient avec des cordes la bière de Pons sur laquelle le clergé disait sa dernière prière, l'Allemand fut pris d'un tel serrement de cœur, qu'il s'évanouit. Topinard, aidé par le courtier de la maison Sonet, et par monsieur Sonet lui-même, emporta le pauvre Allemand dans l'établissement du marbrier, où les soins les plus empressés et les plus généreux lui furent prodigués par madame Sonet et par madame Vitelot, épouse de l'associé de monsieur Sonet. Topinard resta là, car il avait vu Fraisier, dont la figure lui semblait patibulaire, s'entretenir avec le courtier de la maison Sonet.

Au bout d'une heure, vers deux heures et demie, le pauvre innocent Allemand recouvra ses sens. Schmucke croyait rêver depuis deux jours. Il pensait qu'il se réveillerait et qu'il trouverait Pons vivant. Il eut tant de serviettes mouillées sur le front, on lui fit respirer tant de sels et de vinaigres, qu'il ouvrit les yeux. Madame Sonet força Schmucke à boire un bon bouillon gras, car on avait mis le pot-au-feu chez les marbriers.

— Ça ne nous arrive pas souvent de recueillir ainsi des clients qui sentent aussi vivement que cela; mais ça se voit encore tous les deux ans...

Enfin Schmucke parla de regagner la rue de Normandie.

— Monsieur, dit alors Sonet, voici le dessin qu'a fait Vitelot exprès pour vous, il a passé la nuit !... Mais il a été bien inspiré ! ça sera beau...

— Ça sera l'un des plus beaux du Père-Lachaise !... dit la petite madame Sonet. Mais vous devez honorer la mémoire d'un ami qui vous a laissé toute sa fortune...

Ce projet, censé fait exprès, avait été préparé pour de Marsay, le fameux ministre; mais la veuve avait voulu confier ce monument à Stidmann; le projet de ces industriels fut alors rejeté, car on eut horreur d'un monument de pacotille. Ces trois figures représentaient alors les journées de juillet, où se manifesta ce grand ministre. Depuis, avec des modifications, Sonet et Vitelot avaient fait des *trois glorieuses*, l'Armée, la Finance et la Famille pour le monument de Charles Keller, qui fut encore exécuté par Stidmann. Depuis onze ans, ce projet était adapté à toutes les circonstances de famille; mais, en le calquant, Vitelot avait transformé les trois figures en celles des génies de la Musique, de la Sculpture et de la Peinture.

— Ce n'est rien si l'on pense aux détails et aux constructions; mais en six mois nous arriverons... dit Vitelot. Monsieur, voici le devis et la commande... sept mille francs, non compris les praticiens.

— Si monsieur veut du marbre, dit Sonet plus spécialement marbrier, ce sera douze mille francs, et monsieur s'immortalisera avec son ami...

— Je viens d'apprendre que le testament sera attaqué, dit Topinard à l'oreille de Vitelot, et que les héritiers rentreront dans leur héritage; allez voir monsieur le président Camusot, car ce pauvre innocent n'aura pas un liard...

— Vous nous amenez toujours des clients comme cela! dit madame Vitelot au courtier en commençant une querelle.

Topinard reconduisit Schmucke à pied, rue de Normandie, car les voitures de deuil s'y étaient dirigées.

— *Ne me guiddez bas!...* dit Schmucke à Topinard.

Topinard voulait s'en aller, après avoir remis le pauvre musicien entre les mains de la dame Sauvage.

— Il est quatre heures, mon cher monsieur Schmucke, et il faut que j'aille dîner... ma femme, qui est ouvreuse, ne comprendrait pas ce que je suis devenu. Vous savez... le théâtre ouvre à cinq heures trois quarts...

— *Vi, che le sais... mais sonchez que che zuis zeul sur la derre, sans ein ami. Fous qui afez bleuré Bons, églairez-moi, che zuis tans eine nouitte brovonte, ed Bons m'a tit que j'édais enduré te goguins...*

— Je m'en suis déjà bien aperçu, je viens de vous empêcher d'aller coucher à Clichy!

— *Gligy?...* s'écria Schmucke, *che ne gombrends bas...*

— Pauvre homme! Eh bien! soyez tranquille, je viendrai vous voir, adieu.

— *Atié! à piendôd!...* dit Schmucke en tombant quasi-mort de lassitude.

— Adieu! mô-sieu! dit madame Sauvage à Topinard d'un air qui frappa le gagiste.

— Oh! qu'avez-vous donc, la bonne?... dit railleusement le garçon de théâtre. Vous vous posez là comme un traître de mélodrame.

— Traître vous-même! De quoi vous mêlez-vous ici? N'allez vous pas vouloir faire les affaires de monsieur! et le carotter?...

— Le carotter!... servante!... reprit superbement Topinard. Je ne suis qu'un pauvre garçon de théâtre, mais je tiens aux artistes, et apprenez que je n'ai jamais rien demandé à personne! Vous a-t-on demandé quelque chose? Vous doit-on?... eh! la vieille?...

— Vous êtes garçon de théâtre, et vous vous nommez?... demanda la virago.

— Topinard, pour vous servir...

— Bien des choses chez vous, dit la Sauvage, et mes compliments à médème, si môsieur est marié... C'est tout ce que je voulais savoir.

— Qu'avez-vous donc, ma belle?... dit madame Cantinet qui survint.

— J'ai, ma petite, que vous allez rester là, surveiller le dîner, je vais donner un coup de pied jusque chez monsieur...

— Il est en bas, il cause avec cette pauvre madame Cibot, qui pleure toutes les larmes de son corps, répondit la Cantinet.

La Sauvage dégringola par les escaliers avec une telle rapidité, que les marches tremblaient sous ses pieds.

— Monsieur... dit-elle à Fraisier en l'attirant à elle à quelques pas de madame Cibot.

Et elle désigna Topinard au moment où le garçon de théâtre passait fier d'avoir déjà payé sa dette à son bienfaiteur, en empêchant par une ruse inspirée par les coulisses, où tout le monde a plus ou moins d'esprit drolatique, l'ami de Pons de tomber dans un piége. Aussi le gagiste se promettait-il de protéger le musicien de son orchestre contre les piéges qu'on tendrait à sa bonne foi.

— Vous voyez bien ce petit misérable!... c'est une espèce d'honnête homme qui veut fourrer son nez dans les affaires de monsieur Schmucke...

— Qui est-ce? demanda Fraisier.

— Oh! un rien du tout...

— Il n'y a pas de rien du tout, en affaires...

— Hé! dit-elle, c'est un garçon de théâtre, nommé Topinard...

— Bien, madame Sauvage! continuez ainsi, vous aurez votre débit de tabac.

Et Fraisier reprit la conversation avec madame Cibot.

— Je dis donc, ma chère cliente, que vous n'avez pas joué franc jeu avec nous, et que nous ne sommes tenus à rien avec un associé qui nous trompe!

— Et en quoi vous ai-je trompé?... dit la Cibot en mettant les poings sur ses hanches. Croyez-vous que vous me ferez trembler avec vos regards de verjus et de vos airs de givre!... Vous cherchez de mauvaises raisons pour vous débarrasser de vos promesses, et vous vous dites honnête homme. Savez-vous ce que vous êtes? Vous êtes une canaille. Oui, oui, grattez-vous le bras!... mais empochez ça!...

— Pas de mots, pas de colère, ma mie, dit Fraisier. Écoutez-moi! Vous avez fait votre pelote... Ce matin, pendant les préparatifs du convoi, j'ai trouvé ce catalogue, en double, écrit tout entier de la main de monsieur Pons, et par hasard mes yeux sont tombés sur ceci :

Et il lut en ouvrant le catalogue manuscrit.

« N° 7. *Magnifique portrait peint sur marbre, par Sé-*
» *bastien del Piombo, en* 1546, *vendu par une famille qui*
» *l'a fait enlever de la cathédrale de Terni. Ce portrait,*
» *qui avait pour pendant un évêque, acheté par un An-*
» *glais, représente un chevalier de Malte en prières, et se*
» *trouvait au-dessus du tombeau de la famille Rossi. Sans*
» *la date, on pourrait attribuer cette œuvre à Raphaël.*
» *Ce morceau me semble supérieur au portrait de Baccio*
» *Bandinelli, du Musée, qui est un peu sec; tandis que ce*
» *chevalier de Malte est d'une fraîcheur due à la conser-*
» *vation de la peinture sur la* LAVAGNA (ardoise). »

— En regardant, reprit Fraisier, à la place n° 7, j'ai trouvé un portrait de dame signé *Chardin*, sans n° 7!... Pendant que le maître des cérémonies complétait son nombre de personnes pour tenir les cordons du poêle, j'ai vérifié les tableaux, et il y a huit substitutions de toiles ordinaires et sans numéros, à des œuvres indiquées comme capitales par feu monsieur Pons et qui ne se trouvent plus... Et enfin, il manque un petit tableau sur bois, de Metzu, désigné comme un chef-d'œuvre...

— Est-ce que j'étais gardienne de tableaux? moi! dit la Cibot.

— Non, mais vous étiez femme de confiance, faisant le ménage et les affaires de monsieur Pons, et s'il y a vol...

— Vol! apprenez, monsieur, que les tableaux ont été vendus par monsieur Schmucke, d'après les ordres de monsieur Pons, pour subvenir à ses besoins.

— A qui?

— A messieurs Élie Magus et Rémonencq...

— Combien?...

— Mais, je ne m'en souviens pas!...

— Écoutez, ma chère madame Cibot, vous avez fait votre pelote, elle est dodue!... reprit Fraisier. J'aurai l'œil sur vous, je vous tiens... Servez-moi, je me tairai! Dans tous les cas, vous comprenez que vous ne devez compter sur rien de la part de monsieur le président Camusot, du moment où vous avez jugé convenable de le dépouiller.

— Je savais bien, mon cher monsieur Fraisier, que cela tournerait en os de boudin pour moi... répondit la Cibot adoucie par les mots : « *Je me tairai !* »

— Voilà, dit Rémonencq en survenant, que vous cherchez querelle à madame ; ça n'est pas bien ! La vente des tableaux a été faite de gré à gré avec monsieur Pons entre monsieur Magus et moi, que nous sommes restés trois jours avant de nous accorder avec le défunt *qui rêvait sur ses tableaux !* Nous avons des quittances en règle, et si nous avons donné, comme cela se fait, quelques pièces de quarante francs à madame, elle n'a eu que ce que nous donnons dans toutes les maisons bourgeoises où nous concluons un marché. Ah ! mon cher monsieur, si vous croyez tromper une femme sans défense, vous n'en serez pas le bon marchand !... Entendez-vous, monsieur le faiseur d'affaires ? Monsieur Magus est le maître de la place, et si vous ne filez pas doux avec madame, si vous ne lui donnez pas ce que vous lui avez promis, je vous attends à la vente de la collection, vous verrez ce que vous perdrez si vous avez contre vous monsieur Magus et moi, qui saurons ameuter les marchands... Au lieu de sept à huit cent mille francs, vous ne ferez seulement pas deux cent mille francs !

— C'est bon ! c'est bon, nous verrons ! Nous ne vendrons pas, dit Fraisier, ou nous vendrons à Londres.

— Nous connaissons Londres ! dit Rémonencq, et monsieur Magus y est aussi puissant qu'à Paris.

— Adieu, madame, je vais éplucher vos affaires, dit Fraisier ; à moins que vous ne m'obéissiez toujours, ajouta-t-il.

— Petit filou !...

— Prenez garde, dit Fraisier, je vais être juge de paix !

On se sépara sur des menaces dont la portée était bien appréciée de part et d'autre.

— Merci, Rémonencq ! dit la Cibot, c'est bien bon pour une pauvre veuve de trouver un défenseur.

Le soir, vers dix heures, au théâtre, Gaudissard manda dans son cabinet le garçon de théâtre de l'orchestre. Gaudissard, debout devant la cheminée, avait pris une attitude napoléonienne, contractée depuis qu'il conduisait tout un monde de comédiens, de danseurs, de figurants, de musiciens, de machinistes, et qu'il traitait avec des auteurs. Il passait habituellement sa main droite dans son gilet, en tenant sa bretelle gauche, et il se mettait la tête de trois quarts en jetant son regard dans le vide.

— Ah çà ! Topinard, avez-vous des rentes ?

— Non, monsieur.

— Vous cherchez donc une place meilleure que la vôtre ? demanda le directeur.

— Non, monsieur... répondit le gagiste en devenant blême.

— Que diable, ta femme est ouvreuse aux premières... J'ai su respecter en elle mon prédécesseur déchu... Je t'ai donné l'emploi de nettoyer les quinquets des coulisses pendant le jour ; enfin, tu es attaché aux partitions. Ce n'est pas tout ! tu as des feux de vingt sous pour faire les monstres et commander les diables quand il y a des enfers. C'est une position enviée par tous les gagistes, et tu es jalousé, mon ami, au théâtre, où tu as des ennemis.

— Des ennemis !... dit Topinard.

— Et tu as trois enfants, dont l'aîné joue les rôles d'enfant, avec des feux de cinquante centimes !...

— Monsieur...

— Laisse-moi parler,... dit Gaudissard d'une voix foudroyante. Dans cette position-là, tu veux quitter le théâtre...

— Monsieur...

— Tu veux te mêler de faire des affaires, de mettre ton doigt dans des successions !... Mais, malheureux, tu serais écrasé comme un œuf ! J'ai pour protecteur Son Excellence Monseigneur le comte Popinot, homme d'esprit et d'un grand caractère, que le roi a eu la sagesse de rappeler dans son conseil... Cet homme d'État, ce politique supérieur, je parle du comte Popinot, a marié son fils aîné à la fille du président Marville, un des hommes les plus considérables et les plus considérés de l'ordre supérieur judiciaire, un des flambeaux de la cour, au Palais. Tu connais le Palais ? Eh bien ! il est l'héritier de son cousin Pons, notre ancien chef d'orchestre, au convoi de qui tu es allé ce matin. Je ne te blâme pas d'être allé rendre les derniers devoirs à ce pauvre homme... Mais tu ne resterais pas en place, si tu te mêlais des affaires de ce digne monsieur Schmucke, à qui je veux beaucoup de bien, mais qui va se trouver en délicatesse avec les héritiers de Pons... Et comme cet Allemand m'est de peu, que le président et le comte Popinot me sont de beaucoup, je t'engage à laisser ce digne Allemand se dépêtrer tout seul de ses affaires. Il y a un Dieu particulier pour les Allemands, et tu serais très-mal en sous-Dieu ! vois-tu, reste gagiste !... tu ne peux pas mieux faire !

— Suffit, monsieur le directeur, dit Topinard navré.

Schmucke qui s'attendait à voir le lendemain ce pauvre garçon de théâtre, le seul être qui eût pleuré Pons, perdit ainsi le protecteur que le hasard lui avait envoyé. Le lendemain, le pauvre Allemand sentit à son réveil l'immense perte qu'il avait faite, en trouvant l'appartement vide. La veille et l'avant-veille, les événements et les tracas de la mort avaient produit autour de lui cette agitation, ce mouvement où se distraient les yeux. Mais le silence qui suit le départ d'un ami, d'un père, d'un fils, d'une femme aimée, pour la tombe, le terne et froid silence du lendemain est terrible, il est glacial. Ramené par une force irrésistible dans la chambre de Pons, le pauvre homme ne put en soutenir l'aspect, il recula, revint s'asseoir dans la salle à manger où madame Sauvage servait le déjeuner. Schmucke s'assit et ne put rien manger. Tout à coup une sonnerie assez vive retentit, et trois hommes noirs apparurent, à qui madame Cantinet et madame Sauvage laissèrent le passage libre. C'était d'abord monsieur Vitel, le juge de paix, et monsieur son greffier. Le troisième était Fraisier, plus sec, plus âpre que jamais, en ayant subi le désappointement d'un testament en règle qui annulait l'arme puissante, si audacieusement volée par lui.

— Nous venons, monsieur, dit le juge de paix avec douceur à Schmucke, apposer les scellés ici...

Schmucke, pour qui ces paroles étaient du grec, regarda d'un air effaré les trois hommes.

— Nous venons, à la requête de monsieur Fraisier, avocat, mandataire de monsieur Camusot de Marville, héritier de son cousin, le feu sieur Pons... ajouta le greffier.

— Les collections sont là, dans ce vaste salon, et dans la chambre à coucher du défunt, dit Fraisier.

— Eh bien! passons. Pardon, monsieur, déjeunez, faites, dit le juge de paix.

L'invasion de ces trois hommes noirs avait glacé le pauvre Allemand de terreur.

— Monsieur, dit Fraisier en dirigeant sur Schmucke un de ces regards venimeux qui magnétisaient ses victimes comme une araignée magnétise une mouche, monsieur, qui a su faire faire à son profit un testament par-devant notaire, devait bien s'attendre à quelque résistance de la part de la famille. Une famille ne se laisse pas dépouiller par un étranger sans combattre, et nous verrons, monsieur, qui l'emportera de la fraude, de la corruption ou de la famille !... Nous avons le droit, comme héritiers, de requérir l'apposition des scellés, les scellés seront mis, et je veux veiller à ce que cet acte conservatoire soit exercé avec la dernière rigueur; et il le sera.

— *Mon Tieu! mon Tieu! qu'aiche vaid au ziel?* dit l'innocent Schmucke.

— On jase beaucoup de vous dans la maison, dit la Sauvage, il est venu pendant que vous dormiez un petit jeune homme, habillé tout en noir, un freluquet, le premier clerc de monsieur Hannequin, et il voulait vous parler à toute force ; mais comme vous dormiez et que vous étiez si fatigué de la cérémonie d'hier, je lui ai dit que vous aviez signé un pouvoir à monsieur Villemot, le premier clerc de Tabareau, et qu'il eût, si c'était pour affaires, à l'aller voir.—« Ah ! tant mieux, qu'a dit le petit jeune homme, je m'entendrai bien avec lui. Nous allons déposer le testament au tribunal, après l'avoir présenté au président. » Pour lors je l'ai prié de nous envoyer monsieur Villemot dès qu'il le pourrait. Soyez tranquille, mon cher monsieur, dit la Sauvage, vous aurez des gens pour vous défendre. Et l'on ne vous mangera pas la laine sur le dos. Vous allez avoir quelqu'un qui a bec et ongles ! monsieur Villemot va leur dire leur fait ! Moi, je me suis déjà mise en colère après cette affreuse gueuse de mame Cibot, une portière qui se mêle de juger ses locataires, et qui soutient que vous filoutez cette fortune aux héritiers, que vous avez chambré monsieur Pons, que vous l'avez mécanisé, qu'il était fou à lier. Je vous l'ai remouché de la belle manière, la scélérate : « Vous êtes une voleuse et une canaille ! que je lui ai dit, et vous irez au tribunal pour tout ce que vous avez volé à vos messieurs... » Et elle a tu sa gueule.

— Monsieur, dit le greffier en venant chercher Schmucke, veut-il être présent à l'apposition des scellés dans la chambre mortuaire!

— *Vaides! vaides!* dit Schmucke, *che bressime que che bourrai mourir dranguile?*

— On a toujours le droit de mourir, dit le greffier en riant, et c'est là notre plus forte affaire que les successions. Mais j'ai rarement vu des légataires universels suivre les testateurs dans la tombe.

— *Ch'irai, moi!* dit Schmucke qui se sentit après tant de coups des douleurs intolérables au cœur.

— Ah! voilà monsieur Villemot! s'écria la Sauvage.

— *Monsir Fillemod,* dit le pauvre Allemand, *rebrezendez-moi*...

— J'accours, dit le premier clerc. Je viens vous apprendre que le testament est tout à fait en règle, et sera certainement homologué par le tribunal qui vous enverra en possession... Vous aurez une belle fortune.

— *Môi einc pelle vordine!* s'écria Schmucke au désespoir d'être soupçonné de cupidité.

— En attendant, dit la Sauvage, qu'est-ce que fait donc là le juge de paix avec ses bougies et ses petites bandes de ruban de fil?

— Ah! il met les scellés... Venez, monsieur Schmucke, vous avez droit d'y assister.

— *Non, hâlez-y.*

— Mais pourquoi les scellés, si monsieur est chez lui, et si tout est à lui? dit la Sauvage en faisant du droit à la manière des femmes, qui toutes exécutent le Code à leur fantaisie.

— Monsieur n'est pas chez lui, madame, il est chez monsieur Pons; tout lui appartiendra sans doute, mais quand on est légataire, on ne peut prendre les choses dont se compose la succession que par ce que nous appelons un envoi en possession. Cet acte émane du tribunal. Or, si les héritiers dépossédés de la succession par la volonté du testateur forment opposition à l'envoi en possession, il y a procès... Et comme on ne sait à qui reviendra la succession, on met toutes les valeurs sous les scellés, et les notaires des héritiers et du légataire procéderont à l'inventaire dans le délai voulu par la loi. Et voilà.

En entendant ce langage pour la première fois de sa vie, Schmucke perdit tout à fait la tête, il la laissa tomber sur le dossier du fauteuil où il était assis, il la sentait si lourde, qu'il lui fut impossible de la soutenir. Villemot alla causer avec le greffier et le juge de paix, et assista, avec le sang-froid des praticiens, à l'apposition des scellés qui, lorsque aucun héritier n'est là, ne va pas sans quelques lazzis, et sans observations sur les choses qu'on enferme ainsi, jusqu'au jour du partage. Enfin les quatre gens de loi fermèrent le salon, et rentrèrent dans la salle à manger, où le greffier se transporta. Schmucke regarda faire machinalement cette opération, qui consiste à sceller du cachet de la justice de paix un ruban de fil sur chaque vantail des portes, quand elles sont à deux vantaux, ou à sceller l'ouverture des armoires ou des portes simples en cachetant les deux lèvres de la paroi.

— Passons à cette chambre, dit Fraisier en désignant la chambre de Schmucke dont la porte donnait dans la salle à manger.

— Mais c'est la chambre à monsieur! dit la Sauvage en s'élançant et se mettant entre la porte et les gens de justice.

— Voici le bail de l'appartement, dit l'affreux Fraisier, nous l'avons trouvé dans les papiers, et il n'est pas au nom de messieurs Pons et Schmucke, il est au nom seul de monsieur Pons. Cet appartement tout entier appartient à la succession, et... d'ailleurs, dit-il en ouvrant la porte de la chambre de Schmucke, tenez, monsieur le juge de paix, elle est pleine de tableaux.

— En effet, dit le juge de paix qui donna sur-le-champ gain de cause à Fraisier.

— Attendez, messieurs, dit Villemot. Pensez-vous que vous allez mettre à la porte le légataire universel, dont jusqu'à présent la qualité n'est pas contestée?

— Si! si! dit Fraisier; nous nous opposons à la délivrance du legs.

— Et sous quel prétexte?

— Vous le saurez, mon petit! dit railleusement Fraisier. En ce moment, nous ne nous opposons pas à ce que le légataire retire ce qu'il déclarera être à lui dans cette chambre; mais elle sera mise sous les scellés. Et monsieur ira se loger où bon lui semblera.

— Non, dit Villemot, monsieur restera dans sa chambre!...

— Et comment?

— Je vais vous assigner en référé, reprit Villemot, pour voir dire que nous sommes locataires par moitié de cet appartement, et vous ne nous en chasserez pas... Otez les tableaux, distinguez ce qui est au défunt, ce qui est à mon client, mais mon client y restera... mon petit!...

— *Che m'en irai!* dit le vieux musicien qui retrouva de l'énergie en écoutant cet affreux débat.

— Vous ferez mieux! dit Fraisier. Ce parti vous épargnera des frais, car vous ne gagneriez pas l'incident. Le bail est formel...

— Le bail! le bail! dit Villemot, c'est une question de bonne foi!...

— Elle ne se prouvera pas, comme dans les affaires criminelles, par des témoins... Allez-vous vous jeter dans des expertises, des vérifications... des jugements interlocutoires et une procédure?

—*Non! non!* s'écria Schmucke effrayé, *ché téménache, ché m'en fais.*

La vie de Schmucke était celle d'un philosophe, cynique sans le savoir, tant elle était réduite au simple. Il ne possédait que deux paires de souliers, une paire de bottes, deux habillements complets, douze chemises, douze foulards, douze mouchoirs, quatre gilets et une pipe superbe que Pons lui avait donnée avec une poche à tabac brodée. Il entra dans la chambre, surexcité par la fièvre de l'indignation, il y prit toutes ses hardes, et les mit sur une chaise.

—*Doud ceci est à moi!...* dit-il avec une simplicité digne de Cincinnatus; *le biano esd aussi à moi.*

—Madame... dit Fraisier à la Sauvage, faites-vous aider, emportez-le et mettez-le sur le carré, ce piano!

—Vous êtes trop dur aussi, dit Villemot à Fraisier. Monsieur le juge de paix est maître d'ordonner ce qu'il veut, il est souverain dans cette matière.

—Il y a là des valeurs, dit le greffier en montrant la chambre.

—D'ailleurs, fit observer le juge de paix, monsieur sort de bonne volonté.

—On n'a jamais vu de client pareil, dit Villemot indigné, qui se retourna contre Schmucke. Vous êtes mou comme une chiffe.

—*Qu'imborte où l'on meird,* dit Schmucke en sortant. *Ces hommes ond des fizaches de digre... Ch'enferrai gerger mes baufres avvaires,* dit-il.

—Où monsieur va-t-il?

—*A la crase de Tieu!* répondit le légataire universel en faisant un geste sublime d'indifférence.

—Faites-le-moi savoir, dit Villemot.

—Suis-le, dit Fraisier à l'oreille du premier clerc.

Madame Cantinet fut constituée gardienne des scellés, et sur les fonds trouvés on lui alloua une provision de cinquante francs.

—Ça va bien, dit Fraisier à monsieur Vitel quand Schmucke fut parti. Si vous voulez donner votre démission en ma faveur, allez voir madame la présidente de Marville, vous vous entendrez avec elle.

—Vous avez trouvé un homme de beurre! dit le juge de paix

en montrant Schmucke qui regardait dans la cour une dernière fois les fenêtres de l'appartement.

— Oui, l'affaire est dans le sac! répondit Fraisier. Vous pourrez marier sans crainte votre petite-fille à Poulain, il sera médecin en chef des Quinze-Vingts.

— Nous verrons! Adieu, monsieur Fraisier, dit le juge de paix avec un air de camaraderie.

— C'est un homme de moyens, dit le greffier, il ira loin, le mâtin.

Il était alors onze heures, le vieil Allemand prit machinalement le chemin qu'il faisait avec Pons en pensant à Pons; il le voyait sans cesse, il le croyait à ses côtés, et il arriva devant le théâtre d'où sortait son ami Topinard, qui venait de nettoyer les quinquets de tous les portants, en pensant à la tyrannie de son directeur.

— *Ah! foilà mon avvaire!* s'écria Schmucke en arrêtant le pauvre gagiste. *Dobinart, ti has ein lochemand, toi?...*

— Oui, monsieur...

— *Ein ménache?...*

— Oui, monsieur...

— *Beux-du me brentre en bansion? Oh! che bayerai pien, c'hai neiffe cende vrancs de randes... ed che n'ai bas pien tondems à fifre... che ne te chéncrai boint... che manche de doud!... Mon seil pessoin est te vimer ma bibe... Ed gomme ti est le seil qui ai bleuré Bons afec moi, che d'aime!*

— Monsieur, ce serait avec bien du plaisir; mais d'abord figurez-vous que monsieur Gaudissard m'a fichu une perruque soignée...

— *Eine berruc?*

— Une façon de dire qu'il m'a lavé la tête.

— *Lâfé la dêde?*

— Il m'a grondé de m'être intéressé à vous... Il faudrait donc être bien discret, si vous veniez chez moi! mais je doute que vous y restiez, car vous ne savez pas ce qu'est le ménage d'un pauvre diable comme moi...

— *Ch'aime mieux le baufre ménache d'in hôme de cuier qui a bleuré Bons, que les Duileries afec des hômes à face de digres! Ché sors de foir des digres chez Bons qui font mancher dut!...*

— Venez, monsieur, dit le gagiste, et vous verrez... Mais... Enfin, il y a une soupente... Consultons madame Topinard.

Schmucke suivit comme un mouton Topinard, qui le conduisit dans une de ces affreuses localités qu'on pourrait appeler les cancers de Paris. La chose se nomme cité Bordin. C'est un passage étroit, bordé de maisons bâties comme on bâtit par spéculation, qui débouche rue de Bondy, dans cette partie de la rue obombrée par l'immense bâtiment du théâtre de la Porte-Saint-Martin, une des verrues de Paris. Ce passage, dont la voie est creusée en contre-bas de la chaussée de la rue, s'enfonce par une pente vers la rue des Mathurins-du-Temple. La cité finit par une rue intérieure qui la barre, en figurant la forme d'un T. Ces deux ruelles, ainsi disposées, contiennent une trentaine de maisons à six et sept étages, dont les cours intérieures, dont tous les appartements contiennent des magasins, des industries, des fabriques en tout genre. C'est le faubourg Saint-Antoine en miniature. On y fait des meubles, on y cisèle les cuivres, on y coud des costumes pour les théâtres, on y travaille le verre, on y peint les porcelaines, on y fabrique enfin toutes les fantaisies et les variétés de l'article Paris. Sale et productif comme le commerce, ce passage, toujours plein d'allants et de venants, de charrettes, de haquets, est d'un aspect repoussant, et la population qui y grouille est en harmonie avec les choses et les lieux. C'est le peuple des fabriques, peuple intelligent dans les travaux manuels, mais dont l'intelligence s'y absorbe. Topinard demeurait dans cette cité florissante comme produit, à cause des bas prix des loyers. Il habitait la seconde maison dans l'entrée à gauche. Son appartement, situé au sixième étage, avait vue sur cette zone de jardins qui subsistent encore et qui dépendent des trois ou quatre grands hôtels de la rue de Bondy.

Le logement de Topinard consistait en une cuisine et en deux chambres. Dans la première de ces deux chambres se tenaient les enfants. On y voyait deux petits lits en bois blanc et un berceau. La seconde était la chambre des époux Topinard. On mangeait dans la cuisine. Au-dessus régnait un faux grenier élevé de six pieds, et couvert en zinc, avec un châssis à tabatière pour fenêtre. On y parvenait par un escalier en bois blanc appelé, dans l'argot du bâtiment, *échelle de meunier*. Cette pièce, donnée comme chambre de domestique, permettait d'annoncer le logement de Topinard, comme un appartement complet, et de le taxer à quatre cents francs de loyer. A l'entrée, pour masquer la cuisine, il existait un tambour cintré, éclairé par un œil-de-bœuf sur la cuisine et formé par la réunion de la porte de la première chambre et par celle de la cuisine, en tout trois portes. Ces trois pièces carrelées en briques, tendues d'affreux papier à six sous le rouleau, décorées de cheminées dites à la capucine, peintes en peinture vulgaire, couleur de bois, contenaient ce ménage de cinq personnes dont trois enfants. Aussi chacun peut-il entrevoir les égratignures profondes que faisaient les trois enfants à la hauteur où leurs bras pouvaient atteindre. Les riches n'imagineraient pas la simplicité de la batterie de cuisine qui consistait en une cuisinière, un chaudron, un gril, une casserole, deux ou trois marabouts, et une poêle à frire. La vaisselle en faïence, brune et blanche, valait bien douze francs. La table servait à la fois de table de cuisine et de table à manger. Le mobilier consistait en deux chaises et deux tabourets. Sous le fourneau en hotte se trouvait la provision de charbon et de bois. Et dans un coin s'élevait le baquet où se savonnait, souvent pendant la nuit, le linge de la famille. La pièce où se tenaient les enfants, traversée par des cordes à sécher le linge, était bariolée d'affiches de spectacle et de gravures prises dans des journaux ou provenant des prospectus des livres illustrés. Évidemment l'aîné de la famille Topinard, dont les livres de classe se voyaient dans un coin, était chargé du ménage, lorsqu'à six heures, le père et la mère faisaient leur service au théâtre. Dans beaucoup de familles de la classe inférieure, dès qu'un enfant atteint à l'âge de six ou sept ans, il joue le rôle de la mère vis-à-vis de ses sœurs et de ses frères.

On conçoit, sur ce léger croquis, que les Topinard étaient, selon la phrase devenue proverbiale, pauvres mais honnêtes. Topinard avait environ quarante ans, et sa femme, ancienne coryphée des chœurs, maîtresse, dit-on, du directeur en faillite à qui Gaudissard avait succédé, devait avoir trente ans. Lolotte avait été belle femme, mais les malheurs de la précédente administration avaient tellement réagi sur elle qu'elle s'était vue dans la nécessité de contracter avec Topinard un mariage de théâtre. Elle ne mettait pas en doute que dès que leur ménage se verrait à la tête de cent cinquante francs, Topinard réaliserait ses serments devant la loi, ne fût-ce que pour légitimer ses enfants qu'il adorait. Le matin, pendant ses moments libres, madame Topinard cousait pour le magasin du théâtre. Ces courageux gagistes réalisaient par des travaux gigantesques neuf cents francs par an.

— Encore un étage! disait depuis le troisième Topinard à Schmucke, qui ne savait seulement pas s'il descendait ou s'il montait, tant il était abîmé dans la douleur.

Au moment où le gagiste vêtu de toile blanche comme tous les gens de service, ouvrit la porte de la chambre, on entendit la voix de madame Topinard criant : — Allons! enfants, taisez-vous, voilà papa!

Et comme sans doute les enfants faisaient ce qu'ils voulaient de papa, l'aîné continua de commander une charge en souvenir du Cirque-Olympique, à cheval sur un manche à balai, le second à souffler dans un fifre de fer-blanc, et le troisième à suivre de son mieux le gros de l'armée. La mère cousait un costume de théâtre.

— Taisez-vous, cria Topinard d'une voix formidable, ou je tape! — Faut toujours leur dire cela, ajouta-t-il tout bas à Schmucke. — Tiens, ma petite, dit le gagiste à l'ouvreuse, voici monsieur Schmucke, l'ami de ce pauvre monsieur Pons, il ne sait pas où aller, et il voudrait venir chez nous; j'ai eu beau l'avertir que nous n'étions pas flambants, que nous étions au sixième, que nous n'avions qu'une soupente à lui offrir, il y tient...

Schmucke s'était assis sur une chaise que la femme lui avait avancée, et les enfants, tout interdits par l'arrivée d'un inconnu, s'étaient ramassés en un groupe pour se livrer à cet examen approfondi, muet et sitôt fini, qui distingue l'enfance, habituée comme les chiens à flairer plutôt qu'à juger. Schmucke se mit à regarder ce groupe si joli où se trouvait une petite fille, âgée de cinq ans, celle qui soufflait dans la trompette et qui avait de si magnifiques cheveux blonds.

— *Ele a t'air d'une bedide Allemante!* dit Schmucke en lui faisant signe de venir à lui.

— Monsieur serait là bien mal, dit l'ouvreuse; si je n'étais pas obligée d'avoir mes enfants près de moi, je proposerais bien notre chambre.

Elle ouvrit la chambre et y fit passer Schmucke. Cette chambre était tout le luxe de l'appartement. Le lit en acajou était orné de rideaux en calicot bleu, bordé de franges blanches. Le même calicot bleu, drapé en rideaux, garnissait la fenêtre. La commode, le secrétaire, les chaises, quoiqu'en acajou, étaient tenus proprement. Il y avait sur la cheminée une pendule et des flambeaux, évidemment donnés jadis par le failli, dont le portrait, un affreux portrait de Pierre Grassou, se trouvait au-dessus de la commode. Aussi les enfants à qui l'entrée du lieu réservé était défendue essayèrent-ils d'y jeter des regards curieux.

— Monsieur serait bien là, dit l'ouvreuse.

— *Non, non,* répondit Schmucke. *Hé! che n'ai pas londems à fifre, che ne feu qu'un goin bir murir.*

La porte de la chambre fermée, on monta dans la mansarde, et dès que Schmucke y fut, il s'écria : — *Foilà mon avvaire. A fand d'être afec Bons, che n'édais chamais mieux loché gue zela.*

— Eh bien ! il n'y a qu'à acheter un lit de sangle, deux matelas, un traversin, un oreiller, deux chaises et une table. Ce n'est pas la mort d'un homme... ça peut coûter cinquante écus, avec la cuvette, le pot, et un petit tapis de lit...

Tout fut convenu. Seulement les cinquante écus manquaient. Schmucke, qui se trouvait à deux pas du théâtre, pensa naturellement à demander ses appointements au directeur, en voyant la détresse de ses nouveaux amis... Il alla sur-le-champ au théâtre, et y trouva Gaudissard. Le directeur reçut Schmucke avec la politesse un peu tendue qu'il déployait pour les artistes, et fut étonné de la demande faite par Schmucke d'un mois d'appointements. Néanmoins, vérification faite, la réclamation se trouva juste.

— Ah ! diable, mon brave ! lui dit le directeur, les Allemands savent toujours bien compter, même dans les larmes... Je croyais que vous auriez été sensible à la gratification de mille francs ! une dernière année d'appointements que je vous ai donnée, et que cela valait quittance !

— *Nus n'afons rien rési,* dit le bon Allemand. *Ed si che fiens à fus, c'esde que che zuis tans la ric et sans cine liart... A qui afez-fus remis là cradivigation ?*

— A votre portière !...

— *Madame Zibod !* s'écria le musicien. *Ele a dué Bons, ele l'a follé, ele l'a fenti... Ele fouleid prêler son desdamand... C'esde eine goguine ! eine monsdre.*

— Mais, mon brave, comment êtes-vous sans le sou, dans la

rue, sans asile, avec votre position de légataire universel ? Ça n'est pas logique, comme nous disons.

— *On m'a mis à la borde... Che zuis édrencher, che ne gonnais rien aux lois...*

— Pauvre bonhomme! pensa Gaudissard en entrevoyant la fin probable d'une lutte inégale. — Ecoutez, lui dit-il, savez-vous ce que vous avez à faire?

— *Ch'ai eine homme d'avvaires!*

— Eh bien! transigez sur-le-champ avec les héritiers, vous aurez d'eux une somme et une rente viagère, et vous vivrez tranquille...

— *Che ne feux bas audre chosse!* répondit Schmucke.

— Eh bien! laissez-moi vous arranger cela, dit Gaudissard à qui, la veille, Fraisier avait dit son plan.

Gaudissard pensa pouvoir se faire un mérite auprès de la jeune vicomtesse Popinot et de sa mère de la conclusion de cette sale affaire, et il serait au moins Conseiller-d'Etat un jour, se disait-il.

— *Che fus tonne mes bouvoirs...*

— Eh bien! voyons! D'abord tenez, dit le Napoléon des théâtres du boulevard, voici cent écus... Il prit dans sa bourse quinze louis et les tendit au musicien. — C'est à vous, c'est six mois d'appointements que vous aurez; et puis, si vous quittez le théâtre, vous me les rendrez. Comptons! que dépensez-vous par an? Que vous faut-il pour être heureux? Allez! allez! faites-vous une vie de Sardanapale!...

— *Che n'ai pessoin que t'eine habilement d'ifer et ine d'édé...*

— Trois cents francs! dit Gaudissard.

— *Tes zouliers, quadre baires...*

— Soixante francs.

— *T'is pas...*

— Douze! c'est trente-six francs.

— *Sisse gemisses.*

— Six chemises en calicot, vingt-quatre francs, autant en toile, quarante-huit : nous disons soixante-douze. Nous sommes à quatre cent soixante-huit, mettons cinq cents avec les cravates et les mouchoirs, et cent francs de blanchissage... six cents livres! Après, que vous faut-il pour vivre?... trois francs par jour?...

— *Non, c'esde drob!...*

— Enfin, il vous faut aussi des chapeaux... Ça fait quinze cents francs et cinq cents francs de loyer, deux mille. Voulez-vous que je vous obtienne deux mille francs de rente viagère... bien garanties...

— *Et mon dapac?*

— Deux mille quatre cents francs!... Ah! papa Schmucke vous appelez ça le tabac?... Eh bien! on vous flanquera du tabac. C'est donc deux mille quatre cents francs de rente viagère...

— *Ze n'esd bas dud! che feux eine zôme! gondand...*

— Les épingles!... c'est cela! Ces Allemands! ça se dit naïf, vieux Robert Macaire!... pensa Gaudissard. Que voulez-vous? répéta-t-il. Mais plus rien après.

— *C'est bir aguidder cin tedde zagrée.*

— Une dette! se dit Gaudissard; quel filou! c'est pis qu'un fils de famille! il va inventer des lettres de change! il faut finir roide! ce Fraisier ne voit pas en grand! Quelle dette, mon brave? dites!...

— *Ile n'y ha qu'eine hôme qui aid bleuré Bons afec moi... il a eine chentille bedide fille qui a tes geveux maniviques, chai gru foir dud à l'heïre le chénie de ma baufre Allemagne que che n'aurais chamais tû guidder... Paris n'est bas pon bir les Allemands, on se mogue t'eux...* dit-il en faisant le petit geste de tête d'un homme qui croit voir clair dans les choses de ce bas monde.

— Il est fou! se dit Gaudissard.

Et, pris de pitié pour cet innocent, le directeur eut une larme à l'œil.

— *Ha! fous me gombrenez! monsir le tirecdir! hé pien! ced hôme à la bedide file est Dobinard, qui serd l'orguestre et attime les tambes; Bons l'aimait et le segourait, c'esde le seil qui aid aggombagné mon inique ami au gonfoi, à l'éclise, au zimedière... Ché feux drois mille vrancs bir lui, et drois mille vrancs bir la bedite file...*

— Pauvre homme!... se dit Gaudissard.

Ce féroce parvenu fut touché de cette noblesse et de cette reconnaissance pour une chose de rien aux yeux du monde, et qui, aux yeux de cet agneau divin, pesait, comme le verre d'eau de Bossuet, plus que les victoires des conquérants. Gaudissard cachait sous ses vanités, sous sa brutale envie de parvenir, et de se hausser jusqu'à son ami Popinot, un bon cœur, une bonne nature. Donc, il effaça ses jugements téméraires sur Schmucke, et passa de son côté.

— Vous aurez tout cela ! mais je ferai mieux, mon cher Schmucke. Topinard est un homme de probité...

— *Ui, che l'ai fu dud-à-l'heure, dans son baufre ménache où il est gontend afec ses enfants...*

— Je lui donnerai la place de caissier, car le père Baudrand me quitte...

— *Ha ! que Tieu fus pénisse !* s'écria Schmucke.

— Eh bien ! mon bon et brave homme, venez à quatre heures, ce soir, chez monsieur Berthier, notaire, tout sera prêt, et vous serez à l'abri du besoin pour le reste de vos jours... Vous toucherez vos six mille francs, et vous serez aux mêmes appointements, avec Garangeot, ce que vous faisiez avec Pons.

— *Non !* dit Schmucke, *che ne fifrai boind !... che n'ai btis le cueir à rien... che me sens addaqué...*

— Pauvre mouton ! se dit Gaudissard en saluant l'Allemand qui se retirait. On vit de côtelettes après tout. Et comme dit le sublime Béranger :

Pauvres moutons, toujours on vous tondra.

Et il chanta cette opinion politique pour chasser son émotion.

— Faites avancer ma voiture ! dit-il à son garçon de bureau.

Il descendit et cria au cocher : — Rue de Hanovre ! L'ambitieux avait reparu tout entier ! Il voyait le Conseil-d'État.

Schmucke achetait en ce moment des fleurs, et il les apporta presque joyeux avec des gâteaux pour les enfants de Topinard.

— *Che tonne les câ caux !...* dit-il avec un sourire.

Ce sourire était le premier qui vînt sur ses lèvres depuis trois mois, et qui l'eût vu, en eût frémi.

— *Che les tonne à cine gondission.*

— Vous êtes trop bon, monsieur, dit la mère.

— *La bedide file m'emprassera et meddra les fleurs tans ses geveux, en les dressant gomme vont les bedides Allemandes !*

— Olga, ma fille, faites tout ce que veut monsieur... dit l'ouvreuse en prenant un air sévère.

— *Ne crontez pas ma bedide Allemante !...* s'écria Schmucke qui voyait sa chère Allemagne dans cette petite fille.

— Tout le bataclan vient sur les épaules de trois commissionnaires !... dit Topinard en entrant.

— *Ha !* fit l'Allemand, *mon ami, foici teux sante vrancs pir dud payer... Mais vous afez une chantile femme, fus l'épiserez, n'est-ce bas ? Che fus donne mille écus... La bedide file aura eine tode te mile écus que fus blacerez en son nom. Ed fus ne serez plis cachisde... fus allez édre le gaissier du théâdre....*

— Moi, la place du père Baudrand ?

— *Ui.*

— Qui vous a dit cela ?

— *Monsieur Cautissard !*

— Oh ! c'est à devenir fou de joie !... Eh ! dis donc, Rosalie, va-t-on bisquer au théâtre !... Mais ce n'est pas possible, reprit-il.

— Notre bienfaiteur ne peut loger dans une mansarde.

— *Pah ! pur quelques jurs que c'hai à fifre !* dit Schmucke, *c'esde bien pon ! Atieu ! che fais au zimedière... foir ce qu'on a vaid te Bons... ed gommader tes fleurs pir sa dompe !*

Madame Camusot de Marville était en proie aux plus vives alarmes. Fraisier tenait conseil chez elle avec Godeschal et Berthier. Berthier, le notaire, et Godeschal, l'avoué, regardaient le testament fait par deux notaires en présence de deux témoins comme inattaquable, à cause de la manière nette dont Léopold Hannequin l'avait formulé. Selon l'honnête Godeschal, Schmucke, si son conseil actuel parvenait à le tromper, finirait par être éclairé, ne fût-ce que par un de ces avocats qui, pour se distinguer, ont recours à des actes de générosité, de délicatesse. Les deux officiers ministériels quittèrent donc la présidente en l'engageant à se défier de Fraisier, sur qui naturellement ils avaient pris des renseignements. En ce moment Fraisier, revenu de l'apposition des scellés, minutait une assignation dans le cabinet du président, où madame de Marville l'avait fait entrer sur l'invitation des deux officiers ministériels, qui voyaient l'affaire trop sale pour qu'un président s'y fourrât, selon leur mot, et qui avaient voulu donner leur opinion à madame de Marville, sans que Fraisier les écoutât.

— Eh bien ! madame, où sont ces messieurs ? demanda l'ancien avoué de Mantes.

— Partis! en me disant de renoncer à l'affaire! répondit madame de Marville.

— Renoncer! dit Fraisier avec un accent de rage contenue. Écoutez, madame....

Et il lut la pièce suivante :

« A la requête de, etc....., je passe le verbiage.

« Attendu qu'il a été déposé entre les mains de monsieur le pré-
» sident du tribunal de première instance, un testament reçu par
» maître Léopold Hannequin et Alexandre Crottat, notaires à Paris,
» accompagnés de deux témoins, les sieurs Brunner et Schwab,
» étrangers domiciliés à Paris, par lequel testament le sieur Pons,
» décédé, a disposé de sa fortune au préjudice du requérant, son
» héritier naturel et légal, au profit d'un sieur Schmucke, Alle-
» mand ;

» Attendu que le requérant se fait fort de démontrer que le tes-
» tament est l'œuvre d'une odieuse captation, et le résultat de ma-
» nœuvres réprouvées par la loi ; qu'il sera prouvé par des per-
» sonnes éminentes que l'intention du testateur était de laisser sa
» fortune à mademoiselle Cécile, fille de mondit sieur de Marville ;
» et que le testament, dont le requérant demande l'annulation, a
» été arraché à la faiblesse du testateur quand il était en pleine dé-
» mence ;

» Attendu que le sieur Schmucke, pour obtenir ce legs univer-
» sel, a tenu en chartre privée le testateur, qu'il a empêché la
» famille d'arriver jusqu'au lit du mort, et que, le résultat obtenu,
» il s'est livré à des actes notoires d'ingratitude qui ont scandalisé
» la maison et tous les gens du quartier qui, par hasard, étaient té-
» moins pour rendre les derniers devoirs au portier de la maison
» où est décédé le testateur ;

« Attendu que des faits plus graves encore, et dont le requérant
» recherche en ce moment les preuves, seront articulés devant
» messieurs les juges du tribunal ;

» J'ai, huissier soussigné, etc., etc., audit nom, assigné le sieur
» Schmucke, parlant, etc., à comparaître devant messieurs les
» juges composant la première chambre du tribunal, pour voir
» dire que le testament reçu par maîtres Hannequin et Crottat,
» étant le résultat d'une captation évidente, sera regardé comme
» nul et de nul effet, et j'ai, en outre, audit nom, protesté contre

» la qualité et capacité de légataire universel que pourrait prendre
» le sieur Schmucke, entendant le requérant s'opposer, comme de
» fait il s'oppose, par sa requête en date d'aujourd'hui, présentée à
» monsieur le président, à l'envoi en possession demandée par ledit
» sieur Schmucke, et je lui ai laissé copie du présent, dont le coût
» est de... » etc.

— Je connais l'homme, madame la présidente, et quand il aura lu ce poulet, il transigera. Il consultera Tabareau, Tabareau lui dira d'accepter nos propositions ! Donnez-vous les mille écus de rente viagère ?

— Certes, je voudrais bien en être à payer le premier terme.

— Ce sera fait avant trois jours. Car cette assignation le saisira dans le premier étourdissement de sa douleur, car il regrette Pons, ce pauvre bonhomme. Il a pris cette perte très au sérieux.

— L'assignation lancée peut-elle se retirer ? dit la présidente.

— Certes, madame, on peut toujours se désister.

— Eh bien ! monsieur, dit madame Camusot, faites !... allez toujours ! Oui, l'acquisition que vous m'avez ménagée en vaut la peine ! J'ai d'ailleurs arrangé l'affaire de la démission de Vitel, mais vous payerez les soixante mille francs à ce Vitel sur les valeurs de la succession Pons... Ainsi, voyez, il faut réussir...

— Vous avez sa démission ?

— Oui, monsieur ; monsieur Vitel se fie à monsieur de Marville...

— Eh bien ! madame, je vous ai déjà débarrassée des soixante mille francs que je calculais devoir être donnés à cette ignoble portière, cette madame Cibot. Mais je tiens toujours à avoir le débit de tabac pour la femme Sauvage, et la nomination de mon ami Poulain à la place vacante de médecin en chef des Quinze-Vingts.

— C'est entendu, tout est arrangé.

— Eh bien ! tout est dit... Tout le monde est pour vous dans cette affaire, jusqu'à Gaudissard, le directeur du théâtre, que je suis allé trouver hier, et qui m'a promis d'aplatir le gagiste qui pourrait déranger nos projets.

— Oh ! je le sais ! monsieur Gaudissard est tout acquis aux Popinot !

Fraisier sortit. Malheureusement il ne rencontra pas Gaudissard, et la fatale assignation fut lancée aussitôt.

Tous les gens cupides comprendront, autant que les gens honnêtes l'exécreront, la joie de la présidente à qui, vingt minutes après le départ de Fraisier, Gaudissard vint apprendre sa conversation avec le pauvre Schmucke. La présidente approuva tout, elle sut un gré infini au directeur du théâtre de lui enlever tous ses scrupules par des observations qu'elle trouva pleines de justesse.

— Madame la présidente, dit Gaudissard, en venant, je pensais que ce pauvre diable ne saurait que faire de sa fortune! C'est une nature d'une simplicité de patriarche! C'est naïf, c'est Allemand, c'est à empailler, à mettre sous verre comme un petit Jésus de cire!... C'est-à-dire que, selon moi, il est déjà fort embarrassé de ses deux mille cinq cents francs de rente, et vous le provoquez à la débauche...

— C'est d'un bien noble cœur, dit la présidente, d'enrichir ce garçon qui regrette notre cousin. Mais moi je déplore la petite *bisbille* qui nous a brouillés, monsieur Pons et moi; s'il était revenu, tout lui aurait été pardonné. Si vous saviez, il manque à mon mari. Monsieur de Marville a été au désespoir de n'avoir pas reçu d'avis de cette mort, car il a la religion des devoirs de famille, il aurait assisté au service, au convoi, à l'enterrement, et moi-même je serais allée à la messe...

— Eh bien! belle dame, dit Gaudissard, veuillez faire préparer l'acte; à quatre heures, je vous amènerai l'Allemand.... Recommandez-moi, madame, à la bienveillance de votre charmante fille, la vicomtesse Popinot; qu'elle dise à mon illustre ami, son bon et excellent père, à ce grand homme d'État, combien je suis dévoué à tous les siens, et qu'il me continue sa précieuse faveur. J'ai dû la vie à son oncle, le juge, et je lui dois ma fortune... Je voudrais tenir de vous et de votre fille la haute considération qui s'attache aux gens puissants et bien posés. Je veux quitter le théâtre, devenir un homme sérieux.

— Vous l'êtes!... monsieur, dit la présidente.

— Adorable! reprit Gaudissard en baisant la main sèche de madame de Marville.

A quatre heures, se trouvaient réunis dans le cabinet de monsieur Berthier, notaire, d'abord Fraisier, rédacteur de la transaction, puis Tabareau, mandataire de Schmucke, et Schmucke lui-même, amené par Gaudissard. Fraisier avait eu soin de placer en billets de banque les six mille francs demandés, et six cents francs pour le premier terme de la rente viagère, sur le bureau du notaire et sous les yeux de l'Allemand qui, stupéfait de voir tant d'argent, ne prêta pas la moindre attention à l'acte qu'on lui lisait. Ce pauvre homme, saisi par Gaudissard, au retour du cimetière où il s'était entretenu avec Pons, et où il lui avait promis de le rejoindre, ne jouissait pas de toutes ses facultés déjà bien ébranlées par tant de secousses. Il n'écouta donc pas le préambule de l'acte où il était représenté comme assisté de maître Tabareau, huissier, son mandataire et son conseil, et où l'on rappelait les causes du procès intenté par le président dans l'intérêt de sa fille. L'Allemand jouait un triste rôle, car, en signant l'acte, il donnait gain de cause aux épouvantables assertions de Fraisier; mais il fut si joyeux de voir l'argent pour la famille Topinard, et si heureux d'enrichir, selon ses petites idées, le seul homme qui aimât Pons, qu'il n'entendit pas un mot de cette transaction sur procès. Au milieu de l'acte, un clerc entra dans le cabinet.

— Monsieur, il y a là, dit-il à son patron, un homme qui veut parler à monsieur Schmucke...

Le notaire, sur un geste de Fraisier, haussa les épaules significativement.

— Ne nous dérangez donc jamais quand nous signons des actes. Demandez le nom de ce... Est-ce un homme ou un monsieur? est-ce un créancier...

Le clerc revint et dit : — Il veut absolument parler à monsieur Schmucke.

— Son nom?

— Il s'appelle Topinard.

— J'y vais. Signez tranquillement, dit Gaudissard à Schmucke. Finissez, je vais savoir ce qu'il nous veut.

Gaudissard avait compris Fraisier, et chacun d'eux flairait un danger.

— Que viens-tu faire ici? dit le directeur au gagiste. Tu ne veux donc pas être caissier? Le premier mérite d'un caissier... c'est la discrétion.

— Monsieur!...

— Va donc à tes affaires, tu ne seras jamais rien si tu te mêles de celles des autres.

— Monsieur, je ne mangerai pas de pain dont toutes les bouchées me resteraient dans la gorge!... — Monsieur Schmucke! criait-il...

Schmucke, qui avait signé, qui tenait son argent à la main, vint à la voix de Topinard.

— *Voici pir la bedite Allemande et pir fus...*

— Ah! mon cher monsieur Schmucke, vous avez enrichi des monstres, des gens qui veulent vous ravir l'honneur. J'ai porté cela chez un brave homme, un avoué qui connaît ce Fraisier, et il dit que vous devez punir tant de scélératesse en acceptant le procès et qu'ils reculeront... Lisez.

Et cet imprudent ami donna l'assignation envoyée à Schmucke, cité Bordin. Schmucke prit le papier, le lut, et en se voyant traité comme il l'était, ne comprenant rien aux gentillesses de la procédure, il reçut un coup mortel. Ce gravier lui boucha le cœur. Topinard reçut Schmucke dans ses bras; ils étaient alors tous deux sous la porte cochère du notaire. Une voiture vint à passer, Topinard y fit entrer le pauvre Allemand, qui subissait les douleurs d'une congestion séreuse au cerveau. La vue était troublée; mais le musicien eut encore la force de tendre l'argent à Topinard. Schmucke ne succomba point à cette première attaque, mais il ne recouvra point la raison; il ne faisait que des mouvements sans conscience; il ne mangea point; il mourut en dix jours sans se plaindre, car il ne parla plus. Il fut soigné par madame Topinard, et fut obscurément enterré côte à côte avec Pons, par les soins de Popinard, la seule personne qui suivit le convoi de ce fils de l'Allemagne.

Fraisier, nommé juge de paix, est très-intime dans la maison du président, et très-apprécié par la présidente, qui n'a pas voulu lui voir épouser *la fille à Tabareau;* elle promet infiniment mieux que cela à l'habile homme à qui, selon elle, elle doit non-seulement l'acquisition des prairies de Marville et le cottage, mais encore l'élection de monsieur le président, nommé député à la réélection générale de 1846.

Tout le monde désirera sans doute savoir ce qu'est devenue l'héroïne de cette histoire, malheureusement trop véridique dans ses détails, et qui, superposée à la précédente, dont elle est la sœur jumelle, prouve que la grande force sociale est le caractère. Vous devinez, ô amateurs, connaisseurs et marchands, qu'il s'agit de la collection de Pons! Il suffira d'assister à une conversation tenue chez le comte Popinot, qui montrait, il y a peu de jours, sa magnifique collection à des étrangers.

— Monsieur le comte, disait un étranger de distinction, vous possédez des trésors !

— Oh ! milord, dit modestement le comte Popinot, en fait de tableaux, personne, je ne dirai pas à Paris, mais en Europe, ne peut se flatter de rivaliser avec un inconnu, un Juif nommé Élie Magus, vieillard maniaque, le chef des tableaumanes. Il a réuni cent et quelques tableaux qui sont à décourager les amateurs d'entreprendre des collections. La France devrait sacrifier sept à huit millions et acquérir cette galerie à la mort de ce richard... Quant aux curiosités, ma collection est assez belle pour qu'on en parle...

— Mais comment un homme aussi occupé que vous l'êtes, dont la fortune primitive a été si loyalement gagnée dans le commerce...

— De drogueries, dit Popinot, a pu continuer à se mêler de drogues..

— Non, reprit l'étranger, mais où trouvez-vous le temps de chercher ? Les curiosités ne viennent pas à vous...

— Mon père avait déjà, dit la vicomtesse Popinot, un noyau de collection, il aimait les arts, les belles œuvres ; mais la plus grande partie de ses richesses vient de moi !

— De vous ! madame ?... si jeune ! vous aviez ces vices-là, dit un prince russe.

Les Russes sont tellement imitateurs, que toutes les maladies de la civilisation se répercutent chez eux. La bricabracomanie fait rage à Pétersbourg, et par suite du courage naturel à ce peuple, il s'ensuit que les Russes ont causé dans l'*article*, dirait Rémonencq, un renchérissement de prix qui rendra les collections impossibles. Et ce prince était à Paris uniquement pour collectionner.

— Prince, dit la vicomtesse, ce trésor m'est échu par succession d'un cousin qui m'aimait beaucoup et qui avait passé quarante et quelques années, depuis 1805, à ramasser dans tous les pays, et principalement en Italie, tous ces chefs-d'œuvre...

— Et comment l'appelez-vous ? demanda le milord.

— Pons ! dit le président Camusot.

— C'était un homme charmant, reprit la présidente de sa petite voix flûtée, plein d'esprit, original ; et avec cela beaucoup de cœur. Cet éventail que vous admirez, milord, et qui est celui de madame de Pompadour, il me l'a remis un matin en me disant un mot charmant que vous me permettrez de ne pas répéter...

Et elle regarda sa fille.

— Dites-nous le mot, demanda le prince russe, madame la vicomtesse.

— Le mot vaut l'éventail!.... reprit la vicomtesse dont le mot était stéréotypé. Il a dit à ma mère qu'il était bien temps que ce qui avait été dans les mains du vice restât dans les mains de la vertu.

Le milord regarda madame Camusot de Marville d'un air de doute extrêmement flatteur pour une femme si sèche.

— Il dînait trois ou quatre fois par semaine chez moi, reprit-elle, il nous aimait tant! nous savions l'apprécier, les artistes se plaisent avec ceux qui goûtent leur esprit. Mon mari était d'ailleurs son seul parent. Et quand cette succession est arrivée à monsieur de Marville, qui ne s'y attendait nullement, monsieur le comte a préféré acheter tout en bloc plutôt que de voir vendre cette collection à la criée ; et nous aussi nous avons mieux aimé la vendre ainsi, car il est si affreux de voir disperser de belles choses qui avaient tant amusé ce cher cousin. Élie Magus fut alors l'appréciateur, et c'est ainsi, milord, que j'ai pu avoir le cottage bâti par votre oncle, et où vous nous ferez l'honneur de venir nous voir.

Le caissier du théâtre, dont le privilége cédé par Gaudissard a passé depuis un an dans d'autres mains, est toujours monsieur Topinard; mais monsieur Topinard est devenu sombre, misanthrope, et parle peu ; il passe pour avoir commis un crime, et les mauvais plaisants du théâtre prétendent que son chagrin vient d'avoir épousé Lolotte. Le nom de Fraisier cause un soubresaut à l'honnête Popinard. Peut-être trouvera-t-on singulier que la seule âme digne de Pons se soit trouvée dans le troisième dessous d'un théâtre des boulevards.

Madame Rémonencq, frappée de la prédiction de madame Fontaine, ne veut pas se retirer à la campagne, elle reste dans son magnifique magasin du boulevard de la Madeleine, encore une fois veuve. En effet, l'Auvergnat, après s'être fait donner par contrat de mariage les biens au dernier vivant, avait mis à portée de sa femme un petit verre de vitriol, comptant sur une erreur, et sa femme, dans une intention excellente, ayant mis ailleurs le petit verre, Rémonencq l'avala. Cette fin, digne de ce scélérat, prouve en faveur de la Providence que les peintres de mœurs sont accusés d'oublier, peut-être à cause des dénoûments de drames qui en abusent.

Excusez les fautes du copiste!

Paris, juillet 1846 — mai 1847.

FIN.

TABLE DES MATIÈRES.

SCÈNES DE LA VIE PARISIENNE.

Premier épisode : LA COUSINE BETTE. 2
Deuxième épisode : LE COUSIN PONS. 380

FIN DE LA TABLE.

www.ingramcontent.com/pod-product-compliance
Lightning Source LLC
Chambersburg PA
CBHW050316240426
43673CB00042B/1430